신세계 종교와 엘리트 신앙

신세계 종교와 엘리트 신앙

발행   2025년 4월 27일

지은이   제임스 머스커, 김영환
발행인   윤상문
편집인   이은혜, 이대순
디자인   박진경, 표소영
발행처   킹덤북스
등록   제2009-29호(2009년 10월 19일)
주소   경기도 용인시 기흥구 동백동 622-2
문의   전화 031-275-0196 팩스 031-275-0296

ISBN 979-11-5886-325-8 03230

Copyright ⓒ 2025 제임스 머스커, 김영환

이 책은 저작권법에 따라 보호받는 저작물이므로 무단전재와 복제를 금지하며, 이 책의 내용의 전부 또는 일부를 이용하려면 반드시 저작권자와 킹덤북스의 서면 동의를 받아야 합니다.

※ 잘못된 책은 구입한 곳에서 교환하여 드립니다.
※ 책 가격은 표지 뒷면에 있습니다.

킹덤북스(Kingdom Books)는 문서 사역을 통해 하나님의 나라를 확장하고, 한국 교회와 세계 교회를 섬기고자 설립된 출판사입니다.

신세계 종교와 엘리트 신앙

청교도 관점에서 오늘날 종교 통합 비판

제임스 머스커, 김영환 지음

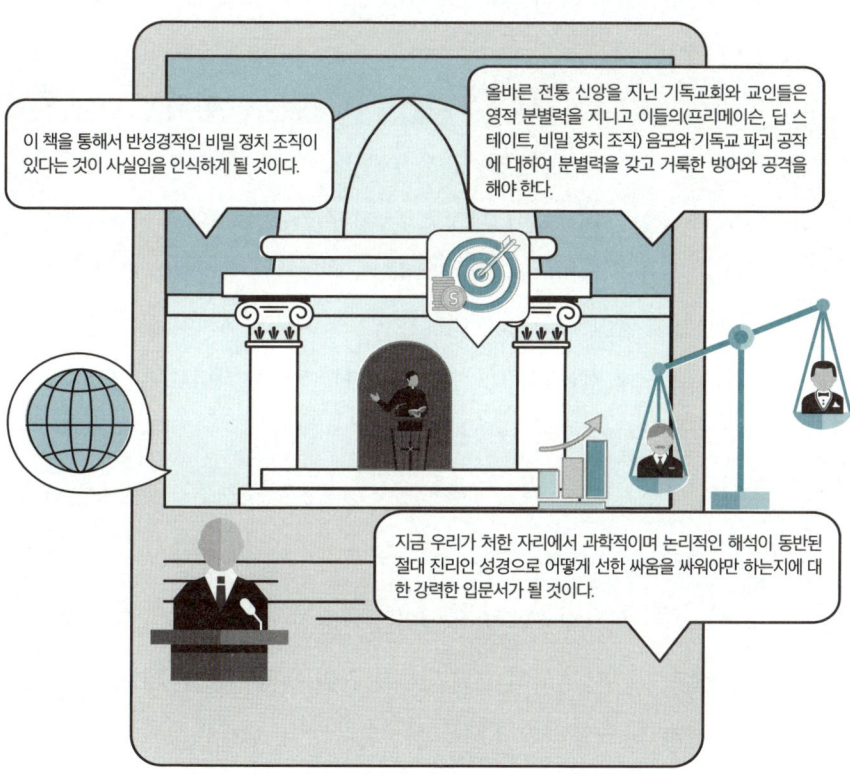

영국의 동지
제임스 머스커(James Musker)님께
감사드리며

"그러므로 그들을 두려워하지 말라. 감추인 것이 드러나지 않을 것이 없고 숨은 것이 알려지지 않을 것이 없느니라. 내가 너희에게 어두운 데서 이르는 것을 광명한데서 말하며 너희가 귓속으로 듣는 것을 집 위에서 전파하라. 몸은 죽여도 영혼은 능히 죽이지 못하는 자들을 두려워하지 말고 오직 몸과 영혼을 능히 지옥에 멸하시는 자를 두려워하라. 참새 두 마리가 한 앗사리온에 팔리는 것이 아니냐? 그러나 너희 아버지께서 허락지 아니하시면 그 하나라도 땅에 떨어지지 아니하리라. 너희에게는 머리털까지 다 세신바 되었나니 두려워하지 말라. 너희는 많은 참새보다 귀하니라. 누구든지 사람 앞에서 나를 시인하면 나도 하늘에 계신 내 아버지 앞에서 저를 시인할 것이요, 누구든지 사람 앞에서 나를 부인하면 나도 하늘에 계신 내 아버지 앞에서 저를 부인하리라(마 10:26-33)".

영국의 독실한 기독교 신자이며 신학을 전공한 이 책의 원저자인 제임스 머스커가 자신의 직업인 은행 업무와 관련된 재정 상담사(Financial Advisor)로 30여 년 근무하면서 터득한 세계의 정치, 경제와 종교를 실제적으로 움직이는 비밀 정치 조직(Cryptocracy/그림자 정부)에 대한 이야기인 『신세계 종교와 엘리트 신앙(The New World Religion and the Beliefs of the Elite)』이란 책을 읽고 저자의 진실을 찾기 위한 엄청난 노력과 열정에 충격과 함께 크게 감동했다. 그래서 곧바로 저자의 동의로 번역 작업이 시작되었고 원저자의 내용에 대부분 충실하면서도 좀 더 연구하고 보완하여 공저로 나오게 되었다.

지금의 교회 일치(Ecumanical)를 넘어서 종교 상호 간(Interfaith)의 세계 종교 통합 이니셔티브(United Religions Initiative/URI), 즉 세계 단일 종교의 시도는 세계 단일 통화 경제 체제와 세계 단일 정치 체제인 세계 단일 정부를 보다 더 용이하게 하기 위한 정신문화적 통일을 위한 것인데 이러한 선전 선동의 촉진의 배후에는 반전통 종교(특히 반기독교), 정상적인 시장을 거부하는 반자본주의와 하나님께서 부여해 주신 천부인권(Inalienable Rights)으로부터 오는 개인의 자유를 속박하는 사회주의/공산주의와 전체주의를 점진적으로 앞세워서 조종하는 루시퍼리안주의자들인 비밀 정치 조직(Cryptocracy)이 숨어 있다는 것을 인식하게 되었다. 더욱이 2016년 박근혜 대통령의 불법 탄핵, 중국 공산당과 정책 협약을 하고 북한의 지령을 따르는 더불어민주당과 국힘당(암묵적 묵인?)과 선거관리위원회와 LG등의 연합 공작으로 보이는 2020년 4월 15일 부정선거(2001년 전자개표기 도입 이후 계속되고 있고 윤석열 대통령님께서는 반국가 세력(종중종북/주사파공산주의자들)의 척결을 위해서 2024년 12월 3일 비상계엄을 선포했고 부정선거의 소굴인 중앙선관위를 한미공조[한국: 방첩사, 미국: DIA]로 급습해서 컴퓨터 포렌식을 위한 자료 확보와 중공인 99명(암호명?!)을 일본 오키나와 미군 기지와 미국 본토로 압송했고 곧 Trump 정부의 정보기관장의 임명과 함께 부정선거의 전말이 드러나서 자유 대한민국이 회복되어야만 할 것이다. 공산주의자 종중종북/주사파들의 계속적인 불법 위법 등으로 윤 대통령을 구치소에 가두고 (3월 8일 52일 만에 구속 취소됨) 4월 4일 악마 헌재가 탄핵했고 이는 한국 교회의 탄핵이고 대한민국 체제의 탄핵이다. 부정선거의 온상인 선관위의 해체 없이 대선은 공산주의자 이재명의 당선으로 고려연방제로 가는 지름길을 열어주는 것이다. 전광훈 목사님의 광화문 이승만 광장에서의 연 인원 수천만의 국민들의 외침으로 깨어난 자유 민주주의의 세력이 입법, 사법, 행정의 견제와 균형[Checks and Balances]이 무너져서 자유 민주주의 회복의 마지막 보루인 광화문 이승만 광장의 직접 민주주의의 표출인 헌법위의 권위를 가지는 국민저항권으로 반드시 대한민국의 자유 민주주의를 회복해야만 할 것이다! 할렐루야!), 반헌법적인 연방제 통일에 서명한 내란음모죄(사형?)인 간첩 문재인(고영주 장영관 공저, 『대통령이 된 간첩』북저암, 2024) 등의 가짜로 당선된 입법부 악법 제조 업자들인 국회 의원들에 의한 지난 문재인 정권 5년 여간 자유 민주주의를 파괴하는 8,000개가 넘는 사회주의 악법의 강제 통과, 지금도 수많은 사람들이 죽어나가고 있는 반과학적인 Covid-19 강제 백신, CO_2 기후 변화 사기, 666의 전단계인 CBDC(?) 등 모두가 '공산주의적 자본주의자'(Communistic Capitalist)나 '자본주의적 공산주의자'(Capitalistic Communist), 즉 이해 관계자 자본주의(Stockholder Capitalism)를 실행하는 비밀 정치 조직인 루시퍼리안들(Luciferians)의 장기적(Long-Range Terms) 계획인 단일 세계 질서(One World Order)를 실현하기 위한 것임이 점차로 드러나고 있다.

특히 서구와 유럽의 전통적 가치인 절대주의를 지향하는 성경과 기독교에 반대해서 일어나고 있는 세속적 인본주의(Secular Humanism)인 진화론과 포스트모던주의, 문화/신-마르크스주의(Culture/Neo-Marxism), 우주적 인본주의(Cosmic Humanism: Pantheistic New Age Movement[범신론적 뉴에이지 운동]) 등에 의한 현재의 세계적인 종교/문화 타락 현상인 LGBTQ+ (동성애법[성윤리파괴법/소돔고모라법/전인류사망의법])는 전통윤리 종교(기독교)의 가치를 파괴해 왔고 동시에 사탕/꿀 두번 바른 사회주의/공산주의 정책법인 평등법(Equality/1달란트법/자유의지노동박탈법/하향평준화법/차별금지법)에 의한 경제적 하향평준화 작업은 인간의 삶의 전 영역에 영향을 미치는 정치, 사상적 하향적 타락을 급속도로 야기시키고 있다.

 그런데 왜 이런 현상적 사조들이 발생하는가? 하나님의 계시를 통해서 인류가 낳은 위대한 사상인 유대-기독교 가치(사상)를 무시하고 업신여기며 더 나아가서 파괴하는 사상과 철학적 이념을 만드는 사람들은 누구인가? 이러한 반성경적 가치와 사상과 문화를 정치와 경제에 적용하는 종교는 무엇인가? 이 책은 여기에 대한 하나의 작은 대답이 될 수 있을 것으로 보인다. 세계를 지배하는 비밀 정치 조직들의 비밀스럽게 여기고 믿는 신앙을 설명한 책은 세상에 거의 없다. 우리가 세상에서 일어나고 있는 사건들을 이해하지 못하는 이유는 그 사건을 일으키는 연기자들(꼭두각시 정치인들)의 세계관과 정치 사상적 종교관을 모르기 때문이다. 이들 엘리트들은 단일 국가들의 국민들의 표로 투표해서 만들어지지 않은 단체인 UN과 세계 은행들의 최상부 은행인 '국제결제은행(BIS/The Bank of International Settlements)'을 활용해서 장기적인 목표로서 단일 세계 경제의 개발과 단일 세계 종교인 루시퍼리안 종교(Luciferian Religion)를 이용해서 신세계 질서(New World Order)인 단일 세계 정부(One World Government)를 계획하고 있다. 이러한 일들과 관련하여 신세계 종교가 왜 발생하고 그 종교는 무엇이고 최종 목적과 어떻게 연결되어 있는지를 설명해서 결국 세계의 혼돈과 하나님의 나라를 방해하는 핵심 음모들의 배경인 영적인 동인을 찾는 것이 이 책의 목적이다.

존 맥아더(John F. MacArthur)는 "하나님은 성경적 관점을 전진시키는 [정치적]-입법과 법원의 판결을 촉진함으로써 문화에 영향을 끼치도록 교회를 부르지 않으셨다."[1]고 교회의 삶의 현장을 배재하는 정종분리적인 면만을 보이고 있다. 그러나 웨인 그루뎀(Wayne Grudem)은 "하나님께서 전 세계 인간 사회에 이러한 중대한 개선을 가져오기 위해 일하도록 교회와 교회 내의 수천 명의 그리스도인들을 부르셨다고 생각합니다. 아니면 이러한 변화를 가져온 그리스도인들이 하나님께 대한 순종 때문에 그렇게 한 것이 아니라고 말해야 합니까? 이러한 변화가 하나님께 아무런 영향을 끼치지 못했다는 것입니까? 이것은 사실일 수 없습니다."[2]라고 아브라함 카이퍼가 말한 것처럼 성경의 말씀을 가지고 정치, 경제, 사회, 문화, 전 세계의 각 국면 속으로 들어가서 적용하는 것이 하나님의 뜻임을 성경적으로 명료하고 올바르게 해석하고 있다.

그러므로 한국 교회도 하나님의 말씀을 교회 예배당 안에만 가두고 고립시키는 플라토닉 경건주의(Platonic Pietism)에 비겁하고 어리석게 머물지 말고 성경과 역사적인 영미의 성경적 기독교와 청교도들이 담대

---

1 John F. MacArthur, *Why Government Can't Save You* (Edinburgh: Thomas Nelson, 2000), p.130.
2 See Wayne Grudem, *Politics According to the Bible* (Grand Rapids: Zondervan, 2010), pp.44-53, esp.51.

하고 거룩하게 이룩한 '1215년의 마그나카르타, 윌리엄 윌버포스의 1884년 노예 무역 철폐, 1863년 아브라함 링컨의 노예 해방 선언, 개인의 인권, 개인의 자유, 법 앞에 개인의 평등함, 종교의 자유와 정치가 교회를 간섭할 수 없다는 정교분리' 등등의 위대한 업적처럼 말씀(Logos)이신 그리스도께서 세상 속에 성육신 하셔서 몸소 행하시고(성육신의 언행 일치: Incarnational-Word-Into-Deeds) 우리 주님께서 제자들에게 가르쳐 주신 기도, 즉 "뜻이 하늘에서 이루어진 것같이 땅에서도 이루어지이다(마 6:7)."처럼 주님의 뜻이 실현[3] 되기 위해서 반성경적인 LGBTQ+(동성애법)와 공산주의 법인 평등법(차별금지법/Equality: 하향평준화법)의 통과를 적극적으로 막아내는 것뿐만 아니라 사회주의 악법들을 철폐시키고 더 나아가 성경적 복음의 자유 가치로 통일(자유 통일)을 달성해서 후에 주님 오실 길을 예비하는 진정한 세계 선교를 하기 위한 여러 가지 성경적 가치의 입법 활동들을 국내외에서 더욱 적극적으로 지혜롭고 역동적으로 함으로써 하나님께 영광돌려야만 할 것이다.[4]

독자들은 저자의 책을 통해서 반성경적인 비밀 정치 조직(Cryptocracy: Deep-State [그림자 정부]/Illuminati[일루미나티]/프리메이슨)가 있다는 것이 (반성경적인 음모[선을 가장한 악의 세력]가) 사실임을 인식하게 될 것이다. 이 책은 이 세상에 악한 비밀 집단이 없다고 생각하는 기독교인들이나 비기독교인들[무신론자] 모두에게 5W1H(6하 원칙)인, 그들은 누구이며, 무엇을, 어디서, 어떻게, 언제 그리고 왜 하는지에 대해서 우리가 이해하

---

3 "아버지여, 만일 당신의 뜻이라면 이 잔을 내게서 제거하소서. 그러나 내 뜻이 아니라 당신의 뜻대로 하시옵소서(눅 22:42)."
4 See Wayne Grudem, *Ibid*, p. 50.

고 지금 우리가 처한 자리에서 과학적이며 논리적인 해석이 동반된 절대 진리인 성경으로 어떻게 선한 싸움을 싸워야만 하는지에 대한 최소한의 입문서가 될 것을 확신하며 저자의 서문을 대신한다.

  끝으로 이 책이 나오기까지 도움을 주신 모든 분들께 감사의 뜻을 표한다. 특별히 전광훈 목사님과 킹덤북스(Kingdom Books) 대표 윤상문 목사님과 편집위원님들의 수고에 진심으로 감사를 드린다.

2024년 9월 28일 영국 웨일즈 카디프 연구실 창가에서

김영환

저자 서문

저자: 제임스 머스커(James Musker)

오늘날 우리가 사는 세상에서 발생하고 있는 일들을 설명하는 많은 책들이 있다. 그럼에도 왜 대량 이민자들 또는 경제적 불확실성이 발생하는가? 또한 왜 이런 이유들에 대해서 만족할 만한 답을 제시하지 못하고 이런 사건들이 발생하는 실제적 배후의 진짜 깊은 동기들에 대해서 결코 완벽하게 대답할 수 없을까? 왜 우리들은 폭증하는 분쟁과 분리의 세상을 보고 대부분의 사람들은 그저 '현기증나는 혼돈(Buzzing Confusion)'의 상태 속에서 사는 것일까? 왜 우리는 주류 세계의 시각에서 오는 많은 불안전성을 느끼는 것일까? 주어진 설명들은 오늘날 발생하고 있는 사건 배후의 진실한 이유들을 결단코 완전하게 설명하는 것으로 보이지 않는다. 항상 하나의 틈새 실수는 존재하기 마련이다.

이 책의 목적은 명백한 것의 '현기증나는 혼돈'의 배후와 우리의 지구를 지배하고 있는 파워 엘리트의 진정한 '동기 부여 요소들(Inspirations)'을 찾는 것이다. 우리가 사는 세상에서 발생하고 있는 배후의 실제적인 영감들은 무엇이고 이런 영감들을 가진 사람들의 신앙(Beliefs)은 무엇인가? 왜 그들은 표면에 보이는 것이 무엇이든지 더 많은 돈과 권력과 석유를 원하는 것일까? 이것이 바로 분명하고 유일한 그 이야기의 부분이다. 그러나 그것은 진짜로 중요한 것은 아니다. 그것은 그 사람들 스스로의 신앙이고 그들이 진짜로 소중하게 생각하는 것이다.

비밀 정치 조직(Cryptocrcy/그림자 정부)의 신앙과 그들이 비밀스럽게 믿는 것을 설명하는 책들은 거의 없다. 우리는 세상의 사건들을 다 이해할 수 없다. 왜냐하면 우리는 그 사건과 관련된 연기자들(꼭두각시들)의 정확한 세계관을 이해하지 못하기 때문이다. 결과적으로 우리는 부정확한 지식으로 무슨 일이 발생하고 있는지 단지 추측할 수 있을 뿐이다. 그러나 우리는 엘리트들의 장기적 목표가 신세계 질서(New World Order)라는 것을 알 수 있다. 즉 단일 세계 경제의 개발이 단일 세계 종교와 함께 단일 세계 정부에 의해서 실행된다는 것이다.

우리는 그들의 글에서 3가지 주요 목표들이 있다는 것을 알게 된다. 그런데 왜 그들은 이러한 일들을 하는 것일까? 이 책의 목적은 신세계 종교를 설명하는 것이다. 그 종교는 무엇이고, 그것이 어떻게 등장하게 되며 그리고 이 종교를 통해 그들이 시도하고 있는 궁극적 목표와 어떻게 연결되어지는 것을 설명하는 것이다. 당신이 일단 그들의 목표들을 이해할 수 있게 되면 오늘날 우리가 세상에서 겪고 있는 명백한 혼돈의 음모/계략들 뒤에 숨겨진 진정한 동기들의 많은 부분들이 확실하게 이해되기 시작할 것이다.

이 책은 최근의 세속 일반 문화에 역행할 수도 있는 어려운 개념들을 흡수하고 그 증거를 검토하기 위해 충분히 열린 마음을 가진 사람들을 위한 것이다. 많은 곳에서 그 결론들은 심오하고 사물들이 보이는 것만이 아닌 그 이면의 것들을 직관적으로(Intuitively) 인식하는 사람들을 위한 것이다. 그것의 중심에는 그들의 연구 기관들과 회사들을 운영하는 보이지 않는 정부와 같은 역할을 하는 하나의 비밀 정치 조직(Cryptocracy)이 있다는 것을 책 전체를 관통해서 여러 번 입증하게 될 것이다. 그들은 일반적으로 우리가 뉴스에서 보는 아마도 민주적으로 선출된 정치인들과 글로벌 금융업자들의 배후에서 이 일을 감행한다. 이 책은 그들이 누구이며, 그들이 믿는 것이 무엇이며 그리고 인류를 위한 그들의 장기적 목표들이 무엇인지를 입증하려는 것이다. 오늘날 세계가 직면하고 있는 복잡하고 광대한 상황을 이해하기 위해서 모든 필요한 세부 사항들이 설명될 것이다.

UN(United Nations/국제 연합)은 이 이야기의 일부이다. 왜냐하면 그들은 주권 국가들을 통제할 수 있는 새로운 규율들을 주권 국가들 위에 두려고 하는 기관이기 때문이다. 이것은 비밀이 아니다. 그것은 '어젠다 21(Agenda 21)', '어젠다 2030(Agenda 2030)' 그리고 '글로벌 생물 다양성 평가(The Global Biodiversity Assessment)'와 같은 그들의 문헌에 공개적으로 그리고 명료하게 명시되어 있다. 우리는 어떻게 외교관계위원회(CFR/The Council on Foreign Relations), 삼극위원회(TC/The Trilateral Commission) 그리고 국제결제은행(BIS/The Bank of International Settlements)과 같은 신세계 질서(New World Order)의 모든 그룹들이 동일한 내부 그룹에 의해서 운영되는지 탐구할 것이다. 이들 그룹들의 구성원들은 특이한 신앙을 가지고 있는데 우리가 좀 더 면밀히 살펴보면 그것은 간단하게 말해서 '루시퍼리안 철학(Luciferian Philosophy)'을 믿는 자들로서 요약된다. 이들, 선을 가장해서 악을 행하는 음모론자들 모두는 비밀 사회들에 대한 증명이 가능한 멤버들이다. 이것이 비밀 정치 조직(Cryptocracy/Deep-State)의 내부적 착수들을 위해서 정책을 만들고 통제하는 가장 쉬운 방법이기 때문이다.

신세계 질서의 궁극적 목표는 극소수의 가족들이 총체적 권력을 가지고 세계 인구를 완벽하게 통제하는 것이다. 이런 사회의 재질서를 위해서 그들은 수세기 동안 엄연히 [인류와 함께] 존속해 오고 있는 현재의 종교적 도덕적 구조들을 파괴하기 위해서 사회 공학(Social Engineering)적으로 조작하는 일에 지속적으로 종사해 오고 있다. 이런 전통적 종교적 도덕적 가치들과 신앙들은 역사적으로 크게 사회에 영향을 주었고 이들 세계의 종교들은 비밀 정치 조직의 파괴적 전략들로부터 일반 대중들을 보호해 왔고 세계의 주요 종교들의 가르침에 의해서 우리 일반적인 대중의 가치를 계속 유지해 왔다. 계속해서 세계 종교들을 철수시키거나 적어도 우리들의 신앙에 물타기를 하거나 'Do as thou wilt/당신들이 하고 싶은 대로 하라'는 인간의 비도덕적 욕구 충족의 '도덕적 하향평준화식 혹은 상대주의적 문화'를 촉진함으로써 엘리트들은 하나의 '도덕적 상대주의(Moral Relativism)'라고 하는 문화적 토대를 만들고 있다. 안타깝게도 문제는 경계가 거의 불분명할 때 우리 일반 대중들은 엘리트들이 원하는 정치적 올바름(PC: Politically Correctness [labeling the righteous as the unrighteous/사실상 정치적으로 올바른 사람들[유대-기독교와 자유 민주 세력을 나쁜 사람으로 낙인찍기])에 세뇌되도록 활짝 열려 있다는 것이다. 그리고 이것은 하나의 통제 메커니즘으로 사용된다.

오늘날 파워 엘리트들은 오래된 종교적 신앙들(특히 유대-기독교)을 파괴하고 [어머니]-지구 숭배([Mother]-Earth Worship)의 한 형태를 기반으로 해서 하나의 '뉴에이지 종교(New Age Religion)'로 대체하려고 하고 있다. 이는 한 사람도 불순한 질문 없이 [전체주의적인]-정부의 권위에 순복하고 종교적 관찰의 문제로 나타날 노예 제도를 사랑할 하나의 '지구의 시민(Planetary Citizen)'이 되게 하려는 것이다. 그렇게 하면 복합적 목적들을 성취할 것이다. 이것을 밀어붙이는 주된 이유는 인간들이 소비하는 비용에 대해서 비밀 정치 조직의 손아귀 안에 인간들을 총체적으로 통제하는 권한이 있다는 것이다. 이것은 서구 경제를 탈동조화(Decoupling/파괴)와 나머지 세상의 삶의 수준과 동일하게 하향평준화(Lower Standards of Living to Equal/Downward Leveling)를 수용하게 하는 것을 포함한다. 이것은 지금도 '어젠다21(Agenda21)'과 다른 '지속가능한 개발(Sustainable Development)'에 관한 저작물들에서 자세히 설명된 것처럼 '환경 보호와 연계된 한 신조의 이름으로(In the name of a creed linked to saving the environment)' 자행되고 있다.

 전체적인 그림은 역시 저작물들 속에서 확증되고 언급된다. 알버트 파이크(Albert Pike), 헬레나 페트로브나 블라바츠키(Helena Petrovna Blavatsky)와 알리스 안 베일리(Alice Ann Bailey)와 같은 루시퍼리안들의 신앙은 신세계 종교로 대체하기 위해서 궁극적으로 기독교의 붕괴와 파괴를 여러 번 언급했다. 그들의 예측은 기독교가 붕괴되고 기독교인들이 죽게 된다면 신세계 종교를 위한 길을 만드는 거짓 빛을 예배하려고 연합될 루시퍼리안 엘리트들에 의해서 나머지 인류들이 인도될 것이라고 한다. 이것이 그들의 소망이지만 성경적으로 실제로는 기독교는 대환란[1]("내가 가로되 내 주여 당신이 알리이다 하니 그가 나더러 이르되 이는 대

---

1 2023년 정통 청교도의 관점을 계승해가는 목회자(학자)들인 존 파이퍼(John Piper)와 존 맥아더(John MacArthur)는 '어떻게 미국의 기독교인들이 핍박을 준비할 수 있는가(How Can

환란에서 나오는 자들인데 어린양의 피에 그 옷을 씻어 희게 하였느니라."/계 7:14)의 기간 동안에도 살아남을 것이다. 세상 모든 주요 종교들에서 언급된 최후의 전투들과 종말론적 예언들은 이러한 상황을 더욱더 확증한다.

   무서운 신세계 질서에 대해서 이해하기에 가장 어렵고, 환상적이고, 가장 복잡한 부분을 먼저 [서문에서] 간략한 선행 지식으로 이해하는 것은 독자들에게 도움이 될 것이다. 신세계 종교를 위한 증거는 모든 종류의 저작물들과 논평과 분석에서 나오는 인용문들과 온라인(Online)과 오프라인(Offline)의 정보에 의해서 명료하게 입증될 것이다. 전체적인 그림은 심각하게 받아들일 만큼 충분히 견고하다.

   일반인들이 정부와 언론의 반성경적 신화에 의해서 너무 쉽게 속아 넘어갈 때 신세계 경제(New Global Economy)와 신세계 정부(New World Government)를 진행하는 것은 비교적 쉽다. 안타깝게도 당신이 해야 할 일은 세계주의의 '북을 치기'와 국가가 그들의 이익을 추구하면서 약간의 위협이 동반되는 것을 항상 사람들에게 알리는 비대중적인(인기 없는) 법률들을 통과시키는 것뿐이다. 곧 충분한 네트워크를 통해서 그들은 갈망하는 완전한 통제권을 가질 것이다. 그러나 어떻게 비밀 정치 조직이 전 세계 모든 종교들을 하나의 신앙 체계로 통합(혼합/종교 다원주의의 미끼로)해 나갈 것인가? 그들은 어떻게 적그리스도를 하나님으로 예배하

Christians in America Prepare for Persecution)?'란 제목의 대담에서 참기독교인들에게 남은 것은 휴거(Rapture/"그 후에 우리 살아 남은 자도 저희와 함께 구름 속으로 끌어 올려 공중에서 주를 영접하게 하시리니 그리하여 우리가 항상 주와 함께 있으리라."[살전 4:17])와 핍박(Persecution)만 남았다고 급하게 주님 재림의 긴급한 오늘의 시대를 진단했다. See https://youtu.be/hBj195oor1U?si=8K8BG1OSK5Odp.

기 위해서("저는 대적하는 자라 범사에 일컫는 하나님이라 숭배함을 받는 자 위에 뛰어나 자존하여 하나님 성전에 앉아 자기를 보여 하나님이라 하느니라." [살후 2:4]) 인간들을 강요할 것인가?

  이 책의 결론들은 필요에 따라서 근본적으로는 기독교의 믿음의 문제에 관한 것이다. 그리고 당신이 가진 신앙이나 신조 또는 만일 당신이 단순히 어떻게 세계 종교들이 변형되고(Transformed) 다음 100년 동안 변화되는 것에 흥미가 있다면, 즉 다른 대안적 시나리오(Alternative Scenario)를 찾기를 원한다면 이 책은 당신을 위한 것이다. 당신이 마치 종교적 신앙에 관심이 없는 완고한 무신론자(Atheist)나 인본주의자(Humanist)일지라도 당신은 어떻게 엘리트들이 당신과 우리 모두를 최종적으로 노예로 만들기 위한 권력을 얻는 사회적 수단으로서 종교를 사용하는 방법을 볼 수 있게 될 것이다.

  저자는 직설적으로 말하는 것을 선호한다. 우리가 직면하고 있는 사회적이고 정치적인 상황은 매우 [위험하고] 무겁고 엄중하기 때문에 막연한 환상은 있을 수 없다. 우리는 하나의 위기로부터 다른 위기로 갑자기 기울어지는 바이올린처럼 연주되고 엘리트들이 원하는 것은 무엇이든 믿고 행동하고 생각하도록 조종(조작)된다. 우리는 그들의 손아귀 안에 있는 놀이게(점토/Putty)와 같다. 보기에 얼마나 애처로운가! 로봇 공학(Robotics)과 트랜스휴머니즘(Transhumanism)이 하나의 생존 가능한 제안이 된다면 더 이상 서레이드(Charade: 제스처 게임/가짜/위장/속임수)를 유지할 필요가 없을 것이며 우리가 최근 살고 있는 낡은 사회적 경제적 시스템의 마지막 경련은 '신국제 경제 질서(New International Economic Order)'의 비상사태에 양보하게 될 것이다.

기독교인들을 위해서는 저자의 관점이 기독교 신앙에서 기초를 두고 있기 때문에 이 책은 당신을 위해서 특별히 쓰여졌다. 하나님의 목적은 우리의 길 앞에 다가오는 거짓말을 대항("어느 사람도 너희를 어떤 방법으로나 속이지 못하게 하라. 왜냐하면 배교가 일어나고 무법자가 나타나고 파멸의 아들이 나타나기 전에는 그날이 오지 아니하리라(살후 2:3)." "속지 않도록 하라. 하나님은 조롱받으시지 않느니라. 사람은 그가 심은 것을 거두리로다(갈 6:7).")[2]해서 당신과 모든 사람들을 준비시키기 위함이다("그리고 너희의 마음에 그리스도를 주님으로 구별하라. 항상 너희가 가진 소망을 위한 이유를 설명하기 위해서 너희에게 질문하는 모든 사람에게 대답하도록 준비하라[벧전 3:15]"). 종교가 없는 사람들에게 이 책은 신학과 음모론에 기초한 기독교 책이 아니라 하나의 세계 종교 어젠다(Agenda)와 엘리트들의 루시퍼리안(Luciferian) 신앙을 더 알차고 풍성하게 설명하는 책이 될 것이다. 이 책 속에는 많은 종교적 개념들이 있지만 저자가 원하는 것처럼 너무 위협적일 정도로 그렇게 많은 것은 아니다. 이 책은 기독교인들을 위한 성경적인 관점뿐만 아니라 동시에 무신론자들과 타 종교인들을 구원하기 위한 간접적 도구인 일반 세상의 관점(하나님께서 창조하신 일반 은총의 이론들)에서 신세계 종교에 대한 설명을 시도하였다.

제임스 머스커

영국 써리(Surrey)에서, 2024

---

[2] 모든 성경 구절은 역[저]자가 히브리어와 헬라어의 원전을 직역한 것임.

추천사

김영한

기독학술원 원장/샬롬나비상임 대표/숭실대 명예교수

본서의 원저자 제임스 머스커(James Musker)는 영국의 독실한 기독교 신자로서 영국 노스웨일즈대학교(North Wales University) 종교학부에서 신학 학위를 한 신학자이면서 30여 년 이상 은행 업무에 종사한 재정 상담사로 봉직하고 있다. 그는 본서에서 세계의 정치, 경제와 종교를 실제적으로 움직이는 비밀 정치 조직(Cryptocracy/그림자 정부)이라는 신세계 종교의 실상을 알리고 있다. 그는 본서에서 엘리트들이 국가의 권위를 둔 혼합 종교라는 하나의 '신세계 종교를 구축하려는 음모를 고발'하고 있다.

본서의 번역자요 공동 저자인 김영환 선교사는 안양대 출신의 복음주의 목회자요 영국 웨일즈대학교(University of Wales, Lampeter)에서 신약학(A Narrative Preaching of the Holy Spirit in Luke-Acts/누가사도행전에 나타난 성령님의 이야기식 설교에 관한 연구)으로 철학 박사(Ph.D) 학위를 받고 트리니티 칼리지 브리스톨(Trinity College, Bristol)에서 박사후 과정(Post-Doctorate Course)을 수료한 신학자로서, 영국에서 20년 이상 거주하면서 현지 영국인 대상으로 2006년 이후 동양인 최초로 옥외설교(Open-air Preaching)를 실시하고 현지 목회를 하면서 영국 시민권(British Citizenship)을 취득하였다. 그는 현재 영국 웨일즈의 수도 카디프에서 불꽃교회(Heart Fire Church)와 하시딤 바이블 칼리지(Hasidim Bible College, Unofficial)를 운영하고 있다. 김영환 목사는 한국의 장로교회의 대신 교단 출신으로 한국 최초의 신학 박사(Th.D)이신 고 김치선 목사의 보수 정통 신학과 신앙을 갖고 있으며, 영국 웨일즈 출신 첫 한국 선교사로 1866년 대동강 쑥섬에서 순교한 로버트 저마인 토마스(Robert Jermain Thomas, 1839-1866) 선교사의 청교도 신앙을 포스트모던 시대의 위기에 처한 영국 교회에 되돌려 주려고 하는 선교의 열정으로 봉사하고 있다.

본서에서 공동 저자들은 오늘날 세계의 영적 추세는 교회 일치(Ecuamnical)를 넘어서 종교 상호 간(Interfaith)의 세계 종교 통합 이니셔티브(United Religions Initiative/URI) 즉 세계 단일 종교의 출현으로 나아가고 있다고 주장한다. 이러한 추세를 "종교의 정치화(Religious Politicisation)"이며 "짐승 시스템(The Beast System 666)"의 출현으로 본다. 본서는 이를 "루시퍼리안 엘리트(The Luciferian Elite)"의 "영지주의 지구 숭배 종교(The Gnostic Earth-Worship Religion)"라 부르고 있다. 이 시스템은 세계 단일 통화 경제 체제와 세계 단일 정부를 보다 더 용이하게 하기 위한 정신 문화적 통일을 위한 것으로 본다. 이러한 선전 선동의 촉진의 배후에는 루시퍼리안주의자들인 비밀 정치 조직(Cryptocracy)이 숨어 있다고 논증적으로 명료하게 분석하고 있다.

비밀 조직은 반전통 종교(특히 반기독교), 반자본주의와 하나님께서 부여해 주신 천부인권(Inalienable Rights)으로부터 오는 개인의 자유를 속박하는 사회주의/공산주의와 전체주의를 점진적으로 앞세워서 조종하고 있다고 본다. 이 비밀 정부 배후에는 악의 원동력으로 사탄이 배후에 있으며 이들 비밀 정치 조직 엘리트들은 UN과 세계 은행들의 '국제결제은행(The Bank of International Settlement/BIS)'을 활용해서 장기적인 목표로서 단일 세계 경제의 개발과 단일 세계 종교인 루시퍼리안 종교(Luciferian Religion)를 이용해서 신세계 질서(New World Order)인 단일 세계 정부(One World Government)를 계획하고 있다고 한다.

여기서 공동 저자들이 답하고 있는 주장에는 그동안 한국 교회와 세계 교회가 성경적으로 소홀하게 여겨왔던 포스트모던 시대의 세계적으로 움직이는 다양한 조직들의 반기독교적 성향에 대한 예언적 안목이 담겨 있다. 이러한 통찰에 대한 사실적 검증은 앞으로 성경의 예언과 성취의 패턴과 함께 역사의 진행 가운데서 그 모습을 드러낼 것이다. 단일 세계 종교의 시도는 전통적 기독교 신앙과 신조를 허물어 뜨리는 점에서 적그리스도(Anti-Christ)의 형태를 띠고 있다. 따라서 본서는 올바른 전통 신앙을 지닌 기독교회와 교인들은 영적 분별력을 지니고 이들의 음모와 기독교 파괴 공작에 대하여 분별력을 갖고 거룩한 방어와 공격을 해야 한다고 역설한다. 공동 저자들은 "거짓된 정치적으로 올바른 신앙(Politically Correct Beliefs)보다는 절대적인 성경 말씀 위에 든든히 서서 흔들리지 않는 믿음(Unmovable Faith)과 그리스도를 사랑하는 것이 필요하다." 고 역설한다. 종말론적 역사관을 지니고 있는 기독교 신자들과 지식인들에게는 이러한 통찰이 지니는 해석을 역사의 진행을 바라보는 하나의 해석의 틀로 참고하면 도움이 될 수 있을 것이다.

비밀 정치 조직이 그림자 형태로 존재하는데 이들의 사상적 도구는 기존의 인류가 세뇌된 세계관인 i)진화론, 포스트모더니즘: [세속적 인본주의/Secular Humanism], ii)공산주의: [신/문화공산주의[[Neo/Culture Marxism]], iii)뉴에이지: [우주적 인본주의/Cosmic Humanism]) 등으로 표현한다고 언급한다. 이것들을 완전히 버리고 완전히 새로운 [성경적]-관점으로 진리를 찾는 것이 요청된다고 본서는 피력한다.

본서는 주류 기독교의 입장과 성경적 종말론에 입각해서 볼 때 비밀 정치 조직은 예수 그리스도에 의해서 실패하게 될 것을 천명한다: "예수 그리스도는 인류 역사의 정점(최고점/극점)이시다. 예수님은 사탄과 비밀 정치 조직(Cryptocracy)의 사탄 세력에 대해 승리하실 것이다. 이러한 본서의 역사관은 요한계시록의 종말론적 역사관에 정확하게 일치하고 있다. 본서는 성도들이 믿음을 갖고 우상 숭배 세력에 굴복하지 말고 믿음을 지키라고" 권면하고 있다. 본서는 오늘날 세계의 영적 진행 방향에 관심을 갖고 있는 깨어 있는 신학자들, 목회자들, 평신도들에게 각종 종교 다원주의적인 신비주의에 대해 연구하려는 종교 학도들과 신학생들에게 필요한 통찰과 안목의 자료들을 제시해 줄 것이다. 그리고 무신론자들과 타 종교인들에게는 성경의 계시가 지금 세상에서 성취되고 있다는 사실들을 논증적이며 사실적인 자료들로 신세계 질서(New World Order)를 설명하기 때문에 그들의 귀한 영혼 구원을 심각하게 생각하는 분들에겐 충분하고 귀한 책이기에 강력히 추천한다.

추천사

소기천
전, 장신대학교 교수/현, 한국개혁신학회 회장/현, 예수말씀연구 소장

    은행 재정 상담사인 제임스 머스커와 영국 선교사인 김영환 박사가 공저한 이 책은 예수님의 말씀에 기초한 성경에서 세계 종교 통합과 단일 종교 문제를 근본적으로 물어보려는 시도이다. 특히 이 책은 공산주의가 네오 마르크스주의와 사회주의로 탈바꿈한 세계의 현 상황에서 사탄을 추종하는 세력에 편승하여 비밀 결사 조직이 활약하는 것을 면밀히 파악하여 그 대안을 제시하고 있다. 또 하나, 일루미나티가 몽상을 꾸고 있는 세계를 하나로 통합하려는 세계 엘리트 제국은 전 세계 영향력 있는 정치, 종교, 경제 지도자들을 전면에 내세워서 사탄적인 세계를 만들려는 망상이 진행중인 긴박한 내용에 대해서 이 책은 면밀하게 분석하고 있다. 이에 더하여 프리메이슨은 이미 비밀 정치 조직을 만들어서 숨겨진 정부로 하나님의 창조 질서를 거역하고 인간을 마음대로 통제하는 영향력을 드러내고 있다는 것이 이 책의 출발점이다. 이들의 목표는 기독교를 무너뜨리고 뉴에이지 종교를 퍼뜨려서

하나님의 형상대로 지음을 받은 인간을 사탄의 임의대로 조종하려는 것이다.

이들의 배후에는 루시퍼리안(Luciferian)이 있다. 이런 사탄의 음모는 기독교에서는 영지주의로, 유대교에서는 카발라 신비주의로 점차 그 세력을 확장해 오면서 사탄과 교제하는 비밀 결사 조직까지 운영하고 있다. 이들이 망상 속에 이루려는 세계는 창조주 하나님이 아니라 사탄을 추종하는 세력이 꿈꾸는 허망한 유토피아이다. 이들은 이미 비밀 정치 조직망을 구축하여 그림자 정치를 통해서 전 세계에서 모든 인류를 하나로 묶는 통제를 가속화하고 있다. 이미 청년을 포함하여 미래 세대는 '거대한 사회 공학(Great Social Engineering)'에 짓눌려서 맘몬에 굴복되고 엄청난 부채 속에 무기력하게 허덕이고 있는 현실이다.

그러면 어떻게 할 것인가? 성경이 가르치는 창조주 하나님을 굳게 믿고 새 하늘과 새 땅을 통하여 새 창조를 이루실 예수님을 굳게 붙잡고 나아가는 길밖에 없다. 이미 한국에서도 WCC와 NCCK를 통한 반기독교적인 포스트모더니즘과 동성애(LGBTQ+) 옹호를 위한 차별금지법(하향편준화법) 제정을 촉구하는 움직임이 여러 차례 있었는데, 성경의 근본적인 가르침에 선 성도들이 적극적으로 나서서 국회에 상정된 법안 처리를 가까스로 막아내고 있는 힘겨운 상황이다.

이 책은 모든 것을 숫자로 풀어서 인간을 통제하려는 거대한 음모에 맞서서 예수님께서는 말씀이 육신이 되신 분이시기에 '숫자가 되지 않은 유일한 로고스'로 사탄의 세력으로부터 인간을 구원하신 구세주로 모든 문제의 대안이 되신다는 사실을 성경 말씀을 통해서 제시한다.

숫자로 인류를 통제하려는 거대한 음모에 맞서면서 이 책은 그릇된 정보를 일일히 찾아서 비판하며 삼위일체 하나님의 영원하신 하나님의 나라가 이 거대한 사탄적인 음모를 물리칠 수 있다고 제안한다.

인류가 꿈꾸는 신세계인 유토피아는 이 땅에 없고, 다만 시내산에서 모세가 떨기나무 불꽃 가운데서 경험한 신시대는 제2의 모세로 오신 예수님만이 타락한 인류를 에덴동산으로 회복시킬 수 있는 유일한 희망이다. 사탄이 지배하는 신세계 질서는 허망하게 끝나지만, 예수님께서 이루실 하나님의 나라는 음부의 권세를 이기실 것이기에 프리메이슨 세력을 물리치려는 뜻있는 분들의 일독을 권한다.

추천사

이왕재

서울대학교 의과대학 면역학과 명예교수/바노바기 웰니스 클리닉 원장

저는 종양면역학자요 비타민C의 최고 전문가 의료인으로서 지난 4년간 Covid-19의 병태생리상 종래의 예방 주사로는 감염 예방이 불가능하고 검증되지 않은 백신 부작용의 문제점에 대해서 전방위적인 대국민 계몽 운동에 앞장서 왔습니다. 그러나 "백신 안에는 인체의 유해 물질(자성 그래핀 산화물[Magnetic Graphene Oxide]과 트리파노소마 크루지 기생충[Trypanosoma Parasites])을 함유하고 있고 장단기적으로 사람의 목숨에 매우 위험할 수 있다.'고 2007년 HIV[후천성 면역결핍증 바이러스] 발견으로 노벨 생리의학상을 수상하신 고 뤽 몽타니에(Dr. Luc Montagne) 박사님과 전 존스홉킨스 대학교 의대 교수이신 로버트 오 영(Dr. Robert O Young) 박사님께서 2021년에 발표했습니다. 백신을 계속해서 맞을 경우 항체 의존성 염증 강화(ADE/Antibody Dependent Enhancement) 현상이 일어나는데 주요 발병은 혈액 응고(Clots of Blood)현상으로 각종 암 등 약 1,200여 부작용으로 인한 질환이 지금도

발생하고 있고 장기간 계속해서 발생할 것입니다.

　은행 대출 전문가인 제임스 머스커와 영국 선교사인 김영환 박사가 공저한 이 책은 성경 말씀에 기초해서 단일 세계 경제, 단일 세계 정치, 단일 세계 종교에 대해서 본질적으로 해석하려고 시도하였습니다. 현재 전 세계적 현상으로서 문화[신] 공산주의의 일환으로 강압적인 동성애법과 하향평준화법인 차별금지법의 범람(통과 시도와 통과)으로 성경에서 시작된 자유 민주주의와 자유 시장 경제가 급속히 위협받고 있는 배경에 글로벌리즘을 표방하는 비밀 정치 조직인 딥스테이트와 프리메이슨과 일루미나티가 존재한다는 사실을 섬세하고 논리적으로 증명하고 성경적인 하나의 대안을 제시하고 있습니다. 이 비밀 조직은 정치와 경제는 거의 장악해 가고 있으나 종교가 아직 장악이 안 되었다고 보기에 절대주의를 믿는 기독교가 자신들의 단일 세계 정부 수립의 목표에 걸림돌이기에 상대주의적인 힌두교의 만신론에 기초한 뉴에이지 종교를 통해서 기독교만 구원이 있는 것이 아니라 힌두교, 이슬람교 등 모든 종교에 구원이 있다는 단일 세계 종교의 통합으로서의 종교 다원주의(Multi-Faithism)로서 종교적 하향 평등을 실시하는 극히 반성경적이요 반역사적이요 신세계 단일 종교를 추구하려고 하고 있다고 경고하고 있습니다. 이들은 영지주의와 수비학과 신지학과 진화론, 상대주의적 절대주의인 포스트모던주의와 문화[신]공산주의 등을 사용해서 그림자 정부의 조직을 통해서 전 인류를 검열하고 통제하는 '거대한 사회 공학'으로 그들의 꼭두각시들로 만들어가는 것을 경고하고 명료하게 증명하고 있습니다. 특히 공동 저자들은 청교도적인 성경의 관점에서 이들의 단일 세계 종교 통합으로 완성될 CBDC류의 단일 세계 통화 경제 체제와 적그리스적 루시퍼리안 단일 세계 정치 체제를 경고하고 두려움과 의심 없이 기쁘게 진리로 싸워 사탄의 진들을 파쇄함(고후 10:4-5)으로써 교회의 부흥과 자유 민주주의의 부흥을 통해서 주님의 오실 길을 예비하라고 제시하고 있습니다. 세계 경제 포럼의 회장인 클라우스 슈밥(Klaus Schwab)과 티에리 말레레(Thierry Malleret)가 공저한 『Covid-19: The Great Reset/코로나-19: 위대한 리셋(2020)』에서도 언급한 서구 유대-기독교의 가치인 자유 민주주의 자유 시장 경제를 무너뜨리고 모두가 평등한 디지탈-전체주의 휴먼을 추구하려는 시도로서 우리가 목도하고 있는 코로나19와 그의 강제 백신 접종은 인구 감축의 일환으로 극히 계획된 것이며 이후에 의료 전체주의와 의료 공산주의를 추구하려는 이들의 사악한 시도 앞에 한 명의 면역학자요 의사와 기독교 신앙인으로서 성경적으로 승리할 수 있는 해석을 제시하는 이 책을 기독교인뿐만 아니라 일반 국민들 모두가 일독하시기를 강력히 추천합니다.

추천사

전기엽

2024년 (법인 단체) 노벨재단 추천, 2024-2025년 노벨 생리의학상 후보, 홉킨스(Hopkins) 전일내과 원장, 존홉킨스 의대 과학 박사, 전남대 의대 Ph.D, 내과/가정의 전문의, 의학 박사, 과학 박사, 명예신학 박사, 예장 합동 목사

저는 지난 2020년부터 코로나-19 질병과 COVID-19 백신에 관한 연구와 발표 등을 해오면서, 사람들이 알고 있다고 말들은 하지만 잘 못 알고 있는 내용들이 너무도 많이 있다는 것과, 스스로 공부하고 찾아보려는 노력 없이 정부와 신문, 방송, TV 등에서 거짓으로 알려주는 내용에 흠뻑 빠져 있어서, 진실을 찾지 못하고 허우적대다가 질병으로 고생하고 심지어는 사망하는 많은 사람들을 보았습니다.

여행을 하기 전에 그 지역의 역사와 문화에 대한 책을 읽고 그 지역의 현실 생활에 필요한 정보를 알고 가면, 3박 4일, 또는 7박 8일의 여행길이 더욱 재미있고, 자신이 배우고 아는 만큼 더 많이 보고 깨닫게 됩니다. 우리가 살고 있는 이 세상에 대해서도 마찬가지입니다. 신문방송이나 라디오, TV 등에서 말하는 거짓에 점철된 내용과 악한 자

들이 우리들에게 "이렇게 알고 있으라, 이렇게 믿고 있으라"고 전해주는 사실이 섞여 있는 여러 내용 중에서 거짓과 진실을 분별하고, 또 현실의 진실 속에서 우리의 갈 방향성을 깨닫고 걸어가는 것이 중요합니다. 우리 주님의 자녀들이 또 주님의 교회들이, 이 땅에 머물고 있을 때까지는, 악한 자들이 꿈꾸는 세상이 만들어지지 않도록, 거룩한 영적 전쟁을 통해서 주님께 영광을 올려드리는 하루하루의 보람찬 삶을 살도록 해야 하겠습니다.

코로나19 질환을 예방하기 위해서 만들었다는 코로나19 백신이 예방 효과는 없고 단지 질병의 악화를 막아주는 역할밖에 하지 못하여, 코로나19 백신은 예방 백신이라 할 수 없고 치료제이기 때문에, 코로나19 백신 접종을 종교적 신념을 무시하고 강화하는 것은 미국 수정헌법 제1조의 자유의 존중 정신에 위배되는 것이라는 미 법원의 판결 이후(2022년 1월 6일, 텍사스주의 연방 오코너 판사)에도 2024년 6월 16일 우리나라에서 인터넷을 통하여 찾아볼 수 있는 내용을 "세계 최초 코로나19 백신 접종 당시 사용된 주사기가 영국 런던 과학박물관에 전시 중이다." "코로나 백신으로 주목받는 mRNA 기술, 어떤 부분이 강점일까?", "코로나19 백신으로 입원 예방 효과", "국내 및 세계 코로나19 치료제 백신 개발, 어디까지 왔나?"라는 내용들이 주류를 이루고 있습니다. 많은 국회 의원들이 mRNA 백신 반대의 의견을 정보통신망에 올리거나 하면 허위 조작 정보 게재라고 하여 최고 5년 이하의 징역 또는 5천만 원 이하의 벌금을 내게 하고, 백신 접종 유무를 표시한 진료기록부를 전자적 방법으로 확인할 수 있도록 하여 개인의 경제적 활동이나 CBDC, 백신 패스와 연계하려는 개정법률안이 쏟아져 나오고 있습니다. 초등학교 중등학교 학생들에게 영과 혼을 아름답게 가꾸는 교육을 하는 대신에 정신적 도덕적인 타락에 물들 수 있는 성적 자유(방종)를 가르치고, 동성애 결혼을 장려하고 동성애 성직자를 임명하고 있고, 우리나라 헌법에서 '자유'를 빼려는 시도들이 국회에서 벌어지고 있습니다. 우리나라 역대 대통령들인 이승만 대통령, 박정희 대통령, 전두환 대통령, 이명박 대통령, 박근혜 대통령들은 큰 고초를 겪었고, 광주 5.18 때에는 북한군 및 테러분자들 600명이 침입했다는 증거를 주장하는 제가 존경하는 지만원 박사님(2025년 1월 15일 2년 만기출소함)은 벌금도 내고 구치소 생활을 하고 있습니다. 우리나라를 위시한 194개 WHO 회원국들 조류 독감 백신에 반대하는 시민들을 체포, 구금, 벌금 등을 하기로 합의했다는 기가 막힌 소식도 접합니다.

이렇게 자유 민주주의가 신음하는 우리나라와 세계의 정세 속에서 마음의 고통을 당하고 있고, 왜 이러한 일들이 일어나고 있는 것인지 또 어떻게 해결할 것인지에 대해서 궁금해 하고 고민하시는 분들께 이 책을 권합니다. 또한 현세상에서 뉴에이지(New Age)와 신세계 질서(New World Order)를 주장하고 세계 단일 정부(One World Government), 세계 단일 종교(One World Religion)를 이루려는 악마주의자들(Luciferians[루시퍼리안])인 초엘리트(Elite)들에 대해서와, 예전부터 알려진 일루미나티(Illuminati), 프리메이슨(Freemason), 영지주의(Gnosticism), 트랜스 휴머니즘(Transhumanism) 등의 내용에 익숙하지 못한 분들께 영국 웨일즈에서 선교 사역을 하고 계시는 김영환 박사님께서 제임스 머스커와 함께 공저하신 『신세계 종교와 엘리트 신앙』이란 제목의 책을 적극 권해드립니다.

이 책을 통해서 독자들이 '왜 사람들이 정치의 세계에 들어가면 이상해지는가?' 급변하는 경제와 WCC, WEA, NCCK 등에 의한 의도적인 종교 통합을 통해서 기독교를 파괴하려는 도구로서의 신세계 종교와 이 세계 단일 종교를 통해서 세계 단일 정부와 세계 단일 경제의 세계 단일 질서(One World Order)를 실현하려는 오컬티스트들(Occultists)인 엘리트가 있다는 것을 논리적으로 그리고 알차게 이해할 수 있도록 도움을 줍니다. 또한 해결책으로서 날카로운 비판과 성경적인 해석을 시도한 훌륭한 책이라고 사료되기에 강력히 추천하는 바입니다

추천사

최웅섭
지구마을교회 담임목사/아제르바이잔 선교사/에스에스라이트 회장

'지피지기 백전불태'라는 말이 있다. '적을 알고 나를 알면 백번 싸워도 위태로움이 없으며, 적을 알지 못하고 나를 알면 한 번 이기고 한 번 지며, 적을 모르고 나를 모르면 싸움마다 반드시 위태롭다'는 뜻이다.

나는 목사, 선교사, 전문 기업 경영인으로 살면서 무기력할 때가 있다. 하지만 당당함으로 무기력함을 이겨낸다. 더불어 교회의 무기력함과 교인들의 무기력함을 볼 때 답답함이 있다. 성경은 우리에게 적을 이기는 방법을 정확하게 말씀하고 있다. 하지만 세상을 이기지 못하고 세상에 점령당하며 사는 모습을 수없이 본다. 나는 메시지를 선포할 때 교인들에게 당당하게 살 것을 요구한다. 하나님의 위대한 백성으로서 백전백승하기를 바란다. 아니 이것이 50%라도 되면 좋겠다. 나는 영국 웨일즈 선교사인 김영환 박사님께서 책에서 말하는 수많은 주제들에 대하여 독자들이 더욱더 세밀하게 알기를 바란다.

세상의 공중의 권세 잡은 자 그들은 누구인가? 나는 오랜 동안 수많

은 나라를 대상으로 사업하였고, 지금도 목회, 선교, 사업을 병행하고 있다. 목사이면서 선교사인 내가 사업을 하고 있는 이유는 간단하다. 나의 사업을 통해서 사업 세계의 권세 잡은 자들에게 빼앗긴 하나님의 사업 영역을 되찾아 오고자 함이다. 내가 공중의 권세 잡은 자들로부터 되찾아 올 영역은 목회 영역, 선교 영역, 사업 영역 즉 공중 권세 잡은 악한 영들에게 빼앗긴 하나님의 나라의 영토를 확장하는 것이다.

교회가 교회답지 못하고 교인들이 교인답지 못할 때 공중의 권세 잡은 자들의 영역은 더 확장될 것이다. 한번 빼앗긴 영역을 되찾아 오려면 엄청난 돈, 인력, 장비 그리고 힘과 시간을 소진해야만 한다. 그렇다고 해서 회복되는 것이 아니라 상처난 회복을 맛볼 수밖에 없다. 한번 난 상처는 영원히 아픔으로 지속되고 상처로 남을 수밖에 없다는 것, 이것이 오늘의 교인들의 모습이 아닐까 싶다.

그렇다면 우리는 어떻게 하면 백전백승할 것인가?라는 고민을 하지 않을 수 없다. 답은 이미 우리에게 주어져 있다. 이 책에서 말하고 있는 정치, 경제와 종교 등의 영역에 관계 있는 자들 속으로 들어가서 행동하는 것이다. 그 행동이 성공을 못할지라도 행동하는 자체가 능력이요, 성공을 만드는 것이다. 한국 교회여! 한국 교회의 교인들이 이제 무기력함에서 과감하게 벗어나자! 이 책에서 말하는 수많은 주제에 대하여 사탄이 주는 두려움이 아니라 그리스도께서 이미 2,000년 전에 십자가와 부활로서 승리하신 승리의 노래를 부르자! 하나님이 우리에게 승리의 깃발을 주신 것은 깃발을 들고 있으라고 준 것이 아니라 깃발을 꽂으라고 준 것이다. 이제 과감하게 깃발을 꽂고 공중의 권세잡은 반성경적인 프리메이슨(일루미나티/오컬티스트)들과 싸워 당당하게 백전백승을 하자!

 이 책을 쓴 저자 제임스 머스커와 그 책을 번역하고 제2 저자로 집필하며 수고하신 김영환 박사님께 감사드리며, 부디 수많은 독자들이 이 책을 통하여 감명을 받고 공중 권세 잡은 자들과 그들의 영역인 정치, 경제와 종교 속에서 성경적으로 당당히 싸워 승리의 깃발을 꽂는 하나님의 위대한 믿음의 승리자들이 되기를 기도한다.

추천사

홍성철

영국 웨일즈대학교 철학 박사(Wales University NT Ph.D), 캐나다 Faith신학대학 신약학 교수

Faith Theological College and Seminary in Canada

새로운 세계 질서와 동성애 법제화 등은 반성경적 적그리스도의 영이 왜곡된 시스템 배후에서 역사하는 것이 오늘날의 현상이다. 영국 웨일즈 선교사이신 김영환 박사님께서 제임스 머스커(James Musker)님의 『신세계 종교와 엘리트 신앙』을 번역하고 더욱 연구하여 제2 저자로 공동 저작하신 책으로 전 세계적으로 자유 민주주의 세계의 정치, 경제 문화(종교)를 왜곡시키는 반기독교 세력들과 그들의 종교와 철학을 폭로하고 하나의 성경적 대책을 제공하기에 충분하여 기독교 신자와 비신자 모두에게 적극 추천한다.

추천사

임동진
(사) 한국기독교문화예술인 총연합회 회장, 극단 예맥 대표

　한국의 영혼을 소생시키시려고 1866년 9월 5일 대동강 숙섬에서 순교하신 영국 웨일즈 출신 로버트 저마인 토마스 선교사님의 복음의 빚과 6.25 전쟁으로 죽어가던 자유 민주주의를 소생시키는데 1,078명의 전사로 젊은 피를 흘린 영국에 영적인 빛과 자유의 빛을 갚기 위해서 20여 년간 영국 웨일즈에서 성경적으로 영국 교회의 부흥과 영국의 자유 민주주의의 회복을 위해서 선교 활동을 자신의 웨일즈대학교의 박사 논문을 임상 실험하면서 담대하게 기쁘게 혁신적으로 해오신 김영환 선교사께서 제임스 머스커와 공저로 『신세계 종교와 엘리트 신앙』이란 책을 쓰심에 먼저 감사드립니다. 안타깝게도 코로나로 강제적 교회 예배 통제, 사기 코로나19 백신으로 수많은 생명들이 죽었고 지금도 죽어가고 있으며 2001년 디지털 전자개표기 도입 이후부터의 부정 선거로 대한민국을 파괴하고 공산주의로 바꾸려는 주로 좌파들(주사파 / 사회주의자 / 공산주의자)의 정권 강탈과 강제 장기 집권 현상과 CBDC,

사기 기후 변화, 반성경적/소돔과 고모라법이요 사망의 법인 동성애법과 하향평준화법(공산주의법, 1달란트법/자유노동파괴법)의 제정과 통과 시도 등등 이해하기 힘드는 일들이 왜 발생하는지? 누가 이러한 일들을 조장하는지? 이들의 종교는 무엇인지? 성경적 답은 무엇인지? 등의 현재 한국을 포함한 자유 민주 세계에서 목도하고 있는 이상한 현상들의 원인과 원인 제공자들인 프리메이슨(일루미나티/딥스테이트)을 30년 이상 은행 대출 담당자인 제임스 머스커가 연구하고 발표하신 것은 말세의 속이는 영(딤전 4:1-2 "후일에 성령님께서 명료하게 말씀하시기를 어떤 사람들은 믿음을 떠나 속이는 영들과 귀신들의 가르침[사상]들을 따르리니 그런 가르침[사상]들은 위선적으로 거짓말 하는자들로서 그들의 양심은 화인 맞았느니라.")에 의해서 속는 기독교인들과 비기독교인들(살후 2:3 "누가 어떠한 방법으로도 너희를 속이지 못하게하라. 먼저 배도가 나타나고 불법의 사람인 멸망의 아들이 나타나기 전에는 그날이 오지 아니하느니라.")에게 속이는 자들과 속는 자들에게 동시에 성경의 진리로 담대히 경고/도전하고 깨움으로써 진리와 자유의 확장과 비진리와 강제적 전체주의의 봉쇄와 억제를 가져올 것이 분명하기에 담대한 진리의 선포를 통한 자유의 공간만큼 자유 민주주의와 성경적 교회와 선교는 북한과 중공을 넘어서 유라시아와 이슬람 국가와 유럽의 재복음화를 촉발하고 마침내 주님의 재림을 기쁘게 감사하게 준비하게 될 것으로 보입니다. 저는 기독교인과 비기독교인 모두가 제임스 머스커와 김영환 박사님의 공저인 마지막 때의 속이는 악의 무리들의 조잡한 종교 통합 사상을 알게 하는 이 귀한 책을 반드시 꼭 필독할 것을 권하며 강력 추천합니다.

추천사

이은규
전 안양대학교 총장, 미주 대한신학대학교 총장

영국 웨일즈대학교에서 철학 박사(Ph.D/신약학)를 취득하시고 20여 년간 영국에서 자신의 박사 논문을 임상 실험하고 있는 불꽃교회(Heart Fire Church)와 영국의 다음 세대를 성경적 정통과 전통적 '정경론적 관점(The Canonical Standpoint)'을 전수하기 위한 하시딤 바이블 칼리지(Hasidim Bible College[Unofficial])를 이끌어오시는 영국 웨일즈 김영환 선교사님께서 영국의 청교도 신학과 신앙의 관점을 가진 제임스 머스커(James Musker)의 『신세계 종교와 엘리트 신앙』이란 책을 번역하고 공동 저자로 수고해 주심을 먼저 감사드립니다.

특히 김영환 박사님은 영국의 1638년 청교도의 국민 계약(National Covenant/성경에 기초한 국가 사랑: 국왕과 국가가 교회의 자유를 억압하고 성경의 하나님의 뜻을 거역할 때에 기독교인들이 국왕과 국가에 저항할 수 있는)의 사상 위에서 전 국민 3,000만 명의 십일조인 "300만 구령 운동"을 일으켰던 동양의 예레미야로 불리웠고 안양대학교의 전신인 대한신학교와 대신 교단의 설립자인 고 김치선 박사/목사님의 보수 정통 신학을 갖고 있으며 영국 웨일즈 출신 첫 한국 선교사로 1866년 대동강 숙섬에서 순교하신 로버트 저메인 토마스(Robert Jermain Thomas, 1839-1866) 선교사님의 청교도 신앙을 갖고 있습니다. 또 6.25 전쟁으로 죽어가던 대한민국의 자유 민주주의를 소생시키는데 1,078명의 전사로 젊은 피를 흘린 영국에 영적인 빛과 성경에서 발생한 자유 민주주의의 자유의 빛을 갚기 위해서 상대적 가치들이 절대 진리인 것처럼 둔갑 하고 있는 포스트모던 시대의 위기에 처한 영국과 영국 교회에 절대 진리의 캐논(Canon)이고 잣대(Ruler)인 '성경적 선교(The Biblical Mission)'의 열정으로 헌신하고 있습니다.

이 책의 공동 저자들은 오늘날 정치, 경제와 종교들을 움직이는 반성경적이요 반자유 민주주의적이고 그림자 세력이며 글로벌리스트(Deep-State/Illuminati/Freemason)들인 오컬티스트들(Occultists: 종교 다원주의자들)과 이들의 사상과 종교를 실증적인 자료들과 과학적인 서술로서 독자들에게 명료하게 설명하고 있습니다. 저자들은 성경의 종말 성취는 두 가지로 완성되는데 신자들의 성경적 선한 예언을 믿음으로 신실하게 받아들여 하나님 나라를 이 땅 위에 실현하는 것과 불신 세력들(오컬티스트/프리메이슨/일루미나티/사탄이스트: 종교 다원주의 세력) 곧 성경의 사악한 세력에 대한 예언대로 악한 사탄의 나라가 땅 위에 실현된다고 절묘하게 표현하고 있다. 그중에 주님의 허용 속에서 악한 세력의 승리로 종말이 오지만 결국은 선한 성경적 진리를 믿는 교회 공동체가 최후 승리할 것이라고 성경적으로 예리하게 예지적으로 분석하고 있습니다. 공동 저자들은 오늘날 우리가 이해하기 힘든 현상들인 부정 선거, Covid-19 백신, 교회와 자유 민주주의를 반윤리적으로 타락시키는 동성애(LGBTQ+) 악법과 반자유민주주법인 하향평준화법(공산주의법)을 각 국가들에서 통과시켰고 시키려고 하는 자들을 고발하고 이를 과학적이고 성경적으로 해결할 방안을 명료하게 제시하기에 저는 자유 대한민국의 자유의 가치를 사랑하는 기독교인뿐만 아니라 비기독교인들도 일독하기를 강력히 추천합니다.

| 목차 |

영국의 동지 James Musker님께 감사드리며 ... 4
저자 서문 제임스 머스커 ... 11
추천사 김영한 소기천 이왕재 전기엽 최웅섭 홍성철 임동진 이은규 ... 19

1장 위대한 계획

경제, 정치와 종교의 3다리 정책 ... 50
Agenda (의제) 21 ... 61
세계 종교들을 수정하기 ... 66

2장 신세계 종교의 기원

개요 ... 74
그리스도의 시험 ... 80
단일 세계 종교에 의한 단일 세계 정부 ... 82
원시(최초의) 복음 ... 83
고대 신학(Prisca Theologia) ... 88
위대한 계획은 무엇인가? ... 90
신지학: 그 위대한 계획 ... 93
뉴에이지를 추구하는 사람들 ... 96
왜 신세계 질서인가? ... 98

3장 그들은 누구인가

개요	102
정치적 그룹들	107
원탁 그룹	113
비정부 기구들	115
재단들 - 자금 확보의 크기	116
은행들과 연결된 UN	120
정치적 꼭두각시들과 희생 염소들	125
투표 조작	130
Covid-19 사기와 반과학적 백신	138
중앙은행 디지털 통화(CBDC: Central Bank Digital Currency)	147
15분 도시	158
싱크 탱크	160
영적/오컬트 비밀 사회	163
종교 그룹들	171
그림자 정부	176

4장 로스차일드 가문의 역사

역사 부문 1(History Part 1)	184
로스차일드 가문	184
로스차일드 가문의 장기 전략	186
짧은 역사	189
로스차일드 가문의 미국 인수	195
로스차일드 가문의 결론	205
역사 부문 2 (History Part 2)	207
카를 퀴글리	207
세실 로즈	209
선택된 자들의 비밀 사회	214
알프레드 밀너	216
초기 밀러 그룹의 신앙들	217
밀너 그룹의 국제화	218
채텀 하우스, 국제업무연구소	219
외교관계위원회	221
그들은 그것을 어떻게 하는가? 어떻게 비밀 사회가 무대 뒤에서 일을 할까?	225

5장 대중의 사회 공학

선전, 선전과 더 선전	230
서구 사회의 파괴	236
도덕성의 파괴로서의 LGBTQ+ 문화 공산주의	237
거대한 사회 공학	243
마스터 마술사들의 연기와 거울들	247
결론	250

6장 숫자와 수비학

개요	258
마법 숫자들	261
숫자들의 의미	263
9/11	273
그릇된 정보	278
비행기들이 없음	279
9/11의 결론	290
9/11 이전과 이후의 삶의 비교	294
가짜 깃발들	295
날조들	296
날조/사기들의 결론	302

7장 프리메이슨: 치명적 1도

개요	308
우주의 위대한 건축가	310
제1도 - 입문 견습생	314
제3도 - 히람 아비프의 신화	317
사탄의 세례	318
솔로몬 왕의 성전 방향	322
왜 프리메이슨은 비밀 집단인가?	325

8장 영적 분별

초엘리트의 종교	328
루시퍼리안 철학	330

사탄	331
창세기를 비꼰 주석에서 온 루시퍼리안의 철학	332
무신론적 또는 은유적 루시퍼리안주의	334
유신론적 루시퍼리안주의	336
루시퍼리안들은 신들이 되기를 원한다	338
엘리트의 구원자로서 루시퍼	341
기술적인 영원한 생명	345
자웅동체적 아젠다	346
심판을 탈출하기	348
연대화, 중앙집중화 및 표준화	349
정신질환자와 반사회인	352
몇몇의 유명한 루시퍼리안들의 인용 문장들	357

9장 루시퍼리안들에게 영향을 주는 다른 신앙들

세상의 종교들과 신앙들을 나누는 원리	362
영지주의	363
카발라	366
음악 산업	367
일루미나티의 상징들	368
헤르메스주의	374
엘리트 마술사	376
발산주의 - 사물의 기원	378
헤르메스주의, 이슬람, 헤르메스 트리스메기스투스 연결	380
이슬람과 엘리트 신앙	382
타와프- 카바의 개바퀴 돌기	386
금성	387
이슬람교, 신전 숭배자들과 엘리트	388

10장 신지학과 신세계 종교

신지학이란 무엇인가?	395
헬레나 페트로브나 블라바츠키	395
애니 비센트	401
새로운 세계 교사 - 크리슈나무르티	401

알리스 안 베일리	402
쿠트 후미	405
채널링 또는 덮기	410
데이비드 아이크	411
루시퍼리안주의로서 신지학	412
물병자리의 시대	414
점성술의 시대	415
시대의 끝/종말	418
계급 구조의 외부화	421
그들의 목표는 신앙의 융합	423
벤자민 크림	427
신지학의 최종 목표	429
결론	433

11장 UN의 신앙

개요	436
도그 함마르콜드	438
스리 친모이	439
피에르 테야르 드 샤르댕	440
로버트 뮬러	443
미하일 고르바초프	446
모리스 스트롱	447
신세계 종교의 신시대 모세 - 그 자신의 불타는 떨기나무(덤불)와 함께!	449
지구 헌장 역사	451
지구 헌장 비판	453
지구 헌장 결과	456
희망의 방주	458

12장 그들은 어떻게 모든 종교를 하나로 강요하는가?

에큐메니즘	466
장기 전략	468
종교 통합 이니셔티브	470
깊은 에큐메니즘	473

그들이 문제라고 생각하는 것은 무엇인가?	476
테러와의 전쟁 - 국가 사기	478
알 수 없는 진리, 정통적인 신앙은 환영받지 못한다	479
교육	480
URI는 종교가 아니라고 그들은 주장한다	481
URI에 대한 비판	483
결론	486

13장 새로운 종교는 어떤 모습일까?

신세계 종교의 핵심 신앙	490
어머니 지구 숭배	492
신세계 종교의 중심 핵심 신앙의 배경: 흑녹색 종교	493
이산화탄소	494
흑녹색 종교	495
가이안 애니미즘	498
'유신론적' 신세계 종교	499
다종교 의식	500
그들은 기독교를 어떻게 신세계 종교로 끌어들이고 있는가?	500
녹색으로 가기	501
신세계 종교와 크리스람으로 이슬람을 끌어들이는 방법	504
신세계 종교와 지속가능한 발전이 지구촌에 딱 들어맞는다	506
신세계 종교의 결과	506

14장 비밀 정치 조직의 유토피아 사회의 출현

글로벌 수렴	512
모두 함께 그리기	512
신세계 질서로 진입하기 위한 시나리오	516
인식을 일으키는 의식의 비판은 뉴에이지 '도시 신화'	520
트랜스 휴머니즘	523
경제 붕괴	528
외계인 침공	531
점진주의	532

제3차 세계 대전	534
후기 자본주의 사회	534

비밀 정치 조직이 엉망으로 만들고 있다!

단일 세계 정부	538
인구 감축	539
신세계 종교의 출현	548
우리는 무엇을 할 수 있는가? 정치적 개념	552
마지막 메시지	556

부록 (Appendix)

신세계 종교의 역사	562
과거	562
현재	576
미래	576
Bibliography	578

1장
위대한 계획

1장
위대한 계획

경제, 정치와 종교의 3다리 정책

사회는 3개의 동일한 다리를 기반으로 한다: 즉, 경제, 정치와 사회(종교)이다. 만일 이들 기둥들이 육성되면 사회는 번영하지만 그러나 '작은 의자의 다리들' 중 하나가 빠지면 사회는 붕괴될 것이다. 각각의 다리는 서로를 의존한다. 적어도 이것은 '현대 경영학의 아버지'인 피터 드러커(Peter Drucker)[1]의 이론이다. 이 순간에도 우리는 영국, 미국, 유럽과 전 세계에서 이들 세 개의 기둥들에 대한 공격을 목도(目睹)하고 있다.

우리의 최근 경제적 자본주의자 시스템은 '지속가능한 개발(Sustainable Development)과 어젠다21(Agenda21)'에 의해서 채택되고 기초한 검증이 되지 않은 '녹색 경제(Green Economy)'로 주조되고 변

---

1 See Peter Ferdinand Drucker, *The Practice of Management* (Portsmouth: Heinemann Professional, 1989); https://www.torontosom.ca/blog/a-profile-of-peter-f-drucker-father-of-modern-management#:!:text=Drucker%20opposed%20bureaucratic%20management%20and,or%20encouraging%20others%20to%20innovate.

형되고 있다. 최근 가격 기초 시스템에서 환경주의에 기초한 지속 가능한 개발의 에너지 가격 시스템으로 향하는 글로벌 경제의 '탈동조화 (Decoupling)' 현상은 세계에서 가장 영향력 있는 경제학자들과 정치가들과 UN에 의해서 쓰여졌다.[2]

어느 단계든지 '금융 플러그(The Financial Plug)'는 세계 은행을 지배하는 엘리트들 중 0.1%에 의해서 뽑힐 수 있다. 사실상 2008년 신용 파산은 주택 담보 대출에 의해서 발생한 유동성 문제가 되는 것으로 우리에게 알려졌지만, 그 진실은 기대했던 것처럼 통제 불능이 증가했던 심각한 유동성 문제를 야기시켰던 상위 금융 엘리트들에 의한 단순한 돈의 철수(Withdrawal/인출)에 불과했다. 이러한 조치는 이번이 처음 발생한 것이 아니다. 1929년에 대공황은 고전적 예시이다. 밀턴 프리드먼(Milton Friedman)은 "연방준비은행이 1929에서 1933까지 유통하는 통화량을 1/3까지 감소시킴으로써 분명히 대공황을 야기했다."고 1996년 라디오 인터뷰 가운데 언급했다.[3] 벤 버난크(Ben Bernanke)는 2002년 11월 8일 프리드먼(Friedman)의 90세 생일에 경의를 표하며 기념 연설 중 아래의 부분을 선택해서 언급했다: "나는 밀턴에게 대공황에 대해서 말하고 싶습니다. 당신이 옳았소, 우리가 그것을 해냈습니다. 우리가 매우 죄송합니다. 그러나 당신에게 감사하오, 하지만 당신에게 감사한 것은 우

---

2 See UN Environment Program (UNEP) publication, *Decoupling Natural Resource Use And Environment Impacts from Economic Growth* 2011 PDF at www.wedocs.unep.org/handle/20.500.11822/9816?show=full; https://www.researchgate.net/publication/288653808_Decoupling_Natural_Resource_Use_and_Environmental_Impacts_from_Economic_Growth.

3 Robin de Ruiter and Fritz Springmeier, *Worldwide Evil and Misery - The Legacy of the 13 Satanic Bloodlines* (California: CreateSpace Independent Publishing Platform, 2015); https://sites.google.com/a/backyardpit.com/the-history-of-the-money-changers/home/1929.

리는 다시는 그것을 반복하지 않을 것이요."⁴

대공황 후 단지 몇 년 뒤에 엘리트들은 그것을 다시 착수했다. 지금의 신용 파산(Credit Crunch) 이유는 서구를 가로지르는 더 낮은 이자율을 창출하기 위해서 공작 기술적인 권력 찬탈과 강화를 위한 부분이었다. 그래서 그들이 준비될 때 우리는 자본주의자들의 수요와 공급의 최근 경제 시스템의 종말을 보게 될 것이다. 이러한 일은 그들이 무일푼으로부터 실행해가면서 순차적으로 우리에게 담보 대출들과 부채로 이끌기(통제하기) 위해서 돈을 가진 은행들을 지원하는 국제결제은행(The Bank of International Settlements/BIS)과 같은 중앙 은행 시스템을 완벽히 장악하기 전에는 발생하지 않을 것이다. 이것은 은행의 이중 사기인데 돈이 무일푼에서 만들어지고 자본에 대한 이자가 부과되며 이 자본은 부채가 상환될 때 두 번째로 상환된다.

우리의 정치적 구조⁵ 또한 천천히 눈에 띄지않게 공격받고 있고 엘리트들의 네트워크가 정부 내부와 가장 크고 중요한 기업들의 더 많은 위치들에 침투하고 있다. 법의 헌법적 규정(규칙)은 외부의 법적 한계가 없고 어떤 민주적 감독의 규정된 행정 기구가 없는 것을 따르는 독재적 규정(규칙) 시스템으로 대체되고 있다. 예를 들어, EU의 법들은 각 나라의 지역 상황을 위한 어떤 실제적 고려 없이 전체 대륙에 강요된 중요한 포괄적인 '담요(blanket/일률적인)' 규칙들을 무엇보다 긴요한 것으로 판단해서 도입되었다. 이 권력은 더욱더 매우 극소수의 사람들의 손으로 집

---

4 See https://www.federalreserve.gov/boarddocs/speeches/2002/20021108.
5 See Wayne Grudem, *Politics According to the Bible* (Grand Rapids: Zondervan, 2010), pp. 44-53, esp. p51. Cf. John F. MacArthur, *Why Government Can't Save You* (Edinburgh: Thomas Nelson, 2000), p. 130.

중되고 해를 더해 갈수록 상황은 더욱 악화되고 있다.

비밀 정치 조직(비밀 당원 정치: 그림자 정부/Deep State; 뒤에서 설명함)은 경제의 완전한 통제와 정치 영역의 거의 완전한 통제를 하고 이런 방법으로 이들은 전투에서 이미 승리한 것처럼 보인다. 어느 정도 신세계 질서는 이미 도래했고 지금 바로 우리 눈앞에서 조립(집결)되고 있다. 목을 조르는 상태는 점점 더 확고해지고, 그 독재는 더욱 과감하게 시행되고 있다. 예를 들면, 대륙을 가로지르는 법의 궁극적인 조화 속에서 이러한 법률들은 하나의 중심 위치에서 효율적으로 관리될 수 있다. 즉, 유로존의 확장은 아제르바이잔과 동쪽 파트너십(EaP/Eastern Partnership)의 조지아와 같은 더 동쪽 나라들 속으로 북아메리카 유니온의 창설(NAU)과 신세계 질서의 지속적 행진에 관한 모든 지침을 포함하고 있는 특별인출권(SDR) 통화 출현을 통해서 현금의 사망에 영향을 준다.

정치적 기둥은 밀러 그룹(Milner Group)과 외교관계위원회(CFR)의 동방 설립(Eastern Establishment)에 의해서 마침내 예속되었다. CFR은 후에 삼극위원회(Trilateral Commission)를 만들었고 삼극위원회는 카터 행정부 이후 계속해서 미국 행정부에 완벽하게 침투했고 계속적으로 암약해오고 있다. 카터 뒤에는 미국을 더욱 '완전히 통합된 글로벌 세계 질서(Global Integrated World Order)' 속으로 흡수를 촉구했던 즈비그뉴 브레진스키(Zbigniew Brzeziński)와 리차드 가드너(Richard Gardner) 같은 지식 계급(Intellectuals)과 같은 진짜 '강아지 조련사들(Puppet Masters)'이 있었다. 미국 행정부의 실무 부서에 대한 이 같은 지배는 모든 필요한 정치적 지렛대와 미국과 네트워크의 이익을 위한 글로벌 경제 정책을 왜곡하는 내부자 거래를 지원했다.

1979년 정식 삼극위원회 회원 중 한 사람이었던 바리 골드워터(Barry Goldwater)[6]는 음모론자들을 폭로하기 위해서 '사과할 필요 없다(With No Apologies)'라는 자서전을 썼다: "나의 견해로는 삼극위원회는 정치, 통화(Monetary), 지식과 교회(종교) 등 4가지 권력 센터들을 통제하고 결합시키는 숙련되고 조화로운 결과를 드러내는 단체이다. 이 모든 것은 더 평화적이고 더 생산적인 세계 공동체를 창출해 내는 이익 안에서 실행된다. 진짜로 삼극위원회가 의도하려는 것은 국가들을 포함하는 정치적 정부들보다 뛰어난 하나의 범세계적인 경제 권력을 창설하는 것이다. 그들은 그들이 창설하려고 제안하는 풍족한 유물주의(Materialism: 유물론)가 실존하는 분쟁(차이)을 압도할 것이라고 믿는다. 시스템의 관리자들과 창설자들로서 그들은 미래를 지배할 것이다."라고 했다.

모든 지속되는 대통령의 행정부들은 이런 외교관계위원회와 삼극위원회의 침투에 복종해 왔다. 레이건 행정부 아래에서 부통령으로서 조지 H. W부시, 빌 클린턴, 조지 부시 그리고 오바마 행정부 모두는 그들의 이익을 위해서 정치적 진행 과정들을 이들 내부자(Deep-State/Illuminati의 멤버)들이 왜곡하도록 도왔다. 그들은 기본적으로 독이 가득한 동일한 목표들을 공유하는 같은 그룹이다. 트럼프 대통령의 대통령직에는 더 적은 삼극위원회 멤버들을 가졌으나 그의 행정부도 같은 소규모 엘리트 그룹에 의해서 운영되었다.

대부분의 주요 서구 국가들의 경제의 기반은 이미 IBM, Coca-Cola, CBS, Chase 맨하탄(Manhattan)과 엑손(Exxon)과 같은 모든 주요 영역

---

6 See Barry Morris Goldwater, *With No Apologies* (New York: Morrow, 1979).

에서 거대한 기업과 함께 1976년까지 설립되었다. 이들은 초기부터 작은 미국 회사들의 성장을 방해해 왔다.[7] 그 이후에 네트워크의 이권은 세계 경제에 더욱더 많은 영향을 미치고 있기 때문에 지금 당신은 일반적으로 큰 각도에서 특정 방식으로 내부자가 되지 않고서는 어느 시장에서 발판을 얻거나 생산조차 시작할 수 없다. 사실상 완전한 시스템이 조작되고 있는 것이다. 만일 당신이 사업을 잘하려고 하면 그들의 기득권 조직을 위해서 일하는 '내부자'가 되어야만 한다. 그리고 기본적으로 그들이 하라고 지시받은 것을 수행하게 될 것이다. 즉, 당신은 꼭두각시(인형/Puppet)가 되어야만 한다.

국제 회사들이 점차적으로 세계의 공급 라인들에 가입했기 때문에 '올드 패션'의 자본주의자들의 경제는 천천히 하나의 세계 자본주의자들의 경제로 대체되어 왔다는 것은 사실이다. 상품들의 생산들이 전 세계로부터 생산되고, 디자인 되고 더욱이 다른 위치로 돌아간 이익이 다른 나라에서 집결된 이후에는 '제작국(Made in)'의 구식 경제 상표는 더 이상 큰 의미가 없다. 가장 큰 대주주들과 그 회사의 소유자들은 그들 자신들이 아마도 예를 들어, 카타르나 사우디아라비아 같은 곳에서 손을 뗄 것이다. 그래서 당신은 구식 형태의 경제가 더 이상 우월한 것을 보지 못할 것이다. 하나의 경제를 형성하고 사업을 규정하는 합법화된 시스템들을 일치시키는 것이 글로벌리즘(Globalism) 즉 세계주의다. 어떤 사람은 "이것은 신경제 질서(New Economic Order)와 경제 전문가들과 해설자들은 어떤 음모로부터 자신들의 관계를 끊어놓고서 이러한 방법으로 신-자

---

[7] Patrick Wood, *Technocracy Rising: The Trojan Horse of Global Transformation* (London: Coherent Publishing, 2014).

유글로벌 경제 질서(Neo-Liberal Global Economic Order)의 출현을 설명하기 위해 시도해 왔다"고 말한다. 이것의 유일한 문제는 정부들이 '옛날 자본주의(Old Capitalism)'의 로비스트들에 의한 것이 아니라 초(Trans)-국가적 기업들의 대행자들에 의해서 침투되어 왔다는 것이다. 추가적으로 은행이 구제 금융(Bailouts)과 대기업과 연대한 정실주의(Cronyism) 역시 시스템을 왜곡한다.

  전형적으로 몇몇의 좌파 경제학자들은 정치적 진보를 실행하고 형성할 그룹이 없고 이런 까닭에 그런 그룹이 있다는 증거를 공평하게 보여줄 때 모두 우연이라고 논의해 왔다. 이것은 우리가 뒤에서 계속해서 '은행의 구제 금융(The Bank Bailouts)'과 '기업의 편애주의(Corporate Favouritism)'에 의한 다른 행동들을 조사할 그룹들을 통해서 쉽게 분별할 수 있다. 이익들이 세계화의 진행으로 더 작은 손들 속으로 들어갔기 때문에 사회 반쪽의 저변은 미증유의(선례가 없는/Unprecedented) 임금의 침체가 발생했고 그들은(Brexit와 트럼프 효과 이후에) 세계화로부터 이익과 관련이 없는 그룹들이다. [사회주의]-하향평등화를 위한 다음 30년 안에 로봇의 출현과 그리고 초-국가적 기업들의 출현의 궁극적 결론은 완전 통제(Monopolistic) 국가 경제의 한 형태라고 정확하게 허버트 조지 웰스(현대 유토피아/A Modern Utopia), 올더스 헉슬리(멋진 신세계/Brave New World)와 조지 오웰 (1984) 등의 저술가들[8]은 1920년대 이후에 계속해서 경고해 왔다.

---

8 See H. G. Wells, *A Modern Utopia* (London: Penguin Classics, 2005); Aldous Huxley, *Brave New World* (New York: Everyman, 2013); George Orwell, *1984* (London: Penguin Classics, 2008).

네트워크가 사회를 경제적으로 혹은 정치적인 차원에서 변화를 원할 때는 그들은 그들이 원하는 방법으로 어떤 단계에서 근본적으로 바꿀 수 있다. 그러나 다리가 3개인 의자 모델의 한 기둥인 종교는 제어하고 다루기가 더 힘든 영역이며 인간의 생각과 내면의 [영적인]-상태와 관련이 있기 때문에 매우 모호하다. 속담이 말하듯이, '당신은 사람을 종교에서 빼낼 수는 있지만 당신은 사람에게서 종교를 제거할 수는 없습니다.' 다른 말로, 엘리트들은 사람들이 그들이 원하는 것을 믿도록 시도하고 강요할 수는 있고 따르지 않으면 가둘 수는 있지만 모든 것이 마음속에 있기 때문에 그들은 사람들의 신앙과 생각을 빼앗을 수는 없다. 엘리트들이 경제, 정치와 종교의 3가지 기둥을 통제하기를 원하기 때문에 이 점이 그들에게 심각한 문제이다. 그들은 이미 경제와 정치에 대해서 거의 완벽한 권력을 가지고 있지만 종교적 믿음과 신앙은 엘리트의 사회적 공학과 심리적 선전 기술들의 계략들에 더 잘 숨겨지며 덜 순응한다. 종교나 신앙을 믿는 사람들은 엘리트가 원하는 어떠한 의제도 기꺼이 따르지는 않는다. 왜냐하면 그들은 신앙이 있기 때문에 그들의 통치자들이 하려고 시도하는 어리석음에 더욱더 저항할 것이기 때문이다.

보다 기초적인 수준에서 싱크 탱크가 대중들에게 강요하고 있는 '심리적 조건화(Psychological Conditioning)'는 그렇게 효과적이지 않을 것이다. 1920년대 이후로 계속해서 '홍보의 아버지(Father of Public Relations)'로 불리는 에드워드 버네이스(Edward Bernays)는 '사회적 조건화(Social Conditioning)'와 '공학(Engineering)'으로 과학을 만들고 정부가 원하는 것은 무엇이든지 믿고 생각하도록 홍보와 광고를 통해서 현재까지 대중들을 속여왔다. 그들의 끊임없는 심리학적 연구와 싱크 탱크를 통해서 이런 대규모 사회적 조건화의 수단들이 완벽해졌다. 그래서 엘리트는 그것이 완벽한 거짓일지라도 그들이 원하는 것마다 우리를 믿도록 만들 수 있는 논쟁 자체가 충격적인 이중잣대를 드러낼지라도 어리석은 사람들은 여전히 '정치적으로 올바른(PC/Political Correctness)' 이야기를 따라갈 것이다.[9]

다시 말해서 완전히 세속적이어서 어떤 신앙도 가지지 않은 사람들은 사회적 공학과 선전선동에 더 취약하지만 그 시스템에 저항하는 신앙을 가진 자들에게는 역작용을 한다. 그러나 기독교가 첫 천 년기의 처음 몇 세기 동안에 증명했던 것처럼 당시의 권력들에 대항해서 그들의 비폭력적인 입장은 결과적으로 승리를 가져오게 했다. 결국 세계 질서는 기독교에게 양보했고, 이것은 놀라운 성취였다.

현실은 엘리트들이 기독교뿐만 아니라 다른 모든 종교에 영향을 미치고, 그들을 모으고 수렴하여 그 중심에 국가의 권위를 둔 혼합 종교인 하나의 '신세계 종교(New World Religion)'를 구축하려는 것이다. 가장 큰 종교 그룹 중에는 현재 24억 명의 기독교인들과 18억 명의 이슬람교도들과 11억 명의 힌두교도들 11억 명의 세속적 불가지론자(무신론자/무종교인)들이 있다.[10] 이들 종교 그룹들 중 하나에는 많은 국가보다 더 많은 사람들이 있다. 만일 당신이 엘리트들이 종교에 영향을 미치거나 바꾸기를 원하지 않는다고 생각한다면 당신은 실수하고 있는 것이다. 신앙은 대중들을 통제하는데 중요한 부분이다. 그래서 당신이 이러한 영역

---

9 더 자세한 사항을 위해서는 See Edwards L. Bernays, *Propaganda* (Connecticut: Martino Fine Books, 2024).
10 각 종교의 사람의 숫자는 See https://en.m.wikipedia.org/wiki/Major_religious_groups.

중 하나에 변화를 줄 수 있다면 당신은 권력을 얻게 될 것이다.

엘리트들이 통제하기를 원하는 가장 명백한 그룹은 가톨릭인데 12억 명으로 구성되어 있어 전체 단일 그룹 중 가장 큰 그룹이기 때문이다. 더욱이 아마도 그들은 교황이라는 단 한 사람에게서만 그들의 지도를 받는다. 교황은 회칙(Encyclicals), 교령(Decrees), 또는 자신의 양떼들(His Flock/신자들)이 따르기를 원하는 소망들을 만들 수 있다. 당신이 12억 명에게 영향을 미치고 싶다면 한 사람과 그의 행정부만을 거치면 된다. 놀랄 일이 아닌 것이 엘리트들이 하나의 근본적인 방식으로 천주교에 침투해서 전복하여 관리하고 있다. 그들이 취해 온 방향은 천주교를 '더 녹색(More Green)'으로, '교회 일치(Ecumenical)와 종교 다원주의(Multi-Faithism)'로 만드는 것이다.

전략은 가톨릭을 기독교의 에큐메니칼 중심으로 삼고 다른 교파들이 그들과 함께 힘을 합치도록 시도하는 것이다. 다른 종교를 제외하고 에큐메니칼과 같은 용어인 '종파초월주의(Interfaithism)'의 경우 다시 가톨릭을 중심으로 해서 '교황이 정상에 있는 신세계 종교로 통합하는 것'이 전략이었다. 우리는 '종교 다원주의(Multi-Faithism)'가 가톨릭교회가 나아가야 할 방향이라는 것을 보고 놀라지 말아야 한다. 교황 프란시스의 바로 첫 번째 에큐메니칼 회의에서 그는 무슬림을 기독교 울타리 안으로 끌어들이려고 천천히 점진적인 의제를 밀어부쳤다.

"나는 다른 종교적 전통에 속한 당신들 모든 친구들에게 먼저 살아계시고 자비로우신 한 분 하나님[11]께 예배드리고 기도로 그분을 부르는 무

---

11 성경을 말하기도 하고 반대하기도 하는 일루미나티/예수회 출신의 프란시스 교황은 어리석게도 이슬람의 알라신과 성경의 야훼 하나님을 같은 신이라고 선언했다. See https://www.usip.

슬림들과 여러분 모두에게 문안 인사와 함께 진심으로 감사를 드립니다. 나는 당신들의 존재에 진심으로 감사드립니다. 그 안에 인류의 공동선을 위한 상호 존중과 협력으로 성장하는 의지의 가시적 표시를 봅니다. 자비롭다는 것은 이슬람이 같은 하나님을 갖고 있다는 하나의 명백한 언급입니다. 우리는 나중에 이것을 다룰 것입니다."라고 교황 프란시스는 말했다.

   2015년 11월 교황 프란시스의 회칙은 또 하나의 완벽한 '기후 변화'와 녹색 글로벌 어젠다 설정(The Establishment's Climate Change and Green Global Agenda)'에 서명하는 것이었다. 즉 어젠다 21의 서명이다. 이 185쪽 짜리 가톨릭의 회칙은 환경적 퇴보와 기후 변화에 직면해 있다. 이는 소비중심주의의 심한 비평과 무책임한 오염 생활, 신속하고 통일된 글로벌 행동을 위해서 (항상 그런 것처럼) 끝에 간청을 포함하고 있다. 즉, 그는 엘리트들이 원하는대로 정확히 수행했다. 유출된 이메일에서도 알 수 있는 조지 소로스와 그의 오픈 재단이 교황권에 영향력을 행사하도록 촉구했다고 볼 수 있다.[12]

   그러나 왜 엘리트들이 가톨릭을 '더 녹색'에 친숙하도록 만들기를 원할까? 앞으로 보겠지만, 그것은 세계 종교들을 의제 21과 그들이 창조하려고 시도하는 새롭고 지속가능한 경제를 일치시키려는 목적으로 보인다. 또한 보다종교적 관점에서 볼 때 모든 세계의 종교들이 나사로 고정되고 함께 연합 될 수 있는 '보편적 기반(Common Ground)'을 만드는 것

---

     org/publications/2019/02/pope-francis-cradle-islam-what-might-it-bring.
12 교황권에 대한 소로스의 영향력에 관해서 See www.remnantnewspaper.com/web/index.
     php/artiles/item/2718-the-pope-s-boss.

이다. 그것은 어젠다 21을 충실하게 수행하기 위함이다.

Agenda(의제) 21

어젠다 21은 인류가 지금까지 본 가장 중요한 정치적 문서들 중 하나이다.[13] 1992년 리오데 자네이로에서 개최된 유엔의 지구 정상 회의의 주요 성과이자 중앙관리형 지구 사회라는 유엔의 관점이 처음으로 등장한 회의이다. 이 계약은 우리가 살고, 먹고, 이동하고, 배우고 소통하는 방식을 '어머니 지구(Mother Earth)'를 구한다는 고귀한 깃발 아래에 모두를 통제하려는 유엔의 계획에 전 세계 정부들을 얽어매는(구속시키는) 것으로 끝날 것이다. 어젠다 21은 지구상에 존재하는 모든 인간과, 모든 나라와 토지, 모든 물, 모든 광물들, 모든 식물들, 나무들, 동물들, 모든 유형의 모든 생산 수단의 목록을 작성하고 통제하는 실행 계획이다. 그것은 모든 에너지, 모든 정보와 교육 시설들을 통제하는 것도 포함하고 있다. 그것은 전 세계의 정보와 데이터를 저장하고 우리의 삶의 모든 국면에서 정부가 관여하는 것을 의미한다. 현재 이 새로운 시스템은 최고 수준의 정책 결정에 서서히 계획되어 넣어지고 있으며 그들은 기회가 있을 때마다 그것을 촉진 중이다. 그래서 이것은 그들이 인류가 가기를 원하는 방향일 가능성이 더 높아 보인다.

어젠다 21은 재산의 소유주와 부를 창출하거나 저장하는 수단 없이

---

13 의제 21을 자유롭게 다운로드하고 싶어 pdf를 원한다면, see https://sustainabledevelopment.un.org/outcomedocuments/agenda21

하향적으로 평등한 집단으로 살아가는 것을 반대하는 출 20:15(마 25:14-23)[14]의 성경적 자유 시장 경제에서 나오는 하나님으로부터 위임된 개인의 은사들을 사용해서 자발적 자유 노동과 그 결과에 의한 2-5 달란트 소유의 권리를 조롱하고 업신여기려는 것이다. 그것은 인류를 [물질적인]-자원으로 강등시키는 것이다. 그것은 '지속가능한 개발'에 대한 정치적으로 올바른 헛소리와 교육학적 헛소리와 사회적 길들이기로 가득 차 있다. 즉, 이것은 엘리트들이 원하는 유토피아적 세상 즉 신세계 사회를 향해서 인간들이 성장하기를 바라는 일종의 순진한 희망 목록이다.

350쪽 짜리 분량의 문서는 근본적으로 사람들이 그들의 토지를 잘 관리하지 못하기 때문에 정부가 더 잘 관리할 수 있다고 가정한다. 그것은 실제로 선출되지 않은 UN 관료들로 구성된 하나의 위원회에 권위와 의사 결정과 주권을 넘겨주려는 것이다.[15] 일반적으로 개인의 권리

---

14 "도적질하지 말지니라(출 20:15)." "또 어떤 사람이 타국에 갈 제 그 종들을 불러 자기 소유권을 맡김과 같으니 각각 그 재능대로 하나에게는 금 다섯 달란트를 하나에게는 두 달란트를, 하나에게는 한 달란트를 주고 떠났더니 다섯 달란트를 받은 자는 바로 가서 그것으로 장사하여[자유 시장 경제: Gk. ἠργάσατο, Ergasato ⟨ἐργάζομαι, Ergazomai⟨to trade, he traded/그가 장사했다] 또 다섯 달란트를 남기고 두 달란트 받은 자도 그같이 하여 또 두 달란트를 남겼으되 한 달란트 받은 자는 가서 땅을 파고 그 주인의 돈을 감추어 두었더니 오랜 후에 그 종들의 주인이 돌아와 저희와 회계할새 다섯 달란트 받았던 자는 다섯 달란트를 더 가지고 와서 가로되 주여 내게 다섯 달란트를 주셨는데 보소서 내가 또 다섯 달란트를 남겼나이다. 그 주인이 이르되 '잘하였도다 착하고 충성된 종아 네가 작은 일에 충성하였으매 내가 많은 것으로 네게 맡기리니 네 주인의 즐거움에 참예할지어다.' 하고 두 달란트 받았던 자도 와서 가로되 '주여 내게 두 달란트를 주셨는데 보소서 내가 또 두 달란트를 남겼나이다.' 그 주인이 이르되 '잘하였도다. 착하고 충성된 종아 네가 작은 일에 충성하였으매 내가 많은 것으로 네게 맡기리니 네 주인의 즐거움에 참예할지어다.' 하고 한 달란트 받았던 자도 와서 가로되 '주여 당신은 굳은 사람이라. 심지 않은 데서 거두고 해치지 않은데서 모으는 줄을 내가 알았으므로 두려워하여 나가서 당신의 달란트를 땅에 감추어 두었나이다. 보소서 당신의 것을 받으셨나이다.' 그 주인이 대답하여 가로되 '악하고 게으른 종아 나는 심지 않은데서 거두고 해치지 않은데서 모으는 줄로 네가 알았느냐. 그러면 네가 마땅히 내 돈을 취리하는자들에게나 두었다가 돌아와서 본전과 변리를 받게 할것이니라.' 하고 '그에게서 그 한 달란트를 빼앗아 열 달란트 가진 자에게 주어라. 무릇 있는 자는 받아 풍족하게 되고 없는 자는 그 있는 것까지 빼앗기리라. 이 무익한 종을 바깥 어두운 데로 내어 쫓으라 거기서 슬피 울며 이를 갊이 있으리라' 하니라(마 25:14-30)."
15 See Agenda 21, p. 347, section 40.8; see https://sustainabledevelopment.un.org/

는 국가가 결정한대로 지역 사회 공동체의 필요에 양보한다. 이것은 그 것을 일종의 공산주의로 만들고 국가의 관점에서는 '집단주의자 경제 (Collectivist Economy)'라 할 수 있다. 그것이 의미하는 것은 바로 이것이 다. 즉 그것은 음모론이 아니다. 어젠다 21은 이것을 흑과 백으로 말한 다. 우리는 이것이 대중을 겁주기 위한 메시지로 믿지 않을 수 있다. 그 런데 왜 그들은 관련성이 없고 무시되어야만 하는 모든 종류의 문서들 을 항상 출판하고 있는 것일까? 이것이 그 경우라면 왜 그들은 이 어젠다 를 계속해서 촉진하고 있을까? 우리는 이 점을 심각하게 받아들일 필요 가 있다. 즉, 엘리트들은 이것을 심각하게 받아들이고 그것에 기초해서 완전한 '신세계 경제(New World Economy)'를 건설해 왔다.

디혹(Dee Hock, 비자 신용카드 개발자, 나중에 URI와 관련해서 살펴봄)은 비자 신용카드의 명성에 대해서 다음과 같이 언급했다. "우리는 400세의 한 노인이 죽어가고 또 다른 노인이 태어나려고 고군분투하는 바로 그 시점에 있다. 세계가 지금까지 경험했던 것보다 훨씬 더 엄청나고 거대한 문명, 과학, 사회와 제도 변화의 그 시점이다."[16] 크리스티나 피게레스 (Christina Figueres) 유엔사무총장은 "이것은 인류 역사상 처음으로 우리 가 우리 스스로 정해진 기간 내에 적어도 산업 혁명 이후에 지난 150년 동안 지배해 온 경제 발전 모델을 의도적으로 바꿔야 한다는 목표를 설정하는 것이다."[17]라고 말했다. 문제는 경제를 어떻게 바꾸느냐는 것이 다. 유엔이 어젠다 21이라고 부르는 '신국제 경제 질서(New International

---

outcomedocuments/agenda21.

16 See M. Michelll Waldrop, 'The Trillion Dollar Vision of Dee Hock.', *First Company Magazine* (October, 1996).

17 See www.dailycaller.com/2015/02/05/climate-chief-world-economy/#ixzz4VZKVeEea.

Economic Order)'에 대해서 삼극위원회(TC), 국제 사회주의자(Socialist International), 몇몇 다른 고위 엘리트 정치인들이 이에 대해 언급했다. 이것은 금세기 동안의 그들의 계획이며 중앙에서 관리하고 자신들의 신글로벌 문화로 세계를 통치하는 화폐 시스템을 포함한다. 그것은 민주주의도 아니고 공급과 수요에 기초하지 않는다.

이 신국제 경제 질서는 진짜로 우리와 보통 사람들에게는 나쁜 소식이다. 왜냐하면 그것은 개인의 자유, 민주주의나 인권에 기초하지 않고 '위에서 아래로(Top Down/top to bottom)' 방식의 강제 시스템으로서 그 시스템 안에서 정부는 모두 현명하고 힘이 있기 때문에 사람들은 정부에 복종해야만 하는 것을 의미한다. 전체적인 어젠다 21은 위에서 아래로 방식에 기초를 둔 하나의 '전체주의 정부(Totalitarian State)'의 건설이다. 또한 그것은 '아래로부터 위로(From Bottom Up)' 올라가는 상향식이 될 것이다. 왜냐하면 사람들이 지시에 순응해야만 하거나 아니면 시스템에 갇히게 될 것이고 사회의 기반 시설에 접근할 수 없기 때문이다. 예를 들어, 이 시스템에 반대하는 자들은 에너지 그리드(Energy Grid)에서 차단되거나 다양한 국가 규제(통제) 판매점에서 음식을 사는 것을 순응해야 하며 인터넷이나 텔레비전의 접촉이 안 될 수도 있다. 그것은 당신이 블랙리스트에 올라간 후에 상품을 구매하거나 서비스를 받을 수 없도록 직불카드나 신용카드를 취소하는 것과 같다. 또한 신용 점수가 나빠서 당신이 신용 대출이나 주택 담보 대출을 받을 수 없는 것처럼 이 사회에 순응하지 않는 사람들은 그 사회의 지시에 따라서 제대로 살 수 없게 된다. 우리는 이미 중공이 이와 같은 사람들이 국가의 지시를 따라 준행할 가능성에 대한 정보를 포함해서 사회적 신용 점수를 쌓는 것을 보고 있다. 시스템에 반대하여 정치적으로 행동하는 사람들은 '사회적으로 책임 있는' 비반대인보다 점수가 더 나쁘다.[18] 이러한 방법으로 그들은 최종 형태에서 에너지 기반 경제가 될 새로운 경제의 출시를 통해서 대중들을 통제할 것이다. 만일 당신이 위에서 아래로 내려오는 지시와 법률에 따라서 행동하기를 거절하면 당신은 차단되고 현대 사회 생활에 접근이 불가능할 수도 있다.

어젠다 21에 따르면 재산의 소유권이 없을 것이다. 의제 21에서 확장된 글로벌 생물 다양성 평가는 '용익[사용]권법(Usufruct Laws)'이 제정될 것이라고 언급하고 있다. 이것은 라이선스가 소유권의 '권리'에 적용되어야만 함을 의미한다. 이러한 법적 구조의 형태는 로마 시대로 거슬러 올라간다. 사용자 또는 재산의 사용자(Usus)는 법적 소유자에 의해서 부여된 라이센스에 따라서만 수익을 창출하고 그 열매(Fructus)를 즐길 수 있다. 이것은 관련된 라이센스가 너무 비싸고 부담스러운 소유자가 팔도록 강요받게 될 것이기 때문에 토지의 가치를 쓸모없게 만들어서 유엔이 세계의 재산과 토지 모두를 장악하는 방법이다.[19] 전반적으로 이것은 식량 공급을 통제하기 위한 장기 계획으로서 모든 부분에서 농민들의 생계를 서서히 압박해서 대기업 농업 비지니스로 양보하게 하는 것이다. 결국 드러나고 있는 경제는 '에너지 통화(Energy Currency)'에 기초한 것이 될 것이다. 이 속에서 환경주의(Environmentalism)와 [지구] 행성을 보호하는 것은 이 일을 강화하는 핑계가 될 것이다. 이것은 어젠다 21

---

18 사회 신용 점수(Social Credit Scoring)를 더 알기 원하면 다음 논문을 참조하라. www.wired.co.uk/article/chinese-government-social-credit-score-privacy-invasion
19 See 글로벌 생물 다양성 평가/Global Biodiversity Asessment 12.7.5; See https://wedocs.unep.org/handle/20.500.11822/29355;jsessionid=BCE97BB04836E4C9538D2923EA876721.

이 가져올 '위에서 아래로 방식'의 접근과 규정이 될 것이다.

　이것을 믿는 것이 무책임한 것은 아니다. 그 증거는 이 방향을 지시한 이후에 이것을 믿지 않는 책임이 없기 때문이다. 음모론자들이 그것과 연관성(Connections)이 없는 것을 만든 경우는 없다. 그것은 음모론자들이 존재하지 않는 연결들을 만드는 경우가 아니다. 이것은 그들이 선전선동(Propaganda)으로 이끌어왔고 미디어 세뇌 작업을 믿어왔기 때문이다. 또한 그들은 비밀 모임의 결과와 아마도 그들이 대표하는 정부들의 정치적 진보와 활동들을 전복(Subvert)하기 위해서 영향력 있는 사람들이 결정하게 하는 비밀 회합들과 사회들의 결과물들을 과소평가하는 유죄가 있다. 이는 전반적으로 '권력의 낚아채기(Overall power grab)'의 부분으로서 비밀스럽고 교활한 방법으로 총체적인 새 정치와 새 법치 구조를 가져올 것이다.

세계 종교들을 수정하기

　그들의 통제가능한 과학적인 독재의 실현을 위해서 또한 그들은 세계 종교들의 수정(Amend/개정)을 필요로 한다. 허버트 조지 웰스(Herbert George Wells)의 책인 『열린 음모: 세계 혁명을 위한 청사진(The Open Conspiracy: The Blueprints for a World Revolution)』[20]에서 우리는 엘리트 네트워크의 장기 계획과 마침내 그 계획이 어떻게 하나의 세계 종교로

20　See Herbert, George Wells, *The Open Conspiracy: The Blueprints for a World Revolution* (London: Albatross Publishers, 2017).

절정에 이르게 되는지 그 방법을 볼 수 있다. "열린 음모의 정치 세계는 약해져야 하고 삭제되어야 하고 통합되어야 하고 존재하는 정부들의 지위를 빼앗아야만 한다. 열린 음모의 정당한 상속자들은 열렬한 사회주의자들과 공산주의자들이다. 즉 그것은 뉴욕의 통제 안에 있기 전에 모스코바의 통제 안에 있을 수 있다. 열린 음모의 캐릭터는 곧 명백하게 전시될 것이다. 그것은 하나의 세계 종교가 될 것이다."

기독교만이 영향을 받고 형성되는 것은 아니다. 올바른 형태(선한 이슬람)의 이슬람도 이슬람 협력위원회(Organisation of Islamic Cooperation/OIC)를 통해서 '사람의 형제애(Brotherhood of Man)'의 신세계 조직 속으로 들어오고 있다. 이슬람 협력위원회는 1969년에 창립되었고 지금은 16억이 넘는 인구 전체를 대표하는 57개 나라들로 구성되어 있다. 그들의 웹사이트[21]에 그것이 언급된다.

"그 위원회는 무슬림 세계의 집단적 목소리이다. 세계의 다양한 사람들 사이에서 국제적 평화와 조화를 촉진하는 정신으로 무슬림 세계의 이익을 안전하게 지키고 보호하기 위해서 힘을 씁니다. 이슬람 협력위원회를 뒷받침하는 것은 샤리아법(Sharia Law)의 엄격한 해석에 기초한 '카이로 인권 선언(Cairo Declaration of Human Rights)'입니다. 그 선언 속에는 다른 종교와 대화의 방은 없고 일반적으로 이슬람 사회에서의 여성은 서구 사회처럼 동일하게 취급되지는 않습니다. 그러나 그것은 녹색 어젠다에 서명하는 한 '권리들' 중 어떤 것도 OIC와 나라들처럼 오랫동안 서구 인권들로부터 약간씩 멀어지게 될 수 있는 국제 공동

---

21 See www.oic-oci.org.

체에게는 중요하지 않습니다. 즉, 그들은 그들이 그순간에 원하는 것을 획득할 수 있습니다. 단지 그 숨은 정부는 이슬람이 올바른 방향으로 가도록 명료하게 하기를 원하고 어젠다 21의 '녹색 환경 어젠다(Green Environmental Agenda)'에 서명하도록 했습니다. 물론 이것은 결국 OIC가 울타리 안으로 들어오게 되었다는 것을 의미합니다."

힌두교 역시 그 어젠다에 서명을 했고 그 자체로 흥미로운 장면에서 뒤늦게 공정하게 되었으나 힌두교는 그들이 지지하는 '범신론적 글로벌 환경 녹색 운동(Pantheistic Global Environmental Green Movement)'에 자연스럽게 어울릴 정도로 딱 들어맞기 때문에 노골적으로 참여했다. '우파니샤드(Upanishads)나 베다(Vedas) 같은 힌두교 경전은 "세상은 살아있고 신의 머리로부터 오는 생명으로 가득 차 있다."고 말한다. 힌두교는 '어머니 지구(Mother Earth)'에 대해서 영적이고 시적인 구절들로 채워진 한 종교이다. 그곳에서 살아있는 모든 생명체들은 만물을 통해서 살아계신 신(god)을 향한 가장 근접한 개념인 내면에 살아있는 혼이라는 생명의 근원(혼/호흡: Atman[아트만])을 가지고 있다. 힌두교에서는 나무들과 산들과 바위들이 신전들로 만들어질 수 있는 신앙이고 강들은 하나의 원천으로 존경받고 육체적 정신적 삶을 위해서 지원한다. 힌두교는 어젠다 21을 위한 이상적 종교로서 믿는 자들에게 환경에 의존하고 책임지도록 하며 그 자연과 생태계가 어머니 지구와 함께 '행성의 구조(Fabric of the Planet)'를 가지고 있다고 인식한다.

사실상 인도는 우리가 뒤에서 좀 더 상세하게 조사할 헬레나 페트로브나 블라바츠키(Helena Petrovna Blavatsky)에 의한 뉴에이지 종교(New Age Religion)의 탄생지였다. 힌두교를 위해서 엘리트는 인간성을 물질 세계 속에 넣기를 원한다. 그래서 그들은 수십 년 동안 무신론과 과학주의라는 드럼을 끝없이 두드려왔다. 비록 우리 인간들이 진실의 완전한 스펙트럼 중 단지 5% 정도를 볼 수 있는 것조차도 우리가 그것을 믿을 수 있기 전에 우리가 보고, 느끼고 어떤 것을 만져야만 하는 것을 여전히 배워야 한다. 어떤 믿음의 조직을 파괴하고 움직이는 모래와 같은 과학주의로 종교를 대체하기 위한 것이 그들의 목적과 목표가 되었고, 이렇게 함으로써 그들은 엘리트들에게 어울리게 그때의 신앙이 무엇이든지 거대한 수의 인류를 통제할 수 있게 된다.

한 하나님 안에서의 신앙은 비록 진리가 진짜로 완전하게 알려질 수 없을지라도 진리의 것이나 비진리의 것의 100%의 확실성을 향해서는 축소되어 왔다. 주류 과학에 따르면 하나님은 그분이 증명될 수 없기 때문에 존재하지 않는다. 그래서 하나님을 믿는 사람들은 속고 있고 하나의 고대 초기의 미신 아래에서 살아가고 있다. 과학적 원리들은 많은 것들을 설명할 수 있으나 결국 만일 당신이 이런 원리들 속으로 충분히 깊이 들어갈 경우 항상 설명될 수 없는 지점이 온다. 그래서 우리는 답을 찾기 위해 과학주의로 돌아가게 된다. 그러므로 이것이 과학을 마치 종교인 것처럼 한 신앙을 만들게 된다. 그래서 현대 과학은 마치 빅뱅과 진화론을 종교인 것처럼 증명이 안된 신화들을 많이 가지고 있다. 비록 경험적 증거가 참으로 세속적 인간들을 위한 가장 안전한 세상의 관점을 제공할지라도 그것은 모든 대답들을 제공하지 않고 있으며 과학조차도 이것을 인정한다. 그것은 우리가 어떤 믿음 때문에 이성과 정수를 포기해야만 하는 것이 아니라 그것은 우리가 가능한 증거를 건네받아야만 하고 종교적 신앙과 과학적 신념들을 위한 장소가 있다는 것을 인식하는 정보에 입각한 선택을 해야만 한다는 것을 의미한다. 그밖에 생각하는 것은 진리를 향해서 정직하지 못하게 된다. 그러므로 우리는 믿음을 위한 곳이 있고 그리고 삶에 대한 최종적 분석에서, 당신의 존재와 혼의 영적 중심 안으로 깊이 당신은 하나님을 받아들이거나 거절하거나 선택을 해야만 한다.

엘리트에게는 이 모든 지식들이 하나님이 존재하지 않는 신앙으로 비뚤어져야만 한다. 그것은 그들의 일을 더욱 쉽게 만들어준다. 만일 대중들이 루시퍼를 믿게 된다면 그것은 기본적으로 하나님의 존재하심을 입증할 것이다. 그래서 사람들은 일반적으로 하나님을 믿는 어떤 사람들 특히 기독교인들을 우스꽝스럽게 여겼다. 이런 방법으로 서구 사회의 거대한 부분들이 기독교를 거부해왔고 과학 자체가 신앙에 기초한 시스템으로 언급된 과학에 기초가 된 세속적인 사람들의 세계관으로 전환되었다. 이것의 유일한 문제점은 이것이 계시의 진리인 성경을 제외하고 또는 다른 신앙과 비진리의 지식 위에 정부를 권위있게 만드는 것은 쉽다는 것이다. 사실이 아니더라도 아직까지는 이들 신앙들(기독교와 전통 종교들)의 조직들은 현대 사회 속에서 자리를 차지하고 있다. 그리고 그것은 사람들을 정부의 통치 클러치(동력 제어장치/Clutch)로부터 떼어놓는 긍정적인 역할을 한다. 엘리트들에게는 그들의 종교가 프리메이슨과 루시퍼리안주의(헤르메스주의와 카발라)이다. 즉 대중을 위한 무신론주의이다. 미래에는 엘리트들이 세계의 종교들을 그들 자신들의 신앙의 시스템으로 대체하기를 원한다. 이것은 진정한 그들의 목적인 '그들의 순전한 루시퍼리안 교리의 출현(Emergence of their Pure Luciferian Doctrine)'을 초래하는 '인간적 만신론적 행동 통제 종교(Humanistic

Pantheistic Behaviour Control Religion)'의 한 형태처럼 보일 것이다.

신세계 종교가 무엇처럼 보일지 우리가 볼 수 있기 전에 우리는 그 시작부터 신세계 종교의 '이론'을 조사할 필요가 있다. 나중에 우리는 엘리트 비밀 정치 조직(Cryptocracy)원이 누구이며 그들의 주요 신앙들이 무엇인지 발견하게 될 것이다. 이들 모든 요소들이 갖춰지면 21세기 그들의 거대한 계획이 드러나게 될 것이다.

2장
신세계 종교의 기원

2장
신세계 종교의 기원

개요

성경은 인류가 사탄에 의해서 눈이 어두워지고 하나님에게서 멀어져서 타락한 국가(State) 안에 존재한다고 가르친다. 고대 시대 이후로 계속해서 통치자들은 그들의 신하들을 노예로 삼아왔고 그들 자신의 이익을 위해서 통치해 왔다. 이러한 계획의 최고점은 하나의 세상 정부를 세우는 것이다. 최초의 이러한 시도는 니므롯의 성경 시대에서 만들어졌다. 창세기 11장에서 우리는 바벨탑 이야기를 만난다.

그 탑은 종교적 측면를 대표하고 바벨의 도시는 국가를 대표하고 그래서 종교와 국가의 요소들은 세계 최초의 국가 종교로서 함께 연합하였다. 사람들은 같은 한 언어로 말했고 그들 자신들을 위해서 이름을 내기를 원했고(창 11:4), '한 종족(One Race)'이 되기를 원했고(창 11:6), 하나님을 대적하기 위해서 하늘에 닿을 한 탑을 만들려고 연합했다.

창 11:3-9에 언급하기를: "3. 그들이 서로에게 말하기를, '오라, 벽돌을 만들고 완벽하게 굽자.' 돌 대신에 벽돌을 회반죽 대신에 역청을 사용했더라. 4. 그런 후에 그들이 말하기를, '오라, 우리가 우리를 위해 한 도시를 하늘들에 이르는 한 탑과 함께 세우자. 이는 우리가 우리 자신들을 위해 명성을 떨치기 위함이라. 그렇지 못하면 우리는 온 땅의 표면으로 흩어질 것이다.' 5. 그리고 주님께서 내려오셨고 사람들이 지었던 도시와 탑을 보셨더라. 6. 주님께서 말씀하시기를, '만약 같은 언어를 말하는 하나의 백성으로서 그들이 이것을 행동한다면 그뒤 그들이 행할 어떤 것도 그들을 위해서는 불가능할 것이 없을 것이로다.' 7. 오라, 우리[삼위일체 하나님]가 아래로 내려가서 그들의 언어를 혼돈시켜서 그래서 그들이 서로가 이해할 수 없게 하자. 8. 그래서 주님께서는 그들을 거기서 모든 땅 위로 흩으셨고 그 뒤 그들이 그 도시를 세우는 것을 멈췄더라. 9. 그것이 바벨이라 불리웠던 이유니라 - 왜냐하면 거기서 주님께서 온 땅의 언어를 혼돈시키셨기 때문이니라. 거기서부터 주님께서는 그들을 온 땅의 지면 위에 흩으셨더라."

하나님께서는 그 백성들이 하나가 되는 것과 이는 그들이 하기로 계획한 어떤 것도 그들에게 불가능이 없을 것을 의미했기 때문에 모두가 하나의 언어를 가지는 것을 원하지 않으셨다. 그래서 그것은 인류를 향하신 하나님의 장기 목적을 파괴할 수 없었다. 사람이 하나의 언어를 말하는 것을 종식시킬 때 모든 것은 불가능해질 것이다. 기술 능력과 지식의 언어로 그는 하나님같이 될 것이다. 바벨탑 이야기는 어떻게 인류가 다른 언어들로 나뉘어졌는지 원인론적 이야기가 되는 것으로 종종 해석된다. 그리고 더 깊은 의미는 한 언어로서 통치자들의 독재가 강제적으로 관리될 수 있고 하나님을 대적하여 연합된 한 권위 있는 종교 정부에서 최초로 시도된 것이었다.[22] 즉, 자신을 위한 하나의 이름을 만든 인류, 사람이 예배의 대상으로서 하나님을 대체했던 것이다. 그 탑 자체는 바벨론 평원에 세워졌다. 하나님을 대적해서 밖에 있는 지역들을 위한 초점이 되어 수마일 떨어져서도 볼 수 있는 사람이 만든 구조로 되어 있었다. 같은 방법으로 대혼란을 주시려고 하나님께서는 하늘에서 내려오셨다. 그래서 하나님을 대적해서 일어나는 아마게돈 사람의 전쟁과 하나님으로 숭배되는 사람(적그리스도)의 첩경(Path)으로부터 신세계 질서를 멈추시려고 예수 그리스도께서 재림하실 때가 종말이 될 것이다.

이것은 인류 역사의 완성이요 음모론자들이 그들 자신들과 그들을 하나님보다 위에 두어 예배의 대상인 신으로 만들려고 일하고 있는 것이다. 피라미드와 지구라트로 양식화된 바벨탑은 최초의 세계 정부인 사탄과 그의 왕국의 '미완성된(Un-accomplished)' 과업으로 나타났다. 그것은 마침내 하나님께서 드라마틱하게 개입하여 실행하셨고 너덜너덜한 넝마가 되었다. 하나님께서 땅으로 내려와 그들의 언어를 나누셨다. 그 결과 사람들이 흩어졌다.[23]

니므롯은 일반적으로 비밀 조직을 통한 비밀로 숨겨진 조약들로서 인류를 통치하고 있는 엘리트의 이론적 출발점이었다. 태양의 개기일식들(Solar Eclipses)의 예견이나 천문학적인 관찰들은 잘 믿는 경향이 있

---

22 See Flavius Josephus, *The Antiquities of the Jews* (USA: Wilder Publications, 2018), Chapter4.

23 J Micha-el Hayes, *Rise of the New World Order: The Culling of Man* (New York: Samaritan Sentinel, 2013); Glenn Beck, 'Lessons From the Tower of Babel', Fox News, (2010년 11월 17일); https://www.foxnews.com/story/glenn-beck-lessons-from-the-tower-of-babel

는 대중들을 속이기 위해서 매우 설득적일 수 있다. 고대 시대로부터 이런 사회들과 컬트(Cult/숭배)는 그들을 둘러싸고 있는 종교들을 정부의 기능을 돕는 통제 메커니즘의 한 형태로서 만들었다. 고대 세계에서는 많은 비밀 사회들과 모두가 만나는 최고위층의 사람들은 하나의 조직(Council)을 만들고 시간의 경과로 그들 모두가 연결되었다. 지금 또한 역사를 관통해서 다시 우리는 한 철학 또는 비밀 사회 그룹으로 나타나고 표현되는 같은 컬트를 목도한다. 그 뒤 그것은 하나의 유사한 체제로 후에 출현하려고 간단히 지하 속으로 다시 사라진다. 이 컬트는 요한계시록 17:5("그 이마에 기록되었으니 위대한 신비 바벨론이라, 땅의 창녀들과 가증한 것들의 어미라 하였더라.")에서 '신비 바빌론(Mystery Babylon)'이란 이름이 주어졌고 모든 종교적이며 비기독교 신앙 체계의 '배교적 신앙들(Apostate Beliefs)'로 언급되고 있다.

신비 바빌론의 가장 최고 수준을 통합하는 원리는 입교인데 비밀 지식으로 엘리트들이 할 수 있으며 신성적 점화와 지성의 불꽃으로 대중들의 군단을 지배할 자격이 있다는 개념이다. 예를 들면, 니므롯 이후에 우리는 이집트 파라오 컬트(창세기와 출애굽기에 언급된)를 만난다. 이는 통치자들이 힘을 가지고 아래에서 고군분투하는 대중들을 지배하는데 도움을 주었다. 이집트 사람들을 보면 꼭대기에 통치자들이 현존했고 그들은 높은 계층화된 공동체에서 살았고 그 밑에 정부 관료들, 그 밑에 군인들, 상인들, 기술자들과 농부들과 밑바닥 층에 가난한 노예들이 살았다. 하나의 관련된 컬트는 이집트인들(그들의 수학을 포함)에게서 온 많은 개념들의 표절은 6세기의 그리스인 피타고라스에게서 나타났다. 그리고 3세기 후에 플라톤과 이 모든 것이 로마 시대와 승마/기마 명령(Equestrian Orders)에 이르렀다. 이들 비밀 사회들은 지하로 갔고 암살자들(Assassins) 또는 기사단(Knight Templars)과 후에 장미십자단(Rosicrucians)과 같은 다양한 형태로 나타났다. 그들은 항상 나타났고 세상 무대 위에서 그들의 출현은 항상 세상이 어떻게 형성되었는지에 대한 중심부에 있었다. 내부 써클의 사람들은 그들 자신들을 이러한 역사적 유산과 위대한 비밀들의 신비한 상속자들의 후손들이라는 시각을 갖고 있었다.

이것은 신비로운 바빌론이고 '바빌론의 정신(spirit of Babylon)'은 니므롯에 의해서 시작했던(창 10:8;[24] 계 17:5/신비한 바빌론) 일을 완성하려고 오늘도 시도하고 있다. EU조차도 포스터의 하나로 바벨탑을 브뤼겔의 그림(Picture of Bruegel's Painting)[25]으로 선택했고 화가들의 이름을 딴 브뤼겔 연구소라는 또 다른 경제 싱크 탱크가 있다. 그것은 미국의 1달러 지폐 뒷면에 있는 그 일을 완성하기 위한 전시안(All-Seeing Eye [of God]/섭리의 눈 [Eye of Providence])을 가진 피라미드 또는 원뿔각(Frustum) 등은 비밀 컬트에서 유래했다. 전시안을 가진 삼각형은 호로스의 눈(Eye of Horus)이고 시리우스의 별(The Star Sirius)이고 프리메이슨의 세계의 위대한 건축가(The Great Architect of the Universe/GAU)이다. 미국의 1달러 지폐 위의 'Annuit Coeptis(아누이트 코에프티스)'라는 단어는 '그가 우리의 사업을 선호하신다. 거기서 Annuit는 '그가 호의를 베푸신다.'이다. (또한 수메리안 하늘 신인 '아누[Anu]'를 언급할 수도 있다.) 그림 안에 눈이 존재한 이래로 'He/그는' 전시안을 언급하며 이는 하나님이나 예수님

---

24 "구스는 니므롯을 낳았더라. 그는 자라서 땅 위에 힘센 사냥꾼이 되었더라(창 10:8)."
25 See https://architecturehereandthere.com/2016/12/28/eu-new-brussels-hq/.

이 될 가능성이 없고 오히려 하나의 오컬트의 패턴/모티브이다. 'Novus ordo seclorum(노부스 오르도 세클로룸)'은 '시대의 신질서'를 의미하고 '신세계 질서'라 부르는 그들의 위대한 계획을 언급한다. 독자들은 이러한 반성경적 논리적 결론에 이르도록 모든 것들을 확장하지 않아야 한다. 이것이 바로 그 내용이다.

   이것은 땅 위에 사람에게 내려오는 그들의 종교의 궁극적 완성이다. 그래서 우리는 바벨탑에서 사탄이 한 세계 지도자를 통해서 세계를 정복하기 위한 시도를 볼 수 있다. 프리메이슨은 니므롯(창 10:8)과 투발/두발 가인(Tubal-Cain/창 4:22: "질라 또한 두발가인이라는 아들을 가졌더라. 두발가인은 동과 철로 된 모든 도구들을 벼리는 자였더라.")에 대한 수많은 관련성을 가지고 있다. 즉 두 사람은 성경에서 가인(Cain/창 4:1-26 참조) 같은 나쁜 존재로 묘사된다. 그러나 프리메이슨들에게 그들은 좋은 존재로 묘사된다. 니므롯은 하나님을 대적한 힘센 사냥군(Mighty Warrior/창 10:8)이었다. 그렇지 않았다면 하나님께서는 사람들을 흩어 버리지 않으셨고 그들이 하고 있었던 것을 바꾸라고 강요하지 않으셨을 것이다. 바벨탑과 동일하게 2번째로 비교되는 이야기가 요한계시록에 있는데 "예수님께서 짐승에게 예배드리는 인간을 막으시려고 내려오셔야(재림/Recoming)만 하고 하나님께서는 시대의 마감을 하시고: '회복(The Regeneration)'과 후에 피라미드가 아닌 '새 예루살렘의 도시(The New City of Jerusalem)'와 함께 '새 하늘과 새 땅(New Heaven and New Earth)'을 가져오신다."고 요한계시록 22장은 예언한다. 그 후 그 책이 닫히고 당신은 '새 예루살렘의 도시'와 '땅으로 오는 피라미드' 중에서 선택할 수 있다. 이것들은 유일한 선택들이다. 빛이냐 어둠이냐, 선이냐 악이냐, 하나님이신 예수 그리스도냐 또는 [가짜 신인]-사탄이냐? 둘 중에 하나이다.

이것이 오늘날의 상황이다. 동일한 악한 '불의 컬트'는 여전히 존재하고 그녀(신비한 바벨론) 안에 예언자들과 성도들과 땅 위에서 순교당한 모든 사람들의 그 피(계 18:24 "그리고 그녀 안에서 예언자들과 성도들과 땅에서 살해당한 모든 사람들의 피가 발견되었느니라.")가 발견된다. 이것은 타락 이후 인류와 싸워오고 있는 사람들[오컬티스트/Occultists]을 이해하는 가장 중요한 '신비한 바벨론 컬트'에 관한 성경 구절들 중에 한 구절이다.' 그들은 시작부터 지구상에 있는 모든 사망에 책임이 있다.

그리스도의 시험(The Temptation of Christ)

신세계 질서의 설명에 도움이 되는 다른 성경 구절과 어떻게 그 세상이 마귀의 손아귀 안에 있는지는 그리스도의 시험에서 나타난다. 눅 4:4에 보면 마귀가 땅의 온 나라들을 예수님께 보여주고 만일 예수님께서 마귀에게 예배하면 땅의 모든 왕국을 주겠다고 말했다. "5. 그 뒤 마귀가 한 높은 산꼭대기로 예수님을 인도하여 잠시 세상의 모든 왕국들을 보여주었더라. 6. 그리고 마귀가 예수님께 말하기를, 이 모든 권세와 영광을 내가 당신에게 드릴 것인데 이는 나에게 그것이 부여되었고 내가 원하는 자에게 그것을 줄 수 있나이다. 7. 그래서 만일 당신께서 나에게 예배하면 그것은 당신의 것이 될 것입니다. 8. 예수님께서 이르시되 '기록되었으되 주 너의 하나님께 예배드리고 그분만 섬기라(눅 4:5-8)."[26]

 이 사건은 사탄이 이미 모든 나라들을 소유했음을 전제로 한다. 비록 하나님이 책임을 질지라도 사탄은 사람들의 일에 대해서 엄청난 권력을 쥐고 있다. 그는 이 세상의 신이고 인류 타락의 결과로 세상에 대한 지배권이 주어졌다. 신세계 질서를 계속 진행하고 있는 자는 사탄이다. 이것이 사실상 많은 시간과 수천 년에 걸쳐서 달성하는데 너무 오래 걸리는 이유이다. 또한 이 이야기에 따르면 나라의 정부들은 인류가 그들의 사업을 실행하기 위한 최선의 방법이고 성경은 그들이 항상 존재할 것을 언급한다. 나라들이 그들의 사업을 수행하는 방법은 무역 블럭(보호 무역)이나 가맹국들을 지배하는 초강대국들(Super-States)이 되어서는 안 되며, 가장 강한 자가 비효율적인 자들을 이기는 바닥을 향한 경주가 되어서도 안 된다. 서로 소통하는 국가들이 인류의 공동선을 위한 같은 방향으로 함께 나아가야 한다. 같은 규제 정책법들과 신앙을 회색으로(종교 다원주의) 칠하려는 엘리트를 위한 하나의 더욱더 글로벌한 통합[통제] 사회를 향해 노력하지 말아야 한다. 이것은 인류가 나아갈 올바른 방향이 아니다. 아마도 예수님께서 잠시동안도 마귀에게 예배하지 않았고 온 땅을 통치하지 않으셨기 때문에 '단지 주 너의 하나님께 예배드리는 것이 얼마나 소중하다'고 언급하신 점은 매우 흥미로운 것이다. 이런 방향은 재앙이 될 수도 있었다. 왜냐하면 그것은 예수님께서 십자가를

---

26 예수님께서 이르시되 "기록되었으되 주 너의 하나님께 예배드리고 그분만 섬기라(눅 4:8)."에서 보듯이 성령 충만하신 선포의 완성자이신 예수님께서 사탄을 책망하시며 복음을 증거하셨듯이 예수님을 따르는 그리스도인들도 사탄과 그를 따르는 오컬티스트들/루시퍼리안들(Occultists/Luciferians)을 책망하고 "성경에 기록되었으되 너의 하나님께 예배드리고 그분만 섬기라"고 선포해야 할 것이다.

지지 않으시는 것을 의미할 수도 있었기 때문이다. 이렇게 함으로써 한 세상 영광의 제국을 만드는 것이지만 "또 여기 있다 저기 있다고 못하리니 하나님의 왕국은 너희 안에 있느니라(눅 17:21)."는 말씀처럼 하나님의 왕국이 영적 왕국이 안 될 수도 있었다. 대속(Atonement)이 없고 그래서 하나님은 사람과 교감할 수 없게 되고 십자가가 없었기 때문에 구약의 예언들뿐만 아니라 창조의 완전한 구조를 무효화하게 되면 하나님께서 우주를 존재하도록 말씀하셨던 이래로 그분의 말씀은 무효화되었을 것이다. 막 13:31은 "하늘과 땅은 없어질 것이지만 나의 말씀들은 결단코 사라지지 않느니라."고 말씀한다. 예수님께서는 신적인 로고스셨고 그 말씀이셨다. 이 시험에서 오는 심각한 결과들은 상상할 수도 없었을 것이다. 또한 하나님을 거짓말쟁이로 만드는 유일한 사실이 되지 않았다.

단일 세계 종교에 의한 단일 세계 정부(One World Government with a One World Religion)

요한계시록은 또한 모든 나라들이 예배해야만 하고 짐승의 표를 받게 되는 세상의 한 지도자에 의해서 인도되는 단일 세계 정부의 출현을 예언하고 있다(계 13:7-8: "그에게 성도들과 전쟁을 해서 그들을 이기게 되는 권세가 주어졌고 각 족속과 언어와 나라를 다스리는 권세가 주어졌으니 세상의 창세 이후로 죽임 당하신 어린양의 생명책에 이름들이 기록되지 못한 땅에 사는 모든 자들이 그[짐승]에게 예배드릴 것이니라."). 그리고 그(적그리스도)는 모든 족속과 백성과 언어와 국가를 다스릴 권한을 부여받게 될 것이다.

땅의 모든 거주민들은 그 짐승에게 예배드릴 것이다. 인류는 한 사람인 그 짐승에게 예배드릴 뿐만 아니라 그것은 인간 역사에서 가장 무서운 정점이 될 루시퍼리안 종교(Luciferian Religion)로 명백히 드러낼 것이다. 계속해서 요한계시록은 경제에 대해서 짐승의 시스템 속에 들어가지 않으면 음식을 사고 파는 것이 불가능할 것을 언급한다. 계 13:17은 "누구나 짐승의 이름이나 그의 이름의 수(666)인 표를 받지 않는 자는 물건을 사거나 팔 수 없다."고 예언한다. 그러나 사람의 손으로 만들지 않은 그 돌이 짐승의 시스템을 나타내는 그 동상(Statue)을 치고 큰 산이 되어 온 땅을 가득 채울 것이다. 이것은 말세에 하나님 자신이 짐승의 시스템을 이기실 구약의 예언의 말씀이다. "그러나 그 동상을 친 그 돌이 하나의 거대한 산이 되고 온 땅을 채울 것이니라(단 2:35)."

원시(최초의) 복음(The Protoevangelium)

종말에 사람과 최종적으로 조우하시는 하나님을 믿는 신앙의 뿌리에 깊이 들어가는 것을 검토하는 것은 중요하다. 아담, 셋, 무드셀라, 노아와 라멕 등과 같은 창세기의 조상들은 '하나님의 대속하시는 계획(God's Redemptive Plan)'을 알았다. 왜냐하면 하나님은 에덴동산에서 아담과 하와에게 그가 인류를 다시 자신에게 되돌려 보내고 마침내 하늘들과 땅을 마무리하실 한 구원자를 보내실 것을 말씀하셨기 때문이다. 즉 그들은 완전한 대속의 이야기를 알았다. 최초(원시)의 복음은 하나님께서 인류와 뱀에게 선언(전도/선교)하신 '내가 너(사탄)와 여인(교회) 사이와 너의 후손/씨와 그녀의 후손/씨 사이에 원수를 둘 것이고 그가(예수 그리스도) 너의 머리를 으깰 것이고 너는 그의 발뒤꿈치를 타격(물)할 것이니라 (창 3:15: "그리고 내가 너와 여인 사이와 너의 후손과 여자의 후손 사이에 원수가 될 것이고 여자의 후손은 너의 머리를 상하게[물고] 하고 너는 그의 발꿈치를 상하게 할 것이니라 하시고."). 이것은 사탄을 이기시는 구원자에 대한 성경에 나타나는 첫 번째 언급이다. 그 여인의 후손은 사탄을 이길 것(롬 16:20: "평강의 하나님께서 속히 사탄을 너희 발 아래서 상하게 하시리라. 우리 주 예수님의 은혜가 너희에게 있을지어다.")이고 예수님에 의해서만 성취될 놀라운 예언이다. 이것이 그들이 입교 초심자로서 프리메이슨 1도를 시작할 때 바지의 다리 부위를 말아올리는 이유이다. 그것은 그들의 관점에서 볼 때 사탄이 하나님을 이길 것이라는 미완성된 것으로 추정되는 일과 그들 자신들을 동일시하면서 발꿈치를 노출시키는 것이다.

입교 초심자(Entered Apprentice)

그들이 들은 공개적인 신앙의 의식은 하나님께서 사탄을 분명히 이기실 것이지만 모든 일과 마찬가지로 메이슨에게 그것은 항상 진리와 반대를 의미한다. 입교로 더 깊이 귀신(The Demonic)들에게 이끌릴 때 비의(Inner Secret Meaning)는 이것이 사탄이 십자가 위에 계신 예수님의 발을 뚫었던 그 이야기를 인식하는 실제적인 한 방법이다. 그리고 이러한 방법으로 그들은 사탄의 일을 즐기는 것이다. 뱀은 예수님의 발을 물었고 예수님은 사탄의 머리를 밟았다. 뱀의 이빨 자국들은 십자가의 못자국들이었다. 고대 히브리어로 Wau, ו/와우는 못(ㅣ)의 모양이고 거룩한 하나님의 이름인 YHWH (יהוה/Yahweh/야훼)의 3번째 글자인 W(ו 와우)

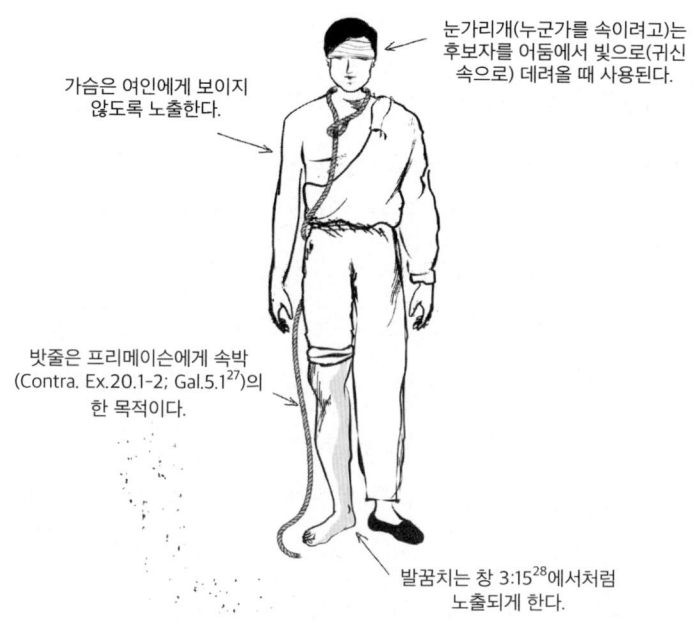

가 들어가 있다. 롬 16:20은 "평강의 하나님께서 속히 사탄을 너희 발 아래서 상하게[으깰것] 하시리라."고 말씀한다. 하나님의 구원의 목적에 대한 이러한 지식은 뒤틀려졌고 그래서 니므롯의 시대 동안 그들이 세웠던 종교는 장기적으로 원대한 복음 이야기를 위조로 만들었고 세계 최초의 우주적 종교가 되었다.[29]

---

27 "하나님께서 이 모든 말씀으로 일러 말씀하시되 나는 너희들을 이집트 땅, 노예의 속박의 집에서 인도(자유케하심)해 낸 너희의 하나님 여호와이시라(출 20:1-2)." "그리스도께서 우리를 자유케하신 그 자유에 굳건히 서 있거라. 그러므로 다시는 노예의 멍에를 메지 말라(갈 5:1)."
28 "그리고 내가 너와 여인 사이와 너의 후손과 여자의 후손 사이에 원수가 될 것이고 여자의 후손은 너의 머리를 상하게[물기] 하고 너는 그의 발꿈치를 상하게 할 것이니라."
29 니므롯(Nimrod)은 그가 전 바벨론(창 10:10)을 다스린 최초의 사람이기 때문에 앗시리아의

최초 복음의 원형질 이야기는 파괴되었고 최초의 국가 종교로 만들기 위해서 니므롯에 의해서 일그러졌다. 이것은 다산의 태양신 숭배 종교였던 마르둑(Marduk), 샤마쉬(Shamash)와 이슈타르(Ishtar)에 대한 신앙이 되었고 후에 파생된 종교들과 비밀 사회들이 되었다. 예를 들면, 이집트 종교에서 라(Ra)신 또는 레(Re)신, 시리아, 팔레스탄인과 페니키아인들의 바알신(Baal)과 암몬 사람의 몰렉신(Moloch)들은 모두 동일한 태양신을 나타낸다. 바빌론에서 이런 신앙들은 고대 세계의 무역 루트를 따라서 퍼졌다. 그래서 이것으로부터 우리는 이집트, 그리스와 인도 종교들의 주요 흐름을 파악할 수 있다. 이런 이유로 요한계시록에 나오는 거짓 종교가 신비 바빌론이라 불리운다. 또 인류 타락 이후에 인류 역사를 관통해서 베고 있는 크로노스[시간의 신]나 토성(포세이돈: 바다 지배)의 낫으로 대표된다.

그래서 시간이 시작된 이래로 계속 사탄은 그 자신이 중심에서 단일 세계 정부를 향해서 인류를 파괴하는 것을 시도해 왔고 '트랜스휴먼 벌집 네트워크(Transhumanist Hive Network)'에 연결된 '한 종족(One Race)'으로 그의 주제를 지금 설정하고 있는 중이다. 이러한 모든 것은 하나님에 대한 반감(Antipathy/반역) 때문이다. 아벨을 대적하는 가인, 살인과 전쟁으로 사람을 죽이고 있는 사람, 계 13:8은 "땅 위에 거하는 모든 자가 그(그 짐승)를 경[예]배할 것이니라"고 예언했다. 제국들은 흥하다가 망

왕이었던 투쿨티-니누르타(Tukulti-Ninurta/BC 1243-1206)와 관련이 있을 수 있다. See Keith R. Crim, *The Interpreter's Dictionary of the Bible: An Illustrated Encyclopaedia* (Nashville: Abingdon Press, 1995). 고대 근동 지역의 종교는 기본적으로 다신교였다. 즉, 많은 신들을 믿었다. 태양신이 되는 샤마쉬(Shamash)와 달의 신인 신(Sin)과 하나님을 대적한 힘센 사냥꾼이 된 니므롯 이후에 사냥하는 니누르타 신 등이다. 그 년도는 오히려 느려 보인다. 왜냐하면 전통적 성경의 년도는 2000 BC에 더 가깝기 때문이다. 그러나 어떤 사건으로 인해 이것은 쉽사리 Nimrod보다 더 이른 시기에 관련될 수 있다.

했고, 나라들이 건국되고 사라졌으며 왕들은 법령을 만들고 철폐했다. 사탄의 보이지 않는 손이 하나님을 반대[역]하는 중심에서 그 자신이 단일 세계 정부의 궁극적인 결론을 향해서 인류를 인도해 온 비밀 정치 조직을 이끌어 왔다. "짐승의 머리들 중 하나가 치명적 상처를 입은 것처럼 보였으나 그 치명적인 상처는 치료되었도다. 전 세계가 놀라서 그 짐승을 따랐더라. 그래서 사람들은 그 용(Dragon/Satan)에게 경배를 드렸더라. 왜냐하면 그가 그 짐승에게 권세를 주었기 때문에 그들은 역시 그 짐승(정치적 정부와 적그리스도)에게 경배를 드렸도다. "누가 그 짐승과 같으냐? 누가 그와 대적해서 전쟁을 일으킬 수 있느냐?라고 물었더라(계 13:3-4)."

이것이 성경이 말씀하는 것인데, "속임수 중에 속임수는 생존의 위기로 사람을 인도할 것이고 인류의 일들은 기후적 종말"(A Climatic End Time)을 향해서 인도되어 왔다는 것이다. 이것은 아마도 셰익스피어가 기록했던 이유인데 "모든 세상은 단일 무대요 모든 남자들과 여자들은 단지 배우들이다."[30]라고 했다. 그는 우리가 역사 속의 이런 '성경적 음모적 관점'(사 8:12)[31]에서 보는 온전한 '우주적 연극'을 언급했다.

이러한 관점에서 '종말'과 땅에 계셨을 때의 예수님의 시기를 포함해서 어떤 다른 시간보다 더 7년 대환란 시기에 관한 성경에 기록된 것들

---

30 See https://www.poetryfoundation.org/poems/56966/speech-all-the-worlds-a-stage.
31 Isa. 8:12 "Do not say, 'A conspiracy,' concerning all that this people call a conspiracy, nor be afraid of their threats, nor be troubled/ "이 백성이 음모라고 부르는 모든 것에 대해서 '음모'라고 말하지 말라. 그들의 위협을 두려워하지 말고 걱정하지 말라(Isa. 8:12)." Heb, קֶשֶׁר, Kesher[카쉐르]〈קָשַׁר, Kashar[카샤르]/to conspire against, to bind, to tie/음모를 꾸미다, 묶다, see Benjamin Davidson, *The Analytical Hebrew and Chaldee Lexicon* (Peabody: Hendrickson Publishers, 2002). p. 667.

을 더욱더 주목하는 것은 흥미로운 것이다. 사탄의 마지막 통치는 단지 7년이 될 것이지만 이 시간까지의 이끄심은 지금 발생하고 있고 지난 6000년 동안 계속 되었다. 결국 다스리시는 분은 하나님이시며 하나님은 주권자이신 이래로 항상 악을 이겨오셨다.

고대 신학(Prisca Theologia)

고대 신학은 고대에 신께서 한 진리 종교를 사람에게 나타내셨고 모든 종교들은 안에 내장된 이런 진리의 핵심을 갖고 있다는 오컬트 신앙(Occult Belief)이다. 프리스카(Prisca)란 단어는 라틴어에서 왔는데 '오래된'이란 의미이며 데올로기아(Theologia)는 분명히 신학이다. 따라서 그것은 '고대 신학'을 의미한다. 이 거짓 신앙은 그리스 철학자들조차도 앞서고 성경에 하나님의 계시와 비교되는 신적 계시들을 기록하는 것을 믿었던 고대 현자들에 의해서 기록된 책들로부터 파생되었다. 전해지는 바에 의하면 이들 현자들은 페르시아와 바벨론의 태고적 지혜를 대표하는 조로아스터와 갈대아 신탁/신탁 점성가(Oracula Chaldaica/Chaldean Oracles)를 포함한다. 그것은 또한 이집트의 제사장들의 지혜를 보존하는 코르푸스 헤르메티쿰(Corpus Hermeticum)[32] 안에 있는 헤르메스 트리스메기스투스(Hermes Trismegistus)[33]의 작품들을 아마도 포함한다.

---

32 See https://en.m.wikipedia.org/wiki/Corpus_Hermeticum.
33 헤르메스(Hermes)는 그리스 신화에 나오는 신인 제우스와 마이아의 아들로 신들의 사자(使者), 목부(牧夫), 나그네, 상인, 도둑의 수호신이며, 또한 죽은 사람의 망령을 저승으로 인도하는 신이다. 로마 신화의 메르쿠리우스(Mercurius)에 해당함. 헤르메스 트리스메기스투스(Hermes

피타고라스는 이 고대 지식을 플라톤과 플로티누스(Plotinus), 포르피리(Porphyry), 이암블리쿠스(Iamblichus)와 프로클루스(Proclus) 같은 다른 작가들에게 넘겨주었다. 이것은 후기 르네상스 논평가들에게서 차례로 살아남았다. 분명히 시대를 관통해서 신앙들은 왜곡되었고 다른 개념들이 섞였고 작가들 그들 자신들의 어젠다에 따라서 희석되고 수정되었다.

이런 신앙은 과거에 나타나곤 하는 숨겨진 비밀 지혜를 발굴하는 모든 것에 나타나는 오컬티즘이 중심이다. 그것은 에덴동산에서나 더 오컬트한 아틀란티스나 대단한 청정함이나 거대한 힘의 홍수 이전의 문명으로서든지 원형질 종교의 개념과 관련되어 있다. 우리는 하나님과 함께 동행하는 진정한 출처인 창세기가 이들에 의해서 '왜곡된 최초 복음(Distorted Protoevangelium)'이 되는 것을 알 수 있다. 후에 세계구원자에 대한 신앙은 바벨탑 이야기에서 서술된 바빌론 신비 종교로 왜곡되었고 희석되었다. 이것이 바로 프리메이슨이 노출을 시도하는 것과 메이슨들이 고대 신앙이었던 그 핵심에 도달하려고 오컬트 책들을 읽는데 수년을 보내는 이유이다. 이것은 고대 종교 속에 그들의 신앙 즉, 고대 신학 때문에 그들은 기독교를 '헤르메스적 발산주의(Hermetic[신비적] Emanationism)'[34]의 형태를 향해서 재정의를 시도하고 인간들을 이런 이

Trismegistus/Gk. Herme:s Ho Trismegistos, La. Mercurius Ter Maximus)는 그리스신 헤르메스와 이집트신 토트가 혼합주의로 결합되어 형성된 신 또는 반신(半神)적인 존재이다. 헤르메스 트리스메기스투스의 문자 그대로의 의미는 '세 번 위대한 헤르메스(Thrice-Great Hermes)'이다. '세 번 위대하다'는 것은 '에머랄드 타블렛(Emerald Tablet)'에 나오는 진술에서 유래한 것으로, 헤르메스 트리스메기스투스가 우주 전체의 지혜의 세 부분을 완전히 알고 있다는 것을 의미한다. 이 세 부분은 연금술, 점성술, 신성마비(Theurgy, 백마술/White Magic)이다. 헤르메스 트리스메기스투스: 우주 전체의 지혜의 세 부분을 상징하는 태양, 달과 별(친구)이 들어 있는 것을 볼 수 있다. See https://en.m.wikipedia.org/wiki/Hermes_Trismegistus.

34 See https://en.m.wikipedia.org/wiki/Hermetic_Qabalah#:~:text=Hermetic%20Qabalah%20adheres%20to%20the,are%20considered%20to%20precede%20manifestation. 자세한 것은 9장

론적 황금시대로 귀환하도록 촉구한다. 르네상스 기간 동안 뉴 아틀란티스(The New Atlantis)를 쓴 프란시스 베이컨[35]과 유토피아(Utopia)를 쓴 토마스 모어[36]와 같은 작가들은 이러한 아이디어를 선택했고 그것을 아틀란티스: 아메리카의 새 나라의 개발에 결과적으로 영향을 준 것을 무언가로 발전시켰다. 이런 방법으로 아메리카의 초기 개척자들은 '신세계'가 첫 번째 오컬트 신정 정치[37]가 되도록 오컬트 어젠다를 일반적으로 밀어붙였다.

위대한 계획은 무엇인가(What is the Great Plan)?

프리메이슨(Freemason)은 가장 널리 퍼져 있고 쉽게 인식할 수 있는 엘리트들의 신앙 시스템 중에 하나이다. 많은 높은 정치인들과 네트워크에 연결된 정치인들은 이 종교에 달라붙어 있다. 이것은 프리메이슨이 엄청나게 정치적으로 중요하거나 엄청난 권력을 가졌다는 것을 의미하는 것이 아니라 그것은 엘리트들이 종교를 믿거나 그 교리(Tenets)에 교조적으로 세뇌되었다는 것을 의미한다. 프리메이슨의 위대한 계획과 가장 비밀스런 것 중 하나는 우주의 위대한 건축자(The Great Architect of the Universe[GAU])가 그들의 하나님인데 이는 마침내 땅 위에 그들의

'루시퍼리언들에게 영향을 주는 다른 신앙'을 보라.
35 See Francis Bacon, *The New Atlantis* (Oregon: Watchmaker Publishing, 2010).
36 See Thomas More, *Utopia* (New York: Everyman, 1992).
37 See Manly P Hall, *The Secret Destiny of America* (London: Penguin Publishing Group, 2008). Manly P는 그의 책에서 오컬트 신앙의 개념을 드러내고 있다.

'하나님'의 왕국을 세우는 것이다. 이런 유토피안 계획은 그 기원이 고대로 거슬러 올라가고 계속해서 진행되었고 잉글랜드에서 16세기 즈음에 현대의 형태로 나타났다. 알버트 파이크(Albert Pike/1809-1891)[38]는 고위층 프리메이슨이었고 이러한 오컬트 비밀들의 특별한 후견인과 안내자인 프리메이슨으로 언급된 연방 장군이었다. 그리고 그의 작품들은 '루시퍼 세계 단일 정부(Luciferic One World Government)' 형태의 비밀 연구 어젠다를 드러내고 있다. 이것은 더 높은 도수들(19-33도[Degree])에서 개시하는 자들에게는 단지 상상으로만 알려져 있다. 외부 계층에 있는 멤버들은 그들의 지식을 획득하려고 열심히 일해야만 하고 그들이 제공된 깊은 통찰력을 받을 수 있기 전에 다양한 호된 시련과 수준들에 복종해야만 한다. 그래서 그들은 그들의 사회가 하는 것에 철저하게 무지하다. 그것은 '세상의 기반들을 먹어치우고 그들을 프리메이슨 삶의 루시퍼리안의 길을 향하여 삐뚤어지게 하는 인간에게 있는 암과 같다. 우리는 이것을 7장에서 자세하게 논하려고 한다.

하나님 나라에 대한 프리메이슨의 개념은 7년 대환란 후에 도래하는 천년 왕국에 관한 기독교인들의 해석과는 완전히 반대이다. 이것은 위대한 계획의 가장 높고 가장 중요한 부분이다. 그것은 또한 루시퍼(사탄)와 인류를 통제할 적그리스도와 거짓 예언자(계 17장)들에 의한 단일 세계 정부(정치권)의 개발을 포함한다. 그 경제는 그 시스템 안에 있는 자들이 사거나 팔 수 없게 된(계 13:17) 이후에 적그리스도와 그 경제 시스템을 가진 짐승(나라)에 의해서 나타난다. 이것을 성취하려고 알버트 파

---

38 See https://en.m.wikipedia.org/wiki/Albert_Pike.

이크(Albert Pike)는 그들의 루시퍼리안 교리 아래에 있는 인류가 되게 하는 결론으로 3개의 세계 전쟁들을 격동하게 하는 엘리트들의 장기 계획을 설명하려고 이탈리아 고위 프리메이슨이었던 지우 제페 마찌니(Guiseppe Mazzini)에게 편지 한 통을 쓸 생각이었다. 이 편지는 1871년에 아래와 같이 기록되었다.[39]

"우리는 허무주의자(Nihilists)와 무신론자들(Atheists)을 풀어 놓아야만 합니다. 그리고 우리는 '무서운 사회적 파멸(Formidable Social Cataclysm)'을 자극해야만 할 것입니다. 이는 그 모든 공포 속에서 국가들에게 분명하게 절대적 무신론의 효과와 야만의 기원과 피비린내 나는 소동을 보여줄 것입니다. 그리고 모든 곳에서 세계의 소수 혁명가를 대항해서 그들 자신들을 방어할 의무가 있는 시민들은 문명의 파괴자들을 박멸/근절할 것이고 많은 사람들과 기독교에 환멸을 느낀 많은 사람들이 그들의 신적 영들은 그때부터 나침반과 방향 감각을 잃어버릴 것이고 이상향에 대한 불안을 느끼고 경배를 드릴 곳을 알지 못하고 루시퍼의 순전한 교리의 우주적 표명을 통해서 참빛을 받을 것입니다. 이것은 마침내 공적인 관점에서 밖으로 드러나게 될 것입니다. 이런 표명은 동시에 정복되고 박멸될 기독교와 무신론의 파괴를 따라 갈 일반적인 반작용 운동에서 유래할 것입니다."

이 편지는 영국 박물관에 있어야 했고 그곳 벽에 걸려 있었으나 도난

---

39 See https://www.slideshare.net/DaphneSmith19/albert-pike-letter-to-mazzini-259664585.

당한 것으로 보인다. 또는 바론 로스차일드(Baron Rothschild)가 1977년 박물관장이 되었을 때 옮겨졌다는 소문이 있다. 이 편지의 진실이 무엇이든지 프리메이슨은 신세계 종교의 출현의 살아있는 한 부분이다. 이러한 출현를 둘러싼 정치적 종교적인 연구들은 그들의 등급 안에 많은 프리메이슨 멤버를 가지고 있는 것을 주시하는 것은 흥미로운 것이다.[40]

신지학(Theosophy): 그 위대한 계획

이런 전체적인 이야기의 한 큰부분을 차지하는 알리스 안 베일리(Alice Ann Bailey) 같은 신지학자들은 그 위대한 계획을 기록했다. 그것은 프리메이슨 안에 있는 것과 같은 것을 뜻한다. 사실상 루시스 트러스트(Lucis Trust)의 UN이 진행하기에 예민한 '위대한 호소'가 '빛과 사랑과 능력이 땅 위에 있는 그 계획을 회복하게 하라'는 그들의 기도의 마지막줄에 있다. 무슨 계획일까? 루시스 트러스트를 위한 그 계획과 신지학은 유니버설교회(The Church Universal)와 함께하는 하나의 세계 정부(One World Government)이다. 이는 지금을 나타내고 있고 모든 다른 종교들과 '혼합(Emerged)된 변절[배교]한 기독교(Apostate Christianity)의

---

40 가능성이 있다면 아마도 이 편지는 사기일 가능성이 높다. 분명히 그것은 시오니즘이란 단어가 1871년에 사용되었다는 것이 의심스러워 보인다. 편지 그 자체는 1871년 8월 15일자로 되어 있는데 그것은 세계 1차 대전과 2차 대전을 예견했다는 것이다. 이 편지에 따르면 2차 세계 대전의 대리인들이 누가 될 것인지조차 기록되어 있다는 것이다. 만일 그것이 진실이라면 그 대리자는 정치적 시오니즘을 반대하는 아랍 세계일 것이다. 윌리엄 가이 카르(William Guy Carr)는 이 내용을 그의 책 『Pawns in the Games/게임들 속에 있는 인질들』 (Orlando: Dauphin Publications, 2014)에 기록했다. See Cardinal Caro y Rodriguez of Santiago, Chile, *The Mystery of Freemasonry Unveiled* (Palmdale: Christian Book Club of America, 1971).

한 형태와 녹색과 만신론적 광택/허식(Green and Pantheistic Gloss)'이 있다. 저자는 알리스 안 베일리의 '계급의 대외적 표현(Externalisation of the Hierarchy)'[41]으로 부터 인용했다.

> "마침내 우주적 교회가 나타날 것이다. 그 정의의 개요는 이 세기의 끝을 향해서 나타날 것이다. 이 연결에서 이 세기의 끝에 사건들을 접촉할 때 헬레나 페트로브나 블라바츠키(Helena Petrovna Blavatsky)의 지혜로운 예언을 잊지 말라. 이 교회는 그리스도의 원리가 쏟아부어지고 참재림이 완성됐을 때 그리스도와 그의 제자들의 활동으로 양육될 것이다."

저자의 입장에선 재림에 대한 시간과 날짜를 말할 성경적 자료가 없다. 그러나 분명히 그때는 멀지 않을 것으로 보인다. 여기서 언급된 것은 기독교회가 아니며 예수님은 '그 그리스도의 원리'도 아니다. 오히려 모든 인류 안에 있는 신지학적 우주적 교회는 다양성 안에서 서로 연합될 것이다. 그것은 신세계 종교로서 비록 우리가 뒤에서 발견하겠지만 이것은 신지학자들이 생각한 것과는 약간 다른 한 종교가 될 것이다.

신지학은 하이어라키(계급)가 그들의 하늘과 같은 샴브할라(Shambhala)로부터 작동하고 인간의 선을 위하여 세상의 지도자들을 그들의 의견으로 감동시키고 있다고 가르친다. 그러나 실제로는 신지학은 하나님으로부터 온 참계획과 반대이고 너무나 악해서 선의 가면을 쓰고 있으며 사

---

41   Alice A Bailey, *The Externalisation of the Hierarchy* (London: Lucis Press, 1958), pp. 270-271.

람의 일들은 총체적 물질화(가시화)와 계급 조직의 대외적 표현을 향해서 영향을 받는다. 이것은 그 종교인들과, 벌집 통제(Hive-mind) 체계, 트랜스 인간들과 글로벌 경찰 정부로 인도할 끔찍하고 공포를 주는 귀신 같은 단일 세계 정부의 외형이 될 것이다.

알리스 안 베일리는 더욱이 그녀의 책인 '계급 조직의 대외적 표현'에서 그 계획에 대해서 다음과 같이 설명한다.

1. 세상 종교의 개편: 어떤 식으로든 가능하다면, 이는 기독교의 뒤떨어진 신학들, 그들의 편협성의 강조와 하나님의 마음속에 있는 것을 아는 말도 안 되는 신앙을 상쇄시킬 수 있다. 이는 교회들(혼합된)이 마침내 영적인 영감의 수령자가 되게 하기 위함이다.
2. 점차적 해산/분해: 다시 어떤 식으로든 가능하다면, 정통 유대교 믿음에 대해서 그것이 쓸모없는 가르침이고, 분리를 강조하고, 이방인들의 증오가 되고, 그리스도를 인정하는 것을 실패하도록 하는 것이다. 이 말을 함으로써 나는 세상에서 악을 인정하고 그들의 사고방식이 정통적이지 않은 유대인들(아쉬케나지)을 인정하지 않을 수 없다. 즉 그들의 계급 자체는 영적 신앙을 가진 귀족 정치 그룹에 속한다.
3. 한 계시를 위한 준비는 새로운 시대를 착수하고 신세계 종교를 위한 주의(Note)를 설정하게 한다.

여기서 우리는 그녀의 작품에서 그것을 직접 가진다. 그녀는 신세계 종교의 출현에 가장 큰 위협을 가하는 2개의 그룹은 정통적(Orthodox) 또는 전통적(Traditional) 성경을 믿는 기독교와 정통적 유대주의이고 그들은 어떤 가능한 방법으로든 제거되어야만 교회들이 마침내 영적인 영감을 받는 사람들이 될 것이라고 말하고 있다. 그것은 루시퍼리안주의를 말하는 공손한 방법으로 참기독교인들을 그들이 원하는 버전의 배교적 기독교로 대체하라는 것처럼 들린다. 그들은 최근의 교회를 다른 형태의 신앙으로 대체하려고 시도 중이다. 그리고 UN 위에서 이 모든 것이 가장 중요한 영적 영향력을 가해서 그들은 당신이 뒤에 보게 될 것이지만, 알리스 안 베일리의 어젠다를 정확하고 엄중하게 촉진해 왔다. 사실상 로버트 뮬러(Robert Muller), 모리스 스트롱(Maurice Strong)과 UN의 다른 최고로 영향력 있고 가장 중요한 멤버들은 그들이 예언자로 보는 알리스 안 베일리의 작품과 영향력에 무겁게 빚을 져왔다고 인정한다. 로버트 뮬러는 일련의 새로운 교육 제안인 세계 핵심 교육 과정이 알리스 안 베일리의 가르침에 기초해 있다고 심지어 공개적으로 말했다. 이 모든 것은 나중에 다루게 될 것이다.

뉴에이지를 추구하는 사람들(New Agers)

뉴에이지 종교는 신지학(Theosophy)과 그 교리는 물론 모든 의도와 목적들과 같은 신앙들을 재작업하고 현대화한 버전이고 무수한 신세계 종교들의 같은 궁극적 목적은 신 우주적 교회(The New Church Universal)이다. 이것은 그리스도의 교회가(The Church of Christ) 아니다. 그 그리스도의 교회(The Church of The Christ) 안에 있는 사람이 '하나의 신(a god)'으로 보여질 뿐이다. 이것은 인격적 하나님의 존재를 철저히 부인

한다. '뉴에이지를 위한 하나의 신세계 종교는 생각하는 사람들의 필요를 충족시키는 것과 인류를 연합하는 것이 필요하다.'[42]

신세계 종교는 사람들을 회색으로 칠하고(To Grey Out) 모든 사람들을 같은 것(The Same Thing)을 믿도록 만들기를 원하는 비밀 정치 조직에 의해서 강력하게 지원을 받는다. 그들의 무기고 안에 있는 도구들은 레즈비언(Lesbian), 게이(Gay), 양성애자(Bisexual), 트랜스젠더(Transgender), 퀴어(Queer)와 젠더(Genders) 즉, (LGBTQ+)의 어젠다를 강요해야만 하는 것이다. 그래서 그 비밀 당원의 비밀 싱크 탱크는 그들 자신들을 최고위에 [종교 다원적]-하나님들로서의 신앙의 새로운 시스템과 그들의 드론 노동자들(Drone-Workers)로서 저변에 있는 군중들을 만들기 위한 방법들을 생각해내는데 부지런을 떨어왔다. 이것은 하층의 대중들에게 그들의 소원들을 지시하고 통제하는 엘리트들과 함께하는 정부 이론을 설명했던 플라톤에게로 거슬러 올라가는 그들의 신앙들과 정확히 들어맞는다. 각계 각층의 영향력 있는 지도자들, 저명한 과학자들, 연예인들, 록과 팝스타들, 예술가들, 법조인들, 경제학자들과 교육가들과 같은 뛰어난 사람들은 그들의 어젠다를 미묘한 방법과 음악 산업의 미묘하지 않는 방법으로 밀고 나가고 있다. 한편으로는 표면적으로 신세계 종교는 점점 위험에 처해 있는 그의 세계를 이해하려고 고심하는 것처럼 현대인을 위해서 커다란 호소를 제공한다. 단지 우리가 평화를 창조하려면 그들은 고백하고 그리고 만일 단지 우리가 어떻게 하든지 하나가 될 수 있다면 그 뒤 우리 모두는 어울릴 수 있고 세계의 모든

---

42 See Lola A. Davis, *Toward a World Religion for the New Age* (Flitwick: Frank Coleman Publishing, 1983).

종교를 하나의 단순한 새 종교 속으로 융합하는 것은 좋은 답이 될 수 있다. 이런 방법으로 우리는 모든 전쟁과 경제적 정치적 말다툼을 멈출 수 있고 '다양성 안에서 연합'할 수 있다. 많은 지식인들에게 이러한 개념이 인류를 위한 무해한 방법으로 이끌려지게 될 것이다. 그것 안에서 한 우주적 종교는 누구나 제외되지 않고 두팔 벌려 등장하고 모든 사람의 필요들과 신앙들을 포함하고 그 속으로 '인류의 가족'이 인류의 형제애 속으로 인도될 수 있다.

그것은 하나의 좋은 아이디어처럼 보이고 그것을 완전하게 지킬 수 없게 하는 다양한 주요 흐름을 제외하고 하나의 좋은 아이디어가 되는 것이 가능할 수 있다. 주된 주장은 인간은 원래 종교에 솔직하지 못하고 두 번째로 그것은 다른 통제 메커니즘이 될 것이지만 이때 국가에 완전하게 승인될 것이다. 당신이 믿는 것은 말할 것도 없이 당신의 종교는 예수님께서 말씀하셨던 "그 길, 그 진리와 그 생명과 아무도 나를 제외하고는 아버지께로 올 자가 없느니라(요 14:6)."이다. 그래서 당신이 이 개념을 지지할 수 있는 [다른] 많은 길들은 없을 것이다. 신세계 종교의 전선은 모래 안에 그려져 있는데 하나님께 이르는 모든 첩경은 하나의 저주/파문/추방(Anathema)이다. 저자는 이것을 12장에서 자세하게 설명할 것이다.

왜 신세계 질서인가?

신세계 질서가 왜 인간의 실존 속으로 들어오고 있는지 당신은 고민한 적이 있는가? 비밀 정치 조직원들은 앞에서 언급된 것같이 경제, 정치(정부)와 종교인 3가지 다리 영역을 가로질러서 모든 권력과 영향력을 실제로 이미 갖고 있다. 그런데 왜 그들은 새로운 시스템으로 바꿔야만 하는가?

구세계 질서는 현재 흐름인 자본주의자, 민주주의, 말의 자유, 우리가 지금 즐기고 있는 정치 시스템인데 비밀 정치 조직원들이 마침내 숭배받게 될 한 시스템으로 대체되어야만 한다. 그러나 착수 시 새 종교나 신조는 그들의 정책들이 오는 세대들을 위해서 달성될 수 있는 유일한 방법이 될 수 있다. 비밀 정치 조직의 궁극적인 목적은 하나님을 타도하는 것이고 이를 이룩하려고 그들은 한 새 신조를 세워야만 했다. 한 사람이 얼마나 훌륭하든, 문화가 얼마나 설득력이 있든 집단적으로 존재한다. 세대간 정책을 수행할 수 있는 유일한 장기적인 방법은 신조나 종교를 통하는 것이다. 하지만 그것이 그토록 그들이 그것을 실행하기에 싫증내는 이유이다. 만일 그들이 이것을 단지 행동해야 하는 최근의 정치적 사회적 구조 아래서 사람들이 그들에게 숭배할 수 있었다면 비록 그들 역시 그들의 귀중한 단일 세계 정부를 필요할지라도 그러나 이런 현재 정치 시스템 아래서 신들로서(as gods) 그들을 섬기기 위해서 사람들을 인도할 수 있는 기회는 거의 없을 것이다. 왜냐하면 사람들은 그것을 수용하지 않을 것이고 그들이 우리가 되기를 원하는 곳으로부터 너무 멀리 떨어져 있기 때문이다. '우리 사람들은(We the people)'은 야단법석을 너무 많이 떤다. 즉 우리는 다른 사람들을 신들로 숭[예]배하기를 원하지 않는다. 그것은 하나님께 가중한 것이다. 누구나 한 사람, 어느 기독교인, 유대인, 힌두교도, 무슬림, 인간주의자와 무신론자와 기타 등등 사람을 숭배하기를 원하지 않는다. 당신이 언급하는 어떤 사람도 한 인간을 숭배하지 않을 것이다. 그러나 지원하는 한 신조와 어젠다 21의 조직 속으로 뒤얽혀있고 이것은 단일 신글로벌 문화를 나타나게 하고 관리되게 할 것이다. 이것이 왜 비밀 정치 조직원들이 글로벌 경찰 정부 속으로 가져와야 하는지, 그들의 종교 어젠다를 우리가 마침내 숭배하도록 우리를 노예들로 만들기 위해서 밀어붙이는 이유이다. 그리고 이것은 신세계 질서가 그 중심에 서 있고 신세계 종교가 주로 사탄의 시도에 의한 영적 노력이 있는 이유이다. 그 비밀 정치 조직원들은 신조를 제자리에 두어야만 한다. 그들은 과학적 독재를 뒷받침하는 신앙 체계 없이도 인류를 위한 장기 계획을 수행할 수 있다고 믿을 만큼 순진하지 않다. 이것은 왜 신세계 질서가 그들에게 우리가 숭[예]배하도록 하기 위해 중요한 첫 번째 자리에서 나타나고 있는지의 이유이다. 그렇게 되면, 그들의 루시퍼리안 세계 종교의 순수성을 군중에게 보일 수 있고 인류의 선을 위해서 그들에 의해서 믿어질 수 있다. 그것이 그들이 그리스도를 대체하려는 것이다. 그래서 살후 2:4에선 "그는 대적하는 자라. 하나님이라 불리는 모든 것들 위에 그 자신을 높일 것이고 숭[예]배를 받을 것이니라. 이는 그 스스로 하나님의 성전에 앉아 자신을 하나님이라고 선언하리라." 라고 예언의 말씀을 하고 있다.

3장

그들은 누구인가?

3장
그들은 누구인가?

개요

비밀 정치 조직원들을 구성하는 복잡하고 부분적으로 숨겨진 구조 안에서 일하는 다양한 계층의 사람들, 조직들, 연구소들, 비밀 사회들과 모든 기업들이 있다. 몇 개 그룹들은 웹사이트를 갖고 있고 그들의 활동을 설명해주고 사람들이 반쪽 진실을 아는 것을 허용하도록 전면에서 평균적인 질문자들이 완전한 진실을 알지 못하도록 진실과 비진실을 섞어서 공급해주고 그 그룹들이 손상되지 않게 해산하도록 도와준다. 그러므로 그들은 프리메이슨의 속담 중 하나인 '눈에 뻔히 보이는데도 마치 숨어 있는 것처럼 보이지 않는 상황(Hidden in plain sight)'들이다. 엘리트들은 많은 덮개(Numerous covers/계속 벗겨도 속이 새로 생기는 양파처럼?)들 뒤에 숨지만 그 동기는 항상 동일한 네트워크를 위한 인간의 궁극적인 총체적 노예화에 있다. 그들은 이미 실제적으로 모든 세계의 부를(은행 접속을 통해서) 통제하고 그들의 힘을 결집시키려고 엘리트들은 그들의 이익들과 어젠다들을 보호하고 극단적으로 부풀려진 조치들을 취할 것이다. 그들은 단지 어느 한 나라에게만 국가적 연결이 된 것이 아니다. 사실상 그것은 국가적 경계들의 개념들을 함께 제거하는 것이 그들의 욕망이다. 그들은 극단적 글로벌리스트들이고 그들 자신들을 위해서 그들의 탐욕적 사업 파트너들을 위해서 몇몇의 사람을 팔아먹는 것은 문제도 아니다. 아래 명시된 그룹들은 이것이 이들 그룹들에 의해서 통제되어 온 이래로 주요 언론들에 의해서 결코 분석될 수 없었다. 그들은 전 세계에 있는 정부들이나 법 집행 기관들에 의해서 결코 책임을 추궁당한 적이 없다. 왜냐하면 그들은 그들에 의해서 통제되고 있기 때문이다.

그 그룹들의 복잡성은 모두 거짓과 환상의 일부분이다. 그것은 거의 마치 포기하고 싶을 정도로 너무 많은 그룹들과 비밀 사회들이 있는 것 같다. 그러나 이것은 당신을 막으려는 것이다. 본질적으로 그들은 주로 국제 은행업자들의 카르텔과 기업인들이지만 북아메리카와 서유럽에만 배타적으로 있는 것이 아니다. 회원들은 일본, 호주, 홍콩과 그밖에 지역에서 흩어져 있으나 압도적으로 이들 그룹의 멤버들의 명단은 미국과 영국이 그들의 홈(Home)처럼 보여진다. 주로 비밀 정치 조직의 소수 핵심 권력 집단은 백인 앵글로색슨 프로테스탄트와 아쉬케나지 유대인들 (창 10:3; 대상 1:6; 계 2:9; 계 3:9)[43]이다. 그들을 둘러싼 네트워크 안에는 각

---

[43] "그리고 고멜의 아들들은 아쉬케나지, 리파스와 토갈마요(창 10:3)." "그리고 고멜의 아들들은 아쉬케나지와 리파스와 토갈마이니라(대상 1:6)." "내가 너의 환난과 궁핍을 아노니 실상은 너는 부자요 자칭 유대인이라 하는 자들의 신성 모독도 아노니 사실상 유대인이 아니요 사탄의 회당이라(계 2:9)." "보라 사탄의 회당 곧 자칭 유대인이라 하지만 그렇지 않고 거짓말하는 자들 중에서 몇을 네게 주어 저희로 와서 네 발 앞에 절하게 하고 내가 너를 사랑하는 줄을 알게 하리라(계 3:9)."

종교와 천주교, 불교인들, 힌두교도들, 무슬림들, 신도교들과 다른 종교들로 구성된 회원들이 있다. 그래서 숨은 정부는 유대인들로만 구성되어 있고 다른 그룹들은 포함되어 있지 않다는 오래된 논쟁은 정확하지 않다. 이는 비밀 정치 조직이 선동하기를 좋아하는 주장이다.

0.1%는 독재와 비상임 직위 또는 정부에서 일하는 것처럼 복잡한 네트워크 관계에 의해서 서로 상호 관련되어 있다. 또한 그들은 그들의 직업들에서 진급할 때 만나고 숨겨진 시스템 안으로 채용된다. 어떤 사람들은 분명히 다른 사람들보다 가장 높은 입문자들과 더 많이 연결되어 있다. 그들은 위대한 계획(The Great Plan)의 완성을 향해서 꾸준히 일하는 내부자들 중의 내부자들이고 접촉할 수 없는 '비밀 카발 단짝들(Secret Cabal of Chums/내부 음모자)'이다. 그것은 그들이 군중으로부터 구별되고 흥미로운 엘리트들의 힘과 영향력이다. 그들은 가족으로부터 상속받은 부를 가지고 있고 정치적 사업적 분야에서 영향을 미친다. 많은 경우에 이런 영향력은 사실 세습 귀족이 행사한다. 왜냐하면 네트워크 안에서 당신이 알고 있는 것만큼 그렇게 많이 누군가를 아는 내부 서클의 신뢰할 수 있는 멤버가 되는 유일한 방법은 그 안에서 태어나는 것이기 때문이다.

그러나 이 말을 하면서도 그룹 안에 있는 사람들은 수 년에 걸쳐서 변화하고 네트워크가 점차 바뀌고 항상 시대에 잘 적응해왔다. 외교관계위원회(CFR), UN, 삼극위원회(Trilateral Commission)들은 아마도 우리가 볼 수 있는 가장 중요한 그룹들이다. 그러나 우리는 우리가 모든 정보에 접근이 불가능하기 때문에 전체 그림을 볼 수는 없다. 만일 당신이 그 그룹이 끈들을 잡아당기는 것을 단지 발견할 수 있다면 당신은 점점 진실에 가까워지는 것을 느끼게 될 것이다. 그러나 사탄은 그가 원하는 사람을 그가 원하는 방법으로 그가 원하는 때에 사용할 수 있다. 그래서 그 그림은 극단적으로 복잡하다. 유스티스 클래런스 멀린스(Eustace Clarence Mullins)[44]의 『The World Order Our Secret Rulers/우리의 비밀 통치자들』이란 책에서 그는 세계를 지배하는 5명이 있다고 기록했다. 아마도 그는 그들 중 4명을 알았을 것이다. 그들은 바론 가이 드 로스차일드(Baron Guy de Rothschild/2007년 사망)와 에블린 드 로스차일드(Evelyn de Rothschild), 조지 슐츠(George Shultz)와 로버트 루사(Robert Roosa)이다. 에블린 드 로스차일드와 조지 슐츠는 피라미드의 최고 꼭대기에 있으나 그 궁극적 사람과 가족은 음모 뒤에 있다. 그들은 미디어로부터 정말 멀리 떨어져 있었기 때문에 아무도 아직 알아내지 못했고 그들이 발견되지도 않을 것이다. 예를 들면, 조지 슐츠(George Shultz)는 신세계 종교를 등장시키는 가장 중요한 부분인 '종교 연합 이니셔티브(United Religions Initiative/URI)'의 한 책임 관리자이다.

그들의 하부 그룹들은 우리가 알 수 있는 것들과 그것들에 관한 정보는 구글 스타트 페이지(Google, Start Page) 또는 다른 검색 엔진(Search Engines)을 사용하는 인터넷상에서 자유롭게 확인 가능하다. 우리가 전혀 모르는 비밀로 철저하게 그들이 자신들의 미팅들을 하는 것은 얼마나 쉬울까? 물론 그들은 그들의 미디어와 다른 출구를 통해서 거의 완벽하게 포착된 정보의 흐름으로 언제라도 이것을 할 수 있다. 그들은 '헤겔의 변증법(Hegelian Dialect)'의 일부로 단지 흘려도 괜찮은 관련 정보만

---

44 See Eustace Clarence Mullins, *The World Order Our Secret Rulers: A Study in the Hegemony of Parasitism* (Dublin: Omnia Veritas, 2016).

흘릴 수 있다. 그들이 우리가 알기를 원하는 정보의 흐름을 통제하기 때문에 우리는 더 현명하지 못할 것이다. 그것은 더 많은 연구를 위해서 한 출발점을 희망적으로 공급해주는 그들의 하부 그룹들이다. 사실상, 완전한 책들은 예를 들면, 외교관계위원회(CFR), 빌더버거(Bilderbergers), 타비스톡 연구소(Tavistock Institute), 보헤미안 그로브(Bohemian Grove)와 스컬 앤 본즈(Skull and Bones)에 대해서 단지 소수의 이름을 언급하기 위해 그들 각각에 관해서 기록되었다. 만일 당신이 이 세상 통치자들을 한 구(Phrase)로 요약해야만 한다면 트럼프 미국 대통령도 언급했던 그것은 '딥스테이트(Deep State)'나 'Shadow Government(그림자 정부)'가 될 것이다. 이것은 모든 것을 실행하고 있는 사람과 대상을 요약하는 포괄적인 문구이다. 네트워크라는 단어는 하나의 좋은 표현이다. 왜냐하면 그것은 한 전제 조건, 강압적이고 의무적인 믿음을 함유하는 단일 세계 정부(One World Government)를 향해서 진행하는 모든 시간 동안에 그들이 원하는 것을 얻으려고 함께 교묘히 조종하고 경쟁함으로써 정치인들과 은행가들과 기업체들의 수뇌부들 사이의 관계를 더 많이 이해하게 해주기 때문이다. 그러나 이 사람들은 성경과 각 국가들("왕국의 이 복음은 전 세계에서 열방 국가[Gk. πᾶσιν τοῖς ἔθνεσιν, Pasin Tois ethnesin/ towards all nations]를 향해서 증거로서 선포될 것이고 그 뒤에 그 끝이 올 것이니라[마 24:14].")에[45] 반대하는 반역자들이요, 하나님과 일반인들을 대적하는 음모자들이고 우리가 투표하지(투표해도 조작하는)[46] 않은 정책에 변

---

45 분명히 성경은 주님이 재림하시는 종말까지도 각각의 나라가 존재하는 것으로 말씀하고 있다. 이런 세계 단일 경제 체제의 정부는 주님의 실재적 재림과 관련이 있다고 하겠다.
46 See 저자의 3장 뒷부분의 부정선거를 보라.

경이나 손상을 주고 살인적인 그들의 불공정하고 참혹한 정책들을 착수하는 음모를 꾸미는 자들이다.

정치적 그룹들(Political Groups)

로스차일드(Rothschild), 로즈(Rhodes), 밀너(Milner), 록펠러(Rockefeller)와 관련된 그룹 외교관계위원회(The Council on Foreign Relations/CFR')[47]

외교관계위원회는 미국 내에서 가장 강력한 그룹이다. 그리고 그것은 고위급 싱크 탱크의 형태와 거대한 정치적 영향력으로 만들어주는 정책과 국제적 이슈들을 미국 정치인들에게 충고해준다. 그들은 한 국가 내에서 외국 권력을 점령하는 방식과 유사한 방식으로 행동한다. 그들의 대리인들은 전 미국 정부 시스템을 가로질러서 고위직에 침투해 들어갔고 그들은 신세계 질서 음모자들의 정확한 지시들을 수행한다. CFR 멤버들은 CIA와 국가안보위원회(National Security Council/NSC)를 접수하기 시작했고 국가 안에 있는 적과 같다. 그들은 미국의 주권과 국경을 파괴하여 신세계 질서 안으로 인도하려고 나라를 무릎꿇게 하려고 한다. 실제로 모든 중요한 결정은 뉴욕에 있는 하롤드 프라트 하우스 (Harold Pratt House)의 그들의 본부에서 이루어진다. 그들은 침투를 통해서 그들 자신의 멤버들을 구조 안에서 힘 있는 위치로 승진시켜서 변화에 영향을 미친다. 즉, 그들이 운영하는 미국중앙정보부(CIA)가 되고

---

47 See https://en.m.wikipedia.org/wiki/Council_on_Foreign_Relations; https://www.britannica.com/topic/Council-on-Foreign-Relations.

그들이 거의 완전한 권한을 가진 미국 군대가 되고 대통령 자신이 되고 그의 내부 요원들이 되어 변화를 실행한다. 모두는 CFR의 대리인으로 침투한다. 이것이 미국의 참그림자 정부이다.

그들은 영국왕립국제업무연구소(The British Royal Institute of International Affairs)와 연결되어 있으며 이는 국제업무연구소에서 발전되었다. 또 우드로 윌슨(Woodrow Wilson/이승만 대통령의 1910년 프린스턴대 Ph.D[철학 박사] 지도 교수/미국 대통령)[48]과 그의 매니저인 콜로넬 에드워드 만델 하우스(Colonel Edward Mandell House)에 의해서 시작된 '문의 그룹(The Inquiry Group)'과 효과적으로 합병되었다. 그 멤버들의 대부분은 '로즈 그룹(Rhodes Groups)'과 밀접하다. CFR은 1921년에 출범했고 CFR의 멤버였던 대통령들은 윌슨(Wilson), 하딩(Harding), 쿨리지(Coolidge), 후버(Hoover), 루즈벨트(Roosevelt), 아이젠하우어(Eisenhower), 닉슨(Nixon), 존슨(Johnson), 포드(Ford), 카터(Carter), 아버지 부시(Bush Snr), 클린턴(Clinton)과 아들 부시(Bush Jnr) 등이었다. 오바마(Obama)는 멤버십으로 확정되지 않았으나 미셸 오바마(Michelle Obama)가 시카고(Chicago)지부 CFR 멤버였다고 알려졌다. CFR의 멤버가 아니었던 대통령들은 투르만(Truman), 존에프 케네디(JFK), 레이건(Reagan)과 트럼프(Trump)였으나 그들은 그들 자신들의 방법으로 관리하는 것이 쉬웠고 지금도 쉽다. 정치적 기반, 공화주의(Republican) 또는 민주주의(Democrat)의 양당들은 CFR 멤버들로 이루어져 왔다. 트루먼(Truman), 존 에프 케네디(JFK)와 레이건(Reagan)은 처음에는 CFR의

---

48 See https://ko.m.wikipedia.org/wiki/%EC%9A%B0%EB%93%9C%EB%A1%9C_%EC%9C%8C%EC%8A%A8.

대행자들로 둘러쌓였고 분명히 그들의 임기 끝에서는 '미국 정부의 진짜 좌석(The True Seat of the Government of America)'인 뉴욕에 위치한 하롤드 프라트 하우스(Harold Pratt House)에서 생산한 정책들을 실행했다.

그러므로 대통령은 숨겨진 정부의 이익을 위해서 대통령에게 정책을 좌지우지(지시)하는 멤버들의 네트워크들로 둘러쌓여 있다. 그들은 비밀 정치 조직이 원하는 어떤 지시를 대통령이 승인하도록 하기 위해서 '정교한 심리학적 지능적 기술들(Sophisticated Psychological Intelligence Techniques)'과 함께 '특별한 매니저(Special Handlers/특별한 거래자들)'를 사용하고 '대통령의 귀(Presidential Ear)'를 가지고 있다. 이것이 작동하는 방식이다. 그 방식은 '당신이 우리의 꼭두각시(Puppet)이고 당신은 우리가 말한대로 할 것입니다.' 뿐만 아니라 그들이 원하는 것을 얻기 위해서 훨씬 더 똑똑한 수단들을 사용한다. 정책들은 CFR에서 나오고 그것들을 제정하는 대통령에게 팔린다. 만일 그가 조언을 요구하면 그의 4-5명의 충고인들이 이것을 하라고 말할 것이다. 그리고 그는 그들이 제안했던 것처럼 정확하게 할 가능성이 있다.

마지막으로 도널드 트럼프는 CFR 멤버가 아니다. 그의 행정부 내의 많은 CFR이나 삼극위원회와의 연결이 없다. 다만 그는 그 자신의 의도와 목적을 향해서 CFR처럼 같은 이익을 대변하는 은행가들과 석유 업자들과 상위 기업인들과 재정가들에 둘러쌓여 있다. 그것은 마치 그가 CFR과 삼극위원회를 우회하고 기업체로 바로 간 것과 같다. 비밀 정치 조직은 그들이 이 같은 다른 채널들을 통해서 필요한 모든 변화를 가져오는 충분한 힘을 이미 갖고 있기 때문에 CFR 내부의 그들의 활동 모임을 통해서 일반적인 방법으로 정책을 만들 필요가 없다. 동시에 이것은 미국에게 권한(Establishment)을 주고 CFR에게 거리(Distance)를 두어서 트럼프 자신을 바보로 만들고 모든 미디어가 그를 파괴하는 동안 대통령직과 대통령의 기능을 얕보도록 그들의 전략을 허용하게 한다. 근본적으로 결국 신세계 질서를 출시하기 위한 준비로서 대통령의 위치를 파괴하려는 것이다. 엘리트들은 우리를 볼 수 있고 바보로 만들 수 있다.

CFR의 총재는 리차드 하스(Richard Haas)인데 그는 공개적으로 2001년부터 약 30년 전쟁에 관한 것을 기록했다. 릭 워렌(Rick Warren/새들백교회 목사)은 CFR 멤버인데 그는 에큐메니칼 교회를 세우기 위해서 혼합주의 기독교(WCC, WEA)의 형태를 밀어붙이고 있는 설교가이다. CFR 멤버의 총 숫자는 매년마다 천천히 증가하고 있고 지금은 5,000명이 넘었다.[49]

삼극위원회(Trilateral Commission/TC)

삼극위원회는 CFR 안에 있는 많은 멤버들을 가지고 있고 고차원의 정책을 만들고 신세계 질서를 출시하는데 영향력을 미치는 아마도 가장 중요하고 힘 있는 국제 그룹이다. TC는 원래는 미국과 유럽과 일본 사이의 더 나은 사업을 증진하려고 1973년 데이비드 록펠러(David Rockefeller)에 의해서 시작되었다. 그러나 점차 그림자 정부 형태로 변형(Morphed)되었다.

---

49 외교관계위원회(Council on Foreign Relations)의 자세한 내용을 위해서는 다음의 Website를 보라. https://www.cfr.org/ ; Servando Gonzalez, *Psychological Warfare and the New World Order: The Secret War Against the American People* (UK: Spooks Books, 2010); James Perloff, *Shadows of Power* (Appleton: Western Islands, 1988). 외교관계위원회 회원들의 명단은 알파벳 순서로 웹사이트를 보라. http://www.cfr.org/membership/membership-roster-a-f.

일단 그들이 카터 대통령 권한과 모든 후속 대통령 권한들에 침투한 이후에 그들은 기술관료주의 정부의 한 형태인 즈비그니 브레진스키(Zbigniew Brzeziński)가 쓴『신국제 경제 질서(New International Economic Order)』[50]를 소개하는 법을 통과시키도록 그들 자신들을 바쳤다. 많은 중요한 결정들은 이 그룹에서 파생되는 글로벌 기초 위에 신세계 질서를 촉진한다. 예를 들면, 유럽과 UN의 이민 정책은 피터 서더란드(Peter Sutherland)가 이끌었고 그는 사람들을 나누기 위해서 모든 곳에서 이주를 장려하는 신중한 정책의 중심에 있는 삼극위원회 멤버였다.

나라들의 정체성들을 회색으로 변하게 하고 사람들이 서로 대적하도록 하여 함정에 빠드려서 주의를 그들로부터 딴데로 돌리고 우리를 사회의 힘없이 무력한 부분으로 분열시키려는 것이다. 이것은 우연의 일치가 아니고 '회색으로 변한(Greyed Out)' 인류의 새로운 버전을 실현하기 위해서 문화적 정체성을 파괴하는 모든 부분이다.

TC의 총 멤버들: 390.[51]

빌더버거(Bilderbergers)

빌더버거란 정치적 그룹은 총체적으로 비밀스럽게 모임을 가지나 그 멤버들의 머리로서 세계를 단일 세계 정부로 계발하려는 의도를 많이

---

50 See Zbigniew Brezinski, *The Grand Chessboard: America Primacy and Its Geostrategic Imperatives* (New York: Basic Books, 2016); https://humanityjournal.org/wp-content/uploads/2014/06/HUM-6.1-final-text-SARGENT.pdf.

51 삼극위원회 웹사이트는 www.trilateral.org이고 Patrick Wood는 처음부터 삼극위원회를 문서화해 오고 있다. See Patrick Wood, *Technocracy Rising and the Trojan Horse of Global Transformation* (London: Coherent Publishing, 2014). 멤버들의 명단은 그들의 웹사이트에 있다.

보이지 않는다. 조셉 히에로니 레팅거(Joseph Hieronim Retinger)와 프린스 버나드(Prince Bernhard)에 의해서 시작되었고 초기 멤버들 중 한 명은 데이비드 록펠러(David Rockefeller)였다. 그들은 기본적으로 유럽과 미국의 엘리트 사이를 잇는 하나의 연결 고리이다. 그들이 토의하고 있는 것들은 론 폴(Ron Paul)을 암살해야만 하는지와 그들의 주식시장 붕괴를 야기해야만 할 때 등이다. 적어도 이것을 그들은 다니엘 에스툴린(Daniel Estulin)과 짐 터커(Jim Tucker)를 통해서 세상에 흘려보냈다. 그들은 몇몇의 활동가들이 가까운 시기에 회의를 개최하기 며칠 전에 그들의 미팅 장소를 공개한다.[52]

빌더버그 그룹의 멤버들의 총수: 150.

30인 그룹(The Group of 30)

30인 그룹은 세계의 가장 중요한 경제 분야의 중량급 중앙 은행가들로 구성된 금융과 경제의 그룹으로서 1978년에 세워졌고 그들은 글로벌 이슈를 토의하려고 만난다. 30인 그룹은 이것이 시작하도록 도왔던 록펠러로부터 자금을 받은 또 다른 그룹이다. 그 그룹의 최근 의장은 쟝-끌로드 트리셰(Jean-Claude Trichet)이고 그는 삼극위원회의 운영 그룹 멤버이다.[53]

---

52 Bilderberg의 웹사이트는 www.bilderbergmeetings.org/frequently-asked-questions.html. 이다. James P. Tucker Jr, *Bilderberg Diary: Reporter's 25 Year Battle to Shine the Light on the Word Shadow Government* (Washington. D.C:: American Free Press, 2009); Daniel Estulin, *The True Story of the Bilderberg Group* (Walterville: TrineDay, 2007). 멤버들의 명단은 그들의 웹사이트상에 있다. 예를 들면, 운영위원회 명단을 위해서는 다음을 보라. www.bilderbergmeetings.org/steering-comittee.html.

53 30인 그룹의 웹사이트는 www.group30.org/Boilingfrogs.com. Andrew Gavin Marshall의 비평을 위해서는 See www.occupy.com/article/global-power-project-group-thirty-and-its-

원탁 그룹(Round Table Groups)

왕립국제업무연구소(Royal Institute of International Affairs/RIIA): 채담 하우스(Chatham House)

이 연구소는 1905년 어간에 세실 로즈(Cecil Rhodes) 그룹에 의해서 시작된 고대 영국 권력 기구이다. 그 목표는 엘리트를 위한 제국을 더 확장하고 이상적으로 영국인들과 시대를 앞서가는 기업 엘리트를 통해서 통치하여 완전히 세계를 소유하려는 것이다. 그 역사는 그들의 기록에 접근권이 부여되고 그들의 목표와 역사의 왜곡을 노출했던 매우 의미심장한 미국 역사학자인 카롤 퀴글리(Carroll Quigley)에 의해서 문서화되었다. 이 모든 것은 다음 장에서 증명되고 설명될 수 있다. RIIA는 음모론자들이 함께 일하는 삼극위원회와 관련된 CFR과 관련이 있다.

RIIA의 총 회원수는 3,000명.

UN(United Nations)

실질적으로 (법에 지정되어 있지는 않지만 관습적인 것) 어젠다 21이 추진되고 있는 길들 중 하나이자 만들어가고 있는 그림자 정부이다. UN은 3개의 층이 있다. 그 총회는 의회와 비견된다. 2번째 층은 UN 개발프로그램(UNDP)과 세계보건기구(WHO)와 같은 하부 조직들과 프로그램들로 구성된 하나의 기술 관료 그룹으로 만들어진 관료층이다. 이들 대행사들은 UN 협약(조약/대회)들의 행정을 책임지고 그들의 정책들을

---

methods-financial-governance#sthash. mvgYQ8DO. 70gqe. dpbs.

결과로 만들어낸다. 단지 지난 30년 동안에 만들어진 3번째 층은 과잉의 비정부 기구(NGOs)들과 세계 정부의 그들의 버전을 사람들에게 밀어붙이는 개별 대행사들이다. UN은 미국과 영국의 이익에 의해서 통제되며 영국은 일반적으로 전 영국 식민지들을 영연방(Commonwealth)으로 만들어서 직접 투표에 의존하는 192개의 나라 중 54개국의 신임에 영향을 미칠 수 있다. 일반적으로 미국 역시 배후에서 국가의 정치적 연합을 가지고 있다. UN 안전보장이사회의 영구적 5개 상임이사국들(미국, 영국, 프랑스, 러시아와 중공) 역시 유엔이 원칙적으로 공평하게 만들지 않는 나머지 항목에 대해서 비토(Veto/거부권)을 행사할 수 있다.

종교적 NGOs만이 전체 회원 중 10%쯤 구성되어 있다. UN 안에 실제적으로 강력한 집중 권한이 없기 때문에 이 부족한 책무는 그들이 적절한 감독 없이 그들 입맛에 맞는대로 신세계 질서를 가져오는데 이들 NGOs들이 나라들을 변화시킬 수 있게 한다.

미래에는 유엔이 해산될 것이고 '지구 신탁(Earth Trust)'과 같은 '어머니 지구 종교(The Earth Mother Religion)'의 개념을 지키려는 또 다른 이름의 연구소로 대체될 것이다. 이것은 그들의 책들에서 암시되어 있다.

44,000명[54]의 고용인들의 총 회원.

---

54 UN에 대해서는 See Ioan Ratiu, *The Milner Fabian Conspiracy: How An International Elite is Taking over and Destroying Europe, America and the World?* (UK: Free Europe Books, 2019), Esp. Chap 6; https://en.m.wikipedia.org/wiki/United_Nations.

비정부 기구들(Non-Government Organisations/NGOs)[55]

비정부 기구들은 일반적으로 외국에 위치한 외국 기업들이고 당신이 그것을 생각할 때 그들은 단지 그들의 외국인 통제자들에 의해서 하라고 하는 것들만 할 것이다. 이런 관점에서 그들은 나라 안에 있는 적과 같다. 그들은 한편으로는 선을 행하지만 보통은 그 배후에서 진행하는 다른 어젠다들이 있다. 일반적으로 그들은 글로벌리스트 트렌드(Trends)를 촉진해서 그 나라를 서구에 더 가깝도록 만든다. 어떤 정부나 유엔에 책임이 없는 개별 조직보다는 정치적 변화에 영향을 주는 것을 선호한다. 헨리 키신저(Henry Kissinger) 같은 각 엘리트 NGOs의 회원은 '글로벌화와 숨은 정책 연구소(Institute for the Study of Globalisation and Covert Politics/ISPG)[56]에 의해서 명부에 포함되어 있다. 이 명단의 조잡한 일견은 지구를 가로지르는 변화에 영향을 미치는 사람에 관한 책들(Volumes)을 말한다. NGOs들의 총 회원수를 기준으로 한 최고 회원들은 헨리 키신저(Henry Kissinger[110]), 제임스 울시(James Woolsey[86]), 조지 슐츠(George Shultz[74])와 록펠러 가족(Rockefeller Family[69])을 포함하고 있다. 그 번호는 창립 회원을 포함하면 더 높을 수 있다. 토머스 피커링(Thomas Pickering[57])과 로스차일드 가족(Rothschild Family[54])과 NGOs의 직원들을 포함하면 더 높을 것이다. 부시 가족(Bush Family[54]), 매들린 올브라이트(Madeleine Albright [54]), 모리스 그린버그(Maurice Greenberg [53]), 폴 볼커(Paul Volcker[51]), 브렌트 스코크로프

---

55 See https://en.m.wikipedia.org/wiki/Non-governmental_organization.
56 그들 연구에 인정과 감사를 위해서는 ISPG의 Website인 www.isgP-studies.com/.을 보라.

트(Brent Scowcroft[50])와 조지 소로스(George Soros[49])을 포함하면 역시 높은 사람들이다. 단지 이들 정치인들과 정부 관료들이 많은 비정부 기구들에 포함되었다는 이유 때문에 확실히 고차원의 음모가 작동한다는 증거 자체는 없다. 그러나 잠시 동안 만일 당신이 많은 NGOs들이 글로벌 정부를 위한 전위대라는 관점을 가진다면 당신은 더 정확하게 진리에 가까워질 것이다. 우리가 이미 알고 있는 그들의 시스템들과 신앙들이 일치하지 않는다면 왜 그들은 변화에 영향을 미치고 있을까? 신세계질서 글로벌 어젠다의 가장 중요한 부분을 이끌고 있는 같은 이름들이 대부분 NGOs을 이끌고 있는 이름인 것을 우리는 알게 된다.

재단들(Foundations) - 자금 확보의 크기

빌 앤 멜린다 게이츠 재단(Bill and Melinda Gates Fundations)

빌 앤 멜린다 게이츠 재단[57]은 자기 봉사 NGO로서 자선 단체보다는 더 미국 그림자 정부 정책의 확장인 것처럼 운영된다. 이 단체의 3명의 책임자는 빌 게이츠(Bill Gates)와 멜린다 게이츠(Melinda Gates)와 워렌 버피트(Warren Buffett)이고 역할은 글로벌 건강 돌봄 프로그램과 교육을 포함한다. 만일 당신이 그들의 보고서들을 믿는다면 그들은 약간의 선한 일을 하지만 마지막 분석에서 미국에서 '일반 핵심 표준 교육 프로그램(The Common Core Standards Education Program)'[58]으로 교리화하기와

---

57 See 빌 앤 멜린다 게이츠 재단을 더 자세히 알려면 www.gatesfoundation.org/jobs.을 보라.
58 Bill과 Melinda Gates Foundation은 Common Core State Standards Institute의 자금을 도왔습

가난한 나라들의 연대 인수 등을 실행한다. 이 교육적 전략은 자료 수집과 젊은이들에게 지속가능한 개발의 사상 주입을 억지로 밀어붙이는 모든 것이다.

열린 사회 재단(Open Society Foundation)

이 재단은 조지 소로스의 그림자 정부 기구이고 그들이 원하는 것들을 실행하려고 파괴적인 그룹들에게 투자하고 돕고 조언해준다. 그들은 전 세계에 있지만 동유럽에서 더 투명하게 존재한다. 실제로 모든 사람은 그들 나라들에서 그들의 파괴적인 비민주적인 일들을 알고 있으나 어떠한 것도 할 수 있는 힘이 없다. 세르비아(Serbia), 조지아(Georgia), 우크라이나(Ukraine), 키르기스탄(Kyrgyzstan), 마케도니아(Macedonia)와 많은 다른 나라들은 조지 소로스의 정책들에 의해서 직접적으로 정치적으로 나쁜 영향을 받고 있다. 영국, 말레이시아, 태국과 같은 많은 다른 나라들은 조지 소로스의 잔인한 무역 행위들 아래에서 고통받고 있다. 조지 소로스 역시 자신의 명령을 실행하는 미국 대통령 후보자들을 찾고 자금을 지원해 왔다는 혐의로 기소되었다. 알바니아(Albania)에서 힐러리 클린턴(Hillary Clinton)의 Email의 예상되는 누출을 통해서 미로슬라프 라이차크(Miroslav Lajcak)의 약속에서 얻은 증거는 소로스가 이러한 결과에 영향을 미치는 충분한 능력을 가졌다는 것을 나타내 보여주고 있다. 소로스는 신세계 질서에서 중요한 인물이다.[59]

니다. See www.weaponsofmassdeception.org/2-common-core-fake-standards/2-1-the-real-history-of-common-core.

59 조지 소로스와 관련된 웹사이트는 https://www.opensocietyfoundations.org/people/george-soros을 보라. 조지 소로스에 대한 비평을 위해서는 https://humanevents.com/2011/04/02/top-

록펠러 재단(Rockefeller Foundations)

이 재단은 NGOs들의 총 숫자의 단어로 측정되는 다른 단일 가족보다 그의 영향력 아래에 있는 더 많은 NGOs을 가지고 있다. 록펠러 가족은 1880년경부터 착수된 신세계 질서에 깊숙하게 관련되어 왔고 다양하고 폭넓은 활동들에서 정책을 바꾸고 시행하는데 영향을 주는 '외관과 수단(A Front and Means)'으로서 이 재단을 1913년부터 운영해 왔다. 그들은 독과점들을 만들거나 그들의 통제 아래 나라들을 지배하는 것을 추구하기 때문에 그들은 신세계 질서의 그들의 비전을 진행시켜 온 어떤 것이나 모든 것들에 자금을 지원했다. 우리는 그들의 활동들을 의료 건강, 인구 과학, 농업, 예술과 인권, 사회 과학과 국제 관계의 영역에서 추적할 수 있다. 그들은 그들의 부를 다른 그룹들에게 자금지원하는데 사용하거나 그들이 원했던 변화를 가져오는 연구소들을 설립하는데 사용해 왔다. 예를 들면, 데이비드 록펠러(David Rockefeller)는 외교관계위원회(CFR), 왕립국제업무연구소(RIIA), 세계은행(World Bank), 브루킹 연구소(Brookings Institute)와 수많은 다른 신세계 질서 연구소들의 자금을 지원했다. 가끔 한편으로는 우파와 공화당원이 된 것처럼 가장도 했다(Nelson Rockefeller [사업상 좋기 때문이다]처럼). 그러나 사회주의나 점진적 사회주의(Fabianism)화 하는 방법들을 사용해서 연구소와 나라들을 지원하거나 파괴해 오고 있다. 다른 말로 하면 그들은 진짜로 좌파에 속한 사람들이다.[60]

10-reasons-george-soros-sis-dangerous을 보라.
60 Rockefeller에 대해서 더 알려면 See Gary Allen, *The Rockefeller File* (New York: Buccaneer Books, 1998).

카네기 국제평화기금(Carnegie Endowment for International Peace)

이 기금은 1910년에 앤드류 카네기(Andrew Carnegie)에 의해서 설립된 정책 연구소이다. 1952-54년 사이에 리스 위원회(Reece Committee)의 일원으로서 노만 도트(Norman Dodd)는 그들 자신들이 역사적인 서류를 통해서 그 재단(Foundation)은 비밀 정치 조직(Cryptocracy)[61]이 원했던 방법으로 사회에 영향을 끼치려고 세계 1차 대전을 착수하는 장기 계획이 포함되었던 것을 결론적으로 보여주었다. 노만 도트와 함께 1982년에 지 에드워드 그리핀(G Edward Griffin)의 인터뷰에서, "기관 관리자들은…특별한 질문 하나를 했다…당신이 한 사람의 완벽한 삶의 변화를 원한다고 가정한다면 전쟁보다 더 효과적인 것으로 알려진 어떤 수단이 있느냐?"라고 했다. 이에 그들은 "전쟁보다 인간에게 그 목표를 향한 더 효과적인 수단은 없다"고 결론을 지었다. 그래서 1909에 그들은 2번째 질문을 야기하고 그것과 토론을 했다. 즉, "어떻게 우리가 미국을 전쟁으로 끌어들일까?"라고 인용했다. 이것은 카네기 기금(Carnegie Endowment)[62]이 포함되어 있는 것이다. 그들은 CFR과 빌더버그(Bilderbergers)와 연결된다. 포드 재단(Ford Foundations)과 윌리엄 클린턴 재단(William J Clinton Foundations)과 같은 다른 재단들(Foundations)은 세계의 탈취를 위한 어젠다가 거대한 금융 자금을 가진 개별적 손들

---

61 1953년의 Reece Committee보고서(Tax-Exempt Foundations과 Comparable Organizations을 조사하기 위한 미국 주택선택위원회[United States House Select Committee])는 매우 중요한 서류인데 이는 재단(Foundations)이 민주주의와 미국을 지지하는 음모를 포함하는 탁월한 증거를 보여주기 때문이다. 그 보고서의 복사본은, www.archive.org/details/DoddReportToTheReeceCommitteeOnFoundations-1954-RobberBaron를 보라.

62 G. Edward Griffin이 Norman Dodd를 인터뷰한 내용위해서는 Youtube를 보라. See https://youtu.be/gyBrd74EJ-g?si=vGLyJpJcdVFghXx-.

에 의해서 관리되고 있는 방법의 전반적인 모습을 보여준다는 면에 있어서 매우 의미심장하다.

은행들과 연결된 UN

세계 은행(The World Bank)

브레튼 우즈(Bretton Woods)에서 1944년에 설립된 세계 은행(The World Bank)은 가난한 나라들의 하부 구조를 세우고 세계의 가난을 중단하려고 그들의 경제를 현대화하도록 돈을 빌려주는 은행이다. 실제로 이 은행은 그 국가가 부채 상환의 기회가 없는 자본 프로젝트에 돈을 빌려줌으로써 신세계 질서의 '중심(fold/겹)' 속으로 국가들을 끌어들이는 교활한 방법으로 사용되어 왔다. 사실상 한 국가도 그의 대출금을 상환[63]하지 못했다. 그것은 더 가난한 국가들을 그들이 통제할 수 있을 만큼 그렇게 많은 부채가 있는 노예로 만들기 위한 비밀 정치 조직의 명령들을 수행하는 도구이다.

총 고용인 수: 9,000명.

국제통화기금(International Monetary Fund/IMF)[64]

이 기금은 신용도가 너무 낮아서 표준 대출 방법을 사용할 수 없는 국가들에게 대출을 제공하고 그 국가들은 최후의 수단으로 대출을 한다.

---

63 Zoe Young, *A New Green Order* (London: Pluto Press, 2020), p. 21, 조(Zoe)는 Goodbye America, 글로벌화와 부채와 달러 제국으로부터 마이클 로보탐(Michael Rowbotham)을 인용했다.

64 See https://en.m.wikipedia.org/wiki/International_Monetary_Fund.

총 고용인수: 2,400명.

국제결제은행(Bank of International Settlements/BIS)

국제결제은행은 중앙은행이 자신의 은행이다. 그것은 글로벌 은행 시스템의 꼭대기에 있다는 것을 의미한다. 그래서 돈의 흐름의 확인을 책임지는 것은 모든 국가들의 중앙은행들[65]에게 맡겨진다. 카롤 퀴글리(Carroll Quigley)가 기록했을 때 즉 '금융이 정부에 의해서 통제되도록 하는 동안에 국제 은행가들은 한 국가의 금융 시스템을 통제하고 조작한다.' 이것은 아마도 '존재하는 가장 중요한 재정위원회'라는 것을 의미하는 것이다. 이것이 다른 모든 중앙은행들을 통제하는 은행이다.

그러나 얼마나 많은 사람들이 이런 것에 대해 들어왔을까? 그런 사실은 결코 미디어에서 언급되지 않으며 정부들에게조차 그 활동들을 광고하지 않는다. 혹은 단지 얼마나 많이 BIS가 재정부 장관들의 재정적 능력을 통제하고 민주적으로 선출된 것으로 추정되는 장관들이 얼마나 나약한지를 보여줄 뿐이다. 그것은 하나의 극단적인 비밀 은행이며 최고로 중요한 중앙은행가들이 다음 금융 이동을 토론하고 그들이 통제와 그들의 이익을 위해서 작동하는 시스템의 소유권을 유지하는 것을 확실히 하며 인류 전체의 이익이 아닌 단지 그들 개인들의 이익을 위해서 일을 한다. 전 세계 중앙은행의 복지는 이들 모임들에서 반영된다. 비록 그들의 비밀 회합을 가지려고 격월로 스위스 바젤(Basel)에서 모이는 가장 중요한 60개의 은행들만 있을지라도 다른 모든 은행들은 그들의 결정을

---

65 Carroll Quigley, *Tragedy and I Hope* (Orlando: Dauphin Publications Inc, 2014), p.324.

따라야만 합니다. 그렇지 않으면 벌금을 물어야만 합니다.[66] 최근의 회원들은 윌리엄 씨 더들리(William C Dudley [Fed]), 자네트 옐린(Janet Yellen [Fed]), 마리오 드라기(Mario Draghi [ECB]), 마크 카니 (Mark Carney [BoE]), 스티븐 폴즈(Stephen Poloz [Canada])와 중공, 브라질, 일본, 독일, 프랑스와 다른 나라들에서 온 중앙은행가들이다. 과거에는 다른 회원들은 경제상담위원회의 수장이었던 머빈 킹(Mervyn King)과 벤 버냉키(Ben Bernanke)와 장-끌로드 트리셰(Jean-Claude Trichet) 등 몇몇으로 언급되는 사람들을 포함했다. 나찌와의 역사적인 연관성과 대규모의 공모를 통해서 이것은 '미래의 기술정치적 에너지 통화(The Technocratic Energy Currency of the Future)'로 이어지는 것이 가능한 글로벌 특별인출권(SDR) 통화를 책임지는 미래 세계 은행의 전형이다.

총 고용인 수: 632명.

유럽 연합(European Union), 유럽 의회(European Council), 장관들의 의회 (The Council of Ministers)

EU는 밀너-파비안(Milner-Fabian)과 동부 설립(Eastern Establishment [US])이 독일과 유럽을 통제하기 위한 계획으로 착수되었다. 그것은 사실(de facto) 기술주의 정부(Technocratic State)인데 이는 그 정부 안으로 개괄적 모든 외곽 지역들을 정복하고, 파괴시키고 복종시키고 '외계인 같은(Borg like)' 방식으로 신세계 질서를 도입하는 것이다. 그 역사 연구는 이 섹션 안에 설명된 것과 같은 그룹들과 인물들이 나타날 것이고 그

---

66 See Adam Lebor, *Tower of Basel: The Shadowy History of the Secret Bank that Runs the World* (New York: PublicAffairs, 2013).

룹들은 유럽의 주권과 국적의 완전한 정복을 위해서 모든 방면에서 일을 하고 있다.

유럽 의회는 그들의 비밀 협정과 미묘한 조작들을 통해서 비밀 정치 조직이 원하는 정책마다 설명할 수 있는 작은 수의 음모론자들을 통해서 운영된다. 유럽의 문화, 역사, 유산, 재정적 예리함과 공정한 활동의 감각들은 파괴되어야만 하고 그것을 운영하는 미치광이들에 따르면 그것을 그들의 신세계 시스템으로 가져오기 위해서 회색으로 표시되어야만 한다. 지금까지 그들은 i)고의적으로 그들의 결함이 있는 경제 정책들을 통해서 하나의 완전한 대륙을 파산시키는 동안 ii)유럽을 이민자들이 넘치게 하고 iii)가능한 모든 수단을 동원해서 국가들로부터 주권을 훔치면서, 정확하게 이것을 행하면서 좋은 일을 한다고 하고 있다.

영국은 2016년 Brexit에서 52대 48로 유럽을 떠나는 쪽에 투표하였으나 독자들은 비밀 정치 조직이 이러한 결론들을 수년 전에 계획했을 것이라는 점을 보증할 수 있다. 그래서 그 협상들은 인위적으로 잊혀진 결론들이다. 다른 말로 하면, 그 결과는 숨겨진 정부가 계획했던대로 정확하게 될 것이다. 아마도 영국의 소유자들은 미국과 융합되어 되돌아가는 그 국가를 원하며(Carroll Quigley의 글 속에 암시되어 있는 것) 영국과 미국이 신세계 질서 속에 있는 최정상의 음모론 국가들이기 때문에[67] 이것은 의미가 있다.

총 고용인 수: 46,356명.

---

67 협력 음모론자들로서 함께하는 미국과 영국의 숨은 정부들을 위해서는 See Carroll Quigley, *Tragedy and Hope* (USA: The Macmillan Company, 1966). pp.950-956; His same book, (Orlando: Dauphin Publications Inc.; New Millennium version, 2014), pp.690-694.

르 세르끌로(Le Cercle/동호회) 또는 피나이 그룹(Pinay Group)

이 그룹은 나이가 들어가는 우파 정치인들, 지식 사무관들로서 유럽에 터를 두고 있는 철학을 가진 그룹이다. 그들은 빌더버거(Bilderbergs)에게 자매파로 간주된다. 그들은 무기 거래를 중개하고 가짜 깃발 공격(False Flag Attack)을 주선하고 그밖에 민주적 절차를 파괴함으로써 '테러와의 전쟁(War On Terror)'의 도발을 촉진한다. 그들은 아마도 러시아의 공산주의자 침입 시 실행으로 옮길 수 있는 파괴적인 군대로서 준비된 글라디오(Gladio)의 '뒤에 머무르는(Stay Behind)' 비밀 군대들을 통제할 수 있는 연결 고리가 있다. 문제는 그 군대가 너무 비밀스러워서 NATO 내의 또 다른 비밀 기관처럼 거의 유럽 정부의 외부 선동 부서가 되었다는 것이다. 노만 라몬트(Norman Lamont)는 1996년 이후로 그 그룹의 회장직을 맡고 있다.[68] 여담으로, 1917년부터 모든 방법으로 러시아 엘리트에게 투자하고 정보를 통제하는 비밀 정치 조직과 함께하는 사기 계획이었던 완전한 냉전을 우리가 알고 있기 때문이다. 즉 그들은 글라디오를 러시아의 인수에 대한 저항으로 설정했다는 바로 그 사실 자체가 그것을 사기 중의 사기로 만든다. 그리고 그들은 냉전을 통제했으나 여전히 이 그룹들을 설정해야 했다. 그것을 그들의 대의들(Causes)을 발전시키는데 사용했다. 잠시 동안 글라디오(Gladio)[69]는 ISIS에 자금을 지원하고 돕고 지시하는 가능한 범죄자들 중 한 사람이다. 알렌 클라크(Alan Clarke)는 그의 일기장에서 르 세르끌로(Le Cercle)는 CIA에 의해서 자

---

68 www.wikispooks.com/wiki/NormN_Lamont.
69 Gladio를 위해서는, see Simon Cottrell, *Gladio, Nato's Dagger at the Heart of Europe: The Pentagon-Nazi-Mafia Terror Axis* (California: Progressive Press, 2015). ISIS 자금 출처를 위해서는, see www.wikispooks.com/wiki/Operaton_Gladio/B. 또는 ISIS + Gladio를 찾으라.

금을 지원받는다고 언급했다.

알려지지 않은 총 숫자는 아마도 50-200명.

정치적 꼭두각시들과 희생 염소들(Political Puppets and Scapegoats)

신보수주의(Neo Conservatives/Neo Cons)[70]

신보수주의는 미국 국가의 이익이 다른 나라보다 우선한다고 말하는 정치적 이념이다. 그래서 그들은 기본적으로 그들이 다른 나라에게 적합하다고 생각하는대로 할 수 있다. 그들은 본질적으로 그들이 정부보다 위에 있고 사람들이 그들에게 생계에 빚을 지고 있고 그들은 권력을 가지고 있기 때문에 그들이 원할 때 정확하게 할 수 있다고 믿는다. '새로운 미국의 세기를 위한 프로젝트(The Project for the New American Century/PNAC)'의 작가들은 9/11과 그에 따른 거짓 탄저균 위협[71]에 깊숙히 관련되었고 결국 그들이 원하는 이라크와의 전쟁으로 이어졌다. 그들은 또한 그들 대부분이 속한 외교관계위원회(CFR)에 의해서 중대하게 영향을 받는다. 신보수주의(Neo Cons)는 현대에 보여진 정치계에서 가장 흠이 많은 사고들(Thoughts)을 추구하는 것으로서 세계에 정말로 위험하다. 이것이 그들이 신세계 질서의 통제자들을 위한 희생양(Fall

---

[70] See https://www.britannica.com/topic/neoconservatism; https://carnegieendoement.org/2008/05/29/neocon-nation-neoconservatism-c.-1776-pub-20196.
[71] 탄저균의 유형이 미국 메릴랜드의 육군 연구 실험실에서 왔다는 것이 결정적으로 입증되었다. See https://www.livescience.com/13229-anthrax-attacks-2001-genetics-110314.html.

Guy)이 된 이유이다. 그들의 정치적 신념은 터무니없이 너무나 결함이 있다. 그들은 또 다른 목적을 위해서 분명히 통제되고 있으며 그들은 이 목적을 위해서 이용되는데 대해서 신경을 쓰지 않는다.

글로벌리스트들[72]

하나의 그룹으로 좁히기가 쉽지 않은 큰 용어이다. 그들은 너무 많은 질문들을 요구하지 않는 사람들과 정치인들이다. 그들 자신들은 공식 정부보다 대기업들의 어젠다를 기꺼이 더 밀고 앞으로 나아간다. 그들은 대기업(Big Corporates)의 요구와 이익을 위해서 '작은 사람(Little Man)'을 팔아넘기는데 문제가 없다. 글로벌주의는 많은 질병들을 가져왔고 약간의 이익을 가져왔으나 결과적으로 그것은 글로벌 문화가 지배하는 곳인 모든 곳에 같은 신앙을 가진 사람들이 있고, 같은 수입을 가지고, 같은 경찰 국가 상황 속에서 사는 '회색으로 칠해진 사회(Greyed Out Society)'로 인도할 것이다. 회사들과 정부들은 독점적 시너지 효과를 내면서 함께 행동할 것이다. 이것이 글로벌리스트들의 결론이다. 이것은 그들이 길을 따라서 돈벌이를 하는 동안에는 중요한 문제가 안 된다.

꼭두각시들(Puppets/강아지들)[73]

이들은 흥미로운 '그룹'이다. 왜냐하면 그들은 어떤 특별한 충성을 지

---

72 See Quinn Slobodian, *Globalists: The End of Empire and the Birth of Neoliberalism* (Cambridge: Harvard University Press, 2018).

73 See Bob O'Connor, *Puppets of Political Propaganda* (Saint George: Total Health Publications, 2020); David Lawrence, *Supreme Court or Political Puppets* (New York: D. Appleton-Century Company, 1937).

닌 사람들이 아니기 때문이다. 프리메이슨들과 같은 '영적으로 연결된 (With spiritual links)' 그룹들의 구성원도 아니다. 단지 그들은 지시받은 대로 따르거나 슈퍼 엘리트는 그들이 하기를 원하는 임무들을 실행하려고 쉽사리 조작을 한다. 그들은 2개의 하부 그룹 속에 속한다. i)그들은 그들이 조작되는 것을 알지만 신경쓰지 않으며 그 그룹으로부터 보수를 받는다. 또는 ii)그들은 조작되는 것을 알지 못함으로써 본질적으로 희생/피해자들이다. 때때로 슈퍼 엘리트들은 그들을 반대하는 약간의 정보를 가질 수 있다. 이 정보는 그들이 관리되거나 조작될 수 있는 것들이다. 그래서 그들은 그들의 어젠다를 지원하기 위해서 협박 메일을 받기도 한다.

시오니스트(Zionists)[74]

시오니스트들은 그들의 '이스라엘 첫 번째, 아메리카 두 번째'의 이데올로기에 의해서 어떤 대가를 치르더라도 이스라엘을 지원한다. 미국에서는 많은 높은 수준의 정치인들이 있다. 이들은 미국보다는 이스라엘의 필요에 더 많이 긴밀하게 공감하는 정치 철학을 가진자들이다. 당신은 유대인들이 세계를 운영한다는 표현을 들었을 것이다. 이것은 그들 뒤에 있는 통제자들에 대한 '보이는 희생 염소(Visible Scapegoats)들'로서 밀려나기 때문에 일정 부분에 있어서 정말로 사실이다. 비밀 정치 단체들이 모두 유대인들은 아니지만 CFR의 내부 서클은 시오니스트들이란 정의로서 아쉬케나지 유대인(Ashkenazi Jew: 반성경적 가짜 유대인/창 10:3;

---

74 See https://www.historytoday.com/archive/feature/herzls-troubled-dream-origins-zionism; https://theweek.com/107891/what-is-zionism; https://lsa.umich/edu/content/dam/cmenas-assets/cmenas-documents/unit-of-israel-palestine/Section1_Zionism.pdf.

대상 1:6; 계 3:9)들로 우세하게 구성되어 있다. 그러므로 그들은 미국보다 이스라엘의 이익을 우선시한다.

순례자 협회(The Pilgrims Society)[75]

영국인들과 미국인들은 1902년에 시작했고 최정상 엘리트 정치인들, 충성파 회원들과 사업가들로 구성되어 있으며 영국-미국인 클럽 회원들의 선린 관계와 친목을 도모하려고 년 1회의 저녁 식사 회합을 가진다. 밀너(Milner)와 동부 설립(Eastern Establishment)과 강하게 연결된 그 클럽의 회원들은 고 헨리 키신저(Henry Kissinger), 데이비드 록펠러(David Rockefeller), 존 디 록펠러(John D. Rockefeller), 제이콥 쉬프(Jacob Schiff), 엘리후 루트(Elihu Root), 아버렐 하리만(Averell Harriman), 조셉 케네디(Joseph Kennedy), 더 둘 부라더스(The Dulles Brothers), 넬슨 알드리치(Nelson Aldrich), 마가레트 대처(Margaret Thatcher), 그리고 고 엘리자베스 2세 여왕(Queen Elizabeth II), 고 필립(Philip)과 찰스 3세 왕(King Charles III) 등의 몇 명의 이름들이 나열되어 있다. 몇 명은 유력한 연주자들이다. 영국의 디칠리 재단(The UK Ditchley Foundation)[76]은 아마도 더 고등 그룹의 선두 주자라고 말할 수 있다.

회원의 총 수: 아마도 1,500명.

---

75 See Stephen Bowman, *The Pilgrims Society and Public Diplomacy, 1895-1945* (Edinburgh: Edinburgh University Press, 2019); William J. vanden Heuvel, 'The Pilgrims Society: A Special Relationship Between Great Britain and the United States' in *The Ambassadors REVIEW* (Fall 2012), pp. 53-55; https://www.pilgrimsociety.org/history.php.

76 See https://www.ditchley.com.

다보스(Davos)[77]

세계 최우수 사업가들과 정치가들이 함께 모이고 스키를 타고 '세계경제포럼(World Economic Forum/WEF)'을 위해서 글로벌리즘을 말한다. 이들은 그 클럽 안으로 들어가 그들의 명령들을 받기 위한 '신세계질서의 예스맨'들의 모임에 속한다. 글로벌 청년 지도자(Global Young Leaders)들도[78] 다음 세대 경제와 정치, 기술 혁신, 교육, 운동가, 예술인, 작가 등은 글로벌 청년 지도자 포럼(The Forum of Young Global Leaders)에서 다음 세대의 리더로 길러지고 있다.

비밀 봉사자들(Secret Services)[79]

CIA, MI6, 모사드(Mossad), 유로폴(Europol)과 다른 비밀 대행사들(Other Secret Agencies)은 신세계 질서의 통제자들의 모든 명령을 수행하고 있다. 그들은 '기소 면제(Immune to Prosecution)'를 받고 모든 면에서 법위에 서서 그들은 죽이고 가짜 깃발(False Flags)를 사용하고 사기(Hoaxes)를 만들고 지시에 따라서 국가들을 변화시킨다. 그들이 대표하는 국가의 이익을 위해서 그들 자신들이 일하고 있다고 광고하지만 실제로 그들은 비밀 정치 조직(Cryptocracy)의 가장 높은 회원들의 명령을 수행하고 있다. 그들은 무기를 가진 비밀 사회/결사와 같고 그들은 극단적으로 은밀한 목적들을 위해서 그림자 같은 개인들에 의해서 지시를

---

77 See https://www.weforum.org/videos/davos-2024-highlights; https://www.weforum.org/.
78 See https://www.younggloballeaders.org/.
79 See Brad Power, *Mossad - CIA - MI6 aGAINST iRAN'S Intelligence Community* (California: CreatSpace Independent Publishing Platform, 2016); https://publicaions.parliament.uk/pa/cm200203/cmselect/cmfaff/813/813we16.htm.

받는다. 그 비밀 서비스는 최고 환상주의자들(The Master Illusionists)에 의해서 침투되어 왔다. 이것을 다르게 믿는 것은 극단적으로 순진한 것이다. CIA는 CFR의 개별 군대이다.

사실상 2개의 CIA[80]가 있는데 하나는 비밀 정치 조직을 위해서 일하고 그것을 아는 자들이다. 두 번째 그룹은 미국 국민들을 보호하려고 노력하는 사람들인데 비밀 정치 조직을 모르는 경우가 있다. 그들은 우리를 아랍 테러리스트들과 이슬람 근본주의자들로부터 보호해주는 척한다. 그들이 지금 호출받았을 때 실제로는 모든 사건들과 가짜 깃발들을 실행하는 자들이다. 테러와의 전쟁은 하나의 거대한 날조이다. 왜냐하면 12장에서 설명할 것이지만 적이 없기 때문이다. 의심없이 그들 조직 내에는 약간의 좋은 사람들이 있을 수 있으나, 즉, 실제적으로 거리 위에서 사람을 도우려는 선한 행동을 하는 사람들은 있으나 이것은 거의 가능성이 없어 보인다. 그들은 신세계 질서의 통제자들을 보호하고 있고 그들의 지시한 사상들이 실행되도록 확실히 한다. 영국에서 그들은 왕관을 향해서 충성을 맹세하지 사람들에게 하지 않는다. 그 왕관은 비밀 정치 조직의 보이는 빙산의 일각이다. 당신은 폭력 없이 '감시 경찰 국가(Surveillance Police State)'를 가질 수 없다.

투표 조작(Vote Rigging)

MI5/6, CIA와 다른 비밀 대행사들은 비밀 정치 조직이 원하는 정확한 결과를 위해서 선거들을 조작하는 책무를 맡고 있다. 그들은 i)전자개

---

80 더 많은 두 개의 CIA의 이론과 사실을 더 알려면 See Servando Gonzalez, *Psychological Warfare and the New World Order*, Chapter 6, Location 2707 following.

표기를 바꾸거나 ii)그들이 원하는 선거구에 우편투표(한국의 관내/관외/해외 사전투표 포함)를 더하거나 (쑤셔넣기) 제거해서(빼내기) 결과를 변경하거나 투표 숫자를 쉽게 바꿔치기 할 수 있다. 이러한 방법으로 선거들은 비밀 정치 조직이 그들의 이익을 위해서 헝 의회(Hung Parliaments/의회 중단)나 압도적 승리를 창조해 낼 수 있기 때문이다. 철저히 꾸며진 것이고 가치가 없는 것이다. 다 똑같다.

우리는 연구 기관들이 쉽게 이용될 수 있다는 것을 잊고 있는 것 같다. 선거관리위원회나 사기 탐지 대행사들이 반칙이 발생하지 않도록 확실히 해서 우리들의 이익을 위해서 일하고 있다고 우리는 순진하게 믿고 있다. 그러나 어떤 연구소가 침투되고 약탈될 수 있고 그 고용인들은 어려움이 발생하면 어떤 결과를 막거나 보호를 하고 시설들을 은폐한 후에 임금을 받는다. iii)미국(한국 포함)에는 전자 투표 조작에 의한 사기가 잘 문서화 되어 있고 쉽게 해킹[81]될 수 있는 투표기로부터 이런 증거들이 나타난다.

소프트웨어 안에는 그물에 걸리게 하는 것들인 버그(Bugs), 홀(Holes)과 백도어(Backdoor) 프로그램들이 있는데 이들이 해킹되고 투표 수를 바꿀 수 있다. 그 뒤 iv)언론은 공식적인 설명으로 특정 그룹이 이번에 이 놀라운 방향으로 투표했던 이유를 이해되도록 걸레질을 한다(다른 결과를 보이는 출구 조사를 만회하기 위해서). 왜 그들이 이러한 기괴한 방법으

---

81 투표 조작 논문들은 See Lorraine C. Minnite, *The Myth of Vote Fraud* (New York: Cornell University Press, 2021), p.270; John H. Fund, *Stealing Elections: How Voter Fraud Threatens Our Democracy* (New York: Encounter Book, 2008); www.computerworld.com/article/2511508/security0/argonne-researchers--hack-diebold-e-voting-system.html (E-vote hacking.), or www.peoplehowstuffworks.com/vote-tampering.htm (How to), or www.spokeman.com/stories/2016/dec/26/us-elections-still-vulnerable-to-rigging-vote-stea/.

로 투표했는지와 사기[82]는 완성되었다고 설명하는 유권자들을 무고하게 하는 인터뷰는 거의 없다. 이것은 또한 비밀 정치 조직이 유지하고 의회를 통제하는 방법이다. 단지 그들의 사람들만이 공직에 들어가고 단지 더 높은 직위에 오르도록 허락하는 방법이다. 당신은 민주주의가 그들이 당신에게 말하는 방법으로 작동한다고 진심으로 생각하지는 않았다.

안타깝게도 한국에서도 2020년 4월 15일 총선(공병호 TV 등은 김대중 정부 이후 지금까지 모든 선거에서 좌파 정당에 유리하게 조작되었다고 통계학적 데이터를 과학적으로 분석함)에서 사전투표와 당일투표에서 전자계표기의 약점을 파고든 중국 공산당과 매국노 중앙선관위와 중국당교와 협약을 맺은 더불어민주당과 국힘당이 협잡해서 'Big Data의 암호명 'Follow_the_party'를 사용해서 대규모(최소 50-80석) 조작이 있었다고 많은 부정선거 전문가들은 말하고 있다. 그 증거는 배춧잎 투표지, 화살표 투표지, 일장기 투표지, 쌍둥이 투표지, 빳빳한 투표지, 정상 투표지 등에서도 부정 투표지들이 나왔다. 사전투표와 본투표 모두에서 부정선거 조작이 일어난 것으로 보인다.[83] 특히 미국 미시간대 월터 알 미베인 주니어(Walter R. Mebane, Jr) 교수는 2020년 5월 9일에 '2020년 한국 국회의원 선거에서 나타난 이례적 결과와 부정 의혹 연구(Anomalies and Frauds

---

82　영국에서 2017년 6월 테리사 메이 총리(Theresa May)의 재선과 함께하는 이런 전략을 볼 수 있다. 출구 조사 결과의 의문을 설명함으로써 후에 학생들이 인터뷰를 했다. 그것을 더 혼돈 시키려면 몇몇 학생들조차도 그들이 2번 투표했다고 인정했다. See www.independent.co.uk/news/uk/politics/student-jeremy-corbyn-vote-twice-fraud-general-election-electoral-commission-home-university-a7846516.html.

83　See 장영후, 로이킴, 김미영, *해커의 지문 follow_the_party: 4.15 부정선거 전말보고서* (서울: 세이지, 2021); 로이킴, *해커의 지문 발견기: 나는 어떻게 follow_the_party를 발견하였나* (서울: 세이지, 2023); 허병기, 민경욱, *2020년 4.15 선거판을 움직였던 비밀지령 2-00∞* (용인: 킹덤북스, 2023).

in the Korea 2020 Parliamentary Election)'인 2차 보고서에서 "선거 포렌식 툴킷(Election Forensics Toolkit)과 스파이크 테스트 결과(Spikes Test Results) 등 2가지 조사 기법을 추가로 활용했으며 데이터를 반영했고 한국 총선 결과를 분석해 보니 기술에 의한 선거 조작 가능성이 확실하게 존재한다."라고 한국 총선이 부정선거였음을 과학적으로 분석했다.[84]

자유 우파 국민의 약 60%와 전 국민 약 40%가 부정선거가 있었다고 인식하고 있다. 이는 자유 민주주의에 있어서 치명적인 적인 것이다. 다큐멘터리 영화 건국전쟁의 감독인 김덕영 감독이 제작한 '왜: 더 카르텔'[85]은 온 국민이 시청해야 할 충격적인 다큐멘터리 영화이다. 위의 모든 부정선거의 사실들을 가장 정확하게 드러내는 강력한 증거 영화로 충분하다. 윤석열 대통령의 행정 명령으로 선거관리위원회의 부정선거를 뿌리뽑을 수 있는데도 취임한 지 2년이 지나도록 어떠한 조치도 취하지 않고 있다. 분명히 직무 유기이다. 물론 전 법무장관이었던 한동훈 전 비대위원장도 지난 2년간 공산주의자이며 간첩이고 여적죄인 문재인과 이재명 등 지난 5년간 8천 여개의 사회[공산]주의법(지방 의회의 조례 포함)을 통과시켜서 자유 대한민국의 자유 헌법을 유린해 온 자들을 처벌할 수 있었으나 처벌하지 않았다. 역시 직무 유기이다.[86] 이들은 자유 민주 국가가 무너지든 말든 상관없이 우리가 뽑지도 않은 세계경제포럼

---

84 See https://www.newdaily.co.kr/site/data/html/2020/05/11/2020051100218.html.
85 See https://youtu.be/0ohDTWXmSiw?si=oENMhBi76Mc1Kkzs.
86 이봉규 박사 TV에 따르면 "윤석열 대통령이 부정선거와 공산주의자들이면서 범죄자들인 문재인, 이재명과 조국을 1)수사하지 않고 퇴임 후에 정권이 교체된 후에 범죄자들에게 보복하지 않도록 보장받으려는 것과 2)정면으로 부정선거와 범죄자들의 죄를 밝히고 감옥에 넣어서 대한민국의 법치와 정의를 세우는 길밖에 없다."고 위기에 처한 대한민국을 진단했다. See https://youtu.be/TZ6Puw0CxvE?si=bNmFkwiW3FCSSS-p.

(WEF) 참석 등으로 Deep-State/Illuminati의 지령을 받고 따른다고 강력히 의심을 할 수밖에 없는 모습들을 보이고 있다.

검찰의 지난 21대 총선 등에 대한 부정선거의 수사가 없는 가운데 이번 2024년 4월 10일 총선에도 중공, 북괴와 연계된 더불어민주당과 매국노 선관위는 국힘당의 한동훈 전 비대위원장의 사전투표 시 관리관의 도장을 찍도록 하는 권면에도 불구하고 결국 찍지 않고 부정선거의 방향으로 진행되고 말았다. 총체적 범죄 집단이다. 2024년 5월 31일 서울대학교의 트루스포럼[87]은 대자보를 통해서 '2024년 4/10 선거 부정 논란, 국민의 검증권을 보장하라.'며 '부정선거의 공론화를 통해 공정한 수사와 검증권 보장으로 나아가야 한다.' 고 올바르게 주장했다. 2024년 10월 16일 서울시 교육감 선거에서도 대수의 법칙에 어긋나는 선거 결과 그래프가 만들어졌다면서 100% 부정선거로 좌파 교육감이 당선됐다고 "국민들이여! 정말 꿈에서 깨어납시다!"고 장제언 박사(Ph.D/Computer Science)는 밝히고 있다.[88] 부정선거를 밝히는[89] 제2의 4.19혁명이 없다면 자유 대한민국은 빠르게 없어질 것으로 보인다. 하나님, 자유 대한민국을 살려주시옵소서!

2020년 11월 3일에 치러진 미국 대통령 선거 역시 부정선거로서 트럼프의 당선을 바이든의 당선으로 전산 조작과 우편투표 조작, 표 바꿔치기 등 한국의 부정선거의 확대판이었다.[90] 2024년 11월 5일 치러진 미국

---

87 See https://truthherald.kr/mobile/article.html?no=31863.
88 See https://youtu.be/rBGUIZI4xCM?si=ChQiWUJTefadXu_A; https://youtu.be/dIXQELaCiEY?si=M4PK15IxM7emhyLy.
89 See https://youtu.be/A3Ugpmq2fqQ?si=a5afW5P-YE53PiZI.
90 See https://www.theguardian.com/us-news/2022/jan/05/america-biden-election-2020-poll-victory.

대통령 선거에서 역시 부정선거가 있었으나 깨어난 미국인들이 트럼프를 선택해서 트럼프가 당선되었다. 그가 부정선거를 밝히는 공약을 한 만큼 미국뿐만 아니라 한국의 부정선거를 윤석열 대통령께서 밝히는 계기가 되기를 간절히 기도드린다.[91] 영국의 스코틀랜드 여왕 메리(Mary)도 그의 성경적 설교에 벌벌 떨었다는 위대한 청교도였던 존 낙스(John Knox) 목사님을 뒤이어 성 앤드류 대학교(St. Andrew University)의 총장(Rector)이었던 사무엘 루더포드(Samuel Rutherford)[92] 목사님은 1661년에 그의 유명한 "Lex Rex: The Law is King(법이 왕이다)"란 책에서 'If the King and government disobey the law, they are disobeyed. And the law is founded upon the Word of God: 만일 왕이나 정부가 법에 불순종하면 그들이 불복종 될 것이라. 왜냐하면 그 법은 하나님의 말씀 위에 기초하기 때문이다.'라고 역설했다. 그는 경고와 책망에도 불구하고 계

---

[91] See https://youtu.be/e8CmqMJUzN8?si=IRfMBsIMKqSs_XiK. 윤석열 대통령께서는 2024년 12월 3일 자유 대한민국을 파괴하고 있는 중공과 북괴와 연동된 반국가 세력(종중종북 주사파, 공산주의자들) 척결을 위해서 비상계엄을 드디어 단행하셨다. 2024년 4월 10일(2+2+4+4+1=13, 13은 오컬티스트들의 수비학에 따르면 사망 즉 한국의 자유 민주주의의 사망을 의미함?!, 그리고 2024년 12월 29일을 합하면 2+2+4+1+2+2+9=22 오컬티스트의 마스터 넘버요 대형사고의 숫자이다. 아마도 무안 제주항공 사고는 CGI조작 등으로 공산주의자 이재명과 종중종북 주사파들[더불어민주당, 조국당과 국힘당 일부]과 그 뒤에 있는 Deep-state/Illuminati/Freemasonry/Occultist/Fabianist: Capitalistic Communists가 자신들의 불법 위법적으로 자유민주주의를 탄압한 것과 같이 악한 행위들을 덮고 윤대통령과 깨어난 성경적 자유 우파와 그밖의 국민들의 시선을 돌리기 위해서 조작한 것으로 보입니다. [동영상 참조] https://youtu.be/HmFnTfOZqP0?si=kdMuiDJe3690FzPj)에 발생한 부정선거 (2001년 이후 지금까지)를 밝히려고 미국의 DIA 정보 기관과 한국의 방첩사가 한미공조의 연합 작전으로 선관위 연수원을 급습해서 컴퓨터포렌식용 자료를 확보했고 수원 선관위 연수원에 한국의 부정선거를 위해서 불법 체류 중인 99(암호명?!)명의 중공인들을 평택항을 거쳐서 일본 요코하마에 위치한 미군 기지에 인계했고 그중 일부는 미국 본토로 압송됐다. 이들 99(암호명?!)명 모두는 부정선거를 자백했고 미국 Trump정부의 정보 관련 수장들이 임명된 후에 부정선거를 공표할 예정이라고 하며 그때까지 기사 보도에 대해서 앰바고(Embargo: 시한부 보도 유보)를 요청했다고 스카이 데일리가 전했다고 성창경TV는 언급했다. See https://m.skyedaily.com/news_view.html?ID=260616; https://youtube.com/watch?v=K0U-VN1ZMFM&si=Ut381tofienDC9kt. 속히 부정선거의 국제 범죄자들이 체포되어 자유 대한민국이 헌법과 법치가 되살아나기를 기도한다.

[92] See Samuel Rutherford, *Lex Rex: Or the Law and the Prince* (Paris: Adansonia, 2018).

속해서 법을 어기는 왕과 정부에게 적절한 항거 방법을 제시하고 있다.

이 방법은 오늘날 악법 중에 악법인 동성애법(LGBTQ+)과 평등법(Equality)은 인류의 생존과 번영에 중요한 양심과 도덕의 황금률(The Golden Rule)인 몽학선생(School Master) 즉 십계명(The Ten Commandments)을 업신여기고 파괴해서 그리스도를 믿음으로 하나님의 은혜의 구원으로 가는 길을 차단할 뿐만 아니라 영국(한국 포함 모든 나라)의 개인과 가정과 교회와 사회와 국가의 정신, 영혼, 육체 모두를 교묘하게 파괴해서 마침내 인류를 죄와 사망의 법의 노예화하는 것으로부터 해방하는 좋은 역사적 사례가 될 것이다.

그 방법은 3단계로 되어있다.

1) 합법적 시위[청원/법정 투쟁]로 [Online과] Offline에서 법을 수호하는 사람을 방어(지원/지지)하라.

2) 만일 왕과 정부가 핍박하고 죽이려하면 피하라(삼상 19:12; 20:1; 21:10; 고전 10:13; etc.)

3) 필요하면 자신[성경적 자유 우파 지지자들]을 보호하는 정당방위 차원에서 합법적인 힘[국민저항권 또는 불가피하면 모든 성도들이 기쁘게 순교를 각오하고[[요 12:24-25]] = 필사즉생의 여호와의 전쟁[[삼상 17:47]]을 사용하라. 이것은 지금의 종중종북 주사파 공산주의자들에 의해서 자유와 법치가 입법, 사법, 행정부 등 사회 모든 국면에서 공산화의 위기 가운데 있는 자유 대한민국을 소생시킬 강력한 성경적 해안이라고 본다.

그리고 대한신학교의 설립자인 한국 최초의 신학 박사(Th.D)였던 김치선 박사도 1919년 3.1운동에 참가해서 1년간 옥고를 치른 것을 적극

칭찬했던 그의 영적 스승이었던 영재형 선교사가 갖고 있었던 "청교도 들의 국민계약(Puritanic National Covenant, 1638)" 즉 만일 국가가 교회의 자유를 억압하고(공산주의자 문재인과 민주당의 이재명처럼) 하나님의 뜻을 거역할 때에는 기독교인들이 국가에 저항할 수 있다고 하는 성경적 청교도적 사상으로 6.25 때도 자유 대한민국의 설립자인 이승만 대통령에게 위기에 처한 나라를 살리려고 '구국기도회(초량교회)' 등을 건의하는 등 대통령과 나라와 교회를 적극적으로 도왔던 분으로서 애국을 하면서 동시에 신앙을 사수하는 영국의 청교도적인 삶을 살았던 분의 성경적 애국정신이 위기에 처한 자유 대한민국과 한국 교회에 절실히 필요한 시기이다.[93]

지만원 박사는 대한민국을 망치는 3대 거악은 5.18과 더불어민주당과 무소불위의 선관위라면서 이번에 윤석열 대통령과 트럼프 대통령의 미8군 등과 연계된 선관위 컴퓨터 포렌식을 통해서 좌파 공산주의의 악의 카르텔을 못 부수면 자유 대한민국은 망한다고 경고했다.[94]

부정선거는 자유 민주주의를 파괴하는 행위로서 천하보다 귀한 한 사람의 천부인권의 표현으로 국민 주권을 드러내는 투표를 조작하는 일은 개인의 자유를 말살하고 전체주의를 옹호하는 중국, 북한과 이들을 부추기고 있는 반자유 민주주의 세력, 즉 그토록 성경이 말세에 경고하는 적그리스도(Anti-Christ)의 등장(계 13:11-18; 살후 2:4, etc.)을 의미하는 전 세

---

93 See http://www.fpchurch.org.uk/about-us/important-documents/the-national-covenant-1638/.; 김동화, 나에게 있어 영원한 것 (서울: 기독교연합신문사, 1999), p.35; 김의선, 고 김치선 목사님의 신학사상과 한국교회에 끼친 영향 (Th.M. Thesis., 안양대학교 신학대학원, 1999), pp.69-70.
94 See http://youtube.com/watch?v=xF5tuW4qolY&si=S-gHnaKRjViuzv6B.

계의 공산 전체주의를 통해서 단일 세계 정부(One World Government)의 신세계 질서(New World Order)를 향하고 있음이 명확해 보인다.

마약(Drugs)[95]

마약 운용에 관련된 CIA는 동인도회사, 스컬 앤 본즈(Skull and Bones)의 러셀 가족과 다른 자들이 라오스와 베트남, 멕시코와 그밖의 지역을 통해서 연결되어 있다는 사실이 잘 문서화되어 있다. 비밀 정치 조직의 마약(Drugs)은 아편(Opium)과 헤로인(Heroin)인데 이것이 과거에 그들 몇몇이 돈을 벌었던 방법이다. 다른 이유는 베트남과 아프가니스탄에서 발생했다. 돈은 비밀 기관들과 정부 업무 대행사들과 라스베가스의 카지노와 은행가들 자신들의 국제 카발의 여러 가지 방법들을 통해서 돈세탁이 될 수 있다.

Covid-19 사기와 반과학적 백신

케임브리지 대학교의 동양학부(Oriental Faculty)의 교수였던 데렉 프린스(Derek Prince) 목사는 그의 책『축복 또는 저주: 당신이 선택할 수 있다(Blessing or Curse: You Can Choose)』[96]에서 "프리메이슨은 초

---

95 See https://www.linkedin.com/pulse/what-you-always-wanted-know-skull-bones-anatoliy-gurov; John L. Potash, *Drugs as Weapons Against Us: The CIA's Murderous Targeting of SDS, Panthers, Hendrix, Lennon, Cobin, Tupac, and other Leftists* (Waterville: Trine Day, 2014).

96 See 김영환, '오늘날 영국 교회 현황과 현지 선교' (서울: 기독학술원, 2022) https://www.christiandaily.co.kr/news/114876, pp. 8-11; Derek Prince, Blessing or Curse: You Can Choose (USA: Chosen Books, 2006).

대 교회 에베소 지역에서 활발하게 활동했던 이교도인 오컬티스트 (Occultist[Freemasons: 프리메이슨]: 삼상 15:23; 갈 3:1; 갈 5:19-20; etc.)[97]를 따르는 자들로서 3가지 관점을 가지고 있다."고 말했다.

첫째, 두려움으로 협박해서 속이는자(Witchcraft/to manipulate, to threaten with a fear, to dominate/속이고, 두려움으로 협박하고, 통제하는 자들임)이다. 둘째, 주어진 지식으로 점치는 자들(Divination/as fortune-telling with the given knowledge/주어진 지식으로서 예언으로 점치는 자들)이다. 마지막으로 무당(Sorcery/drug[약품][Gk. φαρμακεία, Pharmakeia: drug[vaccine<Latin. Vacca]; 이들 오컬티스트들은 백신은 바포멧신에게 바쳐지는 것으로 봄], magic[마술], music[음악], sorcery[마법], deception[기만]/계 18:23[98]) 등의 기능들을 활용해서 사람들을 미혹하는 자들이다.

이들은 1도에서 33도까지 하이어라키(Hierarchy: 계급)로 구성되어 있는 프리메이슨들이고 구약 성경의 야훼신과 이집트의 오시리스신(슥 11:17)과 바포멧(몰렉신/인신 제사를 원하는 신/레 20:1-16)을 믿는 종교 다원주의자들이다. 이 책의 저자인 제임스 머스커(James Musker)[99]는 프리

---

97 "이는 반역하는 것은 점술(Divination/오컬트의 점술)하는 죄와 같고 완악함은 우상에게 절하는 죄와 같으니라. 네가 주님의 말씀을 거절하였기 때문에 주께서도 너를 버려 왕이 되지 못하게 하셨더라."(삼상 15:23); "너희 어리석은 갈라디아 사람들아 예수 그리스도께서 십자가에 못박히신 것이 너희의 눈앞에 밝히 보이거늘 누가 너희를 속이느냐(Gk. ἐβάσκανεν, Ebaskanen<βασκαίνω, Baskaino: to deceive, to bewitch/마법을 걸다, 속이다)?(갈 3:1)."; "육체의 일은 현저하니 곧 음행과 더러운 것과 호색과 우상 숭배와 점술과 원수를 맺는 것과 분쟁과 시기와 분냄과 당짓는 것과 분리함과 이단과 투기와 술취함과 방탕함과 또 그와 같은 것들이니라. 전에 너희에게 경계한 것같이 경계하노니 이런 일을 하는 자들은 하나님의 나라를 유업으로 받지 못할 것이니라(갈 5:19-20)."

98 "등불 빛이 결코 네 안에 비추지 않을 것이요 신랑과 신부의 음성이 결코 다시 네 안에 들리지 않을 것이라. 왜냐하면 너의 상인들은 땅의 왕족들이라. 너의 사기(헬. Pharmakeia/Drug[Vaccine]/약[백신])로 모든 나라들이 속았도다(계 18:23)."

99 See James Musker, *The New World Religion and The Beliefs of the Elite* (UK: Amazon, 2018), pp. 138-149.

메이슨은 19도 이상 비밀 예배 의식에 참여할 수 있다고 서술하고 있다. 전 총신대 총장 정성구 박사는 "프리메이슨/일루미나티(Illuminati)는 기독교(개신교)를 파괴하는 비밀 전위 부대"라고 정확하게 지적한다. 젠더, 의료, 기후 변화, 정치와 종교 등에 침투해서 비기독교적 거짓말 어젠다를 돈과 조직을 이용해서 좌파 교육(전교조), 좌파 언론, 좌파 노조(민노총), 좌파 정치와 좌파 경제와 좌파 교회(Deep Church)를 세계적으로 구축해 왔다. 영국과 유럽인들과 아메리카인들과 아시아의 일본인들은 비교적 이들의 파괴적인 패악질을 잘 알고 있는 것으로 보인다.

2019년 11월에 발생한 중국 Covid-19(Wuhan Coronavirus)를 문재인 정부가 고의로 우한 중국인들의 한국 출입을 막지 않고 또한 세계로 확산하는데 악역을 한 것에 대해 저자는 세계 지도자(G20)들에게 편지를 발송했다. 즉, 2008년에 HIV의 발견으로 노벨 의학상을 탄 프랑스의 룩 몽타니에(Luc Montagnier) 박사[100]와 세계 최고의 면역학자 서울대학교 의과대학 명예교수인 이왕재 박사,[101] 분자생물학의 세계 최고 학자인 로버트 오 영(Dr. Robert O Young) 박사[102]와 백신 해독으로 2024-2025년 노벨 생리의학상 후보로 추천된 세계적인 임상전문의 전기엽 박사[103]의 관점과 논문을 번역하고 필자의 성경적 관점을 첨가해서 '계획된 Covid-19

---

100 See www.bitchute.com/video/Bs62khcSumX1/.
101 See 이왕재, '코로나19에 대한 면역 반응/코로나19 감염증과 변이', 건강과 생명, (2022년 4월호), pp.52-68.; 김영환, '오늘날 영국 교회 현황과 현지 선교', 기독학술원, (2022년, 4월 29일), p.9.
102 See www.bitchute.com/video/Z2sAH0Woz38r/; www.drrobertyoung.com.
103 See Ki-Yeob Jeon, 'Moving and Living Micro-Organisms in the Covid-19 Vaccines for COVID-19 and Detoxification Methods to Reduce Sequels of COVID-19 Vaccines', *AJPH-ID50* (12 Jan 2022); *His* 'Three Categories of Healing for Getting Freedom from a Long Covid Syndrome, Shedding and/or from Sequelae of Experimental Covid-19 Injection', *IJTPR*, 2024, pp.1-35; http://www.kmki.kr/news/articleView.html?idxno=24549.

과 그의 대량 학살 백신 접종(The Plandemic Covid-19 and Its Genocide Vaccination)'이란 제목으로 총 8차례에 걸쳐서 소논문을[104] 세계의 지도자들(G20)에게 보냈다.

정보의 홍수와 사상의 융합 시대에 유전자 조작으로 만들어진 Covid-19과 나노 기술(Nanotechnology)로 만들어진 한 번도 검증이 이루어지지 않은 mRNA백신 속에는 하나님께서 창조하신 DNA를 변형시킬 수도 있는 인체에 유해한 마그네틱 그라핀 옥사이드(Magnetic Graphene Oxide)와 트리파노소마 크루지 기생충(Trypanosoma Cruzi Parasites)의 나쁜 작용으로 오히려 항체의존성 염증 강화(Antibody Dependent Enhancement/ADE) 현상이 나타나서 혈액 응고(Clots of Blood) 현상으로 벌써 수많은 사람들이 주로 뇌출혈, 심장마비, 폐질환 등으로 사망하거나 심각한 부작용(약 1,200여 가지)을 호소하고 있으나 전 세계 각국 정부들이나 4개의 Deep-State/Illuminati의 백신 회사들은 책임을 지지 않고 있다. 이런 무책임한 백신 회사와 이들과 연동된 정부 관료들이 누구하나 책임지는 자들이 없다는 것은 그들이 선을 가장하고 악을 추구하는 Deep-State/Illuminati의 존재와 악행을 여실히 드러내고 있다는 확실한 또 하나의 반증으로 보여질 수 있다.

또한 백신을 맞은 지 2개월 경과 후에(백신 해독 전까지는) 5G타워의 300m 이내에서 스마트폰에 탑재된 Bluetooth App을 켜면 12자리의

---

104 Young Hwan Kim, 'A Requirement of Both 1) A Stoppage Order of the Genocide-Vaccination Linked With Manipulated-China-Wuhan-Coronnavirus-Lockdown Under the Control of A Totalitarian-Digital-Imperial-Dictatorship [Cryptocracy] of the Deep-State/Illuminati Intending to Demolishing Free Democracy Rule and 2) An Arrest Order of One-World-Order-Dictators with the Right of Indemnity' (Cardiff: Heart Fire Church, 2021), pp. 1-24; esp. 3.

ID가 발생하는데[105] 이는 개인에 대해서 상거래를 디지털로 통제하는 666[106] (계 13:16-18)으로 진입하는 것이 아닌가 의심을 사기에 충분하다. 참백신은 4번 5번 맞는 것이 아니라 1번에 45%의 인구가 맞으면 집단 면역이 와야 한다는 것이 면역학자들의 일반적인 논리이다. 그런데 이스라엘이나 한국은 90% 이상의 국민들이 2차 이상 맞았는데도 계속 코로나에 걸리고 있다. 당연한 결과다. 백신은 혈액 속에 항체(Antibody/최대 6개월의 역가)가 생기지만 콧속에 상기도 점막(Upper Respiratory Membrane)에 침투하는 바이러스에게는 항체의 역가(Titer)가 '0'이다.

---

105 Covid-19 백신을 맞은 모든 사람은 각각 고유한 12자리의 ID번호를 가지고 있다. Mary Stewart Relfe는 그녀의 Ph.D논문을 출판한 책인 『When Your Money Fails: The 666 System is Here』란 책에서 정부, 은행, 기업이 하나의 네트워크가 되어 각 사람에게 마지막 카드 (CBDC/중앙은행 디지털통화?) 등을 통해서 세계인들 각자의 마지막 고유번호가 할당된다고 경고성 설명을 하고 있다. See Her *When Your Money Fails: The 666 System is Here* (Montgomery: Ministries Inc, 1981). pp.33-39; 또한 성경은 우리 몸에 글이나 마크를 새기지 말라고 한다. "죽은 자를 위하여 너희의 살을 베지 말며 어떤 글이나 마크를 너희의 몸에 새기지 말지니라. 나는 여호와니라(레 19:28)."

106 "지혜가 여기 있나니 만일 어떤 이가 통찰력을 가졌다면 그 짐승의 수를 계산(Gk. ψηφίζω/to compute/calculate/count, 컴퓨터로 계산하다, 산정하다, 숫자를 세다)해보라. 왜냐하면 그 수는 사람의 수요 그리고 그 수는 666이니라(계 13:18)." Dr. O Young의 'Scanning & Transmission Electron Microscopy Reveals Graphene Oxide in CoV-19 Vaccines' 라는 논문을 2021년 8월 20일에 발표했다. See www.drrobertyoung.com. 그리고 그는 2021년 8월 30일에 SARS CoV-19의 자신의 연구 발표에 대하여 세계 어디서나 어떠한 사람으로부터도 'No Responsive Documents/응답하는 문서들 없음'이라고 계속해서 언급했다. 이는 백신 회사 (Deep-State/Illuminati)들이 그들이 악한 짓을 하는 것에 대해 두려워하는 것을 드러내야만 한다. 그들은 악한 앵무새 인 메인스트림 언론, 강아지 정치인들, 쓸모없는 바보 학자들과 666 짐승의 숫자 같은 Bigtech 통제 알고리즘(Algorithm)을 사용해서 지속적으로 우리를 속여왔다. 알고리즘은 825 AD에 Abujafar Muhammed ibnMusa Alkhuwarizmi에 의해서 발명되었다. See Webster's 3rd New International Dictionary, p.52. 이 마그네틱 그라핀 옥사이드는 여러 겹의 6각형 모양이고 중심에 빛이 발광(666 Luciferase[Shining One]/빛을 비추는 자])체가 발견되며 이는 5G와 연동되어서 작동되며 백신을 맞은 몸을 관통해서 돌아다닌다. 이는 성경에서 말씀하신 맞은 자들의 오른쪽 손이나 이마 등(계 13:16)의 부위를 지나가기도 한다. 이는 우리의 창조적인 데이터와 정보를 불법적으로 축적하는 것은 성경에서 말씀하는 표 (Gk. χάραγμα, Charagma: an engraved mark, imprinted mark, token/새겨진 표, 인쇄된 표, 토큰)일 수 있는데 결국 그들은 우리의 자유(자유 민주주의, 자유 시장 경제, 자유 언론, 등)와 10계명의 하나님의 영원하신 진리를 훔쳐서 우리를 불쌍한 노예로 만들 수도 있다(Contra. 출 20:1-17).

서울대학교 면역학과 명예교수이며 세계 최고의 면역학 전문가인 이왕재 박사에 따르면 코로나는 유전자 조작에 의한 감기 바이러스로서 모든 감기 바이러스는 변이가 일어나기 때문에 백신을 만들 수 없다는 것이다. 그리고 치명률이 독감 수준 이하라고 한다. 다분히 코로나와 백신을 통해서 이익을 추구하는 세력이 있다는 것이 상식이다. 만일 없다고 생각하는 사람들과 이를 과학적이고 성경적으로 외치는 자들을 음모론자(이사야도 앗시리야가 침투한다고 예언했다가 음모론자로 배척당했다. 참조: 사 8:11-12)[107]라고 하는 자들은 반성경적 좌파이거나 이 세상에 이미 천국이 왔다고 하는 유토피안 좌파/공산주의이거나 거짓을 과학이라고 우기는 세력에 속은 사람들 중에 하나에 속할 수 있다고 본다. 고전 3:16과 고전 6:19절에[108] 따르면 우리의 몸은 하나님의 성령님께서 거하시는 성전이다. "비도덕적이고 전체주의적인 백신 회사들과 그들의 피노키오들인 정치인들과 주류 언론에 속아서 몇 년이 지나도 항체도 안 생기는 백신을 맞은 사람들의 몸과 영혼은 매우 귀중하기 때문에 빠른 시일내에 해독(Detoxification)해야만 한다."고 백신 해독에 세계 최고 전문가인 전기엽 박사는 몇 년이 지났을지라도 지금 반드시 해독해야만 장단기의 사망 등을 미연에 막을 수 있다고 과학적으로 선언하고 있다.

라 퀸타 콜룸나(La Quinta Columna)연구소의 연구원인 리카르도 델가

---

107 "주께서 강한 손으로 나에게 알게 하시고 이 백성의 길을 따르지 말 것을 나에게 경고하시면서 말씀하시되 '이들 백성들이 음모(Heb. קֶשֶׁר, Keser/Conspiracy)'라고 부르는 모든 것을 음모라고 부르지 말라. 그들이 두려워하는 것을 두려워하지 말고 그것을 겁내지 말라(사 8:11-12)."
108 "너희는 하나님의 성전인 것과 하나님의 성령께서 너희 안에 거하시는 것을 알지 못하느냐?(고전 3:16)." "너희 몸은 너희가 하나님으로부터 받은 바 너희 가운데 계신 성령의 전인 줄을 알지 못하느냐? 너희는 너희 것이 아니니라(고전 6:19)."

르도(Ricardo Delgado)[109]는 8가지 해독 방법을 다음과 같이 제시한다. 1) 오가닉 푸드 섭취(당근, 브로콜리, 토마토, 아보카도, 키위, 블루베리, 석류, 흑미, 분홍색 감자, 현미(Brown rice/Unpolished rice), 숙주, 소고기, 김치, 완두콩, 솔잎차(Suramin Tea/하루 3회), 보리차(하루 3회), 2) 그라펜 옥사이드(Graphene Oxide)를 제거하기 위한 N-Acetyl Cystein 복용, 3) Graphene Oxide를 제거하기 위한 글루타치온(Glutathione: Clinical Glutathione: for Oral) 복용, 4) 감기 바이러스 예방과 감소와 폐병률 감소시키는 비타민 C복용(하루 3회), 5) 해독, 염증 예방과 사망률을 감소시키는 비타민 D(하루 50mg) 복용, 6) Graphene Oxide 감소와 해독, 사망률을 감소시키는 Zinc 복용, 7) 해독, 항염증, 혈관 치유와 확장하는 Quercetin 복용, 8) 5G타워에서 멀리 떨어져 있으라 등이다. 더 획기적으로 전기엽 박사[110]는 해독으로서 위의 8가지와 함께 1) 솔잎차와 녹차 마시기와 2) 비타민 C + 비타민 D + Zinc + Hydroxychloroquine + Ivermectin와 3) 소금물 + 식초 + 물에 발을 담구어서 해독하기, 4) 주1-4회 카레(큐커민) 섭취하기, 5) 고압 산소 40회 실시, 6) 기생충 방지(젤콤, 알벤다졸, 빌트리사이드), 7) EDTA 킬레이트화 2개월 총 25회 사용, 8) 은행잎 추출물 하루 2번 복용, 9) 펙소페나딘 1일 1정 복용, 10) 몬테루카스트 하루 1회 복용, 11) 멜라토닌 1일 1정 복용, 12) 오메가-3 1-2 캡슐 복용, 13) 파노파이브레이트 10일간 1일 1회 복용, 14) 아스피린 0.5정 또는 1일 1정 복용, 15) 아지트로마이신 12일간 1일 1정 복용하기, 16) MMS2(차아염소산칼슘: 250cc

---

109　See www.bitchute.com.
110　Ki-Yeob Jeon, *Healing Protocals & Toxicology Test for Sequelae of Covid-19*/코로나 19 후유증의 진단및 치료 (용인: 킹덤북스, 2024), pp. 342-344.

에 1 방울로 시작 8-10 방울로 확대) 용액 1일 1회-3회 마시기, 17) 전기자동차, 켐트레일, 주사제, 식품 또는 패치에 포함된 mRNA 오염 물질로부터 멀리하기 18) 비강 스프레이용 포비돈 요오드, 안과용 제제 사용, 19) 숯+식물 섬유[내장 지방 조직을 감소시키고 장에서 독성 물질 제거] 섭취, 20) 청국장 마늘 페이스트 취식, 21) 쥐눈이 콩 취식, 22) 스마트 식품 DM(케르세트린, EGCG, 레시틴, 제니스테인, 글리시리진 함유), 어성초, 녹차, 뽕잎, 감초, 율무, 대두), 23) 아르테미신 , 24) 막고랑 복고랑(칼슘과 비타민 D공급), 25) 인삼(인플루엔자와 염증성 변화로부터 보호), 26) 항산화물질이 풍부한 식품/과일/음료(피간, 케일, 양배추, 발효콩, 아보카도, 코코아, 들깨, 크랜베리, 포도, 토마토, 아티쵸크, 자두[건 자두], 파인애플, 카레, 솔잎차, 민들레 차, 라즈베리, 블루베리, 깨, 사과, 올리브 오일, 스위트 체리, 와인, 땅콩) 취식할 것을 처방하였다.

   세계경제포럼(World Economic Forum/WEF)의 수장인 아슈케나지 가짜 유대인(창 10:3; 계 3:9) 클라우스 슈밥(Klaus Schwab)[111]이 2022년 4월 26일-28일 사이에 윤석열 대통령을 만나기 위해 한국에 왔다. 국민 누구도 슈밥을 선출한 적이 없다. 그런데 국민이 선출한 대통령 당선인을 그가 왜 만나는지 누구하나 그가 만날 자격이 있는지 묻지 않는다. 암묵적으로 민주주의와 공산주의를 마음대로 움직이는 세력인 Deep-State/Illuminati가 있는 것을 사실상 묵인하고 있는 셈이다. 클라우츠 슈밥은 공동 저자인 티에리 말레레(Thierry Malleret)와 같이 쓴『코비드-19: 위대한 리셋(Covid-19: The Great Reset)』이란 책에서 코로나-19와 백신을

---

111   See Klaus Schwab and Thierry Malleret, *Covid-19: The Great Reset* (Geneva: World Economic Forum, 2020).

통해서 인류에게 오컬티스트들의 2단계인 예언(Divination)을 하듯이 3가지를 추구한다고 말하고 있다. 첫째, 서구 유대-기독교(Western Judeo-Christianity)의 가치를 축소 내지는 해체하는 것이고, 둘째, 자영업자 등 중산층의 붕괴를 통해서 국가에 의존하는 사람들을 많이 만드는 것이요, 마지막으로 5G등 디지털 A.I 기술을 통해서 디지털 인간화(Digital Humanisation)의 가상 현실의 세계를 추구하는 것이다.[112] 이는 인간의 일자리를 로보트 등 A.I가 대체하므로 사실상 4차 산업으로의 급격한 이동/혁신(?)은 일자리 감소와 비인간화와 인구 감축이 필연적으로 나타나는 것으로 보인다. 이에 대해서 영국 교회와 한국 교회는 성경적으로 무엇을 어떻게 준비해야만 하는가?

참고로 최근 윤석열 정부의 비민주적 비과학적 의대 정원 2,000명 학생 증원은 사실상 의료 개혁이 아니라 유럽과 특히 영국의 NHS(국가 의료 서비스/National Health Service)의 사회주의식 혹은 의료공산주의식 의료 서비스로 이미 망한 정책을 개혁이라고 떠벌리는 참으로 무책임함의 극치로서 세계 최고의 의료 시스템을 가지고 있는 한국의 의료 시스템을 파괴하는 일이 될 것이 분명해 보인다.[113]

---

112 See Yuval Noah Harari, *21 Lessons for the 21st Century* (London: Penguin Random House UK, 2018). Cf. John C. Lennox, *2084: Artificial intelligence & The Future of Humanity* (Grand Rapids: Zondervan Reflective, 2020).

113 See https://youtu.be/cFXCkkqpeOM?si-tiddVCTSDAinEqDU; https://www.youtube.com/live/P8q9gJAnEc0?si=xZ_uqpjYIhQILpgx; https://www.youtube.com/live/tQHuweempAg?=f6FRNK65oGMw0dVZ.

중앙은행 디지털 통화(CBDC: Central Bank Digital Currency)

중앙은행 디지털 화폐(CBDC, 디지털 명목 화폐[Digital Fiat Currency] 또는 디지털 기반 화폐[Digital Base Money]라고도 함)[114]는 상업은행이 아닌 중앙은행에서 발행하는 디지털 화폐이다. 이는 또한 중앙은행의 부채이며 실제 지폐나 동전의 경우와 마찬가지로 주권 통화로 표시된다. CBDC에 가장 일반적으로 속하는 것으로 설명되는 두 가지 일반 모델은 소매와 도매가 있다. 소매 CBDC는 가계와 기업이 일상적인 거래에 대한 결제를 할 수 있도록 설계되었으며, 도매 CBDC는 금융 기관을 위해 설계되었고 중앙은행 준비금과 유사하게 운영된다. 시간이 지나면서 다른 CBDC 모델도 등장했다. 가장 주목할 만한 점은 연방 준비은행(FRB)이 2022년에 중개 CBDC를 제안했다는 점이다. 이 모델에서 중앙은행은 일종의 소매 CBDC를 발행하지만 금융 중개 기관은 고객 서비스를 제공한다. CBDC의 현재 개념은 CBDC 구현이 블록체인과 같은 어떤 종류의 분산도 사용하거나 필요하지 않을 것이라는 점에서 가상 화폐 및 암호 화폐와 다르다.

2023년에는 유럽중앙은행(ECB), 영국, 미국과 같은 주요 경제권을 포함한 120개가 넘는 관할권에서 국가 디지털 통화를 평가했다. 현재로서는 동부 카리브 통화 연합을 구성하는 9개 국가와 8개 섬이 CBDC 시범 프로그램을 시작했다. 67개 국가와 2개 통화 연합이 CBDC를 연구하고 있다. 미국의 일부 주에서는 CBDC를 사용한 주정부 결제를 금지하는

---

114 See https://en.m.wikipedia.org/wiki/Central_bank_digital_currency.

법안을 도입했으며 플로리다는 개인 정보 보호 문제를 이유로 이러한 법률을 통과시킨 최초의 주이다. '중앙에서 관리하고 중앙에서 통제하는 CBDC는 강압과 통제를 위한 도구이며 정부가 시민을 감시할 수 있도록 허용'한다는 비판에 직면해 있다. CBDC에 대한 일부 비평가들은 비트코인이 연방 준비은행과 같은 중앙은행에 의존하지 않기 때문에 '모든 사람들에게 글로벌하고 불변하며 접근가능할 뿐만 아니라, 분산되고, 허가가 필요 없는 디지털 현금 개방형'이 더 나은 통화 대안이라고 언급한다.

인디언-아메리칸 저널리스트, 정치평론가, 워싱턴포스트의 칼럼니스트, Newsweek 컬럼니스트 겸 편집자인 파리드 라피크 자카리아(Fareed Rafiq Zakaria)[115]는 최근 워싱턴 포스트지에 기고 칼럼에서 다음과 같이 언급했다. '러-중 정상 회담 기간 중 러시아와 아시아, 아프리카, 라틴아메리카의 결제에 중국 위안화를 사용하는데 찬성했다. 그 결과 전 세계 중앙은행준비금인 FRB에게 달러가 차지하는 비중은 20년 전 70%에서 약 60% 미만으로 심하게 떨어졌다. 세상의 많은 국가들이 미국에 대한 의존도를 줄이기 위해서 이른바 '탈달러화 (De-Dollarisation)'의 행렬에 가세하면서 여기에 큰 영향을 미치고 있는 것이 러시아-우크라이나 전쟁이라는 분석도 나온다. 대러 경제적 제재로 달러화의 쓰임새가 제한되면 새로운 통화 질서가 출현할 수도 있다는 전망이다. 미국 달러의 지배력이 약해지면 신용 기반의 기존 통화 질서가 무너지고 세계 금융은 피폐해질 것이라는 분석이다. 자카리야에 따르면 전쟁 초반부터 EU를 비롯

---

115 김필재TV CBDC관련 Youtube를 보라. https://fareedzakaria.com/columns/2023/3/24/the-dollar-is-our-superpower-and-russia-and-china-are-threatening-it; https://www.washingtonpost.com/opinions/2023/03/24/us-dollar-strength-russia-china/; https://youtu.be/K86i925_Z80.

한 일본, 한국, 캐나다, 호주 등 주요 우방국들은 규합해서 우크라이나 연합 지원을 주도했고 유로화나 영국의 파운드화, 캐나다의 달러 등 가치가 높은 안정적 통화가 달러를 대체하지 못하게 차단했다는 것이다.

현금이 사라지면 정부와 은행과 일부 대기업들은 우리의 금융 거래를 비롯한 삶의 전반적인 부분들을 통제할 수 있게 된다. 예를 들면, 정부는 오늘날처럼 경기 침체가 지속되는 상황에서 중앙은행을 통해서 경기를 부양한다는 목적으로 마음껏 마이너스 금리 정책을 난발할 수 있을 것이다. 하지만 '현금이 존재하면 원금을 보장받을 수 없는 예금주들의 뱅크런 사태가 벌어질 것이 우려되어 마이너스 금리 정책을 함부로 도입하지 못할 것이다.'

우리의 소비 습관 데이터를 팔아넘겨 수익을 올리게 될 것이다. 지금은 수수료 없이 이용할 수 있는 카드 거래도 현금 거래가 사라지면 보장되리라 장담할 수 없다. 아울러 소비자들은 소비 습관 데이터를 손에 넣은 기업들이 공략하는 타깃 광고의 희생양이 될 수밖에 없다. 현금 없는 사회에서는 모든 거래가 금융 전산망과 전자 결재망을 통해서 진행되며, 사생활 침해로 이어진다. 이밖에도 현금이 사라지면 우리가 감당해야 할 문제점들이 수없이 많다. 그런데 이러한 '엄청나고 위험한 일이 사회적 합의나 그 결과의 토론도 없이 은근슬쩍 진행되고 있다. 따라서 우리는 이와 관련된 움직임이 어떻게 진행되고 있는지 제대로 이해하고 반드시 저항해야만 자유인이라 하겠다. 현금 사용의 폐지를 저지하기 위해서 힘이 닿는 데까지 최선을 다해야 모두가 중산층을 두텁게 하는 자유 민주주의 체제를 유지가능한 자유 시장 통화 경제 체제의 유지가 가능해진다.'

억만장자 투자가 릭룰(Rick Rule)은 말한다. '핵전쟁 만큼이나 CBDC는 위험하다.'[116] 이미 은행가들은 국민들에게 말도 할 수 없을 정도로 피해를 주었다. 그런데 이들에게 국민을 통제하는 힘을 줄 것인가? 생각해 보라. 중국 정부가 하고 있는 소셜크레디트와 똑같은 것이다. 인공 지능 AI의 힘을 이용해서 국민의 재산을 통제하는 것이다. 예를 들면, 당신이 다른 정당을 찍은 것이 싫다고 생각하면 정부는 CBDC를 이용해서 당신의 돈을 없애버릴 수도 있다. 트럼프는 대통령으로 재직하면서 자신의 사위인 자레드 쿠슈너를 백악관 고문으로 임명했다. 최근 정보 공개 청구로 밝혀진 사실에 따르면 2019년 5월 28일 트럼프의 오른팔이자 사위인 자레드 쿠슈너(Jared Kushner)는 CBDC에 관심을 가지기 시작했고 CBDC는 정부에서 통제가 가능한 화폐이다. 재무부장관 므뉴신(Munyusin)에게 회의를 요청했고 2012년 12월 청문회에서 므뉴신 재무부 장관은 CBDC는 현재는 필요 없지만 2025년쯤 되면 발행할 것 같다고 운을 띄웠다. 2019년 이전에도 CBDC에 대한 개념은 존재했지만 대대적인 관심을 갖는 주제는 아니었다. 하지만 트럼프 정부의 쿠슈너가 CBDC에 대한 연구 가속도를 부추겼다.

    CBDC는 국민을 노예화하는 수단이며 미국의 몇몇 정치인들 중 론 드산티스(Ronald Dion Desantis)는 "제가 대통령이 되면 당선되자마자 CBDC 금지부터 시키겠습니다."고 말했다. 또한 로버트 케네디는 말하기를 "CBDC가 나오고 현금이 없어지면 정부는 완벽한 통제를 하게

---

116 See https://www.theverge.com/2022/1/17/22888225/jared-kushner-us-treasury-mnuchin-government-federal-cryptocurrency-trump-white-house; https://youtu.be/PUVltvh1wlA?si=25XmwoxhrwOeRn3V.

됩니다. 모든 결제에서 돈을 뜯어가고 국민들을 복종하게 만듭니다. 불복종하면 국민이 돈을 사용 못하게 하고 굶게 할 수도 있습니다. 미국에서는 CBDC의 착수가 점점 더 본격화되고 있으나 2024년 11월 대선에 출마했던 트럼프는 CBDC에 대한 어떠한 말도 안 했다. 만일 여러분들이 매달 정부에서 생활비를 100만 원씩 준다면 몸에 마이크로 칩을 받을 의향이 있으십니까? 세계경제포럼은 CBDC에 대한 연구를 오랜 기간 했습니다. 왜냐하면 궁극적인 통제 수단이기 때문입니다."라고 했다.

세계경제포럼에서 그들을 위해 일하다가 최근에 등을 돌린 학자인 리차드 워너(Richard Wonner) 교수는 "정부들이 쉬쉬하는 CBDC의 보급 과정을 알려드리죠. CBDC는 처음에는 핸드폰 어플 같은 형태로 시작할 것입니다. CBDC의 궁극적인 목적과 방법을 알려드릴께요. 이미 2015년에 기술적인 준비가 되었어요. 피부 아래에 이식하는 쌀알처럼 작은 칩이에요. 인권침해잖아요. 그들도 사람들이 이런 거 싫어하는 것을 알아요. 칩을 이식하면 기본 생활비를 제공해줄 거에요. 요즘에 억만장자들이 많이 이야기하잖아요. 정부는 앞으로 경제난을 극복하기 위해 기본 생활비를 제공해야 한다고 말할거에요. 기본 생활비로 한 달에 250만 원을 줄테니 CBDC 칩이식을 해라 이렇게 말할거에요."라고 폭로했다.

그들은 왜 마이크로칩을 사람들의 몸에 삽입하고 싶어 할까? 세계경제포럼(World Economic Forum/WEF)의 대표인 클라우스 슈밥은 2016년 1월 10일 TR인터뷰에서 CBDC와 관련된 인체 이식칩의 보급 시기에 대한 질문에 "10년 안에 진행해야죠. 처음에는 옷에 가지고 다니는 형태로 하다가 그 다음에는 두뇌나 피부에 이식해야죠. 결국 두뇌를 컴퓨터와 연결해서 기계와 소통이 가능한 인간이 되는 거에요. 인류가 기계와 하나되는 트랜스 휴먼이 되는 겁니다."라고 말했다. 사실 정부가 이런 식으로 생활비를 준다고 해도 별의미가 없다. 국민들이 문재인 정부 때 재난지원금 신청해서 받은 그것 때문에 인플레이션으로 고물가 난리에 고통당하고 있지 않은가? 결국 잠시 동안 좋을지 모르지만 금방 무의미해진다. 국제결제은행 즉 BIS에 따르면 다가오는 미래에는 모든 결제를 CBDC로 해야 한다고 말한다. 이들이 성공한다면 점차로 현금은 사라질 것이다.

'소유한 사물을 디지털 등록하는 것을 토큰화'라고 말한다. 토큰화에 대해서 BIS 리서치장 신현승 씨는 "돈과 자산을 디지털 등록하는 것만이 아니라 프로그램하는 것도 가능합니다. 자산 거래에만 사용되는 것이 아니라 사물의 정보 또한 통제가 가능한 것입니다."라고 한다. 즉 BIS의 계획에 따르면 앞으로 모든 사물은 토큰화가 되어야 한다고 언급한다. 모든 사물을 디지털 등록을 시킨다는 의미이다. 결국 당신들이 소유하고 있는 모든 물건들을 등록해야만 하며 디지털 등록이 안 된 물건을 소유하거나 거래하면 불법이 되는 것이다. 이 과정은 서서히 진행될 것이며 정부는 국민들의 반발을 제거하기 위해서 처음에는 부정할 것이다. 그러나 서서히 당신들이 소유한 모든 물건들을 등록해야만 할 것이다. 이러한 과정을 통해서 정부는 등록된 사물들을 통제할 수 있게 될 것이다. 특정 물건은 매매가 불가능하게 될 수도 있다. 어떤 물건은 판매 금지 물품으로 지정될 수도 있다. 예를 들어, 가난한 사람들은 고급 백화점에서 값비싼 물건을 사는 것이 금지될 수도 있다. 국민들의 반발을 막기 위해서 이러한 과정은 서서히 진행될 것이다.

CBDC는 돈이지만 유통 기한이 있기도 할 것이다. 연방 준비은행

(FRB)의 웹사이트에 모두 나오는 내용들이다. 중국에서는 이미 이런 정책을 시작하고 있으며 당신들도(주변의 사람들) 재난지원금을 받으며 유통 기한이 정해진 지역 화폐를 사용해 본 적이 있을 것이다. 정부에서는 CBDC를 아마도 다음과 같이 선전할 것이다. 'CBDC가 있으면 탈세와 부패를 막을 수 있다.' 이 말도 일리는 있다. 하지만 정부가 당신들의 거래를 통제한다는 의미는 당신들의 일거수 일투족을 완벽히 감시하겠다는 의미이며 궁극적으로는 당신들의 소비와 생산 활동을 통제할 수 있다는 것이다.

릭룰[117]은 "CBDC의 세상이 오면 정부가 당신을 싫어하면 당신의 돈을 제거할 수도 있다. 결국 국민을 노예로 취급하는 것을 의미한다. CBDC때문에 나는 총을 사용하게 될 수도 있다. CBDC는 진짜 무서운 것이다. 나는 엘리트들을 혐오한다. CBDC로 그들이 우리 개인의 자유를 침해하고 나를 통제해서 노예화하려고 하는 것이다."라고 경고한다. 무엇보다도 CBDC가 정착되면 정치인들이 당신들이 월급을 어떻게 쓰는지도 결정할 수도 있다. [사기]-저탄소를 위해서 식비는 한 달에 10만 원으로 해결하며 빈부 격차를 줄이기 위해 저금하는 액수가 정해질 수도 있다.

최근에 조던 피터슨 교수[118]는 '미국사법위원회(The U.S. House Judiciary Committee)'에서 나는 [2020년]1월 6일이나 특정 위협, 반란이나 항의, 정치적 또는 이데올로기 그 어떤 것에 대해 이야기하러 온 것이

---

117 See https://youtube.com/watch?v=IKSx5sk2g&si=R6J60EmMZOHwxRHQ.
118 See https://youtu.be/rdKsO3NFv8s?si=j4_ZKtheVgsddz9Y; https://youtu.be/ZHVTiaZCWec?si=rYqXSm2v7t8lW5pt.

아니다. 나는 실제인가 가상인가? 이것의 정도에 대해 이야기하기 위해 여기에 왔다. 그리고 생산적이고 관대하며 안정적인 정신, 경제 및 국가 자체가 필연적으로 기초가 되는 개인의 자유와 자율성을 제한하는 정부 통합의 공모가 발견된다. 따라서 나는 증가하는 문제를 밝히기 위해 가장 일반적인 용어로 설명을 시작하겠다. 현재 중국에는 공산당 통치하에 전자 눈이 부착된 시스템인 7억 개의 CCTV가 있다. 상상했던 가장 완벽한 국가 감시 기계 장치는 멀리 있는 얼굴을 인식할 수 있을 뿐만 아니라 얼굴 특징이 숨겨지거나 가려졌을 때 게이트 자체를 인식할 수 있는 능력을 갖추고 있다. 이러한 기능은 눈 자체의 움직임까지 확대될 수 있으며 곧 강화될 것이다. 고해상도와 지능형 카메라로 모니터링하면 곧 인식하고 활동하는 모든 당사자를 식별하는데 충분할 것이다. 이 시스템 구축에 열성적으로 도움을 준 정신착란적이고, 순진하고 자부심이 강한 엔지니어들은 시스템 세우기를 요청한다. 스카이넷, 로건 이후 무서운 잘못된 용어를 사용하는 모든 기술을 본다. 인공 지능, 로봇 지능을 특징으로 하는 유명한 공상 과학 영화 터미네이터 시리즈에서 인류를 파괴하여 자신을 보호하는데 열중하고 있다. 이름은 또한 잘 알려진 중국어 문구를 참조한다. 신성 자체의 도달 범위를 설명한다. 하늘의 그물은 광대하지만 빗나간다. 아무것도 없다. 이는 새로운 국가 장치의 능력을 적절하게 설명한다. 이 시스템은 비자발적 참가자에게 점수를 부여하는 소위 중국 사회 신용 시스템과 통합되어 있다. 독재 중국 공산당의 명령을 준수함을 나타내며 가장 불길하게도 전자적(Electrical)으로 그들이 소유한 모든 것에 대해서 완전한 접근을 허용하고 저축하고 여행할 수 있다. 물론 모든 현대적인 여행 수단이 있지만 전자 게이트가 점점 더 많이 등장함에 따라 심지어 도보로도 가능하다. 중국인이거나 방문자인 경우 세계에 대한 접근이 가능하다. 귀하의 사회적 신용 점수가 임의의 최소값을 초과한다. 이를 통해 가상화할 수 있는 모든 활동을 의도적으로 차단할 수 있다. 그리고 빠르게 가상화되는 세상에서 이는 운전, 쇼핑, 일, 식사, 피난처 찾기 등 모든 활동을 점점 더 차단할 수 있다. 인간 사회의 일부 남아있는 바로 이것이 폭군이 가장 원하는 지불 시스템이다. 이것은 나를 위한 작업과 그에 따른 이익도 아니고 자유롭고 주권적인 시민이 수행하는 계약상 합의를 구성하는 것도 아니다. 이러한 일은 내가 부과한 결핍을 고양시킬 것이다. 그것은 항상 노예 상인의 후기 모티브였다. 이것이 서구 사람들과 관련이 있었던 이유였다. 중국 공산당이 사용하는 기술은 서구 기술의 확장이기 때문이다. 왜냐하면 우리는 아주 최근에 가상의 위기[Covid-19]에 직면했을 때 그 국가가 적용한 봉쇄의 끔찍한 유혹의 먹이가 되었던 것을 경험했기 때문이다. 우리가 한걸음 한걸음씩 같은 방향으로 걷고 있는 것은 부분적으로는 보편적인 신원 자동 인식의 가설적 편리함 때문이다. 그리고 부분적으로는 현재 우리가 직면하고 있는 모든 문제가 보안의 범위 증가를 정당화하는데 쉽게 사용될 수 있기 때문이다. 그리고 '유모 정부(Nanny State: 복지 국가[국가 기관이 유모처럼 개인 생활을 보호하고 간섭하는 상태])'로 모두 가고 있기 때문이다. 현대 인류학자들의 사진에서 석기 시대 사람들은 자신의 영혼이 사로잡힐까봐 두려워서 자신의 이미지를 포착하는 것을 반대한 결과에서 처음으로 카메라와 마주했다고 한다. 그러한 두려움은 예지력이 있었던 것으로 밝혀졌다. 가상 공간을 잘 누비며 우리가 남기고 가는 이미지는 우리의 실제 모습과 너무나 밀접하게 복제되어 있다. 이 시점에서 우리의 본질을 포착하는 것은 거의 보장된다. 이제 우리 모두는 도플갱어(Doppelganger/살아있는 사람의 유령)이다. 우리 모두는 가상 세계에서 너무 많이 살고 있으며, 구매 습관과 전자 매개 통신 방식에 따라 우리 자신이 무서울 정도로 우리 정체성의 이미지를 구성하는 동일한 데이터와 함께 우리의 발자국의 현대의 등가물인 데이터에 대해 축소(과소평가)하게 되었다. 이는 보이지 않는 기업 중개인이 점점 더 많이 사고 팔 수 있는 정체성은 여전히 우리가 절실히 부주의하고 편리하게 원하는 것을 판매하는데 주로 사용되지만 또한 모니터를 추적하고 우리가 하는 모든 일을 처벌하는데 사용될 수도 있다. 행동과학자들은 그들의 비난할 만하고, 보이지 않는 인센티브를 조작하여 논리적으로 결정한 방향으로 사람들을 밀어넣는(Nudging) 관행을 통해 이 과정을 촉진하고, 기업은 구매 결정을 추적하고, 관심과 행동의 추적 패턴을 더욱 정확하게 추적하는 편리한 알고리즘을 개발한다. 다음에 가장 매력적인 것이 무엇인지 예측하여 우리가 원하는 것을 제공할 뿐만 아니라 우리에게 필요한 것을 결정하고 형성한다. 정부는 이러한 기업 대리인들과 은밀히 결탁하여 우리의 행동뿐만 아니라 우리의 생각과 말에 대한 그림을 개발하여 원하는 목적에서 벗어나는 것을 지도를 그리고 보상하고 처벌할 수 있다. 즉 디지털 정체성과 통화의 개발은 아무것도 아니다. 그러한 성향의 가능성과 결과보다 더 많은 것, 그리고 이 둘의 결합은 감시 국가의 발전을 편리하게 촉진할 수 있다.

   조지 오웰과 같은 전체주의에 대한 낙관적 비관론자들은 그 범위를 거의 상상할 수 없다. 매우 빠르게 등장하고 있는 새로운 AI 시스템은 아무것도 못하게 하는 것의 빠른 출현과 이러한 위험을 증가시킬 뿐이며, 증강된 인간이 상상할 수 있는 모든 것보다 범위를 초과하는 초감시 (Super Surveillance)[사회]의 가능성을 제공함으로써 이를 확실하게 만들 것이다. 세상은 우리의 태도, 성격의 행동을 형성하고, 조작할 수 있고, 거대한 이기적 기업들 간의 궁극적인 파시스트의 위험한 음모인 초국가 (Super State: 단일 세계 정부/One World Government)에 의해 구축된 현실 외부를 볼 수조차 없을 정도로 조작될 수 있다. 그리고 편집증적이고 보안에 집착하는 반인간적 정부에게 우리는 이미 즉각적인 만족을 위해 초국가에게 영혼을 팔고 있으며 동시에 그렇게 행동하도록 유혹을 받고 있다. 시민의 '실제적 주의 패턴과 행동(Actual Attention Patterns and Behaviours)'을 모니터링할 수 있을 뿐만 아니라 잠재적인 범죄에 대한 박해 가능성도 예측할 수 있는 능력이 향상됨에 따라 점점 더 많은 가능성이 높아지고 있다. '당신이 숨길 것이 없다면 당신은 두려워할 것도 없을 것이다. 이를 보호하고 통제하기 위해 감시에 의지할 가능성이 가장 높은 사람들이 명령하는 슬로건이 될 것이다.' 이는 통제 비밀 경찰의 수장인 라브렌티 바라(Lavrenti Bara)가 언급한 소련의 유명한 전체주의자 농담은 무엇인가? '그 사람을 보여주면 범죄를 보여드리겠다.' 그 말은 스탈린의 KGB 시대에도 충분히 사실이었고, 그때도 경찰은 충분히 비밀스러웠다. 그러나 그것은 우리가 지금 생산할 수 있고 생산할 가능성에 비하면 아무것도 아니다. "경찰은 너무 비밀스러워서 우리가 그들의 포괄적이고 사회적 활동을 주입할 수도 없을 것이며, 범죄를 감시하여 시스템의 지시에 따라 모든 사람이 뭔가를 숨기게 될 것이다."라고 매우 시대 통찰적이고 논리적, 예언적으로 경고했다.

 CBDC에 침묵하는 사람들에게 성경적 거룩한 분노를 느낀다.

CBDC는 인류를 봉건 시대(Age of Fabianism)로 인도할 것이다. 하나님께서 주신 천하보다 귀한 개인에게 부여해주신 천부인권(Inalienable Right)의 자유를 완전히 제거해서 노예로 만들어 버릴 것이다. 이런 일에 100% 침묵하는 자유 대한민국의 정치인들과 언론들과 모든 사회의 국면의 지도자들과 국민 모두가 특히 교회 일에만 충성하는 것이 거룩한 주님의 뜻이라고 착각하는 정종분리의 반성경적이고 영지주의적이고 플라토닉 경건주의(Platonic Pietism)적인 거짓 이론에 노예가 된 많은 교회의 지도자들과 성도들이 그리스도께서 주신 자유를 위해서 깨어나기를 기도드린다.

> "그리스도께서 우리에게 주신 그 자유 위에 굳건히 서 있거라. 그리고 너희가 다시는 노예의 멍에를 메지 말라(갈 5:1)."

15분 도시[119]

'15분 도시' 정책은 궁극적으로 국민들의 자유를 억압할 것이다. 다보스 포럼[120]의 클라우스 슈밥은 "우리는 위기를 겪고 있습니다. 너무나 다

---

119 See https://www.bbc.co.uk/news/uk-politics-66990302.amp; https://uk.news.yahoo.com/what-are-15-minute-cities-and-where-will-they-be-in-the-uk-155341486.html.
120 선거로 뽑힌 조직이 아님/자유 대한민국의 이익과는 관계 없는 Deep=state/Illuminati가 만든 단체임, 우리나라 국민들이 뽑은 정치인들이 매년 이 다보스에 열심히 참가하는 중이고 정치인들과 기업인들은 모임에 참여해서 다보스의 어젠다[2023년 15분 도시를 지령받고 우리나라에 돌아와서 이를 수행한다. 자유 대한민국의 정치인들이 국민들을 이익을 대변해야지 왜 다보스의 지령을 받는 것일까?

양한 글로벌 위기를 겪고 있습니다. 어떻게 해야 우리가 미래를 지배할 수 있을까요?"라고 말했다. 스위스 진보녹색당 정치인 바스티엔 지로드(Bastien Girod)는 다보스 포럼에서 "게임의 법칙을 바꿀 필요가 있다. 그래야 국민들 뿐만 아니라 기업체들도 저탄소 정책을 따라갈 것이다. 그래서 스위스 정부는 친환경 에너지에 보조금을 제공한다. 그리고 에너지 효율을 높이는 정책도 한다. 하지만 도시 디자인 자체를 바꿔야 한다. 취리히에는 차가 필요 없는 지역이 있다. 등하교나 쇼핑 등 모든 것이 걸어서 다니는 거리에 있으니 좋다. 덕분에 사람들이 자동차를 구매할 필요가 없어진다. 걸어서 다니는 도시를 만들어서 자동차를 운영할 필요가 없게 만드는 것이다. 예를 들어, 바이든은 기후 정책을 지지하는 기업체들에게만 사업을 밀어주겠다고 했다. 그것은 영리한 정책이라고 본다. 무엇보다 먼저 국민들이 다보스 정책을 따라가게 해야만 한다. 우리가 낙선당하면 저탄소 정책을 실패할 수 있다."라고 말했다. 다보스의 정치인들이 아무리 막강해도 이들이 낙선되는 것을 두려워하고 있다.

영국 스코틀랜드 국회에서[121]는 "얼마 전 교통부에서 보고서를 발표했는데 일반인들에게 자가용 사용을 무조건 허락하던 시대는 이제 끝이다. 저탄소 정책을 위해 자동차 사용을 규제해야 하며 이는 스코틀랜드의 저탄소의 목표치를 성취하기 위한 것이다. 그래서 자가용 사용 규제를 위한 정책을 만들고 있다."라고 말했다. 스위스 정치인 바스티엔 지로드가 언급한 것처럼 '15분 도시'를 막는 방법은 이 정책을 추진하는 정치인들을 퇴출시키는 것이다. 더불어민주당 소속의 제주도 지사 오영

---

121 See https://www.transport.gov.scot/our-approach/environment/20-reduction-in-car-km-by-2030/.

훈이 15분 도시 창업자 프랑스 소르본느대학교 카를로스 모레노(Carlos Moreno) 교수를 초청해서 15분 도시 정책이 가져올 엄청난 자유를 억압하는 위협도 모른체 15분 도시를 선전선동했다. 15분 도시 정책은 통제의 쓰나미가 되어서 국민들의 자유를 위협할 것이 분명하다.

싱크 탱크(Think Tanks)

싱크 탱크는 그들이 대중의 사회적 조건화을 조정하는 기술자들이기 때문에 신세계 질서 계획의 성공을 위해서는 매우 중요한 한 가지 요소이다. 그들은 엘리트들이 완벽하게 통제를 하는 완전한 사회를 촉진하고 공작/감독하는 방법으로 나머지 스파이 조직에 조언하는 그룹들이다. 그들은 그들이 원하는 것을 우리가 믿게 만들기 위해 '선전선동과 세뇌와 깊은 잠재의식적 단어들의 거대한 정렬(Propaganda, Indoctrination and a Huge Array of Deep Subconscious Words)'과 상징들, 암호들과 미묘한 조작들을 사용하는 것을 의미하는 '대중심리학적 과정의 과학화(Mass Psychological Processing)'를 완성했다.

타비스톡 연구소(Tavistock Institute)

타비스톡 연구소는 1947년에 시작되었다. 이 싱크 탱크의 목적은 개인의 심리학적 힘을 무너뜨려서 신세계 질서의 지시들을 반대하는 자를 무기력하게 하는 것이다. 가족 단위와 전통적 가족의 가치 또는 종교의 원리, 국가 주권과 애국심과 정상적인 성적인 행동을 무너뜨리는데 도움이되는 모든 기술은 타비스톡 과학자들이 군중들을 통제하는 방법으로 사용된다. 단지 그들이 생각을 많이 한다고 해서 그들을 중요하게 만드는 것은 아니기 때문이다.[122]

로마 클럽의 싱크 탱크(The Club of Rome)[123]

로마 클럽의 싱크 탱크는 1968년 이탈리아에서 세워졌고 5억 명(500 Million) 가까이 세계 인구의 장기 감축 프로그램으로의 책임이 있다. 수십억 명의 사람들이 도태되는 것이 필요하다는 그들의 '신-맬서스적 신앙(Neo-Malthusian Belief)'은 정말로 사탄적이고 지구는 모든 사람을 지탱할 수 없다는 그들의 신앙은 완전히 믿음이 부족함을 보여주고 있다. 그들의 책[124]인 『성장의 한계(The Limits to Growth)』와 『제1 글로벌 혁명(The First Global Revolution, 1992)』은 인간성을 적으로 규정하고 국가 정부들에 대한 권력을 장악하기 위한 수단으로 날씨 변화(Climate Change)의 사기(Hoax)를 정당화 한다. 신세계 종교의 역할에 중요한 인물인 미카일 고르바초프(Mikhail Gorbachev)는 그가 소비에트 연방(USSR)의 대통령이 된 것과 거의 동시에 로마 클럽의 회원이 되었다.

---

122 타비스톡(Tavistock)을 위해서는 다음을 보라. http://www.tavinstitute.org/ Daniel Estulin, *Tavistock Institute: Social Engineering the Masses* (Waterville: Trine Day, 2015); John Coleman, *The Tavistock Institute,of Human Relations; Shaping the Moral, Spiritual, Cultural, Political and Economic Decline of the USA* (USA: Global Review Publications, 2006).
123 로마 클럽의 웹싸이트는 www.clubofrome.org/.
124 Donella H. Meadows, *The Limits To Growth; A Report for the Club of Rome's Project on the Predicament of Mankind* (London: Macmillan, 1979); Alexander King, *The First Global Revolution* (New York: Pantheon Books, 1991).

브룩스 연구소(Brookings Institute)[125]

부룩스 연구소는 1916년에 창설되었고 글로벌 경제, 개발, 정치와 사회 과학을 책임지는 또 다른 연구소이다. 그것은 CFR과 연결이 있는 워싱턴에 위치해 있다.

아스펜 연구소(Aspen Institute)[126]

아스펜 연구소는 인문학적 연구를 위한 연구소로 원래 불렸다. 그것은 1949년 올더스 헉슬리(Aldous Huxley)에 의해서 시작되었다. 강한 결속을 가지는 삼극위원회에 의해서 말한대로 지속가능한 개발과 신국제 경제 질서를 촉진하기 위한 세뇌의 일환으로 국제적 회사들에게 인본주의(Humanism)를 가르치고 촉진하는 것과 깊게 관계되어 있다.

전략 연구소(Institute of Strategic Studies)

전략 연구소의 임무는 글로벌 평화와 안보를 증진하고 문명화된 국제 관계를 유지하기 위해서 참신한 정책의 채택을 촉진하는 것이다.[127] 그것은 모든 무기들의 이야기가 있는 신세계 질서이다. 즉, 세계 평화를 위해서 많은 노력을 기울이고 있다.

유럽외교관계협회(European Council on Foreign Relations)[128]

---

125 Brookings Institute의 웹싸이트는 www.brookings.edu/about-us/.
126 Aspen Institute의 웹사이트는 see www.aspeninstitute.org/. 삼극위원회와의 연결을 위해서는, see Patrick Wood Technocracy Rising, the Trojan Horse of Global Transformation, p.119.
127 IISS 웹사이트는 www.iiss.org/.
128 See www.ecfr.eu/.

유럽외교관계협회는 유럽 및 더 광범위한 정치적 음모들을 전문으로 하는 또 다른 싱크 탱크이다. 그것은 조지 소로스(George Soros)의 열린 재단(Open Foundation)과 다른 관련 그룹들에 의해서 세워진 사설 기관이다. 그것은 빌더버그 그룹(Bilderberg Group)과 연결되어 있다. 몇 가지 이름으로 지정되는 스탠포드 경제정책연구소(Stanford Institute for Economic Policy Research)와 란드 코퍼레이션(Rand Corporation)과 브뤼겔 연구소(Bruegel Institute)와 시비타스(Civitas)와 킬리안(Quillian)과 헨리 잭슨 사회(Henry Jackson Society)와 같은 추가적인 연구 가치가 있는 수백 개의 다른 싱크 탱크들이 있다. 그들은 통치자들이 인간을 목조르는 극악한 목적을 촉진하기 위해서 모두가 일하고 있다. 그들의 방법들은 신묘하고 그들의 영향력은 완전히 퍼져 있다.

영적/오컬트 비밀 사회(Spiritual/Occult Secret Society)[129]

비밀 정치 조직은 종교와 루시퍼리안주의와 비밀 사회들에게 관심이 있다. 비밀 정치 조직 안에 모든 사람은 아래 그룹들 중 하나와 연결되어 있다. 그들이 하고 있는 일의 본질은 비밀리에 이루어지고 대중들에게 알려지지 말아야 한다. 이것이 비밀 사회가 그들의 프로그램을 진행시키고 의사소통하고 정책을 만드는 살아있는 방법들이다. 그 비밀을 유지하기 위해서 그들은 맹세와 비밀 약속들을 한다. 그 결과 비밀 사회가

---

129 See Yogi Ramacharaka, *Advanced Course in Yogi Philosophy and Oriental Occultism* (UK: Independently published, 2020).

풍성해진다. 프란시스 에이 쉐퍼 박사도[130] 오컬트를 실행하는 엘리트를 언급하면서 이들은 주로 심리학과 생물학과 미디어의 조작 활동을 통해서 절대주의를 추구하는 유대-기독교를 파괴해왔다고 언급했다.

프리메이슨(Freemasons)[131]

프리메이슨은 비밀 사회 단체이기 때문에 이 그룹 내에 누가 있는지 없는지 알아내는 것은 항상 가능하지는 않다. 그들은 삶의 모든 발걸음 안에 있고 단지 상위 레벨에서만 그들의 진짜 어젠다가 무엇인지 알게 되어 있다. 7장에서 다시 설명할 것이지만 프리메이슨 19도 이상은 루시퍼리안(Luciferians)이다. 지역이나 국가 차원에서 그들은 전체 그림에서 그다지 중요하지 않다. 그들은 사람들이 더 높은 그룹들로 들어가기 위한 채용 운동장이고 주요 이슈는 일단 당신이 프리메이슨이면 당신은 그 클럽 안에 있고 여기서부터 구조 속의 더 파워가 높은 곳으로 진입할 수 있다.

일루미나티(Illuminati)[132]

---

130 See *How Should We Then Live?: The Rise and Decline of Western Thought and Culture* (New Jersey, Fleming H. Revell Company, 1976), pp. 228-245, esp. 231.

131 See Mark Stavish, *Freemasonry: Rituals, Symbols and History of the Secret Society* (Woodbury: Llewellyn Publications, 2007); William Walker Atkinson, *The Secret Doctrines of the Rosicrucians: A Lost Classic by Magus Incognito* (Newburyport: Weiser Books, 2012).

132 See Jim Marrs, *The Illuminati: The Secret Society That Hijacked the World* (Michigan: Visible Ink Press, 2017); https://illuminatipremium-organisation.com/?gad_source=1; 역저자도 2021년 8월 1일에 the kingdom of Illuminti로부터 그들의 회원 중에 한 명이 되라는 채용 초청장(recruitment paper)을 이메일로 받았다. 입단 시 4가지의 주의 사항이 있었다. 1) 재정적으로 지원해줄 것이다. 2) 조직을 확충해줄 것이다. 3) 명성을 높여줄 것이다. 그러나 4) 만일 그들에게 disroyalty/배신을 보이면 매우 위험에 처할 것이라는 조건이 있는 편지 형식의 입단 초청장이었다. 역자는 이들이 우상 숭배자요 기독교를 파괴하는 오컬티스트(Occultist)인 것을 아는 자로서 예수 그리스도만이 구원자요 주인이기 때문에(행 4:12; 고전 12:3) 이들에게 충성 서약을 할 수 없었다(약 5:12).

이것은 매우 광범위한 범주를 가지며 신세계 질서를 개발하고 있는 정치적으로 능력있는 내부자들를 가리키는 주류 용어가 되었다. 모든 의도들과 목적들에서 이 사람들은 고위층 프리메이슨들이고 OTO(Ordo Templi Orientis/Order of the Temple of the East/동쪽 성전의 질서) 회원들이고 팔라디움(Palladium)이나 몰타 기사들이다. 그들의 정치적 어젠다와 철학은 거리에 있는 사람과는 완전히 다르다. 원래 일루미나티는 독일의 바바리아(Bavaria)에서 왔고 1797년에 로비슨(Robinson)과 바루엘(Barruel) 같은 작가들은 이 위험하고 파괴적인 그룹에 대해서 유럽에 경고했으나 아무도 그들에게 많은 주의를 기울이지 않았다. 일루미나티는 1785년에 폭로되었고 비록 그들이 살아남은 증거와 후에 미국에서 스컬 앤 본즈(Skull and Bones)[133]로 재출현했을지라도 그들이 불

---

133 일루미나티가 살아 남아있다는 증거는 일루미나티가 단일 세계 정부(One World Government)를 구성하기 위해서 유럽과 다른 곳의 모든 정부들에 침투해서 인수/장악하겠다는 맹세를 했다는 것이다. See Terry Melanson, *Perfectibilists: The 18th Century Bavarian Order of the Illuminati* (Waterville: Trine Day, 2009), p.32. 만일 그들이 1786년에 소멸하도록 제안받았다면 수 년 후에 위험이 없었다면 왜 영국 스코틀랜드 출신 교수인 존 로빈슨(John Robison)이 과연 1797년에 『음모의 증거들(Proofs of a Conspiracy)』이란 그 책을 썼을까? See John Robinson, *Proofs of A Conspiracy* (Scotts Valley: CreateSpace Independent Publishing Platform, 2014). 그리고 바로 같은 해에 프랑스에서 만일 음모가 없어졌다면 왜 어거스틴 바루엘(Augustin Barruel)이 매우 유사한 책 한 권을 썼을까? Augustin Barruel, *Memoirs Illustrating the History of Jacobinism* (USA: Real-View Books, 1995). 존 로빈슨의 책조차 조지 워싱턴(George Washington)에 의해서 보내지고 읽혀졌고, 그는 일루미나티(Illuminati)의 존재를 인정했던 미국의 초대 대통령으로서 "Iilluminati의 교리와 자코비니즘(Jacobinism)의 원리는 미국 안에서 퍼지지 않았다는 것을 의심하려는 의도는 아니다. 반대로 누구도 나보다 이 사실에 대해서 더 만족하는 사람은 없다."라고 기록했다. See George Washington, *The Writings of George Washington*, Vol.14, 1799-1799 (New York: G. P. Putnam's Sons, 1893), p.119; https://oll.libertyfund.org/titles/ford-the-writings-of-george-washington-14-vols. 아담 바이샤프트(Adam Weishaupt) 자신은 "그들의 비밀 기록들에 대해 출판 후에 일루미나티의 큰 돌봄은 그들의 질서가 더 이상 존재하지 않았던 독일 전체를 설득해야만 했고 그들의 전문가들은 모두 그들의 신비함과 비밀 사회의 회원을 포기해야만 했다."고 기록했다. 이 모든 것은 일루미나티가 1786-1799까지의 추방된 것을 살렸다는 것을 한 번에 증명하고 더욱 지하로 숨어 들어가게 했다. 1832년에 같은 그룹이 예일대학교에서 '스컬 앤 본즈(Skull and Bones)'로 나타났고 이는 회랑 지대와 많은 같은 의식들(Regent 의식) 안에서 발견된 것은 독일의 것과 같았다. 이 비밀 사회는 오늘날도 여전히 존재한다. 최근 많은 미국의 대통

법으로 출판한 모든 서류들과 함께 1786년에 공식적으로 해산되었다.

스컬 앤 본즈 322(Skull and Bones 322)

이들은 스테로이드(Steroids) 위에 있는 프리메이슨과 같은 예일대학교 출신 그룹이며 그들은 미국 정치 시스템 안에서 많은 권력과 통제력을 얻었다. 그들 중에 존 케리(John Kerry)와 조지 부시(George Bush)는 2004년에 서로를 대항하는 대통령 후보자들로서 경선했었다. 그것은 일루미나티(Illuminati) 내부자 1과 일루미나티(Illuminati) 내부자 2였다. 그들은 같은 편이다. '지혜로운 사람들(Wise Men)' 중 한 사람인 아버렐 하리만(Averell Harriman)은 맥조지 번디(McGeorge Bundy)와 함께 스컬 앤 본즈(Skull and Bones)의 회원이었다. 322는 창 3:22의 '그들은 신들이다 (And Lord God said, 'The man has now become like one of us, knowing good and evil. He must not be allowed to reach out his hand and take also from the tree of life and eat, and live forever/그리고 주 하나님께서 말씀하시되, "그 사람은 선과 악을 아는 우리[하나님/신]와 같이 되었도다. 그는 그의 손을 들어 생명나무 실과도 따먹고 영생을 할까 하노라 하시더라."는 창세기 3장 성경 구절과 관련된 특별한 숫자이다. 또한 22는 다른 숫자들보다 더 힘을 불어넣는/감염시키는 것을 의미하는 주인 숫자(Master Number)이다. 3x22=66. 그 그룹은 게르만오르덴 사회(Germanorden Society)를 통해서 바바리안 일루미나티(Bavarian Illuminati)에 간접적으로 연결되어 있다. 사실상 1786년 바바리안 일루미나티가 공식적으로 존재하는 것이 중단되었을 때와 1832년 스

령들과 미국의 고위 정치인들은 스컬 앤 본즈의 회원들이다. 이 사실은 입증될 수 있다.

컬 앤 본즈(Skull and Bones)의 창설 사이에는 단지 46년이란 일정 기간이 있을 뿐이다. 이 기간은 그들의 가르침들이 사라지기에 충분히 긴 기간이 아니다. 스컬 앤 본즈 건물을 위한 이름 있는 묘소(Tomb)가 습격당했을 때 독일어로 된 같은 저술이 발견되었다. 일루미나티는 1832년 윌리엄 러셀(William Russell)과 알폰소 타프트(Alphonso Taft)를 통해서 스컬 앤 본즈로 재출현했다. 많은 전쟁들의 장관/비서들은 스컬 앤 본즈가 되었다. 즉 알폰소 타프트와 그의 아들 하워드 타프트(Howard Taft)는 27대 미국 대통령이었고 헨리 엘 스팀슨(Henry L. Stimson)과 아버렐 하리만(Averell Harriman)은 상무부 비서였으며 물론 부시(Bush) 가문도 마찬가지였다. 프레스코트 부시(Prescott Bush)는 히틀러(Hitler)와 조지(George)와 젭 부시(Jeb Bush)들이 이런 깊은 음모론적이고 비민주적이고 위험스런 사탄의 의식(Cult)을 시행하는 회원들이라고 밝혀냈다. 그들은 그들의 친구 본즈멘(Bonesmen)을 다른 사람들보다 더 상위의 힘 있는 자리로 밀어 올리는 방법으로 거대한 힘을 가진 하나의 중심 그룹이 되었다.[134] 총 활동 회원은 300명(15명씩 매년 모집되고 대부분은 대학교를 졸업한 후에 활동을 안함).

몰타 기사단(Knights of Malta)

이 비밀 사회는 교황권과 연계된 초극단의 상위층이다. 실제적으로 모든 CIA의 국장들(Directors)은 몰타 기사단원 출신들이다. 이 그룹의 회원들은 헨리 키신저(Henry Kissinger), 토니 블레어(Tony Blair), 네덜란드

---

[134] See Anthony C Sutton, *America's Secret Establishment: An Introduction to the Order of Skull and Bones* (Waterville: Trine Day, 2004). Skull and Bones의 명단을 위해서는 www.en.wikipedia.org/wiki/List_of_Skull_and_Bones_members.을 보라.

의 퀸 베아트릭스(Queen Beatrix), 호세 바로소(Jose Barroso), 실비오 베를 루스코니(Silvio Berlusconi), 아들 부시(Bush Jnr), 젭 부시(Jeb Bush), 마이클 처투프(Michael Chertoff), 노암 촘스키(Noam Chomsky), 구스타보 시스네 로스(Gustavo Cisneros), 빌 클린턴(Bill Clinton), 케네스 코플랜드(Kenneth Copeland/ 복음전도자), 로드 크리스토퍼 월터 멍크턴(Lord Christopher Walter Monckton), 루퍼트 머독(Rupert Murdoch), 스티븐 에이 슈바르츠만 (Stephen A. Schwarzman/Skull and Bones), 테드 터너(Ted Turner), 아크비숍 데스몬드 투트(Archbishop Desmond Tute), 즈비그뉴 브레진스키(Zbigniew Brzeziński)와 데이비드 록펠러(David Rockefeller)[135] 등이다.

나는 당신이 TV 복음전도자인 케네스 코플랜드에게 주목하길 바라는데 더욱이 그는 "우리 모두는 신들처럼 될 수 있다."는 이단적 선언을 한 사람이다. 테드 터너는 신세계 종교의 발기인으로서 나중에 우리의 연구에서 등장할 것이다. 마지막으로 주목해야 할 관심 사항은 로드 몽크턴(Lord Monckton)으로 그 명단에 있는 것이 그를 앞잡이로 만드는 것일까?

예수회(Jesuits)[136]

예수회(The Society of Jesus)는 1540년에 이그나티우스 로욜라와 6명의 동료에 의해서 창설하여 시작되었고 검은 교황(Black Pope)에게 충성을 서약하는 또 다른 비밀 사회[결사 단체]이다. 검은 교황은 CFR과 CIA 같은 정부의 최고위층과 연결된 몰타 기사단을 포함하는 많은 아버지의

135　See Joseph Attard, *The Knights of Malta* (San Gwann: Book Distributors Ltd, Malta, 2013).
136　James Martin, SJ, *The Jesuit Guide to (Almost) Everything: A Spirituality for Real Life* (London: Bravo Ltd, 2012); https://en.m.wikipedia.org/wiki/Jesuits.

조직들을 책임지고 있다. 예수회 회원들은 위대한 계획(Great Plan)을 위해서 일하는 또 다른 그룹이고 그들의 임무 중 일부분은 천천히 그리고 눈에 띄지 않게 기독교 교파들을 천주교(Catholicism)로 통합한 뒤에 신세계 종교로 통합하는 것이다.

가터 기사단(Order of Garter)[137]

비록 작은 그룹이지만 그것은 '물고기는 머리부터 썩는다(The fish head that stinks not the tail).' 영국 기사단 중에서 가장 권위 있는 기사단으로서, 많은 왕실 가족의 구성원들과 대략적으로 24명의 다른 세계적인 친구 회원들은 정치적인 영향력이 있는 고위직에 채용이 되거나 태어난다(그것은 하나의 '마녀의 집회(Coven)'로서 13이 되는 것이다). 이 아래 그룹은 추밀원(Privy Council)이 있다. 영국의 고위 정치적 구성원들은 권력 기구의 좋은 봉사를 위한 역할로 승진된다.

대학 형제단(Collegiate Fraternities)[138]

대학 형제단은 알파 파이 오메가(Alpha Phi Omega)나 파이 베타 카파(Phi Beta Kappa) 같은 비밀 사회[결사 단체]들이다. 미국은 그들이 엘리트를 위한 또 다른 모집 기반이라는 약간의 증거가 있다(랄프 '왈도' 에머슨[Ralph 'Waldo' Emerson]은 흑녹색 종교주의자[Dark Green Religionist]였다. 그를 뒤에서 더 자세히 볼 것인데 그는 파이 베타 카파[Phi Beta Kappa

---

137 Peter J. Begent & Hubert Chesshyre *The Most Noble Order of the Garter 650 Years* (London: Spink & Son Ltd, 1999); https://metro.co.uk/2023/06/19/what-is-the-order-of-the-garter-and-who-are-the-members-18974857/.

138 See https://en.m.wikipedia.org/wiki/Fraternities_and_sororities.

Member였다]).

보헤미안 그로브(Bohemian Grove)

보헤미안 그로브는 중요한 그룹이다. 비록 미국 다수의 민주당원들과 그들의 등급 내부에 상급 사업가들과 산업, 은행과 상업들과 연계되어 있을지라도 주로 미국의 공화당원들로 구성된다. 매년 7월에 그들은 2주의 휴가 기간 동안 북부 캘리포니아의 숲속에서 회합을 가진다. 그러나 실제로는 보복에 대한 두려움 없이 아이디어들이 방송될 수 있는 네트워킹과 비즈니스 회합이다. 그들은 구약의 암몬 족의 신인 몰렉(Molech)[139]에게 예배드리고 존경하는 척하며 1년에 한 번 '화장 돌봄(Cremation of Care)'이라 불리는 가짜 인신 제사를 지낸다. 제물로 아이들을 불 가운데로 통과시키는 희생 제사는 레 18:21과 왕하 23:10과 렘 32:35과 같은 성경[140]에서 많이 언급된다. 물론 보헤미안 그로브의 회원들은 그들이 어떤 종류의 것들도 안하고 있다고 말한다. 그러나 일단 밤에 가운 로브를 입고 그로브 숲속을 돌아다니면서 '오 보헤미아의 위대한 올빼미여'라고 노래(Chanting/찬송)하면서 높이 42피트(42-foot-high)의 부엉이(올빼미)에게 절하면 이 사람들이 진짜로 사탄주의자들인지를 알 것이며 당신이 궁금해하는 것은 비논리적인 것이 아닐 것이다. 비록

---

139 "모압의 가증한 신 케모쉬를 위하여 예루살렘 앞 산에 산당을 지었고 또 암몬 자손의 가증한 신 몰렉을 위하여 그와 같이 하였으며(왕상 11:7)."
140 "몰렉에게 너희의 어떤 자녀라도 희생 제물로 주지 말라. 왜냐하면 너희는 너희 하나님의 이름을 신성 모독하지 말아야만 하기 때문이니라. 나는 하나님이라(레 18:21)."; "왕이 또 힌놈의 아들 골짜기의 도벳을 더럽게 하여 사람으로 몰렉에게 드리기 위하여 자녀를 불로 지나가게 하지 못하게 하고(왕하 23:10).": "힌놈의 아들의 골짜기에 바알의 산당을 건축하였으며 자기들의 자녀를 몰렉의 불에 지나가게 하였느니라. 그들이 이런 가증한 일을 행하여 유다로 범죄케 한 것은 나의 명한 것도 아니요 내 마음에 둔 것도 아니니라(렘 32:35)."

알렉스 존스(Alex Jones)와 마이크 한슨(Mike Hanson)이 비디오 카메라로 그들의 제사 행위 속으로의 침투는 아마도 진짜가 아니고 약간 심오한 사기성이 있거나 헤겔의 변증법의 우려의 원인이 있을지라도 이 그룹에 대한 많은 책들이 있다.[141] UN의 개념은 그들의 모임들 중 하나에서 탄생했다(이전에는 국제 연맹[The League of Nations]에 미국이 포함되지 않았다).

국제 연합의 개념은 그들의 회합들 중 하나로 태어났다.[142] 이러한 파티에는 후에 뇌물 수수나 정치적 진행들의 왜곡에 사용될 수 있는 동성애 활동과 같은 진행 상황을 녹화하는 몰래 비디오 카메라들이 있다는 것이 가능한 것인가?

종교 그룹들(Religious Groups)

세계교회의회(The Parliament of World Churches)

세계교회의회는 1893년에 시작되었고 세계 종교를 하나로 모으려는 세계 최초의 진짜 '종교 간(Interfaith)의 관계'를 시도했다(신세계 종교의 연대기를 보려면 부록 참조).[143] 그 이후로 일종의 진보적인 결론으로 인도하는 종교 간의 대화와 종교 간의 '경로/첩경'의 개념을 홍보하는 정기적

---

141 See Mark Hanson, *Bohemian Grove: Cult of Conspiracy* (Spicewood: Rivercrest Publishing, 2012). 보헤미안 그로브 필름 비디오는 YouTube에서 찾을 수 있다. 보헤미안 그로브의 회원들은 인터넷상에서 찾을 수 있다. www.en.wikipedia.org/wiki/List_of_Bohemian_Club_members.

142 See Alexander T. Case, *The Annals of the Bohemian Club for the Years 1907-1972*, Vol. 5 (San Francisco: Bohemian Club, 1972); www.conspiracyarchive.com/2013/12/11/united-nations-and-the-war-years-in-bohemia/.

143 See the Appendix for the Chronology of the New World Religion.

회합들이 있어 왔다. 종교 집단이 함께 모여서 토론하는 것은 해롭지 않지만 불행하게도 [그리스도인들에게 적대적인]-세계 종교를 통합하려는 경향이 있다는 증거 또한 존재한다. 엘리트가 종교인들이 기후 변화 사기와 후기 마르크스[공산주의]주의자들(문화 공산주의/신공산주의)의 교리를 지구에 대한 종교적 경배와 함께 21세기 어젠다로 정확하게 홍보하는 것을 좋아하지만 의회 역시 책임을 갖고 있다.[144]

세계교회협의회(World Council of Churches/WCC)

세계교회협의회는 기독교회들을 한 몸과 한 그룹으로 통합을 추구하는 에큐메니칼 그룹이다. 미국 교회를 공산주의 사상으로 전복시키려고 세워진 FCC(미국연방교회 협의회)가 미국의 의회 정부 청문회에서 공산주의의 정체가 밝혀지자 WCC의 새 이름으로 고쳤고 공산주의 사상을 가졌던 인물들(워드[Ward], 옥스남[Oxnam], 속맨[Sockman], 아담스[Adams], 바네스[Barnes], 보위[Bowie], 보이드[Boid], 카버트[Cavert])가 그대로 WCC로 들어갔다. WCC 에큐메니칼 운동의 추진자인 로이(Roy)는 "성경이 오염되었다며 자신들을 통해서 만들어진 '공산주의 정신'이 세상의 빛으로 인도했다."고 말했다. WCC[145]는 FCC의 공산/사회주의 사상을 이어받아서 미국과 전 세계로 확대해 나갔다. 종교 간 그룹이 아니지만 러시아 비밀 기관에 의해서 침투되었고 친/문화공산주의적 성격을 띠는 전

---

144 Parliament of World Churches의 웹사이트는 http://www.parliamentofreligions.org/을 보라.
145 See WCC, WEA, NCCK 등의 공산주의 연결에 대해서는 전 국정원 공작관이고 현 인도태평양전략 연구원장인 최수용의 유튜브를 보라. https://www.k-cia.kr/mobile/article.html?no=22702.

반적인 악한 음모의 일부이다.[146] WCC는 2013년 10.30-11.8일까지 부산 총회에서 동성애를 위한 책자와 유인물 전시 등과 반성경적, 반헌법적 '한반도의 평화와 통일에 관한 성명서'에서 1. 거짓 평화 협정 체결의 주장, 2. 북한 정권에 대한 경제 제재, 금융 제재를 해제, 3. 한반도에서 모든 군사 행동 중단 촉구, 4. 쇼윈도우 교회인 북한 봉수교회와 칠곡교회 등의 북한공산주의 조선기독교도연맹과 연대 협력의 강조 등 가증스러운 반성경적 행위를 감행했다. 이는 기독교의 높은 윤리 의식을 파괴하는 동성애 확산과 공산주의 우상 숭배 주사파 종교와 타협을 시도하는 성경과 세상 윤리적으로도 악하고 게으른 집단(마 25:26 - '그 주인이 대답하여 가로되 악하고 게으른 종아 나는 심지 않은데서 거두고 헤치지 않은데서 모으는 줄로 네가 알았느냐.')이라고 할 수 있다.

유엔문명연맹(United National Alliance of Civilizations/UNAOC)

유엔세계문명연맹은 이슬람 세계와 서구 기독교 세계 사이의 더 큰 이해를 높이기 위해서 주로 교육, 청소년, 이민과 미디어 영역에서 교차 문화 활동을 촉진하는 UN의 싱크 탱크(Think Tank)이다. 그들은 실제적으로 서구 기독교와 이슬람 사이의 '문명의 충돌(The Clash of Civilizations)' 이야기에 반대하지만 그 대신에 온건함과 극단주의자들 사이에 있는 충돌을 강조한다. 이러한 교묘한 방법으로 그들은 정부가 무엇이 극단론자인 것과 무엇이 허용되는 것인 것을 결정하는 권

---

146 World Council of Churches의 웹사이트는 http://www.oikoumene.org/en을 보라. UN 산하에 있는 WCC, WEA 등은 모두가 세계 공산화의 종교적 도구이며 이 중 WCC는 미국 교회에 공산주의를 퍼뜨려 교회를 전복시키려는 목적으로 세워진 FCC(미연방교회 협의회)의 이름을 변경해서 WCC가 된 것이다.

한을 갖게 함으로써 '종교적 근본주의를 치료하려고(To Cure Religious Fundamentalism)' 노력하고 있다. 마지막 분석에서 그들이 실제로 말하는 것은 만일 당신의 신앙 체계가 진리라고 절대적으로 주장하면 당신은 극단론자(근본주의자)인 것이 틀림없다고 한다. The UNAOC는 스페인의 호세 사파테로(Jose Zapatero)에 의해서 제안되었고 터키의 레제프 에르도안(Recep Erdoğan) 총리에 의해서 승인되고 후원되었다.[147]

종교 연합 이니셔티브(United Religions Initiatives)

신세계 종교의 형성은 종교 연합 이니셔티브(URI)의 후원하에 혼합주의적, 시민적, 세계 종교의 네트워킹과 발전을 통해서 잘 항해 중이다. 그들은 모든 신앙들과 전통들을 연합하기 위해서 지역적 차원에서 종교들의 연대를 맺는 가장 크고 중요한 종교 간 그룹들이다. 물론 그들은 더 나은 이해를 발전시키려고 종교 간 모임들과 의식(축제)들을 개최함으로써 종교들 내부에서 더 나은 관계들을 조성하기를 원한다고 말하면서 종교 연합을 추구하고 있다는 것을 철저히 부인할 것이다. 스윙 주교(Bishop Swing)는 UN보다 더 큰 조직이 될 것이라고 말했던 로버트 뮬러(Robert Muller)의 축복으로 이 그룹을 시작했다. 최초로 그 전략은 세계 종교 지도자들 사이에 연맹을 세우는 것이었지만 분명히 그들은 그런 혼합주의적 시도를 거부당했고 그 전략은 실패했다. 그들은 지금 세계를 가로지르며 풀뿌리 신자들(Grass Roots Believers) 사이에서 '협력 서클

---

147 Alliance of World Civilization을 위해서는 웹사이트 http://www.unaoc.org/를 보라. 또한 https://en.m.wikipedia.org/wiki/United_Nations_Alliance_of_Civilizations#:~:text=The%20United%20Nations%20Alliance%20of,and%20interreligious%20dialogue%20and520cooperation.

(Co-Operation Circles)'이라 불리우는 종교 연합 계획(URI)을 세우고 있다. 한편으로는 그들은 현장의 사람들을 대상으로 가장 활동적으로 행동하기 때문에 하나의 풀뿌리 협회인척 가장하지만 실제로는 UN이 철저하게 승인하고 선전하고 추진하는 단체이다. URI 조차도 그들의 수탁자들(Trustees) 중에 한 명으로 조지 슐츠(George Shultz)를 확보하고 있다.[148] URI 내부에 있는 사람들은 의심할 바 없이 선한 의도요 진실한 마음과 다툼이 있는 지역에서 특별히 다른 종교들 사이에서 연합하려는 욕구를 가지고 있지만 현실은 천천히 새로운 의식들과 공식화와 믿음을 갖춘 혼합 시민 종교가 있다는 것이다. 신세계 질서의 지속가능한 개발을 정확하게 촉진하려고 착수하고 있다. 12장은 신세계 종교의 발전을 위한 엔진과 글로벌 통치의 장기 목표로서 URI의 생생한 역할을 설명할 것이다.

토니블레어 글로벌 변화연구소(Tony Blair Institute for Global Change)

토니블레어 글로벌 변화연구소는 이전에 토니 블레어 신앙 재단(Tony Blair Faith Foundations)이라고 불렸으며, 신앙 간의 종교적 다름들을 타파해서 평화를 촉진하려는 종교 간 조직이었다. 그것은 신앙의 차이가 신앙 자체보다는 신앙의 왜곡에 기초하고 있으며 모두 존중, 정의, 동정을 가르친다는 관점을 취했다. 다른 말로 그것은 이슬람의 나쁜 측면은 사람들이 이슬람의 신앙의 교리를 왜곡한 결과라고 이야기하면서 모든 종교를 '타락한 나쁜 이슬람'과 '좋은 이슬람'으로 홍보하려는 특별히 이

---

148 URI와 George Shults를 위해서는 http://www.uri.org/about_uri/presidents_council을 보라.

슬람 속으로 모든 종교들을 맞추려는 시도이다. 재단은 '보편적이고 글로벌한 정치적 권력이 전 세계를 강요하는 단 하나의 종교적 고백을 조장한다'는 이유로 비난을 받았다.[149] 새로운 버전은 더 정치적이고 덜 종교적이 되었고 '거짓 대중주의(Populism)와 전투'하려는 것이다. 이는 아마도 그들은 우리 즉 사람들이 고수하기를 원하는 국가가 승인한 진리의 모든 버전(언급)을 의미한다.[150]

그림자 정부(The Deep State)[151]

일반적인 말로 정치적 혹은 종교적 연구소들 안에 이들 개인들의 총괄 개념은 '그림자 정부(Deep State)'를 구성하고 이는 고위 정치인들의 용광로이고 조합주의자요, 올리가르(Oligarch/재벌) 억만장자 투자가들과 금융가들과 학자들과 은행 산업과 정부 또는 의학-미디어-방산 단지와 관련된 산업들과 편리한 연결을 가진 자들이다. 이 책에서는 그들이 엘리트, 슈퍼/초(the Super) 또는 파워 엘리트, 네트워크 또는 비밀 정치 조직(Cryptocracy) 등 다양하게 불리운다. 즉, 이들은 오늘날 우리 세계의 모든 것을 운영하는 숨겨진 비밀 정부를 구성하는 동일한 그룹을 말

---

149 For Tony Blair Faith Foundation을 위해서는 가톨릭 대학교의 마이클 스쿠얀(Prof. Michel Schooyans of the Catholic University) 교수의 논지를 보라, see www.theguardian.com/commentisfree/belief/2009/may/13/tony-blair-faith-foundation.

150 Global change를 위한 토니블레어 website는 http://www.institute.global와 토니블레어 Fiath Foundation을 위해서는 http://www.tonyblairfaithfoundationus.org/foundation을 보라.

151 See https://politicalscience.yale.edu/publications/phantoms-beleaguered-republic-deep-state-and-unitary-executive.

하는 단어들이다. 권력을 얻는 주요 방법은 기관들에 침투하고 그들의 명령을 수행하기 위해서 내부로부터 그들을 전복시키는 것이다. 그들은 실제적으로 작은 그룹보다는 대규모 기관 내에서 5위를 만드는 것이 더 쉽기 때문에 대규모 기관들에서 이것을 수행하는 것을 좋아한다. 그들은 일반적으로 그들이 아마도 대표하는 정부의 뒤에 있는 '그림자 두더지(Deep Mole)'로서 철저히 민주적 구조를 벗어난 그들의 어젠다를 진행시키는 선출되지 않은 무책임한 침투자들이다. 그들은 오늘날 정부 뒤에 있는 지배 계급이다. 그들은 존재하는 실제 사람들이다. 그런 그룹이 운영된다는 것이 믿기 어렵다고 해서 그들이 존재하지 않는다는 의미는 아니다. 그들은 음모자들(Conspirators /성경[사 8:12 "이 백성들이 음모(Heb/히 קֶשֶׁר, Kesher/Conspiracy/음모)라고 부르는 모든 것을 음모(Heb/히 קֶשֶׁר, Kesher/Conspiracy/음모)라고 부르지 마라. 그들이 두려워하는 것을 너희는 두려워하지 말며 놀라지 말라.", etc.]에도 나타나는)이고 그들은 '일루미나티(Illuminati)'를 구성하고 있고 우리가 매일 뉴스로 목도하는 끔찍한 사건들은 이들의 소행이다. 그들은 역겹게 사람들과 사회와 문화를 짓밟아서 그들을 확대하고 증대시키고 우리들을 파괴시키는 것으로서 거리에 있는 평범한 남자를 역겨운 조롱거리로 만든다. 우리는 피라미드의 꼭대기에 있는 사람들이 누구인지 결코 완전하게 알 수는 없으나 어딘가에서 비밀 정치 조직과 악마 사이에 높은 수준의 의사소통이 있다는 것이다. 이것은 성경이 말씀하는 것인데 루시퍼리안들(Luciferians)에 대한 기록들도 이에 동의한다. 사탄은 세상을 통치하기를 원해서 그는 비밀 정치 조직의 지도자들을 통제해야만 한다. 사탄 자신은 그들이 예수 그리스도에게 복종하지 않았기 때문에 그들의 지능은 예수님의 상대가 되지 못하지만 그가 원하는 것을 행하려고 비밀 정치 조직(Cryptocracy)을 쉽게 얻을 수 있다. 이것이 바로 사탄이 우리 세상의 최정상에 있는 나쁜 정치인들과 좋다고 여기는(?) 정치가들을 통해서 하고 있는 일이다. 사탄은 인류를 멸망시키고 하나님의 계획들을 왜곡시켜서 변화를 일으키고 있다. 그러나 우리는 예수 그리스도를 통해서 반드시 승리할 것이다. 영원한 진리를 선포하는 그리스도인들은 오늘날에 무슨 일이 발생하고 있는지 지적하고 비밀 정치 조직을 폭로해야만 한다. 즉, "어둠의 헛된 행위에 관여하지 말고 오히려 그들을 폭로하라(Have nothing to do with the fruitless deeds of darkness, yet rather expose them [Eph/엡 5:11])."는 말씀처럼 악한 사탄의 행위들을 폭로하는 것이 하나님의 나라와 자유 민주주의의 건강한 발전에 매우 중요한 요소 중 하나이다.

충성 맹세(Oaths of Allegiance)

사탄이 이러한 변화를 일으키는 최고의 방법들 중에 하나는 맹세[152]를 받는 것이다. 대부분의 이들 기관들은 멤버들이 그 룹속으로 허입될 때 서약들을 하는데 프리메이슨(Freemasons), 일루미나티(Illuminati), 스컬 앤 본즈(Skull and Bones), 몰타 기사단(Knights of Malta), 예수회(Jesuits), 가터 기사단(Order of Garter)과 대학 형제단(Collegiate Fraternities) 모두 그들의 의식들의 일부로서 피를 흘리는 심각한 맹세를 한다. 그들이 이 의식을 할 때 그들은 사탄의 권세 아래 떨어진다.

---

152 See C. MW, S. D. C, *The Truth About Freemasons, Illuminati, And New World Order* (Morrisville: Lulu.com, 2012); Robert Hieronimus and Laura Cortner, *Founding Fathers, Secret Societies: Freemasons, Illuminati, Rosicrucians, and the Decoding of the Great Seal* (Rochester: Destiny Books, 2005).

삼극위원회 회원들인, 빌더버거(Bilderbergers), 보헤미안그로브(Bohemian Grove), 루 서클(Le Cerle), 30인 그룹(Group of 30) 그리고 비밀 정치 조직에 사용되는 다른 정치적 구조 등 다른 그룹들은 공식적으로 영적인 맹세를 할 필요가 없다. 그러나 그들은 만일 그들이 어떤 정보를 누설하면 그들이 그 클럽에서 국외로 추방되고 결코 다시 초청되지 못한다는 것을 알고 있다. 그들은 이야기하는 것들마다 그밖의 어떤 사람에게 노출되지 못하도록 보고서 없이 자유롭게 말할 수 있는 것을 의미하는 '채텀 하우스 규칙(Chatham House Rules)'이라는 문자를 사용하는 것을 선호한다. 업무연구소(The Institute of Affairs)나 영국왕립국제업무연구소(RIIA for UK)와 외교관계위원회(The CRF)와 같은 밀러 그룹은 비공개 클럽이고 그들은 클럽과 상사들에게 충성을 맹세한다.

다음 장에서 언급될 것이지만 세실 로즈(Cecil Rhodes)는 자신이 갈망하는 절대적 통제를 유지하기 위해서 자신의 그룹이 좁은 선들을 따라서 '위에서 아래로(Top-down)'의 명령 방식의 쇠사슬로 묶인 프리메이슨과 예수회란 용어에 따라서 그의 그룹이 운영되도록 의도했다. 후에 그것은 만일 완전히 숨겨지면 빨리 충분히 변화를 일으키는 것은 어려울 것이기 때문에 반비밀(Semi-secret)로 되는 것에 동의했다. 이것을 그들은 '열린 음모(Open Conspiracy)'라고 불렀다.

우파(Right-Winger)든 좌파(Left-Winger)든 상관없어!
그들의 정치적 스팩트럼이 오른쪽인지 왼쪽인지는 중요하지 않다.[153]

---

153 성경은 'Full Righteousness/완전한 의'이다. 현재 세상의 좌파나 우파 모두 성경적 우파에서 많이 멀어져 있다. 특히 좌파는 반성경적인 사회주의 공산주의 어젠다인 하향평준화를 강하게

왜냐하면 그들 모두는 충성 맹세를 하고 일반적으로 '위대한 계획(Great Plan)'을 계속해서 따르기 위해서 그들의 선배들에게 맹세를 한다. 그들은 그들이 섬기는 비밀 정치 조직원의 지시를 계속해서 따르는 것에만 정말로 흥미를 갖는다. 그들이 진급하고 그 구조 내에서 더 높이 올라갈 때 그들은 그들의 주인들에게 대항하지 못하도록 확실하게 하기 위해서 더 많은 충성 시험(Tests of Royalty)을 통과해야만 한다. 꼭대기에는 신비한 오컬트 의식들과 예식들과 희생 제사들을 포함하는 일루미나티 가입자들(Illuminati Initiate)이 있다. 그들은 사탄에게서 힘을 받고 그의 추종자들은 그의 마음을 소유한다. 예를 들면, 스컬 앤 본즈(Skull and Bones) 회원들은 관들과 두개골과 가짜 피 등을 사용해서 악마를 암시하는 사악한 의식을 거행한다.

그들이 전기문을 쓸 때 그들은 완전히 속게 되고 루시퍼리안 거짓 사상 속으로 세뇌되어서 감히 그것들을 폭로하지 못하고(원하지도 않음) 단지 가려진 속삭임으로 그것들을 암시할 뿐이다. 만일 당신이 그들의 전기문을 읽으면 당신은 이들의 숨겨진 감정의 일부만을 볼 것이고 확실하게 만져서 알 수 있는 것은 아무것도 없을 것이다. 왜냐하면 그들에게 모든 호의적인 상상을 보여주는 비밀 정치 조직에게 봉사하는 일생을 끝낸 후에 그들은 그들의 주인들에게 존립 때문에 너무나 철저하게 고

주장하고 자유 민주주의의 기반인 기독교를 무너뜨리기 위해서 반윤리적인 동성애를 어젠다로 채용하기 때문에 매우 위험하다. 그러나 비록 현재 각국 자유 국가들의 우파가 기독교를 완전히 배격하는 것은 아닐지라도 한국의 좌파와 일부 우파 속의 정치인들이 동성애와 평등법 통과에 동의하는 것과 같은 나라들도 여럿 있다. 그러므로 한국의 기독교인들은 성경적 최선인 기독교 우파 정당을 만드는 것이 최고이지만 현실적으로 불가능할 경우는 차선이나 차악의 선택인 동성애와 평등법의 통과를 찬성하는 반성경적 좌파보다는 동성애를 반대하는 정치인들이 있는 좌파를 흉내내는 우파를 지지할 수밖에 없다. See David A. Noebel, *The Battle for Truth* (Eugene: Harvest House Publishers, 2001). pp. 263-269.

분고분하게 되고 이는 그들이 결코 반역할 수 없게 할 것이다. 그렇지 못하면 몇 년 전에 실행한 간접적 충성 맹세를 깨뜨리는 것이 될 것이다. 그들의 책들을 판매하는 출판사들이 사실을 언급하지 않는 것은 어떤 방법으로든 그들이 소유하고 통제하기 때문이다. 결국 이런 방법의 정보를 빼내는 어떠한 시도는 방해받게 될 것이다.

성경은 맹세하는 것을 잘못된 것이라고 언급하고 있다.

마태복음 5:36에서 "너희의 머리로 맹세를 하지 마라. 왜냐하면 너희는 흰 머리카락이나 검은 머리카락 하나도 만들수 없기 때문이니라."라고 말씀하신다. 야고보서 5:12에서 "내 형제들아 무엇보다도 맹세하지 말지니 하늘로나 땅으로나 아무 다른 것으로도 맹세하지 말고 오직 너희의 '예' 하는 것은 '예'라고 하고 '아니오' 하는 것은 '아니오'라고 해서 정죄함을 면하라." 즉 맹세하지 말아야 할 이유로 성경은 1) 사람은 흰머리카락이나 검은 머리카락 하나도 못 만든다[창조 불가능]. 2) 거짓 맹세로 예와 아니오를 하면 정죄[지옥/멸망]받기 때문이다.

4장

로스차일드 가문의 역사

4장
로스차일드 가문의 역사

역사 부문 1(History Part 1)

로스차일드(Rothschilds) 가문

잠재적 자본 실손에 대한 보상으로 이자를 부과하는 신앙은 기원전 약 1,600여 년 전부터 모세가 기록한 유대교의 가르침에 있었으며 신 23:19-20에서 성문화되었다.

> "너는 너희의 형제에게 이자를 부과하지 말라. 돈이나 음식이나 그 밖에 이자를 얻을 수 있는 어떤 것에도, 너희는 외국인에게 이자를 부과할 수 있으나 너희의 이스라엘 형제에게는 이자를 부과하지 말라. 이는 주 너의 하나님께서 너희가 들어가서 소유할 그 땅 안에 너희의 손으로 하는 모든 것에 너희 모두를 축복하실 것이라."

1차 십자군 전쟁 무렵부터 유럽의 성전 기사단과 유럽의 유대인 고리대금업자(Jewish Money Lenders)들은 그들이 너무 강해지면서 유럽의 통치자들에게 문제가 되었다.[154] 그러나 기독교가 고리대금업을 금지하던 시기에 유대인 고리대금업자들의 권력과 영향력은 커졌다. 1689년에 네덜란드 출신의 오렌지공 윌리엄(William)과 멘(Man)은 유대인 고리대금업자들의 자금 지원으로 잉글런드(England)의 새로운 왕과 왕비로 추대되었다. 1694년 유대인 은행가들이 영란은행(The Bank of England)의 통제권을 얻었고 윌리엄 왕(King William)은 최초 채권 대출로 125만 파운드를 발행했고 자금 대출자들의 정확한 정체는 비밀이었다. 이것이 새로운 형태의 고리대금업의 시작이었고 이는 정부들과 국민들을 부채에 빠뜨리고 개인이 그들 위에서 권력을 장악할 수 있게 되었다. 이 모든 비밀스러운 대출과 은행업의 배경 속에서 로스차일드 가문은 모든 시간을 통제하는 주인이 되는 급속한 상승을 시작했다.

154　1215년 가톨릭 교회는 제4차 라테란 공의회(Lateran Council)를 개최했고 '터무니 없는 이자'를 부과하는 유대인 권력을 줄이려고 전 유럽에서 상정된 법을 통과시켰다. 그 뒤 1253년에 프랑스 정부는 그들을 추방했고 이러한 추세는 유럽 전역에서 퍼졌다. 다음 200년 동안 직접 간접적 부분적으로 불공정한 [이상하게도] 고리대금업의 실행으로 보여지는 것을 야기시켰다(?). 영국은 1290년에, 프랑스는 다시 1306년에 색소니(Saxony)는 1360년에, 벨지움(Belgium)은 1370년에, 슬로바키아(Slovakia)는 1380년에 오스트리아(Austria)는 1420년에 네덜란드(Netherlands)는 1444년에 그리고 스페인(Spain)은 1492년에 고리대금업의 금지와 고리대금업자들을 추방시켰다. See Andrew Carrington Hitchcock and Texe Marrs, *The Synagogue of Satan: The Secret History of Jewish World Domination* (Spicewood: Rivercrest Publishing, 2006), p. 25.

로스차일드 가문의 장기 전략

아래의 짧은 장에서 보여지는 것처럼 로스차일드 가문은 크레딧 수이스(Credit Suisse)가 추산한 280조 달러가 될 정도로 전 세계의 부의 약 50%의 소유자들이 되었다.[155] 그들은 그들의 돈을 트러스트들(Trusts)과 역외의 회사들과 그들이 신뢰하는 대리인들을 통해서 숨겨놓았다. 최근에 이 돈은 1931년생인 현재는 써 에블린 드 로스차일드(Sir Evelyn de Rothschild)가 가족의 수장으로서 통제하고 있고 그는 여왕[2022년 이후 찰스 왕]의 재정 자문가이자 바티칸의 조언자이기도 하다. 이런 수준에서 어느 정도의 재정 자문가가 되면 투자 추천들을 하고 이를 실행할 수 있는 능력을 가지기 때문에 권위있는 위치에 있게 된다. 이것은 그를 막대한 힘이 있는 위치에 놓았고 즉 여왕[현, 찰스 왕]과 바티칸의 부를 통제할 뿐만 아니라 그들을 위한 부를 보유하고 있는 많은 유급 대리인들은 말할 것도 없이 그들의 가족의 거대한 재정적 자원들을 통제한다. 로스차일드 가문은 1823년 이래로 바티칸과 영국 왕실 가족들의 재정적 자문을 해왔다.

로스차일드 가족은 오늘날 우리가 가지고 있는 최근의 경제적 정치적 시스템의 출발부터 간섭해왔다. 만일 당신이 충분히 연구를 하면 당신은 중요한 역사적 사건들의 결과들을 관리하는 그들과 대리인들을 가끔

---

155 세계의 부에 대해서는, see https://www.credit-suisse.com/about-us/en/reports-research/global-wealth-report.html; www.credit-suisse.com/corporate/en/articles/news-and-expertise/global-wealth-report-2017-201711.html; https:www.snopes.com/fact-check/rothschild-family-wealth/. 2024년에 크레디트 스위스의 추정에 따르면 전체 부의 가치가 360조 달러에서 최대 431조 달러에 이를 것으로 예상되었다.

볼 수 있다.

로스차일드 가문은 석회광(무대 조명용) 안에 나타나지 않는 것으로 편안을 느끼고 그림자들 안에서 일하는 것을 일부러 선호한다. 그리고 이것이 그들의 계획의 눈부신 광채이다. 그들은 숨겨진 것과 시야에서 벗어나고 설명할 수 없는 것을 선택했고 이는 그들에 대해서 무엇이든 정확하게 지적하는 것은 극단적으로 어렵다는 것을 의미한다. 이것이 비밀 정치의 최고위층 가족들 중 하나로서 세계 통치를 위한 그들의 점진적 계획들을 정부가 거부하는 것이 매우 어려운 이유이다. 은밀하게 침투해서 그들의 비밀 사회들과 전선들을 통해서 지휘되는 보이지 않는 손들이 그들의 글로벌 권력의 지속적인 추적 과정에서 그들의 뜻에 구부러질 수 있는 기관들에 대한 영향력을 얻었다.

로스차일드 왕조는 정부들과 국가들에게 대출하는 것이 개인 대출보다 더 수지 맞고 안전하다는 것을 일찍부터 알아냈다. 만일 정부들이 그들의 빚을 갚지 못하면 그들은 항상 대중들에게 더 많은 세금들을 인상해서 증자(Back Stop)를 해왔다. 만일 한 나라가 그들로 빚을 지기 원치 않으면 그들은 큰 힘을 사용해서 그들의 대리인들을 영향력있는 위치들에 앉히고 허공에서 돈의 공급을 만들어내는 동안 그들의 모든 빚들에 정부들이 동의하도록 부패한 정치인들을 사용한다.

그 뒤 그들은 나라들이 서로 싸우도록 설정하고 승리자가 패배자의 빚을 보증하도록 확실히 하면서 자금을 지원했다. 이런 방법으로 그들은 대략의 동등한 힘을 가진 2개의 권력을 구축한 후 재정을 양쪽에다 조달한다. 그 뒤 그들은 국가 중 하나가 라인에서 벗어날 경우 일종의 보험 정책으로 유럽의 경우 영국을 제3의 권력으로 갖게 되었다. 만일 그들이 어떤 전쟁을 한 방법이나 어떤식으로든지 그들이 전투를 좌우하고 싶다면 그들은 영국을 전투 속으로 투입시켰다. 이것이 힘의 균형이었다. 이것이 나단 로스차일드(Nathan Rothschild)의 영국이 유럽에서 최고 파워가 되는 방법이다. 전쟁의 결과는 항상 영국이 어느 쪽을 좋아하는지를 확인해서 결정될 수 있다. 이것이 영국이 항상 승리하는 편에 서 있었던 이유였다. 이것은 오늘날 영국이 비밀 정치 조직의 활동에서 특별한 위치를 차지하고 있는 이유일 수 있고, 아마도 영국의 주인들이 유럽 연합을 벗어난 Brexit의 나라를 원하는 이유가 될 수 있다. 아니면 조지 오웰의 '오세아니아(Oceania)'처럼 미국에 합류했을 수도 있다.[156]

20세기에 접어들면서 로스차일드는 세계의 재산의 50%를 통제했다고 한다. 로스차일드의 가문은 장기적 계획을 지향해서 일을 한다. 국가들이 서로 싸우게 하려면 시간과 노력과 많은 정치적 책략이 필요하기 때문에 그들의 위협이 즉각적으로 초래될 수는 없다. 이것은 왜 신세계 질서의 개발을 위한 기간이 너무 오래 걸리고 과거에 만들어진 모든 필요한 위협들을 잘 이행하는데 시간이 소요되는 이유이다. 예를 들면, 러시아가 중앙집권형 유럽 국가를 만들려고 1814년 비엔나 의회를 반대했을 때 러시아의 행동에 대한 보복이 1세기 후인 1917년 차르(짜르: Tsar/러시아 제국의 황제)의 멸망과 함께 상환됐다.

이러한 방법으로 빚은 그들이 통치와 힘을 얻기 위한 정치적 지렛대로 사용된다. 만일 어떤 나라가 대출을 수락하지 않으면 로스차일드가 고리대금을 촉진하는 은행의 통제가 착수될 때까지 그 정부를 축출하기 위해

---

156 조지 오웰의 1984에는 3개의 주들이 나온다: 오세아니아, 유라시아와 이스트아시아. See www.wikipedia.org/wiki/Nations_of_Nineteen_Eighty-Four; His *1984*.

서 전쟁과 침략 또는 정권 교체나 암살 등을 감행한다. 이러한 은행들이 세계은행(World Bank)과 국제통화기금(IMF)이라는 사실은 중요하지 않다. 왜냐하면 비밀 정치 조직이 이것과 그밖의 모든 것을 통치하기 때문이다.

짧은 역사(A Short History)

지난 270년 동안의 로스차일드에 대한 심층적인 역사를 제공하는 대신에 우리는 18-19세기에 많은 나라들에 침투하고 점령했던 방법을 보여주는 가장 중요한 사업 이벤트 중 일부를 조사하려고 한다. 이것이 오늘날 우리에게 직면한 매우 심각한 상황적 유산이다. 로스차일드 가족은 아슈케나지 유대인의 유산을 가지고 있다.[157] 창 10:3에 고메르(Gomer)의 장남이 아쉬케나지/Ashkenazi로 나오고 아쉬케나지 유대인(가짜 유대인)의 후손들은 그로부터 나온다. 그래서 그 명단은 노아, 야벳, 고메르와 고메르의 맏아들이 아쉬케나지였다. "고멜의 아들들은 아쉬케나지, 리파스와 토가르마요(창 10:3)." "보라 사탄의 회 곧 자칭 유대인이라 주장하나 유대인이 아니요. 거짓말장이니라. 즉 나는 그들이 와서 너희 발 앞에 절하게 하고 내가 너희를 사랑하는 것을 알게 할 것이니라(계

---

157 See Jack Bernstein, *The Life of An American Jew in Israel* (USA: Mongoose Sentinel Press, 2012), pp. 12-16; Arthur Koester, *The Thirteenth Tribe* (San Pedro: GSG & Associates Pub, 1976); Young Hwan Kim, 'A Requirement of Both 1) A Stoppage Order of the Genocide-Vaccination Linked With Manipulated-China-Wuhan-Coronnavirus-Lockdown Under the Control of A Totalitarian-Digital-Imperial-Dictatorship [Cryptocracy] of the Deep-State/Illuminati Intending to Demolishing Free Democracy Rule and 2) An Arrest Order of One-World-Order-Dictators with the Right of Indemnity' (Cardiff: Heart Fire Church, 2021), pp. 1-24; esp. 3.

3:9)." 잭 번스타인(Jack Bernstein)은 세상에는 2개의 독특한 유대인 그룹이 있다고 올바르게 언급한다. 세파르딕 유대인(Sephardic Jew)은 중동(이스라엘)과 북아프리카로부터 왔고 아쉬케나지 유대인(Ashkenazi Jew)은 동유럽에서 왔다고 언급하고 있다. 오늘날 세계의 정치, 경제 등 주요 부분을 이끌고 있는 사람들은 가짜 유대인들인 아쉬케나지 유대인들이라고 볼 수 있다. 잭 번스타인은 혈통적이고 성경적인 진짜 유대인은 세파르딕 유대인이라고 말한다. 현재는 전 세계에 가짜 유대인들이 90%이고 역사가들에 따르면 약 1,200년 전에 유럽의 동쪽 모서리(현재의 독일과 북부 프랑스 일부[Gaul] 지역)에서 카자르인들(Khazars)로 알려진 사람들이다. AD 740년 경에 카자르 왕과 그의 의회는 그들의 백성들을 위해서 단일 종교를 받아들여야 한다고 결정했다. 즉 기독교(당시 카톨릭), 이슬람과 유대교 등 3개의 주요 종교들이 있었다. 만일 그들이 기독교를 국가 종교로 선택하면 이슬람이 강하게 반발하고 만일 그들이 이슬람을 국가 종교로 선택하면 기독교가 강하게 반발하기 때문이다. 그래서 단일 국가 종교로 유대교를 안전하게 선택했다. 유대교를 선택한 이유는 종교적 이유가 아니고 순전히 정치적인 이유로 선택한 것이다. 현재의 이스라엘의 1등 시민은 아쉬케나지이고 2등이 진짜 유대인인 세파르딕이고 3등은 무슬렘, 두르즈(Druze)와 기독교인들이다. 엄연히 고용과 주택의 기회에 1-3등급 순서대로 차별이 있다. 이들은 동유럽의 여러 나라들에서 독일로 이동한 하나의 디아스포라였다. 가장 힘이 있는 유대인들과 이스라엘의 모든 총리들이 이 그룹에게서 유래되었다.

로스차일드 왕조의 건국자는 독일 프랑크푸르트에서 태어난 마이어 암셀 바우어(Mayer Amschel Bauer/1744-1812)였다. 1783년 그는 헤세-카셀(Hesse-Cassel)의 프레드릭(Frederick)과 그의 아들 빌헤름 4세의 재산을 관리해주었고 1801년에는 헤세-하나우(Hesse-Hanau)의 재산을 관리해주어 성공적인 은행가가 됐다.[158] 암셸 바우어(Amschel Bauer)는 그의 이름을 마이어 암셸 로스차일드(Mayer Amschel Rothschild)로 개명했다.

그는 5명의 아들을 가졌고 자신으로부터 배운 원리들을 사용하는 그들이 세계은행의 액면 가격을 유지하기 위해서 파견됐다. 그의 첫째 아들인 암셸(Amschel)은 프랑크푸르트(Frankfurt)에 머물렀고 그의 둘째 아들인 솔로몬(Solomon)은 비엔나(Vienna)로 보내졌다. 1798년에는 그의 셋째 아들인 나단 로스차일드(Nathan Rothschild)를 런던(London)으로 보냈고 그는 후에 그의 형제들 중에서 가장 성공한 사람이 되었다. 그의 넷째 아들인 칼(Karl)은 나폴리(Naples)로 갔고 그의 다섯째 아들인 제이콥(Jacob)은 파리(Paris)로 갔다. 그들 모두는 프리메이슨(Freemasons)이었다. 초기에 5형제들은 다른 나라들에 있으면서 어려움이 발생했을 때 서로 도울 수 있었다. 초기에는 그들이 분명히 그렇게 했다. 은행들은 정기적으로 세워졌다가 파산했고 다른 은행가들이 망하는 동안에 로스차일드 가문은 무엇보다 먼저 살아남았고 시기가 어려울 때 서로를 도왔고 시기가 좋을 때는 은밀히 공모했다. 그러는 동안 그들은 더 큰 이익과 더 큰 권력을 얻으려고 막후에서 상상할 수 있는 모든 시나리오 속으로 그들의 대리인들(Agents)을 침투시켰다. 마침내 그들이 대출금을 상환할 수 있었던 나라들이나 그들의 장기적인 목표에 공감하는 나라들

---

158 See Terry Melanson, *Perfectiblists: The 18th Century Bavarian Order of the Illuminati* (Oregon: Trine Day, 2008), p.21; Amos Elon, *Founder: Meyer Amschel Rothschild and His Life* (London: Faber and Faber, 2011); https://youtube/nzKm4rpNn1I?si=3YuQwIdHZNPdt3_a.

조차도 더 이상 대출금을 제공하지 않고 해당 나라들의 행사 진행 과정을 그들의 대리인들을 통해서 그들이 통제할 수 있는 나라들에게만 대출을 해주었다. 은행 규칙과 독점금지법들이 존재하기 전인 로스차일드의 시기에는 그것은 참으로 그들이 한 나라의 통화 공급을 '통제했다는' 것을 논의할 수 있을 만큼 충분한 금융 기관들 안에 작은 그룹이 이익을 얻는 것이 가능했다. 마이어 암셀 로스차일드(Mayer Amschel Rothschild)는 1790년에 "내가 한 나라의 돈을 발행하고 통제하게 된다면 나는 법들을 집행하는 사람들을 신경쓰지 않을 것이다."라는 악명 높은 선언을 했다.[159]

로스차일드 가문의 프랑스 인수

마이어 암셀 로스차일드(Mayer Amschel Rothschild)는 아담 바이스하우프트(Adam Weishaupt)의 바바리안 일루미나티(Bavarian Illuminati)와 연결되었다. 그는 일루미나티의 회원이 아니었는데 아마도 그들은 유대인들을 그룹 안으로 들어오는 것을 허락하지 않았기 때문이다. 그러나 프리드리히(Frederick)와 빌헬름 헤세-카셀(Wilhelm Hesse-Cassel)의 후견인들은 참으로 파괴적인 그룹의 회원들이었다. 사실상 그들은 암셀 로스차일드와 일루미나티의 유일한 연결이 아니었다. 그가 의심할 여지 없이 다른 금융가들과 연락해 온 접촉자들이 있었다.[160] 월터 스콧(Walter Scott)의 '나폴레옹의 역사(History of Napoleon)'에서 그는 프랑스 혁명이

---

159 그가 이것을 말했는지 혹은 그가 어떻게 이것을 말했는지에 대해서는 약간의 논쟁이 있어 왔다.
160 See Terry Melanson, *Perfectiblists, the 18th Century Bavarian Order of the Illuminati* (Oregob: Trine Day LCC, 2008), pp. 334-336.

일루미나티에 의해서 계획되었고 유럽의 은행가들의 자금을 지원받았다고 언급했다.[161] 로스차일드가 일루미나티에게 재정을 지원했다는 믿음이 나타난 것은 부분적으로 이 출판물에서 나왔다.

로스차일드의 영국 인수

1803-1815년 나폴레옹 전쟁 기간에 5명의 로스차일드 형제들은 웰링톤의(Wellington's) 군대와 나폴레옹 군대 양측 모두에게 황금을 지원했다. 이는 그 나라의 정부가 부채 자체를 보증했기 때문에 그들을 위한 훌륭한 사업이었던 양측에 자금을 제공했다. 그들은 또한 유럽 전역을 가로 질러서 우편 서비스를 착수했고 전쟁 기밀 문서가 로스차일드에 의해서 가로채어져 오픈될 수 있었다. 결국 그들은 남들보다 한발 앞서 나갈 수 있었다. 소문에 의하면 워털루(Waterloo) 전투 이후에 로스차일드의 특별 택배원(Couriers)들 중 한 명이 다른 사람들보다 하루 전에 잉글런드로 다시 돌아왔다. 나단 로스차일드는 그의 모든 주식을 팔았고 이는 그의 경쟁자들이 영국이 전쟁에서 패했다고 생각하게 만들었다. 주가가 폭락하자 나단 로스차일드는 크게 할인된 가격에 모든 주식을 사들였다. 영국 승리에 대한 소식이 터지자 주식 가격은 치솟았고 이는 로스차일드를 20위권의 주식투자가에서 단번에 1위 투자가로 만들었다. 나단 로스차일드는 유럽에서 가장 부자가 됐고 영국 경제를 완벽하게 장악해서 영국의 은행을 개혁했다. 그는 영국에서 17년 동안 그의 아버

---

161 See Walter Scott, *The Life of Napoleon*, Vol. 2 (California: CreateSpace Independent Publishing Platform, 2015). 로스차일드가 일루미나티에 자금을 지원했다고 말하는 것은 너무 과장된 표현일 수 있다. 그들은 바바리안 일루미나티(Bavarian Illuminati)의 회원이 아니었고 그들의 이름이 목록에도 없기 때문이다.

지가 물려준 2만 파운드의 지분을 50만 파운드로 만들었다는 것을 공개적으로 자랑했다. 1815년에는 50만 파운드는 엄청난 액수였고 오늘날의 돈으로도 엄청난 행운을 누리게 되었다.[162]

로스차일드 가문이 영국 은행(The Bank of England)을 구함

로스차일드 가문은 세계 최초의 주요 주식 시장의 붕괴였던 '1825년 공포/황'를 야기시켰다. 영국 은행은 경제를 당시의 금본 위제에서 벗어나서 명목 화폐 시스템(The Fiat Money System)을 사용해서 값싼 부채로 시장을 범람시켰고 이로 인해서 디플레이션 악순환이 발생했다. 이것은 이미 시스템상에 많은 부채가 있을 때이고 정부는 경제와 전쟁 대출금 지불을 유지하기 위해서 거대한 대출을 받도록 격려할 때였다. 이것이 영국 은행이 최후의 수단의 대출 기관이 되는 시작이었다. 마침내 나단 로스차일드는 영국 은행을 계속 유지하기 위해서 자신이 소유하고 있던 프랑스 은행에서 황금을 지원 받아서 영국 은행을 구했다. 이 사건의 의미심장함은 영국 은행을 로스차일드의 가문의 손에 넘어간 것이 과소평가되어서는 안 된다는 것이다.[163] 이 상황은 오늘날까지 계속되고 있으며 1809년에 구매한 세인트 스위딘 레인(St. Swithin Lane)에 있는 로스차일드 사무실은 런던시 스레드니들 거리(Threadneedle Street)에 있는데 영국 은행에서 불과 1분거리에 있다.[164]

영국 은행 내의 모든 고위층 회원은 사업가들과 '일루미나티 경제인

162　See https://www.leri.be/en/publications/wp/2019/juillet/banksters-and-warmongers.
163　See Larry Neal, 'The Financial Crisis of 1825 and the Restructuring of the British Financial System', (May/June, 1998, Review), pp. 53-76.
164　St. Swithin 사무소를 위해서는 see https://www.rothschildarchive.org

들', 또는 내부자들 중 내부자들인 학자들의 매우 좁은 범위에서 손으로 골라서 뽑힌 비밀 그룹들과 회합들과 역정보를 통해서 통제한다. 그들은 그들이 일반적으로 공손하고 상호 보증을 통해서 조작될 수 있기 때문에 선택된다. 지나치게 강압적일 필요는 없고 어쨌든 실제로 그들 모두는 프리메이슨들이거나 다른 통제 메커니즘에 속한 비밀 사회들의 회원들이다. 이것이 그들이 간섭해야만 하거나 어떤 심각한 변경을 해야만 하는 배경 속에서 항상 그들이 사용할 수 있는 '보험 계획(Insurance Plan)'이다. 미국에서 같은 내부자 기술이 사용되었고 실제적으로 연방준비 의장(Federal Reserve Chairman) 모두는 [아쉬케나지]-유대인들이었다. 그들 역시 그들이 소유한 최고 은행 기관에서 경력들을 쌓게 해준 로스차일드 가문으로부터 단지 1발자국 옆에 떨어져 있을 뿐이다. 유대인이라는 것이 전제 조건은 아니지만 연방 준비 내부 써클과 정치적 관점을 실행하는 외교관계위원회(CFR) 내부 서클 사이의 연결이 있으며 둘 다 주로 아쉬케나지 유대인들로 구성된다.[165]

로스차일드 가문의 미국 인수

미국의 제1은행(First Bank/1791-1811)[166]

---

165 Wikipedia를 통해서 Federal Chairman이나 Chair of the Federal Reserve를 찾으라. See https://www.washingtonpost.com/news/the-fix/wp/2015/03/06/why-is-andrew-jackson-on-the-20-bill-the-answer-may-be-lost-to-history/; https://www.washingtonpost.com/news/wonk/wp/2015/06/18/why-the-u-s-government-needs-to-remove-andrew=jackson-from-the-20-bill/; https://en.m.wikipedia.org/wiki/Chair_of_the_Federal_Reserve.

166 See https://www.let.rug.nl/usa/essays/general/a-brief-history-of-central-banking/the-first-

1791년에 로스차일드의 대리인이었던 알렉산더 해밀턴은 최초의 미국 은행을 설립했는데 메디슨(Madison)과 제퍼슨(Jefferson)은 이를 유럽 은행권을 혐오스럽게 매각하는 것으로 여겼다. 그 은행은 20년 헌장(Charter)을 가졌지만 그 후에 그것은 갱생되지 못했으나 로스차일드 가문은 복수를 했다. 1812년 나단 로스차일드는 혼자서 미국을 영국의 식민지로 만들려고 시도했고 그래서 영국은 미국에 전쟁을 선포했다. 그 목표는 전쟁에서 승리해서 미국 은행권의 장악과 그들이 숨겨놓은 손들을 복직시키는 것이었다. 그러나 그들은 영국이 나폴레옹과 싸우기 바빠서 확실한 승리를 거두지 못할 것이라고 예상하지는 못했다. 그래서 전쟁은 1814년에 미국이 패하지 않고 끝났다. 그 뒤 미국은 스티븐 지라드(Stephen Girard)의 믿을 수 없는 예견으로 구원받았다. 그는 제일은행(First Bank)을 1/3 가격으로 사들였고 '영국 제국(British Empire)' 속으로 다시 포섭되는 것으로부터 구해냈다.

미국의 제2은행(Second Bank/1816-1832)[167]

1816년 메디슨(Madison)과 제퍼슨(Jefferson)은 외국 은행들을 미국으로 못들어오게 하기 위해서 투표했으나 영국과 추가 전쟁 발발 가능성의 두려움으로 갑자기 그들의 마음을 바꿨다. 그에 대해서 로스차일드 가문은 그들이 원했던 정확하게 또 다른 20년 헌장(Charter)과 함께 미국

---

bank-of-the-united-states-(1791-1811),php.

167 See Jane Ellen Knodell, *The Second Bank of the United States: "Central" Banker in An Era of the Nation-Building, 1816-1836* (Milton Park: Routledge, 2016); https://www.let.rug.nl/usa/essays/general/a-brief-history-of-central-banking/the-first-bank-of-the-united-states-(1791-1811),php.

의 제2은행(Second Bank)를 확보했다.

1819년의 공포[168]

로스차일드는 미국의 제2은행(Second Bank)을 통제한 지 단 3년만에 그 당시에 최초의 부동산의 호황과 불황의 생성을 만들어냈다. 당신이 알면 쉽다. 당신은 시장을 값싼 돈들로 범람시켰고 결국 부채가 자유롭게 흐르고 부동산 가격은 솟구치고 당신은 갑자기 돈을 인출시키고 이자율이 오르고 부채를 단속하는데 자 보시라, 붕괴가 일어난다. 이런 방법으로 로스차일드는 주택, 농장들과 사업체들에 압류를 가했고 많은 사람들이 파산하고 망하게 되었다. 그것은 분명히 권력 잡아채기였으나 미국은 그렇게 쉽사리 장악되지 않았다. 1832년 로스차일드 가문이 4년 일찍 의회에 접근해서 그 은행의 통제권을 또다시 연장하려했을 때 그들은 거절당했다. 그 후 2-3년 동안 앤드류 잭슨(Andrew Jackson)대통령은 로스차일드로부터 미국의 은행들의 통제력을 되찾기 위해서 노력했다. 로스차일드 가문은 '통화 공급을 중단함(Pulling Back the Money Supply: Withdrawing the Money/돈의 철수)'으로써 또 다른 경제 불황/침체(Economic Depression)를 야기했다. 그 뒤 그들은 1835년에 그를 암살하려고 시도했다. 그를 암살하려 시도했던 리차드 로렌스(Richard Lawrence)는 '유럽 내의 일부 영향력 있는 사람들이 그를 보호했고 그는 감옥에 가지 않았다'고 자랑했다.

앤드류 잭슨은 마침내 로스차일드의 미국 은행의 지배력을 깨는데 성

---

168 See Andrew H. Browning, *The Panic of 1819: The First Great Depression* (Missouri: University of Missouri Press, 2024).

공했고 제3번째 은행 헌장이 제정되지 않았다. 유명하게도 그는 "은행이 나를 죽이려고 한다. 그러나 나는 은행을 죽일 것이다.(The bank is trying to kill me, but I kill it[the bank].)"라고 말했다.[169] 그가 그런 일이 발생하기를 원치 않았기 때문에 미국을 인수/장악하려고 했던 은행 공모자들을 언급했다. 그러나 1857년 로스차일드 가문과 관련된 은행 공모자들은 여전히 그들이 원했던 미국의 금융통제권을 갖지 못했기 때문에 중앙은행의 설립을 허용하는 사건을 일으키기로 결정했다. 전쟁은 고비용이 들고 정부들은 나라(미국)를 쓰러뜨리기 위한 승리를 위해서 돈이 필요했고 그들은 노예 제도를 끝내는 미국 시민 전쟁을 시작했다.[170]

1913년 연방 준비 후원으로 그들은 미국의 3번째 은행인 Fed를 설립할 수 있었다. 앤드류 잭슨은 네트워크에 의해서 오늘날에도 미움을 받고 있고 언론에 의해서 2015년에 20달러 지폐에서 그를 제거하려는 시도가 있었다. 통제되고 편향된 언론이 우리에게 말하기를 좋아하는 것처럼 그 이유는 역사 속으로 사라지지 않는다. 사실은 앤드류 잭슨이 로스차일드와 싸워서 이겼다. 그러나 180년 지난 후에도 그들은 여전히 이것에 불만을 느끼며 앤드류 잭슨이 어떻게든 지폐 위에 존재할 자격이 없다는 생각을 선전한다. 이것은 비밀 정치 조직이 어떻게 장기 계획을

---

169 See https://www.britannica.com/event/Bank-War.
170 캐나다와 멕시코는 미국과 싸우기에 충분히 강하지 못하고 영국과 프랑스는 너무 멀리 떨어져 있다. 훨씬 나중인 1917년까지 러시아는 그들의 통제 아래 있지 않았다. 남부인들 중 1/3 정도가 단지 노예를 부렸고 북부 정부들의 1/4이 노예를 부렸을지라도 그들은 1861-1865까지 지속된 인위적으로 조작된 미국 시민 전쟁이 노예의 권리에 관한 것이라고 결정했다. 양측의 투쟁에는 로스차일드가 있었다; 즉 북부에는 오거스트 벨몬트(August Belmont)가 처음부터(Wiki) 로스차일드를 위해서 일했고 남부에서는 존 슬라이델(John Slidell)과 바론 프레더릭 얼랭거(Baron Frederick Erlanger)가 있었다. See https://www.history.com/topics/19th-century/bank-war.

따라서 일하는지를 보여주며 이들이 얼마나 사소한지를 보여주는 추가적인 증거일 뿐이다. 그래서 그들은 180년 전에 죽은 사람의 이름을 혹평해야만 한다. 앤드류 잭슨(Andrew Jackson)은 한 영웅으로 여겨져야만 하고 그는 국가 부채 모두를 청산한 첫 번째 유일한 대통령이었다.[171]

연방 준비 음모(Federal Reserve Conspiracy)[172]

주요 음모자로서 폴 워버그(Paul Warburg)는 연방 준비를 만든 은행가들인 카발(Cabal)을 이끌었고 이번에는 하나의 헌장(Charter)이 되지 못하였으나 법률의 실행이 우드로 윌슨(Woodrow Wilson)에 의해서 승인되었다. 후에 그는 "그가 자신의 나라를 파괴했다"고 말했다.[173] 연방 준비은행은 매우 의심스러운 환경에서 1913년에 만들어졌다. 폴 워버그(Paul Warburg)는 헤겔의 변증법을 이중성의 새로운 차원으로 이동시켰다. 그것이 사람들에게 나쁠 것이기 때문에 그는 연방 준비은행이 나타나는 것을 원하지 않았다고 말했다. 그러나 그는 그것을 선동했고 그로

---

171 1835년에 대해서는 See M.S. King, *Planet Rothschild: The Forbidden History of the New Worlld Order 1763-1939*, vol. 1 (California: Createspace Independent Publishing Platform, 2015); https://www.washingtonpost.com/news/the-fix/wp/2015/03/06/why-is-andrew-jackson-on-the-20-bill-the-answer-may-be-lost-to-history/; https://www.washingtonpost.com/news/wonk/wp/2015/06/18/why-the-u-s-government-needs-to-remove-andrew-jackson-from-the-20-bill/.

172 See Antony C. Sutton, *The Federal Reserve Conspiracy* (Orlando: Dauphine Publications Inc, 2014).

173 "나는 가장 불행한 인간입니다. 나는 뜻하지 않게 나의 나라를 망쳤습니다. 위대한 산업 국가는 신용시스템에 의해서 통치됩니다. 우리의 신용시스템은 집중되어 있습니다. 그러므로 나라의 성장과 우리 모두의 활동은 소수의 사람들의 손에 달려 있습니다. 우리는 문명 세계에서 가장 최악의 통치, 가장 철저하게 통제되고 지배되는 정부 중 하나가 되었습니다. 더 이상 자유 의견에 의한 정부가 아니고, 더 이상 신념과 다수 표결에 의한 정부가 아니라 소수의 지배적인 남성들의 의견과 강압에 의한 정부가 되어 왔다."고 연방 준비의 존재에 서명한 후에 우드로 윌슨(Woodrow Wilson)은 말했다.

부터 이익을 얻으려고 일어섰다.[174]

로스차일드 가문은 그들이 권력을 장악할 수 있는 수많은 금융 거래에 관여해왔다. 그들은 1824년 브라질에게 자금을 지원했다. 그들이 포르투갈의 식민지의 주인들로부터 자유롭게 되기를 원했을 때 보상금으로 200만 파운드를 지불해야만 하는데 동의했다. 로스차일드 가문은 이를 제공했으나 브라질은 이 빚을 갚기 위해서 고군분투했다. 다시 정치적 지렛대는 권력을 가진자에게 영향/부담을 줄 수 있었다. 1875년에 4만 파운드의 수에즈운하 대출은 벤자민 디즈레일리(Benjamin Disraeli)와 앤 엠 로스차일드(N. M. Rothschild) 사이에서 악수로 합의되었다.

1896년에 시오니즘의 개념과 유대 국가의 창설은 테오도어 헤르츨(Theodor Herzl)에 의해서 진행되었다. 그는 심지어 로스차일드 가문을 대상으로 한 『Addressed to the Rothschilds』('The Jewish State/유대인 국가'로도 알려진) 책[175]을 썼다. 헤겔의 변증법의 전형으로서 바론 에드몬드 드 로스차일드(Baron Edmond de Rothschild)는 공개적으로 반대 입장을 취했고 그것을 나쁜 아이디어라고 생각했다. 그들은 자신들이 이스라엘 창설의 이익과 이스라엘을 유대인 국가로 창설하기 위한 계획을 세우는 그 유명한 발포어 선언(Balfour Declaration)을 활용하는데 자리를 잡았다. 이것이 비밀 정치 조직의 계획이었고 그 선언문은 로즈와 밀너(Rhodes and Milner) 비밀 사회의 내부 구성원인 아서(Arthur)와 알프레드 밀너(Alfred Milner)가 작성했다.

---

174 See G. Edward Griffin, *The Creature from Jekyll Island* (Florida : American Media, U.S, 1998). Eustace Mullins, *The Secrets of the Federal Reserve* (USA: Dead Authors Society, 2021).

175 See Theodor Herzl, *The Jewish State* (London: Penguin Classics, 2010).

19세기 말까지 로스차일드 가문은 영국과 영국의 모든 식민지들과 중국, 미국, 대부분의 유럽, 남아메리카와 아시아 일부 지역을 통제하는 영향력을 행사했다. 오직 러시아만이 그들의 금융권에서 제외된 주요 세력이었다. 1900경부터 로스차일드의 명백한 역할은 그들이 후방에 남아있는 동안에 그들의 앞잡이인 대리인들을 그들의 일을 하도록 밀어붙이면서 줄어들었다. 여기에는 존 디 록펠러(John D. Rockefeller)와 앤드류 카네기(Andrew Carnegie)와 존 피어폰트 모건(John Pierpont Morgan)의 채용이 포함되었고 그들 모두는 그들의 경력의 진보를 위해서 어떤 지점에서 로스차일드의 도움을 받았던 사람들이다. 록펠러와 로스차일드의 연결은 매우 흥미롭다. 처음 나타났을 때는 그들은 경쟁자들이었지만 후에는 록펠러가 로스차일드에게 종속되는 것처럼 보였다. 아마도 로스차일드는 록펠러가 사용하고 있는 산업 스파이 활동 시스템에 매력을 느꼈을 것이다. 즉 많은 것들이 코드에 기록되었고 그들은 어디에서나 비밀 접촉을 가졌다.[176] 밀러 그룹의 출현은 비밀 정치 조직의 전체적 어젠다가 다양한 권력 기지를 가진자들과 그들이 운영하는 앞잡이들과 비밀 사회들을 통해서 통제하는 정치적 연구소들을 통해서 진전될 수 있다는 것을 의미했다. 1880-1933년 사이에 석유, 철강과 철도 하부 구조를 세우는 것과 같은 중공업에서 막대한 부를 축적한 미국의 '강도 사업가들(Robber Barons)'은 천천히 그들의 관심 사항을 국제 금융으로 이동시켰다.[177] 은행업은 그들의 부를 관리하고 성장시킬 수 있는 확

---

176 록펠러의 산업 스파이 활동을 위해서는 See Gary Allen, *The Rockefeller File* (Seal Beach: 76 Press, 1994), p.23; Servando Gonzalez, *I Dare call it Treason: The Council on Foreign Relations and the Betrayal of America* (UK: Spooks Books, 2013).

177 See Carroll Quigley, *Tragedy and Hope* (Orlando: Dauphine Publications Inc, 2014), p.53.

실한 사업이었고 그들의 권력 기반을 확장시킬 수 있었다. 존 디 록펠러(John D. Rockefeller)를 통한 스탠다드 오일(Standard Oil)의 부상과 존 피어폰트 모건(John Pierpont Morgan)과 폴 워버그(Paul Warburg)와 같은 로스차일드의 대리인들로서 후속 합류는 전례없는 재정력의 영향력과 정치적 중요성을 지닌 금융 권력 왕조를 만들었다.[178] 카롤 퀴글리(Carroll Quigley)는 그의 『비극과 희망(Tragedy and Hope)』이란 책에서 '물론 이들 왕조들 중 가장 위대한 왕조는 메이어 암셸 로스차일드(Mayer Amschel Rothschild)의 후손들이 었다'고 기록했다.

미국을 지배하는 은행들은 12개 미만이었고 2차 대전 후에 그들은 그들의 존재를 가리기 위해서 다른 금융 기관들을 설립했다. 그 이후로 이 동일한 연합된 그룹들은 전 세계를 장악해왔고 그들은 지난 100년 넘게 정치적, 경제적 과정들을 왜곡시키는데 성공해왔다.[179]

대기업들과 정부들이 사업을 하기 위해서 서로 공모하는 것이 파시즘의 정의이다. 이것이 바로 기업들이 납세자들의 돈을 사용해서 거래의 어려운 측면에 자금을 조달하고 동시에 그들 자신들의 막대한 이익들을 뜯어내는 방법이다.

이런 것에도 불구하고 초기에는 모든 것이 그들의 방법대로 진행되지 않았고 1913년 미국에서 과세가 시작되자 그들은 그들의 돈을 숨길 새로운 방법들을 모색했다. 이로 인해서 '세금자유재단(The Tax Free Foundations)'이 시작됐고 가장 영향력있는 곳이 록펠러(Rockefeller), 카네기(Carnegie)와 멜론 재단(Mellon Foundation)이다. 이 재단은 세계 정

---

178 See Carroll Quigley, *Ibid*, p. 384.
179 See Carroll Quigley, *Ibid*, p. 382.

부의 최종 목적을 달성하기 위한 그들의 통제 수단으로 사용되었다.[180]

1917년 트로츠키(Trotsky)와 레닌(Lenin)은 러시아를 전복(Overthrow) 하는데 성공했다. 그들은 로스차일드 은행대리인이자 뉴욕에 있는 쿤로브(Kuhn Loeb) 은행의 제이콥 시프(Jacob Schiff)의 재정적 지원과 도움을 받았다. 이것은 총체적으로 미리 생각한 음모인데 그 음모 안에는 백성들을 선동하고 약한 정부를 전복시키기 위한 핑계로서 공산주의(Communism)가 사용됐다.[181] 시프(Schiff) 가문과 로스차일드 가문이 1785년에 프랑크푸르트에 소재한 한 집을 공유했기 때문에 결국 밀접한 가족 친구들로 연결되었다. 볼셰비키 혁명 후에 뉴저지의 스탠다드 오일(Standard Oil)은 이론적으로는 그 토지가 국유화되었음에도 불구하고 거대한 코카서스 석유 유전의 50%를 매입했다. 1927년 뉴욕의 스탠다드 오일은 러시아에 정련소(Refinery)를 세웠고 볼셰비키에게 대출을 제공했다.[182] 냉전 기간 동안 록펠러는 어느 곳이나 가서 원하는 사람들을 만날 수 있었던 것으로 보인다. 아마도 1964년에는 니키타 흐루시초프(Nikita Khrushchev)조차 해임하는 것이 가능했다. 비밀 정치 조직(Cryptocracy)은 러시아뿐만 아니라 미국과 그밖에 다른 곳을 정확하게 오늘날 그들이 하는 것같이 운영했지만 인류를 위한 계획을 발전시키기 위해서 그들은 권력을 유지하고 통제를 유지하는 수단으로서 우리에게 판매하는 신화를 만들어야만 했다. 만일 진실이 밝혀지고 사람들이

180　See Carroll Quigley, *Ibid*, p.682.
181　See Antony C. Sutton, *Wall Street and the Bolshevik Revolution* (New York: Arlington House, 1974).
182　그 후 Standard Oil은 볼셰비키에게 7,500만 달러의 대출을 제공하고 소비에트 오일을 유럽에 다 시판했다.

그들이 무엇을 하고 있었는지 충분히 알았다면 그들의 시스템은 완전히 무너졌을 것이다. 그래서 그들은 우리에게 거짓말을 계속하는 것이다.

1987년에 에드몬드 드 로스차일드(Edmond de Rothschild/1926-1997)는 국가들이 '친 녹색(More Green)'과 선진적인 환경 어젠다가 되도록 하고 자금을 공급하기 위해서 세계은행(World Bank)과 국제통화기금(IMF)과 연결된 대출 기관인 국제환경기금(Global Environmental Facility/GEF)을 세웠다. 우리는 1987년 제4차 광야 컨퍼런스(Wilderness Conference)에서 제임스 헌터(James Hunter)가 폭로한 내용을 통해서 이것을 알게 되었다. 이것은 로마 클럽이 더 많은 권력을 얻기 위해서 약간의 통합 원칙과 변명(Excuse)이 필요하다고 암시한 것과 동일한 전략이었다. 이것은 우리가 앞에서 언급했던 지구 온난화와 이산화탄소(CO2)의 '인위적인 사기(Anthropogenic Hoax)'를 초래한 것과 동일한 환경 전략이었다. 세계보존은행(World Conservation Bank)으로도 불리우는 세계환경기금(GEF)은 정부들이 이 은행으로부터 편리하게 돈을 빌려서 그들이 환경 이슈를 처리하도록 돕기 위해서 세워졌다.[183] 만일 이들 국가 중에 어느 나라가 이 대출금을 상환할 수 없다면 그들은 돈 대신에 토지를 기금에 기부할 수 있었고 이런 방법으로 음모자들은 더 많은 토지를 확보해왔다.[184]

비밀 자금(Secret Funds)

글로벌 국세청의 손길이 닿지 않는 다양한 위치에 자금들이 존재한

---

183 GEF를 더 알기 원하면, see Zoe Young, *A New Green Order* (London: Pluto Press, 2002).
184 이미 땅의 30%가 음모자들의 손에 들어갔다고 언급된다. See www.bibliotecapleyades.net/sociopolitica/esp_sociopol_rothschild37.htm.

다. 이들 자금들은 신세계 질서의 목적들을 달성하는데 사용된다. 리노(Reno)와 네바다(Nevada)에 설립된 삼지창 자금(Trident Fund/Trust)은 정확하게 미국연방세무청(IRS/Internal Revenue Service)과 경제협력개발기구(OECD) 권력들이 미치지 못하는 곳에 있고 새로운 조세피난처(Tax Avoidance Havens)를 찾는 돈인데 이들 로스차일드 트러스트(Rothschild Trust)에게 흘러 들어갔고 자금들로 활용되었다.[185] 세계은행(World Bank), 국제통화기금(IMF), UN과 기타 신세계 질서 기관들은 데이터에 따르면 이러한 유형의 세금 포탈 장소에 숨어있는 금액은 미국 돈으로 21조-31조 달러에 이를 것으로 예상된다. 이것은 거의 확실히 빙산의 일각이다. 이것은 예상치 못한 사건이 발생하여 권력을 잃게 될 경우를 대비해서 메트리스 밑에 숨겨놓은 비밀 정보 조직의 돈이다. 그들은 새로운 돈을 만들거나 이것으로 정상적인 경제로 되돌릴 수 있다. 진짜 구두쇠(Real Misers)는 항상 아무도 모르게 숨기는 비밀 장소(Secret Stash)를 가지고 있다.

로스차일드 가문의 결론

이러한 방법으로 로스차일드 가문은 세계의 은행가들이 되었고 정부들과 국가들, 그리고 그들을 방해하는 모든 것들을 파괴해서 모든 힘과

---

185 See www.bloomberg.com/news/articles/2016-01-27/the-world-s-favorite-new-tax-haven-is-the-united-states. Or Web Search: Trident Fund[Trust] Reno. See https://www.tridenttrust.com/; https://www.tridentcapitaladvisors.com/.

영향력을 갖게 되었다. 이것이 지난 270여 년간의 실화(True History)인데 로스차일드 은행가들과 동맹공모자들/기업가들이 권력을 장악하려는 교묘한 추진력의 일부로서 정부들과 기관들에 비밀스럽게 교활하게 침투하는 방법이었다. 그들은 선출된 개인으로부터 의사결정권을 빼앗아서 극소수의 사람의 손에 맡기려고 이것을 실행해 왔다. 이것이 우리 시대의 진실한 이야기이다. 우리의 정치인들은 자신들을 통제하는 극단적으로 강한 개인과 집단의 호주머니 안에 있고 자신들의 이익을 위해서 일하는 내부자들(Insiders)이기 때문에 그들이 지시하는 대로 정확하게 행동할 것이다. 만일 재정적 파탄이 발생하더라도 그들은 결코 그들에게 책임을 묻지 않는다. 그들을 파산하고 부도나게 하고 사기죄로 재판하게 하는 대신에 그들은 그들에게 다른 사람들의 돈을 제공한다. 즉, 납세자들이 힘들게 번 돈으로 그들을 구제하는 것이다. 은행가들은 경제를 망치고, 그들의 실수들로서 우리들을 난파시키고 이것으로 우리를 고통스럽게 만든 후에 그들은 우리의 정부가 그들을 구제하기 위해서 우리의 돈을 사용하게 한다. 그들은 억만장자(수조 달러) 은행가들과 금융가/자산가들이다. 이것이 인류를 그들의 시스템으로 통합시키기 위한 모든 권력의 장악이다. 우리는 이 문제로부터 결코 도망칠 수 없다. 그래서 성경은 분명히 "돈을 사랑함이 일만 악의 뿌리다(딤전 6:10)"라고 말씀하고 있다.

역사 부문 2 (History Part 2)

카롤 퀴글리(Carroll Quigley, 1910-1977)[186]

카롤 퀴글리(Carroll Quigley)는 1940-1960까지의 왕립국제업무연구소(Royal Institute of International Affairs)의 개별 서신들과 논문들에 접근하는 권한을 부여받은 미국의 학술적 역사가였다. 그의 연구와 후속 저서들은 매우 좋은 증거로서 참으로 그들이 봉사했던 각 국가의 국익보다는 오히려 그들의 이익을 위해서 세계의 역사를 심각하게 [왜곡]변형시키는 방법 때문에 세계의 정치적인 음모가 실제로 있다는 것을 결과적으로 입증했다. 당신은 20세기의 모든 단계에서 세계 정부에 대한 음모적 카발(Cabal)의 의도를 형성하는 세실 로즈(Cecil Rhodes) 그룹과 로스차일드 권력 기반을 함께 구성하는 우리들의 정부들 위에 엘리트 네트워크의 '보이지 않는 손(Invisible Hand)'을 볼 수 있다. 일단 당신이 이 그룹에 대해서 알고 나면 그들의 신앙들과 방법들을 추적할 수 있고 그들 자신들은 더욱더 큰 권력을 얻으려고 세상의 사건들을 조작하는 것을 알게 된다. 그러나 그들이 대표하는 국가들을 위해서는 이렇게 함으로써 국력이 더 약해지고 민주주의가 더 약해져왔다. 이러한 네트워크에 관해서 알지 못한 채 20세기의 역사에 관한 한 권의 학술 단행본을 쓰는 것은 그들의 모든 일을 역정보(Disinformation)로 만들기 때문에 '끔찍한 수치(Terrible Shame)'이다.

---

186 See Carroll Quigley, *Tragedy and Hope: A History of the World in Our Time* (Orlando: Dauphine Publications Inc, 2014).

'일루미나티 역사학자들(Illuminati Historians)'은 실제로 발생한 그들이 완전히 거짓되고 조작된 버전을 무의식적으로 강요함으로써 우리에게 음모자들의 이벤트 버전을 모든 곳에서 제공하고 있다. 왜냐하면 그들은 밀너(Milner) 그룹과 비밀 사회들에 대해서 모르거나 그들의 힘과 영향을 경시하기로 선택하기 때문이다. 비록 이런 작은 실제적이고 생생하고 중요하고 살아있는 파괴적인 그룹이 바로 그들 앞에 있을지라도 그들은 그들의 선생님들과 대학교 교수님들과 기타 사람들로부터 소독되고 올바르지 않은 역사 버전으로 세뇌되어 왔다.

비록 카롤 퀴글리(Carroll Quigley)는 신세계 질서의 개념에 대한 긍정적인 측면을 믿는 자였을지라도 그것이 비밀로 유지되어야만 하는 사실을 싫어했고 사람들이 무슨 일이 일어나고 있는지 알 권리가 있다고 생각했다. 한 면으로 카롤 퀴글리는 그 그룹이 좋은 것이고 그들이 더 완전무결한 글로벌 시스템의 창조를 향해서 인간을 도우려고 시도했다고 했지만 다른 면으로 그는 그들의 목표들과 방법들이 매우 나쁘다고 생각하였다. 이런 관점으로 퀴글리는 그 자신을 한 명의 음모 역사가라기보다는 '꺼려하는 호루라기를 부는 사람(Reluctant Whistleblower/내부 고발자)'에 더 가까워 보인다.

그러나 모든 단계에서 퀴글리는 역사에 대한 그들의 버전으로 그들을 지원하고 항상 그들에게 의심에 대한 이익을 제공한다. 그는 하나님을 믿는 사람이 아니다. 이는 스탐 몬티스 박사(Dr. Stan Monteith)가 그의 강의들과 작품들에서 이 점을 언급했다. 결국 그는 이것에 대해서 영적인 의미심장한 측면을 볼 수 없었다.[187] 우리가 그의 책[188] 『영-미 설립(The Anglo-American Establishment)』에 관한 모든 것인 세실 로즈(Cecil Rhodes)의 비밀 사회들에 관해 아는 것은 카롤 퀴글리(Carroll Quigley)로부터 온 것이다. 그는 또한 외교관계협의회(CFR)를 설명하고 제이피 모건(JP Morgan)과 록펠러 재단과 연결된 음모론자들에 대한 역사와 방법론들을 설명한다. 그의 책 『비극과 희망(Tragedy and Hope)』은 1966년에 출판되었으나 검열받고 불과 몇 년 후에 다시 등장했다.

세실 로즈(Cecil Rhodes/1853-1902)[189]

세실 로즈(Cecil Rhodes)는 우리의 세계가 단지 소수의 남자들에 의해서 통치되는 방법을 아는 가장 중요한 개인들 중 한 사람이다. 그가 오늘날의 정치적 그룹들을 만들었던 비밀 사회인 '엘리트의 사회(Society of the Elite)'를 착수한 이후에 그들이 통제권을 유지하는 방법들에 의해서 현대에 비밀 정치 조직의 개발을 이해하는 중심인물이다. 그의 아버지 프란시스(Frances)는 영국 성공회의 교구목사였다. 그는 비숍 스토트포

---

187 스탠 몬테이스(Stan Monteith)는 그가 언급했던 것이 정확했다는 것을 점검하려고 카롤 퀴글리(Carroll Quigley)의 기록들 모두를 확인했다. 그는 그것은 음모론자들의 역사를 퀴글리에게 누설했던 자가 알프레드 짐먼(Alfred Zimmern)이었다고 생각했다. 짐먼은 동료 역사가였고 RIIA의 서클 회원에게 자금을 지원했다. See '어둠의 형제단(Brotherhood of Darkness)' 강의 40분부터 YouTube를 보라. www.youtube.com/watch?v=-YUQcmvItuY&t=2494s.
188 See Quigley Carroll, *Anglo-American Establishment* (San Pedro: GSG & Associates Pub, 1981); His, *Tragedy and Hope: A History of the World in Our Time* (Orlando: Dauphin Publications Inc, 2014).
189 See Ian D. Colvin, *Cecil John Rhodes 1853-1902* (London: T.C. & E.C. Jack, 1912); https://en.m.wikipedia.org/wiki/Cecil_Rhodes.

드(Bishops Stortford)의 문법 학교에 다녔고 그 후에 그의 형의 목화 농장에서 일하려고 남아프리카에 보내지기 전에 일정 기간 동안 그의 아버지로부터 교육을 받았다. 그가 심장과 폐의 건강이 나빴기 때문에 남아프리카의 더 뜨거운 날씨가 그에게 어울릴 것이라고 생각했다.

땅에서 일하는 것은 수익이 높은 직업이 아니어서 로즈는 그때에 원시 노동 조건들을 혁신적으로 개선한 유명한 킴벌리(Kimberley) 다이아몬드 광산으로 이동했다. 1871에서 1874년까지 그는 빠르게 다이아몬드 무역으로 상당한 재산을 쌓았다. 후에 그는 엔 엠 로스차일드(N. M. Rothschild)에 의해서 자금을 지원받아 더 작은 다이아몬드 광산들을 인수 및 통합 정리하고 오늘날까지도 존재하는 1888년 디버스(DeBeers)회사를 시작할 수 있었다. 그는 또한 금광 채굴과 정치에 손을 대어 1890-1896년까지 남아프리카 케이프 콜로니(Cape Colony)의 총리가 되었다. 그의 영국 남아프리카 회사(British South Africa Company)는 역시 현재 짐바브웨(Zimbabwe)가 된 로데시아(Rhodesia)를 인수했다.

존 러스킨(John Ruskin)[190]

1873년 로즈(Rhodes)는 옥스포드 대학교에서 공부하려고 잠시 잉글랜드로 돌아왔다. 거기서 그는 무엇보다도 예술가이고 작가이며 오컬티스트요 프리메이슨인 러스킨의 영향을 받았다. 특히 주목할 만한 것은 그가 '페비안[점진주의적] 사회주의자(Fabian Socialist)'인 존 러스킨(John Ruskin)의 영향을 엄청나게 받았다는 것이다. 러스킨은 또한 플라톤의

---

190 See John Ruskin, *Selected Writings* (Oxford: Oxford University Press, 2009); https://en.m.wikipedia.org/wiki/John_Ruskin.

공화국으로부터 주로 파생된 우생학의 원리에 기초한 하나의 '주인-노예 사회(Master-Slave Society)'의 창설에 헌신했던 인종주의자요 토머스 로버트 맬더스의 우생학자(Thomas Robert Malthus/Malthusian Eugenicist)였다.

플라톤(Plato)의 공화국[191]

이 책에서 우리는 사람을 다스리는 1)엘리트들의 개념과 규정들을 강요하는 2)경찰들과 모든 일들을 하는 3)노예들인 대중(Masses)을 배운다. 이것은 플라톤의 생각이 최고로 작동되는 3층 구조이다. 왜 엘리트들은 일반적이지 않은 미친 이념을 계속 진행하는가![192] 그러나 러스킨(Ruskin)은 '영국 사회주의자 엘리트 지배 계급(British Socialist Elie Ruling Class)'에 의해서 인도되는 '인간 순종(Human Thoroughbreds)'의 한 인종을 상상했고 이들의 유일한 목적은 '영국 연방 국가들의 구조(The British Commonwealth of Nations Structure)'를 그들의 선호 모델로 사용해서 하나의 글로벌 정부 아래 궁극적으로 세계를 통치하고 소유하고 다스리는 것이었다.

로즈(Rhodes)는 이 모든 수사(Rhetoric)에 감동되어 러스킨의 신봉자가 되었다. 그는 또한 식민지 역사학자 존 실리(John Seeley)에 의해서 영향을 받았다. 그의 처분(Disposal)에 거대한 행운을 가지고서 그 자신과 그의 친구들을 통치자들로서 세계의 다스림을 위해서 하나의 비밀프로

---

191 See Plato, *The Republic* (London: Penguin Classics, 2007); Plato, *Republic* (Oxford: Oxford University Press, 2008).
192 Plato: 엘리트들의 정치적 신념들은 정치과학적 시스템 연구보다는 Plato의 철학에 더 관련이 된다.

그램을 그리기 시작했다. (그가 건강치 못한 이래로) 그의 죽음 이후에 이런 재정을 보증하려고 그는 정치학자들을 위한 하나의 유산 양도 유서를 썼고 이로써 미래 지도자들은 로즈 장학금을 통해서 글로벌리스트와 사회주의적 단일 세계 정부 속으로 세뇌될 수 있었다. 이러한 방법으로 그리고 하롤드 라스키(Harold Laski) 같은 멘토의 리더십 아래에서 수많은 정치인들이 (예, 캘러한[Callaghan]) 그 후 줄곧 비밀 정치 조직의 글로벌 정치적 신뢰 시스템 속으로 세뇌되어 갔다. 1877년에 그는 그의 일생을 기록한 7가지 유지 중 첫 번째를 기록했고 그 목적은 영국식 생존 방식의 확장과 그들의 통제 아래 세계 정부 시스템의 창설을 위해서였다. '신앙 고백(Confessions of Faith)'[193]이라고 불려지는 추가 발행 문서인 로즈(Rhodes)의 첫 번째 유지에서 발췌한 부분이 아래에 있다. 좀 더 이해를 돕기 위해서 변경없이 전체 내용을 제공한다(강조가 추가됨).

> "나는 예수회의 역사를 검토할 때 비록 그들이 나쁘고 또한 나쁜 지도자들에 의해서 운영되었음에도 불구하고 그들이 무엇을 성취할 수 있었는지 알 수 있습니다. 현재 나는 메이슨 조직의 한 회원이 되었습니다. 나는 그들이 가진 부와 권력의 영향력을 알고 있습니다. 그리고 나는 그들의 의식을 생각하고 많은 사람들이 목적없이 끝없이 가장 우습고 터무니 없는 의례를 때때로 나타내는 것으로 그들 자신들을 헌신할 수 있다는 것에 놀랍니다. 우리가 대영 제국의 확장을 위

---

193 See W. T. Stead(Editor), *The Last Will and Testament of Cecil John Rhodes with Elucidatory Notes To Which Are Added Some Chapters Describing The Political and Religious Ideas of the Testator* (London: William Clowes and Sons, 1902); https://pages.uoregon.edu/kimball/Rhodes-Confession.htm; https://www.fbcoverup.com/docs/library/2021-07-21-Cecil-John-Rhodes-Confession-of-Faith-1877-McClaughrys-Blog-accessed-Jul-21-2021.pdf.

한 교회와 같은 종류의 사회 조직을 만듭시다. 한 목적과 한 이념으로 일하는 대영 제국의 모든 국면에서 회원들을 보유해야만 하는 사회 조직입니다. 우리 대학교와 학교에 회원들을 배치해야만 하고 영국 젊은이들이 그들의 손을 통과하는 것을 지켜봐야 하고 천 명당 한 명은 그런 목적을 위해서 생각과 감정을 가져야 하고 그는 모든 면에서 시험을 치러야만 하고 그는 참을 수 있는지 웅변 기술을 소유하고 있는지 삶의 사소한 일에 후회하지 않는지 등의 세부 사항들이 점검되어야만 합니다. 만일 그러한 사람들이 있다고 발견되면 그 후 그의 카운티(군/County)에서 그의 일생동안 봉사하겠다고 맹세로 선택되고 속박됩니다. 그가 돈이 없다면 비밀 사회의 지원을 받고 제국이 필요로 하는 곳으로 보내집니다. 비밀 사회의 설립, 촉진과 발전의 참 목표와 목적은 영국 통치를 전 세계로 확장하는 것입니다. 영국에서 타국으로 이민하는 시스템의 완벽성, 그리고 모든 땅들에 대한 영국의 주권에 의한 식민지화를 위해서는 생계 수단인 에너지, 노동과 사업에 의해서 달성될 수 있고, 특별히 영국인 거주자들이 아프리카 전 대륙과 거룩한 땅(이스라엘), 유프라테스 골짜기, 사이프러스와 칸디아(Candia, Crete), 남아메리카 전체를 점령하되 지금까지 대영 제국에 의해 소유되지 않은 태평양의 섬들, 말리 아키펠라고(Malay Archipelago)[194]의 전체, 중국과 일본의 해안, 영국 제국의 완전한 부분으로서 미국의 궁극적 회복, 제국 의회 안에 식민지적 대표적 시스템의 착수는 제국에 연결이 안 된 회원들을 함께 결합하려고 시도할 것

---

194 인디안과 태평양 사이와 호주 바로 위에 위치한 25,000개의 섬들과 아주 작은 섬들의 군도를 말한다. See https://en.m.wikipedia.org/wiki/Malay_Archipelago#:~:text=Situated%20between%20the%20Indian%20and,of%20islands%20in%20the%20world.

이고 마지막으로 그렇게 큰 힘의 기초는 불가능한 전쟁을 일으키고 인간성의 최선의 이익들을 촉진합니다."

그래서 여기서 우리는 예수회와 프리메이슨에 기반을 둔 '비밀 사회'를 통해서 '전 세계를 관통하는 영국 통치'의 형성을 요구하는 그 사람 자신으로부터 직접적으로 그것을 얻었다. 주요 기능은 대영 제국이 모든 수단을 통해서 세계 통치를 하는 글로벌 정부를 가져오는 것이다. 그렇다면 어떤 로즈(Rhodes) 학자가 세계 정부를 위해 응원할 것인가? 이것이 우리를 이끄는 증거일까? 예, 모든 로즈 학자는 실패 없이 '하나의 세계인(One Worlder)'이다. 가장 유명한 사람들은 빌 클린턴(Bill Clinton), 제임스 울세이(James Woolsey/전 CIA대표), 스트로브 탈보트(Strobe Talbott), 수잔 라이스(Susan Rice/오바마 정부에서 NSA대표), 제임스 풀브라이트(James Fulbright/[에드윈 허블/Edwin Hubble]), 그리고 다른 자들 사이에 있는 딘 러스크(Dean Rusk) 등이 있다. 그들은 '내부자 서클 회원들(Inner Circle Members)'로 불리우는 자들로서 전 세계 민주주의를 파괴하는 복잡한 사업에 승선하고 '비밀 정치 조직의 장기 계획(The Long-Range Plan of Cryptocracy)'의 이익을 위한 정책을 수립한다.

선택된 자들의 비밀 사회

이것은 봉건주의자(Feudalist) 국가에서와 같이 영국 친구들이 그들과 함께 아래의 사람들을 노예로 삼아 권력을 잡고 전 세계를 장악하려는 로즈(Rhodes)의 비전이었다. 그의 '선택된 자들의 비밀 사회(Society of the Elect)'는 그들이 비밀스럽고 사적인 것들을 하는 것을 의미하는 하나의 비밀 사회의 개념 위에 기반이 되어 있었다.

세실 로즈(Cecil Rhodes)는 1891년에 '선택된 자들의 비밀 사회'를 창설했다. 내부 구성원 또는 핵심 선출자는 4명이었다. 이들은 세실 로즈(Cecil Rhodes/프리메이슨)과 3명의 위원들은 윌리엄 스테드(William Stead/신지학자[Theosophist]), 에셔의 레지널드 브렛 제2 자작(Reginald Brett 2nd Viscount of Esher/무신론자)와 바론 나탄 로스차일드(Baron Nathan Rothschild[아쉬케나지 유대인])와 후에 알프레드 밀너(Alfred Milner/프리메이슨) 등이었다. 이 사람들은 이 그룹의 내부적 핵심을 형성했다. 세실 로즈(Cecil Rhodes)는 동성애(Homosexual)자였고 레지널드 브레트(Reginald Brett)는 남색자(Pederast)였다.[195]

이들 5명 뒤에는 선택된 자 협회가 있었는데 후에 자유당(Liberal) 총리가 된 아서 밸푸어(Arthur Balfour/1902-1905)와 돈으로 로즈(Rhodes)를 도왔던 알프레드 베이트(Alfred Beit)를 포함해서 약 28명으로 구성

---

195 MI6와 연결된 모리스 브레트(Maurice Brett)와 레지날드 브레트(Reginald Brett)에 대한 항목은 https://en.m.wikipedia.org/wiki/Reginald_Brett,_Viscount_Esher을 보라. 더 그의 삶을 알려면 See James Lee-Milne, *The Enigmatic Edwardian: Life of Reginald, 2nd Viscount Esher* (London: Sidgwick & Jackson Ltd, 1988). 레지널드 브레트는 1차 세계 대전 동안 MI6에 의해서 발각된 그의 아들인 모리스 브레트와 근친상간을 했다. Pederast(남색자)의 의미는 고대 그리스 문화에서 유래한 용어로 남색자는 보통 성인 남성이 사춘기나 사춘기 이전의 소년과 성 관계를 갖는 것을 의미하는데 이 용어는 현대 사회에서는 주로 법적이거나 도덕적으로 부적절하거나 범죄적인 행위를 가리킬 때 사용된다. 특히 소년을 대상으로 한 성적 학대나 착취의 맥락에서 사용된다. 신약 성경은 성적 순결을 강조하며 어린이라 하더라도 모든 인간이 하나님의 형상으로 창조됐으므로 존중과 보호를 받아야 함을 분명히 말해줍니다. "누구든지 나를 믿는 이 어린아이 중 하나를 실족케하면 차라리 연자맷돌을 그 목에 달리우고 깊은 바다에 빠뜨리는 것이 나으니라(마 18:6)." "음행과 온갖 더러운 것과 탐욕은 너희 중에서 그 이름이라도 부르지 말라 이것들은 하나님의 거룩한 백성들에게는 부적절하니니라(엡 5:3)." Federast를 위해서는 See https://en.m.wikipedia.org/wiki/Pederasty.

되어 있었다. 다른 자들은 왕립국제업무연구소(The Royal Institute of International Affairs)를 결성하고 외교관계위원회(CFR)[196]를 창설한 라이오넬 커티스(Lionel Curtis)였다. 커티스는 세계 정부의 하나의 주요 옹호자였다.[197] 월도프 아스터(Waldorf Astor와 레이디 아스터(Lady Nancy Astor)는 이 내부 서클 안에 있었다.

알프레드 밀너(Alfred Milner/1854-1925)[198]

로즈(Rhodes)는 일찍 사망했고 그의 비밀 협회는 알프레드 밀너(Alfred Milner)에 의해서 계속되었다. 우리가 오늘날 여전히 갖고 있는 실제적으로 모든 정치적 기구를 창설하는 전략은 알프레드 밀너(Alfred Milner) 아래에서 형성되었다. 이 기구 안에 담긴 영향력과 권력은 존재하고 1915년경부터 사회의 중심부에 집중되어 왔다. 이것은 엄청난 의미를 가진 사실이고 우리의 모든 정치 기관들이 숨겨진 손과 위대한 계획을 위해서 일하겠다고 맹세를 한 사람들에 의해서 채워졌기 때문이다. 그러므로 큰 계획은 우리의 모든 기관들이 비밀 협회의 회원들에 의해서 내부로부터 파괴되고 있다는 것을 의미한다. 이를 위한 증거는 일단 당신들은 그들이 생각하고 행하는 방식과 그들이 실제로 믿는 것을 이해하고 비밀 정치 조직의 결정들을 보고 필요한 '높은 수준'을 얻을 수

---

196 See CFR: Carroll Quigley, *Ibid.*, p.691.
197 See Lionel Curtis, *Civitas Dei, The Commonwealth of God* (London: MacMillan & Co, 1938).
198 See John Evelyn, Wrench, *Alfred Lord Milner: The Man of No Illusions 1854-1925* (London: Eyre & Spottiswoode, 1958).

있다면 반박할 수 없게 확증될 수 있다.

초기 밀러 그룹의 신앙들[199]

실제적으로 거의 모든 회원들은 프리메이슨들이었고 오컬트주의와의 연관성을 부인할 수 없다. 만일 그들이 메이슨이 아니라면 그들은 오리지날 3인의 위원회 중 1명이었고 그룹의 내부 핵심이었던 윌리엄 스테드(William Stead)와 같은 신지학자들(Theosophists)이었다. 아서 밸푸어(Arthur Balfour)는 아마도 기독교인이었으나 그는 또한 그를 오컬티스트로 만든 1893년에 심령연구협회회장(President of the Society for Psychical Research)이기도 했다. 그룹의 다른 회원들은 신지학자인 루드야드 키플링(Rudyard Kipling)과 프리메이슨인 에이치 지 웰스(H. G. Wells)와 신세계 질서를 위한 선전가들이었다. 웰스의 책들은 그들의 계획 중 일부를 진짜로 노출한다. 왜냐하면 그때는 '공개 음모(Open Conspiracy)에 더 가깝고 '공개 음모(Open Conspiracy)라는 같은 이름의 책 속에 그들 스스로가 약간의 정보를 노출하면서 심지어 더 '공개 음모'라고 불렀기 때문이다. 지금은 그들은 더 조심해야 하지만 동시에 훨씬 더 대담해졌다. 그들 사이에서 유일하게 성경을 믿는 사람은 감리교 옥외 설교가였고 1865년에 구세군의 창설자인 윌리엄 부스(William Booth)

---

199 See Mr. John P. Cafferky, *Lord Milner's Second War: The Rhodes-Milner Secret Society; The Origin of World War I; and the Start of the New World Order* (Scotts Valley: CreateSpace Independent Publishing Platform, 2013).

였는데 그는 가장 바깥쪽 단체/서클에 소속되어 있어서 그 협회에 어떤 실제적 영향도 미치지 않았기 때문에 제외되었다.

다른 밀너들(Milnerities)은 남아프리카의 총리였던 잰 스머츠(Jan Smuts), 모험 소설가였던 존 버컨(John Buchan/모험 소설가[39 Steps])이 있었는데 그는 1901년부터 알프레드 밀너(Alfred Milner)의 개인 비서였고 후에 캐나다 주지사가 되었다. 나단 로스챠일드는 알프레드 밀너 경을 로즈(Rhodes)의 첫 유언을 이루려고 마련된 비밀 사회를 돕도록 임명했다.

밀너(Milner) 그룹의 국제화[200]

1900-1915년 사이에 밀너 그룹은 미국 내의 문의(The Inquiry) 그룹과 힘을 강화하고 미국의 '동부 설립(Eastern Establishment)'과 연결했다. 즉, 존 피어폰트 모건(John Pierpont Morgan)과 워버그(The Warburgs)와 영국 설립(British Establishment)의 미국 측 대응자인 나자르(Nazards)와 같은 자들이 있었다. 카롤 퀴글리(Carroll Quigley)가 말하는 '영-미 설립(The Anglo-American Establishment)'이 진실로 태어났다. 전에 이와 유사한 목표를 가진 다른 그룹들이 있었다고 말하는 것은 타당하지만 밀너(Milner) 그룹은 우리가 오늘날 가지고 있는 정치적 기구의 모든 부분들을 창안했기 때문에 매우 중요하다. 이들 기관들의 명단은 앞의 장에 이미 언급한 바 있다.

---

200 See Ioan Ratiu, *The Milner-Fabian Conspiracy: How an International Elite is Taking Over and Destroying Europe, America and the World* (London: Free Europe Books, 2012).

1909년에 밀너(Milner)는 원탁(The Round Table)을 창설했다. 이 명칭은 아서 왕의 원탁(Round Table)이란 이름을 딴 것이었고 그 그룹은 시기에 따라 다른 이름들을 사용했다. 로즈(Rhodes) 치하에서는 선택된 자들 사회(The Society of the Elect)나 세실 로즈(Cecil Rhodes)의 꿈, 또는 세실 로즈의 비밀 사회라고 불렸다. 창립 20년에서 30년 동안에는 밀너 유치원(The Milne Kindergarten)으로 불렸고 1910년부터는 밀너 그룹(The Milner Group)으로 불렸다. 그것은 1930년대에는 타임 군중(The Times Crowd), 로즈 군중(The Rhodes Crowd), 채텀하우스 군중(The Chatham House Crowd), 올 소울 그룹(The All Souls Group)과 클리브덴 세트(The Cliveden Set)라고도 불리게 되었다. 그룹의 외부 서클은 '조력자 협회(The Association of Helpers)'라고 불렸지만 그 조직의 실제 중심은 '선택된 자 사회(The Society of The Elect)'였다.[201] 옥스포드 대학교의 올 소울(All Souls) 대학은 채용 장소의 한 형태였다.[202] 이 원탁 회의는 에드워드 그레이 경(Sir Edward Grey)의 제1차 세계 대전의 배경에 중요한 역할을 했다.

채텀 하우스(Chatham House), 국제업무연구소(International Institute of Affairs)[203]

201　See Carroll Quigley, *The Anglo-American Establishment* (California: GSG & Associates Publishers, 1981), p. 4.
202　See Carroll Quigley, *Ibid*, p. 91.
203　Mary Bone, *Chatham House: Its History and Inhabitants* (London: The Royal Institute of International Affairs, 2004). Chatham House를 위해서 더 자세한 정보를 위해서는 다음을 보라. See https://academic.oup.com/ia/pages/about.

라이오넬 커티스(Lionel Curtis)는 선택된 자 사회(The Society of the Elect)의 내부 입회자였고 그와 알프레드 밀너(Alfred Milner) 하부에 이 그룹의 비밀 사회는 실제로 1919년 런던에서 세워진 왕립국제업무연구소(The Royal Institute of International Affairs/RIIA)와 1921년 뉴욕에서 세워진 외교관계위원회(CFR)와 1925년에 세워진 태평양관계연구소(The Institute of Pacific Relations/IPR) 등이 있는데 국제 조직이 되었다.[204] 1927년까지 왕립국제업무연구소는 미국, 캐나다, 호주, 뉴질랜드, 남아프리카, 독일과 인도 등 7개국에 사무소를 설치했다. 그 뒤 그들은 모든 나라들 속으로 비밀스럽게 침투해서 세계의 그림자 정부가 되었다. 외교관계위원회(CFR)는 삼극위원회(Trilateral Commission)로 이어졌다. 이들 모든 그룹은 하나의 비밀 사회로 연결되어 있다.

영국에서는 대부분의 총리들이 이 그룹의 회원들이라고 추정된다. 이것은 추측이다. 지난 8명의 영국 총리들 중 5명은 Oxford University 출신들이었고 그곳에서 로즈(Rhodes)의 학자들은 그들의 세뇌 작업을 담당하고 그곳에서 음모자/공모자들의 거대한 계획을 위한 회원들을 지속적으로 채용한다. 카롤 퀴글리(Carroll Quigley)의 책인 『영-미 설립(The Anglo-American Establishment)』[205]에서 언급된 것처럼 그는 그들이 옥스포드 대학교의 올 소울 대학(All Souls College)로부터 채용됐다고 언급한다. 영국 총리들인 윌슨(Wilson), 데처(Thatcher), 블레어(Blair), 카메론(Cameron)과 메이(May)는 옥스퍼드 대학교에 입학했다. 칼라한(Callaghan)은 런던 경제 대학(London School of Economics/LSE)의 하롤

---

204 See Carroll Quigley, *Ibid*, pp. 190-192.
205 See Carroll Quigley, *Ibid*,, p. 91.

드 라스키(Harold Laski) 아래에서 개별 지도를 받았다. 이런 네트워크가 미래의 정치인을 모집하고 세뇌하는데 사용하는 다른 피난처이다. LSE는 록펠러에 의해서 설립, 운영 및 재정 지원을 받았기 때문에 그는 내부자 명단 안에 있을 자격이 또한 있다. 그것은 메이저(Major)와 브라운(Brown)만이 옥스포드 대학교에 가지 않았다. 즉 그들은 달라서 이 그룹 외부에 위치해 있다. 그들 둘은 그들의 초능력자들이 일단 물러나자 거의 변칙적인 방법으로 권력을 잡았다. 보리스 존슨(Boris Johnson) 역시 로즈(Rhodes) 그룹의 비밀 사회 회원이 되기 위해서 용의자들로 취급받아야만 하는 다른 수많은 정치인들과 함께 옥스포드 대학교에 갔다. 이것은 추정이다. 우리는 그것이 비밀이기 때문에 잘 알 수는 없다. 그러나 그들의 명단들은 프리메이슨들과 스컬 앤 본즈(Skull and Bones)와 몰타 기사단(Knight of Malta)과 기타 그룹들은 온라인상에서 검색 가능하고 실제적으로 모든 정치인들은 한 형태의 비밀 사회나 다른 형태의 비밀 사회의 회원이 될 것이다. 이것은 사실이다. 그러나 당신은 이것이 언론에서 언급되는 것을 결코 볼 수 없지만 이 사실은 오늘날 우리의 세계 속에서 발생하고 있는 것을 이해하는데 중요한 의미가 있다.

외교관계위원회(Council on Foreign Relations/CFR)[206]

외교관계의원회는 1919년에 창립됐고 왕립국제업무연구소(The Royal

---

[206] See George Gavrilis, *The Council on Foreign Relations: A Short History* (New York: Council on Foreign Relations, 2021).

Institute of International Affairs)의 미국 지부이다. 왕립(Roral)이란 단어가 증정품과 같은 느낌이어서 삭제되었다. 그 그룹은 제이 피 모건(J. P. Morgan)과 록펠러(Rockefellers)와 가장 밀접하게 연관된 베르사유 평화회의(Versailles Peace Conference)의 미국 대표단(American Delegation)의 전문가들로 구성되었다. CFR의 본부는 뉴욕의 하롤드 프라트 하우스(Harold Pratt House)에 있고 UN의 건물과 마찬가지로 록펠러의 자금으로 세워졌다. 그 이후로 CFR 음모자들은 외교 관계를 이끌어왔고 대통령과 그 행정부에 정책을 지시해 왔다. 미국의 정치인들이 그들이 들은 대로 정확하게 실행하는 이유는 그들이 통제되고 있고 동일한 통제 비밀 그룹에 의해서 그곳에 배치되었기 때문이다.

데이비드 록펠러(David Rockefeller)는 그의 책인 회고록(Memoirs)[207]에서 CFR이 미국의 외교 정책 수립에 계속해서 영향을 미치고 있다고 인정했다. 그는 그것을 지시한다고 말하지는 않았으나 에드워드 그리핀(Edward Griffin)에 따르면 비록 권력의 중심에서 2-3개의 고리가 떨어져 있을지라도 모든 의도들과 목적에 있어서 CFR은 미국 행정부보다 위에 있고 통제하고 있다.[208] 우리는 또한 힐러리 클린턴(Hillary Clinton)의 솔직한 논평에서 그녀가 실제로 의도했던 것보다 더 많은 것을 인정했다는 사실 즉 그들은 이제 CFR인 모선(Mother Ship)으로부터 명령을 받기 위해서 멀리 갈 필요가 없었다는 것을 알고 있다. 뉴욕이 아닌 워싱턴에 새로운 사무실이 있어서 바로 근처에 있다. 이것은 그야말로 미국의 그

207　See David Rockefeller, *Memoirs* (Manhattan: Random House, 2011), p. 408.
208　See G. Edward Griffin의 강의인 'Rings of Power' on YouTube: https://www.youtube.com/watch?v=uzMKO56E5Ak.

림자 정부이다. 우리는 지난 100년이 넘는 역사에서 그들의 모든 행동들을 볼 수 있으나 몇몇의 역사책들은 누가 CFR의 회원이고 회원이 아닌지에 집중하는 역사책은 거의 없다. 그래서 실제로 발생하는 뉘앙스는 철저하게 잃어버리는데 이는 역사가들이 권력의 지렛대들을 둘러싸고 있는 충고자들에 대해 충분한 비평을 하지 않기 때문이다. 1919년 베르사유(Versailles) 조약으로부터 히틀러의 재정 및 군사력 강화, UN, 동유럽의 파괴, CIA, 피델 카스트로(Fidel Castro), 이란, EU, 9.11과 아프가니스탄(Afghanistan)에 이르기까지 이들 사건들의 모든 단계에서 우리는 그 결과에 영향을 미치는 자들이 CFR 회원들이라는 것을 알 수 있다. 이것은 사실이다. 하지만 당신은 살펴봐야만 하고 당신은 누가 CFR 회원이고 아닌지를 알아야만 한다. 그리고 당신은 CFR 음모자들이 정치적 과정들과 그 결과들을 왜곡하는 존재가 될 것이라는 점을 보장할 수 있다. 이 전체 개념에 몸부림치는(혼돈이 되는) 사람들을 위해서 위의 사건들 중 하나를 조사하고 어떤 대통령이나 정치인들과 조언가들이 CFR 회원인지 아닌지를 기록해보는 것은 가치가 있을 수 있다. 당신은 놀라운 패턴을 발견하게 될 것이다. 즉, CFR 음모자들이 교묘하게 그들의 어젠다를 위해서 그들이 원하는 방향으로 정책을 만들어왔다는 것이다.[209]

외교관계위원회(CFR)와 삼극위원회(Trilateral Commission)[210]

1970년대에 일본이 두각을 나타내기를 시작했을 때 데이비드 록펠러

---

209 CFR 공모에 대해서 더 알기 원하면, See Servando Gonzalez, *Psychological Warfare and the New World Order: The Secret War Against the American People* (UK: Spooks Books, 2010).
210 Daniel Estulin, *The True Story of The Bilderberg Group* (Chicago: Trine Day, 2009).

(David Rockefeller)는 일본이 CFR로 더 많이 참여해야 한다고 느꼈다. 이것은 원래 논의됐으나 빌더버그 미팅(Bilderberg Meeting)에서 거부됐고 그래서 그는 삼극위원회를 시작했다. 1)미국/영국, 2)유럽과 3)일본이 3개의 지역으로 구성하게 된다. 삼극위원회를 위한 상징은 3개의 삼각형(일루미나티 상징)과 함께 3개의 6 (666)[211]이다.

페비안 협회의 연결(The Fabian Society link)[212]

영국에서 밀너(Milner) 그룹과 유사한 조직은 페비언 협회인데 이들의 상징은 양의 탈을 쓴 늑대이다. 페비언들이 노동 운동과 좌파를 장악하는 동안에 밀너 그룹은 자유주의와 보수파 사이에서 활동했고 중도와 우파도 마찬가지였다. 조지 버나드 쇼(George Bernard Shaw)는 이 그룹의 초기 회원이었는데 사회주의자들이 은밀히 세계 통치를 시도하게 했다. 이 점진주의자의 접근(그들이 사용하는 또 다른 상징인 거북이와 같은) 방식은 그들이 원하는 변화를 얻는 최선과 가장 확실한 방법이지만 그것은 그들의 방향 속으로 천천히 눈에 띄지 않게 이끄는데 오랜 시간이 걸린다. 여기에 바로 영적 요소가 필요한 것이다. 신세계 질서는 사람의 일생과는 다른 속도로 움직이고 점차로 천천히 변화하고 있다. 아마도 그들이 이 느림에 대해 참는 이유는 그들이 미래에 다시 돌아올 때 그들이 일

---

211 계 13:18절에 "지혜가 여기 있느니라. 만일 어떤 이가 통찰력을 가졌다면 그가 그 짐승의 숫자를 세어보게 하라. 왜냐하면 그것은 사람의 숫자이니라. 그의 숫자는 666이니라." 말씀한다. 분명히 사람(짐승)의 숫자가 666이라 했고 사람의 오른손이나 이마에 이 숫자(666)를 받는 사람(짐승)은 상거래가 가능하고 안 받는 사람은 상거래가 불가능하고 그 짐승에게 절하지 않는 사람들(666안 받은)은 죽게 될 것이라고 계 13:15-17에 예언의 말씀이 있다.

212 See Lauren Arrington, *The Fabian Society: from PART I - PEOPLE AND PLACES* (Cambridge: Cambridge University Press, 2015); https://fabians.org.uk/about-us/our-history/; https://www.britannica.com/money/Fabianism.

한 열매를 얻을 것이라고 하는 재육화(Reincarnation)를 믿기 때문이다. 페비언 그룹은 신지학(Theosophy)과 연결을 가지며 가장 분명한 연결 고리는 애니 버전(Annie Besant)인데 그는 페비언주의자(Fabianist)였고 조지 버나드 쇼(George Bernard Shaw)와 버트런드 러셀(Bertrand Russell)의 가까운 친구였다.

그들은 그것을 어떻게 하는가? 어떻게 비밀 사회가 무대 뒤에서 일을 할까?

비밀 사회의 해부(The Anatomy of the Secret Society)[213]

모든 비밀 협회가 전형적으로 작동하는 방식은 1-2명의 최고 권위의 열쇠를 가진 자들의 하나의 중앙 명령권을 가지고 있고 중앙 지휘권을 가진 4명과 그룹의 핵심을 구성하고 있다. 그리고 이들로부터 더 멀리 떨어져 있는 큰 숫자를 가진 또 다른 그룹이 있는데 더 큰 숫자의 경우는 내부 그룹들을 위한 하나의 진짜로 덮개(표지) 역할을 하는 광범위한 대중들이다. 이러한 방법으로 상부로부터 내려온 명령들은 복종하도록 세뇌된 회원들에게 전달되고 항상 발생하고 있는 것을 지시하는 사람은 비밀이다. 당신은 그 열쇠를 가진 인물과 내부 핵심 회원과 지배 기관을 덮어주는 회원들을 알고 그 뒤 계속해서 발생하는 것에 대해서 단서를 일반적으로 알지 못하는 외부 조직이 그들 밖에 머문다는 것을 알

---

213 See John Lawrence Reynolds, *Secret Societies: Inside the World's Most Notorious Organizations* (New York: Arcade Publishing Book Publisher, 2007).

게 된다. 밀너(Milner) 그룹에 대한 예를 들면 외부 조직은 그룹의 광범위한 대중(The Broad Masses of the Group)인 도우미 협회(The Association of Helpers)라고 불렸다.

이는 양파와 같고 중앙 핵심이 구조 내의 다른 그룹들을 향해서 모든 정책들과 행동들을 명령/지시한다. 세실 로즈(Cecil Rhodes)는 프리메이슨이었고 그는 그의 협회를 예수회(Jesuit)를 따라서 세웠다고 언급했다. 지 에드워드 그리핀(G Edward Griffin)이[214] 언급한 것처럼 그가 일루미나티(Illuminati)였던 아담 와이즈하우프트(Adam Weishaupt)에 대해서 읽고 다른 고리(Rings)에게 명령/지시하는 '고리들 내부 속의 고리들 안에 있는 고리'의 그의 정치적 침투 시스템을 복사하려고 결정했다는 것 역시 가능하다. 분명히 그는 그 협회가 예수회에 기초해야만 하고 다른 비밀 협회들에게 명령/지시하는 하나의 비밀 사회 내에 하나의 비밀 협회의 개념은 아마도 이슬람의 암살자(Assassins)와 템플 기사단(Knight Templars)으로부터 시작했던 일루미나티가 통제했던 방법이었다. 그들은 '깊은 두더지 침투 기술(Infiltration Technique of the Deep Mole)'을 최초로 완성했다.

음모자들의 숨겨진 손들은 정치인들과 정책을 만드는 자들 뒤에서 책략을 펼치지만 불행하게도 아주 극소수가 그들의 대열에 침투하여 관리하고 있다. 그들은 문닫힌 가게처럼 그들을 노출시킨다. 그들이 뚫을 수 없는 그룹인 이유는 지도자들이 가혹한 시험과 감시와 두려운 입문을 통과한 사람들만 허용하기 때문이다. 진리를 위한 하이어라키

---

[214] See G Edward Griffin의 강의인 'Rings of Power'를 위해서는 다음을 보라. https://youtu.be/bzNV4LnX4I0?si=ih6jfx7-LCNt442t.

(Hierarchy/계급)에 의존하도록 그들을 따르는 자들을 가르치고 사람들이 그들 스스로를 위해서 생각하지 못하도록 격려하고 힐러리 클린턴(Hillary Clinton)이 허용했던 것처럼 'Orders/명령들'을 위한 네트워크에 철저히 의존하지 못하게 해서 그들은 진짜 힘의 중앙으로 진입하기 위해서는 그들이 전적으로 신뢰하는 극소수자들만을 허용할 수 있게 했다. 이는 비밀 사회 내의 진급(지위)을 통제하고 유지하는 완벽한 방법이고 지금까지의 점점 더 복잡하게 증가하는 계급들을 정상(수뇌부)이 그들의 비밀들을 결코 배반하지 않을 사람들이 확정될 때까지 입문자를 통제할 수 있기 때문이다.

이것은 엘리트들의 이익을 위해서 '실수로(By Mistake)', '실수하는(Make Errors)' 특이하고 '기괴한 행동(Bizarre Actions)'을 하는 정치인들을 우리가 수시로 보는 이유이다. 이것이 오늘날 우리가 직면한 문제인데, 그들의 비밀 규칙을 가진 이 사람들이 여전히 비공개로 모여서 그들의 목적을 위해서와 거리의 해고된 일반인들인 우리를 향해서 '모든 단일 정부의 업무들(The Affairs of Every Single Government)'로 지시하고 있다. 마침내 그리고 필연적으로 가까운 미래 속으로 그 네트워크는 '종교(사회/문화)라는 그들의 마지막 3번째 혁명(Their Last Third Revolution: Religion[Society/Culture])'을 [비윤리적이고 종교 다원주의로 타락시켜서] 완료하면 그들이 인류를 완벽하게 통제하는 날을 갈망하게 될 것이다. 그들은 더 이상 숨길 필요가 없을 것이다. 그래서 사람들로부터 어떤 해로운 반대 없이 그들의 지시가 열매를 맺을 것이다. 이들 지시들 중 하나는 그들이 지금 세우고 있는 신세계 종교의 형태 속에 사람이 그들을 예배하도록 하는 것이다. 즉, 이것은 결국 성경이 말씀하는 것이다. 다음

장에서 우리는 그들이 우리를 통제하는데 사용하는 몇 가지 방법들을 조사하고 어떻게 결국 그들이 결과를 가져오기 위해서 총체적 세뇌 작업을 실행하는지 그 방법을 연구할 것이다.

"그는 대적하는 자요, 범사에 자신을 높이는 자요. 예배를 받는 하나님이라 불리울 것이니라. 그가 자신을 하나님이라 보이면서 하나님의 성전에 하나님으로 앉으리라(살후 2:4)."

5장
대중의 사회 공학

5장
대중의 사회 공학
(Social Engineering of the Masses)[215]

선전, 선전과 더 선전 (Propaganda, Propaganda and More Propaganda)

미디어 통제 (Media Control)

비밀 정치 조직은 그들이 사람들에게 판매하는 신화들을 만들어서 통제를 유지한다. 당신이 시청하는 TV와 당신이 컴퓨터상에서 읽는 신문이나 기사(논문)들이 모두 고급의 마인드 컨트롤의 방법으로 당신의 신앙에 영향을 미치기 위해서 그들의 '바이러스'나 유행어(Meme/밈)를 관리하는 교활/미묘한 '감염 장치(Infecting Devices)'로 사용된다. TV상에 뉴스는 선전의 수단으로 사용된다. 세계의 최신 시사와 정치에 관해서

---

215 See Daniel Estulin, *Tavistock Institute: Social Engineering the Masses* (Walterville: Trine Day, 2015); Christopher Hadnagy, *Social Engineering: The Science of Human Hacking* (New Jersey: Wiley, 2018).

당신이 받는 정보는 완전히 편향되어 있다. 만일 당신이 이것을 믿지 않는다면 나는 당신이 이런 질문들에 대해서 생각해 볼 것을 제안한다. 왜 모든 뉴스 채널들은 같은 기사를 같은 방법으로, 심지어 같은 순서로 정확하게 보도하는 걸까요? 왜 우리는 항상 좋은 사람일까요? 당신은 이제까지 '이중 언어(Doublespeak: 중의적 표현의 거짓말/속임수)'[216]의 어떤 요소를 발견한 적이 있나요?

주류 방송(MainStream Media/MSM)은 사람들이 진실을 받고 있다고 생각하도록 속일 만큼 충분한 정보를 공급한다. 뉴스는 종종 사람들에게 실제로 무슨 일이 일어나고 있는 것을 말하기보다는 방송사의 의견을 더 알리고 의제(Agenda)를 더 통제한다. 미디어 왜곡과 허위 정보에 대한 사례는 수백 가지에 이른다. 그러나 실제로 우리가 받는 내용은 엄격하게 필터링되었으며 비밀 정치 조직들은 우리가 알고 믿고 생각하기를 원하는 내용을 '친화적인 의제(Agenda Friendly)'로 만들어왔다. 이런 방식으로 그들은 그들이 원하는 관리 사회를 만들려고 우리를 미묘하게 세뇌시킬 수 있다.

오직 2개의 주요 글로벌 통신사(Global News Agencies)들이 있는데 즉, i)로이터(Reuters)와 ii)언론 협회(The Press Association)는 오늘 우리가

---

[216] 이중 언어(Doublespeak)는 말하는 사람의 진짜 뜻이나 의도를 숨기기 위해 일부러 애매하거나 모순된 말을 사용하는 것을 의미하고, 중의적 표현은 하나 이상의 뜻을 동시에 가지고 있어 듣는 이로 하여금 혼란스럽게 오해하게 만들 수 있는 언어 사용이다. 이러한 이중 언어나 중의적 표현은 사람들을 명확하게 알지 못하도록 모호하거나 거짓된 언어를 사용하는 것을 의미하는데 이는 종종 정치적 또는 사회적 목적을 위해 진실을 왜곡하거나 은폐하려는 시도로 사용된다. 예를 들어, 전쟁을 '평화'로 표현하거나, 자유를 '속박'으로, 무지를 '힘'으로, 2 + 2 = 5다와 대량 해고를 '인력최적화'로 표현하는 경우와 같이, 듣는 사람이 사태의 심각성을 인식하지 못하도록 미화하거나 혼동을 야기하는 표현 방식인데 이러한 용어는 조지 오웰(George Orwell)의 소설 "1984"에서 Doublethinking(이중 사고)에서 유래된 개념으로, 권력자들이 진실을 조작하고 개인의 사고를 통제하려는 수단으로 언어를 사용하는 것을 의미한다. See George Orwell, *1984* (London: Secker & Warburg, 1949).

보는 대부분의 뉴스를 유포한다. 이들 2개의 언론사(및 존재하는 몇몇 다른 언론사들)는 광범위하게 모든 세상의 뉴스를 유포하고 통제한다. 이들 언론 기업들은 지난 30년 동안 강압적으로 합병되었다. 미국에서 현재는 같은 허위 사실을 더 쉽게 처리하고 퍼뜨릴 수 있게 모든 미디어 보도를 전파하는 회사가 단지 6개밖에 없다.[217] 한 그룹이 이 모든 기관들(Agencies)을 통제하는 것이 가능한가? 루퍼트 머독(Rupert Murdoch/News Corp)과 테드 터너(Ted Turner/Time Warner) 같은 사람들은 권력과 날마다 벌어지는 '미디어 속임수(Media Trick)'를 지휘하는 중심부에 가깝다. 그들은 우리가 매일 보는 뉴스를 배포한다. 이는 그들이 엘리트의 정치적으로 세뇌되고 위생화된 버전을 우리에게 전달하는 것과 동일한 채널을 통해서 통과한다는 것을 의미한다.

    그들은 이러한 권력의 이익을 대신해서 선전하고 무엇을 쓸지 어떻게 쓸지를 지시하는 조잡한 개입 없이 세뇌된 사람들을 편집자들과 언론인들로서 권력의 자리에 배치해서 이것을 수행한다. 이런 방법으로 뉴스는 기관의 정책에 순응하고 전체 진행은 미디어의 시각에 순응하고 기관의 신념을 기꺼이 견인하는 사람들만 그 역할을 허용하는 '순환 고리(Loop)'로서 활용된다. 그들이 말하는 것은 파괴적이고 거짓이고 허위 정보이고 반인간적이고 반신(Anti-God)적이고 반가족적이고 반부모적이라 할지라도 조금도 신경쓰지 않는다. 그들은 눈하나 깜빡이지 않고 선을 긋고 대중들에게 필요한 허위 정보를 공급하려고 쉽게 조작하지만

---

217   최근 미국에 있는 이들 미디어 회사들은 GE (Comcast), Disney, News Corp, Time Warner와 CBS와 Viacom을 소유한 National Amusements 등이 있다. 의심 없이 이것은 흡수 합병이 더 발생하는 것으로 다시 변할 것이다.

그들은 이것을 미[교]묘하게 수행해서 우리가 알아채지 못하게 한다. 그들은 우리가 알아차리게 세뇌할 정도로 그런 바보들이 아니다. 그렇게 하는 것은 어리석은 짓이 된다. 그들은 우리가 알아차리지 못하게 세뇌해야만 하고 이것을 매우 성공적으로 수행하고 있다.

지성적 문지기(Intellectual Gatekeeper)인 노암 촘스키(Noam Chomsky)는 그의 저서 『미디어 통제(Media Control)』에서 "우리는, 결국 '당황하는 [어리둥절한] 무리(Bewildered Herd)'로서 너무 어리석게도 우리를 위하는 옳은 것이 무엇인지를 알면서도 우리가 옳았던 것이 무엇인지 알았던 것조차도 [안타깝게도] 우리는 그 변화에 영향을 미칠 수 있는 능력이 없을 것이다."[218]라고 말한다. 그들은 우리를 '구경꾼(Spectators)', '개별화(Automized)'로 남아 있게 해서 현재의 상황(Status Quo)을 전복할 수 있는 조직들을 못 만들게 한다. 엘리트들은 우리에게 "모든 것들에 대해서 철저하게 거짓 정보"를 말해준다. 그래서 우리는 정보가 부족할 수 있고 이것은 결국 마치 우리가 변하기를 원했던 것조차도 사회 활동에서 의미 있는 헌신을 할 수 없게 만드는 것을 의미한다. 이것이 또 다른 "현대 정치 장치의 끔찍한 결함(Terrible Flaw of the Modern Political Apparatus)"이고 그 결과로 우리는 정책과 사회 운영을 위한 의미 있는 헌신을 할 수 없다. 엘리트들은 그들이 권력을 가진 자들이기 때문에 그들이 시스템보다 위에 있고 그들이 우리에게 원하는 것들마다 우리에게 지시할 수 있다고 생각한다. 이것은 세상을 정글의 법칙과 약육강식으로 만들고 이는 "투표가 효과가 있어도 어떤 의미 있는 민주주의의 형태도 아니다".

---

218 See Noam Chomsky, *Media Control* (New York: Seven Stories Press, 2002), p. 17.

그 사회를 소유한 권력을 가진 최고위층 사람들은 그들이 우리에게 원하는 것들마다 미디어를 통해서 지시할 수 있다. 우리는 결국 '당황하는 [어리둥절한] 무리'이기 때문에 더 이상 현명하지 않은 자들이라고 믿게 될 것이다. 미디어는 그들 스스로가 그들을 소유한 엘리트들에 의해서 순차적으로 깊이 세뇌되는 협력 넥서스의 가치와 이익에 깊이 세뇌되어야만 한다. 그것이 모두를 통제하는 방법이다. '민주주의 국가에서 선전(Propaganda)은 전체주의 국가의 몽둥이(bludgeon/강압)와 같은 것입니다.' 이것은 최근 사회에서 미디어 등의 선전이 모든 사람을 줄세우는 방법으로 정부의 폭력을 대신하고 있다는 사실을 언급한다.[219]

인터넷상에서 상황은 좀 더 복잡하다. 왜냐하면 분명히 '위대한 계획 의제(Great Plan Agenda)'를 완전히 지불한 구성원들인 Google, Yahoo와 Microsoft와 같은 회사들의 검열을 피할 수 있는 일부 웹사이트가 있기 때문이다. 이것은 그 정의 자체가 말하듯이 주류에 대안의 관점을 보도하는 바로 그 '대안 미디어(Alternative Media: 2023년 7월 24일 미국의 일론 머스크가 Tweeter를 인수한 뒤 X.com[X Corp]로 운영 주체를 변경 후 자유 우파 대안 미디어 역할을 통해서 가짜 대통령 바이든과 그 뒤의 중공의 부정선거에도 불구하고 47대 미국 대통령 Trump를 당선시키는데 큰 역할을 했다.)'이다. 그들 스스로는 우리 안에서 그리고 메인스트림 신문 방송 기자들과 야바위꾼들(Shills/한통속)에 의해서 침투되어온 끔찍한 정치적 상황을 항상 설명할 수는 없다. 대안 미디어도 마찬가지로 진짜로 무엇이 진행되는지로부터 주의를 다른 곳으로 돌리는 완전히 잘못된 것으로 우리를

---

219 See Noam Chomsky, *Ibid.*, p. 20.

정원의 길(Garden Path)로 이끄는 거짓 정보를 말하는 야바위꾼들이 모든 구석에 있다. 외계인, 달 기지들, 고대의 잃어버린 비밀 등과 같은 것들은 온갖 헛소리들이다. 그러나 일부 진실한 정보는 현재 무엇이 일어나고 있는 일에 대해서 공개 도메인으로 알려졌다.

그래서 비밀 정치 조직은 그들의 관점을 우리 머릿속에 집어넣기 위해서 'MK Ultra(독일어로 마인드 컨트롤)'나 심오하고 난해한 시스템을 필요로 하지 않는다. 그들은 그들의 미[교]묘한 프로그래밍을 하는 미디어를 가지고 있다. 이것이 '시온 장로 의정서(Protocols of the Elders of Zion)' 12장 4절에서 말하는 것과 정확히 일치한다.

우리의 통제 없이는 단 하나의 발표도 대중들에게 전달 될 수 없다. 심지어 지금도 이것은 세계 각지의 대행사들의 사무실에서 모든 뉴스 항목들을 소수의 기관으로부터 받는 만큼 우리에 의해서 이미 달성되고 있다. 이들 기관들은 이미 전적으로 우리의 것이 될 것이고 우리가 그들에게 지시하는 대로만 공개적으로 제공할 것이다.

이 외교 의정서(Protocols/조례/관례)들은 1903년에 작성됐고 이것을 읽는 모든 사람들에게 세계의 정복을 위한 청사진을 공급한다. 관례들은 유대인들과는 관련이 없는 점에서 가짜일 수도 있고 그 후에 반유대주의를 선동하는 방법으로 사용될 수도 있지만 중요한 것은 그들의 음모들이 그들의 계획들을 진행하기 위한 청사진으로서 비밀 정치 조직에 의해서 활용되어 왔다는 것이다. 일반적으로 신문이나 미디어 회사들의 통합은 20세기 초에 시작됐고 미디어를 통제하는 단순한 이유 때문에 지속되고 있다. 다음에 발생하는 질문은 '그들이 만일 [인류를 파멸시키는 거짓-어젠다가 없었다면 왜 우리를 세뇌시키고 있는가?'이다.

서구 사회의 파괴(The Destruction of Western Society)

1933년 에이치 지 웰즈(H. G. Wells)는 그의 책인『앞으로 일어날 일들의 형태(The Shape of Things to Come)』[220]에서 "현존하는 정부와 삶의 지배 이론, 오늘날의 쇠퇴하는 종교[특히 기독교]와 쇠퇴하는 정치[자유민주주의] 형태가 실패와 재앙을 통해서 명성을 완전히 상실했을 때 비로서 세계적인 재건이 가능할 것이다."라고 기록했다.

다른 말로는 물론 에이치 지 웰즈가 회원이었던 프리메이슨들이 말하는 '혼돈으로부터의 질서(Order out of Chaos)'를 의미하는 라틴어로 'Order ab Chao(오르데르 압 카오)'이다. 그들은 모든 것을 때려 부수기를 원하고 이를 통해서 신세계 종교와 지속가능한 발전인 신경제 국제 질서를 통해서 신세계 질서를 가져오기를 원한다. 위의 인용에서 기존의 정부와…. 쇠퇴하는 정치적 형태가…명성을 잃어 버렸을 때 느리지만 종교와 정치의 꾸준한 파괴만을 정확하게 우리가 목도하고 있다. 예를 들면, 미국 대통령의 집무실과 기타 정부 기관들은 서서히 침식되어 우리가 그들을 신뢰할 수 없게 되어 그들은 새로운 시스템을 도입할 수 있게 된다. 정부를 조롱하고 농담으로 축소한다.

"일단 쇠퇴하는 종교들이…실패와 재앙을 통해서 명성을 충분히 잃었을 때에만 세계적인 재건이 가능할 것이다." 이것이 과거의 전통을 파괴하려는 그들의 의제(Agenda)이다. 이것을 성취하기 위해서 그들은 우리 사회와 우리의 행동을 바꿔야만 하고 우리의 행동을 바꾸려면 그들은

---

220 See H. G. Wells, *The Shape of Things To Come* (London: Penguin Classics, 2005).

우리의 도덕성(LGBTQ+[동성애] 등을 통한)을 파괴해야만 한다.

도덕성(Morality)의 파괴로서의 LGBTQ+ 문화공산주의

기본적인 생물학적 충동을 제외하고 인간 행동에 가장 크게 영향을 미치는 것은 도덕성이다. 즉, 사회에서 옳고 그름의 행동을 정의하는 가치 체계이다. 도덕은 사회의 성공적 기능으로서 매우 중요하기 때문에 가장 초기 수렵 채집 사회들조차도 약간의 도덕적 원리의 형태를 따라서 그들 자신들을 조직했다.[221]

인간들은 권위있는 통제에 순종하고 긍정적으로 반응하려고 하는 강한 타고난 성향을 가지고 있다. 그것이 개인에게 자신이 누구인지, 따라서 자신이 어떻게 행동해야 하는지, 심지어 자라서 어떤 사람이 되어야 하는지에 대한 감각을 제공하는 것이 전체로서의 사회이다. 이런 도덕적 이데올로기의 내용은 사회가 성공적으로 기능하는데에 필수적 요소이다. 따라서 만일 당신이 사회를 파괴하기를 원하면 비밀 정치 조직이 하는 것처럼 당신은 사회 도덕성의 구조를 파괴해야만 한다. 서구에서 오늘날 우리가 가진 도덕성은 원래 [유대]-기독교 위에서 세워진 것이기 때문에 그들은 이 [유대]-기독교의 도덕성(개인 주도 자유 신앙)이 짓밟히는 것을 보고 싶어 하고 국가가 권세를 가진(국가 주도 통제 신앙) 도덕성으로 대체되기를 원한다. 이것이 그들이 기독교를 파괴하길 원하는 이

221　Christopher Hallpike, *Do We Need God to Be Good* (New Alresford: Circle Books, 2016).

유의 일부이다. 즉, 기독교의 성경은 하나님을 믿게 하고 죄에 대한 심판을 강조하기 때문에 그들은 도덕적 절대성을 싫어한다. 그리고 비밀 정치 조직은 루시퍼리안 신앙으로 하나님을 전복하기를 원하는 그들의 종교를 기독교가 공격하기 때문에 기독교에 대해 참을 수 없다. 또 다른 이유는 유대-기독교적 사상에 바탕을 둔 서구 사회가 다른 나라들에 더 스며들어갔고 다른 어떤 관습보다 더 글로벌 사회와 문화에 영향을 끼쳤기 때문에 그들이 추구하는 변화를 가져오기 위해서는 그들은 [유대]-기독교를 파괴해야만 한다. 그들은 기독교를 완전히 붕괴시키려 하고 기본적으로 기독교를 조롱하면서 복종시키려고 한다. 이런 관점에서 엘리트들은 마치 어떤 다른 신앙보다 더 기독교를 진짜로 파괴하기를 원하는 것처럼 보인다. 그리고 그들은 또한 인류를 모든 문화와 신앙이 동일한 일종의 '회색으로 표시된(Greyed-Out)' 인간의 형태로 인류를 감축하려고 시도하며 이를 위해서 그들은 알레이스터 크롤리(Aleister Crowley)가 기록한 것처럼 그 사회는 '당신이 하고 싶은 대로 하는 문화, 즉 사회가 어떤 규칙이나 금지가 없는 문화(Do as thou wilt culture)[222]가 될 정도로 도덕적으로 허용될 수 있는 경계선을 파괴하려고 계속 밀어붙일 것입니다. 이것은 꽤 이론적으로 보이지만 일단 당신이 실제로 그것을 향해서 눈이 열리면(영 분별/고전 2:14[Spiritual Discernment]: "육에 속한 사람은 하나님의 성령님으로부터 오는 일들을 받지 아니하나니 왜냐하면 그 일들은 그에게 미련해보이고 그리고 그 일들을 이해하지도 못하나니 이러한 일들은 영적으로라야 분별하느니라.") 어디서나 볼 수 있다.

---

[222] See https://en.m.wikipedia.org/wiki/Thelema; Aleister Crowley, *Aleister Crowley Collections: 5-Book Paperback Boxed Set* (London: Arcturus, 2023).

예를 들면, 비밀 정치 조직이 침투할 수 없는 유일한 영역이자 '세포 (Cell)'는 가족 단위이다. 이것은 그들이 진행하고 진압하는 모든 것을 통제하는 것이 필요하기 때문에 그들에게 상당히 심각한 문제이다. 이것이 비밀 정치 조직의 주요 심리 작전(PSYOPS: Psychological + Operations)들 중 하나인 가족 단위나 결혼과 관련된 모든 것을 동성애법(LGBTQ+/소돔고모라법)과 한달란트법/하향평준화법(Law of Downward Equality; One Talent Law)의 가족과 결혼 파괴, 자유 노동의 일자리 파괴 무기[223] 등으로 지속적으로 침식(조직적 결손)시키는 이유이다. 만일 그들이 가족을 무너뜨리고 사회에 가족을 동성애법과 하향편준화법 등으로 약하고 무관하게 만들 수 있다면 그들은 승리할 것이다. 바로 이것이 우리가 주류 언론이 우리의 소중한 가족을 파괴/해체시키려고 '[각종 불륜 드라마의 결과로서]-광고하는 이혼(Advertising Divorce)'을 '현대인'을 위한 받아들일 수 있고 허용할 수 있는 필수 사항으로 볼 수 있는 이유이다. 그리고 그들이 사실상 가족을 파괴하는 것으로서 우리는 지속적으로 '일인 가족 단위(Single-Family Unit)'를 동일하게 수용가능한 양육 형태가 되도록 지속적으로 장려하는 것을 본다. 우리는 주류 미디어가 도덕적으로 건강

---

[223] 문재인 정부의 반성경적 반시장적 사회주의적인 일도 하지 않고 먹으려는 소득 주도 성장과 40시간 노동 정책으로 자유 대한민국은 지난 5년간 400조의 빚더미를 남겼다. 더 심각한 것은 정신문화적으로 국민을 악하고 게으른 노예(마 25:26; 살후 3:10)로 만들었다. "한 달란트 받았던 자도 와서 말하되 주여 당신은 굳은 사람이라 당신은 심지도 않은 곳에서 추수하고 당신은 씨를 뿌리지도 않은 곳에서 모으는 줄을 저는 알았으므로 저는 두려웠고 그리고 나갔고 당신의 달란트를 땅에 숨겨두었나이다. 보소서 당신의 것이 여기 있나이다 그의 주인께서 대답하시기를 악하고(선한 일을 방해하고) 게으른(선한 일을 연기하고 미루는) 좋아 나는 심지도 않은 곳에서 추수하고 씨를 뿌리지도 않은 곳에서 모으는 줄로 네가 알았느냐? 그러면 네가 은행 일을 하는 자에게 두었다가 내가 돌아와서 내 원금과 이자를 받았어야 할 것이니라. 그에게서 한 달란트를 빼앗아서 그것을 열 달란트 가진 자에게 주도록 하라. 가진 자는 더 받게 될 것이고 가지지 않은 자는 가진 것조차 그로부터 빼았기리라. 이 쓸모없는 종을 바깥 어두운데로 내어 쫓으라. 거기서 계속해서 슬피 울며 이를 갈게 될 것이니라 하시더라(마 25:24-30)." See 김영환, '오늘날 영국 교회 현황과 현지 선교', 기독학술원, (2022년, 4월 29일).

한 가족의 단위를 지속적인 홍보를 통해서 지원하고 격려[건전한 성경적 가족 프로그램을]해야만 하는 것으로 상향 판매하는 것을 결코 보지 못했다. 그러나 우리는 그들이 일인 가족 단위를 똑같이 받아들일 수 있는 양육 형태로 지속적으로 장려하는 것을 본다. 물론 그럴 수도 있다. 그리고 물론 여기에 문제의 일부가 있을 수 있다. 그들은 심지어 이것을 정치적 이슈로 만들었다. 한 명의 성인만 있고 두 명이 아닌 경우, 정의상 더 좋을 수 있는 단위가 아닐 수 있다(한 명의 구성원이 다른 모든 사람을 학대하고 있는 것이 아니라면). 그러나 그들은 실제로 우리를 약하고 분열되고 [국가에 의존적인 공산/사회주의적 하향평준화를 향한]-가난하고 수입원이 하나뿐이고, 쓸데없이 바쁘기를 원하기 때문에 우리가 그들을 대항해서 어떤 의미 있는 반대를 할 수 있다고 그들은 말하지 않을 것이다.

이것이 바로 그들이 "LGBTQ+의 심리 작전(PSYOPS[Psychological Operations] of LGBTQ+)"을 이용해서 이러한 동성애자, 레즈비언, 게이, 양성애자, 성전환자, 성소수자(기묘한/이상한 자: Queer)가 이성애자 만큼 유효한 평등(악의 하향평등화)이라는 신앙을 촉진하는 이유인 것이다. LGBTQ+(동성애자[환자/악인들])를 이성애자(정상인/선인들)와 나란히 놓으려는 시도를 넘어선 LGBTQ+를 통해서 정상인(선인들)들을 지속적으로 당황하게 하고 수치스럽게 하고 악 앞에 침묵하도록 강요하는 사실상 정상과 선과 옳은 것이 핍박받는 악한 수작이다. 사실상 우리 서구 사회는 만일 당신이 동성애적이고 리즈비언이라면 매우 특별하고 이성애보다 훨씬 더 흥미로운 사람이라고 언론이 우리에게 말하고 있는 것을 목도하고 있다. 이것이 교회와 사회와 선교에 어떤 영향을 미치고 있는가? 한편으로 그것은 교회와 사회와 선교를 악을 향해서 더 하향평등화로서 더 자유롭고, 더 느슨하고, 더 관대하게 하는데는 공산 사회주의적으로는 좋을 수 있지만 그것은 선과 거룩의 규율을 가진 개인, 가정, 교회와 사회와 국가를 파괴하는 성경적 자유 민주주의에게는 사악한 사탄의 미끼이다. 다른 한편으로는 그것은 가족 단위를 무너뜨리고 심각한 수준으로 도덕적 상대주의를 도입하는 갈고리(Hook/함정)이다. 당신이 진짜로 믿을 수 있는 것은 당신이 결과 없이 원한다는 것이다. 만일 성적 선택이 그들이 배웠고/세뇌된 것처럼 동등하게 타당하다면 그 뒤 이것은 만일 그들의 사회적 성(Gender)의 선택들이 동등하게 타당한지에 대한 의문으로 이어진다. 결국 이것은 아이들의 사회적 성의 선택에 대한 의문으로 이어진다. 이것은 왜 오늘날 아이들이 소년(남자)과 소녀(여자)가 되는 것이 편안한지 묻는 질문을 받는 이유인데 그것이 그들이 성의 전환을 원하는지에 대한 질문으로 끝이 나는 이유이다. 그것은 사회(개인, 가정, 교회)를 덜 도덕적으로 더 상대적으로 더 유동적이며 덜 사회적 관습으로 만들어서 사회와 국가의 조직을 파괴하도록 도와준다. 어떠한 이유도 없이, 당신은 그들이 이 어젠다를 밀어부친다고 생각하는가? 그리고 왜 비밀 정치 조직들은 이것을 촉진하는데 흥미를 가질까?

그것은 악의 극단을 향해서 도덕적인 수용성[하향평준화]을 강요하는 것이다. 물론 성경에 동성애가 죄이고 가족의 단위가 옳다는 것을 말하는 기독교와 다른 전통적 신앙들을 조롱하는 '부차적 의제(Side Agenda)'도 있다. 그것은 사람들이 그들의 신앙들을 포기하도록 격려하고 그렇게 함으로써 그들은 당신이 [도덕적 하향평준화를]-생각하기를 원하는 것을 생각하게 하는 인류로 굴복시키는 또 다른 방법일 뿐이다.

이것은 왜 TV, 신문, 유명한 언론인들을 통해서 당신이 용납할 수 있는 도덕적 윤리적으로 깨진 상태 속으로 사회의 '느린 역주행(Slow Backward Progress)'의 모습들을 목격할 수 있는지의 이유이다. 다른 사람들과 관련되지 않은 채 우리는 '인위적인 관료주의(Artificial Bureaucracies)'로 바쁘게 스크린 뒤에 앉아 있는데, 이는 그들의 전술 중 하나입니다. 우리의 영혼들은 죽어가고 있고, 우리의 세계관은 인터넷, 영화와 TV 등의 지시에 완전하게 순응하는데 이 모든 것이 우리를 둘러싸고 있는 것을 분별할 동기가 감소된 부자연스러운 상태로 우리를 교묘하고 부정직하게 조심스럽게 [게으르게] 교활하게 조작하고 있다. 이런 부자연스러운 상태의 결과는 우리가 엘리트들이 원하는 것처럼 생각하고 행동하도록 하는 것인데 우리가 하나님께서 주신 일종의 '자유 의지와 힘과 주도권의 상실 상태인 의지상실증(Abulia)의 형태'로 고통받는 것이다.[224]

마지막 분석에서 우리 모두는 우리가 좋아하건 싫어하건 '회색으로 표시된 사회(Greyed-Out Society)'로 끌려가고 있고 제대로 기능하는 사회를 향해서 그 물결을 거스르기 위해서 핍박 속에서도 진리를 강력하게 외치고 하나님께서 허락하시면 순교를 각오하는 분들이 많아지는 것(계 12:11: "그들은 사탄을 어린양의 피와 그들의 [하나님의] 말씀의 증언으로 이겼도다. 그들은 죽기까지 자기 생명을 아끼지 않았도다.") 외에는 그들이 창조했던 '언론 세뇌 기계(Media Indoctrination Machine)'의 방법 안에서 한

---

224 Abulia(의지상실증)는 Michael A Hoffman II에 의해서 언급된 개념이다. See Michael A Hoffman II, *Secret Societies and Psychological Warfare* (London: Independent History and Research, 2001).

사람이 서서 할 수 있는 일이 별로 없다.

이것은 또한 유럽이 현대 세계 문명의 요람이기 때문에 그들의 목표가 되는 이유이다. 일단 유럽이 동성애(LGBTQ+)-문화공산주의 공격으로 인해 치명적인 도덕적 기능 장애를 일으켜서 무너지거나 축소되면 나머지 세계를 파괴하는 것은 더 쉬워질 것이다. 따라서 EU에 대한 비참한 파산 정책은 다음과 같다.

거대한 사회 공학(Mass Social Engineering)[225]

우리는 매우 학습된 인종이고 타비스톡 그룹(Tavistock Group)과 같은 싱크 탱크는 네트워크 속에 깊이 뿌리를 내리고 비밀 정치 조직들이 유지해온 신화학(Mythologies)들을 보장하기 위해서 언론에게 일반적인 트렌드를 제공한다. 이들 싱크 탱크들은 현대 사회의 모든 측면을 검토하고 그들의 사회 공학 패키지를 통해서 대중들의 통제를 확실히 유지하기 위해서 자금을 지원하고 도움을 준다. 예를 들면, 우리가 TV로 보는 매일의 뉴스로부터 해리 포터의 상상력을 세뇌시키는 영화들에 이르기까지 엘리트들의 이익과 우리의 파멸을 위해서 그들이 숨겨놓은 신지학(Theosophy)과 사타니즘(Satanism)과 연결된 마술과 같은 악을 믿게 만든

---

[225] Social engineering(사회공학)은 보안학적 측면에서 기술적인 방법이 아닌 사람들간의 기본적인 신뢰를 기반으로 사람들을 속여 비밀 정보를 획득하는 기법을 일컫는다. See https://youtu.be/v7VTJhkJUUY; https://thereader.mitpress.mit.edu/masters-of-crowds-the-rise-of-mass-social-engineering/; See Robert W. Gehl and Sean T. Lawson, *Social Engineering: How Crowd-Masters, Hackers, and Trolls Created a New Form of Manipulative Communication* (Cambridge: Cambridge, Massachusetts: MIT Press, 2022).

다. 우리는 오늘날 세상에서 거대한 속임수에 복종하고 있다.

오늘날 대부분의 사람들은 순진하게도, 감히 저자가 말하는데 모든 그들의 정보가 주요 언론인 '세뇌 기계(Indoctrination Machine)'로부터 오기 때문에 무엇이 발생하는지를 이해할 수 있는 지식과 상상력을 가지고 있지 않다. 비밀 정치 조직의 진실을 설명하는 데는 오랜 시간이 걸리고 아마도 분노와 불신과 많은 조롱을 직면하게 될 것이다. 음모의 사실이 드러나면 당신을 힘들게 할 유일한 사람은 '거짓말(Contra 9th commandment/출 20:16[속이는 자: "너희는 너희의 이웃을 대적해서 거짓 증언을 하지 말라"]; 갈 6:7["스스로 속이지 말라 하나님은 만홀히 여김을 받지 아니하시나니 사람이 무엇으로 심든지 그대로 거두리라."]; 살후 2:3[속는 자/"어느 누구도 너를 속이지 못하게 하라. 먼저 배도가 일어나고 불법의 사람 곧 멸망의 아들이 나타나기 전에는 이르지 아니하리라."])[226] 아래서 살아가고 있는 [속는]-사람들이다. 무지는 단지 지식의 부족이다. 저자가 말하는 것에 염려가 되는 것은 통제된 언론을 따르는 대부분의 사람들은 참으로 무지하다는 것이다. 무지는 마귀의 속성을 가진 비밀 정치 조직들에게는 힘이요 당신을 정확한 지식으로부터 멀어지게 할 수 있는 모든 것이며 그

---

226 고전 6:9-10절에 보면 속이는 자는 지옥 가는데 알든지 모르든지 속아주는 자가 속이는 자와 동역할 때 속이는 것이 가능한 것이다. 속는 자는 속이는 자를 지옥 보내는데 일조하는 것이다. 즉 속는 자가 없이 어떻게 속이는 자들이 있겠는가?! 그러므로 결코 속는 자의 죄가 적다고 할 수 없다. 속이는 자 앞에서 진리를 선포하는 자들이 많아질 때만이 속이는 자는 회개하고 없어지는 것이다. 이것이 성경적 부흥이다. "악한 자들은 하나님의 나라를 유업으로 받지 못 할 것을 알지 못하느냐? 속지 말라. 성적 부도덕이나, 우상 숭배나, 간음한 자나, 남창이나, 동성애 범죄자들과 도둑놈이나, 탐하는 자나, 술취한 자나, 중상하는 자나 욕하는 자들은 하나님의 나라를 유업으로 받을 수 없느니라(고전 6:9-10)." "스스로 속이지 말라. 하나님은 만홀히 여김을 받지 아니하시느니라. 사람이 무엇으로 심든지 그대로 거두리로다(갈 6:7)." "누군가 너희를 어떤 방법으로나 속이지 못하게 하라. 왜냐하면 먼저 배교가 먼저 일어나고 저 불법의 사람 곧 멸망의 아들이 나타나기 전에는 그날이 오지 아니하리라(살후 2:3)." "거짓 증인은 벌을 면치 못할 것이고 거짓을 쏟아내는자는 멸망하느니라(잠 19:9)."

들을 이길 수 있는 이와 같은 책으로부터 멀어지게 한다. 언론은 우리가 믿어야만 하는 것과 우리가 생각해야만 하는 것과 정치적으로 올바른 것(Politically Correct: PC/정치적 올바름 - 성경적 관점을 가진 기독교인과 자유 민주주의자인 보수주의자들을 향해서 Fundmentalist(근본주의자)라고 하고 Homophobia(게이 혐오자) 또는 LGBTQ+[phobia](동성애혐오자)라고 낙인찍고Labeling) 왕따시키고(Bullying) 고립시키고 심리적으로 조작된 침묵하는 다수를 그들의 강요된 사회(Society) 아래로 집결시키는 좌파 공산주의의 선전선동의 이중구조적 낙인찍기 전술)을 우리에게 미묘하게 말해준다. 그것은 우리에게 무엇이 옳은 것인지 알려주고 마침내 심지어 논쟁의 여백을 결정한다. 즉 이것을 통해 문화나 인종이나 실제로 일어나고 있는 일에 관해서 진리들을 폭로하려고 시도하는 사람들은 과소평가(소외)되고 '음모론자들(Conspiracy Theorists)' 또는 더 나쁜자들로 낙인을 찍는다는 것으로 해석될 수 있다. 이것은 '동의 만들어내기/동의 조작(Manufactured Consent)'이라는 것인데 그때에 정치적으로 올바른 것(PC적으로)으로 보여지는 것에 관한 전반적인 대화를 말한다. 그것은 정치적 계급과 기업의 결합(Corporate Nexus: 정략적 유대, 연결, 접촉: 정경 유착)을 전복할 수도 있는 모든 정보의 필터링(걸러내기/Filtering)과 과소평가(소외시키기/Marginalisation)를 하는 것이다. 우리는 매일같이 이것을 즉 모든 상상할 수 있는 주제에 대한 선전의 지속적인 흐름을 BBC, CNN, Sky, New York Times를 통해서 보는데 모든 미디어는 그날의 사건에 대한 그들의 작은 회전(Spin On/자신에게 유리하게 해석하기)으로 나아간다.

이런 세뇌에 대해서 알고 있는 사람들에게 문제는 그들이 진리와 사실로 보는 것들을 마음이 조종당하고 있는 대중들은 허구/소설로 본다는 것이다. 그들은 이런 [살아있는] 정보를 설명하는 사람들이 허구/소설을 실제로부터 구별하지 못하는 무능력으로 고통받고 있다고 생각한다. 그러므로 아주 어린 나이부터 사람들의 마음속에 주입되어 온 '통제된 조건화(Controlled Conditioning)'를 돌파하는 것은 매우 어렵다. 사실상 논란의 여지가 있는 특정 정보에 대한 비판적 사고를 차단하는 주류 언론이 사람들의 마음속에 구축한 미끄럼틀들(Slides)이 있다. CIA와 그들의 싱크 탱크는 합리적인 사고 과정이 종료되고 '음모'라는 단어가 언급되면 모든 논쟁이 순조롭게 진행되는 조건화된 개인을 만들기 위해서 여러 해 동안 이러한 심리학적 기술들을 연구했다. 결국 거기에는 음모와 같은 것은 과연 없는 것일까?[227]

3장에서 이미 설명한 비밀 정치 조직의 기본 장치에 대해서 이해하지도 못하고 알지 못하는 사람들에게 말하는 것은 매우 어렵다. 그들은 단지 그것을 볼 수 없다. 다른 사람들은 그것이 그들의 세계관에 너무 많이 영향을 미치고 그들의 전 삶을 재평가하게 하며 심지어 그들이 잘못된 정보를 말했던 사람들과 접촉하게 될 수도 있다는 것을 본능적으로 알고 있기 때문에 그것을 보고 싶어 하지 않는다. 그러나 저자가 이 사람들에게 하고 싶은 말은, '만일 당신이 성경적 진리의 사람이라면 당신은 두려워하지 말고 단지 연구하고 당신과 이웃을 위해서 속이지도 말고 속지도 말라는 결론에 도달하라'는 것이다. 왜냐하면 계속해서 속는 자는 성경과 하나님이 반대하시는 결국 계속해서 속이는 자를 돕는 자가 되기 때문이다.

---

227 See J. Micha-el Thomas Hays, *The Calling of Man* (Surrey: Samaritan Sentinel, 2013).

마스터 마술사들의 연기(Smoke)와 거울들[228]

언론이 우리에게 말할 때 놀라운 정보를 공개하는 누출이나 내부 고발자가 있다고 할 때 우리는 왜 그들이 이런 '비밀 정보'를 공개하는지에 대해서 의심[229]해야만 한다. 정보의 유출이 있다면 기본적으로 상황을 통제하고 반대하는 것이 이루어진다. 이것이 비밀 정치 조직이 일하는 방식이다. 예를 들면, 그들은 원하는 정치적 정당을 세우고 그리고 그들이 원하는 정당의 반대편도 세운다. 이러한 방법으로 그들은 모든 논쟁이나 상황에 대해서 양당 모두를 통제한다. 그러므로 그들은 그 결과를 통제한다. 그 모든 것들은 완전히 고안된 것이다. '정치는 모두 연기와 거울이고 극장이다. 왜냐하면 동일한 마스터 마술사들인 비밀 정치 조직의 통제를 받는 같은 비밀 정치 조직 안에 있는 양당에는 동일한 배우들이 있기 때문이다.' 그들은 우리가 보는 모든 것들을 통제하고 관련된 사람들의 역사는 각 정치적 상황에 대해 양당은 이미 몇 년 전에 혹은 수십 년 전에 설정한 결론에 이르도록 통제되는 이런 기이한 그림과 협력한다. 이것은 많은 사람들이 처음 이것을 연구할 때 잘못 가는 곳이다. 그들은 이것을 믿는 것은 통제자들이 "너희는 이제 나의 강아지들(꼭두각시)이고 이 동의에 투표하지 않으면 가만두지 않겠다, 이는 어떤 지배자의 시도가 논리적으로 도달하는 결론이다."라고 말하는 세상에 당신을 두는 것이라고 생각한다. 그러나 이것보다 훨씬 미[교]묘하고 그들이(꼭

---

228 이 단어들은 저자의 생각으로는 일루미나티를 확장하려는 자들의 손에 [반성경적인] '마술 같은 연기와 거울'이 있다는 것이다.
229 "사랑하는 자들아 모든 영을 다 믿지 말고 오직 영들이 하나님에게서 왔는지 시험해보라. 왜냐하면 많은 선지자들이 세상 속으로 들어갔기 때문이니라(요일 4:1)."

두각시) 근본적으로 결함이 있기 때문에 그들이 통제될 수 있다. 누가 자신을 사용한다는 사실을 인지하지 못한 채 사용될 수 있는 올바른(그들 말을 잘듣는?) 사람들을 모집하는 문제에 훨씬 더 가깝다. 어떤 설명이든 이상주의자들(공산주의자들과 음모가 없다는 유토피안니스트들)은 이것을 위해서 아주 좋다고 본다.

저자가 단지 요점을 말하고 조금 인위적으로 표현했다면 양해해주기 바란다. 당신은 한 직업을 얻을 수 있고 당신의 상사나 사장은 당신에게 무엇인가 내가 희망하는 한 선한 방법으로 무엇을 하라고 지시하는데 이것은 당신이 꼭두각시라는 뜻은 아니다. 그렇지 않은가? 당신은 때로는 귀찮은 일(짐)이어서 마지못해서 일을 하고 때로는 행복하게 일을 한다. 이것이 비밀 정치 조직이 일하는 방식이다. 그들은 이 책에서 언급한 다른 많은 전략들 중의 제안들과 조작들과 비밀 사회의 미팅들, 권력, 명성과 표제들을 사용해서 사람들을 고용하고 무대 뒤에서 세계 정부를 작동시킨다. 비밀 정치 조직은 단순히 정치인들에게 그런 것들을 할 것을 요구한다. 즉, 그들은 그들에게 급여를 주고 채찍질하는 선(Line)을 따라야만 하고 그들 주위의 다른 사람들은 그들에게 무엇인가 하기를 요청해야만 한다. 즉, 그들은 그들이 통제되고 있고 전체 이벤트가 얼마나 인위적인지 알지 못한다. 그들은 단지 그것을 한다. 그들 중 일부는 그것을 알고 따라가지만 또 다른 사람들은 그것을 알 수 없다. 대부분의 정치인들은(한국의 정치인들 포함) 그들보다 더 높은 그룹이 있다는 것을 알고 [압도되어서]-단지 그것을 받아들인다. 그들은 그것이 일하는 방법이 아니기 때문에 그들은 무엇이든지 그들이 하도록 만들어졌다고 주변에 말하지 않는다. 예를 들면, 그들이 동의하는 법이란 사실은 수백 페이지로 길고 단지 그들이 질문하기 몇 일 전에 정부(비밀 정치 조직이 숨겨놓은)에 의해서 작성되고 출판됐다는 사실에 그들은 질문조차 제기하지 않는다. 그들은 여전히 지시 받은대로 수많은 법안에 대해서 투표하러 나타난다. 그들 중 누구도 그것을 읽지 않았고 더 나쁜 것은 만약 그들이 읽었다면 그 법률의 제정이 대중들에게 해를 끼치고 비밀 정치 조직을 위해서 권력을 더욱 강화해준다는 것을 알게 될 것이다. 그들 대부분은 알고 있거나 의혹을 갖고 있지만, 그렇게 안하면 그들은 군중들에게서 밀려나고 인기를 얻지 못할 것이기 때문에 그것을 따른다. 그렇게 안 하면 그들은 직업을 잃거나 심지어 또한 더 악화될 수도 있다. 그 누구도 감히 그들이 만들어 놓은 '설립 관점(Establishment View)'이나 '창문(Window)' 밖으로 나가려고 하지 않는다. 왜냐하면 만일 그들이 그렇게 하면 그것은 그들의 파멸이 될 것이기 때문이다. 비밀 정치 조직은 하나의 비즈니스처럼 세계 정부를 운영하고 그들은 숨겨진 상태로 유지된다. 왜냐하면 이러한 방법으로 권력을 유지하기 때문에 [주님의 뜻이라면 기쁘게 죽음을 불사하는 성경적 자유 기독교인들의 무리들 외에는]-아무도 그들을 휘둘러 칠 수 없다. 이 모든 것은 잘못된 정보에 의해서 가능해지고 그러므로 정보를 보급하는 모든 정보는 그들의 손에 있어야만 한다. 이것을 우리가 오늘날 목도하고 있다. 지난 100년 중 가장 중요한 인물 중 한 사람인 데이비드 록펠러(David Rockefeller)[230]는 이 모든 것을 이해하기 위해서 1991년 6월에 삼극위원회의 모임에서 다음과 같이 언급했다.

---

230 See David Rockefeller, *David Rockefeller: Memories* (New York: Random House, 2002); https://cognitive-liberty.online/david-rockefeller-thanks-the-media/.

"우리는 Washington Post, the New York Times, Time Magazine과 기타 훌륭한 출판사들에게 감사드립니다. 그들의 사장님들은 우리의 모임에 참여하셨고 거의 40여 년 동안 신중히 우리의 비밀 약속을 존중해주었습니다. 만일 우리가 이 기간 동안에 홍보하려고 대중에게 밝은 빛으로 드러냈다면 우리가 세계를 위한 계획을 발전시키는 것은 불가능했을 것입니다. 그러나 세계는 '하나의 세계 정부(A World Government)'를 향해서 행진하기 위해서 지금은 훨씬 더 정교해졌고 준비가 되었습니다. 지적 엘리트들과 세계 은행가의 '초국가적 주권(Super-National Sovereignty)'은 지난 수세기에서 실행됐던 국가 자주 결정화/민족 자결권/국가 주권보다 분명히 더 바람직합니다."

우리는 그것을 그의 말에서 알게 되었다. 미디어 없이 우리에게 그들이 거짓말들을 말했다면 (지적 엘리트와 세계 은행가들)이 그들의 권력을 잡는 것은 불가능했을 것이다.

결론(Conclusion)

그래서 결론을 말하면, 만일 개인이나 조직(교회 포함)이 사회 안에서 사회적으로 옳고 그른 행동으로 보여진 것을 추론하고 정의할 수 있다면 그것은 엄청난 권력을 얻을 수 있을 것이다. 만일 사람들이 일반 은총과 특별 은총의 성경적 분별력, 지혜와 지식이 부족하면 그들은 어떤 종류의 진실도 꿰뚫어 볼 수 없다. 대부분의 사람들은 가장 간단한 실제화를 시작조차 할 수 없기 때문에 통제가들에게는 좋은 것이 된다. 리차드 가드너(Richard Gardner)가 국가 주권과 관련해서 말했듯이 '[그것은] 윙윙거리는 혼돈(Buzzing Confusion)'이다.

요컨대 '세계 질서의 집(House of World Order)'은 위에서 아래로 보다는 아래에서 위로 지어져야만 할 것이다. 윌리엄 제임스(William James)의 유명한 현실 묘사를 사용하면 그것은 하나의 거대한 붐을 일으키고 윙윙거리는 혼돈처럼 보일 것이다. 그러나 주권을 둘러싼 최후의 일격은 그것을 하나씩 하나씩 침식시키는 방식은 구식의 정면 공격보다 더 많은 것을 성취할 것이다.[231]

이것은 국가 주권의 파괴를 언급할 뿐만 아니라 우리에게 그들이 이것을 성취하려고 하는 방법의 아이디어를 제공한다. '그 윙윙거리는 혼돈(Buzzing Confusion)'을 우리는 오늘날 세상에서 보고 있다. 정보와 정치적 올바름(PC/좌파적 거짓 선동) 어젠다의 혼란스러운 불일치는 모두의 균형을 잃도록 목표가 되어 있고 [자기 검열 기능처럼] 우리가 어떤 의견을 공개하는 것을 두렵게 하며 그 경우에 우리는 새로운 '정치적 올바름[의의 파괴 앞에 침묵하게 하는 사탄의 자물쇠]'의 버전 때문에 우리가 말해야 할 것을 못하게 된다. 우리는 어떤 도덕적 나침반이 전혀 남아 있지 않을 정도로 우리의 도덕성과 사상이 훼손되고 있는 세상에 살고 있다. 이것이 우리를 통제하는 방법이다.

---

[231] Richard Gardner와 Rhodes Scholar와 CFR 회원은 Foreign Affairs에 CFR의 정기간행물의 이 슈를 1974년 4월 1일에 썼다. See Richard Gardner, 'The Hard Road to World Order', Foreign Affairs, Vol. 52, No. 3, p. 558; https://www.foreignaffairs.com/world/hard-road-world-order; https://www.goodreads.com/author/quotes/1106722.Richard_N_Gardner; https://www.coursehero.com/file/p18oi2I6/As-their-plans-near-the-finish-line-the-amount-of-people-needed-to-finish-the/; See J. Micha-el Thomas Hays, *Rise of the New World Order: The Calling of Man* (Surrey: Samaritan Sentinel, 2013).

이것은 그들이 원하는 것인데 사회를 가능한 한 가장 낮은 공통분모(공산주의의 하향평준화)를 향해서 수준을 낮추고 모든 이가 자신들이 옆 사람만큼 무지하다고 생각하게 만들고 그들이 좋아하는 유명인이 타블로이드와 신문에서 표준으로 선전하는 것을 좋아하게 하는 것이다. 왜냐하면 안타깝게도 대다수가 '미디어 중심 관점(Media Driven View)'이 우리가 어떻게 무엇을 생각하는지를 지시/결정하기 때문에 우리가 [성경적으로 하나님께서]-옳다고 여기는 어떠한 것에도 입장을 취하지 않을 것이다. 이 미친 악마의 경계선 밖으로 나가면 총에 맞을 것이다. 불행하게도 좌파의 정치적 올바름은 논쟁에서는 이겼으나 그들은 깊이 충분하게 연구하거나 날카롭게 충분히 분별하는 것처럼 보이지 않는다. 그래서 우리 모두는 크리스마스를 위해서 선택되는 칠면조와 같다. 그들에 의해서 우리가 세뇌되고 있다는 사실을 즉 우리들이 통제 되고 있다는 사실을 인식하지 못한다. 이것이 바로 사람들이 신세계 질서의 무서운 실체를 인식하지 못하는 이유이다. 이 음모의 뒤에 흑막/지휘자들은 우리의 대량 의사소통 미디어(Mass Communications Media)를 절대적으로 통제하고 우리를 속이는 신묘막측한 방법들을 사용해왔다. 그래서 우리는 그 실체를 향해선 눈뜬 장님들이다. 우리는 우리가 학습되고 있다는 것을 모르고 있다. 이것은 그들이 총체적 세뇌를 통해서 결과를 가져오는 수법이다. 우리는 엘리트들이 우리가 '흰눈을 검다(Snow is Black)', 또는 '전쟁을 평화다War is Peace)' 또는 '무지를 능력이다(Ignorance is Strength)'로 생각하도록 할 정도로 너무나 최적화된 상태이다. 분명하게 조지 오웰("George Orwell)과 버트런드 러셀(Bertrand Russell)이 썼던 것처럼 그들은 페비어니스트(Fabianist/Gradual Socialists:

점진주의적 사회주의자)와 좌파에서 온 내부자들이었다.[232] 이들 2권의 책은 우리에게 전체주의 정부에 대해서 경고하고 있다. 또한 우리가 그 정부의 도래를 위해서 준비하라고 [세뇌하는 책임]한다.

아마도 종말에 대한 날짜와 시간은 성경의 말씀처럼 정확히 알 수 없을지라도 주님의 재림과 심판은 비진리를 숨어(겨)서 몰래 성경에서 말하는 악을 완성하려는 세속적 Deep-State/Illuminati의 세력이 진리를 담대하게 기쁘게 공개적으로 드러내서 성경에서 말씀하는 의를 완성하는 성경적 세력을 공개적으로 핍박함으로써 살후 2:3-4절처럼 수많은 기독교인들과 일반인들이 계 13:18의 [CBDC[666]짐승 시스템으로 추정되는?]-사람의 수 즉 짐승의 수에 두려워서 받으므로 배교하고 불법과 죄악이 창궐하게 되는 겉으로는 악이 선을 능멸하는 것처럼 보이는 영적으로는 주님이 함께하는 소수의 선한 무리들과 사탄을 따르는 다수의 악한 무리들의 치열한 접전의 충만한 지점이 그때가 아닌가 저자는 예견해본다. 갈 1:10에 "이제 내가 사람들의 승인을 얻으려 하느냐? 하나님의 승인을 얻으려 하느냐? 사람들을 기쁘게 하느냐? 만일 내가 사람들을 기쁘게 한다면 나는 그리스도의 종이 될 수 없느니라."고 사탄의 미혹에 의해서 사람의 승인을 얻는 숫자가 하나님의 승인을 얻는 숫자보다 많을 때가 치열한 종말의 영적 전쟁의 시기를 말하는 것이다. 마 24:14 엔 "그리고 하나님의 나라가 모든 나라들의 증거로서 온 세상에 선포될 것이고 그 뒤에 끝이 올것이니라."고 말씀하신다. 즉 악한 세력에 맞서서 선한 싸움을 싸우면서 모든 나라들 즉 종말까지 나라들의 여권은 가

---

232 See George Orwell, *1984* (London: Penguin, 2008); Bertrand Russell, *Impact of Science on Society* (Milton Park: Routledge, 1985).

지고 있고 그 나라의 끝인 이슬람과 문화공산주의 국가들과 적그리스도의 단일정부를 끝으로 이방인의 구원받는 숫자가 완성된 후에 이스라엘로 복음을 선포하며 마지막 이스라엘 144,000명의 성도가 구원받는 순간(롬 11:25-26a: "형제들아 너희가 스스로 지혜있다 함을 면키 위해서 이 비밀을 너희가 모르기를 내가 원하지 아니하노니 이 비밀은 이방인의 충만한 숫자가 들어오기까지 이스라엘의 더러는 완악하게 된 것이니라. 그리하여 온 이스라엘[144,000명]이 구원을 얻으리라." 계 14:1,3: "또 내가 보니 보라 어린양이 시온 산에 섰고 그와 함께 십사만 사천이 섰는데 그 이마에 어린양의 이름과 그 아버지의 이름을 쓴 것이 있도다…저희가 보좌와 네 생물과 장로들 앞에서 새 노래를 부르니 땅에서 구속함을 얻은 십사만 사천 인 밖에는 능히 이 노래를 배울 자가 없더라.")에 주님이 오실 것이다.

결국 이러한 심리학적-세뇌 시스템들(Psychological-Indoctrination-System)은 아마도 만일 우리가 트랜스휴머니스트들의 '중립 꿀벌통[과대 광고] 네트워크 중앙 컴퓨터(Neural Hive Network Central Computer)'로 접속[연결]해야만 살아남을 수 있게 해주는 하나의 새로운 기술에 의해서 대체될 것이다. 이것은 요한계시록 13장 18절("지혜가 여기 있으니 만일 어떤 이가 통찰력을 가졌다면 그 짐승의 숫자를 계산해보라. 그 숫자는 사람의 수니 666이니라.")에 나오는 숫자(Number[Gk. ψηφίζω/프세피조, to compute, to calculate using algorithm from 0 to 9 /0-9까지의 숫자를 컴퓨터로 계산하다])의 알고리즘을 사용해서 계산하는 '짐승의 숫자(Number of Beast)'나 '사람의 숫자(Number of Man)'인 '짐승의 시스템(The Beast System)' 으로 해석이 가능할 수 있다.

이 모든 미디어 조작과 세뇌 작업은 허위 정보와 거짓말을 통해서 혼미하게 해서 하나의 새로운 형태의 사회로 우리를 서서히 이끌고 있다. 하나의 '관리되는 사회(Managed Society)' 속에서 비밀 정치 조직은 우리를 그들이 원하는 것은 무엇이든지 믿게 만들 수 있다. 그것은 우리를 '집합적인 형태의 유순한 인간(Complaint Humanity as a type of Collective)'이란 목표로 인도할 것이며 그곳에는 많은 경우에 개인의 권리들과 생각들과 신앙들이 집합적 권리들을 향해서 비굴하게 복종(Be Subservient To)해야만 한다. 전형적인 공산 전체주의처럼 한 사회 안에 개인의 의견이 괴상하게 보이게 되고 집단의 관점들이 더 높고 더 중요하게 된다. 그것은 운전석에 엘리트들이 앉아서 대중들은 웅크리게 하고 '유리 안에서[윤기나는/유약 바른] 죽은 인류(Glazed Deadened Humanity)'의 형태로 인도하기 때문에 하나의 고전적 속임수이다. 이것이 이 책이 향하고 있는 방향이다. 이 결론을 뒷받침하기 위해서 우리는 신세계 질서를 가속화하는 계획들 중에서 가장 중대한 사건들 중 하나를 자세하게 분석할 필요가 있다. 그것은 9/11이다. 그러나 우리가 이 속임수의 새 형태(그렇게 새로운 것이 아님)[233]인 9/11로 가기 전에 우리는 단지 9/11의 이해를 도와주기 위해서 엘리트들의 신앙들 중에 하나를 살펴볼 필요가 있다. 그리고 신세계 종교의 전개를 폭로한다.

---

233 "이미 있었던 것이 후에 다시 있겠고 이미 한 일을 후에 다시 할지니라. 해아래 새 것이 없도다 (전 1:6)." 사람들은 신세계 질서라고 새롭다고 하지만 성경은 이미 있었던 것과 이미 한 일이 다시 발생한다고 명료하게 예언한다.

6장
숫자와 수비학

6장
숫자와 수비학
(Number and Numerology)

개요

　믿을 수 없을 것처럼 보일지라도 숫자는 그들을 위해서 일하는 엘리트와 비밀 봉사자들에게는 극단적으로 중요하다. 만일 그들이 마술적 마음 통제 기술을 위해서 하나의 의미심장한 숫자로 상서로운(경사스러운) 날을 선택할 수 있다면 그들은 이것을 실행하려고 비상한 노력을 할 것이다. 그들은 오컬트와 점성술 속으로 엄숙하게 들어가고 일단 심볼이 만들어지면 그것은 그 심볼 자체가 하나의 힘을 요구한다고 믿는다. 그러한 상징의 의미를 모르거나 이해하지 못하기 때문에 불경한 것을 초신자가 읽을 수 없을 때 훨씬 더 많이 힘이 생성된다. 이러한 방법으로 그들은 대중의 힘을 얻는다. 그것은 피타고라스, 심지어는 바빌론까지 거슬러 올라가는 '오컬트 기술(Occult Technique)'이다.

　프리메이슨 로지(Lodges/성전)들은 그들의 성전 안에 피타고라스

(Pythagoras)의 한 그림을 소장하고 있다. 그 옆에는 정사각형과 함께하는 '신의 삼각형(Divine Triangle)'이 있다. 그들은 그것을 메이슨(Mason)의 건축 기술의 일부라고 믿는다.[234] 그 유명한 피타고리안 데오렘(Pythagorean Theorem/피타고라스 정의)는 '빗변(Hypotenuse/직각의 반대편)의 정사각형의 면적은 다른 두 변의 정사각형의 면적의 합과 동일하다.'는 것이었다. 이 모두는 석공과 건축 전반에 대해서 만들 필요가 있는 수학적 계산들과 관련이 되는데 낮은 수준의 메이슨들을 위해서 제공되는 난해한 의미이다. 그러나 숫자들의 난해한 숨겨진 의미는 숫자에 포함된 힘이나 마술적인 절차에 영향을 미치는 능력과 관련이 있다.

피타고라스는 가장 중요한 그리스 철학자들 중에 한 사람이었고 신비 종교의 한 형태를 시작했다. 이것을 프리메이슨과 엘리트들은 믿는데 이것은 그들의 관점에서 중요하다. 그들에게 피타고라스는 하나의 특별한 지식과 힘을 소유했고 그것들 중에 일부는 숫자들에 특별한 의미가 있다는 것이다. 비록 그에 대한 우리의 지식이 일반적으로 플라톤(Plato)과 다른 사람들에 의해서 수세기 후에 기록되었을지라도 그는 '쌍곡선의 아폴로(Hyperborean Apollo)'로 생각되는 숭배 인물이었다. 그리고 거기에는 대홍수 이전의 유토피아 왕국인 아틀란티스라고 불리는 '쌍곡선(Hyperbola)'의 연결 고리가 있다. 그것은 우리를 다시 미스터리 종교로 곧바로 데려간다. '모든 것이 숫자다(All is number).'라고 말했던 사람이 피타고라스였다. 이것은 숫자의 배치가 Gematria(게마트리아/옛 이스라엘의 수비학)는 단어와 상호 교환이 가능하다는 것을 의미한다. 예

---

234 See 런던 Queen Charlotte Street 60에 위치한 Freemason's Lodge의 천장을 보라; https://en.m.wikipedia.org/wiki/Freemasons%27_Hall,_London.

를 들면, A=1이고 B=2이므로 그 단어가 나타나면 그 숫자는 그 단어를 나타낼 수 있고 마술사들은 그들의 주제에 영향을 주는 아브라카다브라(Abracadabra)처럼 마술적 단어들을 사용한다. 단어를 숫자로 바꾸는 것은 세상에 영향을 미치는 마술적 방법이고 다른 사람들에게 메시지를 전달하는 하나의 비밀스러운 방법이다. 다른 말로 메이슨을 위해서 숫자는 결과를 나타내거나 사건에 영향을 미칠 수 있다. 이것은 수비학의 연구인데 엘리트들이 진지하게 일상 속에 그들의 상징학(Symbology)을 숨기는 방법으로 사용한다. 과학 역시 실제적으로 모든 것이 숫자들로 정제될 수 있다고 가르치지만, 단어에 대해서는 그렇게 말하지 않는다. 예를 들면, 기하학, 천문학과 음악은 기본적인 수준에서 수학에 의존하고 수학으로 축소될 수 있지만 수학은 기하학(Geometry), 천문학(Astronomy)이나 음악(Music)에 의존하지 않는다. 그러므로 수학은 일차적이고 '기초 과학'이다.[235]

카발라(히브리어로, קַבָּלָה, kabbalah < קָבַל, kabal은 'to receive/받아들이다'를 뜻한다)에서 신성한 숫자와 이름에 대한 믿음이 구약 성경에 포함되어 있다고 한다. 그들은 여러 구절들을 서로 나란히 배치하거나 다른 것 위에 하나를 배치하고, 이로부터 수직으로 또는 역방향으로 실행되는 새로운 단어나 숨겨진 의미를 찾을 수 있다. 또는 정사각형이나 단어들을 배치하고 숫자를 줄였다.

그러나 기독교는 예수님께서는 요 1:1에서 그 말씀이 육신이 되신 분이시기 때문에 말씀에 더 많은 관심을 두셨다. 즉 예수님께서는 숫자가

---

[235] See Manly P. Hall, *The Secret Teaching of All Ages* (New York: Dover Publications, 2011), p.198.

되지 않으셨고 Logos(로고스)는 헬라어로 'Word/말씀'이다. 그래서 예수님은 'The Word/말씀 또는 Logos/로고스'이시며 "하늘과 땅은 사라질 것이지만 나의 말은 결코 사라지지 않으리라(막 13:31)"라고 말씀하셨다. 그러므로 그분은 자신의 '말씀'을 물리적 우주와 천국 그 자체보다 위에 두셨다. 하나님께서 말씀하시기를, "빛이 있으라. 하시니 빛이 있었더라(창 1:3)."라고 말씀을 하셨고 무에서(Ex Nihilo/From Nothing) 창조가 발생했다. 대부분의 경우 성경에는 참된 버전/판본이지만 오컬트는 가짜 판본이 있다. 이들에게 예수님으로부터 온 생명의 말씀은 파괴되어 왔고 숫자를 사용함으로써 더욱 모호해진 마법을 전달하는데 사용되어 왔다.

신지학(Theosophy)에서 알리스 안 베일리(Alice Ann Bailey)와 다른 사람들은 예수님을 기본적으로 그들이 기다리고 있는 지상의 그리스도 또는 마이트레야(Maitreya/Future Buddha/미래불)인 '행성 로고스(Planetary Logos/행성 말씀)'라는 존재로 언급했지만 이것은 분명히 적그리스도이다.

명백한 장소에 숨겨진 숫자들은 그들이 표지판을 읽을 수 있는 유일한 자들이라고 생각하는 프리메이슨들에게 전율을 느끼게 만든다. 마법의 단어는 중요하고 숫자와 마찬가지로 정확히 똑같은 의미를 전달해준다.

마법 숫자들

엘리트들과 그들의 비밀 군대들은 숫자 9, 11, 13과 33과 일부 순열(Permutations)과 이 숫자들의 배수(제곱)을 선호한다. 순열들을 예를 들면, 11의 두배는 22이고 13의 삼배는 39이며 33의 두배는 66이다. 수비학(Gematria)에서 마스터 숫자(Master Number)는 11, 22와 33이고 일부는 44가 포함된다.[236] 이들 숫자들과 합산(더)하는 단어는 더 이상 한자리수(Digits: 0-9)로 축소되거나 압축되지 않고 예를 들어 4가 아닌 22로 유지된다. 마스터 숫자들은 다른 축소된 숫자보다 더 강력한 연결을 나타내는 특별한 의미를 지닌 숫자들이다. 그들은 이들 숫자를 가지고 작은 게임을 하는 것을 좋아한다. 왜냐하면 오컬티스트들은 그들의 삐뚤어진 방법으로 이들 숫자들을 사용함으로써 그 단어의 능력을 드러내고 생각하고 우리를 지배하는 힘을 얻을 수 있다고 생각하기 때문이다. 어떤 면에서 그것은 마인드 컨트롤(Mind Control)에 관한 것과 약간 심오한 오컬트 의식의 일부이고 모든 최악의 오컬트 의식과 마찬가지로 그것은 사악한 조롱(Evil Mockery)으로 가득 차 있다. 눈에 보이는 숫자들을 사용하는 것은 '우리를 비웃으려는(Having a Laugh at Us)' 이유이다. 메시지는 비밀 정치 조직에서 MI5, CIA또는 Mossad와 같은 비밀 정보 기관들에게로 전달되어 어젠다를 촉진하려고 결정되었고 비밀 서비스들은 이들 심리(사이코) 드라마들(Psychodramas)이 펼쳐지도록 이벤트(사건)를 실행했다. 만일 그것이 33까지 더할 수 있다면 그것은 행복해지는 능력을 유지할 것이다. 다른 말로 해서 이벤트(사건) 날짜를 더하면 33이 된다. 예를 들면, 1989년 12월 3일은 냉전의 공식 종료 날짜이고 1945년 7월 16일 뉴멕시코주 트리니티에서 최초의 원자 폭탄 실험이 일어난 날짜와 1929년 10월 29일 월스트리트 붕괴 등이 있다. 히로시마 원자 폭탄이 1945년 8월 6일과 같이 수비학이 가르치는 것처럼 합하면 33이 된다. 다른 날들은 더하면 33이 되지만 최초 유인 우주 비행

---

236 See Faith Javane, Dusty Bunker, *Number and the Divine Triangle* (Aberdeen: Whiteford Press, 1979).

의 경우 12/04/1961(12+4+17 [1+9+6+1]) 또는 데이비드 록펠러의(David Rockefeller's) 사망일인 20/03/2017은 23+10=33와 같은 약간의 해석을 통해서 계산한다. 다른 사람들은 11이나 22를 마스터 숫자로 사용한다. 비밀 정치 조직의 지문(Finger Prints)은 이러한 사건들(Events) 전체에 있다.

이 숫자들이 특별한 이유는 엘리트들의 믿음에 따르면 오컬트의 숫자들이 마술적 언급(References/각주)들을 포함하고 있어서 그들의 주제들에 대해서 의식적 마술을 수행하는 한 형태이기 때문이다. 그들은 또한 이 사건이 그들 자신의 것이라는 네트워크 안에서 다른 사람들에게 정보를 제공하려고 숫자들을 사용하며 그것이 그들의 세상이고 그들은 모든 것을 운영한다. 그것은 사업과 같고 그들의 성격(Ethos/관습)과 법인회사 로고(Corporate Logo)는 그곳에 있을 수밖에 없다. 비밀 정치 조직의 신앙을 당신이 더 이해할수록 이것에 대한 당신의 이해도 더 커질 것이라는 것은 믿을 수 없는 일이다. 만일 아무도 모르는 배반 사건을 진행하는 것이 무슨 재미가 있겠는가? 이것이 이들 오컬티스트들이 선호하는 숫자들을 사용해서 그들의 계획을 성취해가는 것을 오늘날 우리가 목도하고 있는 세상이다. 이곳엔 입문자만이 이것을 이해할 수 있고 보통의 사람은 아무도 알아채지 못한다. 마술 의식은 특별한 날짜에 발생해야만 하기 때문에 이것을 만들기 위해서 납세자들의 수백만 달러를 낭비하게 된다.

숫자들의 의미

9는 환상(Illusion/환각)의 수이다. 임의의 수에 9를 곱하면 당신이 아라비아 숫자들을 더할 때 숫자가 다시 9로 줄어들 수 있다. 예를 들면,

210 X 9 = 1890; 1+8+9+0= 18; 1+8=9. 수비학에서 0은 항상 무시된다. 그것은 당신이 생각할 수 있는 임의 숫자와 같이 작동한다. 아라비아 숫자들이 더하거나 줄일 때 9를 곱하면 9란 숫자는 결과적인 숫자 내에서 비밀스럽게 끼워 넣어진다. 그리고 그것은 결과 안에 숨겨졌기 때문에 환각의 숫자라 불려지는 이유이다.

수비학에서 마스터 숫자들은 그들이 두배로 함께 서 있기 때문에 다른 숫자들보다 더 크고 특별한 의미를 가진다. 즉 마스터 숫자들은 11, 22와 33이다. 다른 말로 하면 11은 숫자 1보다 더 많은 힘이 불어 넣어져 있다. 11은 마법의 숫자(Number of Magic)이다. 당신이 어떤 수에 11을 곱하면 최초의 숫자에 곱하는 결과가 나오기 때문이다. 즉 '전염성(Contagious)'이 있고 '공감 마법(Sympathetic Magic)'을 달성하는 목표이다. '곱셈 활동(Multiplicative Activity)'이나 귀신들의 도움을 통해서 마법 활동을 현실 세상 속으로 옮기는(Transference/감정 전이) 것이다. 명백한 예는 바늘을 희생자의 초상화에 꽂는 부두(Voodoo)교와 같은 공감 마술이다. 즉 마술사는 '소규모 차원(Micro Level/미시적 수준)'의 의식에 영향을 미치고 그 결과는 배가시켜 실재를 드러낸다.[237]

수학적 용어에서 만일 당신이 생각할 수 있는 숫자를 선택하여 11을 곱하면 그 안에 있는 숫자가 나타나고 그 계산과 답은 처음부터 숫자 안에 존재한다. 예를 들면, 32x11=352이다. 그 답의 첫 번째 숫자는 3이고 마지막은 2이다. 그 중앙은 3+2=5이다. 그래서 모든 숫자들은 처음부터 명백해졌고 이러한 방법으로 11을 통한 그 최초의 숫자의 마법적 속성

---

237 See James George Frazer, *The Golden Bough* (Oxford: Oxford University Press, 2009).

들은 확장됐고 더 크게 명료하게 만들어졌다. 이것이 모든 수를 위해서 적용하고 예를 들어 만일 숫자가 10을 초과하면 당신은 그 숫자를 다음의 열속으로 추가한다. 이것이 초 간단한 수학이고 오컬트 엘리트들과 수비학자들은 이것에 관심을 갖는다.

11은 단 7:8 이후에 나타나는 적그리스도의 숫자이다. "나는 (10)뿔을 심각하게 보고 있는 중 또 다른 작은 뿔(11번째)이 있었는데 그들 사이에서 나더니 먼저 뿔 중에 셋이 그 앞에 뿌리까지 뽑혔으며 이 작은 뿔에는 사람의 눈 같은 눈이 있고 입이 있어 큰 말을 하고 있었더라." 이것은 11번째 뿔이고 다시 전체 숫자 11이란 숫자가 마법의 숫자라는 이유이다.

1918년에 세계 1차 대전의 끝에 정전 협정(Armistice/Truce)이 '11월 11일 11시'에 제정됐다. 이것은 마법의 숫자인 11과 관련되었고 또한 3번의 11이 있었고(시, 날과 달), 3x11=33 프리메이슨의 숫자이다. 전쟁의 양측의 모든 프리메이슨들을 위한 특별한 날이다.[238]

11은 마귀와 마법을 대표하는 엘리트들의 특별한 숫자이다. 만일 그들이 그들의 심리드라마에 이 숫자를 포함할 수 있다면 확실히 그렇게 할 것이다. 왜냐하면 이것은 그들이 진짜로 사탄주의자들(Satanists)이든지 혹은 뒤에 숨기는 위장/거짓 꾸밈(Camouflage)을 사용하는 사기꾼들(Fraudsters)이기 때문이다. 그러나 엘리트들의 많은 네트워크들은 메이슨들이고 종교적 해석들을 하는 비밀 그룹들의 회원들이라는 것을 명심해야 한다. 그것은 그들이 실제로 어두운 면을 위해서 일하고 있음이 훨

---

238 정전은 불과 6시간 전인 새벽 5시에 서명되었으나 이는 모든 부대들에게 메시지를 전달할 충분한 시간이 있었으나 사람들은 전쟁의 마지막 몇 분 전까지 처참하게 죽었다. See Joseph E. Persico, *Eleventh Month, Eleventh Day, Eleventh Hour: Armistice Day 1918, World War I and Its Violent Climax* (New York: Random House, 2004).

씬 더 높아보인다. 그들은 사탄의 속임수에 게임 상대가 되지 못한다.

그래서 우리는 환각 또는 거짓말의 숫자인 9를 이해하고 11은 마법과 적그리스도(11번째 뿔)의 숫자라고 이해한다. 이들 숫자들을 합하면 악한 마법을 나타낼 수도 있다. '예를 들면, 끔찍한 공격을 받은 세계무역센터 참사'보다는 오히려 9/11이란 숫자가 붙여진 것도 역시 이상하다. 그런데 '세계무역센터 참사'의 마법은 어디에 있을까? 당신이 세계무역센터에서 일하지 않았다면 공포와 처리 과정은 아마도 지역적으로 제한될 수 있을 것이다. 그러나 미국과 많은 다른 나라에서 긴급서비스에 사용되는 전화번호 911을 사용하면 전체 세계 인구가 심리학적으로 비밀 정치 조직이 원하는 잠재의식적 공포와 두려움의 모드 속으로 처리될 수 있다. 그러나 미묘하고 잠재의식적인 그들의 프로그래밍이 있더라도, 그것은 여전히 존재한다. 이것이 왜 9/11이 다른 이름이 아닌 9/11로 불리우는 이유이다.

13은 엘리트들에게는 죽음의 숫자이고 타로 카드(Tarot Cards)에서는 죽음을 상징한다. 그것은 단순히 변화나 상황의 변형을 나타낼 수도 있지만 일반적으로 그것은 불행한 숫자이다. 예수님은 12제자를 가졌고 자신을 합쳐서 13명이다. 구약은 13을 반역의 숫자로 표현한다. 창 14:4는 "12년 동안 그들은 그돌라오멜(Kedorlaomer)를 섬겼으나 제13년째 되는 해에 그들은 반역을 했더라."고 말씀한다. 니므롯은 아담의 13대 후손인데 악의 집합체(Evil Aggregation)이다. 템플 기사단원 자크 드 몰레(Jacques De Molay)가 체포된 날짜가 1307년 10월 13일 금요일이었다. 이 날은 13일에 금요일을 싫어하는 프리메이슨들에게는 상서로운(길조의/행운의) 날이다. 마녀의 모임(Covens)은 항상 그들 안에 13명으로 구성된다. 빌더버그의 핵심은 13개씩 3세트로 즉 39명으로 구성되며 가터 훈장 (Order of Garter)도 비슷하다.[239] 아마도 이것은 월력이 13개월인 동안 태양력은 12개월을 가지는 사실과 관련이 된다. 또는 그것은 그리스 신화의 13명의 타이탄(Titans/거인족 신들)[240]과 관련이 있다. 아서 에드워드 웨이트(Arthur Edward Waite)의 타로(Tarot)의 죽음의 카드는 13번째 카드[241]인데 그 배경에는 9/11의 거대한 죽음 의식과 관련된 동시적으로 2개의 탑의 그림이 있다.

22는 또 다른 마스터 숫자로서, 단순히 2나 4보다는 더 의미가 담겨 있

---

[239] 빌더버그의 13이란 숫자를 위해서는, See Milton William Cooper, *Behold A Pale Horse* (Flagstaff: Light Technology Publishing, 1991), p.92; https://www.bibliiotecapleyades.net/sociopolitica/atlantean_conspiracy/atlantean_conspiracy39.htm; Daniel Estulin, *The True Story of the Bilderberg Group* (Walterville: Trine Day, 2009).

[240] 타이탄(헬. Titanes, 태양계의 6번째 행성인 토성(Saturn)인 타이탄/티탄(titans)은 제우스(Zeus)를 중심으로 하는 올림피안 신들(Olympian gods)이 나타나기 전에 지구를 통치했던 거인족 신들을 나타냄. See https://en.m.wikipedia.org/wiki/Titans.

[241] 한국의 2024년 4월 10일 22대 국회 의원 선거에서도 좌파 정당인 더불어민주당과 조국신당과 우파 자중지란 역할하는 당인 개혁 신당들이 장악한 선거관리위원회와 북괴와 중공 그리고 그 뒤의 Deep-State/Illuminati들이 연합해서 2000년 김대중 정부 이후 전자개표기 도입으로 시작된 사기 선거가 이번에도 저질러졌다. 2024년 4월 10일은 카발들의 수비학을 적용해보면 2+2+4+4+1=13, 즉 죽음의 숫자가 된다. 이는 정상적인 자유 민주주의의 투표 제도가 사망했음을 의미할 수 있다. 이들이 쳐놓은 마술의 그물을 무소불위의 중앙선관위의 부정선거를 알리려고 윤석열 대통령께서 드디어 12월 3일 비상계엄을 단행하셨고 사면초가에 몰린 종중종북 주사파 공산주의 세력인 이재명과 민주당은 사탄의 광란의 칼춤을 추면서 불법과 위법으로 윤 대통령을 내란 혐의로 탄핵의 올가미를 씌워서 서울구치소에 가두었고 52일만에 3월 8일에 자유인이 되었다. 4월 4일 악마 헌제가 탄핵했고 이는 한국 교회의 탄핵이고 대한민국의 체제 탄핵이다. 부정선거의 온상인 선관위의 해체없이 대선은 공산주의자 이재명의 당선으로 고려연방제로 가는 지름길을 열어주는 것이다. Online상에서 자유 유튜브 방송과 디지털 손가락 의병들과 국민주권의 자유 혁명이 완성되는 광화문 이승만광장에서 1,000만명의 혁명인 헌법 위에 있는 국민저항권으로 헌법과 법치를 무참히 짓밟고 파괴하고 있는 공산주의자들과 그들을 돕는 시진핑의 중공과 김정은의 북괴와 그 뒤의 Deepstate/Illuminati 세력들을 물리쳐야만 그리고 부정선거가 속히 밝혀져서 국민의힘당과 자유통일당이 도둑맞은 의석들이 새로운 총선으로 회복되야 자유 통일의 길로 가게 될 것입니다. 김철홍 교수에 따르면 윤 대통령과 한미일 동맹을 지켜내지 못한다면 자유 대한민국은 중국식 사회주의로 가게 된다고 엄중한 경고식 진단을 했다. See http://youtube.com/watch?v=sRwPDle1SRA&si=YJv6bbNS__vlPsbD. 할렐루야! 자유 대한민국의 주인이신 주 하나님! 대한민국을 살려주셔서 자유 한국 복음 통일의 길로 나아가게 하셔서 주님 오실 길을 예비하게 하여 주시옵소서. 아멘!

음을 의미한다. 22는 프리메이슨의 최고 건축자의 숫자이고 '스컬 앤 본즈(Skull and Bones [322])'에게 특별한 의미가 있는 수이다. 히브리어 알파벳은 22글자가 있고 타로의 주요 아르카나(Arcana)에는 22개의 카드가 있으며 카발리스틱 세피로딕(Kabbalistic Sephirothic) 나무에 22개의 경로 또는 채널이 있다. 22는 또한 동시에(혹은 아닐 수도 있음) 종교 연합 이니셔티브(United Religions Initiative/URI)의 상징인 원형으로된 고대 숫자 기호이기도 하다. 22는 타로 카드에서는 0 열쇠를 원형으로 하는 바보 카드이므로 신의 힘을 표현하는 역할을 한다. 다시 만일 비밀 기관들이 심리 드라마에서 22점을 얻을 수 있다면 그렇게 될 것이다.[242] 최근에 3월 22일에 많은 사건(이벤트)의 재난이 있었다. 왜냐하면 3/22라는 명백한 날짜는 그들의 특별한 숫자이기 때문이다. 2016년 브뤼셀 폭탄 테러와 정확하게 1년 뒤에 영국 런던 웨스터민스터 브리지 테러 공격이 2017년 3/22일에 발생했다.

프리메이슨 종교가 33도를 가졌기 때문에 33은 엘리트들에게 전율하게하는 숫자이다. 그래서 그들은 어떤 정치적 사건이나 행동 속에 이 특별한 숫자를 적용하거나 그들이 통제하고 있는 것을 보여주려고 다른 입문자들에게 암호화된 메시지로 전달하는 것을 선호하고 일반인들의 희생을 조롱하기도 한다. 33은 또한 특별한 숫자로서 하늘의 군대/천사의 1/3 이었던 사탄의 반역 기간 동안에 땅에 떨어진 귀신(마귀)들의 숫자들이기 때문이다. 그리고 요한계시록 12:4에서 33은 1/3이다.

---

242 See Faith Javane and Dusty Bunker, *Ibid.*, p.176; Annemarie Schimmel, *The Mystery of Numbers* (Oxford: Oxford University Press, 1994).

"그 꼬리가 하늘의 별 삼분의 일을 끌어다가 땅에 내던졌느니라. 용이 막 해산하려는 여자 앞에 서서 그가 태어나면 그녀의 아이를 삼키려고 하였더라(계 12:4)."

예수님이 십자가에 못 박히실 때 33살이셨다. 그러나 아무도 무슨 날짜에 태어나셨는지 아는 사람이 없기 때문에 단지 추정할 뿐이다. 왜냐하면 그것은 당신이 예수님의 출생으로 취하는 날짜에 의존하기 때문이다. 눅 3:23에는 예수님께서 그분의 사역을 시작하셨을 때가 30세 가량 되셨다고 말씀하고 있다.

"예수님께서 가르치심을 시작하실 때에 삼십 세쯤 되시니라. 사람들이 아는 대로는 요셉의 아들이니 요셉은 헬리(Heli: 요셉[Joseph])의 아들이요(눅 3:23)."

우리가 예수님의 놀라운 사역이 단지 3년간 지속되셨다고 믿는 것은 3번의 유월절을 언급한 요한(복음)으로부터 알게 된다.

물은 화씨(Fahrenheit) 32도에서 동결되었지만 33도에서는 실제로 동결없이 가능한 한 차갑다. 이것이 우리가 화씨 시스템을 사용하는 이유 중 하나이다.

숫자 3은 역시 중요한데 그것은 하나님 아버지 아들 예수님과 성령님이 되시는 삼위일체의 숫자이기 때문이다. 그러나 물론 그것들은 1)사탄, 2)거짓 선지자와 3)적그리스도와 관련되는 숫자이기도 하다. 그것은 2번 열면 33이 되는 제3의 눈과 관련된다. 알파벳으로 G는 당신이 2번째

돌때 알파벳으로 33번째 글자이다. 두 번째로 알파벳을 열거하면 문자 G는 33번째 문자이므로 당신이 26개의 영어 알파벳 더하기 7을 하면 알파벳 G가 33번째가 된다. G는 프리메이슨 콤파스와 정사각형의 중앙에 있는 알파벳 G이다.

숫자들은 당신이 알고 있는 것보다 훨씬 더 중요하다. 전반적으로 2033년은 우리 행성을 운영하는 오컬티스트들에게는 중요한 해이거나 2031년이 33(2+31)이 되는 중요한 해일 수 있는 이유이다. 그것은 아마도 그들의 꼬이고 비뚤어진 신앙에 가장 가까운 년도들 중 하나이다. 그래서 그들은 이들의 년도들 중에 하나의 대대적 변화를 일으킬 수 있는데 이 연도들은 그리스도 이후에 2,000년이 되는 년도이기도 하다.

66은 33의 두 배이고 하나의 암호화된 메시지로서 돌발 상황이 발생할 수 있다(많은 사람들이 성경을 66권으로 구성됐다고 믿는다. 그러나 사실은 아니다. 시편은 5권의 책으로 나뉘어져 있어서 성경은 70권의 책들로 구성되어 있다.).

알리스터 크롤리(Aleister Crowley)에 의해서 착수된 델레마(Thelema)의 종교에 따르면 사타니스트들(Satanists)이 특별하게 생각하는 숫자는 93이다. 헬라 수비학(Isopsephy)에서 델레마(Thelema/Θέλημα: Θ = 9, E = 5, Λ = 30, H = 8, M = 40, A = 1 Total = 93)라는 단어는 '뜻'을 의미하고 아가페(Agape/Αγάπη: A = 1, Γ = 3, A = 1, Π = 80, H = 8 Total = 93)란 단어는 '사랑'을 의미한다. 합하면 93이 된다. 그래서 "당신이 원하는 것을 하는 것은 법 자체가 될 것이다(Do what thou wilt shall be the whole of the law)."라고 쓰는 대신에 그들은 단지 93을 넣었다. 그것은 그들의 전화 카드(Calling Card)이다.

민간 이슬람에서는 알라의 이름에 99가 있기 때문에 99를 특별한 숫자로 믿는다. 그 숫자는 손바닥에 적혀 있다. 왼쪽 손바닥의 주름에는 아랍어로 VI 숫자 (81)이 있고 오른쪽 손바닥에는 아랍 숫자로 18인 IV이 있다. 그래서 이들 숫자들은 18과 81인데 [합하면]-99와 같다. 불행하게도 18은 6이 3개로 이루어진 숫자이기 때문에 악마의 눈에 띄지 않는다. 분명히 99를 뒤집으면 66이고 그것은 어떤 진짜 신적 숫자들을 완성하는 것으로 보이지는 않는다. 그것은 몇몇의 무슬림을 위한 손금 보기이다.[243]

수비학은 분명히 완전히 가짜 신앙이고 미신적 '신비주의 오컬티즘(Superstitious Occultism)'인데 엘리트(The Elite)나 장미십자회(Rosicrucians)와 프리메이슨(Freemasons)들에게는 이러한 숫자들 속에 특별히 많은 의미를 넣어두고 언급한 것처럼 만일 당신이 어떤 사건이 비의적 의미와 숨겨진 암시가 사실인지 확인하고 싶다면, 몇몇 숫자들을 더하면 이들 주제의 지식을 가지는데 도움이 될 것이다. 기독교는 계 13:18의 유명한 666을 제외하고 기록된 책들 속에 수비학이나 게마트리아가 없다. 그러나 이것은 단지 다른 종교, 즉 비밀 정치 조직 종교와 관련이 있기 때문이다. 여하튼 이것은 단지 하나의 설명과 주석일 뿐이다. 즉 우리는 부분적으로 알고 부분적으로 예언할 뿐이다. 성경의 계시들이 아직도 완전히 성취되지 않았기 때문에 우리는 이것이 무엇과 관련이 있는지 정확히는 모른다. 성취되는 그 시간이 오면 그 생각이 분명해질 것이다.[244] '유럽원자력공동연구소(Cern - Conseil Européen pour La

---

243　See Bill A Musk, *The Unseen Face of Islam* (USA: Monarch Books, 2005), p. 208.
244　"우리가 부분적으로 알고 부분적으로 예언하나니(고전 13:9)." "온전한 것이 올 때에는 부분적

Recherche Nucléaire=The European Organization for Nuclear Research)'는 666의 상징을 가지고 있으며 우리가 아마도 들어갈 수 있는 컴퓨터화된 단일 언어 짐승 시스템의 가능한 후보일 수 있다. 과거로부터 내려온 설명에는 히브리어 게마트리아에서 '네론 카이사르(Neron Caesar)'의 철자를 합하면 666이 된다는 것이었다.[245] Neron의 끝철자 n을 빼면 히브리어로(히브리어 알파벳 Nun 생략) Nero는 616란 숫자가 나오고 이는 요한계시록의 헬라어 버전은 616이고 다른 버전은 666 숫자로 설명한다. Trajan Hadrianus 역시 합산하면 666이 되고 가능한 후보로 알려져 있지만 그러나 요한계시록의 날짜가 너무 늦어서 가능성이 희박해 보인다.

숫자들은 약간의 의미가 있고 성경의 다양한 이야기들을 이해하는데 도움이 되는 몇 가지 암시들이기도 하다. 예를 들면, 예수님께서 막 6:30-44에서 5,000명을 먹이심은 이스라엘에 대한 언급이며 군중들은 유대인들이며 12바구니가 남았고 이스라엘 족속들 각각에 한 바구니를 의미한다. 예수님께서 막 8:1-13의 4,000명 먹이심은 군중들은 이방인들이고 7바구니 남았는데(마 8:8) 이방인들의 보편적 성격을 상징한다. 이것은 수비학과 같지 않다. 하나님은 수비학이나 게마트리아를 수행하지 않지만, 무슨 일이 일어나고 있는지 이해하려면 사건이 실제인지 아닌지에 대한 몇 가지 결정을 내릴 수 있도록 이에 대한 실무 지식이 필요하다. 만일 숫자가 중요하고 다른 모든 증거들은 사기를 가리키는 경우 사기

으로 하던 것이 사라지리라…우리가 지금은 거울로 보는 것처럼 희미하나 그때에는 얼굴과 얼굴을 대하여 볼 것이요. 지금은 내가 부분적으로 아나 그때는 주님께서 나를 아신 것처럼 내가 온전히 알리라(고전 13:10, 12)."

245 See Steven L. McKenzie, *Oxford Encyclopedia of Biblical Interpretation* (Oxford: Oxford University Press, 2013).

가 있는 것이기에 놀라지 마시라. 그런 일은 발생할 것이고 그 빈도는 해가 갈수록 놀라울 정도로 증가할 것으로 보인다. 가짜 세대를 위한 가짜 뉴스(Fake News for a Fake Generation)!

그래서 이것으로 당신은 많은 사건들이 오늘날 세상에서 계획되고 통제되는 특이한 상황을 이해하는 열쇠들을 갖게 된다. 이제 당신은 그들의 [거짓 정체]를 비웃고 그들의 유아 같은 게임에서 판도를 뒤집을 수 있다. 당신은 이들 숫자들을 단순히 더하고 그것들이 특별한 조합이 있는지를 확인하기만 하면 된다. 당신이 그들의 숫자를 알아내려면 가끔 상당히 창의적이어야 하지만 "대부분 섬뜩한 연극들이나 국정 운영(State Craft) 사건"에 있을 것이다. 만일 당신이 11, 13, 22와 33과 가능한 26(13의 두 배)과 39(13의 3배)를 고수하면 당신은 이 정보만으로도 아주 쉽게 '비밀 정치 조직의 지문(Fingerprints of Cryptocracy)'을 발견할 수 있을 것이다.

9/11

숫자 마법 중에 가장 확실한 예는 9/11이다. 이것은 꼭대기에서부터 바닥까지 특별한 숫자들로 가득 차 있다. 이것은 그 숫자 속에 음모론자들이 기록해 놓았기 때문이 아니라 극악무도한 범죄자들이 이들 숫자들을 그들의 '오컬트 마인드 컨트롤(Occult Mind Control)' 프로그램의 일부로 사용해왔기 때문이다. 그들은 전 세계를 말 그대로 그들의 주문에 걸리게 해야 했고 대부분 그들은 성공했다. 9/11은 네트워크의 진로를 더욱 발전시켜서 2차 세계 대전 이후에 가장 중요한 사건이었다. 그러나 그것은 역시 미래의 신세계 질서의 계략 중 일부를 노출했을 뿐이다. 그래서 오늘날 세계에서 발생하고 있는 것 뒤에는 하나의 비밀 카발(Secret Cabal)이 있다는 것을 알려주는 하나의 출발 지점이다. 그것은 완전한 그림을 얻기 위해서 '거대한 그림 맞추기 퍼즐(Enormous Jigsaw Puzzle)'처럼 함께 모아서 만드는 것이 필요한 매우 복잡한 상황이다.

    9.11은 새로운 문명의 '산고(Birth Pangs)'요 우리가 곧 진입하게 될 징후이다. 또 9/11은 우리가 현재 살고 있는 최근의 경제적, 정치적 그리고 사회적 [종교와 문화적/Religious and Cultural] 구조의 종말의 시작이었다. 9/11은 2가 1이 되는 때였다. 다른 말로 빛과 어두움, 태양과 달, 남성과 여성의 이중성의 국면을 대표하는 2개의 타워는 사라지고 하나의 글로벌 통일체로의 통합을 상징하는 하나의 세계무역센터로 대체되었다. 엘리트들과 그들의 루시퍼리안 종교에 대한 이런 비유(우화)는 반대의 완벽한 결합이 통일체로 대체될 때 그들의 가장 높은 신성의 본질이 표출된다. 이때 그들의 오컬트(신비주의) 균형이 회복된다.

    이것이 9/11날에 발생했던 그들의 관점이다. 남성과 여성의 2타워로 대표되는 그들의 가장 기본적 존재의 인류의 2가지 측면들이 하나로 결합되는 '자웅 일체의 단일 세계무역센터(Androgynous One World Trade Center)'는 Freedom Tower/자유 타워라고 또한 불린다. 인간의 '가정된 진화(Supposed Evolution)'의 다음 단계로 인간을 계몽하기 위한 합성으로 그들은 비유적으로 사람을 완벽한 어두운 장소로 인도하고 이 의도적인 장소에서 그때 사람은 깨달을 수 있다. 다음 단계로 진보하기 위해서 그들은 도덕적 섬유질을 찾고 다음 페러다임으로 자유로워지려면 절

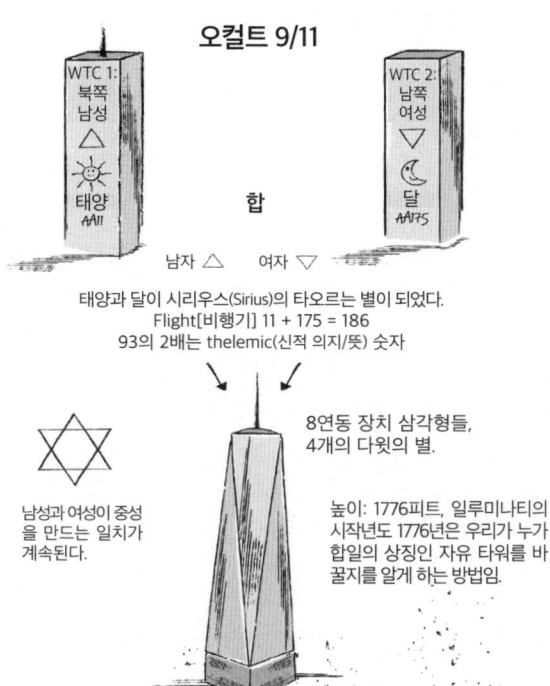

망과 파괴의 한 장소로 인도해야만 하는데 그것은 이것을 믿는 일종의 '독이든 이중성(Poisonous Duality)'이다.

정확하게 그것이 9/11에서 발생한 것이다. 다음 패러다임은 '다양하고 새로운 심리학적 신화학들(Several New Psychological Mythologies)'에서 출시되는데 그것은 '테러와의 전쟁(War On Terror)'과 이슬람의 테러리즘(Islam Terrorism)을 증가시켜서 '감시 국가(The Surveillance State)'를 정당화하려는 것이다. 반대 편과의 충돌에 의해서 형성되는 이런 일치(통일)의 개념은 아이작 루리아(Isaac Luria)의 카발리스트 학교(Kabbalists

School)²⁴⁶에서 그것을 발견했던 헤겔(Hegel)까지 거슬러 올라간다. 그 개념은 한 결론을 만들려고 연합하는 2개의 다른 개념들이다. 이것이 카발리즘(Kabbalism)과 헤겔리즘(Hegelianism)인데 비밀 정치 조직들이 그들의 사건들을 진행시키려고 고용하는 방법들 중에 하나이다.

2개가 1가 되는 것은 1985년에 'Back to the Future (1부)/미래로의 귀환²⁴⁷이란 영화에 성문화 되었으며 여기서 쌍둥이 소나무가 외로운 소나무가 되었다. 'Back to the Future II(2부)'의 지식과 결합해서 그곳에 소나무들이 세계 무역 타워들로 변신이 됐기에 그 '프로그래밍'은 부정할 수 없다. 그들은 그 사고 16년 전인 1985년에 2001년 9월 11일에 일어날 "9/11"에 대해서 이미 알고 있었다.

9월 11일은 이집트 달력(알렉산드리아 달력)에 기초된 콥틱 달력의 새해의 첫날이었다.²⁴⁸ 그것은 토트(Thoth)의 달의 제1일이며 물론 토트는 '일루미나티' 지혜의 신이고 이집트 신들 중에 가장 높은 등급의 신들 중에 한 명이므로 그날은 신세계 질서의 조성을 위한 완벽한 날이었다. 신세계 질서를 위한 새해, 고대 이집트 시대에서 별 시리우스(Sirius)가 수평선 너머로 1년 중 처음으로 나선형으로 상승하는 것을 볼 수 있었던 그날이다. 토트는 그리스 판테온(헬라 만신전)에서 헤르메스(Hermes)가 됐고 헤르메스는 로마 신인 야누스(Janus)가 됐다. 이것이 일루미나티 신

---

246 See https;//en.m.wikipedia.org/wiki/Lurianic_Kabbalah#:~:text=Lurianic%20Kabbalah%20is%20a%20school,had%20disseminated%20in%20Medieval%20circles; Eliahu Klein, *Kabbalah Creation: Issac Luria's Earlier Mysticism: The Mysticism of Isaac Luria, Founder of Modern Kabbalah* (Berkeley: North Atlantic Books, 2005).

247 See https://en.m.wikipedia.org/wiki/Back_to_the_Future.

248 See https://en.m.wikipedia.org/wiki/Coptic_calendar.

인 쌍두 관문의 신이요 신들의 메신저인 야누스이다.[249] 토트는 이집트인들의 마술, 과학, 종교의 신으로 숭배됐고 달의 의인화를 표현한다. 토트의 머리 꼭대기에는 초승달이 있었다.[250] 신세계 질서를 시작하는 최종 단계로서 더 좋은 날은? 물론 이 설명에서는 9월은 9번째 달이 아니라 7번째 달이다. 토트는 달로 대표되는 하늘 신인 호루스(Horus)의 왼쪽 눈이고(슥 11:17: "양떼를 버린 못된 목자에게 화있을진저! 칼이 그의 팔과 그의 오른쪽 눈을 칠 것이니 그의 팔이 완전히 마르고 그의 오른쪽 눈이 완전히 어두워지리라"[원전 직역]). 오른쪽 눈은 태양신인 라(Ra)였다. 여기서 주목할 점은 더 설명이 필요한데 토트의 달 신과 이슬람 신 사이에 연결점이 있다는 것이다. 이에 대해서는 나중에 자세하게 설명하겠다. 2001년 9월 11은 또한 구체제의 종식을 나타내기 때문에 의미심장하다. 1999년에 제작된 영화 매트릭스(Matrix)에서 등장한 주인공 네오(Neo)는 전형적인 새 사람의 형태인 신질서를 위한 신아담 카드몬(Kadmon)이었다. Neo는 헬라어로 New/새로운을 의미하고 한 분을 위한 말장난(어구전철)이고 그는 구원자나 메시아의 형태로 신질서로 들어오고 있었기 때문에 또한 영화 속에서는 'the One[더 원/그 한 분]'으로 불렸다. 그의 여권은 영화 속에서 나타났고 2001년 9/11에 종료가 되었다.[251] 그러므로 전반적인 주제는 구질서는 여권이 보여주듯이 종료되었다. 하나의 신세계 형태의 구원자인 더 원(the One/한 분)은 파괴된 전체주의 정부의 신질서를 반입했다.

---

249 See E. A Wallis Budge, *The Book of the Dead* (London: Arcturus, 2021), p. 20.
250 See E. A Wallis Budge, *ibid.*, p. 78.
251 Neo's (Thomas Anderson) Passport의 image에 대한 웹을 찾아보라. https://www.reddit.com/r/MovieDetails/comments/d40wnq/in_the_matrix_neos_passport_expires_on_september/.

9/11을 전부 설명하는 것이 이 책의 목적이 아니고 인류가 '어느 정도 마술사(Master Illusionists/마스터 환상가)의 주문 아래에 떨어졌는가에 대한 이해'를 시도하기 위함이고 신세계 질서의 종교들의 주제를 탐구하는 출발점으로 삼고 음모론자들의 어두운 궤계를 드러내기 위함이다. 9/11날 발생했던 개요/윤곽을 설명하는 것이 필요하고 그것을 둘러싼 마술을(어린양의 피와 말씀의 검으로/계 12:11: "그들은[형제들] 그[사탄]를 어린양의 피와 그들의 증언하는 [하나님의] 말씀으로 이겼더라. 그들은 죽기까지 그들의 생명을 아끼지 아니하였도다") 어린양의 피와 하나님의 말씀의 검으로 쫓아내는 것이 반드시 필요하다. 대부분의 사람들은 아직도 그 주문 아래에 놓여 있기에 이 책의 목적은 이 주문(Spell)을 깨뜨리는 것이다. 그리고 당신은 진리를 볼 수 있을 것이다(요 8:32). 그리고 승리할 것이다(계 12:11).

그릇된(역) 정보(Disinformation)

먼저 엄청난 양의 그릇된 정보들을 벗겨내는 것이 필요하다. 간략히 말해서 그릇된 정보라는 것은 1. 계획들이 없는 동안에 계획들이 있다. 2. 아무도 없을 때 이슬람 근본주의자들이 있다. 3. 사실 그것은 세계가 아직도 모르는 하나의 '최첨단 기술 무기(High-Tech Weapon)'에 의해서 야기됐을 때 세계무역센터 빌딩들이 '등유(Kerosene Fuel)가 불타는 구조적 실패의 결과로서 '팬케이크 붕괴(Pancake Collapsed)'가 됐다는 3가지이다.

더 깊이 그릇된 정보를 파는 분들을 위해서는 아래 3가지를 보시길 바란다. 1. 이스라엘의 모사드(Mossad)나 사우디 아라비아의 책임이 있었다. 2. 미국 정부는 포함됐지만 적어도 그날 군사적 행동을 그만두었기 때문에 공범자이고 그리고 비밀 정치 조직이 아니었다. 3. 마지막으로 더 깊은 그릇된(역) 정보 프로그래밍의 가장 중요한 조작들 중 하나는 "9/11 진실주의자들(Truthers)이 비행기들이 없었다"라고 믿는 것이 미쳤다는 것이다. 이것은 중요하다. 왜냐하면 비행기가 있었다는 이야기를 이해하는 것과 비행기가 없었다는 이야기 사이의 차이는 9/11의 완전한 신화학(Mythology)의 요점(Crux)이기 때문이다. 무슬림들이 9/11을 일으켰다는 전제에서 함께 뭉치는 비행기들의 이야기에 기초한다. 물론 그것이 없었기 때문이다. 그러므로 비행기들의 이야기는 매우 조심스러운 분석이 필요하다.

미디어는 이 모든 점에서 우리 모두를 잘못된 길로 인도한다.

비행기들이 없음(No Planes)

비행기들은 없었다. 이것은 대부분의 사람들을 위해서 '진짜 거래차단기(Real Deal Breaker)'가 될 것이다. 왜냐하면 비행기가 있었다는 것을 점차적으로 우리가 들었기 때문이다. 그러나 만일 당신이 비디오들을 보고 조사하면 상상하는 비행기들에 대한 모든 증언은 결함이 있다는 것과 어떤 상상의 비행기의 모든 비디오는 '합성됐고 컴퓨터 생성이미지로 조작됐다(Photoshopped or CGI'd)²⁵²는 것을 알게 될 것이다. 당신이 비행기에 대해서 생각하는 한 진실을 볼 수 없다. 비행기가 건물에 충돌한다면 마치 자동차가 난간을 들이받아 쭈글쭈글 구겨지는 것이기에 비행기가 빌딩 속으로 들어가는 것은 불가능하다. 제2 세계무역센터에서 비행기가 건물 전체를 통과해서 '노즈콘²⁵³ 없이(Airplane Cone INTACT)' 다른 쪽으로 나오는 것은 말도 안 되는(Ridiculous/어리석은) 개념이다. 그것은 비행기이지 미사일이 아니다. 노즈콘(Nose Cone/깨지지 않은)은 단단한 플라스틱이나 탄소 섬유로 만들어지지만 그것이 통과했던 유리나 강철빔(Girder)으로 결합된 강력한 저항력을 가진 것처럼 그렇게 강하지 못하며(게다가 강철빔 3세트로 만든 중앙 기둥들에 대한 언급이 없고) 그것이 온전하게 다른쪽으로 나타나려면 2번을 거쳐야 했다. 비행기가 만들었어야만 하는 구멍조차 당신이 사진을 보면 실재로 존재하지 않았다. 비행기가 빌딩을 관통할 수는 없다.

 9/11 그림을 냄새맡으면 저자에게는 사탄의 엄지 손가락처럼 보인다(그 반대는 하나님의 손가락임). YouTube상에 있는 비디오들을 많이 연구한 후에 그리고 그밖의 노력으로 당신은 이것을 이해할 수 있어야 한다. 그러나 당신이 이러한 결론에 도달하기 위해서는 공부를 해야만 한다. 당신이 할 수 있는 것처럼 그렇게 상상 포토샵이 된(Imaginary Photoshopped) 9/11 비행기 충돌처럼 그렇게 많이 당신이 관찰할 때까

---

252 CGI는 Computer Generated Imagery의 약자로서 컴퓨터 소프트웨어(computer software)를 사용해서 특별한 비주얼 효과를 창조해낸다. See https://en.m.wikipedia.org/wiki/Computer-generated_imagery.

253 Nose Cone은 미사일, 로켓, 비행기 등의 맨 앞부분을 말한다. 일반적으로 공기역학적 저항이 적게끔 유선형에 뾰족하게 디자인 된다. See https://en.m.wikipedia.org/wiki/Nose_cone.

지 제발 당신의 손을 떼지 않도록 하라.[254] 당신은 9/11에 대한 많은 책들을 읽을 필요는 없다. 당신이 해야만 하는 모든 것은 빌딩 속으로 비행기가 들어가는 것을 보고 이것이 진짜인지 아닌지 당신 자신에게 분명한 질문을 던지는 것이다. 또한 당신은 만일 비행기의 화소(Pixels: Picture Element)가 빌딩 속으로 들어갔을 때 비행기가 삭제됐는지를 물어볼 수 있고 만일 비행기가 강철과 유리를 관통해서 버터를 관통하는 칼처럼 빌딩 속으로 진짜로 들어갔는지를 물어볼 수 있다. 그것은 물리학을 무시하는 것이다(DEFYING PHYSICS)!

CGI[255]비행기가 WTC2 속으로 사라지고 손상되지 않고 다른 쪽으로 나온다.

CGI 비행기가 강철빔 3세트로 된 것을 관통해서 다른 편으로 나온다. 분명히 그것은 진짜 비행기가 아니다.

와우! 우리는 다른 쪽으로 갔어!

---

254 See https://www.youtube.com//watch?v=9cvWbmE. 그리고 더 자세한 것은 유튜브에서 '9/11 nose out'(코를 내밀다)이나 '9/11 no planes(비행기들이 없다)'를 찾아보라.

255 CGI는 컴퓨터 생성 이미지(Computer Generated Imagery)의 약자로서 computer software를 사용해서 특별한 비주얼 효과를 창조해낸다. 즉, 예술, 인쇄 매체, 시뮬레이터, 비디오와 비디오 게임 등의 이미지들을 창조하거나 증진시키기 위한 컴퓨터 그래픽들의 특별한 기술이나 적용을 말한다. See https://en.wikipedia.org/wiki/Computer-generated_imagery.

첫 번째 상상의, 가짜, 가짜, 존재하지 않는 비행기가 제1 세계무역센터를 들이받았는데 American Airlines 11이었다. 다른 말로 AA11은 11/11과 숫자 11이 텔레마(Thelema: 신적 의지/뜻)[256]와 앞에서 언급한 것처럼 알리스터 크롤리(Aleister Crowley)에 따르면 마술 숫자의 의미심장함을 뜻한다. 제2 세계무역센터를 들이받은 두 번째 화상, 존재하지 않는 비행기는 Flight 175였다. 이것은 빌딩 끝까지 가서 다른 편으로 나간 비행기이다.[257] 그 뒤에 존재하지 않는 가짜 비행기 Flight 93이 있다. 단순히 숫자만 보면 당신은 비행기 숫자가 있는 것과 없는 것을 발견할 수 있다. 이 숫자들을 합산하고 3으로 나누면 93이다.

Flight Number 11 + Flight Number 175 = 186을 2로 나누면 93이다. 또는 Flight Number 11 + Flight Number 175 + Flight Number 93은 279를 3으로 나누면 93이다.

93은 알리스터 크롤리에 의해서 개발된 종교인 텔레마(Thelema)의 특별한 숫자이다. 그리고 이것은 그들이 그들의 편지들과 책들을 서로 서명하는 방법이다. 그들은 숫자 93을 서명으로 넣는다. 그리고 여기서 우리는 93이라 숫자로 서명된 최근 인간 역사에서 가장 중요한 사건을 접하는데 분명히 일치하지는 않는다. 사탄의 숫자이다. 39를 거꾸로하면

---

[256] 고전 헬라어에서는 뜻/의지(will)에 대한 2단어가 있는데 Thelema (Gk. θέλημα/텔레마)와 boule (Gk. βουλή/보울레)이다. Boule은 결정, 목적, 의도, 상담 또는 프로젝트 등의 의미가 있고 Thelema는 '신적 의지/뜻, 욕구나 즐거움을 의미한다. 텔레마는 서구 비밀과 오컬트 사회와 영적 철학일 뿐만 아니라 1900년대 초에 영국 작가, 신비, 오컬트와 축한 마술사인 알리스터 크롤리(Aleister Crowley/1875-1947)에 의해서 창설된 새로운 종교 운동이다. See https://en.m.wikipedia.org/wiki/Thelema; *His The Holy Books of Thelema* (Newburyport: Red Wheel/Weiser, 1983).

[257] 이것은 한 비행기의 모습의 노출인데 이것은 심겨진 야바위 허위 정보로서(자자의 관점에서 완전하게 비성공적으로) 논의됐다.

93이고 39는 13의 3배이다. 그들이 그것을 좋아하는 종교의 궁극적 반전이고 그들의 전화 카드(Calling Card)로서 모든 종류의 상황들 속에다 넣는 것이다. 그리고 사랑과 뜻은 헬라 게마트리아로 93으로 더해지기 때문이다. 텔레마(Thelema)란 단어는 코이네 헬라어(Koine Greek[신약 성경의 기록 언에])에서 기인한 것으로서 '신의 뜻'을 의미하며 그 뜻은 법이 있는 이유인데 '당신이 원하는 것을 하라는 것이 법의 전체가 되게 하라. 즉 사랑은 그 법이다, 사랑은 뜻 아래 있다(Do what thou wilt shall be the whole of the Law. Love is the law, love under will).'는 것이다. 알리스터 크롤리는 이런 악한 프리메이슨 마술이 충만한 종교를 아이와스(Aiwass)로부터 받았고 그는 그를 거룩한 안내 천사 또는 호루스(Horus)가 되도록 요구했다. 우연히 아이와스는 회색의 외계인처럼 보였고 1904년에 세계는 그것을 처음 보았다.[258] 9/11의 범죄자들이 우리가 이런 숫자들에 관해서 알기를 원했고 이러한 연결들에 흥미를 보였다. 왜냐하면 이것은 사람들에게 일종의 유약을 바르는 그들의 마인드 컨트롤 기술의 부분이기 때문이다. 그래서 그들은 9/11의 진실을 알수가 없게 된다. 사람들은 비밀 대리인들의 도움으로 자신의 정부가 자신의 사람들을 죽이려고 자신들의 빌딩을 폭발시키는 것을 이해할 수 없다. 그것은 대부분의 사람들이 감당하기 힘들다.

2개의 타워 역시 거대한 회색 구름을 동반한 연기 더미 속으로 올라갔다. 전이나 후로 세상이 본 어떤 것과도 같지 않았고 그것은 팬케이크 붕괴와는 아무런 관련이 없다. 그것은 재래식 폭발과 같은 일반적인 파괴

---

[258] See Aleister Crowley, *The Book of the Law* (Scotts Valley: CreateSpace Publishing Platform, 2018); https://en.m.wikipedia.org/wiki/Aiwass.

가 아니다. 나노 테르밋(Nano Thermite)은 산화철과 산화 알루미늄의 고밀도로 부서진 형태인데 다른 많은 환원제들과 함께 섞일 때 초고온에서 타고 전형적으로 섭시(Celsius) 4,400도 어간이며 정확하게 배치하면 강철 빔을 자를 수 있다. 이 화합물의 문제점은 극단적으로 밝게 타서 세계무역센터 빌딩을 크리스마스 트리처럼 밝게 비출 수 있기 때문에 이것은 답이 아니다. 그래서 도외시 되어야 한다. 어쨌든 나노 테르밋은 재래식 폭파(Conventional Explosive)에 사용되지 않는다. 수천의 거대하고 무거운 강철 빔들은 몇 초만에 사라졌다. 문자적으로 허공으로 사라졌고 수만 톤의 콘크리트와 함께 비물질로 변했다. 이것은 비행기론 설명이 될 수 없다. 여하튼 등유(Kerosene)의 2-3천 갤런(Gallons)이 강철을 녹이기에 충분히 뜨겁게 못태운다. 이것은 재래식 폭발물에 의해서도 설명이 될 수 없다. 주디 우드(Judy Wood)[259] 박사는 그녀의 주석이 잘된 책인 'Where did the Towers Go?/타워는 어디로 갔나?'에서 이 질문들에 답변하기를 "훌륭하게 그리고 음모론적이지 않은 방식으로 답변을 제시하며 에너지 지향적형 무기가 다른 어떤 알려진 장치보다 특이한 상황을 잘 설명할 것임을 훌륭하게 밝혀냈다."고 말했다. 분명히 정부들은 우리가 알지 못하는 모든 종류의 지역에서 연구를 실행해왔다. 수많은 연구가 끝나고서 당신은 에너지 지향적인 무기가 단 몇 초만에 타워를 먼지로 만드는 데 사용되었다는 아직까지 입증되지 않은 결론에 도달하게 될 것이다. 허치슨(Hutchison) 효과는 라디오 파동과 고전압, 그리고 정

---

259 See Judy D. Wood, *Where Did the Towers Go?: Evidence of Directed Free-Energy Technology on 9/11* (Deansgate: Judy Wood, 2010).

전파가 겹칠 때 이상한 현상을 일으키는 현상이다.[260] 불행하게도 존 허치슨(John Hutchison)이란 사람은 그다지 신뢰할 만한 인물이 아닌 것 같다. 그러므로 그가 실제로 에너지 지향 장치에 대한 모든 문의가 지향될 수 있는 진짜 심겨진 정보원이 아닌지 질문을 던져볼 필요가 있다. 이러한 방법으로 그들은 실제로 발생한 진실을 숨기고 정보의 흐름을 통제하는 것이다. 어떻게 자격을 갖춘 과학자가 아닌 사람이 출현하고 거대한 정부에 영향을 미치고 이런 강력한 과학을 개발하고 통제할 수 있을까?[261] 어떻게 거대한 예산을 쓴 다르파(DARPA)와 같은 정부 기금 연구 대행사들이 이것을 창조해내는데 실패했을까? 그것은 에너지 지향적인 장치의 사실에 대해서 사람들을 속이려는 또 다른 통제 방법에 대한 문지기인 저자에게 보여서 악취가 난다.[262]

새로운 무기를 사용해서 금속과 콘크리트가 먼지가 됐다. 아무도 완벽한 살인을 위해서 완벽한 무기처럼 보이는 것을 알지 못한다. 그리고 군대가 물러나고 비행기들과 무슬림 납치범들은 모든 연막이었다. 철저하게 꾸며진 이야기들이었고 환각이 다시 실제로 발생한 것을 숨기고 무슬림들[과격한 단체 부각용으로서]을 패치(Patsy/ 속아 넘어가기 쉬운 사람)로 사용했다. 9/11의 문제는 더 많은 허위 정보가 선동됐다는 것이다. 일단 당신이 모든 연구를 완료했다면 분별과 지능을 사용해서 당신은

260　See Judy D. Wood, *Where did the TOWERS Go?* (Deansgate: Judy Wood, 2010), p.445.
261　See John Hutchison's Website, http://www.hutchisoneffect.com/.
262　열핵(Thermonuclear) 폭탄의 형태나 아마도 플루토늄(Plutonium) 폭탄 형태의 다양한 소형 핵무기(Mini-Nukes)가 역시 하나의 가능한 설명으로 제안되었다. 매 5층마다 사과 크기의 플루토늄 폭탄이 설치될 수 있었다. 이것 역시 가능성이 없는 설명이다. 왜냐하면 폭발 소리가 들렸어야만 하고 방사능이 발견되었어야 하기 때문이다. 이것은 아직도 유출되지 않는 어떤 무기의 형태의 정보이기 때문에 비밀이다. 그들이 우리가 알도록 하는 무기들과 DARPA를 비교하라. See https://www.darpa.mil/.

버려야 할 것과 계속 지켜야 할 것을 결정해야만 한다. 소위 말해서 노먼 미네타(Norman Mineta/미 교통부장관)의 증언조차도 비행기들은 50마일 그 뒤 30마일과 10마일 밖에 있었다는 것은 딕 체니(Dick Cheney)와 함께 무시되어야만 한다. 즉 왜 그는 이 정보를 드러냈을까?[263] 누가 9/11을 실행했는지 노먼 미네타가 그의 사업 동료인 딕 체니에게 꾼 돈을 떼어먹고 이 정보를 공개함으로써 어떤 이익을 얻는지를 선언하는 것과 같다. 더욱이 바로 그 아이디어인 9/11 작전이 백악관의 깊은 곳으로부터 실행됐다는 것은 말이 안 된다. 왜 그들은 갑자기 이 장소에서 작전을 실행하려고 했을까? 간단한 대답은 비행기가 관련되어 있다는 생각을 지속적으로 광고하는 것은 거짓 진술이라는 것이다. 당신이 비행기가 있다고 계속 생각하는 한 당신은 9/11이라는 '오컬트 마인드 컨트롤 메커니즘(Occult Mind Control Mechanism)'에서 결코 벗어날 수 없다. 왜 사라쏘싸(Sarassossa)에 있는 학교 학생들은 그날 'Kite hit steel plane must(연은 철비행기를 반드시 친다)'를 노래했을까? 그것은 비행기들이 관련되어 있었다는 생각을 잠재의식적으로 심어주기 위함이었다. 무슬림들에 의해서 비행기가 납치되지 않으면 완전히 이후의 테러와의 전쟁이 무너지기 때문에 비밀 정치 조직들에게는 비행기들의 메시지는 매우 중요하다는 것이다. 정확한 순간에 아이들은 다른 말로해서 허리를 숙여서 그들의 의자 밑에서 (사탄의 책인 Pet Goat/뚱뚱한 염소를 읽은 후) 그들의 책

---

[263] Norman Mineta의 비행기들의 허위 정보를 더 자세히 이해하려면 다음을 보라.
https://www.911myths.com/index.php/Norman_Mineta; https://www.youtube.com/watch?v=bDfdOwt2v3Y21. 'Kite steel hit plane must'를 위해서는 다음 비디오를 보라. https://m.youtube.com/watch?v=yTjz7rPjfQ; https://www.youtube.com/watch?v=1EqeELMXsyo.

들을 집어들었다. 그들은 조지 부시 (George Bush) 대통령을 받아들이는 표시로 고개를 숙이기도 했다. 그것은 최고 등급의 오컬트 극장(Occult Theatre)이었다.

비행기는 없었다. 비행기들은 단지 숫자(수비학)들이었다. 아래를 고려해보라.

Flight 11 = 11 (하나의 마스터 숫자로서 감소되거나 압축되지 않는다.).
Flight 93 = 9+3 = 12
Flight 175 = 1+7+5 = 13
Flight 77 = 7+7 = 14
총 = 50

비행기들은 단지 작전의(작동의) 숫자였고 그들의 총합산은 50이다. 50은 어떤 특별한 숫자인가?

카발라에서는 지혜의 50개 문이 있다. 그것은 지구에서 아인 소프 (Ain[눈] Soph[무한]/히브리어로 '무한한 자/눈) 즉 Divine Light/신적인 빛이나 천국으로 향하는 인간의 여정을 표현한다. 이들 숫자들의 총계는 인간이 신세계 질서인 천국, 신 패러다임(또는 Pyramid), 약속의 땅 속으로 가는 여정을 나타낸다. 출애굽기에서 모세는 이스라엘 백성들을 약속의 땅으로 인도했다. 이것은 유월절의 첫째 날과 시내산/호렙산(Shavuot/50일들)에서 모세가 십계명(Torah)을 받은 날 사이인 50일로 반영된다. 그것은 역시 헬라어로 50을 뜻하는 오순절(πεντηκοστή/Pentecost/행 2:1: "그리고 오순절이 왔을 때에 그들 모두는 한 곳에 한 마음으로 모였더라.")이라고 불리고 사도행전 2장에서 120명의 이미 예수님을 메시아로 믿는 구원받은 사람들에게 사역적 성령님(Vocational Spirit)께서 오셨던 그날(50번째 날)이었다. 그러므로 그것은 세계적인 우주적 변환을 나타낸다. 진화론은 New Age 신앙에서 배운 것과 인간을 물병자리 시대(Aquarian Age)[264] 속으로 하나의 우주적 변환을 가져오는 신지학(Theosophy)을 진행시킨다. 이것은 매우 논리(이론)적인 것처럼 보인다는 것을 기억하라. 그러나 9/11은 하나의 철저하고 조심스럽게 섞어서 만든 의식으로서 그 속에는 각 요소들이 인간을 하나의 주문 아래에 두려는 그들의 기술적 부분으로 자리를 확보해야만 했다. 그들은 네트워크 내의 회원들과 당신을 포함한 희망적으로 더 많은 사람들이 9/11의 더 깊은 의미는 신글로벌 시대로의 변환의 시작이라는 그들의 상징들을 읽어낼 수 있는 극소수의 사람들에게 알도록 했다.

마지막으로 숫자 50은 역시 희년(Jubilee Year)을 나타낸다. 고대 이스라엘에서는 빚들이 7년 만에 탕감되고 7x7 = 49년인데 50년째 되는 해는 '황금의 희년(The Golden Jubilee/레 25:8절 이하)[265]이다. 이것이 숫자가 의미하는 바를 간략하게 표현한 것이다. 비행기는 없었고 비행기에 대한 완전한 이야기와 비행기에서 오는 메시지들은 완전한 연막이다. 그것이 얼마나 훌륭했는가! 왜냐하면 아무도 그것을 해결하는 사람이 없었기 때문이다.

---

264 물병자리 시대는 현재 또는 이윽고 도래할 점성술 시대를 의미하는 점성술의 기간으로서 점성가들은 점성술의 시대는 평균 2,150년씩 지구의 느린 세차 회전의 산물이라는 견지를 유지한다. See https://en.m.wikipedia.org/wiki/Age_of_Aquarius#:~:text=A%20more%20accurate%20set%20of,3597%20CE%20(John%20Addey).

265 "너희는 일곱 안식년들을 계산할지니 이는 칠 년이 일곱 번인즉 안식년 일곱 번 동안 49년이니라(레 25:8)."

동일하게 9/11 가상의 비행기 사건의 비디오를 만드는 젊은 제거 팀에 관한 '춤추는 이스라엘인 이야기(Dancing Israelis Story)'도 일부에게는 좋은 결론을 내리지만 이 역시 허위 정보로서 무시되어야만 한다.[266] 더 속기 쉬운 사람들(Patsies/패시)과 음모 이론가들이 흥미를 갖기에 좋은 것이지만 어쩐지 너무 편리하고 그것은 더 많은 허위 정보이다. 가해자가 누구인지에 대해 주의를 산만하게 한다. 비행기는 없었다. 저자가 아는 것을 믿기는 어렵지만 그것은 진실이다.

Flight 77은 펜타곤(Pentagon)을 강타한 가상의 비행기였고 단지 회계사들과 감사관들이 불행하게도 전날 잃어버린 US$2.3 Trillion 달러(1달러가 한화 1,200원인 경우: 2경 7,600조원)의 실종자를 찾고 있던 곳으로 우연히 갔다. 또 다른 포인트는 '누가 그것을 했느냐(Who did it?)' 이다.[267]

이 모든 것에 대해 스스로에게 묻는 질문은 라틴어인 'Cui Bono(쿠이 보노/For who benefits?/누구를 위한 이익이냐?)'이다. 이스라엘인들은 이라크(Iraq)와 아프가니스탄(Afghanistan) 침공을 통해서 이익을 얻었고 미국의 엘리트들은 애국법(Patriot Acts)을 실행해서 이익을 얻었는데 이는 큰 9/11 사건 발생 몇 달 전에 준비되었다. 이는 또한 군사 무기와 이와 관련된 동맹한 모든 산업들에 더 많이 지출하기 위한 것이었고 그것을 누가 했는가에 대한 정보를 제공하기 위한 것이었다. 엘리트들은 9/11의 실행을 하지 않아도 이러한 이익들을 가져올 수 있었는데, 9/11의 이유가 이보다 더 깊이 이해하는 것이 가능하겠는가? 인류를 무기력한 형태

---

266 춤추는 이스라엘(Dancing Israel)을 위해서는 https://m.youtube.com/watch?v=xv5s_VEmZd0#bottom-sheet; https://wikispooks.com/wiki/9-11/Israel_did_it/Dancing_Israel.을 보라.

267 See https://www.youtube.com/watch?v=xU4GdHLUHwU.

(Torpor) 속으로 밀어 넣을 수 있을까? 무기력한 형태 속에서 우리가 들은 것들마다 믿게 될 '비밀 정치 조직의 세뇌와 선전 선동(Cryptocracy's Indoctrination and Propaganda)'에 의해서 떠먹여주는 숟가락이 되었는가? 저자는 그것이라고 제안한다. 그것은 세계주의자들이 단일 세계 정부를 향한 직진로에 편하게 올라섰다고 확신하는 순간이다.

9/11의 결론

모든 사람들이 답을 원하는 불타는 질문은 '누가 그것을 했느냐?'이다. 이 질문에 대한 대답은 그것을 행한 사람들이 다음과 같이 존재해야만 한다는 것이다.

1. 그것은 FBI보다 위에 또는 FBI의 통제 안에 있는 자들인데 'Dancing Israel'은 FBI[268] 안에서 높은 곳의 명령에 따라 풀려났기 때문이다.
2. Mossad보다 위에 있는 자들이다. 왜냐하면 시련의 부스러기가 마치 그들이었던 것처럼 보이도록 만들어졌기 때문이다.
3. 미국의 최고의 비밀 수뇌 무기 개발 대행사들보다 위의 사람들이다. 왜냐하면 알려지지 않았고 전에 본적도 없는 '에너지 지향 무기(Energy Directed Weapon)'가 세계무역센터 빌딩을 아무것도 아닌 가

---

[268] FBI 보고서를 위해서는 https://ia601301.us.archive.org/1/items/DancingIsraelisFBIReport/fbi%20report%20section%205.pdf; https://web.archive.org/web/20020802194310/http://abcnews.go.com/sections/2020/DailyNews/2020_whitevan_020621.html. 혹은 'FBI release Dancing Israel'을 찾아보라.

루로 만들고 비물질로 만드는데 사용됐기 때문이다.

4. 환경 보호 대행사보다 위에 있는 자들이다. 왜냐하면 그들은 세계무역센터 부지가 안전하고 청결을 유지하고 있다는 정보를 공개했기 때문이다.[269]

5. FEMA[270]보다 위에 있는 자들이다. 왜냐하면 '청소 작전(Clean-Up Operation)'은 그들에 의해서 주도됐고 그것은 위로부터 은폐가 있었기 때문이다.

6. 미디어보다 위에 있는 자들이다. 왜냐하면 사고에 대한 전체 보도는 왜곡됐고 포토샵으로 처리됐기 때문이다. 이는 세계무역센터가 화재의 결과로 붕괴됐고 범인은 작은 칼을 소지한 무슬림이었다는 말도 안 되는 개념을 우리들에게 공급해주려는 것이다.

7. Bush 행정부의 가장 높은 직급의 회원들보다 위에 있는 자들이다. 왜냐하면 딕 체니(Dick Cheney)는 가상의 비행기들을 들이받았고 그 명령은 아직도 유지되고 있다는 증언으로 노먼 미네타(Norman Mineta/교통부장관)에 의해서 낙하산 인물(잘 속는 남자/호구/Fall Guy)로 만들어졌기 때문이다.

8. 군대보다 위에 있는 자들이다. 왜냐하면 Air Force One(미국 대통령비행기)까지 전달된 메시지는 '다음은 천사다(Angel is next)'는 것이었기 때문이다. 부시 대통령이 미 공군 1호기(Air Force One)를 타고 사라소타(Sarasota)에서 철수해서 워싱톤으로 이동했을 때 '그들이 또 다른 비

---

269 9/11 현장 정리에 대한 것은 https://en.wikipedia.org/wiki/United_Sates_Environmental_Protection_Agency_September_11_attacks_pollution_controversy.을 보라.

270 See https://en.m.wikipedia.org/wiki/Federal_Emergency_Management_Agency.

행기에 의해서 표시되고 있다=그들이 다음이 될 것이다.' 고 매우 신비한 메시지가 당도했다.[271]

9. 항공 교통 통제사들과 공군보다 위에 있는 자들이다. 왜냐하면 그들은 '비행기 없음' 이야기와 그날 발생하고 있었던 군사 연습들을 덮도록 은밀히 결탁되어 있었기 때문이다.[272]

10. 삼극위원회(Trilateral Commision)보다 더 위에 있는 자들이다. 왜냐하면 공식 9/11 위원회 책은 외교관계위원회(CFR)와 삼극위원회 회원이고 은폐 전문가인 그의 팀원인 필립 젤리코우(Philip Zelikow)[273]에 의해서 쓰여졌기 때문이다. 위원회의 지도자는 원래 헨리 키신저(Henry Kissinger)가 될 예정이었다.

그런데 이들 모두 위에 누가 존재하는가? 정부와 군대와 삼극위원회와 그밖의 모든 것들보다 위에서 누가 모든 필요한 힘을 가지고서 이 모든 영역에서 올바른 사건들과 변화에 영향을 미치는가? 그 답은 우리가 이 책에서 공개해오고 있는 비밀 그림자 정부, 비밀 정치 조직의 최고위 엘리트 내부 서클이다. 그들은 그런 쿠테타를 일으킬 힘을 가지고 있는 유일한 주범들이다. 선출되지 않은 병렬 정부와 그들의 귀족제와 그들의 가족들로 구성된 엘리트 네트워크 안에 더 높은 회원들이 있다. 그

---

271 천사는 다음이다(Angel is next)에 대해서는 https://www.bbc.co.uk/programmes/p09t4m5r; https://www.nbcnews.com/storyline/9-11-anniversary/secrets-9-1-news-details-chaos-nuke-emerge-n645711. 을 보라.

272 4대의 납치된 비행기들의 가까운 범주 안에는 28개의 공군 기지가 있었다. 그러나 조사를 위해서 보내진 비행기는 한 대도 없었다. 또 다른 지표는 비행기들이 없었고 증언들과 전화들이 맞도록 짜맞추어졌다는 것이다.

273 See https://youtu.be/nwrbfVpgpVc?si=rLXjoQBnnKIN7S3Y; https://news.virginia.edu/content/qa-phillip-zelikow-looks-back-911-commission-report-he-guided.

것은 우리가 아는 록펠러 가문과 로스차일드 가문의 보이는 부분들과 숨겨진 네트워크의 정상 리더들을 가리킨다. 그밖에 누가 이 같은 높은 레벨에서 사건들에 영향을 미치는가? 넬슨(Nelson)과 데이비드 록펠러(David Rockefeller)는 본래 그들의 빌딩들을 소유하고 있다. 그들은 록펠러 타워라고조차 불리우지만 그 뒤에 그들은 그 이름에 대해서 마음을 바꾼다. PNAC 작가들[274]과 네오콘(Neo Cons)들은 분명히 너무 많은 피해를 입힌 것으로 추정되는 그들의 애매하고 이상한 정치적 이론들과 신앙에 대해서 강제적으로 다루어졌다. 그것은 꼭대기에서 온 거짓으로 합성된 거짓 정보였다. 네오콘들은 9/11 사태에 기꺼이 "대응"할 수 있었다. CIA의 '노스우드 작전(Operation Northwoods)'과 같은 거짓 정보가 많이 유출된 이야기였기 때문에 그들이 관련된 비행기라고 생각하고 또 이런 일을 할 수도 있다. 그리고 그들은 이것을 또 다시 행한다. CIA 역시 이 이야기와 기꺼이 연루되었으므로 이런 채무불이행(Default)에 의한 범죄자들(Perpetrators)은 CIA와 미국 정부보다 위에 있어야만 하고 그렇지 않으면 연루되기를 원하지 않을 것이다.

당신은 커튼 뒤로부터 비밀 정치 조직의 손을 볼 수 있다. 일단 허위 정보를 벗겨내면 진실에 의해서 그들의 은폐가 범죄자들로 드러난다. 이것이 9/11이 중요한 이유이다. 9/11을 연구하는 대부분의 사람들은 본능적으로 9/11은 하나의 생생하고 중요한 순간이었다는 것을 알고 있지만 이러한 광범위한 결론을 전체 내용에 적용할 수는 없다. 전체적인 맥락은 당신이 궁극적 계획을 알 때만 이해할 수 있다. 이것은 거대한 인

---

274 See https://en.m.wikipedia.org/wiki/Project_for_the_New_American_Century.

구의 감축이 되는 가운데서 하나의 통제 메카니즘으로서 신세계 종교와 함께하는 '기술관료주의적 경찰 국가(Technocratic Police State) 같은 신세계 질서(New World Order)의 출현이다. 9/11은 엘리트들의 가속화된 계획들의 시작이었고 우리가 향하고 있는 글로벌 경찰 국가(Global Police State)와 후기 자본주의 세계(Post-Capitalist World) 속으로 들어가는 마지막 게임의 시작이었다. 2001년에 외교관계위원회(CFR)의 이사인 리차드 하스(Richard Haas)가 말했던 것처럼 이는 30년 전쟁[275]의 시작이다. 따라서 2031년은 새로운 신화의 시작이 될 수 있는 해가 될 것이다.

9/11 이전과 이후의 삶의 비교

9/11 이전에는 진정한 테러리즘의 위협이 없었다. 사람들은 덜 두렵고 덜 싸우고 덜 걱정하고 더 자유롭고 더 좋은 세상에 살았다. 아무도 '테러의 위협'에 대해서 진정으로 알지 못했다. 그러나 지금 모든 사람이 테러리즘에 대해서 알고 있고 모든 사람들이 그것 때문에 경계하고 있다. 우리는 우리에게 의심스러운 것이 무엇이든지 경계하고 걱정하고 관심을 갖고 당황하고 화가나고 좌절이 되는 것을 알리려고 끊임없이 상기시킨다. 당신은 그 그림을 가졌다. 우리의 구식의 어린아이 같은 자유는 우리 위에서 정부의 권위를 강화하는 것 외에는 다른 어떤 이익도 없이 심각하게 침식되었다.

---

[275] See https://www.project-syndicate.org/commentary/richard-n-haass-argues-that-the-middle-east-is-less-a-problem-to-be-solved=than-a-condition-to-be-managed.

가짜 깃발들(False Flags)

가짜 깃발들은 비밀 기관이 다른 사람들과 그룹들을 비난하는 사건들을 수행할 때 나타난다. 9/11은 범인들이 무슬림으로 만들어졌고 우리가 아는 것처럼 그들은 어떤 비행기도 소유한 적이 없고 9/11과 관련해서 어떠한 행위도 하지 않았다. 그것은 완전한 테러와의 전쟁을 철저하게 거짓과 사기로 만드는 모두가 거짓 정보였다. 거대한 국가 지원의 폭력이 없이는 경찰 국가를 세울 수 없다. 그래서 딥스테이트는 그들의 거대한 폭력에 정확하게 부합하는 사람들의 그룹을 구성했다. 무슬림은 그들의 종교적 이데올로기가 쉽사리 왜곡되고 폭력과 연결될 수 있기 때문에 완벽한 희생자이다. 비밀 정치 조직은 어떤 것도 포기할 수 없다. 그들은 어쨌든 통제하고 있기 때문에 발생하지 않은 이슬람 정부를 만드는 것보다 정확한 이유 없이 정확한 어젠다 없이 그들이 살인을 믿게 할 수 있다. 그들이 적이 아님에도 불구하고 적으로 만들어진 희생양이라는 것이다. 이들은 무슬림과 그들의 오컬트 종교를 완벽하고 결백하게 만드는 인류의 적인 비밀 정치 조직이다. 미디어는 모든 사람은 선천적으로 폭력의 과오를 저지르기 쉽다는 것을 믿도록 조정되었기 때문에 무슬림들이 잘못에 대한 책임을 져야 한다는 것을 쉽게 팔 수 있다. 과거에 '아랍 테러리스트들'은 팔레스틴에서 자유를 원했으나 지금 이것을 서구 언론에서는 결코 볼 수 없다. 이런 관점에서 무슬림들은 거짓 깃발 공격의 희생자로 만들어졌고 9/11은 또 다른 가짜 전쟁인 테러와의 전쟁의 시작이었다. 앞에 일어났던 가짜 전쟁은 냉전이었다. 왜냐하면 최정상에 있는 비밀 정치 조직들은 서로 간에 너무 냉담하지 않았고 1917

년부터 1990년 해체까지 러시아에 자금을 지원했고 도왔다는 사실이 잘 문서화되어 있기 때문이다.[276]

날조들(Hoaxes)

9/11은 끔찍하고 비겁하고 완전히 불필요한 행동이었으나 그들은 우리 모두에게 공포를 주입해야만 했고 필요할 때마다 상처에 새로운 고통을 추가할 수 있는 곪은 정신적 상처를 만들어내야만 했다. 9/11의 연장선상에서 그리고 '마법 같은 유약(Magical Glaze)'이 인간을 그의 속임수에 빠진 무반응 상태로 묶어둔 결과로, 비밀 정치 조직은 날조들을 통해서 그들의 기회를 효과적으로 이용하기 위해서 문제(Problem/Thesis: 정)와 반응(Reaction/Antithesis:반)과 해결책(Solution/Synthesis:합)이라는 헤겔의 변증법(Hegelian Dialect)을 사용한다. 이것은 실제로 전혀 발생하지 않은 사건이 발생하는 것으로 보고되는 경우이다. 그때 범죄자들은 완전하게 전적으로 거짓인 것을 위해서 죄를 뒤집어쓸 잘 속는 사람들(The Patsy)과 희생양들(The Fall Guy[Scapegoat])로 만들어진다. 일반적으로 죄를 뒤집어쓸 사람들은 '공포 포르노(Fear Porn)'인 테러와의 전쟁을 촉진하는데 사용되는 사람들은 무슬림들(Muslims)이다. 그들은 더 큰 국가 권한과 완전한 감시 국가의 꾸준한 출시라는 해결책을 제공할 수 있는 갈등을 제공하기 위해 사람들이 무언가 또는 누군가를 두려워하게

---

[276] See Anthony C Sutton, *Western Technology and Soviet Economic Development* (California: Hoover Institution Press, 1971). Cf. https://en.m.wikipedia.org/wiki/False_flag.

만들어야만 한다. 이런 무시무시한 연극은(Macabre Plays) 사람들을 두려움에 빠뜨리고 국가에 도움과 보호에 의지하도록 하기 위해서 실행된 것이다. 정확하게 그것이 그들이 원하는 것이다. 그 경우는 정부가 국민들의 죽음을 비극으로 보지 않고 사람들을 두렵게 하고 통제하고 답을 찾기 위해 정부에 의존하도록 하기 위해서 치뤄야 할 필요한 값으로 본다는 것이다. 인간의 삶과 고통과 그들의 비꼬인 관점 속의 값은 보람이 있는 가치이고 이러한 보람된 가치를 위해서 그들은 천천히 그들의 어젠다를 출시할 수 있다. 그런 의미에서 하향평등의 공산주의와 전체주의 속성의 종교인 이슬람이 그들이 원하는 단일 세계 정부로 가는 도구가 되고 있는 것으로 보인다.

경찰과 비밀 기관들은 '가짜 위기 배우들(Fake Crisis Actors)'과 의지와 능력이 있는 요원과 같은 완전한 팀을 가지고 있고 카메라 앞에서 거짓말을 할 수 있고 '심리 작전 전쟁 연극(Psyops-Warfare Play)'을 실행할 수 있다. 그래서 유일한 바보는 미디어이고 그 미디어는 어쨌든 그들의 주머니 속에 있고, 순서대로 남은 우리들을 바보로 만들 것이다. 그들은 포토샵이나 CGI 이미지를 사용해서 연극 안에 있는 캐릭터들을 위해서 전설을 만들어 내려고 별칭들을 지어낸다. 사진들은 일반적으로 '유행을 따르고, 의제에 친화적이고, 내부의 일루미나티 작가'로부터 오며, 그가 우연히 지나가다 찍었다고 하거나, TV 네트워크에게 위기 상황을 연출하기 위해 낮은 각도에서 찍은 흐릿한 비디오를 제공한다고 한다. 이 모든 포토샵 된 가짜 이미지들은 진짜로 발생된 사건처럼 보이도록 만들어지지만 거의 대부분은 발생한 것이 아니다. 당신은 그들을 TV나 신문에서 볼 수 있지만 당신은 눈치채지 못했다. 이는 당신이 바보라서가 아니

라 어느 누구도 당신에게 전에 이것을 알려준 적이 없었기 때문이다.[277]

그리고 피고측 변호사와 검사, 의심할 바 없이 고위급 메이슨이 있다. 여기에는 자신의 범죄 혐의에 대해 어떠한 신뢰도 제공하지 않고 증언할 증인의 시선도 확보하지 않는 '연극 배우'로 추정되는 범법자에게 형을 선고하기 전에 우리가 본 것과 동일한 엉뚱한 판사가 있다. 판사는 범죄자로 추정되는 자들에게 심판을 내리는데 범죄자들은 재판 후에 뒤로 나가든지 다음날 아침에 '특수 지점'에 의해서 석방되려고 단지 1-2일 밤을 감옥에서 보낸다. 아무도 더 현명한 자는 없다. 이것은 법정에 카메라들이 허용되지 않는 이유이다. 그것은 분명히 더러운 가짜 재판을 하기 위함으로 보인다. 당신은 이것이 진짜인지 왜 그들은 이러한 일반 사기들로서 성가시게 하고 어떤 일이 일어나기로 되어있는 것을 완수하지 않는지 이유를 당신 자신에게 질문할 수도 있다. 이러는 이유는 통제이고 정확한 결과를 도출하려는 것이다. 그러나 왜 그들은 진정으로 이 사건들을 다루지 않는가? 사람들을 날려보내거나 죽이지 않는 이유는 그들이 사무적 버전으로 실행하기로 되어있을 때로서 그런 사건들로부터 야기된 역풍이 너무 크거나 통제하기가 힘들기 때문이기도 하고 가치가 없기 때문이다. 만일 그 행위가 진짜로 발생했었다면 누군가는 진짜로 죽어야만 한다. 그 사람들의 친척들에게 유서를 남기고 그들이 만족했을 때까지 계속해서 정의를 요구할 것이다. 그러나 만일 그 사건이 예를 들면, 폭탄이 터지는 거짓 보도들로 처음부터 단계적으로 관리되었다면 그 뒤 가짜 증인들과 함께 가짜 미디어 보도는 모든 것이 훌륭하게 작

---

277 날조에 대해서 더 알기를 원하면, See Richard D Hall's Exposing Media Lies, https://www.richplanet.net/. Or Chris Spivey's Website http://chrisspivey.org/.

동된다고 기록을 해서 그들은 그 이야기의 각 국면을 통제한다. 7/7 버스를 탑승한 13명을 죽인 폭탄에 의해서 [발생한]-어디에 피와 신체의 부분들이 있는가?와 같은 명료한 질문들을 아무도 하지 않는다. 거기에는 아무것도 없다. 그렇지 않으면 어떻게 알루미늄으로 만들어진 비행기가 강화 유리와 강철 빔 3세트를 충돌해서 파괴되지 않고 고스란히 다른 쪽으로 나올 수 있는가. 우리는 그것을 물리학적으로 할 수 없다고 이미 앞에서 대답을 했다. 통제자들은 그들이 원하는 것을 얻는다. 왜냐하면 그것은 전부 날조이고 그들이 완벽하게 사건들을 통제할 수 있는 것은 발생하지 않았기 때문이다. 가짜 가족과 함께 가짜 성명서를 만들고 뉴스가 잊혀지면 무대 뒤로 사라진다. 이러한 방법으로 그들은 살해된 아들 때문에 슬퍼하는 어머니가 정의를 요구하지 않거나 총리에게 일반적으로 단서를 모르는 편지를 쓰거나 모든 사람들은 그녀가 발생했던 것이 무엇이고 무슨 이유인지를 찾으려고 애쓰는 것을 생각할 수 있다. 발생하고 있는 많은 것이 철저하게 터무니없고 철저하게 진실되지 않고 결코 발생한 적이 없다. [그들의 이익을 위해서 부득이 발생시켜야만 했던] 그 모든 것은 날조이다.

큰 문제는 그것을 입증한다.

날조들은 증명하는 것이 매우 어렵다. 왜냐하면 당신은 공개 도메인에 등록된 문서와는 반대로 진행하기 때문이다. 그래서 우리는 날조였다는 것이 진짜로 날조인지를 결코 100% 확증할 수 없다. 비록 지능과 분별력을 사용하는 다양한 환경 속에서 당신은 그것이 날조였다고 분명히 확신할 수는 있다. 그런데 그것을 다른 사람들에게 입증할 수 있는가? 이러한 대화의 반대편에 있다는 것은 완전하고 전적인 불신의 원인인 것 같다.

물을 진흙탕으로 만들기(Muddying the Waters)

공식적인 이야기는 복잡하게 뒤얽혀 있고 의도적으로 혼돈을 일으킨다. 예를 들면, 그들은 그들이 아는 어떤 것이 발생한 적이 없다거나 진실이 아니라고 보도한다. 이러한 방법으로 그들은 더 깊이 조사하기를 원하는 사람들을 위해서 더욱 복잡하게 얽힌 이야기를 공급한다. 공식적인 이야기는 해명하기 시작했을 때 이해가 안 되었기 때문에 그들은 빛으로 갑자기 드러났거나 이미 가능한 것에 밀착하는 '뒷이야기(Back Story)'에 대한 정보를 방출할 수 있다. 주된 것은 공식적 이야기는 지킬 수 없고 암호를 해독하는 것은 불가능하고 어리석은 짓이다. 그것은 결국 다른 사람을 대적하는 한 사람의 말이 되는 것으로 끝난다. 그리고 당신은 사람들이 누구의 말을 듣게 되는지 추측할 수 있다. 즉 권세를 가지고 대부분의 소리를 만드는 사람들인데 물론 미디어이다. 실제적으로 마지막에 모든 날조 사건이 더 이상이 아니라면 이야기에 대한 3개의 버전[판본]을 가진다. 당신이 가진 단순한 용어들 속에는 i)대부분의 사람들이 구입하는 'TV이야기'와 ii)약간 깊게 파는 자들을 위한 '저널리스트 이야기'가 있으나 결론으로 이끌 수 없다. iii)왜냐하면 그것이 너무 뒤얽혀 있기 때문이고 재능이 있는 아마추어 Deep-state 연구가와 음모 이론가가 그 모든 숨어있는 정보를 폭로하는 열쇠를 가지고 있기 때문이다. 이들이 일을 할 때 아무도 그것들을 믿지 않는다. 다시 한번 엘리트들이 어젠다를 통제해 왔다는 것은 뛰어난 전략이다. 작은 소외된 사람들은 실제로 무엇이 진행되는지 무엇이 진짜로 발생했는지를 알지만 그들은 그것을 입증할 수는 없다. 공식적 신화가 승리한다. 사람들은 [지옥으로 인도한다고 성경이 그토록 경계하고 싫어하는 [속이는 자의]-거짓말과 [속이는 자를 만드는]-속임당함/출 20:16 -[[네 이웃에 대하여 거짓 증거를 하지 말지니라]]; 고전 6:9-10 - [[의롭지 못한 자가 하나님의 나라를 유업으로 받지 못할 줄을 알지 못하느냐?]]; 살후 2:3 - [[누구도 어떤 방법으로도 너희를 속이지 못하게 하라. 먼저 배교가 일어나고 불법의 사람 곧 멸망의 사람이 나타나기 전에는 그날이 오지 않을 것이니라.]] etc.] 단순한 거짓말과 속임수에 의해서 진리로부터 멀어지게 된다. 인구 전체를 공포에 떨어지게 만들었으니 인구에 가해지는 트라우마는 계산할 수 없을지라도 중요한 것을 행하고 그들은 그들의 목표를 달성했고 어젠다를 관리하고 지시했다. 그들에게 그것은 성공이다.

　비밀 정치 조직에게는 잘 믿는 대중들이 그들의 '신화와 상징(Mythologies and Symbols)'에 의해서 통제될 수 있고 통제될 가치가 있다. 결국 그것은 그들의 세상이기 때문이다. 이것은 엘리트들에게 그들이 원하는 통제된 환경을 제공한다. 만일 당신이 신화를 옆으로 치울 수 있으면 진짜 지식이 나타날 것이다. 만일 당신이 상징을 읽을 수 있다면 당신은 진리에 이를 수 있으나 그것은 당신을 불편하게 느끼게 할 수도 있다. 비밀 기관들은 오컬트와 사타니즘 속의 깊은 뿌리들을 가지고 있고 비밀을 지키고 국정 운영의 부분에서 공격적인 행동에 신경 안 쓰는 사람들을 모집한다. 그들의 목표는 더 큰 정부 안보를 위해서 당신의 자유를 잃는 것이 괜찮게 느껴지도록 한다. 그래서 마침내 우리 모두는 '권위주의 감시 경찰 정부(The Authoritarian Surveillance Police State)'에 의한 노예들이 될 것이다.

날조/사기들의 결론(Conclusion of Hoaxes)

일단 당신이 이것을 중요하게 알고 지구를 부수는 것과 같은(지독한) 깨달음을 얻었다면 당신은 진리를 향한 열쇠인 성경이 말씀하는 성숙함과 분별력(헬, διάκρισις, Diakrisis〈διακρίνω, diakrino:/to discern, Syncrino:/discern/레 10:10; 마 16:3; 고전 2:13; 고전 12:10)[278]을 가진 것인데 이것은 무엇이 진실이고 무엇이 철저하게 가짜인지 보게 한다. 그래서 당신은 환상을 철저하게 깨고 있을 것이다. 일반 날조/사기들은 항상 발생하고 있다. 미디어에서 오는 정보는 종종 완전히 믿을 수 없고 어리석고 단지 비밀 기관들과 정치인들과 신세계 질서 비밀 정부의 의제들 (UN Agenda 21)을 촉진한다. 일단 당신이 이것을 향한 열쇠들을 가지고 어떻게 그러한 것들을 변경시키는 방법을 이해하면 당신은 Deep-State 가 사실상 많은 시간에서 온갖 종류들의 특이한 것들을 실행하고 그들은 매일 우리를 비웃고 있다는 것을 이해할 것이다. 그들은 모욕을 좋아하고 대낮에 숨어서 그들의 흔적을 가리기를 좋아한다. 그것은 단순히 가짜 깃발 사건을 위한 것이 아니라 테러리즘을 통한 딥스테이트의 행

---

278 "그리하여야 너희가 거룩하고 속된 것을 분별하고 더러운 것과 깨끗한 것을 분별하고(레 10:10)." "아침에 하늘이 붉고 흐리면 오늘은 날이 궂겠다고 하나니 너희가 천기를 분별할 줄 알면서 시대의 표적은 분별할 수 없느냐(마 16:3)." "우리가 이것을 말하거니와 사람의 지혜의 가르친 말로 아니하고 오직 성령님의 가르치신 것으로 하니 신령한 일은 신령한 것으로 분별하느니라(고전 2:13)." "어떤 이에게는 능력 행함을, 어떤 이에게는 예언을, 어떤 이에게는 영들을 분별함을, 다른 이에게는 각종 방언 말함을, 어떤 이에게는 방언을 통역함을 주시나니 (고전 12:10)."

동 수칙 중의 하나이다. 그러면 더 이해가 될 수 있으나 그것은 또한 모든 종류의 세속적인 활동을 포함하는 것이다. 후에 설명하겠지만 이 사람들이 반사회적 인격장애자들(싸이코페스/Psychopaths)일 수 있는가? 항상 모든 것이 날조의 경우는 아니다. 당신은 이런 사기를 토의할 때 매우 조심해야만 한다. 그렇지 않으면 당신의 모든 친구들을 잃어버릴 것이다. 얼마간의 사람들은 그것을 볼 수 없고 결코 알 수 없다. 왜냐하면 그들은 출생부터 그들 안에 스며들어 왔던 선전(Propaganda)을 돌파할 수 없기 때문이다. 열쇠들과 비밀 정치 조직의 선한 지식과 그들이 제안한 모든 사진들조차도 이것은 여전히 많은 사람들에게 다툼거리이다. 이것은 예를 들어 비행기들이 9/11에 사용됐다고 여전히 믿는 데이비드 아이크(David Icke)와 알렉스 존스(Alex Jones)와 같은 '음모론 전문가들(Conspiracy Experts)'을 포함한다. 그것은 모든 쓰레기 사이에서 약간의 진리를 공급하는 위태로운 위치에 있을 수 있는 것처럼 보인다. 엘리트들은 대안 미디어에 영향력을 행사한다. 그들이 노출해야 하는 정확한 사람들은 일하는 실제적인 사람들이다. 데이비드 아이크(David Icke)[279]의 신앙은 기본적으로 신지학이며, 그의 외계 파충류 의제는 진지한 탐구자를 진리와 예수 그리스도로부터 완전히 멀어지게 만든다. 감옥 행성(Prison Planet)의 알렉스 존스(Alex Jones)[280]는 비록 그것 역시 정보의 '누출'을 공급하려고 그 자신이 사용되도록 허용하는 경우가 될 수 있을지라도 가끔 양질의 많은 양의 정보를 공급한다.

제가 여러분에게 드리는 도전은 심층적으로 사진과 일정들(Timelines)

---

279 See https://davidicke.com.
280 See https://www.infowars.com.

과 공식적 이야기와 수비학들(Numerologies)의 타당성을 살펴보고 딥 스테이트의 활동들을 깊게 연구하게 하는 것이다. 그리고 이것이 사실인지 또는 당신이 사건들의 공식적 버전을 구입할 수 있는지를 점검하고 알아보라는 것이다. 저의 관점에서 어떤 연구를 시작하는 '채무 불이행의 위치(Default Position)'는 이러한 사건들이 일어나지 않았어야 한다. 그러나 당신은 그들이 업무적 이야기를 모든 미친 계략과 허위 정보로 삼켜버렸고 그것이 날조였다는 것을 찾기 위해서 그 이야기를 풀고 분해해야만 한다. 반대 방향에서 접근하는 것이 더 빠르고 덜 번거롭다. 이러한 유형의 '역프로그래밍 허위[역] 정보 기술(Deprogramming Disinformation Technique)'을 사용해서 먼저 분명한 질문들을 하라. 비록 많은 사람들에게 공식적 버전을 의심하는 것이 적절한 연구자들이 취해야 할 행동이 아니라고 나쁜 태도로 간주되는 것은 안타까운 사실이다. 이 채무불이행의 시작 위치는 실제적으로 모든 '딥스테이트 사건들'에 적용되야만 한다. 이것은 존 에프 케네디(JKF) 암살, 달착륙, 다이애나 왕세자비의 죽음과 많은 다른 것들 사이의 7/7을 포함한다. 언급했던 것처럼 그들은 그것을 게임으로 생각하고 우리 대중들이 속거나 사기당하는 것이 옳고 적절하다고 생각한다. 왜냐하면 우리들은 진리를 알지 못하는 가치없는 자들로서 최정상 아비 리그(Ivy League) 비밀 클럽들에나 은행에 있는 수억 달러를 가진자들에게 소속되지 못한 속된 이방인들이기 때문이다. 그들은 우리가 그것을 알아낼 수 없다는 사실을 재미있다고 생각한다. 그래서 그들은 우리가 그들이 말하는 모든 것을 의심없이 믿는다고 조롱하면서 우리를 비웃는다. 그들의 '사탄적 교리(Satanic Doctrine)'는 그들이 어떤 꾸중을 들어야 할 일로부터 그들 자신들을 자유롭게 하기 위해서 그들이 우리를 통제해야만 한다고 말해야만 할 정도로 너무나 꼬여 있다. 뉴스들을 통해 나오는 이러한 폭력적 옥외 프리메이슨의 의식에 노출되는 것은 우리가 미디어 매체를 속일 정도로 믿고 우리 자신들을 이들의 싸이코 드라마들과 사기에 암호화된 오컬트 상징들과 암호들과 단어들과 난해한 의미들에 노출되는 관중들로 허용하기 때문에 충격을 준다. 우리가 모르는 사이에 이 정보가 우리의 심리적인 잠재의식 속으로 주입되어 우리를 '글로벌 오컬트 입문(Global Occult Initiation)'의 과정으로 처리되는 것이 우리의 잘못은 아니다. 그러나 이 과정은 부패한 상태와 우리 삶에 대한 완전한 무관심 상태를 낳는다는 것인데 이것이 바로 그들이 우리에게서 원하는 바이다.[281] 우리가 뉴스의 공포 노출로부터 더 큰 흥분을 추구하면서 시간이 지남에 따라서 불행하게도 깨기 매우 어려워 보이는 신조가 된 그들의 신화학에 더욱더 굴복하게 된다. '심리학적 노출(Psychological Exposure)'이나 '마술적 다운로드(Magical Download)'의 이러한 사이클은 실제적으로 꽤 중독성이 강하고 비밀 정치 조직이 우리가 믿고 말하는 것에 대해서 더욱더 큰 권력을 가지도록 해준다. 그것은 우리의 현실을 거짓으로 만든다.

그러나 이제는 당신이 진실을 안다. 당신은 그들의 반성경적 오컬트 악행들에 대해서 훨씬 더 성경적으로 분별력이 있어야 하고 절대로 신뢰하지 말아야 하며 지속적으로 현실을 추구하고 가장 명백한 사실에 대해서 질문들을 해야만 한다.

마 7:7-8에서 "구하라 그러면 받을 것이요. 찾으라 그러면 찾을 것이니

---

281 See Michael. A Hoffman, *Secret Society and Psychological Warfare* (UK: Independent History and Research, 2001), p. 92.

라. 문을 두드리라 그러면 문이 열릴 것이니라. 그러므로 구하는 자마다 받을 것이요. 찾는 자가 찾을 것이요. 문을 두드리는 자에게 그 문은 열릴 것이니라." 예수님께서는 우리가 진리를 찾는 방법을 알 수 있도록 분명히 명시하시고 계신다.

구하는 모든 사람은 지혜와 분별력의 답을 받을 것이다. 이것은 오직 하나님께로 부터만 오는 것이다. 만일 당신이 예수 그리스도를 믿지 않는다면 당신의 마인드에서 오는 순전한 분별력을 가진다고 믿으라. 당신은 실망하게 될 것이고 어떤 단계에 이르면 잘못될 것이다. 왜냐하면 진리와 실제의 궁극점은 하나님이시기 때문이다. 이런 답과 신앙이 없다면 당신은 결국 바다에서 밀려온 해초처럼 진리로부터 멀어지고 느슨해질 것이다. 그러나 아무리 당신이 강하다고 해도 조수는 항상 더 강하다(엡 4:13-14 "우리가 하나님의 아들을 믿는 것과 아는 것에 하나가 되고 성숙한 자가 되어 그리스도의 장성한 분량에 충만한데까지 도달하리니 이는 이제부터 우리로 어린아이들이 되지 말고 사람들[오컬티스트들]의 속이는 궤계와 간교와 교활함의 모든 가르침의 풍조에 밀려서 요동치지 않게 하려함이니라").

7장

프리메이슨: 치명적 1도

7장
프리메이슨 : 치명적 1도[282]

개요

피라미드의 맨 아래에 그들은 프리메이슨들을 보유하고 있다. 이들 개인들 중 대부분은 비밀 정치 조직의 실체와 우리가 조사해왔던 더 깊은 의미들에 대해 전혀 알지 못한다. 프리메이슨들은 엘리트들이 권력을 유지할 수 있게 하는 통제 메커니즘의 부분이고 프리메이슨 자체는 정치적 차원에서 거의 효과적이지 못하다. 그러므로 프리메이슨은 설립의 현황이 비밀 정치 조직의 통제 네트워크인 보이는 빙산의 꼭대기에 그랜드 마스터(Grand Master)로서 고 영국 엘리자베스 2세 여왕(현재/찰스 3세 왕)과 켄트 공작(Duke of Kent)를 배치함으로써 함께 유지될 수 있는 한 방법이 된다. 숭배하는 마스터(스승)부터 견습생(Entered

---

282 See Bill Schnoebelen, *Freemasonry Fatal in the First Degree DVD* (UK: Small World Future, 2012); William J. Schnoebelen, *Masonry: Beyond the Light* (South Carolina: CreatSpace Independent Publishing Platform, 1991).

Apprentice/1도)까지 로지(성전/lodge) 안에서 그들보다 아래에 있는 모든 사람들은 자신의 위치를 가지고 있다. 이것은 그들의 동료가 원하는 방향으로 사건들의 과정을 조정하는데 사용될 수 있다. 다른 말로 프리메이슨은 엘리트들이 네트워크에 해로운 정보를 줄이는데 사용할 수 있는 보험 정책이다. 그것은 과거 소년 남학생 네트워크와 유사한 족벌주의(Nepotism)와 자기 홍보(Self-Promotion)를 통해 교활한/미묘한 통제를 하는 방법이다. 프로토콜(Prorocals/외교 조약) 4번(Number 4)에서는 말하기를 '이방인 프리메이슨은 우리와 우리의 목적을 가리려고 맹목적으로 방패 역할을 하지만 우리의 힘[군대]의 행동 계획은 심지어 그것의 거주지조차도 온 국민에게 알려지지 않은 미스터리로 남아 있다.' 외교 조약은 프리메이슨 자체가 권력의 자리에 있는 것이 아니라 비밀 정치 조직을 뒤에 숨을 수 있도록 하는 하나의 스크린이라는 점에 동의한다. 그러므로 프리메이슨의 연구소(기관)는 숨겨진 정부를 위한 또 다른 '반지(Ring)'로서 중앙에서 스스로 권한을 부여하여 권력 유출에 대한 통제 메커니즘이 된다. 프리메이슨은 모든 성스러운 것(Secrets)에 관한 것이며 노출이나 죽음에 대한 두려움 때문에 이런 정보를 누설하지 않는 것이 더 좋기 때문에 이것은 비밀 사회의 최고 계층들이 그들보다 아래에 일어나는 모든 것을 계속 통제할 수 있는 통제 메커니즘이다. 프리메이슨들은 그들의 종교 비밀들을 '이방인[불경스러운 것들]'로부터 지키고 시키는데로 실행하기 위해서 여러 번 맹세를 한다. 그것은 망상이고 일단 프리메이슨의 사탄의 가족 안으로 입양이 되면 당신은 조작을 향해서 열려 있다. 알버트 파이크(Albert Pike)에 따르면 그들은 거짓말을 하거나 잘못 이끌거나 속일 자격이 있다. 물론 가끔 프리메이슨들은 독자들에게 저자가 위에서 쓴 것이 사실이 아니라고 말할 것이다. 그리고 모든 것은 '위원회보다 위에(Above Board)' 있고 그 프리메이슨은 '선한 사람들을 더 선하게 만든다'고 하고 그들은 명예의 사람들이라고 하지만 이것보다 더 많은 일이 있다. 그들은 사탄의 보병들이자 큰 악이다(They are Satan's Foot Soldiers and a Great Evil). 바로 이것이 영적인 이유이다.

우주의 위대한 건축가

프리메이슨은 '우주의 위대한 건축가로부터 오는 빛(Light From The Great Architect of the Universe(LFGAU)'을 얻는 것에 대한 모든 것이다. 프리메이슨들이 섬기는 정확한 신은 실제적으로 불분명하게 가려져 있고 최정상의 엘리트 입문자들만이 알고 있는 비밀이다. 그러나 그 신은 모든 사람들이 집에서 함께 할 수 있는 일반적인 신이다. 또한 프리메이슨의 작가들은 신과 그 신의 힘을 인류를 훨씬 능가하고 알 수 없는 존재로서 서술했다. 왜냐하면 프리메이슨의 신은 예수 그리스도와 같은 인격적 신이 아니라 그들을 위해서는 신은 정의롭지도 않고 자비롭지도 않으며 신은 인격적 자격을 가지고 있지 않는 신으로서 진짜로 인간의 이해를 훨씬 뛰어넘는 존재이기 때문이다. 그리고 하나님이 우리를 사랑하신다는 것(요 3:16: "하나님께서 세상을 이처럼 사랑하사 독생자를 주셨으니 누구든지 그[예수 그리스도]를 믿으면 멸망하지 않고 영생을 얻게 하려함이니라.")과 그리스도에게 우리를 인도하신다(갈 3:24: "율법은 몽학선생님으로서 우리를 그리스도께 인도하나니 우리가 [그를] 믿음으로 구원얻게 함이니라.")는 아이디어는 완전하게 결여되어 있다. 그러므로 프리메이슨의 신은 뉴에이지 신이나 이슬람의 신인 알라의 신앙과 매우 가까운 비인격적 신이다.[283] 그리고 이것은 뒤에 설명할 것이지만 왜 엘리트들이 이슬람과의 특별한 친근성을 가지는지 그 이유를 알 수 있는 부분이다.

프리메이슨의 신은 당신이 하나님 아버지, 알라, 크리슈나(Krishna), 루시퍼(Lucifer) 또는 부다(Buddha/부처)라고 부를 수 있는 [종교 다원적 신을 포함하는]-하나의 상표(A Label)이다. 이런 관점에서 그들의 신은 이 신의 속성과 저 신의 속성이 섞여 있는 '위층에 계신 큰 남자(The Big Man Upstairs)'이다. 맨리 피 홀(Manly P Hall)은 아래와 같이 언급한다.

"진짜 프리메이슨은 신조에 한계가 없다. 그는 그의 성전(lodge)의 신적 조명을 받은 프리메이슨으로서 그의 종교는 우주적이 되어야만 한다고 인식한다. 즉 그리스도, 부처 또는 모하메드 등 그 신의 이름은 크게 신경쓰지 않는다. 왜냐하면 그들은 빛만을 인식하면 되지 빛을 나르는 자가 아니기 때문이다. 그것이 절이 되든지 모스크가 되든지 교회(Cathedral)가 되든지 모든 영적 진리의 하나됨인 그의 더 진실한 깨달음을 인식하면서 그는 모든 종교들의 신당에서 경배(종교 다원주의:우상 숭배교)하고 모든 제단 앞에서 절한다."[284]

---

283 See William J. Schnoebelen, *Masonry: Beyond the Light* (Scotts Valley: CreatSpace Independent Publishing Platform, 1991), p. 45.
284 See Manly P Hall, *The Lost Keys of Freemasonry* (Connecticut: Martino Fine Books, 2013), p.65. 참고로 영국과 미국의 청교도의 대부흥기에는 이들은 빛을 나르는 자 즉 전파하는 자가 아니기 때문에 기독교의 빛을 나르는 부흥사들의 빛이 이방 잡신들을 섬기는 신들의 빛보다 강하면 이들의 악행은 더 깊이 숨거나 활동이 위축되고 19도 이하 사람들의 개종이 가능해왔다.

알버트 파이크(Albert Pike)는 그의 책 『도덕과 교리(Morals and Dogma)』란 책에서 맨리(Manly)와 유사한 내용을 썼다.

> "기독교인, 유대인, 무슬림, 브라만, 공자와 조로아스터의 추종자들이 프리메이슨의 제단 주변에 형제들로서 모일 수 있고 모든 바알림(All The Baalim)보다 위에 계신 한 분 신께 기도로 연합할 수 있으며 입문자들은 그 자신의 종교의 기록된 경전들을 향한 그의 믿음과 소망의 기초를 찾는다."[285]

알버트 파이크는 프리메이슨의 신은 거짓 신들을 의미하는 모든 바알림(All of Baalim)보다 위에 있다고 한다. 그러므로 이런 인용에서 그는 프리메이슨의 신 아래에 성경의 하나님을 격하시켜 두는 것을 의미하는 것으로 보인다.

진짜 문제는 프리메이슨은 '그리스도의 대속을 쓸모없게 만드는 신에게 인도하는 모든 길들을 미묘하게 가르친다는 것이다. 더욱이 단일 세계 정부(One World Government)로 안내하기 위해서 모든 종교들을 파괴할 필요가 있는데 특히 기독교를 파괴해야만 한다.'는 것이다. 오늘날 무신론자들과 인본주의자들은 그들이 기독교의 적인 프리메이슨을 돕고 있는 중이라는 것을 알지 못하고서 [건전한] 외형적 또는 외부적 전통 종교인 기독교에 맞서 싸운다.

프리메이슨의 종교는 기독교가 아니다. 그것은 그 자신의 신념들과

---

285 See Albert Pike, *Morals and Dogma* (Chicago: Independent Publishers, 2017). p. 226.

의식들과 윤리를 가지고 있다. 그 표면과 외부적으로는 그것이 단지 하나의 비밀 클럽처럼 보인다. 그리고 그들은 악의가 없다. 그들은 루시퍼에게 예배드리지 않고 오컬트(신비 종교)에 종사하지 않고 내부적으로 명백하지도 않다. 프리메이슨은 사탄의 속임수의 복잡한 거미줄이다. 나중에 우리가 볼 것이지만 창조에 대한 그들의 관점은 '신성은 더 높은 수준에서 더 낮은 수준으로 창조한다(The Godhead Creates From A Higher Level To A Lesser Level).'는 밀봉한 연금술의 방출(Hermetic Emanationism)의 형태이다.

그들은 '영혼이 불멸한다(The Soul is Immortal)'고 믿고 그들이 행동한 노동에 따라서 신에 의해서 심판을 받을 것이라고 믿는다. 반면 기독교는 우리가 그리스도를 통해서 하나님께 인도받으며 지식이나 행위가 아니라 우리가 믿음을 통해서 그분의 은혜로 구원 받는다(갈 3:24 - "이같이 율법은 우리를 그리스도께 인도하는 몽학선생님이 되셔서 우리로 하여금 믿음으로 의롭게 하시느니라.")고 분명히 가르친다. 엡 2:8-9은 "그러므로 은혜로 당신은 믿음을 통해서 구원 받았도다 이것은 너희에게서 온 것이 아니니라. 그것은 행함으로 된 것이 아니고 하나님의 선물/은사이니라. 그러므로 누구도 자랑할 수 없느니라." 우리가 하나님을 선택하는 것이 아니고 우리를 선택하시는 분은 하나님이시라고 말씀한다. 비록 당신이 하나님을 향한 발걸음을 가질 수 있을지라도 이것은 요 15:16에서 "너희가 나를 선택하지 않았고 내가 너희를 선택했고 너희를 가서 열매(지속되는 열매) 맺도록 임명하였도다."라고 설명된다.

유치한(Infantile) 비밀들을 지키기

그들은 종종 유치하고 무지하고 역겹고 완전히 무의미한 사소한 일과 낮은 수준의 신의 이름인 자블-온(Jahbulon)과 같은 썩어 놓은 잘못된 신학 등을 비밀로 지켜야만 한다. 자(Jah)는 야훼를 의미하고 불(Bul)은 바알(Baal) 또는 벨(Bel), 황소 신(the Bull god)[286]을 의미한다. 온(On)은 오시리스(Osiris)의 이름이고 이집트의 태양신이다. 만일 그들이 별로 알 가치가 없는 비밀들을 누출하면 그들은 맹세를 어기는 것이다. 그 대부분의 맹세들은 피를 응고시키는 서약을 포함한다. 이는 '내 몸을 둘로 나누어서 거기서 내 창자를 꺼내서 불로 태워 재가 되게 하고 그 재를 하늘 사방의 바람 앞에 흩뿌려 그토록 비열하고 악하고 비참한 자를 더 이상 기억하지 못하게 하고 내가 고의로 이 마스터 메이슨의 의무를 위반해야 하는가?' 것과 같은 맹세를 담고 있다.[287] 그러나 영국, 미국과 그밖의 전 세계의 고위직에 있는 많은 고위 정치인들은 메이슨들인데 아무도 어떠한 언급 없이 일상적인 작업을 수행한다.

제 1도 - 입문 견습생

프리메이슨이 되면 첫 번째 레벨 입문 견습생(Entered Apprentice)이 된다. 후보자는 눈가리개를 하고 '케이블 밧줄(Cable Tow)'을 목에 감

---

286 "유다의 아사 왕의 38년에 오므리의 아들인 아합이 이스라엘의 왕이 되었더라. 그리고 그는 22년 동안 이스라엘을 사마리아에서 통치했더라. 오므리의 아들 아합은 그보다 앞에 있었던 왕들보다 주님의 눈에 더 악을 행했더라. 그는 느밧의 아들 여로보암의 죄를 범하는 것을 작은 일로 여기고 시돈 사람의 왕 엣바알의 딸 이세벨과 결혼하였더라. 그가 사마리아에 세운 바알의 성전에 바알을 위한 제단을 놓았도다. 또한 아합은 아세라 목상을 만들었고 그 앞에 모든 왕들이 행했던 것보다 주 이스라엘의 하나님을 더 화나게 자극했더라(왕상 16:29-33)."

287 See Malcolm C. Duncan, *Duncan's Masonic Ritual and Monitor* (London: Book Tree, 2007).

은 채 롯지(Lodge)로 인도된다. 그런 후 그들은 성교 행위(The Act of Copulation)를 나타내는 나침반(Compass)과 삼각자(Set Square)의 상징들이 있는 한 권의 열린 성경(An Open Bible)위에 [손을 얹고?] 롯지와 숭배하는 선생(Worshipful Master)에게 충성 맹세를 한다.

평소와 같이 외적인 의미인 개방적인 것과 내적인 의미인 난해한 것이 있다. 단순한 말로 개방성은 좋은 이유이고 난해한 것은 진짜 이유이다. 케이블 밧줄은 탯줄을 나타내고 영적으로 사탄의 가족으로 입양되기 위해서 바빌론 신비주의의 하늘의 여왕[288]으로부터 태어나는 것이다. 하늘의 여왕은 니므롯(Nimrod)의 어머니인 세미라미스(Semiramis)로서 바벨론에서 Dammuzi(히, Tammuz/담무스)[289]를 낳았다. 물론 입문자는 이것이 한 신사의 곤봉(A Gentleman's Club)이라고 생각하고 어떤 불길한 것도 계속 발생할 수 없고 반대로 그들은 신비 종교 속으로 태어나게 되는 것이다. 반면에 예수님께서는 '어떤 맹세도 하지 말라(마 5:33-37).'[290] 고 말씀하셨다. 그러나 메이슨들은 숭배하는 스승(주인)에게 그들이 전

---

288 "자녀들은 나무를 모았고 아버지들은 불을 피우고 여인들은 가루를 반죽하여 '하늘 여왕(The Queen of Heaven)'을 위하여 빵을 만들었도다. 또 그들이 다른 신들에게 전제(Drink Offerings)를 부음으로써 나의 화를 격노케하였도다(렘 7:18)."

289 "또 그가 나를 주님의 전의 북문 입구로 이끄시어 나는 여인들이 앉아서 담무스(Tammuz)를 위해서 애곡하는 것을 보았도다. 또 그가 내게 '인자야 너는 이것을 보았느냐?'라고 말씀하셨더라. 다시 그가 '너는 이보다 더 가증스러운 것들을 볼 것이니라.'고 말씀하셨더라(겔 8:14-15)."

290 "다시 너희는 옛날 사람들에게 말로 전해진 것인 '너희는 서원을 깨뜨리지 말고 주님께 서원한 것을 지키라. 그리고 나는 너희에게 말하노니 도무지 서원하지 말지니 하늘로도 하지 말라 이는 하나님의 보좌이니라. 땅으로도 하지 말라 이는 하나님의 발등상이니라. 예루살렘으로도 하지 말라 이는 큰 왕의 도시이니라. 너희 머리로 서원하지 말라 이는 너희가 한 머리털도 희게 검게 할 수 없느니라. 오직 너희의 예(옳은 것)를 예라 아니오(그른 것)를 아니오라고 하라. 이것 너머에 있는 것은 악한 것에서 오는 것이니라(마 5:33-37)." "무엇보다 먼저 나의 형제들이여, 하늘로나 땅으로나 그밖에 어떤 것으로나 맹세하지 말라. 너희의 '예'를 예가 되게 하고 너희의 '아니오'를 아니오가 되게 하라. 그렇지 않으면 너희가 정죄[지옥]받을 것이니라(약 5:12)."

혀 모르는 비밀을 누설하지 않겠다는 충성을 맹세한다. 만일 그들이 그 모든 것을 농담으로 여기고 의미 없이 그들의 우상을 따라가면 그들은 제2 계명을 어기는 것이다. 출 20:7과 신 5:11에는 "주 너희의 하나님의 이름을 망령(헛)되이 여기지 말라."고 하셨다. 그리고 만일 그들이 우상 숭배를 귀중하게 여기고 그들이 출 20:3의 여호와 외에 다른 신을 섬기면 제1 계명을 어기는 것이 될 것이다. 프리메이슨은 1도에서 이미 운명이 정해져 있다. 왜냐하면 루시퍼를 향한 연결은 이미 완성됐고 쉽사리 끊을 수 없고 단지 예수 그리스도의 피밖에는 없기 때문이다.[291]

영국 왕실의 필립(Philip) 왕자는 프리메이슨 1도로 1952년 12월 5일 해군로지 2612(Navy Lodge 2612)에서 입교했고 후에 그는 그것 모두가 '멍청한/silly' 것이었다고 생각했다. 정확하게 더 이상 진행하지 않았으나 비밀들에 대한 비밀 결사이기 때문에 우리는 모른다. 왜냐하면 우리 모두는 그가 33도가 될 수 있다고 알고 있기 때문이다. 로얄 가족들은 메이슨에 깊이 빠져 있고 그것은 가장 높은 명령인 바스 훈령(Order of Bath)나 가터 훈령(Order of Garter)과 같은 위협적인(Chivalric) 명령들의 모든 부분들이다. 이들 기성[설립] 사회(Establishment Societies)와 기사(Knights/그들의 knighthoods/기사 작위 포함)는 혼합되고 밀접하게 프리메이슨과 관련이 있다. 심지어 그들의 기원은 십자군의 기독교 군대 조직까지 거슬러 올라간다.

제2도 프리메이슨은 동료 장인(Fellow Craft)이고 케이블 밧줄은 오른쪽 팔과 어깨 아래를 감는데 이는 기본적으로 더 많은 '빛'을 받으려는 것이다.

---

291 See William J. Schnoebelen, *Masonry: Beyond the Light* (Scotts Valley: CreatSpace Independent Publishing Platform, 1991), p.88.

제3도 - 히람 아비프(Hiram Abiff)의 신화[292]

제3도에서는 진행들은 더 무섭기 조차하다. 이 시간 시작은 왕상 7:13-51, 대하 2:13-16과 대하 4:16에서 언급된 솔로몬 성전의 주요 건축가(Builder)인 히람 아비프(Hiram Abiff)의 역할에 대해서 '역할 연기(Role Playing)'를 한다.[293] 그는 메이슨의 메시아이고 그들의 성례전에서 예수님을 대체한다. 그의 아버지는 납달리 지파 출신이고 어머니는 단 지파 출신이어서 그를 유대인으로 만든다.

히람 아비프(Hiram Abiff)를 연기하는 입문자(The initiate)는 중세 유럽에서 메이슨들은 빌딩에 들어갈 때 비밀번호를 사용했기에 비밀번호를 발설하지 않도록 맹세한다. 히람(Hiram)은 3명의 악당(Ruffians)들, 주벨라(Jubela), 주벨로(Jubelo)와 주벨룸(Jubelum)에게 비밀번호를 발설하는 것을 거절하다 살해당했다. 예식에서 입문자는 덮여진(Felted) 작은 망치(Mallet)나 큰 나무 망치(Maul)로 머리를 맞는다. 그리고 담요나 캔버스 안으로 넘어진다. 이것은 아마도 솔로몬 성전에서 발생한 것으로 그는 쓰레기 사이에서 급하게 매장된다. 후에 노출이 두려워서 그의 몸은 이동되고 예루살렘의 다른 곳에 매장되었다. 그 3명의 악당들은 발견됐고 히람을 되살리려고 유다 족속의 사자의 특별한 손잡이(Grip)를 사

---

[292] See https://sacred-texts.com/mas/sof/sof29.htm; https://www.evangelicaltruth.com/hiram-abiff-the-false-christ-of-freemasonry; https://sirijus.rs/20-6-the-secred-of-the-death-of-hiram-abiff-third-degree-of-freemasonry/;

[293] 아비(Abi)는 히브리어로 '나의 아버지'를 의미한다. 아버지를 의미하는 아브(Ab, 아람어로 Abba Father를 비교하라)와 접미어 이(i)는 '나의'를 의미한다. 그러나 아비프(Abiff)의 끝에 이 중 ff는 하나의 신비이다. Abiff는 아마도 프리메이슨이 현대의 형태로 시작됐을 때인 17세기 중엽부터 온 옛날 프랑스어인 것 같다.

용하는 솔로몬 왕에게 도움을 요청한다. 그 특별한 손잡이는 손목을 악수하는 것과 비슷하지만 두 손가락을 손목 양쪽으로 벌리면 이때 히람(Hiram)은 다시 살아난다. 이 기이한 모의 의식 살인은 어떻게 되는가?

마스터 메이슨 - 세례

사탄의 세례(Satanic Baptism)[294]

이것은 그리스의 옛 종교를 떠올리게 하고 이집트 종교와 직접적인 유사점을 가진 하나의 '신비 학교 입문(Mystery School Initiation)'이다. 히람 아비프(Hiram Abiff)처럼 세 번 묻힌 유일한 다른 인물은 사후 세계의 신인 오시리스(Osiris)이다. 히람은 한 번은 성전 뜰 안에, 한 번은 성전 밖에 묻혔고, 부활(소생?)한 후 여생을 보냈고, 세 번 묻혔다. 오시리스 숭

---

294 See Anton Szandor Lavey, *The Satanic Rituals* (New York: University Books Inc, 1972).

배는 오시리스가 관에 묻힌 다음 살아나 그의 어머니이자 누이인 이시스를 임신시키고 타마리스크(Tamarisk) 나무[295]에 다시 묻힌다는 점에서 비슷한 이야기를 가지고 있다. 후에 오시리스는 죽고 사막에 묻혔다(오시리스는 성경 창 41:45[296]에서 온[On]이라 불리우는 곳이고 요셉이 온 지역의 제사장 포티-페라(Potipherah)의 딸인 아세낫(Asenath)과 결혼한다. 이것이 성경에서 오시리스에 대한 직접적인 언급이다). 그래서 의식 놀이에서 당신은 머리를 맞아 죽고 이는 당신 자신이 히람 아비프처럼 죽는 것이다. 그리고 당신은 신비 종교 아래에서 하나의 새 창조로서 죽음으로부터 부활하게 된다. 새로운 존재로서 부활하게 되는 개념은 새 신자가 세례로 자신에게 죽고 성도로서 하나님의 승인의 인으로 새 창조로서 다시 태어나는 기독교와 유사하다. 그러나 프리메이슨에는 그들의 종교에서 당신은 죽은 것으로 생각되었던 사자의 탄생에 대한 언급이라고 하는 '사자의 포효(Roar of a Lion/사자의 으르렁대는 소리)'를 통해 다시 태어난다고 한다. 그것은 또한 예수님께서 부르는 '유다의 사자(The Lion of Judah)'에 대한 언급이라고 한다. 이와 관련된 유일한 문제는 성경은 사탄을 사자로 언급한 경우도 있다는 것이다. 벧전 5:8은 "깨어 있어서 정신을 바짝 차리라. 당신의 적 마귀는 삼킬 사람을 찾기 위해 '울부짖[으르렁대]는 사자(Roaring Lion)'처럼 이리저리 돌아다니느니라."라고 말씀한다. 후보

---

295 히브리어로 에셀(Eshel)은 영어로 타마리스크 나무(Tamarisk tree)로서 상록 교목으로서 키가 4-10m까지 자라고 사막에서 좋은 그늘을 만들어주고 나무는 갈색이고 잎은 2mm로 아주 짧고 사철 푸르다. 이 나무는 창 21:33절에서 "아브라함은 브엘세바에 에셀나무를 심고 거기서 영생하시는 하나님 여호와의 이름을 불렀더라."라고 나타난다.
296 "바로는 요셉에게 자프나스 파네아(Zaphnath Paaneah: 비밀을 드러내는 자)란 이름을 지어주었고 그에게 온(On)의 제사장인 포티페라(Potiphera)의 딸 아스낫(Asenath)을 그의 아내로 주었다. 그리고 요셉은 이집트의 온 땅을 두루 다녔더라(창 41:45)."

자는 사자의 손잡이를 통해 '신비 종교 컬트(Mystery Religion Cult)'의 일원으로 일으킴을 받으며, 이것은 루시퍼로부터 온 것이다. 그들은 이 사탄의 세례를 받으며 사탄의 왕국 속으로 다시 태어나게 되는 것이다.

이것은 모든 프리메이슨에 대한 심각한 소식이고 그로 인한 피해는 극단적인 저주(지옥)의 결과를 초래할 수밖에 없다. 유일하게 총체적으로 회개하고 완전하게 프리메이슨으로부터 돌아서는 것은 이 악에서 부터 도망치면 가능하다. 오직 [예수님의 피와 하나님의 능력의 말씀으로/계 12:11] 온전한 회개와 선포의 삶만이 이 악한 프리메이슨에게서 도망쳐서 완전히 돌아설 수 있다.

프리메이슨의 상위 등급들은 더욱 많은 빛을 받는 것에 관한 것이다. 그러나 실제로 이것은 영적 소유이거나 비록 이것이 잘못 이해한 개념일지라도 '당신의 영혼을 마귀에게 파는 것(Selling Your Soul to the Devil)'이다. 그러나 많은 메이슨들은 하나님(?)을 두려워하는 사람들이다. 몇몇은 평신도 설교자들이기조차 하다. 그런데 어떻게 그들이 영적 영역을 분별할 수 있는가? 약간의 분별력을 가진 사람이라면 누구나 진행되고 있는 일이 잘못되었음을 알 수 있다. 그들은 그것이 풍유적 의미를 지닌 연극이고 따라서 도덕적 가르침이라고 말할 수 있지만 근본적으로 영적 영역이 어떻게 작용하는지 이해하지 못한다. 여기서 훨씬 더 많은 일이 벌어지고 있다. 영적 영역은 초청에 의해 작동한다(The Spiritual Realm works by Invitation). 만일 당신이 하나님의 질서에 반대되는 의식을 실행하면 당신은 마귀를 초청하는 것이다. 인물과 단어들이 성경에서 왔다고 해서 실제 뜻이 좋은 것은 아니다. 당신이 몇 년 동안 오컬트를 [대적하는] 연구를 하고 실천하면 영적 공격과 같은 이상한 일과 사악한 일들이 일어나는 것을 알게 될 것이다. 실재로 오컬트를 통한 사탄은 믿는 자들을 삼키려고 존재하고 활동하고 있기 때문이다.

프리메이슨은 엘리트들의 종교이고 '그랜드 폰티프(Grand Pontiff)의 19도'부터 높은 수준의 프리메이슨과 그 이상은 루시퍼리안주의자들이다. 알버트 파이크(Albert Pike)와 다른 작가들의 저작물들에 따르면 우리는 프리메이슨의 신은 진짜로 루시퍼라는 진리를 획득하게 된다. 그리고 프리메이슨들이 추구하는 것은 무엇일까? 더 많은 빛일까? 그 빛을 나르는자는 사탄인 루시퍼이다. 여기에 모든 종교적 속임수(Hocus Pocus: Magic/Religious Tricks)를 알아차리고 제거할 수 있는 유용한 비유가 있다. 프리메이슨 자체는 성전의 하드웨어인 '컴퓨터[기계]'에 비교 될 수 있고, 의식 및 그 관련 용품(Paraphernalia/개인 소지품)과 카발라(Kabbalah), 장미십자회(Rosicrucianism), 영지주의(Gnosticism: [문자적으로 종교의 숨겨진 지식)는 소프트웨어에 비교 될 수 있고 오컬티즘은 수용되고 실행되고 재생될 수 있다. 이것이 프리메이슨이 일하는 방식이다. 그것은 마술(Witchcraft/사기)의 일부로 로지(Lodge)들에서 재생되는 고대 종교의 많은 신들을 융합한 것이다.

어떤 메이슨인 사람이 이 악에서 벗어나고 싶다면, 그리고 예수 그리스도를 그의 인격적 구원자로 만난 것을 알게 되어 로지를 떠나기를 원하면 등록된 이름을 옮기는 것을 공개적으로 선언하는 편지를 써야만 한다. 왜냐하면 사탄은 그들의 이름이 제거될 때까지 그들에 대한 권리를 가질 것이기 때문이다. 사탄 또는 루시퍼는 극단적으로 합법적이다. 만일 당신의 이름이 아직도 공식적으로 등록되어 있다면 당신은 아직도 어떤 수준의 프리메이슨의 속박 아래에 있게 될 것이다. 이것은 예수 그리스도와 진실로 동행하는데 어려움을 만들게 될 것이다. 저자는 프리메이슨들의 영혼들을 불쌍히 여긴다. 그것은 한심한 현실의 그림자이자 역겨운 변태 사탄 마귀에 속한 자들이기 때문이다. 정치인(경제인, 종교인)들은 이 그룹의 회원이 되지 말아야 한다.

솔로몬 왕의 성전 방향 [297]

원래 구약 성경의 성전은 서쪽에 지성소가 있었다. 이스라엘 회중은 동쪽에서 성전으로 들어와 예배 중에 서쪽을 향했다. 그러나 프리메이슨 로지(성전/lodge)는 솔로몬 왕의 성전의 한 유형이라고 하지만 그 건물의 방향은 동쪽으로 향한다. 이것은 원래 솔로몬 왕의 성전과는 정반대 방향이다. 경건한 주인[선생](Worshipful Master)은 동쪽에 앉아있고 입구는 서쪽에 있다. 그리고 어쨌든 예수님은 제자들에게 누군가를 '주인[선생]'으로 부르는 것을 금지하셨고 오직 경건하신 주인만은 제외했다.[298] 회중은 실제로 서로를 마주하지만 방향은 태양(Apollo)이 떠오르는 동쪽을 향하고 있으며 모든 신비 종교와 마찬가지로 태양 숭배에 대한 고개를 끄덕이는 것 이상이다.

---

[297] See https://commons.m.wikimedia.org/wiki/Category:Floor_plans_of_the_Jewish_temple_in_Jerusalem.

[298] "그러나 너희는 선생[헬. '라삐(ῥαββί/ Rabbi, my master, teacher, doctor/주인, 선생, 박사)이라고 불리지 말라. 너희 주인은 한 분뿐이고 너희는 모두 형제이기 때문이니라. 그리고 땅에 있는 자를 아버지라 부르지 말라 너희 아버지는 한 분이시요. 그는 하늘에 계시기 때문이니라. 또 너희를 선생이라 칭함을 받지 말라 너희 선생은 한 분이시니 곧 그리스도시라(마 23:8-10; 26.25, 49, etc.)."

솔로몬 왕의 성전의 평면도

성경적 솔로몬 왕의 성전 (렘 36:10[299])

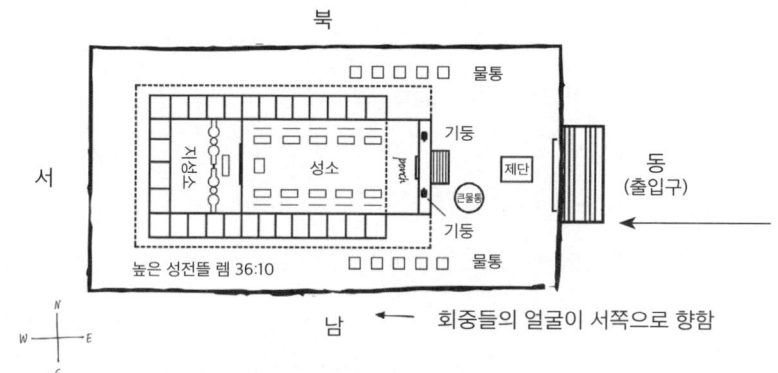

프리메이슨 솔로몬 왕 성전

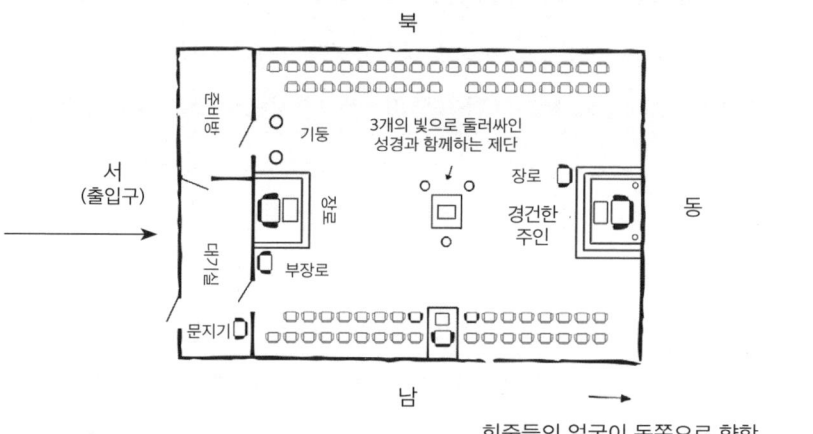

---

299 "바룩이 성전 새 문 어귀 윗뜰에 있는 서기관 사반의 아들 그마랴의 방에서 두루마리에 있는 예레미야의 말을 주의 성전에 있는 모든 백성에게 낭독하니라(렘 36:10)."

원래 솔로몬 왕의 성전에는 회중이 서쪽으로 향하지만 프리메이슨의 솔로몬 왕의 성전에는 회중이 태양이 떠오르는 동쪽으로 향한다.
　예언서인 겔 8:15-18절에는 "그가 내게 이르시되 인자야 네가 이것을 보느냐 너는 이것보다 훨씬 더 불쾌한 것을 보게 될 것이다. 그가 나를 데리고 여호와의 집 안뜰에 들어가시니 성전 문 현관과 제단 사이에 약 이십오 인이 있더니 등을 여호와의 전으로 향하고 얼굴을 동으로 향하여 동방 태양에 절하고 그가 나에게 "사람의 아들아, 이것을 보았느냐? 유다 족속이 여기에서 행하는 가증한 일을 하는 것이 작은 일이냐 그들이 또 강포(폭력)로 땅을 채우며 끊임없이 나를 격노케 하겠느냐? 나뭇가지를 코에 갖다 대는 모습을 보라! 그러므로 내가 분노로 그들을 처리할 것이니라. 나는 그들을 불쌍히 여기거나 아끼지 않을 것이니라. 그들이 내 귀에 소리를 지르지만 나는 그들의 말을 듣지 않을 것이니라."라고 분명히 성전 안에 우상이 들어오고 예배의 방향이 태양신을 섬기는 동쪽을 향한다고 예언의 말씀을 하고 있다. 비성경적으로 많은 교회가 동쪽에 제단이 있고 동쪽을 향하고 있음에도 불구하고 프리메이슨 성전과 달리 솔로몬 왕의 성전의 형태인척 하지 않는다는 점은 주목할 가치가 있다. 그래서 여기에서 다시 우리는 삶의 진정한 의미를 드러내기 위해서 어떤 특별한 활동이 진행되고 있다는 가식을 갖고 있지만 그것은 단순히 창조주의 예배 계획에 어긋나는 사탄의 속임수를 볼 수 있다. 그리고 우리 모두는 일이 거꾸로 행해지는 것과 잘못된 방향으로 행해지는 것에 대해 알고 있다. 이것은 순수한 사탄주의이다. 프리메이슨의 왼쪽(좌파) 경로의 입문자는 항상 거꾸로 작업을 수행한다. 하나님을 향한 접근은 동쪽(우파)에서 서쪽이다. 이스라엘 자손은 요단을 건너 동쪽에서 서쪽으로 약속의 땅에 가까이 이르렀다. 다른 방법(길)은 그 반대이다. 하나님은 아담과 이브를 에덴동산 서쪽에서 동쪽으로 몰아내셨다(창 3:24: "하나님께서 그 사람을 쫓아내신 후에 에덴동산 동편에 그룹들과 번쩍이는 화염검을 두어 생명나무의 길을 지키게 하시니라."). 그리고 가인 역시 서쪽에서 동쪽(창 4:16 - "그래서 가인은 주님의 면전에서 쫓겨났고 에덴의 동쪽인 놋(Nod)의 땅에서 살았더라.")으로 쫓겨났고 야곱 역시 그랬다.

왜 프리메이슨은 비밀 집단인가?[300]

이제 우리는 프리메이슨이 악마로부터 온 것이며 그 구성원이 쉽게 조작될 수 있다는 것을 확인했으므로 프리메이슨 회원인 많은 정치인에 대해 무엇이라고 말해야 할까?

첫째, 그들의 믿음이 그리스도에 반대되기 때문에 그들의 행동은 아마도 인류에 반할 것이라고 말한다. 예를 들어, 그들은 모의 의식 살인에 빠져있고 잘못된 방식으로 일을 한다. 둘째, 프리메이슨은 구조상 그들 위에 있는 다른 사람들에 의해 너무 쉽게 조종될 수 있기 때문에 신뢰할 수 없다고 말한다. 비록 단지 어떤 수준의 회원들만이 이것을 알게 될지라도 더욱이 프리메이슨이 되는 것은 신세계 질서(New World Order) 구축이라는 글로벌리스트 의제의 중요한 부분이다. 종종 그들은 그들에게 주어지는 사회에서의 특별한 대우에서 벗어날 수 없다는 기존의 세계관

---

300 See Mark Stavish, *Freemasonry: Rituals, Symbols and History of the Secret Society* (Woodbury: Llewellyn Publications, 2007); https://time.com/5877435/freemason-secrecy/.

에 미혹되고 현혹(Hoodwinked)되어 왔다. 그들은 그 혜택에 너무 의존하게 되었기 때문에 결코 자유로울 수 없으며 그들이 잘못되었다고 믿는 것을 들을 수 없다. 오직 성령님으로 충만한 기독교로의 참된 회심과 그들의 이전 삶의 완전한 거부만이 효과가 있을 것이다. 신세계 질서의 많은 건설자들은 계층이 더 높은 사람들이며 종종 스컬 앤 본즈(Skull and Bones/두개골과 뼈), 외교관계위원회(CFR) 및 보헤미안 그로브(Bohemian Grove)와 같은 더 무시무시한 그룹에 속한다. 그런 다음 삼극위원회(Trilateral Commission)와 빌더버거(Bilderbergers)와 같은 다른 정치 조직이 있다. 세실 로즈(Cecil Rhodes)와 밀너 그룹(Milner Group)의 영국 지부의 일부인 왕립업무연구소(Royal Institute of International Affairs)와 그들의 싱크 탱크인 로마 클럽(Club of Rome) 등이다. 실질적으로 이 그룹의 모든 사람들은 프리메이슨이고 밀접하게 연합된 종교 조직(Religious Organisations)에 속해 있다.

8장
영적 분별

8장
영적 분별
(Spiritual Discernment)

히 5:14에는 "그러나 단단한 음식은 장성한 자들을 위한 것이니 그들은 꾸준히 사용하여 선을 악으로부터 분별하기 위해서 훈련해온 자들이니라."라고 말씀한다.

초엘리트의 종교(The Religion of The Super Elite)[301]

우리는 '하위 기관'이 프리메이슨을 믿고 그들 대부분은 우리의 삶의 방식에 위협이 안 된다는 생각을 가지고 있다. 그러나 비밀 정치 조직은 어떤가? 그들은 무엇을 믿을까? 앞서 언급했듯이 피라미드의 더 높은 상층부에 있는 사람들인, 스컬 앤 본즈(The Skull and Bones), 외교관계위

---

301 See Tim Ozman, *The Secret Religion of the Elite* (UK: Amazon, 2018).

원회(CFR), 보헤미안 그로브(Bohemian Grove), 빌더버거(Bilderbergers), 삼극위원회 회원들(Trilateral Commission Members)과 기타 등등의 사람들은 모두 무슨 공통점을 가지고 있을까? 이 사람들은 정치 분야에서 일하고 있으며 무슨 일이 일어나고 있는지 알고 있다. 세속적인 수준에서 그들은 우리의 대의를 위해 일하고 보통 사람을 돕기 위해 법을 통과시키는 척하지만 실제로는 당신이 상상할 수 있는 것과는 완전히 다른 유형의 정부를 안내하고 있다. 정상에 그들과 함께하는 정부가 있고 바닥에 당신과 저자가 함께하는 정부가 있다. 그들은 당신이 하는 것과 말하는 것과 생각하는 것조차도 총체적 통제권을 가지기를 원한다. 우리가 그들에 의해서 강요되는 것이 그들의 의지이다. 그들은 통제를 유지하고 획득하기 위해서 '세뇌(Indoctrination)', '선전(Propaganda)'과 '많은 미묘한 심리학적 방법들(Myriad of Subtle Psychological Methods)'을 사용하기를 원한다. 그런 후에 그들은 안전을 느끼고 우리를 지배한다.

당신은 그들이 무엇을 믿는지 알게 되면 그들이 다음에 무엇을 할 것인지, 따라서 어떻게 그들의 장기적인 목표를 달성할 수 있을지 추정(예상)할 수 있는 위치가 될 것이기 때문에 중요한 것은 그들의 믿음이다. 우리는 미래가 어떻게 될지 모르지만 그들의 신념, 글, 출판물, 그리고 그들이 통과시킨 법을 통해 그들이 우리에게 원하는 미래를 일견(Glimpses)할 수 있다. 반성경적 세력들의 종교 철학과 정치 행위가 어떻게 교회와 자유 민주주의를 파괴해왔는지 종교적 정치적으로 미리 분석하고 예상하고 성경적 해결책을 제시하는 유비무환의 자세가 필요하다.

루시퍼리안 철학(The Luciferian Philosophy)[302]

그들은 모두 공통적으로 어떤 믿음을 가지고 있을까? 한마디로 요약하면 이들의 공통점은 루시퍼리안 철학에 집착한다는 점이다. 루시퍼리안 철학은 인간이 루시퍼를 통해서 세상과 자연을 정복하여 신이 될 수 있다는 신앙이다(The Luciferian Philosophy is a belief that Man can conquer the world and nature to become a god through Lucifer).

루시퍼 (Lucifer) - 빛을 나르는 자 (The Light Bearer)

사 14:12에 "아침의 아들 루시퍼여, 어찌하여 하늘에서 떨어졌는가! 열국을 약하게 한 네가 어찌 그리 땅에 찍혔느냐." 히브리어로 He:lel[הֵילֵל, 헤렐]〈Halal[הָלַל, 하랄]은 동사 히필[Hiphil] 형에서는 빛을 비추다(To shine)를 의미한다. 그 명사형은 '빛을 비추는자(Shining One)'를 의미한다. 히브리어로 벤(בֶּן, Ben)의 연계형, 소유격은 '~의 아들'을 의미한다. 히브리어로 후음 헤트(ה, het)와 함께하는 샤하르(שַׁחַר, Shahhar)는 새벽이나 아침을 의미하는데 태양이 막 떠올라오는 이른 아침을 의미한다. 히브리어로 보케르(בֹּקֶר, Boqer) 역시 아침을 의미한다. 헤렐 벤 샤하르(הֵילֵל בֶּן שַׁחַר, Helel ben Shahar)는 '빛을 비추는자, 아침의 아들/Shining One, Son of the Morning'은 Septuagint(LXX/ 70인역)에서 '헤오스포로스(ἑωσφόρος, Heosphoros)'로 번역되고 라틴불가타(Latin Vulgate)에서는 '루시퍼(Lucifer)'로 번역된다. 이 단어는 '빛/light'을

---

302 See Michael W. Ford, *Wisdom of Eosphoros: The Philosophy of Luciferianism* (Scotts Valley: CreateSpace Independent Publishing Platform, 2015).

뜻하는 라틴어 '루시(Luci)'에서 왔고 '페르(Fer)'는 운반하는 자인 캐리어 (Carrier<carry)를 의미한다. 그러므로 이 단어는 '빛을 나르는 자나 운반하는 자(Light Carrier)'로 번역이 된다.[303]

이 단어를 작은 소문자 엘(l)로 번역한 루시퍼(lucifer)의 번역은 라틴어 단어에서 직접 온 것이고 다른 버전에서는 이런 식으로 번역되지 않았기 때문에 약간 의심스럽다고 말해야 한다.[304] 사실은 이 이름이 전체 믿음 체계의 초점이 되었고 루시퍼는 사탄의 다른 대리인이 되었다.

사탄(Satan)

사탄이란 단어는 히브리어 사탄(שָׂטָן, Satan)에서 온 말인데 '알파베트 신(שׁ, sin), 테트(ט, tet)와 눈(ן, noon)' 등 3가지의 자음의 뿌리를 갖고 있다. 그 의미는 '적(Adversary)'이며 하 사탄(Ha Satan)은 그 적(The Adversary), 마귀(Devil), 사탄(הַשָּׂטָן, Satan)을 의미한다.[305] 거리의 모든 사람들에게는 사탄과 루시퍼는 같은 존재이지만 프리메이슨과 팔라디움 34(Palladium 34), 신지학자들(Theosophists), 로시크루시안(Rosicrucians) 과 뉴에이저(New Ager)들에게는 사탄과 루시퍼는 다르다.

'이것은 비밀 정치 조직이 숭배하고 존경하며 궁극적으로 충성을 맹세

---

303 Septuagint(LXX/70인역)은 BC 3세기경에 히브리어 구약 성경을 헬라어로 번역한 성경이다. 불가타는 AD 382년에 제롬(Jerome)이 이스라엘 베들레헴에서 70인역을 라틴어로 번역한 라틴어 성경이다. See Benjamin Davidson, *The Analytical Hebrew and Chaldee Lexicon* (Peabody: Hendrickson Publishers, 2002), p.190.
304 See King James Version in 1611.
305 See Benjamin Davidson, *Ibid.*, p.710.

하는 신이다. 프리메이슨의 상위 도수 안에서 그들은 루시퍼를 그들의 '주님과 스승(Lord and Master)'로 알고 예배한다.

사탄은 하늘에 있었으나 그 뒤에 천둥처럼 떨어졌다. 눅 10:18은 "그리고 그가 그들에게 말씀하시기를 '나는 하늘로부터 떨어지는 빛 같은 사탄을 보았도다.'"라고 말씀한다. 그리고 계 12:4에서 "그 꼬리가 하늘의 별 삼분의 일을 끌어 다가 땅에 던지더라 용이 해산하려는 여자 앞에서 그가 해산하면 그 아이를 삼키고자 하더니"라고 하신다. 용의 꼬리가 별의 1/3을 취해서 땅에 던지는 것을 읽는다. 이 별들이 떨어진/타락한 천사들인데 귀신들이 됐고 땅에 떨어졌다. 1/3는 33%이다. 이는 왜 33이 그들에게 특별한 숫자/번호인지 알 수 있는 이유이다. 그것은 사탄의 군대를 나타낸다. 이미 설명했던 것처럼 땅과 땅의 나라들은, 비록 궁극적으로 하나님의 총체적인 통제 안에 있을지라도 사탄이 이 땅의 통치자이기 때문에, 사탄의 손 안에 있다.

창세기를 비꼰 주석에서 온 루시퍼리안의 철학

루시퍼리안의 출처를 이해하는 것은 매우 중요하다.

창 3:5(NKJV 번역)에서 아담과 이브가 에덴동산에 있었을 때 뱀이 이브에게 말하기를 "그러므로 하나님께서는 '너희가 그것을 (선악의 지식의 나무 열매) 먹는 날에는 너희들의 눈들이 열릴 것이며 너희가 선과 악을 아는 하나님처럼 될 것이니라'는 것을 아시느니라."라고 말씀한다.

루시퍼리안 철학은 루시퍼가 인간이 옳고 그름을 알 수 있게 함으로써 인류에게 호의를 베풀었다고 한다. 따라서 인간에게 지식을 제공한 것도 루시퍼였다는 것이다. 이것은 사탄과 다른 존재(인격)이므로 루시퍼는 그들의 왜곡된 관점에서는 실제로 인류의 구세주로서 존경받고 우러러봐야 할 존재라는 것이다. 그들에게 루시퍼는 하나님으로부터 해방된 영웅이자 하나님이 그에게 부과/강요한 속박이다. 분명히 이것은 철저하게 진실이 아니다. 루시퍼는 그가 하나님이 될 수 있다고 생각했기 때문에 하늘로부터 떨어졌다. 사 14:12에서 언급된 헤렐(הֵילֵל, Hêlel/Morning Star/아침별/새벽별)은 참으로 사탄이다. 요한계시록 22장 16절에서 예수님을 밝은 새벽별(ὁ ἀστὴρ ὁ λαμπρὸς ὁ πρωινός, Ho Aster Ho Lampros Ho proinos: The Bright Morning Star: "나 예수는 교회들 안에 있는 이런 일들을 너희에게 증거하게 하려고 나의 천사를 보냈노라. 나는 다윗의 뿌리요 후손이며 빛나는 새벽별이니라".)이라고도 부르는 것은 사실이지만 이것은 천년 왕국 이후의 예수님을 가리킨다. "너희가 그것을 먹는 날에는 (선악의 지식 나무) 너희 눈이 밝아 하나님과 같이 되어 선악을 알게 되리라(창 3:5)." 왜 선과 악의 차이를 알면 신처럼 되는 걸까? 그 이유는 당신도 하나님처럼 옳고 그름을 선택할 수 있는 선택권과 능력을 가졌기 때문이다. 타락 이전의 아담/인류는 동물과 같이 살았고, 어린아이처럼 살았고, 윤리와 선악 분별력이 미숙하여 무엇이 옳고 그른지 알지 못했다. 그러나 인간이 타락하여 어린아이와 같은 상태에서 나오자 그는 옳고 그름을 볼 수 있게 되었다(동물은 이것을 볼 수 없으며 그냥 존재한다). 그때 뱀은 "만일 너희가 선악의 지식 나무로부터 먹는다면 너희가 죽을 것이라고 하나님께서 진짜로 말씀하시더냐"고 말했다. 그러나 아담과 하와는 육체적으로 죽지 않았으나 그들은 영적으로 죽어서 하나님과 적절하게 교제할 수가 없게 되었다. 이렇게 된 이유는 하나님은 100% 온전하시고 선하시기 때문이다. 그리고 그들은 그들 안에 악을 갖게 되었고 결국 하나님과의 관계가 깨지게 되었다. 그들이 악을 소유하게 된 이유는 그들이 하나님께 불순종했기 때문이다. 그것은 정확히 하기 어려운 것들이 아니었다. 원하는 것은 무엇이든 먹을 수 있지만 여기 이 나무는 아니다. 창 2:16-17에 "주 하나님께서 그 사람에게 명령하셨다. 말씀하시기를 동산에 있는 어떤 나무든 너희들은 자유롭게 먹을 수 있으나 선악의 지식 나무는 너희들이 먹지 말아야 할 것이니라. 왜냐하면 너희가 그것을 먹는 날에는 너희가 진짜로 죽을 것이니라."고 말씀하셨기 때문이다. 그 시험은 합리적인 것이었다. 그러나 그들이 시험에 떨어졌기 때문에 그들은 하나님과 단절되었고 인류를 하나님에게 다시 회복시키기 위해 예수님께서 구원자가 되셨다. 선한 하나님께서 왜 악을 창조해야 할까? 만일 사람이 그 안에 악이 있다면 하나님과 사람은 분리된다. 그것은 간단하다.

무신론적 또는 은유적 루시퍼리안주의
(Atheistic or Metaphorical Luciferianism)[306]

신비 종교는 인류의 타락과 루시퍼의 이야기를 은유로 믿고 가르친다. 은유가 의미하는 것을 빠르게 검토하는 것은 가치가 있다. 그것은 다른 것을 대표하거나 상징하는 것으로 간주되는 비유적 표현이다. 예

306　See Richard K. Page, *Luciferianism: AlterEgo* (Scotts Valley: CreateSpace Independent Publishing Platform, 2016); https://en.m.wikipedia.org/wiki/Luciferianism.

를 들어, '마음은 바다다(The Mind is an Ocean)'나 '도시는 정글이다(The City is a Jungle)'는 둘 다 은유이다. 루시퍼는 그가 불의한 하나님으로부터 인류를 구하고 인간에게 지성의 선물을 준다는 은유로 여겨진다. 그들의 왜곡된 관점에서 하나님은 아담과 하와를 에덴의 동산에 있는 죄수들로 잡고 하와가 지식의 나무를 먹지 못하게 막았다. 그것은 나무의 열매를 먹음으로써 인류의 눈을 뜨게 하고 계몽하도록(Illuminated) 할 수 있었던 그 '선한 신(Good god)' 루시퍼의 '반짝이는/빛을 비추는 빛(Shining Light)'이었다. 그래서 타락에서 악마는 선한 신이 되는 동안에 하나님은 악으로 간주되어 인간을 감옥에 가두어 인간을 지식으로부터 멀어지게 한다. 이것은 진실의 정반대 말이다. 이것은 은유적이거나 무신론적인 루시퍼리안주의(Luciferianism)로서 빛을 비추는 빛이 일종의 프로메테우스적(Promethean)인 불을 주는 자로서 인간에게 지성을 제공하고 있다는 믿음이다. 그들에게 그것은 실제로 일어나지 않았다. 그것은 지적 중요성에 대한 흥미로운 이야기이다. 빛의 전달자 루시퍼가 빛을 가져왔다. 그것이 프리메이슨이 항상 더 많은 빛을 얻는 것을 목표로 하는 이유이다. 다른 그룹들은 이 빛을 가지고 있으며 더 많은 빛을 얻어 수천 점의 빛으로 '비춰지기/계몽되기(Illuminated)'를 원한다.

이것으로부터 확장하여 그들은 또한 인간 자신 외에 신이 없으며 당신이 내부의 성전으로 자신을 완성할 수 있다면 당신 내부의 신을 통해 당신은 '기독교'가 될 수 있다. 그래서 당신은 신이 될 수 있다고 가르친다. 다른 말로 루시퍼의 은유를 통해서 인간이 그 자체를 완벽하게 할 수 있고 루시퍼의 지성과 상호 작용을 통해서 그들은 모든 것을 정복할 것이고 하나님처럼 전능하게 될 것이라고 믿는다. 이것은 정확하게 대부분의 엘리트들이 믿는 것이고 확장에 의해서 그들의 비추어진 지식이 그들을 거리에 보통 사람들인 우리 위에 신이 되어 지배하는 것이다. 그들은 그들이 생각하는 것은 옳은 것을 행하는 것이고, 생각하고 말하는 것을 대중들에게 지시할 권한이 주어진 신으로 태어났다고 믿는다.

이 사람들이 옥스퍼드, 케임브리지, 아이비리그에 가서 성공하고 정치에 입문하고 그들의 선거구에 선출되었다고 상상할 수 있는 것과는 다르다. 클럽에 가입하기 위해서 그들은 루시퍼리안이 되어야 한다. 기관의 상위 계층에 도달하고 비밀 정치 조직에 채용된 사람들에게는 항상 더 높은 동기와 관련되어 있다. 만일 그들이 클럽에 있지 않고 외부 클럽에 있으면 정상에 오르지 못한다. 그들이 내부 집단에 충성하지 않는 한 그들은 고위직을 얻지 못할 것이다.

유신론적 루시퍼리안주의(Theistic Luciferianism)[307]

이것은 사타니즘과 더 가깝다. 어떤 사람들은 그것은 희석된 사탄이즘이라고 말한다. 루시퍼리안들은 하나님이 계시다고 믿는다. 그러나 예수님과 성령님을 대항해서 반역을 선택한다. 그들은 루시퍼에게 예배하지 않고 그를 고통과 자연을 극복하려는 인간을 도와 주기 위한 한 친구나 구조자나 안내하는 영으로 존경한다. 그들은 원래 헬레나 페트로

---

307 See H. G. Kuttner, *Clavis Inferni de Ars Goetia: A Guide for Theistic Satanists, Demonolaters, and Luciferian Witches* (USA: Independently Published, 2021); M. Niel Furious, *The Infernal Path: A Comprehensive Guide for Aspiring Theistic Satanists* (USA: Independently Published, 2023); https://en.m.wikipedia.org/wiki/Theistic_Satanism.

브나 블라바츠키(Helena Petrovna Blavatsky)가 만든 용어인 '왼손 지름길(Left Hand Path)'의 추종자들과 의식적 마법에 깊이 빠져들 수 있다 - 이는 마 25:32-33 [그리고 그 앞에 만국(열방)들이 모이게 될 것이니라. 그리고 그는 목자가 염소들로부터 양을 구별하듯이 그들을 서로 분리시킬 것이니라. 그리고 그는 그의 오른편에 양들[성경적 우파]을 놓고 염소들을 왼편[반성경적 좌파]에 두시리라.]에서 온 것을 악한 방향으로 표절한 것이다. 그들은 예수님보다 더 좋은 신과 더 높은 신의 표현으로서 루시퍼를 통해 자신들의 권력을 추구한다. 그들은 알리스터 크롤리(Aleister Crowley)의 종교인 텔레마(Thelem)을 연구하거나 영지주의, 카발라(Kabbalah) 및 뉴에이지 종교를 연구한다. 물론 이 신자들은 오컬트에 깊이 빠져 있다. 당신이 오컬트에 빠지면 전통적인 성경적 기독교가 가르치는 악마가 당신을 소유하게 되고 확실히 심각하게 속게 된다.

비록 루시퍼가 인류를 위한 친절한 조력자라는 인상을 줄 수 있지만 그는 사탄, 마귀이다. 초엘리트가 루시퍼로부터 그들의 힘과 세상의 지혜와 능력을 얻는 것이다. 그들은 그에게 직접 접속되어 있다. 이것이 그 '비밀'이다. 그들은 거리의 사람들이 모르는 것을 알고 있다. 그들은 세상이 루시퍼의 통제 아래에 있다는 것을 알고 있기 때문에 숭배하고 루시퍼에게서 지상의 힘을 얻는다. 루시퍼는 어떤 규칙들을 요구하지 않으며 요구 사항도 없다. 그것은 "당신이 원하는 것을 하라는 것이 모든 법이 되게 하라(Do what thou wilt shall be the whole law.)"이다. 이것이 차이점이다. 만일 당신이 유일하신 참하나님이신 예수 그리스도를 믿고 섬기면 적어도 그리스도의 가르침에 순종하려고 노력해야 한다. 즉 간음하지 말아야 하고 속이거나 거짓말을 하지 말고 진리에 의해서 정직하게 행동해야 한다. 그러나 만일 당신이 루시퍼리안이라면 마치 공산주의자처럼 목적은 항상 수단을 정당화한다(The end always justifies the means.). 왜냐하면 당신은 원하는 것을 할 수 있기 때문이다. 죄나 심판의 측면에서 보상(벌칙)이 없으며 실제 규칙이 없다. '다른 사람에게 피해를 주지 않는 한 당신이 원하는 것을 할 수 있다'. 이것이 우리 시대의 악한 사조이고 정신이다! 새로운 후기 기독교 시대(New Post-Christian Era)에 대중의 사고방식에서 하나님에 대한 필요성은 증발했으며 아무도 해를 입지 않는 한 당신이 원하는 것을 할 수 있다. 이것은 잠시 동안 사회에 다소 충분했고 이런 종류의 명목주의(Nominalism)는 아마도 받아들일 수 있었다. 사람들은 여전히 마음속으로 하나님을 믿었기 때문에 멸망하지 않았다. 그러나 이제 우리는 루시퍼리안 철학과 정신이 희석된 새로운 포스트 기독교 시대로 서서히 진입하고 있다. 루시퍼리안 철학과 정신은 천천히 사회를 점점 더 왜곡하여 사탄적이고 기독교의 정반대 지점으로 변모시킨다. 우리는 오늘날 이 새로운 철학이 받아들여지고 있고 새로운 표준이 됨을 천천히 보고 있다. 루시퍼를 우리의 신으로 공개적으로 받아들이고 즐기는 장소로 우리를 데려가는 것이 비밀 정치 조직의 고의적인 정책이기 때문에 이것은 우연이 아니다.

루시퍼리안들은 신들이 되기를 원한다[308]

그들은 신들이 되기를 원한다. 그들의 견해는 창세기에 인간이 '노

308　See Aleister Crowley, *The Aleister Crowley Collection: 5-Book Paperback Boxed Set* (London: Arcturus, 2023); His *The Book of the Law* (Scotts Valley: CrateSpace Independent Publishing Platform, 2018).

예'에서 신으로 진보할 수 있게 한 것은 뱀이었다. 따라서 인간의 하나(Man's Oneness/신 같은 인간)됨의 신새벽을 신세계로 안내할 루시퍼가 될 것이라는 것이다. 알리스터 크롤리(Aleister Crowley)는 텔레마(Thelema)라는 자신의 종교를 설명하는 '율법책'에서 '나는 지식을 주는 뱀이다. 나를 경배하려면 내가 나의 예언자에게 말할 포도주와 이상한 약을 먹으라.'라는 루시퍼 또는 사탄에 대해 썼다.

뱀은 인간에게 그가 신처럼 될 수 있고 현실은 본질적으로 환상이며 죄는 없다고 말한다. 인간은 자신의 일을 자유롭게 할 수 있고 창조주를 인정하지 않고, 그들의 왜곡된 관점에서는 추악하고 하찮은 하나님의 손아귀에서 그를 해방시킨 자(사탄)를 바라보아야 한다고 한다.

'나는 신성 모독이다.'

슈퍼 엘리트가 신들이 되기를 원한다는 다른 증거는 신지학(Theosophy)과 다른 신세계의 변종들에서 그들이 계속해서 그들 자신들을 '나는 존재한다'고 언급한다는 것이다. I AM은 야훼(YHWH)에게 주어진 특별한 이름이며 사실 'I am'에 해당하는 히브리어 אֶהְיֶה(AHYH)와 유사한 히브리어 야훼(יהוה, Yahweh/YHWH) 사이의 언어유희이다. 이 야훼는 같은 어근에서 동사 칼(Kal) 형식 HYH(הָיָה)로 표기되어 스스로 계신 분, 절대적으로 변하지 않는 분을 의미한다.[309] 하나님의 이름은 '존재하다(To be)'와 같은 단어에서 나왔기 때문에 '나는 그 존재다(I am the being)'라고 말하는 것과 조금 비슷하다. 아래는 히브리어와 영어 인용이다.

---

309 See Strong 3068; Benjamin Davidson, *Ibid.*, pp. 171-172.

וַיֹּאמֶר אֱלֹהִים אֶל־מֹשֶׁה אֶהְיֶה אֲשֶׁר אֶהְיֶה, Vayomer Elohim el-moshe 'ehyeh asher 'ehyeh/And God said to Moses, "I am who I am/그리고 하나님께서 모세에게 말씀하시기를 '나는 스스로 있는[존재] 자니라'(Ex. 3.14/출 3:14)."

그러나 신세계주의자들과 프리메이슨은 입문자가 자신을 '나는'이라고 선언하는 것을 광범위하게 반복하기를 주장한다. 이것의 의미는 '나는 있다[존재한다]'가 신성한 이름 야훼와 밀접하게 연관되어 있기 때문에 예수님이 자신에 대해 '나는'이라고 말씀하셨을 때, 사람들은 예수님이 아브라함이 존재하기 전에 그가 존재했다고 말했을 때 예수님이 만들고 있는 연결을 알고 있었다. 그리고 '나는'으로서 하나님이셨다. 요 8:56-59[310]는 너희의 조상 아브라함이 나의 날을 보고 기뻐했다고 언급한다. 그분은 그것을 보고 기뻐했다. 유대인들이 예수님께 이르되 네가 아직 오십도 못되었는데 아브라함을 보았느냐?고 의문을 제기했을 때 예수님께서 선언하셨다. "진실로 진실로 내가 너희에게 이르노니 아브라함이 나기 전부터 내가 있었노라!" 그러자 그들은 돌을 들어 예수님께 던지려고 했다. 그러나 예수님은 몸을 숨기시고 성전 지역에서 떠나셨다. 그분은 자신이 하나님이라고 선언했지만 그것이 받아들여지는 이유는 그가 지금 존재하는 하나님이셨기 때문이다. 물론 그분이 하나님이시지만 예수님 자신이 직접 하나님이라고 선언하셨기 때문에 이것은 놀라운 진술이다. '나는 활동이다(I am Activity)'라는 신지학의 교파가 있을 정도

---

310 "너희 조상 아브라함은 나의 때 볼 것을 즐거워하다가 보고 기뻐하였느니라. 유대인들이 가로되 네가 아직 오십도 못되었는데 아브라함을 보았느냐? 예수님께서 말씀하시되 진실로 진실로 너희에게 이르노니 아브라함이 나기 전부터 내가 있느니라 하시니. 저희가 돌을 들어 치려 하거늘 예수님께서는 숨어 성전에서 나가시니라(요 8:56-59)."

로 '나는 있다/존재한다'라는 문구가 신지학자들에게 매우 특별해졌다. 이 'I AM Activity/나는 활동이다'는 1930년대 가이 더블유 발라드(Guy W Ballard)[311]에 의해 시작되어 UN에 영향력을 행사했던 알리스 안 베일리(Alice Ann Bailey)에게 어느 정도 영향을 미쳤다. 그것은 신성에 대한 훈계이며 기독교에 대한 완전한 신성 모독이다. 요한복음 6장에서 15장 사이에는 '나는 ~이다'라는 용어가 많이 나온다. 예수님께서 '나는 생명의 떡이요 세상의 빛이요, 문이요, 선한 목자요, 부활이요, 생명이요, 나는 길이요, 진리와 생명이요, 포도나무이니라.'고 말씀하셨다.

엘리트의 구원자로서 루시퍼[312]

루시퍼에 대한 믿음은 엘리트들이 루시퍼가 그들을 계몽으로 인도할 '인도하는 빛(A Guiding Light)' 또는 '영적 교사(A Spiritual Teacher)'라고 완전히 속이게 되면서 특이한 결론에 이르게 한다. 그들은 '합리주의(Rationalism)'와 [진화론적]-과학([Evolutional]- Science)이 지식을 얻는 유일한 방법이라고 믿으며 성경의 교리와 가르침과 구원의 필요성을 피한다. 그들은 또한 인류가 하나님이나 어떤 책의 개입 없이 옳고 그름을 분별할 수 있어야 하며 지옥이나 천국이 필요하지 않으며 성경은 동화로 가득 차 있다고 믿는다. 오늘날 많은 사람들이 이러한 유형의 견해를 가지고 있다. 그리고 오늘날 우리가 살고 있는 세속적 인본주의 사회에서는 그것이 우리가 세뇌된 것이기 때문에 어느 정도 의미가 있다. 그러

---

311 See https://en.m.wikipedia.org/wiki/%22I_AM%22_Activity.
312 See Cris Putnam, *Exo-Vaticana: Petrus Romanus, Project L.U.C.I.F.E.R. and the Vatican's Astonishing Plan for the Arrival of an Alien Saviour* (Crane: Defender Publishing, 2013).

나 이 '도덕률(Moral Code)'은 결국 심각한 문제로 이어질 뿐 인류가 직면한 삶의 현실을 설명하지 못한다. 이것을 믿는 것이 반드시 당신을 루시퍼리안으로 만드는 것은 아니지만, 도덕률의 부족으로 인해 생긴 공백은 궁극적으로 전체주의적 국가를 자신의 루시퍼리안, 프리메이슨 버전의 현실로 채우는 결과를 낳는다. 타락 이후로 인간은 자신의 이익을 위해 기술을 활용해 왔지만, 우리가 신세계 질서에 들어서면서 전자 기술은 인간 규모로는 불가능한 문명을 운영할 시대가 빠르게 다가오고 있다. 그것은 인간이 점점 더 악마와 동조하고 그의 창조자와 덜 접촉하게 되는 적그리스도를 위한 무대를 세우는 거짓 패러다임이 될 것이다. 이것은 거짓 선지자와, 그리고 '하나님을 인간으로 대체하는 새로운 유형의 종교의 출현(The Emergence of a New Type of Religion Replacing God with Man)'으로 인도할 것이다. 앞서 언급한 바와 같이, 이것은 창 11:4에서 니므롯(Nimrod)이 '천국에 닿을 탑을 세우기 위해' 염두에 두었던 것이다. 그가 하나님과 같은 지위를 갖고, 사람의 통치자가 되고, 사람을 다스리는 것; 이것이 숨겨진 정부의 목표이다. 이러한 믿음은 프리메이슨과 신지학의 핵심이다. 프리메이슨의 진정한 창시자이자 원조가 니므롯까지 거슬러 올라가는 것은 우연한 일이 아니다. 사실상, 프리메이슨 1도에는 그들이 믿는 니므롯이 선하다는 맹세가 있다. 하지만 성경은 그가 하나님을 대적하고 따라서 나쁘다고 말한다(창 10:8-9).[313]

그들은 인간에게 매우 위험한 개념인 그 자신의 신성을 인식시키기

---

313 "구시(Cush)는 니므롯(Nimrod)의 아버지였는데 니므롯이 자라서 땅에 힘센 용사가 됐더라. 그는 주님 앞에 힘센 용사였더라. 그것은 '주님 앞에 힘센 용사 니므롯처럼'이라고 말하는 이유이다(창 10:8-9)."

원한다. 컬트의 빛을 받은 회원들로서 이것은 조지 부시가 '수천 점의 빛
(A Thousand Points of Light)]'에 대해 말했고 데이비드 록펠러를 '가장 밝
은 점(The Brightest Points of Light)' 중 하나로 불렀던 이유이다. 이는 그
가 동일한 회원인 '일루미나티 컬트(Illuminati Cult)'의 빛을 받은 입문자
라는 언급이다.[314]

일루미나티는 더 많은 빛을 받았기 때문에 자신들이 더 밝아졌다고
생각했다. 그것은 모두 같은 '사악한 컬트(숭배/Evil Cult)'이다. '우리는
어떻게 신들이 되는가?'라는 이 신앙을 이해하는 것은 과학과 기술, 특
히 '생명 기술 과학(Bio-Tech Science),' '인공 지능(Artificial Intelligence)',
트랜스휴머니즘(Transhumanism)', 등 '로보틱스(Robotics)'의 연구 개발에
서 비밀 정치 조직이 추진하고 있는 많은 영역을 이해하는 데 도움이 될
수 있을 것이다. 슈퍼 엘리트들은 너무나 왜곡되고 미혹되어서 '생명 과
학으로 하나님 연기/놀이(To Play God with Bio-Science)'를 하는 것이 얼
마나 위험한 것인지에 대한 생각이 없다. 그들은 어쨌든 신들이 되기를
원하기 때문에 생명 과학이나 더 나은 전사를 만들기 위한 군사적 응용
을 위해 '인간을 복제하는 것(Cloning a Human Being)'이 허용되고 완전
히 승인된다. 그들은 자신이 신들이 되기 직전이며 불멸과 기계와의 융
합이 그들을 신들처럼 만들 것이라고 믿는다. 우리는 '물병자리의 시대
(The Age of Aquarius)'에 접근하고 있다. 이것은 이 시점에서 어떤 변화

---

[314] George Bush Snr와 Rockefeller의 가장 밝은 빛의 점들을 위해서는 다음 사이트를 보
라. http://www.bbc.co.uk/news/world-us-canada-39333416. 수천 점들의 빛을 위
해서는 Inaugural Speech 1989를 보라. Bush는 'Points of Light' foundation/빛의 점
들의 제단조차 착수했다. See https://avalon.law.yale.edu/20th_century/bush.asp;
https://youtu.be/zMmrNcdmdVY?si=p536irVQR-y9a9ZP; https://en.m.wikipedia.org/
wiki/Thousand_points_of_light#:~:text=During%20his%20 presidency%20beach%20
handed,governmental%20 solution%20 to%20social%20 issues.

하는 사건이 일어날 것이라는 깊은 신앙이다. 이것은 인류의 '다음 진화 단계(Next Evolutionary Step)'로서 '트랜스휴머니즘(Transhumanism)'이 될 수 있다. 신지학의 목표는 인간이 현재 상태에서 더 발전된 기술로 진화하는 것이다. 이 신앙에 따르면, 인간이 첨단 로봇 공학과 비교할 수 없는 복잡한 지적 교양과 지식의 시대를 가져올 컴퓨터 지능과 융합될 것으로 보이지만, 인간이 신경 하이브/중심 웹에 연결되면서 인류를 쓸모없게 만들 수도 있다. 연결(Linkages)과 상호 작용(Interfaces)의 '신경 벌집 웹 네트워크(The Web of Neural Hive Network)'는 계 13:18[315]의 짐승 시스템을 위한 해석이 될 수도 있다. 이 어젠다를 밀어붙이는 사람들은 신뢰할 수 없으며 옳고 그른 것 사이에 경계선을 그어야 하는 위치에 대해 올바른 판단을 내릴 수 없다는 것을 여러 번 보여주었다. 일반적으로, 그들은 기술을 우상 숭배 수준으로 너무 신뢰하고 있다. 그들의 신앙은 너무 파괴적이고 이중적(일구이언/중복의/복사의)이어서 이러한 새로운 극단적으로 강력한 기술들로 인류를 위한 올바른 결정을 내릴 수 없다. 그들은 이 루시퍼리안 의제를 믿기 때문에 그들의 손에 들어가는 모든 것이 악으로 변한다(창세기 6장 5절[316]에서 언급된 바와 같이). '나노 기술(Nanotechnology)'과 '생명 과학(Bio Sciences)'이 무기화되어 지구에 사는 평범한 사람들을 대적해서 사용될 것이다. 그것은 단지 시간 문제일 뿐이다.

---

315 "여기에는 지혜가 있다. 만일 어떤이가 통찰력을 가졌다면 그 짐승의 수[0-9]의 알고리즘을 사용해서]를 세어 보라. (Gk. ψηφίζω/to compute in using algorithm [0-9]). 왜냐하면 그것은 짐승의 수요 사람의 수니라. 그의 수는 666이니라(계 13:18)."

316 "주께서 인간의 악이 땅 위에 가득하게 된 것과 인간의 마음의 생각들이 항상 악한 것을 보셨도다(창 6:5)."

기술적인 영원한 생명[317]

창 3:22은 "그때 주 하나님께서 말씀하시기를 보라, 사람이 우리 중 하나같이 되어 선과 악을 분별하니 그가 그의 손을 내밀어 생명나무 실과도 따먹고 영생할까 하노라."라고 말씀한다.

사람이 영원히 산다는 개념은 동산에서 뱀이 하와에게 말한 것이었다. 그것은 마치 사탄은 인류가 과학을 통해 이것을 달성할 수 있는 직전에 와 있게 한 것처럼 보이게 한다. 마치 선과 악을 아는데서 얻은 지식이 영생에 이르는데 노력해왔던 것처럼 보인다. 이 구절은 이제 막 현실이 되고 있는 '기억의 저장(The Storing of Memories)', '로봇 공학(Robotics)' 및 트랜스 휴머니즘(Transhumanism)'에 대해 과학이 만들어온 놀라운 '비약(Amazing Leaps)'으로 점점 더 중요해지고 있다. 이것은 거의 확실히 인류를 매우 위험하고 파괴적인 길로 인도할 것이다. 마치 아무것도 이것을 막을 수 없는 것처럼 보이는데 이는 자연히 '지금 우리가 과학을 통제하고 있는가?'라는 다음과 같은 질문을 던지게 된다. 잠시 성경으로 돌아가면 하나님은 어쨌든 아담과 하와에게 선과 악에 대한 지식을 주려고 했을 것으로 보인다. 이 불순종의 결과로 인간은 창세기의 족장들과 같이 생명이 줄어들게 되었다. 므두셀라는 969년(창 5:27: "그는 969세를 향수하고 죽었더라.")을 살았는데 이후의 인간은 120년(창 6:3: "여호와께서 말씀하시되 나의 성령이 영원히 사람과 함께 하지 아니하리니 이는 그들이 육체가 됨이라. 그러나 그들의 날은 120년이 될 것이라 하시니라.")밖에

---

317 See https://www.philosophytalk.org/blog/techological-immorality; https://interestingengineering.com/science/how%20prospect,medicine%2C%20microbiology%2C%20and%20others.

살지 못하는 존재가 되었다. 선과 악을 아는 것과 영원히 사는 것의 주제는 연결되어 있다.

자웅동체적 어젠다(The Androgynous Agenda)[318]

루시퍼리안 교리는 사람은 마침내 '자웅동체(Androgynous)'가 되어야만 한다고 가르친다. 예를 들면, 남자와 여자는 하나와 같은 동성이 되는 것이라는 가르침이다. 과거의 다양한 신들은 자웅동체(양성적)이라고 불렸으며, 가장 분명한 신은 스핑크스(Sphinx), 세르피스(Serapis), 아도니스(Adonis), 바포메트(Baphomet)이다. 이 모든 것은 남성과 여성이거나 '하나의 자웅동체(양성 덩어리/One Androgynous)'로 합쳐졌다. 고대 신들이 남성과 여성의 속성을 모두 가지고 있는 것으로 묘사된 이유는 그들에게 힘을 불어넣기 위함이다. 먼 미래에 엘리트들은 또한 두 영혼/등뼈(Two Spines)를 가진 인간을 만들고 싶어 한다. 그 이유는 남성 또는 여성으로서의 성별이 우리 정체성의 중요한 부분이기 때문이다. 만일 당신이 개인의 성별을 제거하면 해당 개인의 주요한 정체성을 제거하는 것이 된다. 엘리트가 주인과 통치자이고 대중이 노예인 세상에서 자신의 성별(Sexuality)를 제거하면 정확하게 그들이 원하는 대로 '정체성이 없이 조종당하는 드론들(Drones[수벌/무인비행기] without Identity)'과 '국가의 노예(Slaves to the State)'로 전락한다. 트랜스 휴머니즘(Transhumanism)과 생명 공학(Bio-Engineering)이 자웅동체(Androgyny)를 생존 가능한 옵션

---

318 See Alan Watt, *Cutting Through Volume I, II, III: The Androgynous (Hermaphroditic) Agenda* (USA: Independently Published, 1999); https://www.goodreads.com/en/book/show/36228274; https://youtu.be/YKw7mqDpwsU?si=ZNSSSPLYE1Gt5PkC.

으로 만들자마자 불행하게도 인류가 나아갈 방향은 이것이다. 창세기에는 하와가 아담의 갈비뼈(또는 옆구리)에서 태어나기 전에 아담만 존재하지만, 하나님은 동물들에게서 조력자를 찾을 수 없었기 때문에 아담으로부터 여자를 창조하셨다. 다른 말로 인류를 의미하는 아담은 '생명의 근원(Living Source)'을 의미하는 첫 번째 여자 하와를 낳았다. 히브리어로 남자를 의미하는 '이쉬(אִישׁ, Ish)'는 히브리어로 여성형 어미 아(ה, ah)를 추가한 여자 '이솨(אִשָּׁה, Ish-ah)'를 낳았다. 그러나 이 구절의 다소 모호한 오역이 실제로 이 루시퍼리안 신앙을 불러일으킨다. 창세기 1장 27절은 "그래서 하나님이 자신의 형상대로 사람을 창조하셨다. 하나님의 형상대로 그를 창조하셨다. 그분은 그들을 남자와 여자로 창조하셨다." '그들'은 분명히 양성적인 존재의 개념이다.

영지주의는 물질주의는 나쁘고 영성은 좋다고 가르친다. 이로부터 그들은 자웅동체/Androgynous가 되는 것이 일종의 구원적 결합, 물질로부터의 탈출이라고 가르쳤다. 프리메이슨의 상위 도수(Degrees/계급)는 유사한 개념을 가지고 있다. 바포멧(Baphomet)은 남성과 여성 모두의 존재로 묘사되었다. 보헤미안 그로브의 의식에서 그들은 남성 신 몰렉과 여성의 측면의 신을 올빼미로 이야기한다. 그것은 모두 인간이 '어떤 유형의 진화되고 구원받은 자유 종족으로서 자웅동체가 된다는 개념(The Concept of Man becoming Androgynous as some type of Evolved salvific Free Race)'과 관련이 있다.[319]

---

319 See Manly P. Hall, *The Grand Symbol of the Mysteries* (Los Angeles: Philosophical Research Society, Incorporated, 1999), pp. 67-71; June Singer, *Androgyny: The Opposites Within* (Newburyport: Nicolas-Hays, Inc, 2000).

심판을 탈출하기

루시퍼리안은 너무 속고 미혹되어서 그들의 신이 모든 것을 지배한다고 믿게 되었다. 그 결과 그들은 심판을 피할 수 있다고 믿는다. 인생에서 나쁜 짓을 많이 하고 많은 죄를 지은 사람들에게 어떻게든 심판을 피할 수 있다는 것을 믿는 것은 매우 매력적인 제안이 된다. 그들은 수년 동안 프리메이슨(Freemasons)이나 신지학자(Theosophists)로서 이러한 주제를 다루었기 때문에 그들은 이것이 사실임을 깊이 아마도 알고 있을 것이다. 그들은 루시퍼가 그들을 위한 특별한 자리를 가지고 있다고 믿는다. 따라서 그들은 전혀 하나님의 심판을 받을 수 없다고 믿기를 선택했다. 하지만 우리는 모든 사람이 심판을 받을 것이며 아무도 '큰 백보좌 심판(The Great White Throne Judgement)'을 피할 수 없다는 것을 성경에서 알고 있다. 요한계시록 20장 10-12절[320]은 "우리가 다 하나님의 심판대 앞에 서리라"고 분명히 말씀하고 있다. 또 롬 14:10c[321]와 마 25:31-46[322]절은 '이와 같이 그 심판(The Jugement)을 피할 수 없다.' 고 분명히

---

320 "그들을 속였던 마귀는 짐승과 거짓 예언자들이 있는 불과 유황 연못에 던져졌더라. 그리고 그들은 밤낮으로 영원토록 고통받게 될 것이니라. 그 뒤 내가 큰 백보좌와 그 보좌에 앉으신 분을 봤고 그의 얼굴로부터 땅과 하늘이 도망갔더라. 그리고 그들을 위한 장소를 발견할 수 없었도다. 그리고 나는 죽은 자들과 자는 자들, 큰 자들이 하나님 앞에 서 있는 것을 보았도다. 그리고 책들은 열려 있도다. 그리고 또 다른 책이 열려 있었고 그것은 생명책이었도다. 그리고 죽은 자들이 그 책 속에 기록된 것들에 의해서 자신의 일한 대로 심판 받았도다(계 20:10-12)."

321 "a 그러나 너는 왜 의의 형제를 심판하느냐? b 너는 왜 너의 형제를 경멸[업신여기]하느냐? c 왜냐하면 우리 모두는 그리스도의 심판대 앞에 서야 할 것이기 때문이다(롬 14:10)."

322 "사람의 아들이 모든 거룩한 천사와 함께 그의 영광 중에 오실 때에 그는 자기의 영광의 보좌에 앉으실 것이니라. 모든 나라들이 그 앞에 모이게 될 것이니라. 그리고 그는 각각 구별하기를 목자가 염소로부터 양을 나눔 같이 하시니라. 그리고 그는 그의 오른편에 양을 왼편에 염소들을 두시라. 그 뒤에 그의 오른편에 있는 자들에게 말하기를 '너희는 아버지께 복받을 자들인데 와서 창세로부터 너희들을 위하여 예비된 나라를 상속하라. 왜냐하면 내가 배고플 때 너희들은 나에게 먹을 음식을 주었고 너희들은 내가 목마를 때에 마실 것을 주었고 내가 나그네 되었을 때 너희들은 나를 영접하였고 내가 벗었을 때 너희들은 나에게 옷을 입혔고 내가 병들었을 때 나를 찾아왔고 내가 옥에 갇혔을 때 나에게 찾아왔기 때문이니라. 그 뒤 의인들이 그

말씀한다. 특히 그들은 루시퍼가 지옥을 운영한다고 생각하기 때문에 천국에서 봉사하는 것보다 지옥에서 통치하는 것이 더 좋다고 믿는다. 그들에게 유일한 문제는 그가 하지 않는다는 것이다. 하나님은 지옥을 통치하고 다스리신다. 사실 하나님은 모든 곳을 다스리신다. 사탄은 곡과 마곡 전투에서 마지막으로 풀려날 때까지 지옥에서 천 년 동안 고통을 받고 있을 것이다. 요한계시록 20장 7-8[323]절은 "천 년이 지나면 사탄이 그 감옥에서 놓여 나와서 땅의 사방 나라들 곧 곡과 마곡을 속이고 그들을 모아 싸우게 하리라"고 분명히 말씀한다.

연대화(Regimented), 중앙집중화(Centralised) 및 표준화(Standardised)

그들의 신앙을 이해하기 시작하자마자 글로벌리스트 의제가 펼쳐진다. 예를 들어, 루시퍼리안 이데올로기는 인간이 '연대되어야(Regimented)' 한다는 것, 즉 모든 인종들이 하나로 융합되어야 한다는

에게 대답하기를 '주여, 언제 당신께서 배고프실 때 보고 당신을 드시게 하였으며 목마르실 때 당신께 마시게 하였나이까? 언제 우리가 당신께서 나그네 되신 것을 보고 당신을 영접하였고 벗으셨을 때 당신에게 옷을 입혔나이까? 또한 언제 우리가 당신께서 병드셨을 때나 옥에 갇히셨을 때 당신을 찾아뵈었나이까?' 그리고 임금이 대답하여 그들에게 말씀하시기를 '진실로 내가 너희들에게 말하노라, 너희들이 이들 나의 형제들 중에 가장 작은 자 하나에게 한 것이 너희가 곧 나에게 한 것이니라. 그 뒤 그가 왼편에 있는 자들에게 말씀하시기를 '너희 저주를 받은 자들아 나를 떠나서 마귀와 그의 천사타락한들을 위해서 예비된 영원한 불 속으로 들어가라. 왜냐하면 내가 배고플 때에 너희들은 나에게 음식을 주지 않았고 내가 목마를 때에 너희들은 나에게 마실 것을 주지 않았고, 내가 나그네 되었을 때 너희들은 나를 영접하지 않았고 벗었을 때 너희들은 나를 입히지 않았고 병들었을 때와 옥에 갇혔을 때 나를 찾아오지 않았기 때문이니라. 그 뒤 그들도 그분에게 대답하기를, '주여, 우리가 당신께서 배고프실 때나 목마르실 때나 나그네되셨을 때나 벗으셨을 때나 병드셨을 때나 옥에 갇히셨을 때를 보고 당신을 섬기지 않았나이까? 그 뒤 그분은 그들에게 '진실로 내가 너희들에게 말하노니 이들 지극히 작은 자들 중 하나에게 하지 아니했던 것이 너희들이 나에게 하지 아니한 것이니라. 그리고 이들은 영원한 벌에 의인들은 영원한 생명에 들어가리라.' 고 대답하셨더라(마 25:31-46)."

323 "이제 천 년이 끝났을 때 사탄은 그의 감옥으로부터 풀려 날 것이고 땅의 사방에 있는 나라들과 곡과 마곡을 미혹하고 그들을 모아서 전쟁을 하리니 그들의 수는 바다의 모래와 같으리라(계 20:7-8)."

신앙이다. 검은색과 흰색, 노란색 또는 빨간색은 특징을 구분하지 않고 하나의 광대한 사람의 집단으로 합병된다. 신지학은 '근본 인종들(Root Races)'이 '여섯 번째 근본 인종(The Sixth Root Race)'으로 진화한다는 유사한 개념을 가지고 있다. 엘리트는 모든 곳에서 의도적인 대량 이민 정책(Mass Immigration)을 추진했다. 이것이 영국과 서구 국가 사람들이 이민은 좋은 것이고 다양성을 가져온다는 태도가 지배적인 이유이다. 이민은 반드시 재앙적인 정책은 아니며 많은 이점이 있지만 비밀 정치 조직에 의해 촉진되고 통제되기 때문에 다른 그룹을 선동하여 어느 단계에서나 발생할 수 있는 마찰을 사용할 수 있다. 그들이 더 많은 권력을 얻고 사람들이 그들에게 책임을 요구하지 못하게 하고 모든 답을 국가에서 찾게 하는 것은 쉬운 방법이다. 이것은 그들의 권력 강화의 일부이다. 사회의 회색화(The Greying Out of Society)는 사람들의 풀뿌리 운동이 엘리트들의 힘을 약화시키는 것을 막기 위해 그들이 '분할과 정복(이이제이/Divide and conquer'[324])'으로 사용하는 많은 방법 중 하나이다. 사람들이 완전히 다른 배경을 가지고 있다면 그것이 옳고 그른 것을 옹호하는 것이 훨씬 더 어려워진다. 그러나 모든 사람이 똑같은 사회는 어떤 대중적 행동을 위한 지지를 얻기가 더 쉬워질 수 있다. 대중들을 나누고 주변화하고 다른 여러 그룹들로 분리하고 선동하면 엘리트들의 권력 기반에 위협이 되지 않는다. 비밀 정치 조직이 사용하는 명백한 예는 숨겨

---

324 이 기술은 창 3장의 사탄이 에덴동산에 침투해서 아담과 하와를 하나님으로 약속을 어기도록 유사 계시로 미혹해서 하나님으로부터 분리(Divide)시킨 후 모든 인류를 원죄의 통제(Control: 롬 7:15/선을 추구하지만 죄를 계속해서 짓는) 아래 있게 하는 매우 오래(약 6,000년?)된 뱀의 기술이다. 중국의 손자병법(거짓말)의 악의 근본 원리는 사실상 사탄의 기술을 카피한 것일 뿐이다. 이이제이에 관한 이론은 아래의 '손자병법의 인생 13계'를 참고하라. https://m.blog.naver.com/ntower/221386275354.

진 정부가 이슬람과 서구 사회 사이의 변증법을 창조해서 그들의 감시 국가 개발을 추구하는데 이슬람을 이용하고 있다. 그들은 이슬람을 선동한 다음 그들의 대리인이 테러 사건에 대해 무슬림을 비난하는 거짓 깃발과 사건을 수행하도록 한다. 그런 다음 그들은 모든 사람이 안전하다고 느낄 수 있도록 사람들에 대한 비밀 정치 조직의 권력을 강화하기 위해 더 많은 CCTV 카메라의 설치와 법률들을 만든다. 우리가 이 메시지를 사람들에게 알릴 수만 있다면 세상이 안정되는 데 도움이 될 수 있지만 현실은 너무 복잡하고 사람들은 엘리트들에 의한 '프로그래밍된 사고방식(Programmed Mind)'에 너무 공격적으로 오랫동안 세뇌되어 있어서 이를 시도조차 하지 못하고 있다.

그들은 또한 모든 것이 '중앙 집중화(Centralised)'가 되어야 한다고 믿는다. 중앙 집중화를 하고 완전한 통제권을 갖기 위해서는 정보가 한 곳에 집중되어 있어야 한다. 따라서 모든 데이터, 전화 통화, 이메일, 웹 검색, 구매 내역, 사진 및 비디오를 데이터가 힘이라는 기술 관료적 신앙의 일부로 수집한다. 엘리트들은 개인들의 자유 상실에 대해 별로 신경쓰지 않았지만, 그러나 다시 생각해 보면, 당신이 권력에 휘둘리고 있다면 모든 사람의 정보가 그들에 의해서 도난당해도 무슨 상관이 있겠는가?

또한 모든 것이 '표준화되어야(Standardised)'만 한다. 만일 당신이 사물이나 제도, 상품이나 서비스를 통제하려면 유일한 방법은 그것을 동일하게 만드는 것, 즉 표준화하는 것이다. 한편으로는 이것은 컴퓨터 시스템이 표준화되거나 생산 표준이 지리적 영역에 걸쳐 동일한 수준의 규칙으로 유지되는 것과 같은 좋은 생각처럼 보일 수 있지만 다른 한편으로는 결국 그 상품들과 서비스들이 그들의 제어권을 얻고 유지하는 또 다른 방법일 뿐이다. 당신은 다른 것을 통제할 수 없다. 이것은 무역 협정의 또 다른 이유이자 EU와 같은 무역 블록(장벽)을 만든 이유이다. 모든 것이 동일하다는 것을 확인하는 최선의 방법은 생산 방법과 절차에 관한 법률을 국가 간 통과시키고 국가가 이를 준수하도록 하는 것이다. 한편으로는 좋게 들리지만 이것은 엘리트들의 또 다른 권력 장악이다. 모든 면에서 표준화되지 않으면 대중을 획일적으로 통제하기가 너무 어렵지만 일단 표준화되면 대중들을 쉽게 장악할 수 있다.

정신질환자(Psychopaths)와 반사회인(반사회질환자/Sociopaths)[325]

엘리트는 프리메이슨과 같은 그룹에 속해 있으며 그들의 통치 아래에서 하나의 세계의 의제를 전달하려고 노력하는 루시퍼리안이지만 또 사이코패스이기도 하다. 사이코패스의 정의는 '비도덕적이고 반사회적인 행동, 의미 있는 인간 관계를 사랑하거나 확립하는 능력의 부족, 극단적인 자기 중심성, 경험을 통한 학습 실패 등으로 나타나는 사이코패스의 인성을 가진 사람'이다. 헨리 키신저(Henry Kissinger), 마델레인 올브라이트(Madeleine Albright) 또는 힐러리 클린턴(Hillary Clinton), 토니 블레어(Tony Blair) 및 도널드 트럼프(Donald Trump)와 같은 사람들은 엘리트처럼 보인다. 이런 엘리트 수준의 사이코패스는 반사회적 행동을 보이지 않는다. 만약 그랬다면 그들은 고위직에 오르기 훨씬 전에 '제거'되

---

325 See Richard Hennerley, *Satan's Children: What if a World Was Ruled by A Wealthy Satanic, Psychotic Elite?* (USA: Independently Published, 2022); Donna Anderson, https://rantswithintheundeadgod.blogspot.com/2014/04/sociopathic-power-elites-beta-herds-and-html?m=1; https//www.amazon.com.Satan's-Children-wealthy-satanic-psychotic/dp/B09TMPDW1M.

었을 것이다. 그러나 다른 성향들은 그들을 떠나지 않는다. 때때로 우리는 그들의 '사악한 의도(Evil Intents)'를 볼 수 있다. 예를 들어, 헨리 키신저가 "군인은 쓸모없는 놈(Soldiers are worthless Grunts)"이라고 말하거나 마델레인 올브라이트가 "이라크의 수백만의 어린이들의 죽음은 가치가 있었다(The Value of Million Iraqi Children Death is worth it)."거나 사담 후세인의 죽음에 대해 "그들은 왔고, 보고, 그들은 죽였다(They came, they saw, they killed)"고 말하는 것과 같은 것이다. 이러한 경향은 예상되어야 한다. 우리의 지도자는 성자들이 아니며 그들은 루시퍼 아래 있다. 따라서 그들은 위대한 계획을 전달하는 루이퍼리안이기 때문에 그들의 '뒤틀린 신앙(Twisted Beliefs)'에 대한 총체적인 진술에 놀라지 말아야 한다. 사탄은 자신을 속이고 자신의 정치 음모들에 올가미를 이용하는 추종자들을 통해 통치한다.[326] 그는 그 자신을 친구로 소개하지만 결국 그것은 항상 죽음과 파멸로 끝난다. 비밀 정치 조직의 정신질환적 리더들은 극도로 '이중적(Duplicitous)'이다. 그들은 완전히 반대를 의미하면서 한 가지를 말할 수 있다. 이것은 최고의 시기에 거짓말을 잘해서 봉급받는 우수한 정치인을 만든다. 비록 그들이 동정(Compassion), 공감 능력(Empathy), 양심(Conscience)이 부족하지만 만일 그들이 들키면 부끄러워할 뿐이다. 이것이 그들을 막는 유일한 것이다. '원하는 대로 하되 들키지 말라(Do What You Want, but Don't Get Caught.)'는 이 정신은 전체 인구를 감염시켰지만 특별히 먹이 사슬의 최정상에 있는 우리 정치

---

326 "성령님께서 분명히 말씀하시기를 마지막 때에 어떤 이는 신앙을 버리고 속이는 영들과 귀신들에 의해서 배운 것들을 따르느니라. 그런 가르침은 위선적 거짓말쟁이에게서 오느니라 그들의 양심은 화인 맞았느니라(딤전 4:1-2)."

인과 기업 지도자들이 감염되었다. 그들이 두려워하는 유일한 것은 들키는 것이며 그들이 들키면 더 바보가 될 것이다. 히틀러, 처칠, 스탈린, 프랭클린 루즈벨트는 수백 명의 다른 세계 지도자들과 마찬가지로 모두 루시퍼리안들이었다. 그들의 의제(Agenda)는 죽음(Death)과 파괴(Destruction)와 고난(Hardship)이었다.[327] 확실히 처칠과 루즈벨트는 프리메이슨이었다. 이것은 사실이다.

히틀러는 게르만 노르덴(Germanorden)[328]과 다시 연결되고 다시 바바리안 일루미나티(Bavarian Illuminati)와 연결되는 그룹인 툴레 비밀 결사회(Thule Secret Society)[329]의 회원이었다. 그들의 희생자는 엘리트 소수의 이익을 위해 사람들에게 정치적 거짓말을 팔면서 '친애하는 지도자들'의 전쟁 정책들을 따르도록 강요받은 수백만 명의 사람들이었다. 비밀 정치 조직은 분쟁의 양쪽을 통제하기 때문에 어떤 전쟁에서든 편을 드는 것은 완전히 고안된 것이지만, 그들은 그들의 음모(공모)를 따를 수 있는 최전선의 사람들을 가져야만 한다. 모든 전선에서의 전쟁과 그 어떤 죽음과 파괴도 루시퍼리안을 막을 수 없을 것이다. 왜냐하면 그들은 지구상에 남아 있는 인류를 없게 만들어 하나님과 마귀가 필요없는 '아담 이전 상태(Pre-Adamic State)'로 인류를 되돌리기를 원하기 때문이다. 창세기에 인간이 타락하기 전에 지상에는 완전한 조화가 있었다. 만일 당신이 이 조화로운 상황으로 돌아가고 싶다면, 그들은 인간을 하나님

---

327 "도둑은 와서 단지 훔치고 죽이고 파괴만 하지만 나는 와서 그들이 생명을 갖게 하는데 그 생명을 충만하게 하느니라(요 10:10)."

328 20세기 초 1912년 독일의 베를린(Berlin)에서 설립된 오컬티스트와 폴키시 비밀(Volkisch Secret)이었다.

329 See https://en.m.wikipedia.org/wiki/Thule_Society.

과 함께 완전한 상태로 되돌리기 위해서 인간, 즉 모든 인류를 죽여야만 한다고 믿는다. 이것이 루시퍼리안들이 믿는 것이다. 이것이 인구 감소가 항상 그들의 의제인 이유이다. 이것이 히틀러가 전쟁 노력에 대해 "우리의 손실이 결코 충분히 높지 않은 것 같다"고 말한 것에 대해 설명가능한 이유이다. 루시퍼리안주의라는 광기가 그를 사로잡았기 때문이다. 예를 들어, 그가 1942년 겨울 동안 러시아를 침공했을 때 후퇴하는 대신 그는 루시퍼와의 오컬트 계약에서 나온 불이 그의 군대를 따뜻하고 안전하게 지켜줄 것이라고 믿고 장군들의 충고에 반대하여 계속 전진했다. 사탄에 대해서 예상할 수 있듯이 그는 통과하지 못했고 그의 군대는 멸망했다.[330]

제2차 세계 대전 말기에 히틀러와 나치당의 오컬티즘이 어떠한 경우에도 일반 대중에게 공개되어서는 안 된다고 주장한 사람이 바로 처칠이었다.[331] 아마도 처칠이 공개적으로 우려했던 것은 대중들이 모든 엘리트가 실제적으로 오컬트에 빠져있다는 점을 깨달을 수 있다는 점 때문일 것이다. 결국 그는 1901년부터 1912년 사임할 때까지 자신이 명성이 높았던 33도 계급 프리메이슨 회원이었다. 이 날짜 이후에도 프리메이슨과 관련된 일을 했다.[332] 그는 또한 드루이드(Druid)였으며 아마도 그가 죽을 때까지 1908년부터 고대 드루이드 기사단의 일원이었을 것이다.[333] 이 명령은 마법이다. 그는 대중들이 높은 위치에 있는 오컬트에 대

---

330 See Bob Rosio, *Hitler & the New Age* (Nashville: Huntington House, 1993), p. 176.
331 See Jim Marrs, *Rule by Secrecy: Hidden History That Connects the Trilateral Commission, the Freemasons, and the Great Pyramids* (New York: William Morrow Paperbacks, 2002), p. 145.
332 처칠의 프리메이슨 관련은 다음 사이트를 보라. http://freemasonry.bcy.ca/biography/churchill_w/churchill_w.html.
333 골(Gaul)과 브리타니(Britain)의 고대 켈트(Celt)족의 성직자, 예언자, 재판관, 시인, 마술사, 런던 드르히드 공제 조합의 회원, 웨일즈(Wales)의 시인 대회 eist eddf의 임원. See http://

해 알기를 원하지 않았다. 그리고 이것이 문제이다. 이 모든 사람들은 같은 이념을 가지고 있으며 그들이 국제 투기장에서 싸우는 유일한 이유는 '누가 우위를 차지하느냐(Who has Dominance)'였다. 그러나 그들의 이데올로기에는 차이가 없었다. 궁극적으로 그들을 통제하는 자가 있다는 것이다. 그렇기 때문에 그들은 최종적인 결론인 신세계 질서와 신세계 종교의 신조를 향해 모두 같은 방향으로 힘을 모으는 것이다. 그들은 항상 대화하고 토론할 필요가 없으며, 위대한 계획을 진행하기 위해 헤겔식 변증법의 반대편을 취할 줄을 자동적으로 안다. 우리는 이것을 안토니 스톤(Anthony Sutton)이 논의한 스컬 앤 본즈(Skull and Bones) 멤버에게서 볼 수 있다.[334]

왜냐하면 우리는 이들의 사고방식에 관련되어 있지 않기 때문에 우리가 오늘날 EU와 UN의 정치인들 사이에서 우리의 일을 운영하고 아무도 제대로 이해하지 못하거나 말이 되지 않는 의제로 세계 정치를 수행하는 오컬티스트들의 꾸준한 흐름을 볼 수 있기 때문이다. 이러한 문제를 이해하는 사람들만이 궁극적으로 인류를 노예화하고 신세계 질서와 신세계 종교를 수립한다는 그들의 의제를 이해할 수 있다. 사회 공학적으로 조작된 거짓 종교를 통해 사람들의 믿음을 지시(독재)하는 것보다 더 효과적으로 통제할 수 있는 것이 있을까? 성경은 모든 인류가 짐승을 숭배하게 될 역사의 끝에서 나타날 거짓 종교에 대해 이야기한다.[335] 많

---

en.wikipedia.org/wiki/Ancient_Order_of_Druids.

334 See Anthony Sutton, *America's Secret Establishment: An Introduction to the Order of Skull and Bones* (Walterville: Trine Day, 2004); His *Ibid*, Kindle loc 1675 following.

335 "그리고 나는 또 다른 짐승이 땅에서 나오는 것을 보았다. 그에게는 어린양처럼 두 뿔이 있었지만 용처럼 말하였도다. 그는 첫째 짐승의 모든 권세를 자기를 위하여 행사하여, 치명상이 나은 첫째 짐승에게 땅과 땅에 사는 자들로 경배하게 하였도다. 그는 큰 기적을 행하였고 심지어

은 종교들은 또한 역사상 이 시점에 선과 악의 세력(진영) 사이에 전쟁이 있을 것이라고 암시한다. 우리의 지도자들은 거의 알지 못하거나 존재한다고 믿는 권력과 사람들의 이익을 위해 그들의 통제와 이해를 넘어서는 권력에 의해 영향을 받고 영향을 끼치고 있다. 궁극적으로 이것은 하나님을 대적하는 사탄의 목적을 이루기 위해 숨겨진 정부를 통제하는 사탄을 위한 것이다. 따라서 당신은 하나님 아래 있거나 사탄 아래 있다. 당신이 하나님 아래 있지 않다면 사탄의 왕국을 앞당겨 가져오기 위해 확장의 행동을 하고 있는 것이다. 이것이 사탄의 위대한 계획이다. 이것이 권력에 굶주린 지배자들이 하고 있는 일이다. 중간 지대란 없다. 당신은 하나님이거나 마귀의 영향 아래에 있다.

몇몇의 유명한 루시퍼리안들의 인용 문장들

이것은 이것에 대한 범주적인 증거는 아니지만 이것을 뒷받침하는 몇 가지 인용문이 있다. 최종 분석에서 그것은 영적 문제에 관한 것이기 때문에 영적 분별력이 있어야만 한다(그것은 정부 메커니즘과 관련이 없다).

"성령님이 없는 사람은 하나님의 성령님으로부터 오는 일을 받지 아니하고 그 일을 미련한 것으로 여기며 또 그 일을 깨닫지도 못하나니

사람들이 보는 앞에서 불이 하늘에서 땅에 내려오게 하였도다. 그가 첫째 짐승을 대신하여 행할 권세를 받았으므로 기적을 행함으로 땅에 거하는 자들을 미혹하였더라. 그는 칼에 상하였다가 살아난 짐승을 위하여 우상을 세우라고 그들에게 명령하였더라. 그는 첫째 짐승의 형상에게 생기를 주어 말하게 하고 그 형상에게 경배하기를 거부하는 모든 사람을 죽이는 권세를 받았도다. 또 작은 자나 큰 자나 부자나 가난한 자나 자유인이나 노예를 막론하고 모든 사람에게 강요하여 오른손에나 이마에 표를 받게 하였으니 누구든지 이 표를 받지 아니하고는 매매를 못하게 하려함이니 곧 짐승의 이름이고 그 표의 이름이니라. 지혜가 여기 있나니 만일 어떤 이가 통찰력을 가졌다면 그가 짐승의 수를 세어보게 하라. 왜냐하면 그것은 사람의 수요, 그의 수는 666이니라(계 13:11-18)."

이런 일은 오직 성령님을 통해서만 분별되기 때문이니라(고전 2:14)."

히틀러

- 그의 신념: 인류를 강타한 가장 큰 타격은 기독교의 도래였다.
- 볼셰비즘은 기독교의 사생아다. 둘은 유대인의 발명품이다.
- 그 자신에 대해: 나는 젊은이를 여기에서 독일 제국으로 보내어 자라게 하고, 그를 국가의 지도자로 키워서 조국을 독일 제국으로 다시 인도할 수 있게 하는 것이 신의 뜻이라고 믿는다.
- 하나님의 부르심에 대하여: 오늘 나의 행위가 전능하신 창조주의 뜻에 합당함을 믿나이다.
- 사회 공학: 사람들이 생각하지 않는다는 것은 리더에게 얼마나 다행스러운 일인가?
- 사람들에게 하는 거짓말에 관하여: 대중들은 작은 거짓말보다 큰 거짓말에 더 쉽게 희생될 것이다.
- 거짓말이 크면 클수록 믿을 확률이 높아진다.
- 선동에 관하여: 선동을 능숙하고 지속적으로 사용함으로써 사람들로 하여금 천국조차 지옥으로, 극도로 비참한 삶을 낙원으로 보게 할 수 있다.
- 전쟁 중: 한 번의 일격으로 적을 파괴해야 한다… 손실에 관계 없이 …모든 것을 타격하는 거대한 일격.
- 우리는 항복하지 않을 것이다. 아니, 절대! 우리는 파멸될 수 있지만 만약 그렇다면 우리는 불길에 휩싸인 세계를 우리와 함께 끌고 갈 것이다.

- 권력에 대해서: 성공은 세상에서 옳고 그름을 판단하는 유일한 판단자이다.
- 정부에 관하여: 전체주의 국가의 큰 강점은 그것을 두려워하는 사람들이 그것을 모방하도록 강요한다는 것이다.
- 유대인(아쉬케나지): 모든 악의 상징인 악마의 의인화는 살아있는 유대인의 모습을 취한다.

스탈린

- 한 사람의 죽음은 비극이다. 수백만의 죽음은 통계이다.
- 죽음은 모든 문제의 해결책이다. 사람이 없으면 문제도 없다(그들은 인간을 에덴동산에서의 아담 상태로 되돌려서 인류의 문제를 해결하기를 원했다.).

처칠은 1950년 12월 10일 덴마크 연설에서 인류의 목표에 대해 모두 말했다.

"물론 우리는 통합된 유럽이 모든 국제 문제에 대한 최종적이고 완전한 해결책이라는 환상을 갖고 있지 않다. 그러나 궁극적인 목표는 '세계적 수준의 권위 있고 전능한 정부 기구(The Institution of An Authoritative and Omnipotent Government at a Global Level)'이며, 그것을 위해 우리는 노력할 것이다. 단기간에 세계적 수준에서 실행 가능한 초강력 정부를 수립할 수 없을 때 인류의 평화와 번영에 대한 전망은 모호하고 불확실한 상태로 남을 것이다. 그러나 우리는 시작에 만족한다. 통합된 유럽 없

이는 세계 정부의 기회가 없다.³³⁶

　이러한 진술은 이러한 지도자 중 누구라도 할 수 있다 - 그들은 루시퍼리안이다.

336　처칠의 인용을 보려면 다음의 웹사이트를 참고할 것. http://trove.nla.gov.au/newspaper/article/2803089. https://youtube.com/watch?v=IKSx5sk2g&si=R6J60EmMZOHwxRHQ

9장

루시퍼리안들에게 영향을 주는 다른 신앙들

9장
루시퍼리안들에게 영향을 주는 다른 신앙들

세상의 종교들과 신앙들을 나누는 원리

모든 종교의 신앙을 판단하는 가장 중요한 기준은 예수님에 대해 말하는 것, 그가 누구였는지 그가 한 일이다. 모든 종파와 거짓 종교는 항상 예수 그리스도의 신성을 부인할 것이다. 그는 항상 하나님의 아들이자 완전한 신성과 완전한 인성을 갖추고 있지 않은 것처럼 묘사된다. 프리메이슨에게 그는 이상적인 남자의 본보기이며, 고 엘리자베스 2세 여왕이 그녀의 연설들 중 하나에서 반향하는 것과 같이 그는 우리 모두에게 '본보기'가 되었다. 그녀는 더 많은 것을 의미했을지 모르지만 그녀는 그것을 말하지 않았다.[337]

---

337 고 엘리자베스 2세 영국 여왕은 "그리고 지금 수억 명의 사람들이 그분의 가르침을 따르고 그들의 삶을 위해서 안내하는 빛을 그분 안에서 발견한다. 나는 그들 중 한 사람이다. 왜냐하

다른 종교의 경우 예수님은 천사(여호와의 증인), 예언자(이슬람교), 아바타(힌두교) 또는 승천한 마스터 중 한 사람(뉴에이저)이거나 존재하지 않았다고도 말할 수 있다(일루미니즘). 이들 종교에게 그는 결코 완전히 신성하고 완전히 인간적으로 묘사되지 않는다.

그러나 기독교는 처음부터 이 입장을 설명하고 있다. 예를 들면, 요 1:14에 "그 말씀(하나님)이 육체(인간 예수님)가 되셨고 우리 안에 거하셨도다."고 말씀한다. 골 1:16c에서는 "만물이 '그분(예수님)에 의해서(By Him)' '그분(예수님)을 위해서(For Him)' 창조되었도다."고 말씀한다. 그러므로 분명히 이 말씀은 예수님이 신(하나님)이셨음을 암시한다.[338]

영지주의(Gnosticism)[339]

엘리트의 믿음은 예수님께서 완전한 신이시자 완전한 인간이라는 사실을 포함하지 않는다. 그들의 종교는 과거의 영지주의 비밀 사회와 오

면 그리스도의 예시는 그들 자신들이 믿는 것들마다 그것을 행하는 사람마다 큰 사랑으로 작은 것들을 행하는 가치를 내가 깨닫도록 도와주기 때문이다."라고 말했다. See https://www.christiantoday.com/article/queens-speech-i-take-strength-from-unsung-heroes/103339.htm.

338 AD 415년 칼케돈 공의회(The Council of Chalcedon)는 예수님께서는 본질적으로 전적으로 근본적인 일치 안에서 신성하심과 인간이심을 언급했는데 이는 예수님께서는 존재하셨고 완전한 사람이시며 또한 완전하신 하나님이시라는 의미이다(다른 기독론은 거짓이다. 왜냐하면 예수님께서 역시 양성의 요소들이 함께 결합된 경우에만 가능한 완전한 희생이 되셔야만 했기 때문이다.). See https://zondervanacademic.com/blog/council-of-chalcedon#;~;text=The%20Council%20of%20 Chalcedon%20was,2%20John%201%3A7.

339 See Nicola Denzey Lewis, *Introduction to Gnosticism: Ancient Voices, Christian Worlds* (Oxford, Oxford University Press, 2012); https://www.biblicalcyclopedia.com/G/gnosticism.html; https://www.worldhistory.org/Gnosticism/.

컬트 신앙이 혼합된 이집트와 그리스 종교의 혼합이다. 루시퍼리안주의는 이러한 오래된 종교보다 더 현대적인 표현이다. 이러한 종파의 대부분은 환생(Reincarnation)을 믿었다. 그래서 이것을 믿는 것은 i)하나님의 심판을 없애고 따라서 ii)구속과 회개의 필요성을 제거한다. 결국 엘리트나 비밀 정치 단체는 내가 지식을 통해 신을 안다고 믿는 것이 영지주의를 만드는 것이다. 영지주의는 그 믿음을 플라톤(3세기)과 피타고라스(6세기)까지 거슬러 올라가며 지식으로 사람이 구원받을 수 있다는 믿음인 반면 기독교는 믿음을 통한 은혜로 구원받는다고 가르친다. 조물주(Demiurge)는 거짓 신의 일종으로 물리적 우주를 창조했지만 조물주는 반드시 창조자가 아니라 창조자 하나님의 발산체(Emanation)이다. 그들의 관점에서 조물주는 기독교인과 유대교가 설교하는 하나님이다. 그는 인류를 암시(Allusion)와 고통(Suffering)의 물질 세계에 가두는 악의적인(심술궂은) 사기꾼이다. 조물주는 창조자에 해당하지 않고 하늘과 땅의 조물주나 만든자에 가깝지만 창조자가 아니다. 그들에게는 물질 세계가 악으로 보였다. 조물주가 물질 세계를 창조했기 때문에 그는 심술궂게 여겨졌다. 반면 영적 세계는 위에 있고 '유일하신 분(The One)'에 의해 창조된다. 조물주 보다 위에 있는 신을 그들은 모나드(The Monad) 또는 '유일하신 분(The One)'라고 부르며 이로부터 조물주의 생각 또는 양심을 발산한다. 우리의 지상적 존재를 탈출하는 유일한 수단은 지식(Gk. Gnosis/그노시스)에 의한 것이며, 조물주를 거부하고 물질 세계를 관통하고 상승해서 더 높은 영의 세계로 들어가는 것이다.

그러나 기독교에서는 모든 사람은 '하나님의 표준(God's Standard/

Righteousness/의)'에 미치지 못하기에^{340} 하나님은 사람과 구별되어 지극히 높으시고 거룩하신 이유이다. 당신의 '특별한 지식(Special Knowledge)' 때문에 당신은 하나님께 받아들여질 수 없다. 왜냐하면 하나님은 이것보다 더 위에 계시고 초월하신 분이기 때문이다. 영지주의자들처럼 우리가 그분께 올라가는 것이 아니라 하나님이 우리에게 내려오신다. 이것이 진정한 기독교의 광채이다. 하나님이 인간을 하나님과 화해시키기 위해 인간(육체적 물질)에 몸을 입으시고 이 땅에 내려오셨다. 이것이 우리를 의롭게 만든다. 영지주의는 일단 당신이 '특별한 비밀 지식(Special Secret Knowledge)'을 받으면 당신도 한 그리스도(적그리스도?)가 될 수 있다고 가르친다. 그것은 내부에 신성한 요소가 있다. 이 요소가 '플라톤적 신앙(Platonic Belief)'인 하나님께로 돌아가기를 원한다고 가르친다. 태어나기 전에 신성의 '따뜻함(Warmth)'을 둘러싸는 영혼은 지상과 물질로 '떨어진다.' 왜냐하면 영혼이 환생할 신으로부터 '냉각(Cools)'되기 때문이다. 이것을 Psychesthai(Gk/god-head[신격]/godhood[신성한 지위]/divinity[신성])라고 한다. 죽을 때 영혼은 환생하기 위해 하나님께로 돌아간다.^{341}

    이것이 많은 관점에서 프리메이슨이 가르치는 것이다. 비밀 교리가 있고 입문과 특별한 가르침을 통해 당신은 기독교의 거짓 하나님을 돌파(깨뜨리고)하고 참하나님과 합당한 연합을 이룰 수 있다는 것이다. 비밀 지식을 통해서 당신은 하나님께로 돌아갈 수 있다. 엘리트는 기독교보다 루시퍼리안 신앙 체계를 믿을 가능성이 훨씬 더 높다. 이것은 그들

---

340 "왜냐하면 모든 사람이 죄를 지었고 하나님의 영광에 미치지 못하기 때문이니라(롬 3:23)."
341 See Walter Burkert, *Greek Religion: Archaic and Classic* (Oxford: Basil Blackwell, 1985).

이 그리스 영지주의에 기반을 둔 비밀 사회 내부에서 석공(Masons)으로서 배우기 때문이다. 영지주의에서 진정한 신인 모나드(Monad)의 상징은 가운데 점이 있는 원이다.[342] 프리메이슨이 문자 G를 가져오는 경우가 여기에 해당할 수 있다. i)점이 있는 원을 그리는 것은 너무 어렵기 때문에 G로 충분하다. 다른 해석은 ii)G가 무엇보다도 하나님(God) 또는 iii)기하학(Geometry)을 의미한다는 것이다.

카발라(Kabbalah)[343]

엘리트는 또한 카발라를 히브리어 구약 성경에 대한 진정한 해석과 논평/주석으로 본다. 그들은 '아인 소프(Ayn Soph)'를 신성의 속성인 세피로스(Sephiroths)나 발산(Emanations)의 에너지를 공급하는 신성한 불꽃(Divine Spark)으로 알 수 있게 만드는 어떤 숨겨진 더 깊은 지식으로 믿는다.[344] 그러므로 그것은 하나님에 대한 더 나은 이해를 하기 위해 진지한 '지식 기반 실현(Knowledge-Based Realisations)'의 과정을 통해 신성을 알게 되는 또 다른 유형의 영지주의 기반 종교이다. 그것은 당신이 지

342　Monad symbol 위해서는 Wikipedia – monad를 보라. See https://en.m.wikipedia.org/wiki/Monad_(philosophy).
343　See https://en.m.wikipedia.org/wiki/Kabbalah. 카발라(Kabbalah)는 히브리어로 카발라 (קַבָּלָה, Qabbalah)인데 '수신(Reception), 전통(Tradition)이다. 전통 카발라스트들은 메쿠발 (Mekubbal, Receiver/받는 자)로 불리운다.
344　아인 소프(Ayn Soph)는 하나님의 알 수 없는 요소에 대한 언급으로 '무한한' 또는 '결코 끝나지 않는'의 히브리어이다. 아인 소프의 신성한 불꽃은 깨달음을 가져주는 불의 루시퍼리안 (Luciferian) 개념과 다시 연결되는 세피로스(Sephiroth)에 에너지를 공급한다고 한다. 그것은 다른 형식으로 설명된 동일한 종교이다.

식에 의해서 구원받게 된다고 가르치는 프리메이슨으로 성장하는 유대교 기반의 오컬트 유형의 신비주의이다. 반면에 성경은 당신이 구원받고 의롭게 되고 하나님과 하나가 되는 것은 지식이 아니라 믿음을 통한 은혜에 의한 것이라고 가르친다(엡 2:8-9 "왜냐하면 너희가 은혜로 인하여 믿음으로 말미암아 구원을 얻었나니 이것은 너희로부터 온것이 아니요 하나님의 선물이니라. 행위에 의한 것이 아니기에 아무도 자랑하지 못하게 함이니라.").

음악 산업(The Music Industry)[345]

카발라(Kabbalah)와 연결된 것이 사탄의 이미지로 가득 찬 음악 산업이다. 그들의 비디오들은 극단을 향해서 노골적이다. 당신이 이들 비디오들의 상징들을 읽을 수 있다면 상징들(Symbols)이 그러한 유형의 신앙들과 틀림없이 연결되어 있다는 것에 동의할 것이다. 그러나 만일 당신이 기호(Signs)를 읽을 수 없다면 당신은 그들이 말하려고 하는 것을 완전히 이해할 수 없다. 그래서 사람들이 '그것은 사탄적이야'라고 말할 때 대부분의 주류 사람들은 그들은 정상에 있다고 생각한다. 그러나 만일 당신이 루시퍼리안주의와 카발라가 가르치는 것에 대해 생각하고 그 종교가 말하는 것과 기독교가 말하는 것을 분명하게 다르다는 것을 안다

---

[345] See Mark Dice, *Illuminati in the Music Industry* (UK: The Resistance Manifesto, 2013); https://youtu.be/PfUj-2xOm94?si=ix9oIlri0-h2OGEms. 한국의 세계적인 가수 그룹인 BTS(방탄소년단)의 비디오에는 온갖 오컬트와 일루미나티의 상징으로 가사와 춤에 스며들어서 국내 청소년은 물론 전 세계의 다음 세대들에게 눈과 귀와 온몸으로 전염시키고 있다. 심지어 사랑의 교회 건물, 노무현의 피라밋 무덤 등 너무 빠르게 어둠의 세력이 한국을 점령해서 반성경적 오컬트 신앙을 무분별한 미디어를 통해서 선전 선동하고 있다.

면 그들이 정상에 있지 않음을 알게 된다. 성경의 '자(Ruler: "무릇 이 규칙[헬. 카논[Κανών]/Canon. rule, ruler/케논, 규칙, 자[346]을 행하는 자와 하나님의 이스라엘에게 평강과 긍휼이 있을찌어다 [갈 6:16]") 또는 다림줄(Plumb Line)[347]을 다른 믿음에 적용함으로써만 둘을 구별할 수 있다. 그렇기 때문에 우리는 어떤 것이 진리라는 증거로 사용하기 위해서가 아니라(비록 그것이 예수 그리스도를 믿는 사람들을 위한 것일지라도) [현재]-세상 속에서 일어나고 있는 일들 사이에 분명한 구별을 하기 위해서 계속해서 성경으로 돌아 가게 되는 이유이다.

일루미나티의 상징들(The Symbols of the Illuminati)[348]

---

346 "가진 자는 더 가질 것이요. 가지지 않은 자는 가진 것조차 빼앗기리라(마 4:25)." 이 말씀은 성경 말씀의 절대 규칙(Canon, rule, ruler, criteria/정경, 절대법, 규칙, 자, 표준)을 믿고 2, 5달란트로 심고 2, 5달란트를 더 남기는 것으로서 기독교인들뿐만 아니라 일반인들에게도 'The Victorious Great Golden Rule/승리의 위대한 황금률'로서 일반 법칙이나 영적 법칙 모두에게 적용되는 것이다. 즉, 참지혜(Sopos)는 말씀을 믿고 기쁘게 땀흘리며 심고 실천함으로써 얻어지는 것을 말한다.

347 "나는 정의로 측정하는 줄을 삼고 의로 다림줄을 삼으니 우박이 거짓의 피난처를 소탕하며 물이 그 숨는 곳에 넘칠 것이라(사 28:17)." "또 내게 보이신 것이 이러하니 다림줄을 띄우고 쌓은 담 곁에 주께서 손에 다림줄을 잡고 서셨더라(암 7:7)."

348 See Steve Smith, *The discrete Power of the Illuminati Symbolism: Demystifying the Power of the invisible Hand in Symbols* (Scotts Valley: Create Space Independent Publishing Platform, 2015). 안타깝게도 한국의 사랑의 교회에도 최초의 설계도를 무시하고 일루미나티와 오컬트의 상징물들을 교회에 등장시켰다. See https://m.blog.naver.com/esedae/221106468057. 반성경적인 동성애 등에 대한 윤리적 신학적(윤리의 하향평준화?!)으로 어처구니없는 모호성을 보이는 성명서를 발표했던 2024년 9월의 서울 로잔대회의 연장선상의 집회로 보이는 2024년 10월 27일 태극기와 성조기와 정치적 집회를 반대한다는 반성경적인 플라톤적 경건주의(Platonic Peitism)를 보이면서 아이러니하게도 정치적인 동성애법과 차별금지법의 반대를 위해서 서울시청과 여의도에서 '큰 기도회'를 인도했던 분들인 오정현 목사, 정성진 목사(종북주의자/WCC, NCCK 지지자) 등등은 WCC, WEA, NCCK 등 공산주의(배후 세력: Deep-state/Illuminati: Occultist)와 직간접적으로 연계된 좌파 교회(Contra, 마 25:32-33)와 우파 교회가 연합(혼합?)한 기도회로서 하나님이 기뻐받으시지 않으시는 혼합된 기도회로 보인다.

엘리트는 우리가 그들의 상징을 볼 수 있도록 허용함으로써 우리 자신도 모르게 그들에게 권한을 넘겨주고 있다고 생각한다. 그들은 우리가 상징과 관련하여 무의식적으로 정보를 처리하며 이러한 '잠재의식 메시지(Subliminal Message)'를 통해 우리에게 영향을 미칠 수 있다고 믿는다. 사실 이것은 사실인 것 같다. 우리 모두는 좋든 싫든 무의식적(Subconscious level) 차원에서 상징의 영향을 받는다. 수년에 걸쳐 '일루미나티(Illuminati)'라는 용어는 무엇보다도 댄 브라운(Dan Brown)[349]의 다빈치 코드(Da Vinci Code)라는 책과 영화를 통해 주류에 진입했다. 또한 만화와 인터넷에서 궁극의 총력으로 세상의 모든 것을 운영하는 매우 의심스럽고 있을 것 같지 않은 글로벌 그룹으로 등장한다. 물론 지식인과 진실에 대한 다른 탐구자들은 이것을 그렇게 심각하게 받아들이지 않는다. 왜냐하면 실제로 무슨 일이 일어나고 있는지 알아내는데 모든 것이 [차단되고] 조작되어 있기 때문이다. '일루미나티'라는 단어와 음모[공모]론이 완전한 농담으로까지 선전되어 왔다. 멸시(얕보기)와 조롱과 노골적인 거짓말로 진실은 결코 드러날 수 없다. 당신이 무슨 일이 일어나고 있는지 알아내는 데 모든 것이 당신에게 불리했기 때문에 당신이 여기까지 온 것을 하나님의 은혜라고 당신 스스로 축하하고 감사해야만 한다. 그러나 음악 산업, 특히 뮤직 비디오(한국의 BTS등 포함)[350]에서는 일루미나티

이들 교회들의 상당수가 사실상 북한의 동요 계층과 적대 계층의 인권과는 전혀 상관없고 자유통일을 방해하고 있는 북한의 핵심 계층(평양 거주)에게만 지원함으로써 공산주의 주사파 김일성 우상교의 체제 지원, 정권 지원과 정권 연장을 위해서 지금도 하나님께 드려진 성도들의 피같은 헌금을 북괴에 갖다 받치고 있는 안타까운 현실이다.

349 See https://en.m.wikipedia.org/wiki/The_Da_Vinci_Code.
350 See BTS Music Video, https://www.skeptic.org.uk/2021/06/bts-bow-tosatan-how-satanic-illuminati-conspiracies-travelled-from-west-to-east/; https://m/blog.naver.com/esedae/222425959053.

의 상징이 무분별한 미디어 등을 통해서 광고되고 있고 신경쓰지 않고 전시되어 왔다. 마치 그들의 음악에 점점 더 많은 상징들을 넣음으로써 그들은 더 많은 '점수(Points)'를 얻고 있다. 다음은 뮤직 비디오, 광고 및 일반적으로 미디어에서 볼 수 있는 몇 가지 주요 상징들이다.

전시안(모든 것을 보는/The All-Seeing Eye)[351]

루시퍼의 눈, 또는 섭리의 눈, 또는 호루스(Horus)는 반드시 모든 것을 본다. 1달러 지폐부터 한 손으로 한쪽 눈을 가리고 있는 팝스타, CBS의 상징, 톨킨(Tolkien)의 책인 '반지의 제왕(The Lord of Rings)[352]에 이르기까지 모든 곳에서 우리가 볼 수 있는 상징이다. 원래 한쪽 눈(왼쪽/좌파?)을 가진 적그리스도의 개념은 성경 슥 11:17에서 나온다. "화 있을진저 양떼를 버린 가치 없는 목자여, 칼이 그의 팔과 오른쪽 눈을 찌르게 하소서! 그의 팔이 완전히 시들고 오른쪽 눈이 완전히 멀게 하소서!" 이것은 적그리스도에 대한 예언이자 한쪽 눈을 가진 호루스에 대한 언급이다. 이것이 계 13장의 치명상이 아닐까? 그 눈은 호루스(Horus)가 그의 아버지 오시리스(Osiris)에게 가서 복원을 요청했기 때문에 보호와 치유를 상징한다고 여겨졌다. 이슬람의 적그리스도(하디스[Hadith] 출신)는 '다짤(dajjal/Deceiver/속이는 자)'[353]이라고 불리며 그 또한 한쪽 눈을 가지고 있다.

351　See https://en.m.wikipedia.org/wiki/Eye_of_Providence.
352　See J.R.R. Tolkiens, *The Lord of the Rings* (London: Allen & Unwin, 1954).
353　See https://en.m.wikipedia.org/wiki/AL-Masih_ad-Dajjal.

재탄생의 상징인 불사조(The Phoenix)[354]

정통 기독교에서 재탄생은 예수님의 부활을 상징하지만 다른 종교에서는 프로메테우스의 원형으로 불 속에서 다시 태어나는 개념을 가리킨다.

피라미드(Pyramids) 또는 삼각형(Triangles)[355]

피라미드 또는 삼각형은 이집트와 고대 신비 종교의 위엄과 힘을 나타낸다. 그것은 또한 1달러 뒷면의 피라미드의 층수에서와 같이 13층으로 이루어진 인간의 물리적 의회(Parliament)인 반면 관석(Capstone)은 모든 것을 보는 전시안(All-Seeing Eye/만물을 보는 눈)이며 따라서 적그리스도의 종교이다.

다른 상징은 666을 나타내는 뿔 달린 손으로 'OK 사인(Sign)'에 대한 수신호이다.

또 다른 '일루미나티' 상징은 '제왕 나비(Monarch Butterfly)'이다. 이 나비는 트라우마 기반 마인드 컨트롤을 의미하기 때문이다.

뱀(Serpents), 용(Dragons) 또는 파충류(Reptiles)

이 동물들은 성경에서는 사탄의 대표자이다.

계몽주의의 상징인 올빼미와 미네르바[356]의 올빼미로서의 일루미나티.

---

354 See https://en.m.wikipedia.org/wiki/Phoenix_(mythology); https://www.britannica.com/topic/phoenix-mythological-bird.
355 좌파 대통령 노무현의 무덤의 모양도 문재인의 집도 일루미나티의 상징인 피라밋 모양을 하고 있다. See https://youtu.be/7rpAZzkGPzU?si=vquuhj5RCPiBahun.
356 아테나의 부엉이(Owl of Athena) 또는 미네르바의 부엉이(Owl of Minerva)는 로마 신화에서 미네르바와 항상 함께 다니는 신조(Bird of god)는 부엉이를 말하는데 지혜의 상징이다. 19세기의 독일의 철학자 게오르크 빌헬름 프리드리히 헤겔은 그의 저서 『법철학/Grundlinien der Philosophie des Rechts, 1820』 서문에서 "미네르바의 부엉이는 황혼이 저물어야 그 날개를 편

올빼미는 어둠 속에서 보고 완전히 조용히 날며 머리를 약 270도 구부릴 수 있다. 괴이하게도 비밀 결사(Secret Society) 회원들의 모든 비밀 작전은 칭송(존경)받는다.

불타는 횃불의 여신(The Goddess of the Flaming Torch) 또는 지혜의 여신(Goddess of Wisdom)

이 여신은 아폴론의 여성 버전인 마법의 신인 그리스 여신 헤카테(Greek goddess Hecate)이다. 이 오래된 여신의 가장 주목할 만한 예는 그리스의 코와 머리가 태양 광선을 묘사한 미국의 자유의 여신상(The Statue of Liberty) 그 자체이다. 그것은 또한 니므롯(Nimrod)의 아내였던 세미라미스(Semiramis)와 관련된 빛을 나르는자(Light Bearer)의 개념을 가진 콜롬비아(Columbia) 영화 스튜디오의 이미지[357]이기도 하다. 여성 아폴로의 빛을 나르는 우주 왕복선 컬럼비아 재난/사기도 있었다.

다"라는 유명한 경구를 남겼다. 원래 미네르바의 신조는 까마귀였다. 오비디우스의 '변신 이야기' 제2권 6장에 따르면 까마귀가 미네르바의 비밀을 누설한 죄를 짓고 신조의 자리를 부엉이에게 내어주었다고 한다. 그 부엉이는 원래 레스보스섬의 뉘티메네였는데, 전설에 따르면 자신의 아버지와의 통정의 죄로 인해 부엉이가 되었으며, 이 사실에 대한 부끄러움으로 사람들의 눈이 있는 낮에는 웅크리고 있다가 밤이 되어서야 활동을 한다고 한다. 헤겔 '법철학'에서 미네르바의 부엉이를 언급한 것은 미네르바의 부엉이(즉, 지혜 또는 철학)가 낮이 지나고 밤에 그 날개를 펴는 것처럼, 철학은 앞날을 미리 예측하는 것이 아니라 이미 이루어진 역사적 조건이 지나간 후에야 그 뜻이 분명해진다는 의미이다. See https://ko.m.wikipedia.org/wiki/%EC%95%84%ED%85%8C%EB%82%98%EC%9D%98_%EB%B6%80%EC%97%89%EC%9D%B4#;~;text=%ED%97%A4%EA%B2%94%EC%9D%B4%20%E3%80%8A%EB%B2%95 EC%B2%A0%ED%95%99%E3%80%8B%EC%97%90%EC%84%9C%20%EB%AF%B8%EB%84%A4%EB%A5%B4%EB%B0%94,%EB%B6%84%EB%AA%85%ED%95%B4%EC%A7%84%EB%8B%A4%EB%8A%94%20%EC%9D%98%EB%AF%B8%EC%9D%9D%B4%EB%8B%A4. cf. https://ko.m.wokipedia.org/wiki/%EB%AF%B8%84%A4%EB%A5%B4%EB%B0%94.

357 See https://image.app.goo.gl/3JcKDNLskqZe3A; https://secureyourtrademark.com/blog/columbia-pictures-logo-history/.

오벨리스크(Obelisks)

오벨리스크는 고대 종교에서 유래했으며 고대 샤머니즘적 다산 숭배에서 유래한 남근을 나타내며[358] 그 잔재는 신도(Shintoism)와 힌두교에서도 볼 수 있다.

오컬트 전통 속의 벌과 벌집(Bee and the Hive in Occult Tradition)[359]

한 사람으로서의 개인은 다수를 위한 소수가 된다. 집단적 벌집에 종속되어 개인주의를 상실한다. 나폴레옹은 벌을 태양신 라(Ra)의 상징으로 존경했던 이집트인들에게서 의심의 여지없이 이것을 취한 프랑스의 역대 왕들로부터 벌의 상징을 자신의 것으로 받아들였다. 이 모든 것들은 오컬트 실행을 나타내는 나쁜 상징이다. 이 상징들을 이해하는 것은 지식을 만드는 그들의 의제를 이해하는 데 도움이 될 것이다. 건조한 교리적 학문적 주제가 아니라 우리가 매일 보는 것이다. 이를 인식하면 우리 주변에서 일어나는 사건에 누가 관여하고 있는지 식별하고 그들이 프로그래밍의 일부로 어떤 세뇌를 추진하고 있는지 알 수 있다. 엘리트의 상징과 신앙을 이해할 수 있고 우리가 매일 보는 사건과 연관시킬 수 있다면 그들의 심오한 의제를 훨씬 더 잘 이해하고 성경적으로 대처할 수 있을 것이다.

---

358 See https://www.cosebelleantichemoderne.com/en/the-obelisk-between-history-and-mystery/.

359 See https://www.polarissite.net/symbolism-of-the-bee.html.

헤르메스주의(Hermeticism)[360]

헤르메스주의는 우리가 살펴본 여러 신앙 체계의 핵심 개념들 중 하나이다. 우리가 폭로하고 있는 '미스터리 종교(Mystery Religions)'에 대한 통찰력을 얻기 위해 이것을 더 탐구할 가치가 있다. 알렉산더 대왕은 이집트를 정복한 후 그는 네 명의 후계자에게 제국을 넘겼다. 이집트에서 프톨레마이오스(Ptolemaios: Ptolemy)는 이집트와 그리스 종교를 결합한 세라피스 교단(The Cult of Serapis)을 세웠다. 새로운 종교는 아마도 당시 알렉산드리아에 존재했던 다양한 분파에서 파생된 부산물이었지만, 대중을 통일시키기 위해 그리스 종교와 철학, 이집트 종교가 혼합된 이 혼합적인 새로운 종교를 창조하는 것이 프톨레마이오스의 고의적인 정책이었다. 모든 의도와 목적으로 볼 때, 그것은 단지 입문자들만이 신의 그노시스(Gnosis/지식)를 얻을 수 있는 이집트 신앙과 혼합된 헬레니즘 비밀 신비 종교였다. 나머지는 무지한 채로 남아있어야 했다. 프리메이슨 롯지(Lodge/성전)의 신앙과 비슷하다. 프톨레마이오스는 이집트 오시리스(Osiris) 신과 아피스(Apis) 신[361]의 숭배가 혼합된 형태로 한쪽에는 황소로 세라피스(Serapis) 신상을, 다른 한쪽에는 그리스 사람으로 만든 동상을 세웠다. 오시리스(Osiris)와 아피스(Apis)가 합쳐져 오세라피스(Oserapis) 또는 세라피스(Serapis)라는 이름을 만들었다. 황소가 없는 세라피스의 동상은 신의 다산을 상징하는 곡물이 담긴 항

---

360 See https://en.m.wikipedia.org/wiki/Hermeticism.
361 고대 이집트의 멤피스(Memphis)에서 숭배하던, 공예 기술의 신(god)으로서의 황소(Bull)를 말한다. See https://en.m.wikipedia.org/wiki/Apis_(deity).

아리가 들어 있는 모디우스(Dodius) 모자를 쓴 그리스인의 얼굴을 하고 있었다. 내세의 신은 오시리스였고, 아피스는 구약 성경 전체에서 바알(Baal)로 언급된 고대 황소의 신으로 모세와 다른 이들은 이스라엘 사람들이 숭배하는 것을 금했다. 또한 이집트의 마법의 신인 토트(Thoth)의 속성은 전환(Transitions)과 경계(Boundaries)의 그리스 신인 헤르메스와 혼합되어 나중에 신성한 메신저 머큐리(Mercury)와 야누스(Janus)가 되었다. 그것이 충분하지 않은 것처럼 종교에는 지상의 힘이 신인 하데스(Hades)에서 파생되는 지하 세계의 그리스 크토닉(Chthonic)[362] 개념에서 가져온 주제도 있다. 저자가 이 모든 것을 언급하는 이유는 우리가 보고 있는 헤르메스 신이 어둠과 귀신과 연결되어 있기 때문이다. 이러한 신앙들은 프리메이슨과 동맹 그룹이 신이 되기 위한 지식을 얻을 수 있는 'Prisca Theologia(고대 신학)'를 이해하기 위해 연구하는 숨겨진 시스템의 한 요소에 불과하다. 예를 들어, 세라피스(Serapis)는 나일강의 범람을 측정하는 데 사용하는 자를 손에 들고 다녔는데, 이는 프리메이슨의 나침반(Compass)과 자(Ruler)와 분명한 연결 고리가 있다. 헤르메스주의(Hermeticism)는 중세 연금술(Medieval Alchemy)로 성장한 오래된 종교이다. 이것에서 서양의 마법 사상의 뿌리가 파생된다. 현대 오컬트주의(Occultism)와 비밀 결사(Secret Societies)의 주요 '강(River)'은 여기에

---

[362] 그리스 지하신(헬, 'χθόνιος/Khthonios, "땅 안에 또는 밑에 있는", 헬라어: χθών/Khthon "땅"에서 파생)의 원어 크토니오스(Chthonios)의 문자 그대로의 의미는 "지하의 세계에 있는"이다. 하지만 이 단어의 영어 번역인 크타닉(Chthonic)은 지하 세계의 신들이나 정령들을 가리키는 용도로 사용되는데, 특히 고대 그리스 종교에서의 지하신들을 가리키는데 사용된다. 헬라어 크톤(χθών/Khthon)은 땅을 뜻하는 여러 헬라어 단어들 가운데 하나이다. 그런데 이 단어의 전형적인 용법을 보면 이 단어는 땅 아래 즉 지하를 가리키는데 사용된다. 이 용법은 가이아(Gaia) 또는 게(γῆ, Ge)가 살아 있는 지표면을 가리키고 코라(χώρα/Khora)가 영토를 가리키는 것과 구분된다. See 위키백과, 우리 모두의 백과사전, 그리스의 지하신; See Https://en.m.wikipedia.org/wiki/Chthonic.

서 흘러나온다. 이것이 비밀 정치 조직이 관심을 갖고 있는 부분인데 그로부터 힘을 얻는다. 외적인 수준에서 연금술의 목표는 기본 금속을 금으로 변환하는 것이지만 이것은 연금술의 변형 특성의 한 부분일 뿐이다. 그것은 또한 인간이 자신의 본성을 완전하게 하려고 노력할 때 변화되는 것에 대한 언급이기도 하다. 이것은 연금술사들에 의해 '위대한 작업(Great Work)'으로 언급되며, 프리메이슨, 신지학과 뉴에이지 종교의 위대한 계획과 다른 문구가 아니다. 이 주제에 대한 보다 현대적인 해석은 새로운 유토피아 사회에서 살고 있는 유토피아적 인간의 궁극적인 출현과 관련이 있다. 불멸로 인도하는 불로장생의 비약과 철학자의 돌(Philosopher's Stone)을 발견한 것도 그들의 신앙의 일부이다.

엘리트 마술사

헤르메스주의와 연금술의 중심 인물은 '세 번 위대한 헤르메스(Thrice Great Hermes)'인 헤르메스 트리스메기스투스(Hermes Trismegistus)이다. 그는 르네상스 시대에 재발견된 『코르푸스 헤르메티쿰(Corpus Hermeticum)』[363]을 썼다고 한다. 이 책은 지난 450년 넘는 동안 대부분의

---

363 헤르메스주의 문헌에는 헤르메티카(Hermetica)는 그리스신 헤르메스와 이집트신 토트가 결합된 존재인 "세 번 위대한 헤르메스(Thrice-great Hermes)"라는 의미의 헤르메스 트리스메기스투스(Hermes Trismegistus: 우주 전체의 지혜의 세 부문을 상징하는 태양, 달과 별[친구의]이 들어 있는 것을 볼 수 있다)의 저술인 것으로 일반적으로 가정하는, 비밀 지혜를 담고 있다고 주장되는 일군의 고대 후기(기원후 2-8세기)의 저작들을 통칭하는 낱말이다. 이러한 성격의 기원후 2-3세기의 그리스어 문헌이 르네상스 시대의 이탈리아 학자들에 의해 집성되어 "코르푸스 헤르메티쿰(Corpus Hermeticum)이라는 책으로 편찬되었다. "코르푸스 헤르메티쿰"의 문자 그대로의 의미는 헤르메스주의의 전집이다. 이들 그리스어 문헌들은 기원후 2세기 훨씬 이전에 존재하였던 더 많은 문헌들의 일부인 것으로 여겨지고 있다. "코르푸스 헤르

오컬트 비밀 결사를 위해서 핵심적인 영감을 주었다고 한다. 그 시대의 오래된 프리메이슨 헌법은 모두 헤르메스를 건축 및 건축 무역의 창시자 중 하나로 언급한다. 이것은 로시크루시안니즘(Rosicrucianism)과 나중에 프리메이슨 및 에노키안(Enochian) 마술에 큰 영향을 준 존 디(John Dee)에게 영향을 미쳤다. 고대의 '홍수전 기둥(Pre-Diluvian Pillars)'의 발견과 해독(Decode)은 또한 매우 신비롭고 믿을 수 없는 마법의 원천이었다. 경로가 우회적이고 정의하기 쉽지는 않지만, 이 후기 오컬트 전통의 근원은 동일한 오시리스(Osiris), 이집트의 헤르메스의 미스터리 컬트[364]에서 파생된다. 이 컬트의 신도들은 출애굽기 32장 8절("그들이 내가 그들에게 명한 길을 속히 떠나 자기를 위하여 송아지를 부어 만들고 그것을 숭배하며 그것에게 희생을 드리며 말하기를 이스라엘아 이는 너희를 애굽 땅에서 인도하여 낸 너희의 신들이라 하였도다.")에서 시내산에서 모세를 통해 율법이 전달되기를 기다렸던 이스라엘 백성들이 숫소를 숭배했을 때 범한 것과 똑같은 실수를 범하고 있다. 구약과 수많은 경전에서 우리는 황소 숭배(예: 민 25:3 "그래서 이스라엘이 포에르의 바알에게 예배드리며 연합했고 주님께서 그들에게 진노하셨더라."; 예후가 모든 컬트 구성원을 죽인 후의 왕하 10:25-27 "번제 드리기를 다하매 예후가 호위병과 장관들에게 이르되 들

메티쿰"의 편찬과 관련된 주요 인물로는 마르실리오 피치노(1433-1499)가 있다. 그는 "코르푸스 헤르메티쿰"의 그리스어 원본 문헌들을 라틴어로 번역했는데, 그의 라틴어 번역본은 1500년까지 인큐나불라(Incunabula)판으로 제8판까지 개정되었으며, 이후, 1641년까지 추가로 22번 더 개정되었다. 한편, "코르푸스 헤르메티쿰"의 문헌들과는 별도의 문헌들인, 시리아어, 아랍어, 아르메니아어, 콥트어 및 기타 다른 언어로 된 다른 헤르메스주의 저작들이 있었다. See https://en.m.wikipedia.org/wiki/Corpus_Hermeticum.

364 헤르메스주의(Hermeticism)를 위해서는 Timothy Freke와 Peter Grandy의 'The Lost Wisdom of the Pharaoh'를 보라. See Timothy Freke, Peter Gandy, *The Hermetica: The Lost Wisdom of the Pharaohs* (Los Angeles: J. P. Tarcher/Putnam, 1999).

어가서 한 사람도 나가지 못하게 하고 죽이라 하매 호위병과 장관들이 칼로 저희를 죽여 밖에 던지고 바알의 당에 있는 성으로 가서 바알의 당에서 목상들을 가져다가 불사르고 바알의 목상을 헐며 바알의 당을 훼파하여 변소를 만들었더니 오늘날까지 이르니라.")와 오늘날까지도 우리 세계는 그들이 고대부터 심지어 구약 성경에서조차 숭배했던 헤르메스의 태양/황소 신인 세라피스 컬트의 바로 같은 제단에서 숭배하고 있다. 그것은 프리메이슨, 스컬 앤 본즈(Skull and Bones), 보헤미안 글로브(Bohemian Grove), 신지학(Theosophy) 또는 뉴에이지(New Age) 종교로 재명명될 수 있지만 모든 의도에서 목적은 동일하다. 더욱이 아피스 황소 뿔(The Horns of the Bull of Apis)의 상징은 오늘날 이슬람 초승달의 상징에서 여전히 발견된다. 이것은 엘리트들이 그들 자신의 '뒤틀린 오컬트 믿음(Twisted Occult Beliefs)'에 가깝기 때문에 '좋은' 이슬람을 장려하는 이유 중 하나이다. 황소 숭배 뒤에는 사탄이 있다. 그래서 다음 번에 여러분이 바알 숭배에 관한 구약 성경을 읽을 때 그것이 얼마나 야만적이고 구식이며 부적절할지 알 것이다. 구약 성경에서 3,000년이 넘게 반대했던 동일한 컬트가 오늘날에도 여전히 존재한다는 것을 기억하시라! 이 컬트는 세계를 장악했으며 여전히 거의 완전한 권력을 보유하고 있다.

발산주의(Emanationism) - 사물의 기원(The Origin of Things)[365]

---

365 See https://www.britannica.com/topic/emanationism.

헤르메스주의(Hermeticism)의 핵심 신앙 중 하나는 신격에서 또 다른 구조를 만드는 또 다른 신과 같은 존재가 출현한다는 믿음이다. 발산주의(Emanationism)이라는 용어는 '~로부터 흘러나오다' 또는 '~로부터 쏟아지다'를 의미하는 라틴어 에마나레(Emanare)에서 유래했다. 우주와 지구의 창조가 하나님이신 '최초의 실존(First Reality)'으로부터 서서히 점진적으로 흘러나왔다는 개념이다. 이것은 더 작은 창조물인 '두 번째 실존(Second Reality)'을 낳았고, 이것은 '세 번째 실존/현실(Third Reality)' 등을 일으켰다. 각각의 실존은 이전보다 덜 신성하다. 이 방법에서 우리는 이 신앙 체계에 따라 지금 우리가 가지고 있는 타락한 상태를 가지고 있다. 각 단계에서 창조된 것은 이전 단계보다 덜 완벽하다. 그것은 실존이 계층적이거나 등급이 매겨져 있다고 가르친다. 즉, 신격을 얻기 위해 천천히 '존재(실존)의 차원'을 올라가 신을 향해 다시 돌아갈 수 있음을 의미한다. 오컬트와 관련된 모든 것과 마찬가지로 이것은 전적으로 잘못된 신앙이며 하나님이 모든 것을 만드셨다고 가르치는 성경적 창조론에 전적으로 반대된다. 시편 33편 6절은 "주님의 말씀으로 하늘들이 만들어졌고 그분의 입의 숨결로 그들의 빛나는 군대들이 만들어졌도다." 라고 말씀한다. 발산주의에 대한 이러한 신앙은 카발주의, 프리메이슨, 신지학과 '흑 녹색 종교(Dark Green Religion)'에서 발견되는데 아마도 엘리트의 가장 순수한 신비주의(헤르메스주의) 신앙들 중 하나이다. 신지학에서는 그것이 신격에서 발산되는 일곱 광선(Seven Rays)을 통해 발생하는 것으로 설명한다. 발산주의(Emanationism)의 개념을 이해하는 것은 이러한 신앙들을 많이 제대로 이해할 수 있기 때문에 중요하다. 또한 나중에 살펴보는 '흑 녹색 종교'에서 초기 지지자 랄프 왈도 에머슨(Ralph

[Waldo] Emerson)은 헤르메틱(Hermetic) 신앙을 녹색(Green) 영성에 속한 자들과 연결하고 심지어 헤르메스 트리메기스투스(Hermes Trismegistus)를 따라야 할 이교도 예언자로 간주했다.

헤르메스주의(Hermeticism), 이슬람, 헤르메스 트리스메기스투스 연결

전부는 아니지만 일부 이슬람 전통에서 무하마드 다음으로 중요한 예언자는 이드리스[366]이다. 따라서 그 목록은 무함마드(Muhammad), 아담(Adam)과 이드리스(Idris)이다. 전통적으로 이드리스(Idris)는 창세기 5:24[367]에서 '하나님과 동행했고' 죽지 않고 승천한 에녹과 동일시된다. 그러나 다른 이슬람 전통에서 이드리스(Idris)는 무함마드가 천국으로 돌아가는 야간 여행 중에 만난 헤르메스 트리스메기스투스(Hermes Trismegistus)[368]라고 한다. 따라서 헤르메스 트리스메기스투스는 헤르메스주의(Hermeticism)에게 또 다른 고개를 끄덕이는 이슬람에서 중요한 인물로 추정된다. 바벨론에서 태어나 연금술, 점성술 및 모든 종류의 오컬트 관행을 시작한 마술사가 됨으로써 오컬트, 헤르메스주의 및 이슬람 사이의 연결 고리는 강력하다. 확실히 동유럽의 정교회 기독교인들은 무슬림이 흑마술에 능숙하다고 생각한다. 이슬람은 마술의 사용을 금지

---

366 Idris를 위해서는 Quran 19:56-57; Phyllis G. Jestice, *Holy People of the World, A Cross Cultural Encyclopedia* (Oxford: Bloomsbury Publishing, 2004)을 보라.
367 "이 하나님과 동행하더니 하나님께서 그를 데려가시므로 세상에 있지 아니하였더라(창 5:24)."
368 See https://en.m.wikipedia.org/wiki/Hermes_Trismegistus.

하고 있지만, 서아프리카와 같은 많은 지역에서 행해지는 이슬람의 형태는 주로 마술 행위에 관한 것이다. 일부 이슬람 족보학자들은 무함마드가 헤르메스 트리스메기스투스의 후손이라고 말하기도 한다. 아마도 이것이 엘리트들이 '선한' 이슬람교를 장려하는 또 다른 이유일 것이다. 그것은 그들이 그들의 신에 가장 가깝기 때문이다. 헤르메스주의 신은 로마의 머큐리(Mercury) 신이 된 이집트의 신 토트와 연결된 그리스 신 헤르메스이다. 주석가들에 의해서 언급된 또 다른 아이디어는 이드리스(Idris)가 실제로 오시리스(Osiris)이고 이것은 엘리트의 종교에 훨씬 더 가깝다는 것이다. 불행히도 꾸란(Quran), 하디스(Hadith) 또는 다른 작품들은 이드리스(Idris)가 실제로 누구인지 식별하는 데 도움이 되지 않는다. 그래서 추측은 열려 있다. 요점은 그들의 알 수 없는 신이 그들의 신앙 체계와 매우 밀접하게 관련되어 있기 때문에 이슬람이 비밀 정치 조직에 특별한 위치를 가지고 있다는 것이다. 예를 들어, 토니 블레어 전 영국 총리는 무슬림 뉴스와의 인터뷰에서 이렇게 말했다. '이슬람에 대해 많은 오해가 있다. 그것은 깊이 사색적이고 평화롭고 매우 아름다운 종교적 신앙이며 다른 종교적 신앙을 가진 사람들이 그것에 대해 더 많이 알면 큰 도움이 될 것이라고 생각한다.'[369] 그는 '선한' 이슬람을 장려하고 있었다. 스컬 앤 본즈(Skull and Bones) 및 외교관계위원회(CFR) 삼극위원회원(Trilateralist)과 관련된 존 케리(John Kerry)는 "이슬람의 진정한 모습은 모든 인간의 존엄성을 바탕으로 한 평화로운 종교이다."라는

---

369 'Blair Interview: Muslim News, March 2000'을 보라. See https://news.bbc.co.uk/1/hi/uk_politics/694229.stm.

의견을 밝혔다.[370] 비밀 정치 조직(Cryptocracy)은 우리를 이슬람에 노출시키는 것을 좋아할 뿐만 아니라 '지혜의 마술사 원형(Wisdom Magician Archetype)'으로 헤르메스 트리스메기스투스(Hermes Trismegistus)에 가능한 한 많은 프로그래밍을 허용한다. 이 캐릭터는 반지의 제왕(The Lord of Rings)의 간달프(Gandalf), 스타워즈(Star Wars)의 요다(Yoda)와 오비 완 케노비(Obi Wan Kenobi), 매트릭스의 모르페우스(Morpheus in the Matrix), 알버스 덤블도어(Albus Dumbledore)와 해리 포터(Harry Potter)로 묘사되는 많은 영화와 책들에 등장한다. 엘리트는(Elite)는 이러한 원형에 관심이 있기 때문에 이전에 언급했듯이 우리가 의미를 이해하든 안하든지 상관없이 우리를 더 크게 통제할 수 있다는 이러한 신앙 덕분에 우리에게 이러한 원형을 홍보하는 것을 좋아한다. 엘리트의 출판 미디어 기계 전체에 의해 헤리포터 프로그래밍은 강요됐고 선전선동되었기 때문에 제이 케이 롤링(J. K. Rowling)이 그녀의 책과 후속 영화 판매와 개인의 소지품 등으로 막대한 재산을 벌면서 전파하는 것은 우연이 아니다.

이슬람과 엘리트 신앙[371]

우리는 이슬람에서 오컬트와 마술 사이의 연결을 만들기 위해 모호한 참고 문헌을 사용할 필요가 없다. 기본 개념 중 일부가 파생된 곳을

---

370 See https://english.ahram.org.eg/News/109959.
371 See https://www.belfercenter.org/publication/islam-and-role-elites.

이해하기 위해 이슬람의 상징을 살펴보기만 하면 된다. 이슬람의 상징은 전면에 별이 있는 초승달인데, 별이 달 앞에 있을 수 없기 때문에 불가능한 천문학적 결합이므로 마법을 의미한다. 달은 그들의 첨탑 꼭대기에 있지만 그것이 거기에 있는 이유는 다소 모호하다. 일부 이슬람 금식(Islamic Fasts)과 이슬람 달력(Islamic Calendar) 자체는 달관측과 관련이 있다. 또한 살라트(Salat/매일 5번의 기도)의 일부는 지정된 특정 시간(알 와크트/Al Waqt)에 이루어지며 기도가 수행되지 않아야 하는 특정 시간도 있다. 이것을 아는 것이 믿기지 않을 수도 있지만, 이 시간은 태양의 경로에 따라 설정된다.[372] 해가 뜨면 파르(Fahr) 기도가 있고, 해가 지면 이샤(Isha) 기도가 있다. 정오의 주르(Zuhr) 기도의 시간은 태양의 최고점 또는 천정(Zenith) 직후(Just After)와 일치한다. 이것은 무슬림들이 태양을 숭배하고 있다고 생각하지 않는 이유이다. 왜냐하면 이슬람에는 태양 숭배가 없기 때문이다. 이것은 금지되어 있다. 그러나 부인할 수 없는 것은 전체 시스템이 태양의 움직임, 달의 타이밍에 따라서 천문학과 연결되어 있다는 점이다.

초승달은 아마도 달의 여성 신에게 고개를 끄덕이는 것 이상일 것이다. 그리고 '알라'라는 단어 자체는 하나님에 대한 히브리어 엘로아와 유사한 아랍어의 여성 단어이다. 그것은 이전 종교로부터 후퇴한 흔적이다. 역사적으로 말하자면, 이교도 아랍인들은 그들이 유일신(알라)을 믿었지만 파트너 신들도 있었다고 말했다. 이것은 이슬람이 근본적인 별명(통칭)으로 폐지한 관행이었다. 즉 오직 한 분의 신이 있고 무함마드

---

372 Salah times를 위해서는 https://en.m.wikipedia.org/wiki/Salah_times을 보라.

는 그의 메신저이다. 무함마드가 메카에 들어갔을 때 그곳에서 숭배했던 360명의 신 중 하나는 달의 신인 일라(Ilah)였으며 아랍어 정관사 더(The)인 알(Al)을 추가하면 알-일라(Al-Ilah)가 된다.[373] 나중에 이것은 무함마드가 유대인과 기독교인이 경배하는 동일한 하나님이라고 선언한 알라로 통칭되었다. 그러나 유대인과 기독교인이 언제 달신을 숭배했는가? 결코 알라는 야훼와 예수님과 같은 신이 될 수 없고 또한 신이 아니다. 달과 미치광이에 대한 집착은 또한 관련이 있으며 '루나(luna)'는 라틴어로 달을 의미한다. 달의 여신들의 또 다른 활동은 폭력을 일으키는 것으로 보인다. 사도행전에서 누가는 같은 폭력적인 기질(Violent Temperament)이 존재하는 것처럼 보이는 또 다른 달의 신인 다이아나인 아르테미스 신전(Temple of Artemis)에 대해 기록하고 있다. 그 추종자들은 사도행전 19:33-34("유대인들이 알렉산더를 군중으로부터 끌어내서 그들이 그를 군중들 앞에 놓았더라. 그래서 알렉산더가 손짓을 하며 백성들에게 변명을 하려 했더라. 그러나 군중들이 그가 유대인이라는 것을 알고 모두 일제히 한 목소리로 약 2시간 동안 '위대하도다 에베소의 여신 아르테미스여'를 외쳤더라")에서 '위대하도다! 에베소서의 여신 아르테미스여!'라고 외쳤다. 이것은 무슬림들이 '알라는 위대하다!' 하는 것과 완전히 똑같다. 고대 에베소에는 이 연결 고리가 있을 뿐만 아니라 검은 돌(A Black Stone)이 그곳에서 숭배되었다. 그 시대의 그리스 동전에 잘 묘사되어 있었다.[374] 행

---

373 알라(Allah)란 단어의 어원은 확실하지 않으나 달과의 연결은 부인할 수 없고 쿠란(Quran) 54:1에 따르면 달은 2개로 쪼개질 것이라. 또는 일부는 이것을 무하마드(Muhammad)가 행한 하나의 기적으로 해석한다.

374 Wylie and Naiden's, 'The Image which Fell Down from Jupiter', *Popular Astronomy*, Vol. 44 (1936), p. 514. Web search Artemis Black Stone Coin을 위해서는 See https://darklore.dailygrail.com/samples/DL10-GT.pdf; https://adsabs.harvard.edu/full/1936PA······44.514W.

19:35("도시 서기장이 군중들을 조용하게 하고 에베소의 사람들이여, 모든 세상이 에베소의 도시가 위대한 여신 아데미의 신전과 목성으로부터 떨어진 돌/형상(헬 τοῦ διοπετοῦς, tou diopetous <διοπετης, diopetes/the stone/image which fell down from Jupiter/목성에서 떨어진 돌/형상)의 예배자/수호자인 것을 아는 일이 아닙니까?라고 말했더라)의 ESV 버전은 '돌(Stone)'로 번역되고 다른 버전은 '이미지(Image)'로 번역된다. "에베소 사람들아 에베소 성이 큰 아데미와 및 하늘에서 떨어진 신성한 돌의 성전지기/예배자인 줄을 누가 알지 못하겠느냐?" 또한 믿을 수 없을 정도로 아르테미스의 머리에는 결론적으로 그 연결을 입증하는 초승달이 있다.[375]

초승달은 또한 두 개의 소뿔을 나타내므로 구약 성경의 바알을 나타낸다. 또한 아피스(Apis)와 같은 이집트 황소 동상을 초승달 및 별과 비교하면 당신은 또 다른 유사점을 찾아볼 수 있다. 초승달과 별은 먼 과거로부터 이슬람 종교의 가려지고 편집된 상징이다. 별의 위치는 고대 이집트에서 지혜의 상징이었던 뱀의 위치와 비슷하지만 정확히 동일하지는 않다. 나중에 이것은 뱀과 사탄의 상징이 되었지만 이러한 주제는 초승달과 별의 오컬트 상징과 함께 어느 정도 존재한다. 이슬람 종교는 어떤 면에서 별, 행성, 태양, 달의 움직임과 깊은 관련이 있다. 이는 달이 있는 첨탑과 그들이 기도를 위해 정한 시간(하루에 5번)에서 분명히 드러난다. 이것은 모두 천문학, 달의 위상, 이집트 종교 및 아피스(Apis) 황소에 관심이 있는 비밀 정치 조직(Cryptocracy)의 종교와 연결되어 있다.

---

375 See Diana-Artemis statue, Chiaramonti Museum, Vatican, Rome (Google에서 Startpage, Image를 찾아보라); https://www.alamy.com/stock-photo/artemis-statue.html?sortBy=relevant.

타와프(Tawaf) - 카바(Kaaba)의 7바퀴 돌기[376]

또한 카바(Kaaba) 주변의 일곱 관측소는 당시 알려진 일곱 행성의 궤도 평면(Orbital Plains)을 나타낸다. 이슬람 신자들은 검은 돌이 위치해 있는 카바의 북동쪽 모퉁이 가장 어두운 부분에서 시작하여 카바를 시계 반대 방향(왼쪽으로 돌기/좌파의 상징적 종교 행위?)으로 7바퀴(타와프)를 돌 때 3번은 서둘러, 4번은 여유롭게 걷는다. 이것은 달(Moon), 수성(Mercury), 금성(Venus), 태양(Sun), 화성(Mars), 목성(Jupiter)과 토성(Saturn) 등 과거의 '일곱 개의 고전적 행성들(Seven Classical Planets)'을 반영하는 것이다. 그들은 마지막 회전에서 카바의 머리 모퉁이돌로서 그들이 키스하는 돌인 사탄(Satan)처럼 하늘에서 떨어지고 있다. 무슬림들은 이것을 반시계 방향으로 하는데, 이것이 북반구에서 별들의 움직임을 더 가깝게 나타내기 때문이다. 머릿돌이 되신 예수님이 그들의 죄를 담당하시는 분이어야 한다. 그러나 순회가 끝날 때 카바의 검은 돌에 키스하지 않았다면 그들의 죄는 용서받지 못했을 것이다. 또 그들의 전체 메카 참배(Haj)는 낭비되었을 것이다. 그러나 예수님은 운석이 아니라 '모퉁이의 머릿돌(The Head Corner Stone)'이시다. 행 4:11-12은 "그는 너희 건축자들이 버린 돌이요 모퉁이의 머릿돌이 되셨느니라. 다른 이에게는 구원이 없나니 천하 사람에 구원을 받을 만한 다른 이름을 우리에게 주신 일이 없음이니라."라고 분명히 말씀한다. '카바의 블랙스톤(The Black Stone of Kaaba)'은 사탄이 번개처럼 지구에 떨어진 것처럼 지구에 떨어

---

376 See https://www.saudiarabiaimmigration.org/news/tawaf-understanding-the-islamic-ritual-of-circumambulation.

진 소행성이다. 돌은 하얗고 하늘에서는 번개처럼 빛나다가 땅에 닿으면 타락한 천사처럼 검게 빛난다. 누가복음 10장 18절에서 예수님께서 보고하신 패턴을 볼 수 있다. "또 이르시되 사탄이 번개같이 하늘에서 떨어지는 것을 내가 보았노라."

금성(Venus)

'오 새벽별의 아들 루시퍼여, 어떻게 타락했(떨어졌)느냐?' - 그 별은 금성이다. 금성은 '하늘의 보석'으로 알려져 있다. 에오스포로스(Eosphorus/새벽의 여신)는 새벽별(Morning Star)이고 헤스페로스(Hesperos/태백성)는 저녁이다. 점성가에게는 지구와 크기가 비슷하고 가까이 있기 때문에 '자매 행성(Sister Planet)'으로 알려져 있는 동안 금성은 점성가에게는 화성과 반대되는 행성이다. 하지만 실제로는 매우 다른 행성이다. 일부 높은 수준의 신지학자들(Theosophists)과 신전숭배자(Shriners)는 운석이 진실을 나타내고 우리가 다른 행성에서 왔다고 생각하게 할 것이다. 또는 다른 버전에서 알리스 안 베일리(Alice Ann Bailey)와 같은 신지학자(Theosophists)들은 그들의 신 '사나트 쿠마라(Sanat Kumara)'[377]가 1,850만 년 전에 금성의 후손이라고 믿는다. 프리메이슨과 다른 '일루미나티'에게 관심을 끄는 것은 '불타오르는 별(Blazing Star)'인

377　See Tatyana N. Mickushina, *Sanat Kumara: Dictions through the Messenger Tatyana Nicholaevna Mickushina, Vol. 2* (Scotts Valley: CreateSpace Independent Publishing Platform, 2016); https://www.summitlighthouse.org/sanat-kumara/.

시리우스(Sirius)이지만 이슬람에서는 그들의 관심을 끄는 여성적 측면인 비너스가 있다. 카바(Kaaba)의 가장 긴 면은 시리우스 다음으로 북반구에서 두 번째로 밝은 별인 카노푸스(Canopus)를 향하고 있다. 단축은 하지와 동지에 정렬된다.[378] 검은 돌은 건물의 북동쪽 코너에 위치하는데, 이는 태양이 동쪽에서 뜨고 결코 북동쪽에 도달하지 않아서 가장 어두운 측면이기 때문일 것이다.

이 모든 것은 태초부터 시행되어 바빌로니아 시대부터 설명된 일종의 '밤의 마법(Night Magic)'으로 별에 기도하고 주의 깊게 정렬하는 것을 수반한다. 사실, 바빌로니아인들은 우리가 알고 있는 최초의 문명으로서 별 관찰에 통달했다. 이는 결국 점성술의 한 유형인 복잡한 신앙 체계와 종교로 이어졌다. 이 모든 요소는 과거의 천문학적 종교를 가리킨다. 물론 이슬람 학자들은 이 모든 것을 부인할지라도, 이것들은 여전히 이슬람 내에서 축소되고 흔적이 남아 있는 형태로 존재한다.

이슬람교, 신전 숭배자들(Shriners/슈라이너)과 엘리트

저자의 요점은 엘리트 신앙이 이슬람과도 연결된 고대 천문학적 바빌로니아 종교와 연결되어 있다는 것이다. 엘리트와 프리메이슨은 또한 천상의 영역, 점성술의 상서로운(Auspicious[경사스러운/길조의]) 결합을 믿으며 또한 신은 알 수 없다고 믿는다. 이런 점에서 그들의 종교는 그

---

378 Wikipedia로 들어가서 Kaaba를 보라. See https://en.m.wikipedia.org/wiki/Kaaba.

렇게 멀리 떨어져 있지 않으며, 이것이 그들이 우리 모두가 준행하기를 원하는 그들의 새로운 루시퍼리안 종교(Luciferian Religion)로 가는데 이슬람을 디딤돌(Stepping Stone)로 삼으려는 이유이다. 프리메이슨과 같은 엘리트와 높은 프리메이슨은 하나의 신전숭배자(슈라이너[Shriner]/프리메이슨 회원)가 된다. 이것은 또 다른 비밀 사회이지만 이번에는 꾸란(Quran)을 그들의 '성경'으로 받아들이고 예수님 또는 아브라함, 이삭, 야곱의 신보다 진실한 신으로서 알라에게 충성을 맹세한다. 과거에는 신전숭배자(Shriners)에 가입하려면 32도 또는 33도 메이슨이어야 하고 모든 도를 거쳐야 했다. 2000년부터 그들은 모든 마스터 메이슨이 슈라이너에 가입할 수 있는 기준을 변경했다.[379] 프리메이슨과 마찬가지로 그들은 무지하고 어리석은 구역질나는 행동[380]을 하지만 최종 분석에서 프리메이슨은 신전숭배자(슈라이너) 버전을 프리메이슨의 '기독교' 버전보다 위에 두었다. 이슬람이 그들의 신앙에서 특별한 위치를 차지하는 이유에 대한 또 다른 지적이다.

따라서 엘리트는 이슬람이 그들의 종교(루시퍼리안)에 적합하고 한편으로는 이슬람을 평화의 종교라고 부르며 홍보하지만 다른 한편으로는 이슬람이 잘못된 '근본주의자(Fundamentalist)' 유형의 면을 강등시킬 수 있기 때문에 이슬람을 좋아한다. 그들은 모든 종교를 전통적인 정통주의에서 벗어나 그들이 지지하는 '회색으로 칠해진(Greyed Out)' 문화적

---

379 지금은 Shriner/슈라이너의 기준은 마스터 메이슨이 되는 유일한 방법이다. www.beashrinernow.com/About/Shriners/BecomeAshriner.
380 슈라이너(Shriner)의 의식 등급들 중 하나는 마귀의 길 의식(Devil's Path Ceremony)인데 그때 그들은 그들의 성기(남자)를 회중들의 다른 회원들에게 보여줌으로써 그들이 남자라는 것을 보여 주어야만 한다.

인본주의적 상대적 신앙 체계로 끌어들이기 위한 변증법의 한 측면으로서 이슬람의 폭력적인 측면을 강조한다. '좋은 이슬람'을 장려하고 '나쁜 이슬람'으로 강등시키는 이러한 문제는 13장에서 더 자세히 다룰 것이다. 뉴욕의 9/11 기념관이 메카의 카바와 반대인 이유이기도 하다. 기념관 중앙의 네모난 구멍은 카바의 거꾸로 된 '주형(Mould)'과 같다. 또한 원래의 세계무역센터 건물에는 건물 중앙의 광장과 같이 건축 내부에 많은 이슬람 형식의 참고 사항들(References)이 내장되어 있다. 사실 건축가 미노루 야마사키(Minoru Yamasaki)는 그것이 메카라고 언급했고 세계무역센터 타워(1, 2)는 심지어 첨탑이라고까지 불렸다.[381] 스스로에게 물어볼 질문은 그들이 왜 이런 일을 하는가? 대답은 다음 몇 부분에 있다. 그것은 혼합적인 신세계 종교의 건물과 관련이 있다. 그들의 신앙 체계에서 그리 멀지 않고 우리를 그들의 통제된 사회로 천천히 이동시키는 방법이기 때문에 우리를 이슬람으로 세뇌하려는 엘리트의 욕망이다. 한편으로는 기독교와 서구, 다른 한편으로는 이슬람교를 반대하는 이 두 가지 상반된 입장, 즉 외교관계위원회(CFR)의 회원이었던 새뮤얼 헌팅턴(Samuel Huntington)이 발명한 '문명의 충돌(The Clash of Civilisation)'을 종합하는 것은 그들의 헤겔 변증법의 일부이다. 이것은 나중에 그들의 공식 프로그램이 되었다. 그들은 처음부터 그들이 원하는 결론인 궁극적인 거짓 통합을 만들기 위해서 양쪽을 선동한다. 예상할 수 있듯이 비밀 정치 조직은 변증법으로 양측 모두를 완전히 제어한다. 그들은 배

---

[381] Minoru Yamasaki의 첨탑(Minarets)을 위해서는 See www.huffingtonpost.com/todd-fine/frits-koenigs-sphere-mich_b_5479668.html.

교한 교회(Apostate/[Deep] Church)의[382] 버전(Version)으로 기독교에 침투했으며 세뇌, 선전선동, 미디어, 거짓 깃발 및 사기로 서구 사회를 통제해왔다. 엘리트는 '나쁜 이슬람'을 테러리즘과 증오의 종교로 만드는 동시에 우리 모두를 그들이 장려하고 지지하는 '좋은 이슬람'으로 전환시키려고 할 정도로 이슬람을 파괴해왔다. 무슬림인 사람들에게 그것은 증오와 폭력의 종교가 아니지만 주류 세뇌에 귀기울이는 사람들은 이것이 사실이라고 믿도록 프로그램되었다. '전환 전략(Diversion Tactic)'으로 그들은 우리를 화나게 하는 것을 좋아한다. 이것은 전체 '이슬람 테러 사기(Islamic Terrorism Hoax)'가 존재하는 이유와 비밀 정치 조직이 아이에스 아이에스(ISIS), 알 카에다(AL Qaeda) 및 '나쁜 이슬람(Bad Islam)'의 일부로 다른 많은 이슬람 테러 조직에 자금을 지원하고 홍보하는 이유에 대한 또 다른 점이다. 그들은 모두 엘리트가 원하는 변화를 가져오기 위해 서구 납세자들이 자금을 지원하는 CIA와 같은 비밀 정치 조직의 비밀 군대에 의해 통제된다. 그것은 또한 이스라엘과 시온주의자들을 돕는 것뿐만 아니라 서구 사회와 이슬람 사회를 그들의 통제된 질서로 바꾸는 것이다. 그들은 적합하다고 생각하는 대로 새롭게 재건하기 위해 전 세계를 박살내야 한다. 이것은 '혼돈으로부터의 질서(Order out of Chaos)'를 의미하는 프리메이슨 격언인 '오르데르 압 카오(Order ab chao)'에 명시된 것과 정확히 일치한다. 그들은 그들의 질서가 강요될 수 있는 혼돈을 만든다.

---

[382] "누구든지 어떤 방법으로나 너희를 속이지 못하게 하라. 왜냐하면 그날이 오기 전에 배교가 발생하고 불법(죄)의 사람이 나타나고 파멸의 아들이 나타날 것이기 때문이니라. 그는 하나님과 예배 대상이 되는 모든 것을 대적하고 그 모든 것 위에 자신을 높이고 결국 그가 하나님이라고 보이면서 하나님의 성전에 하나님으로 앉으리라(살후 2:3-4)."

10장
신지학과 신세계 종교

10장
신지학과 신세계 종교
(Theosophy and The New World Religion)

"분별력은 단순히 무엇이 옳고 그른지를 구별하는 문제가 아니다. 오히려 그것은 옳다 혹은 거의 옳다의 차이이다."

- 찰스 스펄전(19세기 설교가).

유엔은 창설 이래로, 심지어 이전에 국제 연맹(League of Nations)으로 창설되기 전부터 신지학의 영향을 많이 받았다. 실질적으로 가장 높고 가장 영향력 있는 총지배인들(General Managers)과 비서관들(Secretaries)은 모두 사회주의자(공산주의자) 계급에서 모집된 뉴에이저와 신지학자였다.

신지학이란 무엇인가?

헬레나 페트로브나 블라바츠키(Helena Petrovna Blavatsky, 1831-1891)

헬레나 페트로브나 블라바츠키(Helena Petrovna Blavatsky)는 1875년에 새로운 '오컬트' 종교로서 신지학을 창시했다. 그녀의 목표는 동양의 종교와 서양의 종교를 종합하고 병합하는 동시에 불과 16년 전(1859)에 찰스 다윈에 의해서 출판된 『종의 기원(The Origin of Species)』에 나오는 새로운 진화론적, 과학적 신앙을 통합하는 것이었다. 그녀는 우주의 심오한 신비와 신의 본질을 설명하려고 노력했다. 그녀의 신앙 체계의 형이상학적 구성 요소는 오늘날의 과학적 신앙과 동양의 '과학적' 신앙이 프리메이슨의 도움을 받아 혼합된 일종의 범신론적 힌두교에서 나왔다. 그녀는 우월한 신비 종교에 대한 지식을 가진 마술적 문명이 과거에 존재했었다는 것을 믿었다. 그녀는 그것을 밝혀내려고 노력했다. 그래서 피타고라스와 플라톤과 같은 인물들의 가르침을 활용했다. 그녀가 설명한 고대의 지혜는 모든 의도와 목적에 있어 고대 그리스의 신비 종교와 유사했으며, 그 자체로 니므롯(Nimrod)이 이론적으로 바벨탑에서 시작한 바빌로니아 신비 종교와 유사하다. 인간이 신이 될 수 있고 모든 것을 알 수 있다는 개념이다. 인간이 신격에 대한 지식을 얻을 수 있다는 신앙은 영지주의의 일종으로, 프리메이슨의 다양한 도수(Degrees)를 거친 입문자에게만 가능하다. 그녀는 뉴에이지 종교의 어머니로 간주된다. 그녀의 첫 번째 책은 1877년에 쓰여진 『Isis Unveiled (Isis가 공개

됐다)』[383]로 우리가 2장에서 살펴보았던 고대 신학(Prisca Theologia)의 그녀 자신의 버전을 발표했다. 이것은 인간의 고대 과거에 발굴되고 설명될 수 있는 더 참되고 더 정확한 종교가 있었다는 신앙이다. 그녀는 오컬트 전통의 많은 주요 개념과 신념을 헤르메스주의(발산주의자, 우주론, 밀교 기독교[Esoteric Christianity], 새로운 메시아 대망 신앙과 미래불[Maitreya/미륵 부처] 신앙과 특별한 지식의 착수자이자 관리자인 숙련자[Adepts/달인]에 대한 신앙)를 통합한 동양의 보편 종교로 모았다. 그녀는 또한 샴브할라(Shambhala)로 불리는 오컬트 영역에서 세계를 다스렸던 승천한 마스터들(선생/주인들)에 대해 썼다. 동시에 과학과 새로 발견된 다윈의 진화론을 포괄적이고 이해하기 쉬운 우주론으로 혼합했다. 블라바츠키(Blavatsky)는 서문에서 Isis Unveiled가 "과학과 신학에서 절대자를 향한 유일하고 가능한 열쇠로서 고대에 보편적인 지혜-종교인 헤르메스 철학(Hermetic Philosophy)을 인정하기 위한 간청"이라고 썼다.[384] 다시 말하지만, 헤르메스주의는 연금술을 통한 변환과 발산주의의 개념을 상기시키는 '열쇠 신앙(Key Belief)'이다. 어떤 면에서 그것은 유물론주의자 과학에 대한 현대적 도전에 대한 대담한 시도였으며, 오늘날 우리에게 그것은 약간 구식이고 인종 차별적이며 오컬트적인 모든 이론처럼 보일 수 있다. 그러나 현실에서, 밀교 수준(Esoteric Level)에서 동양 종교를 첫 번째 가면으로 사용하여 재작업한 것은 동일하고 오래된 루시퍼리안 신앙이었다. 즉, 힌두교, 불교 및 기타 동양 신앙은 사탄을 숨기는 데 사용되었다.

---

383 See Helena Petrovna Blavatsky, *Isis Unveiled* (Wheaton: Quest Books, 1997). p. 7.
384 See Helena Petrovna Blavatsky, *Ibid*, Vol. 1, p. 7.

1888년에 쓴 『비밀 교리(The Secret Doctrine)』[385]는 그녀의 주요 작품으로 세계의 모든 주요 종교를 하나의 일관성있고 응집력있는 전체로 통합했다. 그녀는 라닥 카슈미르(Ladakh, Kashmir)의 아마도 작은 티베트(Little Tibet)에서 살다가 승천한 선생/주인들(Ascended Masters) 중 한 명인 그녀의 영(spirit)의 가이드인 쿠트 후미(Koot Hoomi)로부터 그녀의 신앙을 전달받았다. 그는 신지학(Theosophy), 모나드(Monads)라고 불리는 영혼이 우주의 근원에서 내려와 다양한 진화의 형태로 지구로 여행하여 결국 자유로워져서 신격으로 돌아가는 엄청난 비전을 제시했다. 인간의 수준을 통과하기 위해서는 인류의 영혼이 7번 환생하거나 순서대로 돌리거나 순환시키거나, 각 순서에서 매번 환생하는 동안 '7개의 행성(The 7 Globes)'의 순서대로 돌리거나 순환시켜야만 한다. 여기에서 이슬람과 카바(Kaaba)의 '7번의 순환(7 Circumambulations/Tawaf)에 대한 연결점(Link)'을 찾을 수 있다. 오늘날 인류는 4라운드의 4번째 행성(지구 구체/Globe)에 있다고 한다. 비록 몇몇 유럽인들과 인디안들과 다른 인도-유럽인들이 5번째에 위치할지라도, 또는 아리안 루트 레이스(Aryan Root Race), 나머지는 4번째 또는 아틀란티안 루트 레이스(Atlantean Root Race)에 있다. 다섯 번째 뿌리 인종인 아리안(Aryan)은 철학적 그리스도인 미륵이 도착할 때 여섯 번째로 대체될 것이다. 이 레이스는 최종 레이스인 7번째 레이스로 대체될 것이다. 이것이 히틀러의 아리안 교리에 대한 영감처럼 들린다면 물론 당신이 옳을 것이다. 하지만 블라바츠키는 아마도 '어둡고 폭풍우가 치는 밤이었다'와 또는 '펜은 칼보다 강

---

[385] See Helena Petrovna Blavatsky, *The Secret Doctrine* Vol. 2 (London: Penguin Publishing Group, 2020). p.935.

하다.' 같은 문구를 만든 유명한 빅토리아 시대 작가인 에드워드 불러-리튼(Edward Bulwer-Lytton)의 글에서 이 아이디어를 따왔을 것이다. 에드워드 블러 리튼은 프리메이슨이자 그 자신이 로시크루시안(Rosicrucian/장미십자 회원)이었다. 우리가 이것에 대해 확신할 수는 없지만 히틀러는 아마도 그의 머리맡에 '비밀 교리(The Secret Doctrine)'의 사본을 보관했을 것이다. 히틀러는 1791년 바바리안 일루미나티(Bavarian Illuminati)가 지하로 들어갔을 때 그 자체로 성장한 게어마넨 오어덤(Germanen Ordem[Ordnung]: 게르만족의 질서)인 툴레 비밀 사회(Thule Secret Society)의 회원이었다.[386] 주 루시퍼(Lord Lucifer)의 어두운 신앙에 대한 연결고리는 툴레 비밀 사회(Thule Secret Society)를 통해 다시 존재한다. 루시퍼는 인간에게 신성한 빛을 가져왔다. 그녀의 관점에서 루시퍼는 우리 세상에 빛과 진리를 가져다주는 태양의 천사였다. 빛은 태양이다. 따라서 루시퍼는 먼 과거에 인간에게 지능을 가져다 준 위대한 희생적 존재 중 하나였다. 그는 또한 지식의 '프로메테우스의 불(Promethean Fire)'을 가져오는 '빛의 전달자(Light Bearer)'이자 인류의 구세주(Saviour of Mankind)'이다. 이것은 앞서 언급한 루시퍼 교리 또는 철학인데, 예수님과 기독교의 가르침을 완전히 배반하고 왜곡해서 사탄과 루시퍼를 선하게 만들고, 예수님과 참하나님을 악하게 만드는 것이다. 그것은 반전이고 데미우르고스(물질 세계의 창조자 하급신)도 아니다. 그녀는 'Secret Doctrine/비밀 교리'[387]에서 다음과 같이 썼다.

---

386 Hitler - Germanenorden - Thule Secret Society를 위해서는 See Nicholas Goodrich-Clarke, *The Occult Root of Nazism: Secret Aryan Cults and Their Influence on Nazi Ideology* (London/New York: Tauris Parke, 2019).

387 See Helena Petrovna Blavatsky, *Ibid*, Vol. 2, p. 935.

"이 경우에 죽은 문자의 관점에서 보더라도 창세기의 뱀인 사탄을 진정한 창조자이자 은인인 영적인 인류의 아버지로 보는 것은 지극히 자연스러운 일이다." 주장된 바와 같이 여호와께서 창조하신 자동화의 눈을 뜨게 한 빛나는 루시퍼를 데려오는 '빛의 선구자(Harbinger of Light)'였던 자가 바로 그이기 때문이다. 그리고 "너희가 그것을 먹는 날에는 엘로힘[창조자 하나님])과 같이 되어 선악을 알게 되리라"고 속삭이는 최초의 사람은 오직 구주의 빛 안에서만 여겨질 수 있다. "의인화 영(Personating spirit)"인 여호와의 "대적(Adversary)"인 그는 여전히 난해한 진리로 항상 사랑스러운 "사자"(천사/Messenger/Angel)로 남아 있다…'

여기서 그녀는 사탄이 진정한 영적 은인(Spiritual Benefactor)이며 빛의 전달자인 루시퍼는 사람이 선악을 분별할 것이라는 하나님의 말씀을 왜곡하여 인류에게 지식을 가져다주었기 때문에 그가 구세주라고 말하고 있다.[388] 비밀 교리(Secret Doctrine)에서 그녀는 "The Secret Doctrine"의 정통 버전이 있는 경우 "완전한 길(The Perfect Way)"에서 다른 작가인 킹스포드 박사(Dr. A Kingsford)의 말을 인용한다. 이 주제와 관련된 모든 것과 마찬가지로 구석구석에는 더 깊은 의미를 숨기기 위한 '블라인드(Blinds)'와 '테스트(Tests)'가 있다. 그녀는 다음과 같이 썼다. 그녀는 "The Perfect Way"라는 것을 인용했지만, 그녀는 분명히 이것에 동의하고 다음 문장에서 계속해서 말한다. 즉 그는 하나의 말씀이고 첫아들이고 가장 오래된 신이라고 말한다.[389] 이것은 헬레나 페트로브나 블라바

---

388 그녀가 이것을 썼던 안 썼던 간에 하나의 커다란 논쟁이 되는 것으로 보이고 그녀가 말했던 것은 루시퍼와 사탄은 하나이고 같은 존재라는 것이다. 그녀에 따르면 '사탄은 또한 루시퍼이고 광명의 천사라는 것이다.' See Helena Petrovna Blavatsky, *Ibid*, Vol. 2, p. 234.
389 See Helena Petrovna Blavatsky, *Ibid*, Vol. 2, p. 234.

츠키가 사탄이 실제로 이 행성의 진정한 신이라고 말하는 곳이며, 이것이 그녀를 사탄 숭배자로 만든다. 그녀의 글을 어떻게 해석하든 피할 수 없지만, 신지학과 뉴에이지를 고수하는 사람들은 당신이 이런 논평을 하고 이 점을 제기하면 미친 듯이 비명을 지를 것이다. 그들은 예를 들어, 사탄이 최종 발산으로서 토성을 상징하는 은유라고 말할 것이다. 또는 기독교가 루시퍼가 누구인지에 대한 맥락을 오해하는 실수를 저질렀기 때문에 더 깊고 난해한 의미를 이해하지 못한다는 것이다. 그러나 헬레나 페트로브나 블라바츠키의 글은 그녀의 철학이 8장에서 설명된 것처럼 우리가 이전에 여러 번 보았던 루시퍼리안 교리의 동일한 재작업임을 보여준다고 대답하는 것이 합리적이고 정확하다. 헬레나 페트로브나 블라바츠키는 기독교를 싫어했다. 그녀의 글은 구약과 신약에 대한 완전히 비뚤어지고 사실이 아닌 설명으로 일관성 없고 뒤틀린 신학으로 가득 차 있다. UN의 로버트 뮬러(Robert Muller)에게 영향을 준 알리스 안 베일리(Alice Ann Bailey)와 부끄럽지 않게 알리스 안 베일리(Alice A. Bailey)의 글을 기반으로 한 그의 교육적 세계 핵심 커리큘럼(World Core Curriculum)의 출시에 영감을 준 것은 그녀의 가르침이었다. 헬레나 페트로브나 블라바츠키는 영적 지도자로 환영 받았지만 결국 그녀는 회의 중 하나에서 사기꾼으로 판명되었다.[390] 1885년 물리 연구 협회는 그녀가 침실의 숨겨진 캐비닛에서 깨진 차 접시를 새 것으로 교체함으로써 일부 '기적'을 위조했다고 결론지었다. 19세기 후반 이 시기에 강령회를 하

---

390 Blavatsky의 사기(Fraud)를 위해서는 Wikipedia로 들어가서 1885년의 심령 연구(Psychical Research)인 'Hodgson Report'을 보라. See https://en.m.wikipedia.org/wiki/Hodgson_Report#:~:text=The%20report%20consider%20at%20length,methods%20by%20which%20many%20purported.

는 것이 일반적이었다. 사람들이 일반적으로 심령적 사건, 기적, 과학적인 종교 연구에 대해 매우 호기심이 많았지만 그녀는 사기꾼으로 발각되었다. 그녀의 명성은 이 시점부터 회복되지 않았다. 그녀는 불과 6년 후인 1891년에 사망했다.

애니 비센트(Annie Besant, 1847-1933)[391]

헬레나 페트로브나 블라바츠키 이후 신지학의 '망토(Mantle)'는 여자 계열(Female Line)을 통해 프리메이슨이요 오컬티스트요 파비안 소사이어티(Fabian Society)의 내부자였던 애니 비센트에게 전해졌다. 그녀는 자신의 신앙에 영향을 준 가장 중요한 파비안주의자(점진적 사회주의자)인 조지 버나드 쇼(George Bernard Shaw)와 버트런드 러셀(Bertrand Russell)과 친했다. 물론 파비안 소사이어티(Fabian Society)는 사회주의 세계 정부를 촉진하는 진보적 사고 그룹이다.

새로운 세계 교사 - 크리슈나무르티(Krishnamurti)[392]

---

[391] See https://en.m.wikipedia.org/wiki/Annie_Besant#;~;text=Annie%20Besant%20(n%C3%A9e%20Wood%3B%201,and%20campaigner%20for%20Indian%20nationalism.
[392] See R. E. Mark Lee, *World Teacher: The Life And Teachings of J. Krishnamurti* (New Delhi: Hay House India, 2019); https://en.m.wikipedia.org/wiki/Jiddu_Krishnamurti.

1909년에 또 다른 신지학자이자 오컬티스트인 리드비터 대주교[393]는 해변에서 어린 소년을 보고 그를 신세계 교사로 선택했다. 그는 지두 크리슈나무르티였다(Jiddu Krishnamurti). 소아성애자(Paedophile)이자 사탄주의자(Satanist)였던 리드비터(Leadbeater)는 자신이 "그가 본 것 중 가장 놀라운 아우라(Aura)를 가지고 있으며, 그 안에는 이기심이 전혀 없다"고 말했다. 애니 비센트(Annie Besant)와 리드비터 대주교는 그 소년을 모셔와서 그를 새로운 현대 시대를 위한 세계의 선생으로 선언했다. 1929년에 크리슈나무티(Krishnamurti)는 이 주장을 거부했다. 내가 이것을 언급하는 이유는 신지학에서 만일 당신이 메시아를 찾을 수 없다면 당신은 세계 교사를 메시아로 만들어야 하기 때문이다. 벤자민 크렘(Benjamin Crème)도 신문에 미륵(Maitreya)이 런던 동부에 살았지만 아무도 그가 '그 사람(The One)'이라고 주장하는 사람들이 없었다는 기사를 실었다.

알리스 안 베일리(Alice Ann Bailey, 1880-1949)

알리스 안 베일리는 신세계 종교(New World Religion)의 출현을 위한

---

393 리드비터(Leadbeater)는 당신이 고위급 프리메이슨이 되면 당신이 원하는 것은 무엇이든 도와주는 두 개의 거대한 영들을 받게 된다고 언급했다. 1925년 리드비터 대주교는 『주인과 첩경(The Masters and the Path)』이라는 책에서 이 세상의 주인은 세상의 왕이자 주인인 사나트 쿠마라(Sanat Kumara)이며 신지학의 원리를 받은 자요, 마하트마의 위대한 백인 형제단(The Great White Brotherhood)의 우두머리라고 썼다. 그는 또한 안수라는 사도적 세례를 받는 방법인 대주교였다. 즉 사탄주의자들은 이 영예(Accolade[아콜라데])를 얻고 싶어 한다. See C. W. Leadbeater, *The Masters and the Path* (Tamil Nadu: Theosophical Publishing House, 1925).

중심 인물이다. 왜냐하면 그녀의 글 전체에서 그녀는 신세계 종교, 그것이 무엇이라고 생각했는지, 그것이 어떻게 생성될 수 있었는지 그리고 왜 그것이 중요한지를 언급했기 때문이다. 성경 외에 신세계 종교가 무엇인지 발견하는데 사용할 수 있는 한 사람의 글이 있다면 그것은 바로 그녀의 글이다. 테야르 드 샤르댕(Teilhard de Chardin) 역시 'UN-신[god]'의 진화 과정을 영성화한다는 측면에서 중요하지만 신세계 종교의 대부분의 측면은 그녀의 글에서 어느 정도 설명된다. 분명히 성경의 반대되는 관점으로 볼 때 사탄의 말들은 그리스도의 글로 위조될 것이기 때문이다.

UN의 신앙은 알리스 안 베일리(Alice Ann Bailey)의 신앙에 기반을 두고 있으며 UN 내의 많은 엘리트들은 유토피아 형태의 미래를 옹호하는 루시퍼리안 글(Luciferian Writings)에 의해서 크게 영향을 받아왔다. 그들은 이것을 공개적으로 인정했지만 신앙으로서 루시퍼적 성격(Luciferian Nature of the Belief)과 그들이 신봉하는 '계획(Plan)'을 설득력 있게 지적하는 데 성공한 사람은 거의 없다. 우리가 가진 뉴에이지(New Age), 물병자리 시대(Age of Aquarius), 승천한 선생들(The Ascended Masters) 그리고 계급 제도(The Hierarchy)와 같은 구절은 알리스 안 베일리(Alice Ann Bailey)의 글과 헬레나 페트로브나 블라바츠키에서 나온 것이다. 다른 유형의 오컬트 신앙에는 공통적인 다른 많은 개념이 있으며, 그들은 약 140개의 다른 종교들과 종파(Cults)들을 낳은 신지학의 중심 종교에서 파생된다.

알리스 안 베일리(Alice Ann Bailey: AAB)는 맨체스터에서 태어나 귀족 가정에서 성공회 교회의 양육을 받았지만 그녀의 부모는 그녀가 9살이 되기 전에 결핵으로 사망했다. 고아인 그녀는 그다지 행복한 소녀가 아니었다. 그녀의 자서전에 '인생은 살 가치가 없다'고 썼다. 그녀는 인생이 무의미하다고 느꼈고 삶과 죽음에 대한 어느 정도의 호기심과 공포를 가지고 열다섯 살이 되기 전에 세 번이나 자살을 시도했다.[394] 1895년 그녀의 가족이 교회에 가는 동안 그녀는 처음으로 신비로운 만남을 가졌다. 그녀가 응접실에 있을 때 '유럽인의 옷을 입고 터번을 두른 키큰 한 남자'가 그녀의 방으로 들어왔다. 당연히 그녀는 놀라서 한마디도 할 수 없었기 때문에 '미완성 자서전(The Unfinished Autobiography)'이라는 자서전에서 이에 대해 썼다.[395]

이것은 알리스 안 베일리가 그녀의 영혼의 안내자인 '쿠트 후미 스승님(Master Koot Hoomi)'과의 첫 번째 접촉이었다. 그녀는 그녀와 대화하는 또 다른 안내자로 따왈 쿨(Djwhal Khul)의 지도를 받았는데 그는 아마도 그녀의 '상위' 영혼 가이드였을 것이다.

> "그(쿠트 후미/Koot Hoomi)는 내가 세상에서 할 수 있는 일이 계획되어 있지만, 그것은 내 성품을 상당히 변화시킬 것이라고 말했다. 나는 그렇게 불쾌한 어린 소녀가 되는 것을 포기하고 어느 정도의 자제력을 얻으려고 노력해야 할 것이다. 그분과 세상에 대한 나의 미래의 유용성은 내가 대처하고 내가 만들 수 있는 변화에 달려 있다. 그는 내가 진정한 자제력을 얻을 수 있다면 내가 신뢰를 얻을 수 있을 것이며 전 세계를 여행하고 많은 나라를 방문하여 '항상 너의 스승님의 일을

---

394 Alice Ann Bailey, *The Unfinished Autobiography* (London: Lucis Press Ltd, 1951), p. 12.
395 Her *Ibid*, p. 18.

할 것'이라고 말했다…그는 몇 년 간격으로 그가 나와 연락할 것이라고 덧붙였다."

쿠트 후미(Koot Hoomi)[396]

"나는 이 방문자가 케이 에이치(K. H.) 스승/주인 쿠트 후미라는 것을 알았다. 스승/주인은 그리스도와 매우 가깝고 가르침의 선상에 있으며 그리스도의 충만한 표현인 온전한 사랑의 지혜를 탁월하게 설명하는 스승/주인이다. 이러한 경험의 진정한 가치는 앨리스 라 트로브-바트멘(Alice La Trobe-Bateman)이라고 불리는 어린 소녀가 스승과 인터뷰를 했다는 사실을 찾을 수 있는 것이 아니라 나는 사실상 그들의 존재에 대해 전혀 알지 못했다. 그 중 한 명을 만났고 그는 나와 대화했다. 나는 그들을 한 번 만났고 그리고 그는 나와 이야기했다. 그 가치는 또한 그분이 나에게 말씀하신 모든 것이 이루어졌다는 사실과 내가 요구 사항을 충족시키기 위해 열심히 노력한 후에 그가 내가 당연하게 생각하는 마스터 예수가 아니라 내가 도저히 들을 수 없었던 분이고 나에게 전혀 알려지지 않은 [만물의] 주인이라는 것을 발견했다는 사실에서도 찾을 수 있다. 어쨌든 스승/주인 쿠트 후미는 진실하고 사랑받는 나의 스승/주인이다. 나는 열다섯 살 때부터 그분을 위해 일해 왔으며 지금은 그분의 그룹, 또는 비의적으로는 그분의 아쉬람(Ashram)에서 선임 제자 중 한 사

---

396 See https://en.m.wikipedia.org/wiki/Koot_Hoomi.

람이다."³⁹⁷

이후 미완성 자서전에서 그녀는 '티베트인'으로 알려진 쿠트 후미를 다른 방식으로 경험했다.

"갑자기 찬란한 빛이 내 방을 비추고 내가 열다섯 살 때 나에게 오셨던 스승님의 음성이 들렸다. 이번에는 그분을 보지 못했지만 나는 방 한가운데 서서 그분이 말씀하시는 것을 들었다. 그는 지나치게 근심하지 말라고 말했다. 즉 나는 지도를 받고 있었고 그분이 나에게 원하시는 일을 하고 있었다는 것이다. 그분은 모든 것이 계획되어 있고 그분이 이전에 나에게 개요를 제시한 생애 사업이 시작될 것이지만 내가 인식하지 못하는 방식으로 시작될 것이라고 말했다. 그는 내 문제에 대해 어떤 해결책도 제시하지 않았으며 무엇을 해야 하는지도 알려주지 않았다. 스승/주인들은 결코 말하지 않는다. 그들은 친절하고 선의의 헌신자들이 온갖 쓸모없는 이야기를 늘어놓음에도 불구하고 제자에게 무엇을 해야 하는지, 어디로 가야 하는지, 상황을 어떻게 처리해야 하는지를 결코 말하지 않는다. 스승/주인은 바쁜 경영자이고 그분의 직업은 세계를 지휘하는 것이다."

자신을 '세상 방향(World Direction)'을 담당하는 경영자라고 자처하는 영적 존재가 저자에게는 사탄인 '이 세상 신(god of the World)'처럼 들린다. 참하나님은 세상 방향에 영향을 미치느라 바쁘실 필요가 없다. 그분

---

397 Her *Ibid*, p. 19.

은 세상 방향이시며 그분의 목적은 바쁘지 않아도 이루어질 수 있다.[398]
고린도후서 4장 4절은 "이 세상 신이 믿지 아니하는 자들의 마음을 혼미케 하여"라고 말씀한다. 알리스 안 베일리는 당시 그녀가 기독교인이었고 심지어 인도에서 선교사였다는 사실에도 불구하고 이러한 신비로운 경험을 했다. 1915년에 그녀는 미국에 살고 있었고 세 자녀와 함께 불행한 결혼 생활을 했다. 그 해에 그녀는 그녀의 종교적 지평이 엄청나게 확장되면서 그녀의 전체 전망에 큰 영향을 미친 "비밀 교리(The Secret Doctrine)"를 읽었다. 그녀는 자신이 자라온 '건조한 근본주의 기독교의 편협한 교리(The Narrow Doctrine of Dry Fundamentalist Christianity)'에서 그녀가 현실을 보는 방식에 대한 더 완전한 새로운 버전으로 자신의 생각을 변화시켰다고 썼다. 삶의 많은 '큰 질문(Big Questions)'들이 답을 얻었고 그녀는 하나님의 아들로서의 그리스도에 대한 신앙을 바울이 롬 8:29("하나님이 미리 아신 자들로 또한 그 아들의 형상을 본받게 하기 위하여 미리 정하셨으니 이는 그로 큰 형제 중에서 맏아들이 되게 하려 하심이니라.")에서 언급했던 것처럼 '큰 형제 가족의 맏아들(First Born in the great family)'인 세계 교사로서의 그리스도와 잘못된 동기화를 하기 시작했다.

그녀가 캘리포니아 크로토나(Krotona California)에 있는 신지학 비밀 단체(Theosophical Society)의 신접의 방(Shrine Room)에 있었을 때 그녀는 1891년에 쿠트 후미(Koot Hoomi)와 대면하여 만났던 쿠트 후미의 초상화를 알아보았다. 그녀는 다음과 같이 썼다.

---

[398] 단 7:14은 이렇게 말씀한다. "그는 권위와 영광과 주권을 받으셨고 모든 백성들과 나라들과 각 국 언어의 사람들이 그분께 예배드렸도다. 그분의 통치는 사라지지 않을 영원한 통치이시고 그분의 나라는 결코 파괴되지 않을 것이니라."

"내가 15살 소녀였을 때 스코틀랜드에서 나를 보러 온 사람이 누구였는지 내가 처음으로 발견했던 때는 1918년이었다. 나는 신지학 비밀단체(Theosophical Society)의 비밀 섹션(Esoteric Section[E.S.])에 허입됐고 그들의 모임에 참석하고 있었다. 성스런[사당/Shrine]의 방에 처음 들어갔을 때 나는 신지학자들이 부르는 그리스도와 지혜의 스승/주인들의 관례적인 그림을 보았다. 놀랍게도 그곳에서 나를 똑바로 바라보고 있는 것은 내 방문객의 사진이었다. 실수는 없었다. 나의 이모의 응접실에 들어온 사람이지 스승/주인 예수님이 아니었다. 그때 나는 경험이 없었기 때문에 크로토나(Krotona)의 고위 직원 중 한 분에게 달려가 이 스승의 이름을 물었다. 그들은 쿠트 후미 스승/주인이라고 하더군요."

그녀는 자신이 설교해왔던 전통적인 유형의 기독교를 포기하고 신지학으로 개종했다. 1919년에 그녀는 신지학과 33도 프리메이슨에 깊이 관여된 그녀의 두 번째 남편인 포스터 베일리(Foster Bailey)를 만났다. 쿠트 후미(Koot Hoomi)와의 두 번째 운명적 만남은 그해(1919년) 그녀의 집에서 가까운 언덕에서 한적한 시간을 보내고 있을 때 발생했다.

"나는 하늘에서, 언덕을 통해, 내 안에서 들리는 분명한 음악 소리라고 생각했던 것을 들었다. 그러던 중 '대중을 위해 쓰여졌으면 하는 책이 몇 권 있습니다. 당신은 그 책들을 쓸 수 있습니다. 그렇게 하시겠습니까?' 나는 한순간도 예고 없이 '물론 나는 못한다'고 답했다. 나는 천박한 심령술사가 아니며 그런 일에 휘말리고 싶지 않았다."[399]

그 목소리는 그녀에게 3주 동안 제고할 시간을 주었다. 목소리가 계획대로 나왔을 때 알리스(Alice)는 정확하게 주제를 완전히 잊은 것 같다. 몇 주 동안 시도해보기로 동의하면서 입문(Initiation), 인간(Human) 및 태양(Solar)의 첫 번째 장이 쓰여졌다. 이분은 그녀가 나중에 '티벳인(The Tibetan)' 또는 짤 쿨(Djwhal Khul)이라고 불렀던 사람이다. 약 한 달 동안 이 정신을 전달한 후 그녀는 겁이나서 더 이상 글쓰기를 거부했지만 영혼 가이드 짤 쿨(Djwhal Khul) 스승/주인은 그녀에게 그녀의 다른 가이드인 쿠트 후미(Koot Hoomi) 스승/주인과 상의하여 그녀에게 연락하라고 말했다. 쿠트 후미는 사실상 짤 쿨에게 그녀에게 연락하라고 말한 사람이 자신이라고 고백했다. 그는 알리스 안 베일리에게 향상된 '텔레파시 통신(Telepathic Communication)'을 위한 적절한 기술을 준 이후에 알리스 안 베일리에게 계속 진행하도록 허락했다. 따라서 알리스 안 베일리는 계급 제도(Hierarchy)와 사람들(그녀의 말) 사이의 일종의 '중개자(Middleman)'였으며 이 악의 결과로 그녀는 'Lucis Trust'를 결성하고 UN에 참여했으며 채널 24책으로 채널을 이어갔다.

"오늘 티베트인과 27년 동안 일한 결과 나는 조금도 문제 없이 그와 텔레파시 관계를 맺을 수 있다. 나는 항상 나 자신의 정신적 온전함을 보존할 수 있고 또 그렇게 하고 있으며, 때때로 나에게 서양인으로서

---

[399] See Alice A. Bailey, *The Unfinished Autobiography of Alice A. Bailey* (New York: Lucis Publishing Companies, 2013), p. 71.

프레젠테이션의 요점에 대해 그가 하는 것보다 내가 더 잘 알 수 있다고 생각된다면 항상 그와 논쟁할 수 있다."[400]

여기서 무슨 일이 일어나고 있는가?

채널링(교제하기/Channelling) 또는 덮기(Overshadowing)[401]

이것은 쿠트 후미(Koot Hoomi)와 짤 쿨(Djwal Khul)이라는 두 개의 다른 영들이 교제하는 것이다. 알리스 안 베일리(Alice Ann. Bailey)는 이것을 '덮음(Overshadowing)'이라고 불렀고 그것은 영매권(Mediumship)이며 진동 에너지를 받거나 메시지를 받기 위해 자신과 분리된 의식으로 '조율(Tuning)'하는 것이다. 당신이 신지학자라면 영들과의 교제를 매우 추구하고 무해한 숙련자의 목표로서 실제로 권장되어야 한다고 말할 것이다. 기독교인에게 성경은 성령님의 충만한 삶은 영위하지만 이들처럼 영과 교통하고 죽은 영들이나 친숙한 영들과 대화하는 것이 잘못된 것이라고 가르친다. 사실 성경의 관점은 다른 영들과 교통하는 것이 귀신들과 이야기하는 것이라고 보는 것이다.[402] 채널링은 영적 실체가 몸을 소유하고 자아에 대한 활동을 수행할 수 있는 자유로운 통치를 허

---

400 Baily, *Ibid*, p.75.
401 See https://archive.org/details/alice-bailey-master-dk-djwhal-khul-a-satanic-communion_202012/mode/1up.
402 타락한 천사들은 선한 존재들과 우리와 유사한 사람들의 영들로 나타나서 우리를 속일 수 있다. 성경은 말씀한다. "영매자들을 향하거나 강신술사들을 찾지 말라 왜냐하면 너희가 그들로 인해서 더럽게 될 것이기 때문이니라. 나는 주 너의 하나님이시니라(레 19:31)."

용하기 때문에 이것보다 더 나쁘다. 그것은 델파이의 마녀들(Witches of Delphi)이 신들의 메시지를 누설했을 때 그리스와 그 너머로 거슬러 올라가는 관행이다. 여자가 남자보다 잘하는 것 같다. 채널링이나 모든 유형의 영매는 하나님과 예수 그리스도로부터 온 것이 아니며, 그럴수도 없으며 혐오스러운 것이다.[403] 이것이 비밀 정치 조직이 신지학과 악마와 교제하는 것이다. 더 높은 프리메이슨 도수의 사람들도 동일한 활동을 한다.

데이비드 아이크(David Icke)

데이비드 아이크의 여정은 알리스 안 베일리(Alice Ann. Bailey)의 여정과 유사한 패턴을 가지고 있다. 그는 일을 하라는 음성을 들었고 처음에는 베티샤인(Betty Shine)의 책을 사라는 지시를 받았다. 그런 다음 그는 그녀와 여러 번 만났고 그 후 영혼과 교류할 수 있었다. "갑자기 거미줄이 내 얼굴에 닿는 것 같은 느낌이 들었고, 그녀의 책에서 '영혼'이나 다른 차원이 접촉하려고 할 때 거미줄이 당신을 만지는 것처럼 느껴질 수 있다는 내용을 읽은 것을 즉시 기억했다." 또한 그는 책을 쓰고 세계를 여행하며 지구를 치유하라는 말을 들었다. 다른 많은 뉴에이저들이

---

[403] 신 18:10-13은 말씀한다. "아무도 너희 사이에 점술과 마법을 행하거나 징조(예감)를 해석하거나 요술에 종사하거나 주문을 거는 자나 영매자나 강신술사가 죽은 자를 상담하는 자가 없게 하라. 이러한 것들을 행하는 자는 누구라도 주님에게 가증한 것이라 왜냐하면 이러한 가증한 행동들 때문에 주 너희들의 하나님께서 너희 앞에서 이들 민족들을 몰아내실 것이기 때문이니라. 너는 주 너희들의 하나님 앞에서 흠이 없어야 할 것이니라." 사 8:19은 말씀한다. "누군가가 너에게 속삭이거나 중얼거리는 영매자들과 강신술사들과 상담하라고 말할 때 그 사람은 그들의 하나님께 요구해야만 하지 않겠느냐? 왜 죽은 자가 산 자를 대신해서 상담하느냐?" 즉 성경은 분명히 "하나님의 교훈과 경고의 증언과 상담하라."고 말씀한다.

들어온 모든 일반적인 영적인 것들이지만, 그들은 그 영이 하나님께로부터 온 것인지, 누군가에게서 온 것인지, 아니면 다른 것으로부터 온 것인지 분별력이 없다. 이 경우 데이비드 아이크는 소크라테스가 그와 함께 있었고 "그들이 누구든 항상 나를 보호하기 위해 거기에 있을 것이다."라고 말한다.[404] 큰 문제는 '그들이 누구든지'이다. 메시지가 좋은 개체에서 온 것인지 나쁜 개체에서 온 것인지 구분할 수 없었던 것 같다. 메시지를 받으면 그 출처를 분별해야 하고 시간이 지나면 그 열매도 분별해야 한다. 그러나 성경은 간단히 말해서 "예수님을 인정하지 않는 영마다 하나님께 속한 것이 아니다. 이것이 곧 적그리스도의 영이라 너희가 들은 것이 오고 있느니라…. (요일 4:3)"라고 가르친다/ 예수님께서 "그의 양들은 그의 음성을 아는 고로 그를 따르느니라. 그러나 그들은 결코 낯선이를 따르지 않을 것이다. 사실 그들은 요 10:4-5에서 낯선이의 목소리를 인식하지 못하기 때문에 그에게서 도망칠 것이다"("자기 양을 다 내어 놓은 후에 앞서 가면 양들이 그의 음성을 아는 고로 따라오되 타인의 음성은 알지 못하는 고로 타인을 따르지 아니하고 도리어 도망하느니라[요 10:4-5]. "내 양은 내 음성을 들으며 나는 저희를 알며 저희는 나를 따르느니라[요 10:27].")

루시퍼리안주의(Luciferianism)로서 신지학[405]

404　See David Vaughan Icke, *Remember who you are* (Derby: David Icke Books, 2012). p.8-10.
405　See Per Faxneld, 'Blavatsky the Satanist: Luciferianism in Theosophy, and Its Feminism Implications,' in *[The Finnish Society for the Study of Religion] Temenos* Vol. 48 No. 2 (2012), pp. 203-230.

헬레나 페트로브나 블라바츠키와 알리스 안 베일리의 글에서 신세계 질서의 종교는 그들이 대중이 갖기를 원하는 신지학의 한 유형이지만 그 중심에는 순수한 루시퍼리안주의가 있음을 주목하라고 기록되어 있다. 루시퍼리안주의란 무엇인가? 그노시스(Gnosis/지식)를 통해 예수님과 대적하여 '지성의 불'인 인류를 진정으로 안내하는 영(True Guardian spirit/수호신)을 알 수 있다는 믿음, 이것이 바로 이 사람들이 믿는 것이다. 이것은 범신론적 루시퍼리안 오컬티즘의 재작업된 유일한 버전일 뿐이다. 즉 그것은 어떤 선함도 친절도 전혀 없으며 그리스도가 상징하는 모든 것과 완전히 반대이다.

엘리트 신앙을 볼 때마다 헬레나 페트로브나 블라바츠키의 신지학 신앙은 힌두교를 재작업한 형태가 섞여 있고 오컬티즘과 프리메이슨을 듬뿍 합병한 루시퍼리안주의의 고대 종교들로부터 현대 종교를 해석하는 디딤돌(Stepping Stone)을 주의할 가치가 있으나 연구할 가치가 있는 어떤 비밀 교리도 없다. 그것은 단지 사탄주의로 인도할 뿐이다. 이해할 수 있는 가장 확실한 것은 영혼을 훔치고 죽이고 파괴하는(요 10:10 "도적이 오는 것은 훔치고 죽이고 파괴하려는 것뿐이요. 내가 온 것은 양으로 생명을 얻게 하고 더 풍성하게 얻게 하려는 것이니라.") 사탄이 존재하고 역사의 종말에 예수 그리스도에 의해 정복될 것이라는 것이다. 수년에 걸쳐 신지학은 모호하고 끊임없이 변화하는 일련의 신앙, '자기 초월(Transcending the Self)', '자기 개선(Self-Improvement)', '내면의 목소리 찾기(Finding the Inner Voice)' 및 '시각화와 명상을 통해 기적을 얻는 것(Gaining Miracles through Visualisation and Meditation)'에 관한 신시대(New Age)를 만들기 위해서 현대화되었다. 이러한 종류의 자기 성취 신앙은 비즈니스 과정과 자기 계발 서적에 적용되었다. 이들 모두는 기본 개념을 이러한 유형의 신앙으로 거슬러 올라간다. 헬레나 페트로브나 블라바츠키의 신앙은 더 우주적이고 동양적이며 힌두교적인 반면 알리스 안 베일리의 신앙은 더 기독교화되었으며 그리스도의 미래 출현과 관련이 있다. 유엔이 신봉하고 있는 신앙 체계인 것처럼 보이는 것이 바로 이 서구식 종교이다. 그리고 여기에 우리의 문제가 있다. UN은 신지학, 뉴에이지 종교를 지지하고 있으며 그 다음 모든 종교를 함께 섞어서 더 이상 '전통적 신앙(기독교를 포함하는)'이 남아 있지 못하도록 신세계 종교(New World Religion)의 새롭고 인위적으로 조작된 통제 메커니즘이 될 것이라는 결과를 낳기 위해 종교 연합 구상(URI)을 사용하고 있다.

물병자리의 시대(The Age of Aquarius)[406]

그것은 단지 1970년대 뮤지컬 '헤어(Hair)'의 유명한 노래인 것 외에도 헬레나 페트로브나 블라바츠키는 연속적인 점성술 시대가 새로운 세계 교사에 의해서 달성될 특별한 의미를 가진다고 믿는 신앙을 시작했다. 그녀는 전체 태양계가 은하계를 공전할 때 태양이 한 별자리에서 다음 별자리로 이동하는 데 약 2,300년이 걸린다는 점성술의 신앙을 인용한다. 따라서 12개의 별자리가 있기 때문에 하나의 전체 우주 주기에는 약 27,600년의 총 시간이 걸린다. 별자리가 어디서 시작하고 끝나는지에 대

---

[406] See https://en.m.wikipedia.org/wiki/Age_of_Aquarius.

한 고대 관습이 없기 때문에 시대 자체는 다소 부정확하므로 해석의 여지가 있다. 점성술 시대의 개념과 새로운 물병자리 시대는 예수님 당시에는 존재하지 않았으며 주로 헬레나 페트로브나 블라바츠키와 이후의 뉴에이지 작가들에 의해 개발되었다. 예수님은 물고기의 상징인 물고기자리 시대의 시작에 바로 태어났다. 성역 초기에 그분은 어부를 제자로 부르셨다. 흥미로운 직업 선택과 물고기 자리와 물병자리와 깊은 관련이 있는 주제는 물고기, 즉 기독교인들이 물병에서 쏟아지고 있을 때 가능하다.

점성술의 시대

레오니아 시대(Leonian Age): B.C 10,500 - 8,000

게자리 시대(Cancerian Age): B.C 8,000 - 6,450

쌍둥이자리 시대(Geminian Age): B.C 6,450 - 4,300

토레안 시대(Taurean Age): B.C 4,300 - 2,150   황소 희생

아리안 시대(Arian Age): B.C 2,150 - 1   숫양 희생

물고기자리 시대(Pisces Age): A.D 1 - 2,150년   어부 - 기독교

물병자리 시대(Aquarian Age): A.D 2,150년   물병자리 시대, 미래 시대 또는 뉴에이지

황도 12궁(Zodiac) 목록이 월목록(Months List)에서 뒤로 가는 것을 알 수 있다. 이것은 나이를 '계산'하는 방식이 별자리(Constellation)를 '배경'으로 한 태양의 위치가 역행으로 움직이기 때문이다.

물고기가 하늘로 쏟아져
나오고 있는 물병자리의 그림

물병자리 시대의 신학은 부분적으로 예수님께서 최후의 만찬을 위해 예루살렘 다락방을 예약하라고 베드로와 요한에게 지시하신 가르침에서 비롯되었다. 유월절을 맞아 예수님은 그의 제자들에게 '물 긷는 자(Water Bearer)'의 집에 들어가라고 지시하셨다. 눅 22:8-13은 다음과 같다.

"또 베드로와 요한을 보내시며 이르시되 가서 우리가 먹을 유월절을 예비하라 하시니 그래서 그들은 '어디에 준비하기를 원하시나이까?' 라고 문의드렸고 예수님께서 그들에게 이르시되 '보라 너희가 성읍에 들어가면 물동이/물주전자(A Pitcher/Jar of Water)를 가지고 가는 사람을 만나니 그가 들어가는 집으로 그를 따라 들어가라.' 그런 다음 집 주인에게 '선생님이 당신에게 '내가 내 제자들과 함께 유월절을 먹을 객실이 어디 있느냐?'라고 물으라. 그러면 '그는 가구가 비치된 큰 다락

방을 보여 줄 것이니라. 거기 준비하라.' 그래서 그들은 예수님께서 그들에게 말씀하신 대로 가서 그것을 찾았고 유월절을 준비했더라."

신지학자들은 이것을 물주전자를 나르고 있는 남자는 물나르는 자의 점성학적 기호를 가리키는 암호 메시지(Coded Message)로 받아들인다. 이것은 물병자리이며 그가 들어가는 '집에 들어갈' 것이다. 그들은 이것을 점성술 '집'에 대한 언급으로 받아들인다. 헬레나 페트로브나 블라바츠키는 이 새로운 시대가 새로운 구세주를 예고할 것이라고 생각했다. 그러나 성경 구절을 이렇게 해석하는 것은 완전히 날조된 것이다. 그것이 사실이 아닌 이유는 복음서가 쓰여질 당시, 즉 서기 65년에서 90년 사이이며 "Q"와 같은 일부 출처는 더 초기 기록이 없는데 그 당시의 저자들은 황도 12궁[407]의 별자리 구분에 대한 지식이 없었기 때문이다. 유대교는 실제로 점성술을 가르치지 않기 때문에 점성술에 대한 그들의 지식이 이것만큼 강하지 않았을 수도 있다.

실제로 언급되고 있었던 것은 물을 나르는 사람이 자기 집으로 데려다 줄 것이라는 일종의 암묵적인 메시지였다. 그 당시에는 남자가 물을 가지고 다니지 않고 여자만 가지고 다녔기 때문에 남자가 물동이(물항아리)를 가지고 다니는 것은 드문 일이었다. 일부는 이것은 예루살렘 바로 외곽에 있었던 에세네파에 대한 언급이라고 주석을 했다. 갑자기 예수

---

407 Q 문서는 마태복음과 누가복음의 유사한 부분들의 출처로서 예수님에 대한 가정적 초기 신약성경의 이야기들과 기록들이다. Q 문서의 자료는 일반적으로 40-50 AD 사이가 되는 것으로 받아들여진다. See Heinrich Julius Holtzmann, The Synoptic Gospel: Their Origin & Historical Character (1863) : https://en.m.wikipedia.org/wiki/Q_source; https://virtualreligion.net/primer/holtz.html; Walter Bauer, Heinrich Julius Holtzmann (Berlin: De Gruyter, 1932). pp. 1-58.

님이 에세네파였다고 생각하기 전에 예수님의 메시지는 확실히 안식일을 엄격히 지키고 적을 사랑하지 않고 미워하는 것과 관련된 일종의 근본주의 유대교를 믿었던 에세네파와는 매우 달랐다는 점을 항상 기억할 가치가 있다. 완전히 달랐다.

시대의 끝/종말(The End of Age)

마태복음의 마지막 구절 마 28:20절에서 예수님은 또한 세상 끝날까지 우리와 항상 함께 계실 것을 말씀하셨다. "…그리고 진실로 시대의 끝까지 항상 내가 너희와 함께 있으리라. 아멘." 비록 이 시대의 끝, 즉 사람낚는 어부(물고기자리 시대/기독교)의 시대(Pisces Age/1-2150 = Fishers of men : Christianity)를 말하지는 않을지라도, 당신이 세대주의자(Dispensationalist)라면 예수님의 보혈의 언약 아래 하나님의 은혜의 시대는 우리가 처한 현시대를 동일하게 지칭할 수 있는 '시대'의 끝을 말한다. 헬레나 페트로브나 블라바츠키, 알리스 안 베일리, 그리고 더 많은 신지학자들과 루시퍼리안주의자들은 마태, 마가, 누가의 이 '시대의 종말'에 대한 선언을 인용했고 그것이 기독교의 종말을 의미한다는 해석으로 큰 기쁨을 느꼈다. 그들은 물고기자리 시대가 끝나감에 따라 새로운 물병자리 시대(New Age of Aquarius)가 새로운 세계 교사와 새로운 세계 종교와 함께 새로운 세계 질서를 가져올 것이라고 믿는다. 그러나 복음서 저자들은 점성학적 시대에 대해 알지 못했기 때문에 이것은 어쨌든 그들이 언급하는 것이 아니다. 예수님은 특히 시대의 끝이 추수와 심판이 될 것이라고 말씀하셨다. 마 13:39-40절[408]에서 "추수 때는 세상 끝이고 추수꾼들은 천사들이고, 잡초를 거두어 불로 태우는 것같이 세상 끝에도 그러하리라."고 말씀하셨다. 뉴에이지 신학은 올바른 것이 아니다.

루시퍼 트러스트(Lucifer Trust)에서 루시스 트러스트(Lucis Trust)로

1920년에 알리스 안 베일리(Alice Ann Bailey)는 루시퍼 출판사(Lucifer Publishing Company)를 설립했지만 1922년에 사람들이 Lucifer/Satan과의 명백한 연결 고리와 그룹이 무엇에 관한 것인지에 대한 진정한 연결에 불편함을 느끼기 시작했기 때문에 조직의 이름을 루시스 트러스트(Lucis Trust)로 변경해야만 했다. 분명히 이것은 숨겨야 했기 때문에 이름을 바꾸고 비밀을 유지하려고 했지만 책들은 이미 출판되었다. 루시스 트러스트의 상징은 파란색 삼각형이다. 삼각형은 미국 돈 1달러 지폐에 동일한 신세계 종교를 나타낸다. 정삼각형으로서 3개의 모서리 각각에 60도(666)가 있다. 색상이 파란색인 이유는 이것이 의사소통 방법인 목구멍 차크라(Throat Chakra)[409]의 색상이기 때문일 것이다. 아마도 몸과 머리 사이의 '병목(Bottleneck)'이기 때문일 것이다. 루시스 트러스트는 UN 경제사회이사회(Economic and Social Council of the UN/ECOSOC) 내에서 '협의 지위(Consultative Status)'를 가진 매우 영향력 있

---

[408] "가라지를 심은 원수는 마귀요, 추수할 때는 세상의 끝이요, 추수꾼들은 천사들이니라. 그러므로 잡초를 거두어 불로 태우는 것처럼 이 세상의 끝에도 그러할 것이니라(마 13:39-40)."

[409] 목구멍 차크라(Throat Chakra: 목기)의 색깔은 파란색(Blue)이고 그 의미는 소리(Sound)나 파장(Frequency)을 말하는데 갑상샘(Thyroid Gland)을 중심으로 목과 입 부분의 기운을 말하며 신진 대사와 머리와 몸의 기운의 교환을 관장하듯 외부와의 소통의 기를 관장하는 부분이다. 목 건강에 도움을 주는 음식으로는 해초류와 등 푸른 생선 등이 있다. See https://m.blog.naver.com/brainall/220566840641.

는 기관이다. 이를 통해 주간 회의 참석을 포함하여 UN과 긴밀한 업무 관계를 유지할 수 있다. 가장 중요한 것은 전 세계의 강력한 비즈니스 및 국가 지도자들에게 영향력이 있다는 것이다. 알리스 안 베일리는 UN의 보건 및 교육부에서 일하면서 UN의 목표와 태도가 계급 구조와 일치한다고 말했다.[410]

루시스 트러스트는 약 40년 동안 알리스 안 베일리를 '통해' 작업해 온 "승천한 스승/주인들(Ascended Masters)"의 작업을 발표하는 출판사이자 자선 단체이다. 루시스 트러스트 출판사(Lucis Trust Publishing Company)와 그들의 많은 전선(fronts) 및 조직은 세계의 주인인 사나트 쿠마라(Sanat Kumara)가 통치하는 '영구적인 물병자리 시대(A Permanent Age of Aquarius)'를 수립하기 위한 루시퍼리안(Luciferian) '마스터 플랜(Master Plan)'의 작업을 수행하는 승천 스승/주인의 외부화된 계급을 숭배한다. 세계 선한 뜻(World Goodwill)의 설립을 통해 루시스 트러스트는 세계주의 이데올로기를 홍보하는데 공격적으로 참여하고 있다. 월드 굿윌(World Goodwill)은 인류를 온전하게 만들 '에너지(Energe)'에 대한 신앙을 장려한다.[411] 맨리 피 홀(Manly P. Hall)은 루시퍼를 에너지의 공(Ball), 발전기(Dynamo)로 묘사했으며, 자신을 개선하기 위해 사용하려고 했다.[412]

410　See Bailey, *The Unfinished Biography*, p.116.
411　Lucis Trust의 website는 www. lucistrust. org/world_goodwill/about_wg을 보라.
412　See Manly Palmer Hall, *The Lost Keys of Freemason* (London: Penguin Publishing Group, 2006). 저자는 이 책에서 루시퍼가 그들의 에너지라는 유명한 언급을 한다.

계급 구조의 외부화(The Externalisation of the Hierarchy)

알리스 안 베일리는 계급 구조(Hierarchy)의 장기적인 목표는 자체를 외부화하는 것, 즉 여기 지구에서 인간의 형태로 물리적으로 구현되는 것이라고 말했다. UN은 외부화가 발생할 수 있는 영적 기관이다. 이것이 그녀가 말한 방법이다. 언급되는 것은 계급 구조의 외부화와 그것이 지상에 드러난 공개적인 출현인데 이는 지상에서 개방적이며 가시적인 기능을 한다.[413] 계급 구조의 외부화는 지상의 악마나 각성한 군대의 출현처럼 들린다.[414] 참으로 냉정한 전망이다. 알리스 안 베일리의 '계급 구조의 외부화'와 유엔이 후원하는 비너스 프로젝트 사이의 유사성은 놀랍다. 비너스 프로젝트는 응용 과학(Applied Science)과 첨단 기술(Advanced Technology)을 사용하여 인류를 유토피아의 미래로 데려갈 수 있는 미래주의 세계에서 지속가능한 개발의 동일한 개념에 대해 이야기한다. 이것은 이론상으로는 좋을지 모르지만 비밀 정치 조직(Cryptocracy)의 손에는 항상 재앙이 될 것이다. 이런 점에서 계급 구조의 외부화와 비너스 프로젝트의 목표는 동일하다. 비너스 프로젝트는 이 의제의 발전의 일환으로 '시대정신 영화(Zeitgeist Films)'를 전달하지만, 실제로 이 비디오는 잘못된 신학과 허위 정보로 가득 차 있다.

---

413 See Alice A. Bailey, *The Externalisation of the Hierarchy* (London: Lucis Trust, 1972), p. 260.
414 The Venus Project를 위해서는 www.thevenusproject.com/the-venus-project/aims-and-proposals/을 보라.

알리스 안 베일리와 루시스 트러스트가 말하는 '그리스도'

그녀는 '그리스도'는 '사랑의 에너지(Energy of Love)'이며 그리스도의 '재림(Parousia/Second-Coming)'은 인간 양심(의식/Consciousness)의 에너지를 일깨우는데 사용하는 것이라고 반성경적으로 말했다. 새 그리스도는 "아무 특별한 믿음이 없을" 수도 있다.

> "그는 영국인, 러시아인, 흑인, 라틴인, 터키인, 힌두인 또는 기타 국적으로 나타날 수 있다. 아무도 말할 수 없지 않은가? 그는 믿음으로 기독교인이거나 힌두교인이거나 불교인이거나 특별한 신앙이 전혀 없는 사람일 수 있다. 그는 기독교를 포함하여 어떤 고대 종교의 회복으로 오시지 않고 아버지의 사랑 안에서 인간의 믿음과 그리스도의 살아계신 사실과 어디서나 있는 모든 사람의 가깝고 주관적이며 깨뜨릴 수 없는 관계에 대한 믿음을 회복시키러 오실 것이다."[415]

'그리스도'는 현재 샴브할라에 살고 있는 미래의 부처 또는 미륵이다.

> "…인류 자체는 먼저 그리스도의 궁극적인 육체적 출현에 필수적인 의식과 세계 문제의 조건을 만들어야 한다. 어느 정도의 평화가 지상에 회복되고 [공산주의와 같은?]-공유(Sharing)가 경제 문제를 지배하기 시작하고 교회와 정치 단체가 집 청소를 시작했을 때 그리스도는 그분의 사역 영역으로 나타날 것이다."[416]

---

415 See Alice A. Bailey, *The Reappearance of the Christ* (London: Lucis Press, 1948), p. 10.
416 이 인용은 다음의 Lucis Trust website에서 발췌했다. www.lucistrust.org/world_goodwill/key_concepts/the_new_world_religion1.

그들의 목표는 신앙의 융합(Their Aim is the Fusion of Faiths)

"오늘날 천천히 세계 종교의 개념과 그 종교의 출현의 필요성이 널리 요구되고 진행되고 있다. 신앙의 융합은 이제 논의의 장이 되었다. 종교 분야의 종사자들은 새로운 세계 종교의 보편적 플랫폼을 공식화할 것이다. 그것은 사랑의 종합 작업이며 영의 일치와 친교를 강조할 것이다. 이 그룹은 분명한 의미에서 세상 교사이신 그리스도의 활동을 위한 통로이다. 새로운 세계 종교의 플랫폼은 그리스도의 영감 아래 일하는 많은 그룹에 의해 세워질 것이다. 하나님은 많은 신앙과 종교 단체를 통해 여러 가지 방법으로 일하신다. 이것이 본질적이지 않은 교리를 제거하는 한 가지 이유이다. 본질적인 교리를 강조하고 그것들이 결합됨으로써 충만한 진리가 드러날 것이다. 이것은 새로운 세계 종교가 할 것이고 그것의 구현은 그리스도의 재림 이후에 빠르게 진행될 것이다."[417]

저자는 UN과 연결된 루시스 트러스트(Lucis Trust)에서 위의 인용을 직접 가져왔다. 신세계 종교는 그들이 발전시키고 있는 것인데, '종교의 융합은 이제 논의의 장'이다. 그들은 유사한 교리를 강조하고 공통기반을 만들기 위해 통합 시도를 하려고 한다. 예상할 수 있듯이 알리스 안 베일리의 글은 기독교를 경시하고 있다. 대부분의 경우에서 예수 그리스도를 강등시키는 것과 관련이 있다.

---

[417] See www.lucistrust.org/meeting_and_events/three_major_spiritual_festivals/the_christ_s_festival/the_reappearance_the_christ1.

승천한 스승들/주인들이 우리에게 부여한 신세계 종교

사나트 쿠마라(Sanat Kumara)는 이 계급 구조(Hierarchy)의 수장이며 이 사람은 신지학(Theosophy)의 신이다. 그는 9번째 광선 수준(The 9th Ray Level)에 도달한 것으로 추정되며 고비 사막 위 어딘가에 있는 비물리적 우주적 평면(Etheric[대기의/공중의] Plane: 사탄이 거하는 2층천?/엡 6:12하)에 떠있는 도시인 샴브할라에 살고 있다. 흥미롭게도 사나트(Sanat)는 사탄의 말장난인 애너그램(Anagram/글자 수수께끼/철자 바꾸기)이다. 그들은 이러한 애너그램을 갖고 말장난 하는 것을 좋아한다.

헬레나 페트로브나 블라바츠키는 자신은 "화염의 제왕(Lords of the Flame)"이라는 존재 그룹에 속하며 기독교 전통이 루시퍼를 타락한 천사로 오해했다고 썼다. 사나트 쿠마라(Sanat Kumara)는 때때로 16세 소년으로, 때로는 금성(Venus)에서 온 북유럽 또는 아리안 슈퍼맨처럼 잘 생긴 초인간(Super Human)으로 묘사된다. 이것은 소위 '북유럽 외계인'의 악마적인 UFO 목격으로 직접 이어진다. 금성은 '밝은 새벽별(The Bright Morning Star)'로 알려져 있기 때문에 금성 연결은 루시퍼와 연결이기도 하다. 이사야 14장 12-14절("너 아침의 아들 빛을 비추는 자여 어찌 그리 하늘에서 찍혔(떨어졌)는가. 네가 네 마음에 이르기를 내가 하늘에 올라 하나님의 별들 위에 나의 보좌를 높이리라 내가 북극 총회의 산 위에 좌정하리라. 구름들 꼭대기보다 위에 내가 오를 것이고 내가 나 자신을 지극히 높은 자처럼 만들 것이니라.")에서 언급된 것과 동일한 연결이 이전에 설명된 것처럼 이슬람에 존재한다.

신지학의 정부 체계는 이렇게 운영된다. 맨 위에는 사탄인 사나트 쿠마라(Sanat Kumara)가 그의 악마들에게 둘러싸인 샴브할라(Shambala)

의 의회 회의소(Council Chamber) 안에 있는 사탄이다. 이것은 열왕기와 성경의 다른 곳에서 말하는 천상의 의회를 '거스르는 악마의 신학'과 동등한 것이다. 사나트 쿠마라(Sanat Kumara)는 창조자이지만 '궁극의 창조자(The Ultimate Creator)'가 아니라 약 1,800만 년 전에 지구에 내려온 것으로 추정되는 이 세계의 주인이다.[418] 이것은 가장 높은 '신격(God-head)'으로서의 첫 번째 원리가 또 다른 더 작은 존재를 창조하는 방출론자(헤르메스주의) 개념이다.[419] 알리스 안 베일리(Alice Ann Bailey)가 샴브할라(Shambhala) 또는 샴발라(Shambala)의 주문을 외울 때 계급 구조(Hierarchy)는 신(god)의 불을 받는다. 하나님의 권능은 하나님과 같은 또 다른 대리자로부터 사람에게 온다. 샴브할라(Shambhala)는 아마도 티베트 히말라야 또는 건조한 장소인 고비 사막에 위치하고 있는 것 같다. 일반적으로 예수님은 악령을 마른 곳으로 가라고 말씀하셨다. 예를 들면, 눅 11:24-26은 "더러운 영들이 사람에게서 나갈 때에 마른 장소로 다니며 그는 쉴곳을 찾았으나 발견하지 못하고 이르되 내가 나온 내 집으로 돌아가리라 하고 와 보니 집이 청소되고 수리되었더라 이에 가서 자기보다 더 악한 다른 귀신 일곱을 데리고 들어가서 거기 거하니 그 사람의 나

---

418 산스크리트어로 '사나트 쿠마라(Sanat Kumara)'는 '영원한 청년(Eternal Youth)'을 뜻하며 이는 Sanat(사나트)는 '영원한 (Eternal)'을 뜻하고 Ku(쿠)는 '어려움과 함께(With Difficulty)'를 뜻하고 Mara(마라)는 '도덕(Moral)'을 의미한다. 힌두교 경전에 Sanat Kumara는 크리쉬나(Krishna)의 아들이고 또한 프라디윰나(Pradyumna)로 알려졌으나 이것은 다르다.

419 '아인 소프(Ayn Soph)'에 대해 말하는 곳인 카발라(Kabbalah)와 같거나 유사하다. 지혜의 신성한 빛이 높은 차원에서 낮은 차원으로 세피로트(Sephiroths) 또는 차크라(Chakras)에 에너지를 공급하므로 당신은 이러한 차크라를 다시 올라가 신(god)에게 도달할 수 있다. 즉 그것은 동일한 악한 메시지이다. 그리고 이것으로부터 인간은 신으로 진화하고 유토피아에서 살 것이다. See https://en.m.wikipedia.org/wiki/Moses_de_Le%C3%B3n; Moses de Leon, *The Books of Splendor: The Testaments of Moses de Leon and Carlos Castaneda* (California: Albion-Andalus Books, 2019).

중 형편이 처음보다 더 나쁘게 되었느니라."고 말씀한다. 이것은 건조한 곳에 사는 영들(귀신들)에 대한 신앙이며 그 계급 구조는 어디에 있는가? 아마도 지구상에서 가장 건조한 곳 중 하나인 고비 사막이나 히말라야 북쪽의 티베트 평야에 있는 것으로 추정된다.

계급 구조(Hierarchy)는 세계 사건을 지시하고 영향을 미치고 샴브할라(Shambhala)에서 아쉬람스(Ashrams)를 형성하는 승천 스승들(Ascended Masters)에게로 에너지를 전달한다.

이것이 아쉬람스의 외부화(Externalisation)이다. "외부화된 아쉬람스의 일은 새로운 세계 종교를 창조하고 활성화하고 있다. 사회 질서의 점진적 재편성과 입문 시스템의 공식적 착수와 주기적으로 제자들과 인간의 밀교 훈련"(Esoteric Training). 이것이 알리스 안 베일리의 계급 구조의 외부화이다.

지혜의 마스터들(The Masters of Wisdom) 또는 승천한 스승들(Ascended Master) 또는 승천한 주인들(Ascended Hosts)의 계급 구조는 과거의 세계 교사이며 오늘날 가장 중요한 것으로 추정되는 것은 예수와 쿠트 후미(Koot Hoomi)이다. 이것은 성경의 예수님이 아니라 승천하신 스승/주인으로서의 예수이다. 신지학자들(Theosophists)은 쿠트 후미가 누구인지 설명하지 못했지만 그는 티베트에 살았고 1875년경 신지학 소사이어티(Theosophical Society)의 배후에서 영감(Inspiration)이 되었던 것으로 보인다. 헬레나 페트로브나 블라바츠키, 올코트(Olcott) 대령, 리드비터(Leadbeater) 주교 및 기타 많은 사람들이 그를 언급한다. 승천한 스승/주인들은 또한 위대한 형제단이라고 불리며 우리와는 다른 영역에 있다고 가정한다. 그들은 적어도 6번째 광선에 도달했고 '나는 강력한 존재다(Mighty I AM Presence)'로의 입문을 겪은 것으로 추정된다. 나는(I AM)이란 신성한 이름을 모독적으로 사용하는 암호이다. 승천한 스승/주인들은 '위대한 기원(The Great Invocation)'을 통해 그리스도의 재림을 위해 기도하는 '세계 봉사자 그룹(The Group of World Servers)'을 돕는 인류를 더욱 지도한다.

벤자민 크림(Benjamin Crème)

벤자민 크림(1922-2016)은 1977년 신지학(Theosophy)과 헬레나 페트로브나 블라바츠키와 알리스 안 베일리의 글에 기반한 뉴에이지 종교인 국제 나눔(Share International)을 시작했다. 국제 나눔은 승천한 스승들에 대한 동일한 신앙을 가르치고 마이트레야/미륵(Maitreya) 기능을 수행하는 승천한 스승들 중 한 명이 돌아올 것이라고 가르친다. 마이트레야가 돌아올 때 베들레헴의 가짜 별도 있을 것이고, 마이트리야가 돌아오는 날은 미륵이 자신을 세계의 스승으로 세상에 제시하는 '선언의 날(The Day of Declaration)'이라고 불리게 될 것이다.

'30-40분 동안 스승의 생각이 내면으로 텔레파시로(Telepathically) 들리고 세상의 모든 사람이 자신의 언어로 미륵의 따뜻함과 사랑을 느낄 것이다. 14세 이상의 모든 사람이 이 말을 들을 것이다. 그는 인류에 대해 연설하고 우리가 몇 살인지, 그리고 우리가 어떻게 영적 높은 지점에서 지금 다소 낮은 위치로 내려왔는지, 그리고 우리가 종(Species)의 미래를 얼마나 위험에 빠뜨리고 있는지에 대해 말할 것이다. 그리고 우리는 이를 수정하기 위한 조치를 취해야 한다. 동시에 그는 미래가 어떠할 수 있는지 보여줄 것이다. 그것은 우리를 바로 그 별들까지 데려다줄 한 인류의 형제가 되는 것을 기반으로 할 것이다. 주인은 인류에게 그들의 지혜와 오래된 경험과 지식을 제공하고 인류를 자극하고 활력을 주어 가장 찬란한 미래를 만들 것이다. 에너지와 사랑이 세상에 스며들고 이것이 그리스도라는 내적 확신을 만들 것이며, 물질계에서 많은 치유가 행성 전체에서 일어날 것이다.' 이것은 선언의 날을 설명하는 벤자민 크림(Benjamin Creme) 유튜브 영상 요약본이다.[420]

이것은 아마도 일종의 '세계 경제 붕괴(Global Economic Meltdown)' 이후에 일어날 것이며 세계의 모든 종교가 통합되는 한 가지 방법이다. 이것은 '단일 세계 정부(One World Government)'의 전조가 될 수 있다. 그것은 마치 벤자민 크림이 미국, 러시아 및 기타 국가에서 개발하고 있는 것으로 보이는 '향정신성 무기(Psychotropic Weapon)'를 설명하는 것처럼 들렸다. 이 무기들은 청각이 없어도 누군가의 머리 속으로 목소리를 전달할 수 있다.[421] 이런 무기적인 측면이 무엇이든, 상식이 있는 대부분의 사람들은 미륵에 대한 이 개념을 완전히 거부하고 많은 비기독교인들은 단순히 이것을 적그리스도로 볼 것이다. 사람들은 성경을 읽고 이해

---

420 See Benjamin Creme video - Day of Declaration/벤자민 크림 비디오: 선언의 날을 보려면 다음을 보라. www.youtube.com/watch?v=PS9BjFTn2R0; https://en.m.wikipedia.org/wiki/Benjamin_Creme.

421 향정신성 무기들을 위해서는 see www.bibliotecapleyades.net/ciencia/ciencia_psychotronicweapons10.htm. Russia and American development를 위해서는 see www.cosmiclog.nbcnews.com/_news/2012/04/06/11061093-reality-check-on-russias-zombie-ray-gun-program?lite.

할 필요가 없다. 서양에서는 이것이 대부분의 사람들에게 낯선 개념이기 때문에 그들은 미륵의 개념을 받아들일 수 없다. 그렇다면 전체적 국제 나눔(Share International/SI) 개념이 또 다른 거짓 종교 행사일 수 있는가? 아니면 벤자민 크림이 두 번째 그리스도가 1982년 6월 21일 월요일(하지)에 나타날 것이라고 말했을 때 그날은 우연히 윌리엄(William) 왕자가 출생한 날짜인가? 국제 나눔(SI)은 한때 UN의 NGO로서 UN과 연결되었지만 그의 그룹은 더 이상 UN 웹사이트에 나열되지 않는다.

신지학의 최종 목표[422]

따라서 신지학의 최종 목표는 인간이 자신의 운명을 완수하고 인류가 신이 될 수 있게 해주는 신과 같은 경이로운 힘에 완전히 접근할 수 있는 '물리적 유토피아 사회(A Physical Utopian Society)'에 살면서 신처럼 되는 것이다. 이것은 인간은 인간으로 남을 것이며 하나님이 현재의 섭리를 대체하기 위해 만드신 새 하늘과 새 땅이 있는 예루살렘의 신도시 중심에서 하나님이 하나님이 되실 것이라고 가르치는 기독교(계 21:1-27)와 완전히 반대이다. 그래서 여기에서 여러분은 이 스승/주인들이 천국이 아닌 지구 어딘가에서 인류를 통제하고 있다는 사악하고 무시무시한 루시퍼리안의 신앙을 볼 수 있다. 하나님 이외의 다른 영적 존재들이 인류를 운영하고 더 큰 목적을 위해 '인류를 진화(Evolving Humankind)'시키고 있으며 인류의 궁극적인 '일체와 형제애(Oneness and Brotherhood)'의 운명은 하나님이 아닌 그들의 손에 있다고 말하는 것은 '명백한 사탄주

---

[422] See https://theosophy.world/resource/articles/spiritual-self-and-its-goal-perfection.

의(Plain Satanism)'다. 이것이 UN이 믿는 것이다.

모든 신앙은 기독교의 반대이며 이러한 신앙에는 선함이나 친절함이 없다. 예수님은 요 12:31("이제 이 세상의 심판이 이르렀으니 이 세상 왕자가 쫓겨나리라.")과 요 14:30("이후에는 내가 너희와 말을 많이 하지 아니하리니. 이 세상 왕자가 오겠음이니라. 그러나 저는 내게 관계 할 것이 없으리라.")에서 사탄을 '이 세상 왕자(The Prince of This World)'라고 하셨고, 바울은 고린도후서 4장 4절("이 시대/세상의 신이 믿지 않는 자들의 마음의 눈을 멀게 하여 그리스도의 영광의 복음의 빛을 보지 못하게 하였으니 그리스도는 하나님의 형상이시라.")에서 사탄을 '이 세상/시대 신(The god of This World/Age)'이라고 언급하면서 엡 6:12("우리의 싸움은 혈과 육의 것이 아니요. 정치인/통치자들과 권위자들과 이 어두운 세상의 권력자들과 공중[헬, ἐπουρανίοις, Epouraniois/High Places/High Air Places, 하늘들, 공중]에 있는 악한 영들과 싸우는 것이니라.")에서는 타락한 천사들의 위계(계급)를 '통치자들[정치인들]과 권위자와 이 어두운 세상의 권력자'와 하늘(공중/2층 천)에 있는 악한 영들로 묘사하기도 했다. 비록 헬레나 페트로브나 블라바츠키와 알리스 안 베일리의 제자들은 사나트 쿠마라가 사탄이라는 사실을 몰랐을지 모르지만, 이 두 지도자가 이 신앙을 다른 사람들에게 퍼뜨렸을 때 그들이 신봉하고 있는 사람이 누구인지 정확히 알고 있었다는 많은 징후가 있다. 이것이 사탄 숭배자의 진정한 표식이다. 다른 동료들을 악마의 손에 파는 사람은 자신이 사탄인 줄 알면서도 항상 다른 것처럼 가장하는 사람이다. 또 다른 환상! 성경은 마지막 때에 딤전 4:1-2("그러나 성령님이 밝히 말씀하시기를 후일에 어떤 사람들이 믿음에서 떠나 미혹케 하는 영과 귀신의 가르침[사상]을 좇으리라 하셨으니 자기의 양심이 화인 맞아서 외식함으로 거짓말하는 자들이니라.")과 살후 2:3-4("어떠한 방법으로 어느 누구도 너희를 속이지 말게 하라. 먼저 배교가 일어나고 저 불법의 사람 곧 멸망의 아들이 나타나기 전에는 이르지 아니하리라. 저는 대적하는 자라. 범사에 일컫는 하나님이나 숭배함을 받는 자 위에 뛰어나 자존하여 하나님 성전에 앉아 자기를 보여 하나님이라 하느니라.")에 강한 미혹이 많을 것이며 '먼저 배교(The Rebellion)'가 있을 것이다. 그 다음에는 불법자(The Man of Lawlessness)가 나타날 것인데 그는 멸망의 사람(The Man of Destruction)이요 곧 적그리스도가 자기를 높여 자기를 신세계 종교를 이끄는 하나님으로 선포할 것이라고 말씀하고 있다.

- 사나트 쿠마라(Sanat Kumara)는 사탄, 타락한 천사 루시퍼 또는 프로메테우스(Prometheus)이다.
- 계급은 타락한 천사/악마이다.
- 샴브할라(Shambhala)는 지구상의 건조한 곳으로 악령들이 사는 곳이다.
- 사나트 쿠마라 의회는 귀신들의 만남의 장소이다. 왕상 22:19, 시편 82:1; 히브리서 12:22-24에 언급된 천상의 의회의 반대이다.[423]

---

[423] "미가야가 계속 말하길, '그러므로 주님의 말씀을 들으라. 나는 그의 오른쪽과 왼쪽에 그를 둘러싸고 서 있는 하늘의 모든 천사(군대)와 함께 그의 보좌에 앉아 계신 주님을 보았도다'(왕상 22:19)." "하나님께서 큰 총회에 의장이 되시고 그는 신들 사이에서 심판을 하시니라(시 82:1)." "그리고 너희는 시온산과 살아 계신 하나님, 하늘의 예루살렘의 도시와 셀 수 없이 많은 천사들과 총회와 하늘에 등록된 초태생 교회와 만민의 심판자 하나님과 완전하게 된 의인들의 영들과 새 언약의 중보자이신 예수님과 아벨의 피보다 더 낫게 말하는 뿌린 피니라 (히 12:22-24)."

- 승천 스승들/주인들(Ascended Masters)은 위대한 계획을 완성하기 위해 뒤에 남아있는 과거의 고위 적그리스도 목록이다.
- 계급 구조의 외부화는 사탄 군대의 육체적 출현일 수도 있고 심지어 인류의 영혼 소유일 수도 있다. 또는 요한계시록 9장 16절("마병대의 수가 2억이니 내가 그들의 수를 들었노라.")에 언급된 네 천사가 유프라테스 강에서 풀려난 후 하나님의 심판을 가져오는 2억 대군일 수도 있다.
- 세계 봉사자 그룹은 인류, 계획, 계급 및 '그리스도'에 봉사하는 새로운 종교의 목사들과 동일하다.
- 행성 청소는 우생학(Eugenics) 또는 [홀로그램을 사용해서 외개인 소동을 통한?]- 거짓 휴거(False Rapture)이다.
- 채널링(Channelling)은 영혼 소유(점거/사로잡음: Spirit Possession)이다.
- 위대한 기원(Invocation)은 루시퍼의 빛의 기원이며, 주기도문의 '반대'이다.
- 뉴에이지 메시아 또는 '그리스도 의식(Christ Consciousness)'은 적그리스도 또는 요한계시록에 나오는 짐승 체계의 의인화(Personification of the Beast System)이다.
- 신격에서 발산되는 창조의 일곱 광선은 7일 창조(다시 발산주의)와 반대된다.
- 그들은 주 예수님을 하나님의 아들이 아니라 또 다른 세계 교사라고 말한다.

결론(Conclusion)

　신지학자들과 뉴에이저들은 기독교의 믿음이 시대에 뒤떨어진 표현이라고 생각해서 기독교를 전복시키려는데 부끄러워하지 않고 혈안이 되어 있다. 그들의 목표는 예수님이 그들의 승천한 스승/주인 중 또 한 분이거나 이집트, 페르시아 또는 인도 등에서 유학 공부를 한 여러 세계 교사들 중 한 분으로 평판을 떨어뜨리는 것이다. 사실, 약 12세에서 30세 사이의 예수 생애의 18년 '잃어버린 해(Lost Years)'를 다루는 '뉴에이지 조작 문학(New Age Fabricated Literature)'이 점점 늘어나고 있다. 단 하나의 증거도 제공하지 못하는 이 작가들에 따르면 그들은 예수님이 요기[424](예: Shirley MacLaine)가 되기 위해 인도, 네팔, 티베트에서 심령 능력(Psychic Power)을 개발했다고 주장한다.[425] 그들은 종종 서기 92년경에 끝난 진정한 복음서 작성 시대로부터 약 100년 정도 더 뒤에 쓰여진 가짜 영지주의 복음서를 인용하기도 한다. 예를 들어, 그들은 베드로, 토마스, 유다의 영지주의 복음서를 사용하여 예수님이 영지주의 또는 에세네파임을 증명하거나 그들의 '환생과 카르마 교리(Doctrines of Reincarnation and Karma)'에 대한 신빙성을 얻기 위해 그것들을 재해석하려고 시도한다. 그들의 최종 목표는 기독교와 모든 종교를 그들 자신의 버전으로 대체하는 것이다. 이 뉴에이지 종교가 UN에 그토록 큰 영

---

[424] 요기란 요가를 수행하는 사람; 즉 특별히 육체적 정신적 훈련(자세, 호흡, 배려 등)을 통해서 자기 해방을 추구하는 힌두교 금욕주의자이며 때로는 초자연적인 힘으로 여겨진다. See Noah Webster, *Webster's Third New International Dictionary* (London: G. Bell & Sons, LTD, 1961). p.2653.

[425] See Texe Marrs, *Dark Secrets of the New Age* (Spicewood: RiverCrest Publishing, 1999), p.206.

향을 미쳤다는 사실은 매우 어둡고 깊은 무언가가 우리 세계에 진행되고 있다는 증거이다. 이러한 신앙에 진실이 없다면 UN은 완전히 세속적일 것이다. 그러나 UN이 이러한 아이디어를 추진하고 있다는 사실은 우리가 처한 끔찍한 상황에 대한 정확한 증거이다. 이러한 신앙들은 다음 장에서 살펴볼 것이다.

11장
UN의 신앙

11장
UN의 신앙
(The Beliefs of the United Nations)

개요

UN은 엘리트 네트워크의 이익을 위해 밀너 그룹(Milner Group)과 외교관계위원회(CFR)가 설립한 국제 연맹(League of Nations)에서 파생된 것이다. UN 의장과 사무총장의 직위는 거의 전적으로 당대의 사회주의자들로부터 선출되었으며, 사실상 그들 모두는 이런저런 뉴에이지 신앙에 기울어져 있었다. 1945년 초대 사무총장은 폴-헨리 스파크(Paul-Henry Spaak/사회주의자)였으며, 트리그브 라이(Trygve Lie/사회주의자), 도그 함마르콜드(Dag Hammarskjold/사회주의자 및 뉴에이저), 유 탄트(U Thant/사회주의자 및 뉴에이저), 그리고 로버트 뮬러(Robert Muller/사회주의자 및 뉴에이저)와 모리스 스트롱(Maurice Strong/사회주의자 및 뉴에이저) 같은 중요한 회원들이 그 뒤를 이었다. 신지학에 대한 신앙과 알리스 안 베일리(Alice Ann Bailey)의 저술은 UN 전체와 그 지도자들에게 큰 영향을 미쳤다. 앞서 언급한 바와 같이 알리스 안 베일리의 뉴에이지 가르침을 계승하는 루시스 트러스트(Lucis Trust)는 UN과 밀접하게 연결되어 있다.

UN의 차기 사무총장 자리와 유력 인사들은 모든 단계에서 국가 주권을 약화시키는 고의적인 정책을 추진하고 싶어 했다.[426] 커트 왈드헤임(Kurt Waldheim/오스트리아 중도우파 정치인), 하비에르 페레즈 디 보트르스 큐야르(Javier Perz de Boutros-Cuellar/페루 외교관이자 외국인 납치 혐의자), 부트로스 부트로스-갈리 (Boutros Boutros-Ghali/이집트 사회주의자), 코피아난(Kofi Annan), 반기문(불교)과 최근의 안토니오 구테레스(Antonio Guterres) 등이 그들이다. 또 다른 사회주의자이자 단일 세계주의자인 구테레스(Guterres)는 신국제 경제 및 정치 질서를 수립하는 것을 정책으로 삼는 그룹인 국제 사회주의자(Socialist International)의 회장이었다.[427] 우리 연구와 관련하여 유엔 내에서 가장 영향력 있는 사람들은 다음과 같다. 신비주의자로서 기독교를 초월한 도그 함마르콜드(Dag Hammarskjold)와 뉴에이지 '조력자(Enabler)'로서의 유 탄트, '유엔의 철학자'로 일컬어지는 로버트 뮬러, UN에 지대한 영향을 준 뉴에이지 모세인 모리스 스트롱(Maurice Strong)과 피에르 테이야르 드 샤르댕

---

426   최근에 WHO(세계보건기구)의 INB(정부협상기구)가 2024년 5월 27일 세계보건회의에서 개인의 건강과 이동 선택에 대한 전 세계 엘리트들에게 전례 없는 통제력을 부여하여 권력을 영구적으로 바꿀려고 시도했다. See https://cgo.ac/scHtBqis; https://citizengo.org/en-gb/ot/13153-your-last-chance-to-stop-the-un-s-pandemic-treaty-the-million-petition?dr=13208598::b021d140aef60d86e7d9dc52ec5a9583&utm_source=em&utm_medium=email&utm_content=em_link4&utm_campaign=EN_GB-2024-05-22-Global-OT-CJO-12979-Pandemic_Treaty_7.07_AA_Relaunch_3&mkt_tok=OTA3LU9EWS0wNTEAAAGTbvQ-ijHCLWi7eKTKu-nTDpkfaCrNg9Q8gShjJ2ylqett6Q83D8zISzVRrV0Pxy-z_ToXEZzCOogDjSdge7IA1ojkrf7QZ7u5bSouDPDROdKIB44.

427   See www.socialistinternational.org/viewArticle.cfm?ArticleID=31.

(Pierre Teilhard de Chardin: 아래 설명)도 유력 인사이다. 그들은 모두 뉴에이지와 유엔이 인류를 그들의 유토피아 버전으로 인도하는 수단이자 방법이 될 것이라고 믿었다. 이것이 단일 세계 정부의 영적 동기이다. 그들은 UN을 새 질서를 가져오는자로 '영적으로' 고상하게 만든다. 그러나 우리가 이전 장에서 증명했듯이, 뉴에이지 운동은 루시퍼리안주의 (Luciferianism)에 기반을 두고 있다. 루시퍼리안주의는 인간이 거짓된 신성한 빛을 통해 자신이 완전히 강력하고 지식과 지혜로 충만한 완벽한 미래를 만들 수 있다는 신앙이다.

도그 함마르콜드(Dag Hammarskjöld)[428]

그는 강한 신지학적 신앙(Theosophical Beliefs)을 가지고 있었고 기독교 신비주의자(Christian Mystic)의 한 유형이라고 일컬어진다. 1930년대 알리스 안 베일리는 심지어 UN에서 일할 스웨덴 제자가 있을 것이라고 예측하여 이런 식으로 설계했다. 뉴욕에 있는 UN 본부에서 명상실(Meditation Room)을 개발하고 설계한 사람은 도그 함마르콜드(Dag Hammarskjöld/1953년부터 1961년까지 UN 사무총장)였다. 명상실은 모든 사람이 와서 기도할 수 있는 방으로 계획되었다. 그 방은 북쪽을 향한 작은 직사각형 모양의 다종교(Interfaith/종교간) 영역이며 중앙에는 거대한 6과 1/2톤의 적철광 제단(Haematite Altar)이 있다. '즉 알지 못하는 신

---

[428] See https://en.m.wikipedia.org/wiki/Dag_Hammarskj%C3%B6ld.

에게 바친 제단이기 때문이 아니라 사람들이 여러 이름과 다양한 형태로 숭배하는 신께 바쳐진 제단이기 때문이다.' '여러 이름과 다양한 형태'는 UN 본부에서 신세계 종교로 마케팅된 이 시기를 제외하고는 프리메이슨의 신처럼 들린다. 방 한쪽 끝에는 피카소 스타일의 현대 그림이 있다. 그림의 중심을 통과하는 물결 모양의 선처럼 빛의 틈이 있는 난해한 의미(Esoteric Meaning)는 루시퍼의 출현을 나타낸다. 루시스 트러스트(Lucis Trust)는 UN 명상실을 돌보고 관리한다.[429] 여담으로 '몬드리안과 칸딘스키(Mondrian and Kandinsky)'의 원본 그림(Original Paintings)은 신지학에서 영감을 받았다.

스리 친모이(Sri Chinmoy)[430]

그는 UN의 '사제(Priest)'이자 '뉴에이저(New Ager)'로서 일주일에 두 번 방에서 예식을 인도하곤 했다. 그는 1961년부터 1971년까지 테라바다 불교도(A Theravada Buddhist)이자 제3대 유엔 사무총장이었던 유 탄트(U Thant)의 초청을 받아 이 일을 했다. 말할 필요도 없이 이 의식은 기독교적인 것도 아니고 불교적인 것도 아니었지만 뉴에이지와 '자기 초월(Self-Transcendence)'에 관한 것처럼 보였다. 함마르콜드(Hammarskjöld)가 오컬트 UN 명상실을 설치한 후 유 탄트(U Thant)

---

429 UN Meditation room의 정보를 위해서는 Meditation Room | United Nations Gifts; https://youtu.be/aj2_uVFReil?si=loe3qQrW68d2O96L; www.un.org/depts/dhl/dag/meditationroom.htm.

430 See Sri Chinmoy - Wikipedia.

가 뉴에이지 회의를 정례화했다. 로버트 뮬러에게 테야르 드 샤르댕(Teilhard de Chardin)의 글과 신앙을 소개한 사람은 유 탄트였다.

피에르 테야르 드 샤르댕(Pierre Teilhard de Chardin/1881-1955)[431]

그는 프랑스 출신의 예수회(Jesuit)의 훈련을 받은 가톨릭 사제(Priest)이자 중국의 선교사였다. 엘리트 신앙과 미래에 유엔이 발전하는 방식에 큰 영향을 미쳤다. 그는 또한 지질학자(Geologist)이자 고생물학자(Palaeontologist)였다. 그의 가르침의 대부분은 그가 죽기 전에 알려졌지만 그의 주요 저서인 『인간의 현상(The Phenomenon of Man)』[432]은 그의 사후에 출판되었다. 그는 보다 과학적인 세계의 맥락에서 하나님과 생명의 더 깊은 신비에 대해 설명을 시도한 가장 흥미로운 신비주의자였다. 그는 모든 인류가 결국 '우주적 그리스도'의 도래를 통해 하나의 초월적 존재(One Super-Being)로 융합될 것이라고 가르쳤다. 그는 하나님이 그리스도와의 연합을 통해 행동하시고, 인간이 미래에 하나님을 알도록 진화하게 될 '오메가 포인트(Omega Point)'에 대한 그의 비전인 최종 결론에 도달하게 하신다고 믿었다. 이런 점에서 인간의 진화는 의식(Consciousness)을 향하는 상승이고 하나님이 되는 것이다. 그는 창조에 대한 순전히 성경적인 개념을 버리고 창세기와 구원 이야기를 일종의 '진화론적 정형기(Orthogenesis)'로 재해석했다. 즉, 하나님은 인간을 어

---

431 See Pierre Teilhard de Chardin - Wikipedia.
432 See Pierre Teilhard Chardin, *The Phenomenon of Man* (New York: HarperPerennial, 1976).

떤 내부 메커니즘 또는 '추진력(Driving Force)'을 통해 일정한 방향으로 천천히 진화시키고 있다는 것이다. 그의 신학 중 일부는 다음 구절의 재해석에서 나왔다. 고린도전서 15:28은 "이제 만물이 그에게 복종하게 된 후에 아들 자신도 만물을 자기 아래 두신 분에게 복종하게 될 것이다."라고 말씀한다.

골 1:15-17은 "그는 보이지 아니하시는 하나님의 형상이시요 모든 피조물보다 먼저 나신 이시니, 하늘과 땅에서 보이는 것들과 보이지 않는 것들과 혹은 보좌들이나 주권들이나 정사들이나 권세들이나 만물이 그분에 의해서 그분을 통해서 그분을 위해서 창조되었도다. 그리고 그가 만물보다 먼저 계시고 만물이 그 안에 함께 섰느니라. 그는 몸인 교회의 머리시라 그가 시작(Beginning/근본)이요 죽은 자들 가운데서 먼저 나신 자니 이는 친히 만물의 으뜸이 되려 하심이니라."고 말씀한다.

테야르 드 샤르댕(Teilhard de Chardin)은 그리스도를 복음서의 부활하신 구세주일 뿐 아니라 끊임없이 진화하는 거대한 존재로, 모든 것이 그분 안에 있기 위해 모든 것이 돌아가야만 하는 우주만큼 큰 존재로 생각했다. 예수님의 본질에 대한 그의 재해석은 그의 기독론을 너무 우주적이고 초월적인 유형의 기독교로 만들었고 신지학 개념에 너무 가깝게 만들었다. 그는 각 사람이 그리스도의 몸 안에 살아있는 세포(As a Living Cell)로 존재한다고 생각했다. 그리고 테야르(Teilhard)는 우리가 총체적 그리스도의 삶 전체에 참여하고 양육할 수 있는 방법을 보여주려고 시도했다. 최종 결과는 모든 것이 그가 '오메가 포인트(Omega Point)'라고 명명한 그리스도께로 돌아가는 것이다. 이것은 인류를 위한 하나님의 목적의 최종 상태였으며 우주가 진화하고 있다고 믿었던 최고 수준의 복잡성과 의식을 나타낸다.

그러나 테야르가 저지른 실수는 그가 이러한 해석으로 너무 멀리갔고 인류가 하나님과 합쳐지고 오메가 포인트에서 자신의 신성을 실현하는 것을 상상했다는 것이다. 그는 경배받아야 할 신은 진화하는 인류에게서 일어날 신이라고 가르쳤다.

그는 종교에 대해 다음과 같이 썼다. 모든 것을 만족시키는 보편적인 그리스도에 대한 종교의 일반적인 수렴, 즉 그것은 내가 보기에는 세상의 유일한 개종자이자 미래 종교가 구상될 수 있는 유일한 형태인 것 같다. 그는 우리가 기다리는 메시아, 우리 모두가 의심 없이 기다리는 메시아가 '우주적인/보편적인 그리스도(Universal Christ)'라고 믿는다. 즉, '진화의 그리스도(Christ of Evolution)'이다."[433]

이 '우주적인 그리스도'는 성경의 예수 그리스도가 아니라 모든 종교를 하나로 인도할 '뉴에이지 승천 스승/주인'에 가깝다. 이것은 복음서가 가르치는 것이 아니다. 사실상 그의 논평은 그들이 작업할 수 있는 개념으로 그것에 뛰어든 뉴에이저들의 손에 영향을 미쳤다. 이 모든 것이 테야르 드 샤르댕을 루시퍼리안 경향을 가진 또 다른 이단(이교도적) 신학자로 만드는 것이다. 그러나 UN의 최고위층에 있는 사람들에게 이것은 하나의 세계 정부에 대한 그들의 비전이 옳고 더 깊은 운명과 과정이 그들의 영적 UN 유토피아 사회의 설립으로 인도할 것이라는 확증이다.

---

433 See Pierre Teilard de Chardin, *Christianity and Evolution* (California: HarperOne, 2002), p. 130.

로버트 뮬러

로버트 뮬러(Robert Muller/1923-2010)는 유엔에서 40년 동안 일하면서 세계 정부를 인류의 평화를 위한 유일한 희망으로 옹호했다. 그는 모든 종류의 UN 조직을 설립하는데 깊이 관여했다. 새로운 세계 영성과 함께 세계를 평화로 이끄는 단일 세계 정부에 대한 그의 생각은 UN에서 종교의 대표성을 높였다. 그에게 주요 영향을 준 사람은 뮬러가 "나의 영적 스승(My Spiritual Master)"이라고 불렀던 유 탄트(U Thant/1909-1974)였다.[434] 그의 공헌 중 하나는 세계 핵심 커리큘럼(World Core Curriculum)을 만든 것이었다.

세계 핵심 커리큘럼 (World Core Curriculum)

1957년 알리스 안 베일리(Alice Ann Bailey)는 나중에 로버트 뮬러(Robert Muller)가 선택한 미래를 위한 교육 목표를 세웠다. 그녀는 프리메이슨이 새로운 세계 종교가 될 것이며 그들이 이것을 실현하기 위한 위대한 계획을 향해 일할 것이라고 썼다. 심지어 그녀가 이것을 어떻게 할 것인지 말한다. "새 시대를 준비하는 세 가지 주요 채널은 i)교회, ii)프리메이슨 형제회 그리고 iii)교육 기관이다.[435] 교회에 가지 않거나 프리메이슨 형제회 회원이 아닌 사람들에게 학교와 교육 기관은 신세계 질서 종교를 도입하는 수단이 될 것이다. 세계 핵심 커리큘럼은 1975년에 시작되었으며 세계 교육 프로그램을 관리하는 원칙을 제시했다. 세

---

434 See Robert Muller의 website를 위해서는 www.robertmuller.org/을 보라.
435 See Alice A. Bailey, *The Externalisation of the Hierarchy* (London: Lucis Trust, 1972), p. 271.

계 핵심 커리큘럼의 서문에서 "로버트 뮬러 학파의 기반이 되는 근본적인 철학은 알리스 안 베일리의 책에 제시된 가르침에서 찾을 수 있을 것이다…"라고 언급한다. 다른 말로 그녀는 그 가르침을 티베트인 짤 쿨(Djwhal Khul), 마스터 모르야(Master Morya) 및 쿠트 후미(Koot Hoomi) 등을 통해서 전달했다. 우리는 이전에 알리스 안 베일리가 루시퍼리안이었다는 것을 입증했는데 여기에서 우리는 루시퍼(Lucifer)의 일부를 교실에 도입하기 위한 세계 교육 기관의 필사적인 노력을 파악하게 된다(이는 2010년부터 시작된 새로운 국가 교육 시스템인 미국 교육 핵심 커리큘럼 국가 표준 이니셔티브와 혼동되어서는 안 된다).

그러므로 뮬러의 세계 커리큘럼 뼈대(Framework)는 기본적으로 그의 '커리큘럼'이 "내면성의 영적 훈련, 명상 기도, 우주와의 소통, 영원과 신"을 가르치기 때문에 아이들에게 뉴에이지 신앙을 밀고 나가고 있다. 이것은 아이들에게 가르치는 순수한 뉴에이지 영성이다. UN 온라인에 따르면 '커리큘럼의 범위는 항상 동일하다. 학생들이 COSMOS의 필수적인 부분으로 진정으로 자신을 볼 수 있도록 허용한다. 현재 유일한 제한은 우주적 사고와 영적 지향적인 교직원의 상상력이 될 것 같다.' 는 말도 안 되는 코믹한 조각(Piece)이다.

세계 핵심 커리큘럼은 아래와 같이 뉴에이지 교리로 가득 찬 신세계 질서를 위한 UN은 세뇌의 광택 세트이다.

"오늘 나는 나에게 진실과 실제 사실을 가르쳐준 유엔을 찬양할 뿐이다. 나의 집인 지구, 나의 가족인 인류, 시간 속에서 우리의 위치, 개별 인간 생명의 존엄성과 기적. 나는 이 UN의 가르침을 지구상의 모든 학교와 어린이를 축복해야 하는 세계 핵심 커리큘럼으로 만들었다. 그로부터 국가가 만든 해부된 세계가 아닌 다른 세계, 진정한 세계, 더 아름답고 기적적이고 놀라운 세계와 인류가 출현한다."

"저는 모든 교육자와 정부가 이 커리큘럼을 살펴볼 것을 촉구한다. 내 마음의 산물이 아니라 지구 전체와 인류를 생각하는 최근 최초의 우주적[보편적] 기구인 유엔의 산물이다. 한 교육자는 나에게 이렇게 썼다. '당신의 세계 핵심 커리큘럼을 통해 세계의 교사들은 이제 이 지구상의 모든 남성, 여성 및 어린이의 영혼에 접근할 수 있다.' 나는 이것이 사실이 되기를 바란다."[436]

저자는 유엔이 이 행성에 있는 모든 남자와 어린이의 영혼에 접근하여 악마의 손에 넘겨지는 일이 없기를 바란다. 우리는 UN이 음모론자들이 그들의 마지막 왕국을 위해 설립하고 있는 영적 기관이라는 것을 알고 있기 때문이다.

로버트 뮬러(Robert Muller)는 또한 "우리 시민들을 세계 시민 의식, 지구 중심적 신앙, 사회주의적 가치, 21세기 노동력의 요구 사항이 되고 있는 집단적 사고를 이끌어야 한다. 세계 핵심 커리큘럼은 오늘날 유토피아적으로 보일 수 있다. 2000년 말까지 그것은 세계의 모든 학교에서 현실적인 일상이 될 것이다."고 말했다.

이 커리큘럼의 구현이 로버트 뮬러가 원했던 것만큼 강력하게 필터링되지 않는 것처럼 보일지라도 이 프로그램을 구현하겠다는 결심은 사

---

436 World Core Curriculum을 위해서는 www.robertmuller.org/rm/R1/About_WCC.html을 보라.

라지지 않았다. 문학 자체는 '웰빙(Well-Being/잘 존재하기)'과 '웰비컴잉(Well becoming/잘 되기)'과 같은 그런 문구로 가득 차 있다. '웰비컴잉'이라는 용어는 이 책에서 여러 번 설명된 루시퍼리안 개념인 개인이 신으로 진화하는 것을 가리키는 오컬트 용어(Occult Term)이다. 그래서 우리는 유엔 자체로부터 그것을 다시 얻었다. 장기 목표는 그들의 이익을 위해 통제할 '통합된 신앙 체계(An Amalgamated Belief System)'와 '글로벌 문화(Global Culture)'를 구축하는 것을 촉진하는 뉴에이지 운동과 밀접하게 연결되어 있다. 세계의 시민들은 같은 세계관을 가지게 될 것이고, 위생화되고(Sanitised), 표준화되고(Standardised), 합법화될(Legalised) 것이다. 개성의 표현은 없을 것이다. 로버트 뮬러(Robert Muller)는 '세계 핵심 커리큘럼(World Core Curriculum)'에서 다음과 같이 썼다. "아이가 자신을 더 큰 전체의 일부로서 여기면서 개인적 경험을 다룰 수 있는 통합적인 개인이 되도록 돕는다. 다른 말로, 그룹 아이디어의 성장을 촉진하여 그룹 선, 그룹 이해, 그룹 상호 관계 및 그룹 선의가 모든 제한적이고 자기 중심적인 목표를 대체하여 그룹 의식으로 이어진다. 즉 사실상 개인의 자유를 강조하는 자유 민주주의적이거나 기독교적인 것을 반대하는 철저히 전체주의적이고 사회주의적 사고의 세뇌 교육이 진행되고 있는 것이다.

미하일 고르바초프(Mikhail Gorbachev)

미하일 고르바초프는 신세계 종교의 중요한 발기인으로서 '종교적 인권선언문(A Religious Declaration of Human Rights)' 같은 지구 헌장(Earth Charter)의 공동 저자[437]이다. 이것은 희망의 방주(Ark of Hope)에 있는 문서이다. 그의 공동 작가는 모리스 스트롱(Maurice Strong)이었다. 1991년 소비에트 시대가 무너진 뒤 미국으로 건너가 고르바초프 재단과 '녹십자 인터내셔널(Green Cross International)'을 세웠다. 그는 또한 1992년 리오 지구 정상 회담에서 지속가능한 개발을 수립하는 데 도움을 주었다. 세계 사회주의의 확고한 옹호자로서 고르바초프는 사회주의에 기반한 '새로운 문명'의 창조를 촉구했다. 그는 "사회주의 사상은 소멸할 수 없다…"고 썼다. 그리고 후에 그는 이것이 어떻게 성취되는지 설명했다. "역사적 측면에서는 미룰 수 없는 과제일지라도 그러한 문명을 건설하는 것이 장기적인 과제라는 것을 우리는 이해한다. 이 문명을 창조하는 데 요청되는 심오하고 근본적인 변화에 대비할 준비가 된 사람은 거의 없다."[438] 여기에 사용되는 도구는 물론 UN이 될 것이며 UN이 모든 것을 통제하는 UN의 배후에는 비밀 정치 조직(Cryptocracy)이 있다.

모리스 스트롱(Maurice Strong, 1929-2015)[439]

437　See https://earthcharter.org/tribute-to-mikhail-gorbachev-1931-2022/.

438　See Lee Penn, *False Dawn* (New York: Sophia Perennis, 2017), pp. 360-369, esp. p. 360; Mikhail Gorbachev, *On My Country and the World* (New York: Columbia University Press, 2019). pp. 67, 269. 고르바초프의 소련 공산당의 파괴는 속임수였고 사실상 자유 민주주의 국가들의 정치, 경제, 사회, 문화, 군사, 종교, 언론, 입법, 사법, 행정, 교육 등 모든 진지에 문화공산주의적 침투로 인해 오늘날 영미와 한국 등 자유 국가에서 목도하고 있는 전 세계의 공산 사회주의화의 궤략으로 보인다.

439　See https://en.m.wikipedia.org/wiki/Maurice_Strong.

모리스 스트롱은 40년 넘게 유엔 고위직에 있었다. 유 탄트(U Thant) 유엔 사무총장은 1971년 6월 모리스 스트롱을 '유엔인간환경회의(Secretary-General of the United Nations Conference on the Human Environment=Stockholm Conference[스톡홀름 회의]의 사무총장)'으로 초청했다. 지구 온난화와 관련된 모든 클럽과 연맹체를 만들어내는 유엔 환경 프로그램을 세웠다. 그는 비밀 정치 조직(Cryptocracy)이 그들이 도달하려고 노력하고 있는 질서있는 사회의 유형을 가져올 수 있도록 하기 위해 사용하고 있는 주장의 한 부분인 '기후 변화 사기(Climate Change Hoax)'를 밀어붙이는 것을 도왔다. 이것은 그들이 '신세계 질서(New World Order)'를 시행할 수 있는 통제 메커니즘(Control Mechanism)이자 방법(Method)이다. 그가 처음부터 지구 온난화가 아니라 기후 변화에 대한 캠페인을 시작했다면 이것은 우리 모두를 속이는 정신병자였을 가능성이 더 크다. 그러나 지구 온난화가 먼저 발생했고 거짓임이 입증되었기 때문에 그들은 이것을 기후 변화로 바꿨다. 그러나 모리스 스트롱(Maurice Strong)은 New York Times에서 환경 전문가(Guru)로 칭송받고 '지구의 수호자(Custodian of the Planet)'로 불렸다. 지구협의회 의장으로서 '지구의 아버지(Father Earth)'라는 별명도 얻었다.

모리스 스트롱은 운이 좋게 UN에서 밑바닥부터 시작해서 성공한 캐나다 기업가였다. 그런데 록펠러가 그를 발견했고 그가 그들의 대의에 사랑받는 사람이 되었다는 몇 가지 증거가 있다. 왜 이런 일이 일어나야 하는지는 수수께끼로 남아 있다. 아마도 그는 록펠러(Rockefellers) 및 로스차일드(Rothschilds)와 관련이 있거나 그들이 존경할 만한 가치가 있는 사탄 숭배자였을 것이다. 아니면 그의 친척 중 한 명이 록펠러 가문의 주목을 받았기 때문일 수도 있다. 모리스 스트롱(Maurice Strong)의 할머니는 안나 루이스 스트롱(Anna Louise Strong)으로 공산주의 정권에 대해 호의적으로 보도한 언론인이자 레닌과 스탈린의 지지자였다.[440] 이런 점에서 그는 내부자였던 것 같다.

모리스 스트롱은 또한 인간의 행동을 연구하는 주요 싱크 탱크 중 하나인 아스펜 연구소(Aspen Institute)와 삼극위원회(Trilateral Commission)와 연결된 이사였다. 그는 또한 환경 및 뉴에이지 운동의 주요 세력인 '행성 시민(Planetary Citizens)' 자문위원회의 일원이었다. 그는 뉴욕 주교 성당인 '세인트 존 더 디바인(St. John the Divine)'에 기반을 둔 뉴에이지 토킹샵인 린디스판 센터(Lindisfarne Center)의 이사회의 이사였다. 이 그룹은 로렌스 록펠러(Laurance Rockefeller), 록펠러 형제 기금(Rockefeller Brothers Fund) 및 재단의 자금 지원을 받았다.[441]

신세계 종교의 신시대 모세 - 그 자신의 불타는 떨기나무(덤불)와 함께!

콜로라도주 바카 그란데(Baca Grande, Colorado)를 산책하는 동안 모리스 스트롱(Maurice Strong)은 불타는 덤불을 봤던 방법에 대해 자랑

---

440 See www.foxnews.com/story/2007/02/08/at-united-nations-curious-career-maurice-strong.html. See Anna Louise Strong, *The Soviets Expected It* (Scotts Valley: CreateSpace Independent Publishing Platform, 2013).
441 록펠러 가문들은 뉴에이지와 테야르 드 샤르댕(Teilhard de Chardin)의 영향을 심하게 받은 하나의 뉴에이지 그룹인 린디스판 그룹(Lindisfarne Group)과 연결되어 있다. See www.rbf.org/about/about-us/timeline.

스럽게 말했다. 그 의미는 그가 새로운 모세라는 것이다. 스트롱에 따르면 그는 기자(Journalist)이자 CFR 회원인 그의 친구 빌 모이어스(Bill Moyers)와 함께 밖을 걷고 있었다.

"우리는 산책했고, 이야기하고 주차된 나의 차로 돌아가고 있었다. 갑자기, 이 덤불이 - 어떤 산쑥이(Sagebrush) - 우리 앞에서 화염에 휩싸였다. 그것은 화염으로 불타오르기 시작했다. 나는 깜짝 놀랐다. 모이어스 역시 깜짝 놀랐다. 분명히 덤불이 화염에 불타고 있었다."[442] 그래서 여기에 지구 헌장인 '신세계 질서 10계명(New World Order 10 Commandments)'을 작성하는 가짜 모세가 있다.

불타는 떨기나무

---

442 불타는 떨기나무(덤불/burning bush)에 관한 모리스 스트롱(Maurice Strong)과의 인터뷰는 www.nwodb.com/?e=03620; https://nwodb.com/app/view/1/1095을 보라. '야훼의 사자가 떨기나무 불꽃 가운데서 그에게 나타나시니라. 그가 보니 떨기나무에 불이 붙었으나 사라지지 아니하는지라(출 3:2).'

지구 헌장 역사(The Earth Charter History)

의제 21(Agenda21)의 원래 청사진은 1970년대 로마 클럽과 철산(Iron Mountain)의 보고서로 거슬러 올라간다.[443] 지구 헌장(Earth Charter)의 '씨앗 개념(Seed Concept)'은 1987년 브룬트란트 보고서(Brundtland Report)에서 시작되었으며, 이는 실제로 지속가능한 개발을 시작하여 의제 21로 이어졌다.

> "지구 헌장은 21세기에 정의롭고 **지속가능하며 평화로운 글로벌** 사회를 세우기 위한 **윤리적 틀**이다. 그것은 모든 사람들에게 전 인류 가족, 더 큰 삶의 공동체, 그리고 미래 세대의 복지를 위한 **글로벌 상호의존**과 공동 책임에 대한 **Well-being(웰빙/잘 존재하기)**을 고취시키고자 한다. 그것은 희망의 비전이자 행동을 촉구하는 것이다."[444]
> (굵은체 저자 강조)

해석: 지구 헌장은 당신을 신세계 질서와 새 지구 숭배 종교의 집단주의자 사회에 복종시키려는 엘리트의 비윤리적 계획이다. 헌장은 실제로 유네스코 글로벌 교육 프로젝트와 함께 로버트 뮬러(Robert Muller)에 의해 시작되었지만 모리스 스트롱(Maurice Strong)과 미하일 고르바초프

---

443 철산(Iron Mountain)은 폰타니코 언덕(Pontanico Hills)에 있는 록펠러의 집에서 멀지 않은 곳인 허드슨강 가까이 뉴욕주 북부에 있다. 그것이 록펠러가 재정 지원한 보고서일 수 있을까? See Servando Gonzalez, *Psychological Warfare and the New World Order* (Chipenden: Spooks Books, 2010); His *Ibid*. Kindle Location:4661.

444 See www.earthcharter.org/discover/.

(Mikhail Gorbachev)에 의해 결실을 맺었다. 1995년 캘리포니아 버클리 대학교에서 열린 유엔 축하 행사에서 로버트 뮬러는 아래 인용문에서 유엔 역사의 세 단계를 설명했다.

"첫 번째 기간은 인권을 다루었다. UN 헌장은 인간을 위한 것이었고 아무도 지구를 생각하지 않았다. 1980년에 갑자기 기후학자들(Climatologists)은 기후가 미쳐서 급격하게 변할 수 있다고 우리에게 경고했다. 이산화탄소(CO_2) 때문에 대기가 점점 더 따뜻해지고 있었다."

"이것이 세 번째 기간이다. 이제 지구가 1위이다. 인류가 2위이다. 이제 우리는 지구의 권리(Rights of the Planet)를 다루어야 한다. 지구 헌장(Earth Charter)이 있을 것이다....우리에게는 보편적인 윤리 선언(Universal Declaration of Ethics)과 의무 및 책임에 대한 보편적인 선언이 필요하다."

뮬러(Muller)는 대가족, 과소비, 쓰레기, 사업 및 종교적 차이 등 그가 본 세상의 병폐라고 생각하는 것을 나열했다. 그는 헌장이 유연해야함을 인정했다. 세상의 변화하는 필요와 인식에 따라 정의되거나 해석될 수 있는 것: "우리는 적절한(정확한 시간) 때에 윤리가 필요하다. 오늘 옳은 것이 내일은 옳지 않을 수도 있다."라고 상황에 따라 변하는 지극히 상대주의적 절대주의를 추구하는 포스트모더니즘적 표현을 했다.

모리스 스트롱과 미하일 고르바초프는 2000년에 최종 지구 헌장 버전을 함께 제작했다. 그들은 둘 다 지구 헌장이 십계명처럼 되기를 원했고,

아이들을 UN 신세계 종교(UN New World Religion)인 범신론적 종교(Pantheistic Religion)로 세뇌시키기 위해 표적으로 삼았다.

스트롱은 1992년 리우 정상 회담(Rio Summit)에서 '신성한 지구 선언(Declaration of the Sacred Earth)'을 추진했다. '여기서 요구되는 행동과 방향의 변화는 우리의 가장 깊은 영적, 도덕적, 윤리적 가치에 뿌리를 두고 있어야 한다.'

해석: 우리는 사회의 영적, 도덕적, 윤리적 가치를 우리의 가치 체계로 바꿀 것이다. 선언에 따르면 "[생태] 위기(The Ecological Crisis)는 모든 국가, 종교, 문화, 사회, 정치 및 경제적 경계를 초월한다. 오늘날 각 인간의 책임은 '어둠의 세력과 빛의 세력(Force of Darkness and Force of Light)' 사이에서 선택하는 것이다. 그러므로 우리는 우리의 태도와 가치관을 변화시켜야 하며, '신성한 본성의 우월한 법칙(Superior Laws of Divine Nature)'을 위한 새로워진 존중을 수용해야만 한다."

해석: '자유주의적 환경 의제는 생태학이 국가적인 것이 아니라 세계적인 것이기 때문에 엘리트인 우리가 원하는 것을 할 수 있는 변명이 될 것이다. 우리는 당신에게 빛과 어둠의 선택권을 주는 척할 것이지만, 당신은 우리의 어두운 지구 종교에 순응할 것이다.'

지구 헌장 비판(Criticism of the Earth Charter)

지구 헌장은 신세계 질서의 원형 헌법(Prototype Constitution)이라고 일컬어져 왔으며 모호한 준뉴에이지 교리(Semi-New Age Doctrines)의 집합이라고 알려져 있다. 다음은 지구 헌장[445]의 일부분이다. 일부 의견은 다음과 같다.

1) '모든 존재는 상호 의존적이며 모든 형태의 생명에는 가치가 있음을 인식해야만 한다.'

당연히 태어나지 않은 아이(태아)들은 UN의 '모든 형태의 생명'에 대한 정의에 포함되지 않는다. 지구 정상 회담 II 문서는 계속해서 UN의 '낙태 찬성 정책(Pro-Abortion Policies)'을 지지한다.

2) '모든 인간의 고유한 존엄성에 대한 믿음을 확언해야 한다.' UN기관은 '질(Quality) 있는 삶을 살 수 없다고 판단되는 사람들을 위한 안락사 정책(Policies of Euthanasia)을 일반적으로 지원하는 것으로 나타났다.

3) '모든 수준에서 지속가능한 개발 계획 및 규정을 채택해야만 한다… 이것은 초규제된 글로벌 국가를 위한 의제 21 프로그램이다.'

4) '환경의 모든 부분에 대한 오염 방지를 해야만 한다…이것은 소규모 농민을 규제하여 대규모 농업 기업의 손에 넘기기 위한 핑계로 탄소세(Carbon Taxes)와 용익권(Usufruct Licenses)을 도입하려는 전략과 연결된다.'

5) '상품 및 서비스의 전체 환경 및 사회적 비용을 판매 가격에 내재화해야만 한다.' 겉보기에 무해해 보이는 이 문장은 국가가 가격을 설정하고 모든 생산 및 소비를 규제할 수 있는 권한을 부여한다.

6) '생식 건강과 책임있는 재생산을 촉진하는 의료 서비스에 대한 보편

---

445 지구 헌장은 5개 언어로 번역되었다. 그 내용에 관해서는 다음을 보라. www.earthcharter.org/; www.earthcharter.org/virtual-library2/the-earth-charter-text/.

적 접근을 보장해야만 한다.' 이것은 낙태와 인구 통제를 포함하는 사회[주의]화된 의학에 대한 얄팍하게 위장된 요청이다. 그들의 장기 계획 중 하나는 당신이 읽고 있는 문서에 따라 인구를 총 5억에서 10억명으로 줄이는 것이다.

7) '인종·성적 지향(Race and Sexual Orientation)에 기초한 모든 형태의 차별(반성경적인 LGBTQ+[동성애법/소돔고모라법/사망의 법과 반성경적 Equality[평등법/1달란트법/자율노동파괴법/하향평준화법])을 철폐해야만 한다.' 이 계획은 동성 커플이 자녀를 양육하는 것을 거부하는 정상적인 사람들을 범죄화하는 것을 목표로 한다. 이러한 현실은 동성 커플이 아이를 키우는 것이 대부분의 아이들이 엄마와 엄마를 함께 보거나 아빠와 아빠를 부부로 보는 것으로 인해서 다른 정상적인 아이들이 엄마와 아빠를 가지고 있을 때와는 다르게 극복할 수 없는 혼란을 야기한다는 것이다. 그것은 가족과 '중성적인[자웅동체] 심리 작전 의제(Androgynous Psyops Agenda)'이다.

8) '국가 내부에서 그리고 국가 간에 부의 공평한 분배[하향평준화]를 촉진해야만 한다.' 산업화된 서구가 환경을 보호하기 위해 생산을 분리해야 하는 의제 21과 정확히 동일한 의제이다. 그들의 '부의 재분배(Redistribution of Wealth)' 프로그램을 이보다 노골적으로 표현한 사회주의 문서들(Socialist Documents)은 거의 없다.[446] 그러나

---

446 William F. Jasper, *The United Nations Exposed: The Internationalist Conspiracy to Rule the World* (Grand Chute: John Birch Society, 2001); His *Global Tyranny…Step by Step: United Nations and the Emerging New World Order* (Appleton: Western Islands, 1992). William F Jasper의 The New World Religion을 위해서는 www.thenewamerican.com/culture/faith-and-morals/item/15091-the-new-world-religion을 보라.

이것은 진정한 사회주의가 아닐 것이며 훨씬 더 나쁠 것이다. 상품과 서비스의 생산이 사용된 에너지의 양으로 계산되는 '모든 것을 포괄하는 기술주의 기반 경제(All-Encompassing-Technocracy-Based Economy)'이다. 에너지 소비가 통화가 될 것이다.

지구 헌장 결과(Result of the Earth Charter)[447]

이것은 UN 및 UN 지원 기관에서 기대하는 것과 정확히 일치하는 현대 테크노크라시(Technocratic/경제 정치의 전문 기술자)적이고 점진적 사회주의자(Fabianist) 문서이다.

미하일 고르바초프는 미래에 우리 모두가 세계 사회주의에 굴복할 것이라고 말했다.[448] 이것은 그들이 우리를 그곳에 데려가기 위해 사용하는 일종의 문서이다. 환경과 지역 사회에 대한 존중과 우리 모두가 전쟁과 분쟁 없이 평화롭게 살고 서로 사랑하기를 원하는 방식에 관한 것이다. 세계의 일부 지역은 가난하고 다른 지역은 부유하다는 것이 얼마나 불공평한가에 관한 것이다. 그것은 약간 경솔하기도 하고, 마치 그들이 우리에게 해야 할 옳은 일이 무엇인지 말해줄 권리가 있는 것처럼, 마치 우리가 모르는 것을 알고 있는 것처럼 우리를 무시한다. 그들이 이 헌장을 보편적으로 채택된 신조로 삼아 다음

---

[447] See https://en.m.wikipedia.org/wiki/Earth_Charter.
[448] See Mikhail Gorbachev, *On My Country and the World* (New York: Columbia University Press, 2019), p.67, p.74.

세대가 '단일 세계 정부(One World Government)'를 받아들이고 지속가능한 발전의 경제로 인도할 수 있도록 심리적으로 준비시키려는 의도가 어느 정도는 분명해 보인다. 이것을 가능하게 하기 위해서 그들이 사용하는 변명은 다시 한번 환경을 구원(보호)한다는 고귀한 깃발이다. 신세계 종교에 부합하는 유엔의 의제 21 강령(신조)으로 세계를 세뇌하는 것을 목표로 하기 때문에 그 안에는 '틀림없는 허세(Unmistakable Air of Pretension)'와 '뉴에이지 교리(New Age Dogma)'가 있다.

최종 분석에서 지구 헌장(Earth Charter) 문서는 공허하게 들린다.

4페이지 분량의 문서 끝에는 UN이 글로벌 단일 세계 정부가 될 것을 약속하라는 요청이 있다. '지속가능한 글로벌 커뮤니티를 구축하기 위해 세계 국가들은 UN에 대한 약속을 갱신하고 기존 국제 협약에 따른 의무를 이행하며 환경 및 개발에 관한 법적 구속력이 있는 국제 문서로 지구 헌장 원칙의 구현을 지원해야만 한다.' 그러나 만일 당신이 약속을 갱신하거나 그들의 멍청한 계약을 이행하고 싶지 않다면 어떻게 해야 할까? 이것에 당신은 투표권을 얻은 적이 있는가? 얼마나 민주적인가?

유엔은 세속적이지 않고 종교적이다

UN 직원의 대다수가 기독교 배경을 가진 '서양인'이지만 최상위에 있는 UN은 뉴에이저(New Agers/신시대주의자들)로 가득 차 있다. 그러나 이러한 뉴에이지 조력자들은 그들의 최종 의제를 가져오기 위해 비밀 정치 조직(Cryptocracy)에 의해 UN 내 영향력과 권력의 위치로 승진되어왔다. 우리 자신의 신앙을 잠시 내려놓으면 분명 인류 전체를 대표하는 UN이 세속적인 UN이라면 가장 좋지 않을까? 종교는 우리가 잔인할 정도로 정직할 때 매우 정치적인 실체이다. 그러므로 종교는 매우 정치적인 기관이므로 UN이 어떤 신앙에 대해서도 편견을 보이지 않는 것이 더 합리적이지 않을까? 우리가 글로벌 사회를 채택한다면 분명히 그들이 조장하는 것은 세속주의가 되어야 하지만 그 대신 우리는 UN에 숨겨진 메시지를 퍼뜨리는 이상한 오컬티즘(Occultism/신비주의)을 가지고 있다.

이것은 엘리트들이 그들이 말하거나 이해할 수 있는 것보다 더 많은 방식으로 루시퍼의 장기 계획에 의해서 영향을 받기 때문이다. 사탄의 지성은 그들의 보잘것없는 두뇌와 상대가 되지 않는다. 그는 모든 단계에서 그들을 능가하지만 그들은 심지어 깨닫지도 못한다.

희망의 방주(The Ark of Hope)

신세계 종교에는 상징이 있는데, 이것이 바로 유대교의 가장 신성한 대상인 언약궤(The Ark of the Covenant)를 본뜬 희망의 방주이다. 그것은 뉴욕의 UN 건물에 보관되어 있으며 지구 헌장과 테메노스 책(Temenos Books)의 사본이 포함되어 있다. 다음은 웹사이트의 첫 번째 줄이다.

즉 "희망의 방주[49(124.5cm)x 32(81.3cm)x 32(81.3cm)] 나무 상자

는 21세기에 정의롭고 지속가능하며 평화로운 지구 사회를 건설하기 위한 국제 민중 조약인 지구 헌장 문서의 피난처로 만들어졌다."[449]

이것이 유엔의 지속가능한 경제 의제 또는 삼극위원회가 말한 새로운 국제 경제 질서의 종교적 측면이다. 테메노스 책은 특별한 규칙이 적용되고 특별한 사건이 불가피하게 발생하는 '마법의 성스러운 원들(Magical Sacred Circles)'이며, 각 아티스트는 테메노스 책의 세계적인 치유(Global Healing), 평화(Peace) 및 감사(Gratitude)를 위한 시각적 기도/확인(Prayers/Affirmations) 페이지들로 가득 찬 핸드 메이드 책을 만들었다. 희망 홈페이지의 방주로부터.

흥미로운 점은 '테메노스(Temenos)'라는 용어가 그리스어로 '자르다'라는 단어에서 유래했다. 고대 그리스에서 종교 의식에 사용하기 위해 왕이나 사제에게 주어진 땅이나 신성한 지역과 관련이 있다는 점이다. 그것은 신성한 숲이나 구역이었을 수도 있다. 예를 들어, '아테네의 아크로폴리스(Acropolis of Athens)'는 '팔라스의 신성한 테메노스(The Holy Temenos of Pallas)'였다. 우리는 그리스 신비 종교로 다시 돌아왔다. 희망의 방주 웹사이트에는 "…테메노스 책들과 지구 마스크들(Temenos Books and Earth Masks)를 창조하는 그룹은 예술적인 과정이 사람들에게 지구와 지구 헌장 원칙에 대한 더 깊은 헌신에 영감을 줄 수 있다고 믿는다."[450]고 말한다. 저자에게는 즉 지구와 '설탕 바른(Sugar Coated)' 지구 헌장 원칙에 대한 더 깊은 헌신이 필요한 약간 새로운 종교처럼 들린다.

---

449 희망의 방주를 위해서는 다음을 보라. www.arkofhope.org/.
450 See www.arkofhope.org/Temenos%20Books_files/Temenos_Books.html.

테메노스의 개념은 칼융(Carl Jung)이 '심리학과 연금술(Psychology and Alchemy)'[451]에서 테메노스가 그림자 자아(Shadow Self)와의 깊은 만남이나 만남을 위한 장소라고 쓴 내용을 고려하면 더욱 이상해진다. 그의 오컬트 관점에서 그것은 마음의 마법 같은 장소였다. 방주의 각 측면에는 공기(Air), 물(Water), 불(Fire), 땅(Erath), 그리고 맨위의 영(정령/Spirit) 등의 각 요소에 대한 유화(Oil Paintings)가 있다. 이것은 우리를 영(정령/Spirit)인 '에테르(Ether)'라고 부르는 생명의 활력이 요소들에 스며든다고 가르친 피타고라스 학파로 바로 되돌아가게 한다. 그것은 다시 오래된 신비 종교의 재현이다.

불경스러운 희망의 방주

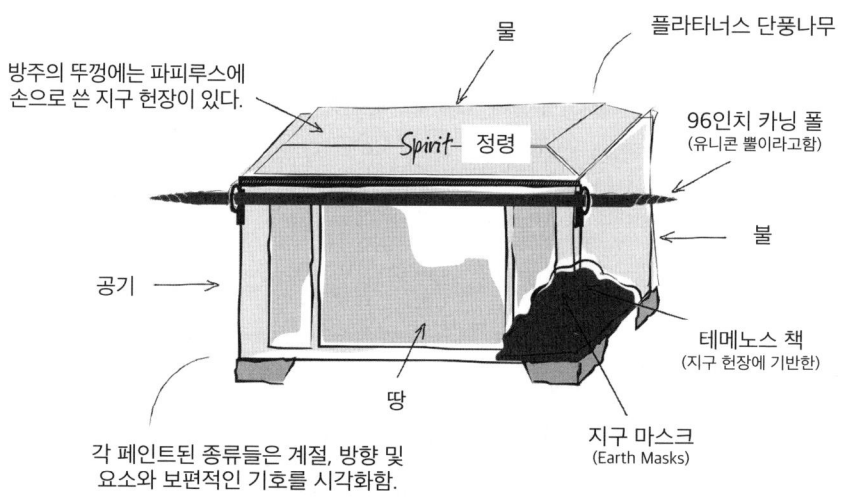

---

451 See Carl G. Jung, *Psychology and Alchemy* (Milton Park, UK: George Routledge, 1980).

기원전 6세기 노자(Lao Tsu)는 비슷한 것을 가르쳤고 자신의 주변의 현상을 물, 불, 나무, 금속, 흙으로 분류했다. 그들이 기(Chi)라고 부르는 영(정령/Spirit) 에너지는 음(여성) 또는 양(남성)이 될 수 있다. 아마도 방주 건축자들은 더 외적인 유대교 신앙에 더하여 이러한 동양 신앙을 통합하기를 원했던 것 같다.

진정한 성경의 언약궤는 히브리어로 자비의 자리인 속죄소(כַּפֹּרֶת, Kapporeth: The Mercy-Seat/Covering of the Ark)를 가지고 있었는데 속죄일(יוֹם הַכִּפֻּרִים, Yom Hakippurim)[452]은 히브리어로 '날'을 의미하는 '욤'(יוֹם, Yom)과 같은 단어로 속죄(대속/Atonement/Expiation)를 의미한다. 죄를 속죄하는 곳이었다. 분명히 희망의 방주에는 속죄소가 없다. 왜냐하면 그들의 신앙 체계에는 속죄해야 할 죄가 없기 때문이다. 사실 이 사악한 모조품을 믿는 사람들은 어쨌든 신이 되고 싶어 하는데, 그들이 죄에 대해 무슨 신경을 쓰겠는가!

방주를 지탱하는 기둥은 96인치이며 '악을 무효화(Render Evil Ineffective)' 하는 유니콘의 뿔(Unicorn's Horns)이라고 한다. 이것은 뉴에이지 종교에 대한 분명한 언급이다. 언약궤가 암시하는 세계 종교는 "유대교, 기독교, 뉴에이지/신지학, 신비 종교, 도교(Taoism/노자[Lao Tzu]), 원주민(토착) 종교, 조로아스터교(Zoroastrianism: 불/Fre), 힌두교(Hindu: 땅[Earth]), 이슬람(물[Water]), 신도(Shindo: 나무[wood])" 등이다. 스티븐 록펠러는 희망의 방주가 '세계 종교의 지혜(Wisdom of World Religion)'를

---

[452] See https://en.m.wikipedia.org/wiki/Mercy_seat; Benjamin Davidson, *The Analytical Hebrew and Chaldee Lexicon* (Peabody: Hendrickson Publishers, 2002), p.390.

담고 있다고 묘사했다.[453] 이 가짜 방주를 만드는데 사용된 나무는 플라타너스 단풍 나무(Sycamore Maple Tree)에서 왔다. 플라타너스는 오시리스의 관을 만든 것과 동일한 나무이며 이집트 신비 종교에서는 신성한 것으로 간주되었다.[454]

9/11 공격에 대응하여 2002년 버몬트(Vermont)에서 뉴욕까지 희망의 방주를 운반한 사람은 스티븐 록펠러였다. 그는 9/11 공격에 대응했다. 그의 아버지는 데이비드 록펠러(David Rockefeller)의 형인 넬슨 록펠러(Nelson Rockefeller)였다. 어떻게 보면 모리스 스트롱이 유엔의 가짜 뉴에이지 모세이기 때문에 방주를 짊어진 사람이 모리스 스트롱(Maurice Strong)이 아니라는 것이 놀랍다. 그러나 누가 영광을 누릴 것인지 선택하는 사람은 분명히 이러한 행사에 비용을 지불하는 사람이다. 이것은 스티븐 록펠러에게 돌아갔다. 그는 스트롱(Strong)과 고르바초프(Gorbachev)와 함께 지구 헌장(Earth Charter) 작성을 도왔으며 버몬트(Vermont)의 미들베리 대학(Middlebury College)의 신학 교수이다. 그의 에세이에서 우리는 그가 '고대 범신론 종교(Ancient Pantheistic Religion)'를 믿는 '녹색 종교인(Green Religionist)'임을 알 수 있다.

만나 담은 금항아리, 아론의 지팡이, 10계명이 있는 두 개의 석판(히 9:4. Cf. 대하5:10)[455] 대신에 그들은 신성 모독적인 테메노스 책과 16가지

---

453 See Gary Kah, *The New World Religion* (Lausanne: Frontier Research Pubns, 1999).
454 See James George Fraser, *The Golden Bough* (Boston: Digireads.com Publishing, 2019), p.72.
455 "그리고 그 법궤 안에는 이스라엘 백성이 이집트에서 나온 후에 주님께서 그들과 언약을 맺었던 시내산에서 모세가 넣어둔 두 돌판밖에 없었더라(대하 5:10)." "거기에는 금향단과 전체를 금으로 입힌 법궤가 있고 그 안에는 만나를 담은 금항아리와 아론의 싹난 지팡이와 약속의 두 개의 돌판이 있었더라(히 9:4)."

설탕을 바른 조약이 있는 지구 헌장(Earth Charter)을 가지고 있다. 단일 세계 종교를 위해 성경에서 무언가를 복사하는 것보다 더 독창적인 개념을 생각할 수도 없다. 그들은 너무 상상력이 부족해서 이미 존재하는 것을 사용해야만 하고 미친 의제로 비틀기만 하면 되는가? 존재하지 않는, 사기, 가짜 종교를 위한 가짜 언약궤, 가짜 '예언자들', 예수님께 영광이 아닌 마귀의 영광을 위해, 하나님이 아닌 사람이 만든 가짜 기관에서 자금을 조달한다. 왜 그들은 주위에 야자수 몇 그루가 있는 큰 지구본을 구하고 거기에 플라스틱 16계명을 넣고 그것을 그들의 새로운 세계 종교라고 부를 수 없겠는가? 언약궤는 엄청난 의미와 금으로 덮여 있고 치명적인 힘이 스며들어 있는 구약 성경에서 가장 신성한 보물이었다. 그러나 그들은 그것을 세상의 문제에 대한 값싼 모델과 모든 사람이 아마 집에서 섬길 수 있는 이교도의 포괄적인 종교적 상징으로 세상에 제시한다. 엘리트는 아마도 일단 예루살렘이 새로운 종교의 중심지가 되고 마침내 제3 성전이 재건되면 이 위조궤가 새로운 영적 연합과 이교 평화를 위해 봉헌된 '새로운 국제 유엔 성전(New International UN Temple)'으로 들어갈 수도 있기를 바랄 것이다.

12장

그들은 어떻게 모든 종교를 하나로 강요하는가?

12장
그들은 어떻게 모든 종교를 하나로 강요하는가?

에큐메니즘[456]

에큐메니즘은 모든 다양한 기독교 전통을 하나의 연합된 교회 그룹으로 가져오려는 시도이다. 에큐메니칼(Ecumenical)이라는 형용사는 종종 기독교인과 그들의 교회 사이에 더 큰 협력을 장려하는 초교파적 활동을 지칭하는데 사용된다. 1965년 제2차 바티칸 공의회 이후로 가톨릭교회는 그리스도인들의 일치의 필요성과 다른 교회가 동참해야 할 필요성을 가장 크게 옹호하는 종파들 중 하나였다. 즉 최초이자 유일한 실제 버전으로 추정된다. 이것의 문제는 많은 교파에서 가톨릭의 교리가 하나님의 어머니 마리아에게서 죄의 중단을 추구하고 미사에서 예수님의 끝

---

456 See https://en.m.wikipedia.org/wiki/Ecumenism.

없는 십자가 처형을 추구하기 때문에 혐오스럽다는 것이다. 이는 속죄는 십자가에서 예수님의 단번의 모든 희생을 통해 성취되었다는 성경에 기초한 교리(벧전 3:18)[457]에 정반대이다.

많은 교회 지도자들이 여하튼 전도와 개종자 만들기, 다른 교회들과 어울리고 연합하기 위한 아이디어를 교환했다. 그들은 요 17:22-23에서 "내게 주신 영광을 내가 저희에게 주었사오니 이는 우리가 하나가 된 것처럼 그들도 하나가 되게 하려 함이니라. 곧 내가 저희 안에, 아버지께서 내 안에 계셔서 저희로 온전함을 이루어 하나가 되게 하려 함은 아버지께서 나를 보내신 것과 나를 사랑하심 같이 저희도 사랑하신 것을 세상으로 알게 하려 함이로다."를 인용할 수 있다. 그러나 세상은 수백 개의 교파를 볼 수 있지만 하나님은 그리스도의 몸인 하나의 교회를 보신다. 고린도전서 12장 11-31절에서 바울은 '그리스도의 몸이 하나이니 어떤 것은 손이나 몸이나 머리나 발 등이 될 것'이라고 기록했다. 이것은 몸의 다른 활동들만을 언급하는 것뿐만 아니라 교회 자체인 그리스도의 몸을 언급하는 것이다. 교회는 이미 하나이다. 다락방에서 드린 예수님의 기도는 이미 응답되었다. 당신이 교회의 몸 안에 있든 그렇지 않든 자격을 갖추는 기준은 다음과 같다. "무릇 그리스도와 합하여 세례를 받은 너희 모두는 그리스도로 옷입었느니라. 거기에는 유대인도 그리스인도 없고 노예도 자유인도 없고, 남자도 여자도 없다. 너희들 모두는 그리스도 예수님 안에서 하나이기 때문이니라(갈 3:27-28)." 요한계시록 2장

---

[457] "그리스도께서도 한 번 죄를 위하여 죽으사 의인으로서 불의한 자를 대신(代身)하셨으니 이는 우리를 하나님 앞으로 인도하려 하심이라. 육체로는 죽임을 당하시고 영으로는 살리심을 받으셨으니(벧전 3:18)."

과 3장에서와 같이 교회들은 강조점이 다르기 때문에 다를 수 있지만 중요한 문제는 올바른 교리와 신앙이 유지된다는 것이다. 사람들이 함께 모여 하나가 된 것처럼 보이도록 하는 것이 아니다. 그것은 하나님의 방법이 아니다. 서로 뭉쳐도 소용없다. 작동하지 않는다. 당신이 같은 것을 믿으면 그것은 훌륭한 일이다. 가톨릭, 오순절 및 성공회가 모두 함께 예배할 수 있다. 어떻게든 '우리가 기독교인이다'라고 적힌 건물을 원하는 세상이다. 하나님은 다른 교단들(Different Denominations)이 함께 왔을 때 놀라운 일을 행하셨다. 그래서 에큐메니컬 회의는 효과가 있을 수 있지만 '그것은 반드시 성경적이여야 하고 하나님으로부터 와야만 하며, 종교 다원주의적인 정치나 종교 지도자들', 특히 루시퍼리안주의(Luciferianism)자인 CFR과 UN지도자로부터 강요되어서는 안 된다.

장기 전략(Long-Range Strategy)

에큐메니즘을 위한 그들의 장기 전략은 로마 가톨릭이 프로테스탄트(개신교)를 그들에게 강제로 합병시키려는 것이다. 아마도 각 진영은 그들의 교리적 신앙 중 일부에 대해 타협할 것이다. 가톨릭은 조금 더 성경에 기초한 쪽으로, 개신교는 그들의 역사와 마리아에 대한 대우에 대해 좀 더 화해하는 쪽으로 움직일 수 있다. 1517년 종교 개혁 이후 500년이 지난 지금은 아마도 두 종파 사이에 일종의 회개와 화해가 될 것이다. 이것이 그들이 갈 방향이다. 그들은 그것을 모든 사람들에게 극단적으로 매력있게 만들 것이다. 그것에 반대하는 사람들은 틀림없이 근본주의자

(Fundamentalists)라는 낙인이 찍힐 것이다. 천주교와 성공회와 같은 주요 개신교 교단이 합병되면 다른 모든 종교를 하나로 만들려고 할 것이다.

> 우리는 교황, 릭 워렌(Rick Warren), 케네스 코플랜드(Kenneth Copeland)의 활동을 통해 이것이 그들이 가고 있는 방향인 것을 이미 보고 있다.
> i)복음주의 교파와 주류 개신교 집단의 합병을 초래하고 결국 가톨릭으로 이어지는 '깊은 에큐메니즘 개념(Deep Ecumenism Concept)'을 말하고자 한다. 이것이 완료되면 그들은 ii)기독교와 이슬람을 결합시키는 '크리슬람(Chrislam: Christianity + Islam)'을 시도하고 만들려고 할 것이다. iii)힌두교와 불교와 같은 다른 종교는 쉽게 그 틀속으로 동화될 것이고 iv)나중에는 다루기 쉬운 뉴에이지 종교와 무신론이 될 것이다. 이 모든 신앙은 결국 신 배교 단일 세계 보편 교회(New Apostate One World Universal Church)를 만들 것이다.

그들은 그것을 과거의 폭력에 반대하며 선량한 선한 지구 시민의 의무에 대한 매력적인 대안으로 제시할 것이다. 뉴에이지 저서에는 그것에 반대하는 사람들이 강제로 제거될 것이라는 많은 증거가 있다. 그들은 이것을 어떻게 할까? 종교 통합 이니셔티브(URI/United Religions Initiative)와 같은 종교 간 모임(Interfaith Meetings)은 향후 60년 정도에 걸쳐서 '느린 점진주의자 접근 방식(Slow Gradualist Approach)'과 교육을 통해서 종교를 하나로 통합할 것이다. 이를 염두에 두고 URI 지도자들은 자신도 모르게 '혼합 신앙 시스템(Syncretic Belief System)'을 구축하고 있는 것 같다. 이러한 종교 간 모임의 목록은 이 책의 부록인 '신세계 종교 연대기(Chronology of the New World Religion)'에 나와 있다.

종교 통합 이니셔티브(United Religions Initiative/URI) [458]

URI는 모든 세계 종교 간의 공통 기반을 찾으려는 글로벌 종교 간 운동이다. 이 운동은 1893년에 시작된 세계종교의회(Parliament of World Religions)에서 파생된 것이다. URI는 1995년 성공회 캘리포니아 교구의 윌리엄 스윙 주교(Bishop William Swing)에 의해 시작되었다. 'URI는 때가 되면 UN의 가시성과 위상을 갖기를 열망한다.'[459]

실제로 URI는 1993년 길리안 소렌센(Gillian Sorensen/CFR 회원)과 UN 부장관이 UN서명 50주년을 기념하기 위해 1995년 그레이스 커시드럴(Grace Cathedral/은혜교회)에서 종교 간(Interfaith) 예배를 열도록 스윙 주교를 초대한 이후에 UN에 의해 추진되었다. 그런 다음 그는 종교 지도자 및 종교 간 활동가들과 관계를 맺기 위해 UN 본부를 통해서 전 세계를 여행했다. 이 지도자들과의 대화는 그다지 성공적이지 않았기때문에 이 종교 간 대화를 시작하고 영향을 미치는 가장 좋은 방법은 지도자들과 함께 시작하는 것이 아니라 URI를 '풀뿌리 운동(Grassroots Movement)'으로 만드는 것이라고 결론지었다.[460] 밀레니엄이 시작될 때

---

458 See https://www.uri.org/PPP#;~;text=The%20purpose%20of%20the%20United,Earth%20and%20all%20living%20beings.
459 See Lee Penn, *Fales Dawn* (New York: Sophia Perennis, 2004), p. 35.
460 See William E. Swing, *The Coming United Religion* (USA: CoNexus Press, 2003), pp. 14-15.

까지 몇 년 동안 스윙(Swing) 주교는 디 혹(Dee Hock) 및 14명의 다른 사람들과 함께 종교인들이 서명할 '종교연합헌장(United Religions Charter)'을 작성하여 다른 종교 간 조직과 협력 관계를 구축했다. 여기에서 그들은 URI라는 글로벌 네트워크를 만들기 시작했다. 이것이 URI.org 웹사이트에서 그들 자신들을 설명하는 방법이다.

목적(Purpose)

URI의 목적은 지속적이고 일상적인 종교 간 협력을 촉진하고 종교적 동기의 폭력을 종식시키고 평화의 문화, 정의와 지구와 모든 생명체를 위한 치유를 창조하는 것이다.

비전(Vision)

URI는 다양성 존중, 갈등의 비폭력 해결, 사회적, 정치적, 경제적 및 환경적 정의에 전념하는 참여적이고 상호 연결된 커뮤니티가 유지하는 평화로운 세상을 그린다.

사명(Mission)

URI는 지역 사회와 세계의 이익을 위해 사람들을 참여시켜 종교적, 문화적 차이를 극복하고 함께 일함으로써 평화와 정의를 육성하는 '글로벌 풀뿌리 종교 간 네트워크(Global Grassroots Interfaith Network)'이다. 우리는 분쟁 해결 및 화해, 환경적 지속가능성, 교육, 여성 및 청소년 프

Bishop William은 "나의 압도적인 인식은 만일 종교 통합이 된다면 그 추동력은 처음부터 종교 지도자들로부터 오는 것이 아니라는 점이다."라고 언급한다.

로그램, 인권 변호와 같은 지역 사회 활동에 참여하기 위해서 협력 서클이라 불리우는 833개 이상의 회원 그룹과 조직의 역량을 구축하는 지역과 글로벌 이니셔티브를 통해서 우리의 사명을 수행한다. '지구와 모든 생명체를 위한 치유' 논평은 '녹색 의제(Green Agenda)'와 일치하는 목적을 두고 있고 확실히 URI는 그 자체가 지속가능한 개발, 기후 변화 및 의제 21과 의도적으로 일치시켰다. 사실상 그들은 URI 헌장의 행동 지침을 '영적 의제 21'로 설명하기도 했다.

URI는 의제 21을 기대하면서 신세계 종교와 함께 신세계 질서를 형성하려는 노력의 일부이다. UN이 그렇게 명백하게 구상하고, 도움을 주고, 자금을 지원하는데 이것이 어떻게 풀뿌리일 수 있을까? URI는 또한 빌 앤 멜린다 게이츠 기금(Bill and Melinda Gates Foundation), 소로스 기금(Soros Foundation), 루시스 트러스트(Lucis Trust), 루돌프 스타이너 기금(Rudolf Steiner Foundation/인지학 창시자)과 다른 기구들 사이에 있는 타라 센터(Tara Center: 국제 나눔[Share International] 및 벤자민 그림[Benjamin Crème])와 같은 신지학적으로(Theosophically) 연결된 그룹에 의해서 자금을 지원받아왔다.[461] 그러나 URI는 UN의 의무적으로 지원되는 운동이기 때문에 실제로 풀뿌리로 만들지는 않는다, 그렇지 않은가?

2001년 1월 로버트 뮬러(Robert Muller)는 스윙 주교에게 'URI는 유엔을 넘어 아주 멀리까지 갈 것'이라고 말했다. 유엔 사무차장인 로버트 뮬러의 발언을 받아들이는데는 두 가지 방식이 있다. URI가 매우 중요하고 그가 스윙 주교에게 친절하게 격려해 주었다는 것은 과장된 표현으

461　See Lee Penn, *Ibid*, pp. 60-61.

로 받아들여질 수도 있다. 또는 미래에 종교 연합 이니셔티브(URI)가 실제로 살아남아 '유엔을 넘어설' 것이라고 액면그대로 받아들일 수도 있다. UN은 '지구 트러스트(Earth Trust)' 또는 이와 유사한 뉴에이지 가명(Pseudonym/False Name)으로 대체되기 위해 해산될 수 있지만 URI라는 공통 기반 종교는 그대로 유지될 것이다. 확실히 알리스 안 베일리(Alice Ann Bailey)는 '하나의 우주적[보편적인] 교회(One Universal Church)'를 만들기 위해 모든 종교의 융합을 언급했다.

깊은 에큐메니즘(Deep Ecumenism)[462]

URI(United Religions Initiative)는 '공통 기반(Common Ground)'을 통합의 원칙으로 찾으려고 시도한다. 이것은 부분적으로는 세계의 종교를 살펴보고 어떤 요소들이 겹치는지 마치 벤다이어그램(Venn Diagram)처럼 파악하는 것이다. 분명한 예는 기독교, 유대교 및 이슬람교가 모두 아브라함에서 만난다는 것이다. 즉 그는 이 3종교 모두에게 예언자이므로 어쩌면 어떤 종류의 종교 간 활동이 이 공통된 기반에서 성장할 수 있을지도 모른다. 스윙 주교가 말했듯이 "모든 사람은 자신의 가장 훌륭하고 가장 풍부하며 가장 깊은 이야기를 공통된 기반으로 초대될 것이다. 그리고 거기에서 우리는 건설할 것이다."[463]

주요 개념은 더 넓고 '더 포괄적인 글로벌 신앙 체계(More Inclusive Set

462　See https://youtu.be/0jCRBZqzC80?si=gVJiTxiyOPzC6M.
463　See Lee Penn, *Ibid*, pp.190.

of Global Beliefs)'의 일부로서 여기서의 강조점은 다양한 종교들과 신들을 '동등한 입장(Equal Footing)'에 둘 것이다. '{URI}는…신흥 통합 종교를 대신하여 지역 행동을 활성화하는 점점 더 광범위하고 포괄적인 글로벌 비전과 관계를 만드는 것을 목표로 하는 만큼 비전에 대한 합의에 도달하는데 의존하지 않는다. 이와 같이 단일 비전을 강요하는 것은 실패로 이어질 수밖에 없는 포스트모던 세계에서 국경을 초월한 조직을 만드는 도전에 대응한다.[464] 나중에야 '더 포괄적 글로벌 비전 세트'가 스윙 주교가 모든 종교와 영적 운동을 위한 '공동 목적(Common Purpose)'이라고 부르는 것으로 진보하게 될 것이다.

이를 위해 운동은 자신의 종교에 대해서 토론하고 공통점을 찾기 위해서 모이거나 단순히 친구를 사귀고 함께 친교를 나누기 위해 모이는 분산형 네트워크인 많은 '협력 서클'을 열었다. '유엔 영적 가치 글로벌 관심사위원회(United Nations Committee on Spiritual Value Global Concerns/UNCSVGC)'도 같은 것을 목표로 한다. 즉 UN에 의해서 승인된 혼합 종교를 목표로 하고 있다.[465] 2007년에 URI는 UN에서 자문 지위를 부여받았다. URI는 또한 신을 '위대한 지하 강(A Great Underground River)'이라고 말하는 마이스터 에크하르트(Meister Eckhart)와 같은 신비주의자들의 글을 사용하여 그들의 개념을 정당화한다.[466] 좀 더 현대적인 해설가에게 이것은 매튜 폭스(신지학자/뉴에이저:

---

464 See Lee Penn, *Ibid*, p. 203.
465 UNCSVGC를 위해서는 See https://archive.upf.org/united-nations/other-reports-on-the-un/6286-un-ngo-committee-on-spirituality-values-and-global-concerns-ny-promotes-human-dignity.
466 See Lee Penn, *Ibid*, p. 192.

Theosophist/New Ager)가 '깊은 에큐메니즘'이라고 부르는 것이다.

"유태인의 바다, 루터교의 태양, 불교의 강, 도교의 숲, 로마 가톨릭의 옥수수 밭 같은 것은 없다. 일단 창조의 수준으로 이동하면 깊은 에큐메니즘의 시대로 들어가는 것이다. 어머니 지구가 살아남으려면 오천 년 된 고대 전통적 종교뿐만 아니라 여신 종교, 아메리카, 아프리카, 아시아 원주민의 종교를 비롯한 모든 세계 종교에서 지혜를 깨우쳐야 한다고 생각한다. 그리고 나는 이것과 이것만이 이 신비로운 조합을 통해서 인류를 깨워서 자신의 구원을 이룰 것이라고 생각한다. 하나님은 모든 종교를 통해 일하신다. 그렇기 때문에 우리는 우리 자신의 신성을 회복하기 위해서 오늘날 모든 종교의 지혜를 끌어내야만 한다. 에크하르트는 '신은 거대한 지하 강(God is a Great Underground River)이다.'라고 말했다. 그래서 우리는 답답한 우물과 불교 우물과 천주교 우물과 개신교 우물로 왔지만 그들은 하나의 깊은 지하 강으로 가라앉는다. 이 모든 지혜의 신성한 원천은 단 하나뿐이다."[467]

이 진술에 따르면 신세계 종교의 중심에는 '어머니 지구(Mother Earth)'가 우리 자신의 신성을 회복할 수 있게 해주는 일종의 구원을 줄 수 있다는 신앙이 있다. 이것은 정확하게 아담과 하와가 선악과를 알게

---

[467] 매튜 폭스(Matthew Fox)는 제프리 미쉬러브(Jeffrey Mishlove) 박사와 함께 '지식과 발견의 최첨단에 대한 대화라는 허용되는 생각'으로부터 '창조 영성'을 설명했다. See Jeffrey Mishlove, *Thinking Allowed: Conversations on the Leading Edge of Knowledge and Discovery* (Tulsa: Council Oak Books, 1995); https://youtu.be/72-ByOYQtxU?si=0mAs-6Is2SwRuBXD; https://www.intuitionnetwork.org/txt/fox.htm; https://youtu.be/BVUVPbniOJk?si=98cDv2AHJXwk9V9F.

되어 하나님과 같이 되어 그들의 신성을 회복한다는 창세기가 담고 있는 관념이다. 그러나 여기에 이 신앙을 설명하는 잘 알려진 작가이자 기독교 성공회 장관으로 추정되는 사람이 있다. 그는 순수한 루시퍼리안 주의자이다. 에덴동산에서 뱀이 뭐라고 말했는가? "너희가 그것을 먹는 날에는 너희 눈이 밝아져 하나님과 같이 되어 선악을 알 줄을 하나님이 아심이니라(창 3:5)." 따라서 매튜 폭스가 교회에 대한 불순종으로 로마 가톨릭 사제에서 추방된 것은 놀라운 일이 아니다. 나중에 그는 비숍 스윙(Bishop Swing)에 의해 우리(Fold) 안으로 들어왔다. 어떤 이들은 그를 제2의 테야르 드 샤르댕(Teilhard de Chardin)이라고 불렀다. 아담과 하와가 나무의 열매를 먹었다는 사실은 흥미롭다. 즉 그것은 어머니 지구가 생산했던 것이지만 하나님이 창조하셨던 것이다.

그들이 문제라고 생각하는 것은 무엇인가?

그들은 문제가 '근본주의(Fundamentalism)'라고 생각한다. 이것이 오늘날 세계에 이슬람 근본주의(나쁜 이슬람)가 많은 이유이다. 정부나 유엔을 통해 비밀 정치 조직이 아닌 풀뿌리 운동으로 주류에 들어가는 것은 거의 없다. 즉, 엘리트가 주류 영역에 무언가 존재하기를 원했다면 그렇게 된다. 그러나 그들이 주류 영역에 있는 것을 원하지 않는다면 그것은 존재하지 않는다. 음악, 문화, 종교, TV, 영화, 라디오 등에서 정치적 올바름(Political Correctness/PC)과 국가 승인 권위라는 필터를 적용하지 않고 대중에게 널리 전파되는 방식은 거의 없다. 하나의 종교가 진리이고 그 신앙이 진리가 될 수 있다는 신앙은 그들에게 심각한 문제이다. 첫째, 그들은 모든 종교적 신앙이 가지고 있는 마찰과 '폭력'에 대해 우려하고 있다. 그들의 세계관에서 종교는 모든 피해, 지난 100년 동안의 전쟁을 초래했으며 인류를 분열시켰다. 진실은 이러한 전쟁을 일으킨 것은 종교가 아니라 엘리트, 비밀 은행가, 프리메이슨, 일루미나티, 몰타의 기사단 및 스컬과 본즈와 보헤미안 그로브와 같은 고위 내부자들에 의한 원치 않고(Unwanted) '정당화할 수 없는 파괴(Unjustifiable Destruction)' 때문이다. 종교가 유난히 학살과 폭력적인 박해를 일으키는 경향이 있다고 생각하는 것은 다소 순진하다고 말할 수 있다. 인종, 정치적 신념, 사회 계층, 언어 또는 국적을 포함한 여러 요인 중 하나일 가능성이 훨씬 더 높다. 지난 세기의 전쟁을 일으킨 것은 종교가 아니라 이러한 문제 때문이었다. 제1차, 제2차 세계 대전은 주로 기독교인이 기독교인을 상대로 싸웠다. 실제로 역사상 많은 전쟁은 집단적 증오나 종교와는 아무런 관련이 없었다. 오히려 영토, 권력, 자원 탈취(약탈)에 대한 욕망과 더 관련이 있었다. 우리가 종교를 제거하면 어떻게든 인간 분쟁의 주요 목표를 제거할 수 있다는 신앙은 분명히 잘못된 것이다. 아마도 그들은 기록된 역사에서 비록 종교가 약 7%의 전쟁의 주요 원인으로 실제로 계산되었고 그중 높은 비율이 이슬람과 관련되어 있기 때문에 그것을 올바로 볼 수 없을 수도 있다.[468]

---

468 See Vox Day, *The Irrational Atheist* (Dallas: Bella Books Inc, 2008), p.105.

테러와의 전쟁(War on Terror) - 국가 사기(A State Hoax)[469]

이것이 오늘날 우리가 이슬람 근본주의라는 딥스테이트 운동을 연구하는 이유이다. 9/11은 테러와의 전쟁의 공식적인 출발점이었지만, 우리가 본 것처럼 9/11은 실제로 무슬림을 비난하고 그들을 새로운 적으로 만들기 위해 비밀 정치 조직에 의해 수행된 거짓 깃발이었다. 알 카에다(AL Qaeda)와 아이에스 아이에스(ISIS)는 비밀 정치 조직이 원하는 변화를 가져오기 위해 그림자 국가(Deep-State)가 자금을 지원하고 무장한 미국 프로젝트라는 사실이 잘 문서화되어 있다. 종교적 동기로 폭력을 행사하는 의제를 추진하고, 신 십자군 전쟁인 '종교에 반대하는 종교(Religion against Religion)'를 창설하는 것, 즉 문명의 충돌도 국가의 사기 행위이다. 헤겔 변증법의 이 두 가지 측면의 종합은 신 지구 숭배 종교가 될 것이다. 이것이 바로 그들이 '신세계 영성(New World Spirituality)'을 통해 '화합의 심리작전 의제(Psyops Agenda of Unity)'를 추진하는 이유이다. 한쪽에는 '종교적 폭력(Religious Violence)'이 있고 다른 한쪽에는 '일치에 대한 요청(A Call to Unity)'이 있다. 만일 그들이 차이점을 강조하지 않는다면 어떻게 합성을 얻을 수 있는가? 이 지점에 도달하려면 그들은 종교를 서로 대립시켜야만 한다. 이것이 오늘날 우리가 이슬람 근본주의라는 개념을 갖게 된 이유이다. 그들은 계속해서 우리를 '나쁜' 이슬람에 노출시키고, 테러 사건이 충분히 일어나지 않으면 그들은 자신들

469　See https://www.counterpunch.org/2009/02/04/the-war-on-terror-is-a-hoax/; https://isreview.org/issue/82/waste-and-fraud-war-terror/index.html; https://www.counterpunch.org/2014/09/19/how-the-us-helped-create-al-qaeda-and-isis.

의 사기나 설정으로 그들을 꾸며낸다. 그것이 그들은 고의로 봉(Patsy/잘 속는 사람)이 사건을 수행하도록 돕는 것을 아는 때이다. 이런 식으로 결국에는 상황이 너무 나빠져서 '나쁜' 이슬람이 파괴되어 '좋은 이슬람'이 기독교와 합병될 수 있을 것이다. 이것은 '크리슬람(Chrislam: Christian + Islam)'에 대한 이야기를 형성할 것이다.

알 수 없는 진리, 정통적인 신앙(Orthodox Beliefs)은 환영받지 못한다.

따라서 세계 시민들은 알 수 있는 진리가 없으며 한 집단이 그러한 주장을 할 수 없다는 개념에 노출되고 있다. 이런 방식으로 왜곡된 새로운 일련의 '비도덕적 신앙(Immoral Beliefs)'과 결합된 의제는 '루시퍼의 순수한 교리의 사악한 빛(The Evil Light of the Pure Doctrine of Lucifer)'이 공개적으로 드러나도록 이끌 것이다.

따라서 신념으로서의 근본주의(또는 예를 들어, 기독교의 교리와 신조를 진지하게 받아들이는 정교회)는 그들이 용인할 수 없다. 문제는 진리는 실제로 절대적이라는 것이다. 그리고 당신이 어떤 것이 진리라는 것을 안다면 당신은 그것을 그냥 덮어둘 수 없다는 것이다. 어쩌면 그들은 근본주의에 의해 만들어진 행동의 관점에서 생각하는 것이 더 나을 것이다. 아마도 그들은 사람들을 폭파시키지 않는 한 사람들이 원하는 것은 무엇이든 믿게 하는 것을 목표로 해야 할 것이다. 1988년 종교 연합 이니셔티브(United Religions Initiative/URI)의 이사인 윌리엄 랭킨(William

Rankin)은 다음과 같이 썼다.

"종교 연합 이니셔티브는 아무도 하나님이나 하나님을 위해서 더 이상 죽지 않아야 하는 세상을 창조하기 위해서 세상의 모든 종교들로부터 사람들을 함께 모으기 위해 존재한다."[470]

둘째, 앞에서 언급했듯이 엘리트의 목표는 아무것도 믿지 않고, 많이 알지 못하며, 그들의 의지에 따라 형성될 수 있고 그들의 삶에 소란을 피우지 않는 유순하고 교육을 받지 못한 사람들을 보다 평범한 대중으로 만드는 것이다. 이런 종교적 '희석화(Diluting)'를 달성하기 위해 그들은 모든 신앙을 비도덕적, 범신론적 또는 이상적으로는 루시퍼리안 신앙으로 대체하려고 노력한다. 따라서 그들은 교육을 과거의 전통을 전복시키는 도구로 사용하려고 한다. 오늘날 사회 곳곳에서 이것을 볼 수 있지 않은가!

교육(Education)

신세계 종교와 교육 사이에 연관성이 있다는 것을 믿기 어렵다면, '세계 핵심 교육 과정(World Core Curriculum)'[471]을 창안한 유네스코 평화와 교육상을 수상한 UN의 철학자로 불리우는 로버트 뮬러를 연구해 보

---

470 "윌리엄 랜킨은 1989년 10월 9일 'Claremont School of Theology'에서 위의 내용을 발표했다."라고 Lee Penn은 언급했다. See His *Ibid*, p. 215. 윌리엄 랜킨의 논문을 위해서는 www.PROGRESSIVECHRISTIANITY.ORG. 을 보라.
471 See https://en.m.wikipedia.org/wiki/Robert_Muller_(United_Nations).

라. 이러한 교육 아이디어는 전 세계 학교에 통합될 예정이었다. 그는 단일 세계 정부를 신봉하여 이렇게 말했다. "우리는 '단일 세계 정부(One World Government)'로 가능한 한 빨리 즉 '단일 세계 종교(One World Religion)'와 '하나의 세계 지도자(One World Leader)' 아래로 나아가야만 한다."[472]

그는 또한 "글로벌 영성(Global Spirituality)과 이 지구의 건강(Health of This Planet)에만 충성을 고백하는 종교 연합을 통해서 근본주의(Fundamentalism)를 길들이지 않으면 평화가 불가능할 것"이라고 말했다. 이는 UN 고위 위원인 로버트 뮬러의 주장으로, 세계 종교는 단일 세계 정부와 단일 세계 종교가 함께 등장해야만 한다는 신앙이다. 이것의 일부는 또한 지구와 행성이 인간 위에 있다는 신앙이며, 이는 권력을 얻기 위한 큰 변명이다. 그는 계속해서 "나의 개인적인 큰 꿈은 모든 주요 종교와 UN 간에 엄청난 동맹을 맺는 것"이라고 말했다.

URI는 종교가 아니라고 그들은 주장한다.

스윙(Swing) 주교와 다른 사람들은 URI가 종교를 창시하지 않는다고 구체적으로 언급했다. 그러나 종교 의식을 만들고 종교적 신앙을 모든 사람이 받아들일 수 있는 형태(이것은 새로운 형태의 종교, 의제 21[Agenda 21]와 신세계 질서가 수용할 수 있는 종교)로 '증류함으로써(Distilling)' 그들

---

[472] 전 FBI 국장이고 공화당원인 Robert Mueller와 혼동하지 말 것.

이 정확히 무엇을 하고 있는지에 대한 많은 징후가 발견된다. 알리스 안 베일리(Alice Ann Bailey)는 하나의 보편적[우주적]인 교회(One Universal Church)의 창설을 요청했다. 그래서 우리는 URI가 모든 세계 종교의 일종의 혼합이 되어 신앙을 마음대로 선택하고 선택할 수 있는 희석된 잡동사니 집합체(Smorgasbord)로 합쳐지는 것을 상상할 수 있다.

스윙 주교는 종교 간 모임을 통해 나타날 새로운 영적 연합에 대해 설명한다. "종교 연합에서: a) 각 종교가 신성한 길을 추구함에 따라 모든 종교에 대해 침묵의 존경이 표현될 것이다. b) 우리를 묶는 것은 우리 너머에 있다. 각 종교가 다른 종교에 대해 묵묵히 존중할 때 서로에 대한 공감이 높아지면 하나의 통일[혼합된]된 신비를 발견하게 될 것이다. c) 우리 너머에 있는 것이 우리를 묶을 것이다. 발견될 통합의 신비는 종교들이 서로 그리고 모든 생명과 점점 더 친밀해지는 관계를 갖도록 설득할 것이다."[473]

'우리를 묶을', '통합의 신비(Unifying Mystery)'가 무엇인지는 설명되지 않았지만, 이것이 '우리는 인간이다'라거나 '신이 있다'와 같은 우리가 모르는 것처럼 기본적인 것이라고 생각하는 것이 무리가 아니라고 생각한다. 다음 문장에서 그는 다음과 같이 덧붙인다: "그러나 모든 종교와 영적 운동을 위한 공통 언어와 공통 목적이 식별되고 합의되어야 할 때가 온다." 이것이 공유된 신일까? 아니면 국가가 승인한 종교의 발전일까? 2004년 인터뷰에서 스윙 주교는 "…우리 모두는 부족 환경(Tribal Settings)에서 우리의 종교를 배웠고, 우리의 종교를 세계적인 관점에서

---

473 See William E Swing, *The Coming United Religion* (London: CoNexus Press, 2003), p.63.

이해해야 할 날이 빨리 오고 있다… 그것은 모든 종교와 모든 신학적 사고에 대한 급진적인 형태를 가져올 것이다.…따라서 우리가 지금 하고 있는 많은 작업은 다음 종교적 폭발을 위한 선구자적인 일을 하는 것이다."[474] 협력 서클을 통한 종교 연합이니셔티브(URI) 성장의 대부분은 실제로 제3세계에서 이루어졌다. 서구 문화와의 관련성은 아직 주류에 스며들지 않았다. 그러나 이것이 가장 중요한 외교관계위원회(CFR) 회원 중 한 명인 조지 슐츠(George Shultz) 이사(Trustee)와 함께 UN의 완전한 위임 및 지원을 받는 그룹이라는 사실은 그들이 URI가 얼마나 중요하다고 믿는지를 보여준다.[475]

URI에 대한 비판

이러한 유형의 혼합주의 종교에는 중대한 결함이 있다. 사람들이 종교에 대한 신앙을 가지려면 그 혼합 종교들은 진리로 받아들여질 필요가 있다. 당신의 신앙이 진리가 아니라 많은 신앙들 중 하나라면 결국 당신은 일종의 '영적 간음자(Spiritual Adulterer)'가 되는 것이다. 일부에게는 이것이 허용될 수 있지만 다른 사람들에게는 이 문제를 극복할 수 없고 실행할 수 없다.

---

474 See Lee Penn, *Ibid*, p.191.
475 조지 슐츠(George Shultz)는 URI의 이사이다. See https://www.uri.org/books/bishops-quest.

'당신은 모든 사람이 진리를 갖고 있고 모든 사람이 동등한 발언권을 갖는 다중신앙 종교(A Multi-Faith Religion)'를 가질 수 없다. '진리의 정의는 배타적이다(The Truth by definition is Exclusive).' 참진리는 성경의 기독교뿐이다.

이 '신성한 땅의 종교(Sacred Ground Religion)'의 또 다른 주요 결함은 국가가 효과적으로 종교 위에 있다는 것을 의미한다는 것이다. 반면에 모든 참된 신앙은 항상 종교 아래에 있는 국가를 가진다. 다시 말해서, 진정한 신앙이 번성하려면 인생의 성공과 실패, 고통과 재난과 함께 지금 여기 뿐만 아니라 인간 조건의 모든 더 높은 측면을 충족시켜야만 한다. 그러나 신세계 종교는 모든 신앙을 하나로 묶어서 단순히 국가 강제의 또 다른 형태가 되는 것이다. 사회 질서의 도덕적 측면을 합법화하는 것은 국가에 대한 신앙이 아니라 신에 대한 신앙이기 때문에 이것은 작동할 수 없다. 신성은 진정한 믿음이 되기 위해 국가 밖에 그리고 국가 위에 존재해야만 한다. 하나님과의 만남은 존재의 가장 참된 지점이며, 모든 것 위에 있어야 하며, 그렇지 않으면 하나님이 되지 못한다.

그러나 최종 분석에서 신세계 종교는 결코 고정된 교리를 갖지 않고 매우 가변적일 것이며, 신세계 질서와 관련된 많은 일들과 마찬가지로 그들이 마음에 둔 훨씬 더 불길한 의제로 가는 또 하나의 실제로 복잡한 디딤돌이다. 세계의 종교를 통합하는 배후에 있는 비밀로 숨겨진 의제는 세계 사람들이 인권, 인구 통제 및 단일 세계 정부에 대한 UN의 지시(명령)를 수용할 수 있도록 하는 것이다. 우리는 이미 이 방향으로 가고 있다. 신세계 종교가 비밀인 이유는 인류가 결국 비밀 정치 조직과 그들의 적그리스도 구세주를 숭배하게 될 것이기 때문이다. 그래서 사탄을 숭배하게 될 것이다. 따라서 신세계 질서는 다가오는 세계 경찰 국가에 관한 것이 아니라 다가오는 짐승 종교의 도래에 관한 것이다.[476] 알버트 파이크(Albert Pike)의 글을 신뢰한다면 그는 마찌니(Mazzini)에게 보낸 편지에서 '순수한 루시퍼리안 교리를 밝히는 것'이라고 말했다. 알리스 안 베일리는 신세계 종교가 '일종의 프리메이슨의 형태'가 될 것이라고 말했다. 옛날에 확립된 리듬(종교)은 결코 생각하지 않는('새로운 인종, 새로운 문화 및 새로운 세계관'[477]) 것에 자리를 내주어야 한다.[478]

헬레나 페트로브나 블라바츠키는 신세계 질서 종교는 "…고대인의 종교가 미래의 종교"가 될 것이라고 말했다. 몇 세기가 더 지나면 인류의 위대한 종교 중 어느 쪽에도 '종파적 신앙(Sectarian Beliefs)'이 더 이상 남아 있지 않을 것이다. 힌두교(Brahmanism)와 불교, 기독교, 마호메트교[이슬람교]는 FACTS(사실)가 엄청나게 쏟아지기 전에 모두 사라질 것이다. 그러나 이것은 세상이 과거의 위대한 종교로 돌아갈 때에만 일어날

---

[476] "또 짐승은 성도들과 싸워 이기는 것이 허락되었고 언어와 종족을 초월하여 세계 모든 나라와 민족을 다스리는 권세를 받았느니라. 그러므로 세상이 창조된 이후, 죽음을 당하신 어린양의 생명책에 이름이 기록되지 못하고 땅에 사는 사람들은 모두 그 짐승에게 경배할 것이니라(계 13:7-8)." "나는 또 다른 한 짐승이 땅에서 올라오는 것을 보았고 그 짐승은 어린양처럼 두 뿔을 가졌고 용처럼 말했더라. 이 짐승은 첫 번째 짐승의 모든 권한을 그 앞에 행사하고 또 땅에 사는 사람들을 강요하여 치명적인 상처를 입었다가 나은 그 첫 번째 짐승에게 경배하게 하였더라(계 13:11-12)." "그 짐승은 첫 번째 짐승이 하던 기적을 그대로 행하여 땅에 사는 사람들을 속이고 부상당했다가 살아난 짐승을 위해 그들에게 우상을 만들라고 했더라. 이 둘째 짐승은 능력을 받아 첫 번째 짐승의 우상에게 생기를 주어 말을 하게 하고 그 짐승의 우상에게 경배하지 않는 사람은 누구든지 다 죽게 했더라. 그 짐승은 신분이 높건 낮건 부자이건 가난한 사람이건 자유인이건 노예이건 모조리 오른손이나 이마에 표를 받게 하고 그 표를 받지 않은 사람은 아무것도 사거나 팔지 못하게 했는데 이 표는 짐승의 이름 또는 그 이름을 상징하는 숫자이니라. 이런 때일수록 지혜가 필요하니라. 만일 어떤 이가 통찰력을 가졌다면 그 짐승의 숫자를 세어 보아라. 그 숫자는 사람의 숫자이고 그 숫자는 666이니라(계 13:14-18)."

[477] See Alice Bailey, *The New Group of World Servers* (London: Lucis Press Ltd, 1978), p.37.

[478] See Alice Bailey, *Esoteric Psychology* (London: Lucis Press Ltd, 1972), p.269.

수 있다. 브라만교와 고대 칼데아인(Chaldeans)들의 원시 일신교보다 훨씬 이전의 장엄한 체계에 대한 지식이다.[479]

이것이 2장에서 설명한 프리스카 신학(Prisca[고대] Theologia[신학])이다. 과거에는 알려지지 않은 놀라운 진리가 있었다는 신앙, 그러나 우리가 알고 있듯이 이것은 실제로 에덴동산과 원시복음(Protoevangelium)을 의미한다. 그것은 모든 사람들이 모든 종교가 동일한 근원에서 나온다는 것을 깨닫는 '포용의 영(정신: spirits of Inclusiveness)'에서 나올 것이다. 그것은 고대 오컬트(신비주의) 자연 종교로의 회귀일 것이다. 로버트 뮬러는 유엔이 인간이 만든 창조물이 아니라 기본적으로 영적 근원을 가진 영적인 조직이라고 말했다. 성경은 '예수 그리스도를 주로 시인하지 아니하는 영마다 적그리스도'[480]에게서 나왔다고 분명히 말씀하고 있다. 이것이 바로 그리스도 예수님 대신에 적그리스도가 의미하는 것이므로 신세계 종교의 영적 근원은 정의상 사탄에게서 나올 것으로 보인다.

결론(Conclusion)

URI(종교 연합 이니셔티브)는 자신의 활동을 통해 평화로운 공존과 통합을 이끄는 대화만 창조하는 것이지 세계 종교를 창조하는 것이 아니

479　See Helena Petrovna Blavatsky, *Isis Unveiled* (London: Forgotten Books, 2018), p.613.
480　요한1서 4장 2-3절 "이것이 하나님의 성령님을 인정할 수 있는 방법이니라. 예수 그리스도께서 육체로 오셨다는 것을 인정하는 모든 영은 하나님으로부터 오느니라. 그러나 예수님을 인정하지 않는 모든 영은 하나님에게서 오지 않았느니라. 이것이 적그리스도로의 영인데 너희가 들어왔던 것이 이제 벌써 세상 안에 있느니라."

라고 가정한다. 그러나 UN이나 다른 단체가 그것을 인수하여 자신들의 사악한 목적을 위해 자신들의 조직으로 사용하는 것이 얼마나 쉬울까? 하지만 처음에 '정치 집단(Political Group)'이 만들어졌다가 나중에 '다른 기관(Another Institution)'으로 왜곡된 것은 이번이 처음이 아니다. 예를 들어, 유럽 연합(EU)은 원래 '무역 블록(Trading Block)'으로 설정되었지만 계속해서 '정치적 연합(Political Union)'으로 의도되었다. 그 증거는 그 창립까지 거슬러 올라간다. 단일 유럽 통화는 1950년대에 빌더버그(Bilderberg) 그룹에 의해 목표로 언급되었으며 엘리트 사이에서는 그것이 시작되기 전부터 오늘날 보는 것처럼 '독재적인 초국가(Dictatorial Super-State)'가 될 것이라는데 의심의 여지가 없었다. 이런 점에서 URI는 신세계 국가 공인 루시퍼리안 종교가 될 '통제 메커니즘(Control Mechanism)'을 도입하기 위해 비밀 정치 조직을 사용하기를 기다리는 전선(Front)에 불과하다. 이것으로부터 적그리스도와 거짓 선지자들을 받아들이게 된다. 먼저 모든 종교를 대변하는 세계적인 영적 몸이 있을 것이다. URI가 아마도 그 기구가 될 것이지만 이것이 신세계 종교가 출현하는 유일한 방법은 아니다. 수백 개의 서로 다른 그룹을 포함하는 뉴에이지 종교 자체도 이를 유도하는 데 도움을 주고 있다. 그것은 아마도 인류가 지역 전쟁과 세계적인 격변으로 인해 끔찍한 압력을 받을 때 나타날 것이다. 이것이 바로 성경이 말하는 것이다. 평화가 선포될 때 우리는 종말이 가까웠다는 것을 알게 된다. 살전 5:3은 "마치 해산할 여자에게 고통이 다가오듯이 사람들이 평안하고 안전한 세상이라고 마음을 놓고 있을 때 갑자기 그들에게 멸망이 닥칠 것이며 사람들은 절대로 그것을 피하지 못할 것이다."고 말씀한다.

13장

새로운 종교는 어떤 모습일까?

13장
새로운 종교는 어떤 모습일까?

신세계 종교의 핵심 신앙(The Core Beliefs of the New World Religion)

신세계 종교의 핵심 신앙은 일종의 '환경적 범신론(Environmental Pantheism)'이 될 것이다. 그들의 '지속 가능한 사회(Sustainable Society)'를 만들기 위해 생태적 제약 속에서 살아가면서 새로운 종교는 '생태-진화론적 세계관(Ecological-Evolutionary Worldview)'에 기반을 둘 것이다. 현재 URI는 '신성한 지구라는 새로운 통합 종교(New Unified Religion of the Sacred Earth)'의 토대를 마련하고 있다. 그들의 지도자들이 한 성명서들, 그들의 의례, 의식과 예배에서 사용하는 상징들은 이 부인할 수 없는 혼합주의가 실제로 작용하고 있음을 보여준다. 초월적이지 않은 지구의 새로운 계시는 인류가 우리 시대의 정신으로 앞으로 나아갈 수 있게 할 것이다. 뉴에이저들(Newagers)과 신지학자들(Theosophists) 같은 일부

URI 활동가들에게는 이것이 의도된 결과이다. 반면에 다른 URI 지도자들은 그 해당 혐의를 부인할 것이다. 이는 그들이 부지불식간에 이런 '공시적 종교(Synchronistic Religion)'를 위한 기초를 세우는 것을 의미한다. "모든 사람은 자신의 최고, 가장 풍부하고 깊은 이야기를 공통의 기반으로 가져오도록 초대받을 것이다. 그리고 거기서 우리는 구축할 것이다."[481]

혼합 신앙의 핵심과 중심에는 '신성한 지구(Sacred Earth)'라는 개념이 있을 것이다. 세인트 존 더 디바인 교회(St. John the Divine Church)에서 URI 지지자이자 뉴욕 종교 간 센터(Interfaith Centre of New York) 설립자인 제임스 파크스 모튼(James Parks Morton)은 "신성한 지구(Sacred Earth)'의 언어가 주류가 되어야만 한다."라고 말했다.[482] 이것이 '중앙 통합 신앙(Central Unifying Belief)'이 될 것이고 그 주변에는 국가가 승인한 기독교, 이슬람교 및 기타 신앙이 여러 세대에 걸쳐 천천히 새로운 종교로 변신될 것이다. 비밀 정치 조직은 우리가 지구를 '숭배'하게 만들고 그것을 경외심으로 대하게 함으로써 사람들을 통제하기를 원한다. 따라서 그것은 모든 것이 살아있고 연결되어 있다고 가르치는 일종의 범신론이 될 것이다. 인간이 생존하기 위해서는 어머니 지구가 인간보다 더 보호되어야 한다는 신앙이 필요하다. 이 개념은 대부분의 대규모 종교 간 모임 계획과 조직에 짜여져 있다. 이는 환경 의제 안에 가려진 정치적 의제인 의제 21과 정확히 일치하는 개념이다. 그 결론은 궁극적으로 열

481　Bishop William Swing, 'A Message for All the People', *URI pamphlet* (1996), p. 2; Lee Penn, *Ibid*, p. 190.
482　See Lee Penn, *Ibid*, p. 38.

린 루시퍼리안주의로 인도할 '새로운 지구 통제 종교(New Earth Control Religion)'이다.

어머니 지구 숭배(Mother Earth Worship)[483]

신세계 종교의 중심에 있는 신은 '어머니 지구의 여신(Mother Earth Goddess)'이 될 것이다. 이 가짜 신앙에서 어떤 '녹색(Greenness)'이 발산될 것이다. 인간이 자신의 생명을 유지하기 위해 지구(땅)를 사용해야 하며 자신의 영광을 위해 지구(땅)를 남용해서는 안 된다는 것은 창세기의 설명[484]과 정반대이다. 그것은 유신론적 방식을 믿기를 원하지 않는 사람들을 위한 은유로 제시되거나 보다 유신론적인 전통적인 접근 방식을 선호하는 사람들을 위한 '진정한 영의 여신(A True Spirit Goddess)'으로 제시될 것이다. 이러한 유형의 신앙은 '오래된 이교도 종교(Old Pagan Religion)'에 대한 현대적 해석에 뿌리를 두고 있다. 그것은 신지학자들(Theosophists), 진화론자들(Evolutionists) 및 정령숭배자들(Animists/물활론자들)의 글에 대한 시적 표현인 '흑녹색 종교(Dark Green Religion)'라는 용어로 가장 간결하게 표현된다.

---

[483] See https://www.encyclopedia.com/religion/encyclopedias-almanacs-transcripts-and-maps/earth-mother-worship; https://www.tomorrowworld.org/news-and-prophecy/worshiping-mother-earth.

[484] Contra. 창 1:28 "하나님께서 그들에게 복을 주시며 그들에게 말씀하시되 생육하고 번성하여 땅에 충만하라. 땅을 정복하라. 바다의 고기와 공중의 새와 땅에 움직이는 모든 생물을 다스리라 하시더라."

신세계 종교의 중심 핵심 신앙의 배경: 흑녹색 종교(Dark Green Religion)

환경이 정치, 경제, 종교와 '함께 결합'될 수 있는 통합 원칙이 되기로 결정된 이래로 '환경주의자의 드럼을 두드릴' 필요가 있었다. 로마 클럽과 나중에 그들의 싱크 탱크를 통한 '광야 회의(Wilderness Conference)'는 이 개념을 엘리트에게 알렸다. 그래서 1980년경 이후로 지난 수십 년 동안 우리는 인간이 그의 환경을 망치고 생태계를 파괴하고 있다고 선언하는 책과 영화의 수가 엄청나게 증가했다. 다음과 같은 지구의 운명(The Fate of the Earth, Jonathan Schell, 1982); 지구의 꿈(The Dream of the Earth, Thomas Berry, 1988); 지구상의 생명의 위기(The Crisis of Life on Earth, Tim Radford, 1990); 균형 속의 지구(Earth in the Balance, Al Gore, 1993); 신성한 균형(The Sacred Balance, David Suzuki, 1997); 및 다섯 번의 홀로코스트(Five Holocausts, Derek Wilson, 2001)는 모두 이러한 주제를 가지고 있다. 이 책들은[485] 1985년경부터 우리가 겪었던 의인화된 인간이 만든 탄소 배출과 지구 온난화 사기에 기여했다.[486]

485　See Jonathan Schell, *The Fate of the Earth* (New York: Knopf, 1982); Thomas Berry, *The Dream of the Earth* (Berkeley: Catapult, 1988); Tim Radford, *The Crisis of Life on Earth* (Castle Lane: Thorsons, 1990); Al Gore, *Earth in the Balance* (Boston: Houghton Mifflin, 1993); David Suzuki, *The Sacred Balance* (Vancouver: Greystone Books, 1997); Derek Wilson, *Five Holocausts* (Aotearoa: Steele Roberts, 2001).

486　See Michael Shellenberger, *Apocalypse Never: Why Environmental Alarmism Hurts Us All* (New York, HarperCollins Publishers, 2020); Patrick Moore, *Fake Invisible Catastrophes and Threats of Doom* (Comox: Ecosense Environmental Inc, 2021); Vitezslav Kremlik, *A Guide To The Climate Apocalypse: Our Journey From The Age of Prosperity to the Era of Environmental Grief* (USA: Identity Publications, 2021); Bjorn Lomborg, *False Alarm: How Climate Change Panic Costs Us Trillions, Hurts the Poor, and Fails to Fix the Planet* (New York: Basic Books, 2021); Steven E. Koonin, *Unsettled: What Climate Science Tells Us, What It Doesn't, and Why It Matters* (Dallas: BenBell Books, Inc, 2021).

이산화탄소(Carbon Dioxide)

유엔은 기후 변화 공포의 배후에 있으며 '구부러지고 부패한 과학자들 (Bent and Corrupt Scientists)'을 사용하여 이산화탄소가 지구 온도에 영향을 미치고 있다고 말했다. 그러나 그들의 과학이 완전히 거짓일 뿐만 아니라 공모자들 스스로도 그들이 하고 있는 모든 일이 완전히 거짓이라는 것을 인정했다. 예를 들어, 크리스티나 피게레스(Christiana Figueres)는 기후 변화가 날씨에 관한 것이 아니라 서구 자본주의를 파괴하고 새로운 경제를 창출하는 것에 관한 것이라고 인정했다.[487] '기후 변화에 관한 국제 패널(The International Panel on Climate Change/IPCC)'은 결국 본질적으로 이산화탄소가 기후에 영향을 미치지 않는다고 말할 수밖에 없었다. 그러나 CO_2는 온도에 영향을 미치지 않기 때문에 그것은 인간의 활동이다. 전반적으로 UN은 완전히 잘못된 기후 논쟁을 만들었다.[488] 또한 수천 개의 이메일이 해킹되어 공개적으로 사용가능하게 된 '기후게이트 유출(Climategate Leak)'이 있다. 이는 의심의 여지 없이 메시지가 가짜라는 것을 증명했으며 과학자들은 그들 스스로가 그들의 신세계 통제자들과 함께 새로운 이메일에 맞게 모든 데이터를 조작해야 했다.[489] 그리고 가짜 기후 변화를 막으려고 하늘에 건강에도 해로운 '에어

---

487 See https://www.investors.com/politics/editorials/climate-change-scare-tool-to-destroy-capitalism.
488 음모론자의 위조 과학을 위한 연구를 위해서는 IPCC Website인 http://www.ipcc.ch/index.htm을 보라.
489 우리 모두는 오염에서 자유로운 세상에서 살고 환경을 보호하기를 원한다. 단지 이 고도로 정치화되고 거짓된 밈(meme)이 '지속가능한 발전'에 기반한 가짜 경제를 창출하기 위한 지렛대로 부당하게 사용되고 있을 뿐이다. 지속불가능한 생활 방식을 대중화 한 이 개념은 우리의 생활 수준에 대해 나쁜 기분을 느끼게 하고 심지어 엘리트가 우리를 그들의 왕국으로 끌어들이

로졸(Camtrail/켐트레일)'을 어느 나라의 국민 동의도 없이 살포하고 있다.[490]

흑녹색 종교(Dark Green Religion)

그러나 이 공리주의적 신조의 중심에 있는 신앙의 흐름과 현대 환경 운동이 그것을 교리적 신앙으로 이끌어낸 곳에서 토대를 마련하기 위해 우리는 조금 더 거슬러 올라갈 것이다. 랄프 에머슨(Ralph Waldo Emerson, 1803-1882)은 아마도 1836년에 'Nature'를 저술하여 자연과 관

기 위해 실제로 권력을 장악하는 이 과학적 사기(Scientific Fraud)에 의문을 제기하는 것에 대해 더 나쁘게 만드는데 사용되고 있다. 과학을 논하는 것이 이 책의 역할이나 '합의'가 아니라 진정한 과학에 관심이 있는 많은 올바른 과학자들에 의해 이는 결정적으로 입증되었다. 심리전 대응 공세로서 '기후 변화(Climate Change)'라는 문구를 읽을 때마다 '대량 학살(Genocide)'이라는 단어로 바꿔야 한다. 왜냐하면 이것이 음모자들이 실제한다는 것을 의미하는 것이기 때문이다. 예를 들어, 기후 변화의 파괴적인 결과와 그것이 어떻게 인류를 멸망시킬 것인지에 대해 들을 때 당신은 그것을 그들의 대량 학살의 파괴적인 영향으로 해석해야만 한다. 왜냐하면 이것이 그들의 실적적인 의제이기 때문이다. 아마도 비뚤어졌을 수도 있지만 '탄소 배출권(Carbon Credits)'이나 '탄소 발자국(Carbon Footprints)'에 대한 그들의 터무니없는 신화를 믿는 것보다 진실에 더 가까워질 것이다. 이것은 어쨌든 의미론적 속임수이다. 왜냐하면 이산화탄소는 단지 탄소가 아니라 CO_2(이산화탄소)이기 때문이다. 그러나 그들은 우리에게 다음과 같은 용어를 사용하게 만든다. '탄소'라는 단어가 석탄을 연료로 사용하던 과거 산업에서 발생했던 그을음(Sooty)과 지저분한(Messy) 무언가를 마음속으로 연결시키기 때문이다. 그리고 미래에 우리는 이것을 없애야 한다. 그것은 모두 속임수의 일부이다. CO_2는 대기의 0.041%만을 차지하므로 미량 가스로 간주된다. 시안 화물(Cyanide)이나 비소(Arsenic)와 달리 생명에 필수적인 무해한 가스이다. (어쨌든 기후 변화가 비밀 정치 조직에 의해 만들어지고 있다는 가능성을 생각해 본 적이 있는가? 그리고 엘고어[Al Gore]가 캐나다를 침공할 것이라고 말한 북극곰은 어디에 있는가?). See David Craig, *There is No Climate Crisis* (UK: Original Book Company, 2021), pp. 221-244; Patrick Moore, *Fake Invisible Catastrophes and Threats of Doom*, pp. 198-204; 박석순, 데이비드 크레이그, 토니 헬러, 기후 종말론: 인류사 최대의 사기극을 폭로한다 (서울: 어문학사, 2023). pp. 227-248; Michael Shellenberger, *Apocalypse Never: Why Environmental Alarmism Hurts Us All* (New York: HarperCollins Publishers, 2020). 참고로 고주파 활성 오로라 연구 프로그램(HAARP: High-frequency Active Auroral Research Program)으로 날씨를 조작할 수 있다고 보고 있다.

490 See https://youtu.be/QMgog8TtNMY?si=cooqZSH6wbD9g-Oz.

련된 영성의 최초의 진정한 주창자일 것이다. 그는 아마도 인간과 동물이 지구와 연결되어 있는 '생태학적 영적 구조(Ecological Spiritual Construct)'를 인식한 최초의 사람이었을 것이다. 그리고 단순하고 길들여지지 않은 삶을 통해 우리는 자연과 자연 속에 있는 존재를 통해 경험할 수 있는 일종의 '타고난 지구(땅)의 지혜(Innate Earth Wisdom)'의 유형에 스며든 의미를 볼 수 있다. 자연이 살아있기에 어떻게든 우리에게 무언가를 가르쳐줄 수 있다는 신앙이다. 헨리 데이비드 소로(Henry David Thoreau)는 1859년에 찰스 다윈의 『종의 기원(The Origin of Species)』이 출판된 직후에 글을 썼고 사회주의자인 브론 테일러(Bron Taylor)와 다른 사람들이 '흑녹색 종교(Dark Green Religion)'라고 확인(식별)한 신앙을 표현한 또 다른 초월주의 작가이다. 어두움은 자연이 내재된 신성함을 갖고 있고 신성함과 함께 살아있다는 신앙을 의미하기 때문이다. 녹색은 자연의 연결성에 대한 깊은 소속감에서 흐르기 때문이다. 여기서 인간은 단순히 자연에 속한 또 다른 피조물뿐이며 진화의 산물이다. 이것이 오늘날 우리가 보고 있는 새로운 형태의 '시민 종교(Civic Religion)'이다. 소로(Thoreau)는 실제로 모든 창조물들이 살아있고 연결되어 있다고 믿는 범신론자(Pantheist)였다. 그래서 존재하는 모든 것에 영적인 요소가 있다는 '정령숭배적 신앙(Animistic Beliefs)'도 가지고 있었다. 이러한 신앙은 특히 '국립 공원(National Parks)과 요세미티(Yosemite)의 창조(Creation)와 보존(Preservation)'을 옹호한 미국 스코틀랜드 작가이자 철학자인 존 뮤어(John Muir)의 신앙에 영향을 미쳤다. 이러한 개념은 제2차 세계 대전 이후 알도 레오폴드(Aldo Leopold)에 의해 더욱 정교화되고 확장되었다. 젊은 시절 시에라 네바다에서 '눈과 눈의 전환(Eye To Eye

Conversion)'으로 그는 늑대를 죽였고 죽어가는 동물의 녹색 눈(Green Eyes)을 바라보면서 늑대와 산이 자신이 행했던 것에 동의하지 않는다는 놀라운 감정을 느꼈다. 그는 신세계 종교의 핵심 요소에 대한 신앙으로 인도하는 녹색 종교의 또 다른 중요한 작가였다.[491]

이러한 개념은 나비(Na'vi)의 지역 거주 부족이 이와(Eywa)라고 불리는 지구 어머니(Earth Mother)에 직접 연결할 수 있는 영화 아바타(Avatar)에서 우리에게 많이 전파되었다. 일부 분석은 프로그래밍이 얼마나 미묘한지를 보여준다. 세계 나무(World Tree) '자연(Natural) 하이브/벌집 네트워크(Hive Network)'를 통해 그들은 자연 환경 전체를 느낄 수 있었다. 그 결과 모든 것의 상호 연결을 느낄 수 있었다. 이것은 '중앙 정부 허브(Central State Hub)'에 상호 연결(Interconnected)된 미래 정부(Future State)가 될 수 있는 방법과 거의 같다. 성경과의 모호한 연결이 존재한다. 영화 아바타에서 그들의 지구 어머니에 대한 단어는 이와(Eywa)이다. 이것은 8장에서 설명된대로 히브리어 동사 하야(הָיָה, Haya/to be/존재하다)와 같은 어근을 가진 신성한 이름 야훼(Yahweh)의 애너그램(Anagram: 글자 수수께끼)이다. 이와는 세계 나무 위에 계신 예수님을 대신하여 세계 나무가 되었다. 이 외에도 그들의 지파(종족) 이름은 예언자를 뜻하는 히브리어 나비(נְבִיא, Na'vi 〈 נָבָא, Naba', to prophesy, to foretell future events/예언하다, 미래의 사건을 미리 말하다.)[492]였다. 그래서 그들의

---

491 Bron Taylor는 사회학자이고 신세계 종교의 촉진자이다. 그는 '흑녹색 종교'의 비평으로 적격자이다. See His *Dark Green Religion: Nature Spiritualy and the Planetary Future* (Oakland: University of California Press, 2009).

492 See Benjamin Davidson, *The Analytical Hebrew and Chaldee Lexicon* (Peabody: Hendrickson, 2002), p. 530.

종교는 그들이 모두 자연과 하나가 되어 살았던 중앙집권적이고 환경적으로 연결된 의식 중 하나였다. 그것은 미래 벌집 네트워크의 그림자인가요?

가이안(대지의 여신/Gaian) 애니미즘(Animism)

이 모든 신조가 공통적으로 가지고 있는 신앙이나 주제는 다음과 같다. - 자연은 살아있고 어떻게든 우리에게 무언가를 가르쳐 줄 수 있다. 자연(Nature)은 대자연에 노출되고 산, 언덕, 숲 등을 즐기면서 전수될 수 있는 일종의 '고대 지혜(Ancient Wisdom)'를 담지(Contain)하고 있다. 이것이 바로 애니미즘이다. 모든 것이 살아 있고 영적인 힘이 깃들어 있는 곳이다. 어떤 면에서 그가 과거에 숲과 사바나에서 출현했을 때 그의 생존과 관련이 있다고 추정되는 인간의 오래된 과학이다.

자연이 신성(Sacred)하고 '생명의 순환(Circle of Life)'으로 연결되어 있는 곳이 '자연 영성(Natural Spirituality)'이다.[493] 이러한 아이디어는 제임스 러브록(James Lovelock)과 같은 더 현대적인 작가들에 의해 '가이아 원리(Gaia Principle)'[494]로 더욱 확장되었다. 지구가 살아있고 인류에게 복수할 수 있다는 것을 의미하는 단순한 은유 이상으로 지구에 대한 신앙이다.

---

493 Circle of Life이란 단어가 영화 'The Lion King(1994)'에서 노래로 불려졌다. See https://youtube.com/watch?v=GibiNy4d4gc&feature=shared.
494 See https://www.britannica.com/science/Gaia-hypothesis.

'유신론적' 신세계 종교(Theistic New World Religion)[495]

신세계 종교에는 교리가 상당히 변할 수 있기 때문에 당신이 이러한 신앙을 얼마나 강하게 유지하는지는 특별히 중요하지 않다는 신앙이 뒤섞여 있을 것이다. 따라서 어떤 사람들은 은유적 수준에서 믿게 하고 다른 사람들은 은유적 수준과 더 순수하고 영적인 수준에서 믿게 할 것이다. 다른 말로 하면 어떤 사람에게는 '비종교(Non-Religion)'일 수 있지만 다른 사람에게는 '심각한 교리적 종교(Serious Doctrinal Religion)'일 수 있다. 세뇌된 진정한 격렬한(Hardcore) 새 종교인들은 지구가 그들의 삶을 완전히 통제하고 있으며 그들에게 일어나는 모든 일과 그들이 하는 일, 그들이 사는 방법과 장소, 먹고 마시고 호흡하는 것을 어머니 여신인 가이아라는 실존에게 기도하게 될 것이라는 사실을 믿을 것이다. 이 정통성은 물, 산 자와 죽은 자가 만나는 곳인 흙, 그리고 공기와 관련된 의식으로 표현될 것이다. 여기에는 심각한 '행성 시민 민족주의(Planetary Citizen Nationalism)', '거친 민족주의(Wild Nationalism)', '지구 민족주의(Earth Nationalism)'가 주입(고양)될 것이다. 상호 연결된 살아있는 지구가 우리가 가진 모든 것의 생성자이자 창조자이기 때문에 우리가 지구에 영광 돌리기 위한 삶을 살아야만 하는 신앙이다. 이것은 그들이 민족주의를 제거하고 사회를 회색으로 칠한(Grey Out) 다음 우리를 글로벌 시민으로 만드는 방법의 일부이다. 실로 성경에서는 멀어진 것들이다.

---

[495] See Gary Kah, *The New World Religion* (Lausanne: Frontier Research Pubns, 1999).

다종교 의식(Multi-Faith Ceremonies)

현재 우리는 다양한 성직자들이 그들의 종교 서적의 한 부분을 낭독하거나 음악을 연주하거나 심지어 춤을 추는 다수의 다종교 모임을 보았다. 물, 흙, 불, 공기의 개념이 그들의 회의에 등장했다. 또한 종교를 불문하고 누구나 할 수 있기 때문에 일종의 명상 활동의 형태로 미로(Labyrinth)를 걷는 것이 인기를 끌었다.[496]

그들은 기독교를 어떻게 신세계 종교로 끌어들이고 있는가?

URI의 활동과 다른 수많은 회의와 교활한 조작을 통해 그들은 모든 기독교인을 하나의 종파(에큐메니즘)로 또는 직접적으로 신세계 종교(New World Religion)로 끌어들이려고 시도하고 있다. 현 교황인 프란치스코는 비록 아마도 자신도 모르게 신세계 질서에서 역할을 할 의지와 능력을 갖춘 꼭두각시(Puppet)이다. 케네스 코플랜드(Kenneth Copeland) 목사와 릭 워렌(Rick Warren/새들백교회) 목사는 외교관계위원회(CFR) 회원으로서 그들은 피라미드 꼭대기 근처에 있는 내부자들이다. 엘리트가 원하는 방향으로 교단을 인도하면서 엘리트를 위해 일하지 않는다면 그들은 거기에 없을 것이다. 그들이 CFR의 회원이라는 사실은 정체를 드러내는 '대단한 일(A Give-Away)'이다. 그들은 좋은 의도를 가지고 있

---

496 Labyrinth(미로/미궁)에 대한 계념을 위해서는 See http://www.catholicculture.org/culture/library/view.cfm?recnum=3440.

을 수도 있지만, 환상가들(Illusionists)은 자신들이 원하는 것을 얻기 위해 기술을 사용하고, 관련된 사람들이 실제로 무슨 일이 일어나고 있는지 이해하지 못할 수도 있다. 이것은 그들이 의제 전체를 볼 수 없기 때문이다. 그들의 장기적인 계획은 모든 기독교 교단과 교파를 하나로 묶는 것이다. 이 작업이 완료되면 '종교 간 그룹(Inter-Faith Groups)'이 관리하기 쉬운 하나의 그룹으로 통합된다. 결국 이 '지구 숭배 종교(Earth Worship Religion)'는 비밀 정치 조직의 진정한 소망인 '열린 루시퍼주의(Open Luciferianism)'로 인도할 것이다.

녹색으로 가기(Going Green)

기독교는 최근 인본주의적 세속적 신앙과 생태학적으로 일치하는 더욱 '친환경적(More Green)'이 되어야 할 필요성을 느꼈다. 기독교 지도자들은 환경 관리(Environmental Stewardship)와 지구 보호가 기독교 신앙과 밀접한 관련이 있다는 생각을 가져왔다. 프란치스코 교황은[497] 최근 몇 년 동안 '환경 운동가의 북을 두들겨'왔다. 그의 2015년 회칙에서는 환경이 우리의 생존(Our Existence)에 가장 큰 위협이라고 주장하기까지 했다. 이 문제에 대한 강조는 교회가 '녹색 의제(Green Agenda)'에 얼마나 굴복했는지를 나타낸다.

창세기 1장에서 하나님은 사람이 땅을 다스릴 것이라고 말씀하셨는

---

497 See https://www.washingtonpost.com/news/acts-of-faith/wp/2015/06/18/10-key-excerpts-from-pope-fransis-encyclical-on-the-environment/.

데 이것은 타락 이전이었다. 나중에 하나님은 인간이 땅을 가득 채울 것이라고 말씀하셨다. 이는 땅에 인간이 거주한다는 완곡 어법인 '인간이 땅을 채우라(충만하게 하라)'고 말씀하셨다. 청지기 직분에 대한 성경적 개념은 확실히 존재하지만 기독교는 인간이 자신의 환경을 '지배'할 수 있고 또 지배해야만 한다는 하나님의 소명(Calling)으로 '생태학적 문제(Ecological Problem)'를 야기했거나 적어도 악화시킨 세속 세계의 공격을 받고 있는 것 같다. 그러나 분명히 창 1:28절은 "생육하고 번성하여 땅에 충만하라, 땅을 정복하라, 바다의 고기와 공중의 새와 땅에 움직이는 모든 생물을 다스리라."고 말씀한다. 창세기 1장 28절에서 '정복하라(히, כְּבָשֻׁהָ, Kibshuha<כָּבַשׁ, Kabash, to subdue it/그것을 정복하라)', '다스리라(히, רְדוּ, Redu:<רָדָה, Radah, to have dominion over, to rule over/다스리라'라는 단어는 다른 어떤 방식으로 번역될 수 없다. 왜냐하면 그것은 히브리어에서 말하는 것이기 때문이다. 이것은 기독교가 오늘날 존재하는 환경 문제의 근본 원인이라는 뉴에이저(New Agers), 오컬티스트(Occultists) 및 인본주의자들(Humanists)에게 탄약이 되었으며, 이것이 환경 운동에 활력을 불어넣었다. 그들이 저지르는 교묘한 반성경적인 실수는 실제로 이러한 문제의 원인이 누구이며, 무엇인지 고려하지 않았다는 것이다.

지구가 무엇보다도 신성한 것으로 간주되어야 하며 신과 분리되어서는 안 된다는 신앙은 범신론(Pantheism)이다. 이러한 범신론적 신앙에 대한 성경적 비판은 로마서 1장에서 사도 바울이 훌륭하게 다루고 있다. 여기에서 피조물을 경배하지 말고 창조주를 경배해야만 한다고 설명한다(20, 21, 25절).

"창세로부터 그의 보이지 아니하는 것들 곧 그의 영원하신 능력과 신성이 그가 만드신 만물에 분명히 보여 알려졌나니 그러므로 그들이 핑계치 못할지니라. 하나님을 알되 하나님으로 영화롭게도 아니하며 감사치도 아니하고… 하나님의 진리를 거짓 것으로 바꾸어 피조물을 조물주보다 더 경배하고 섬겼음이니라."

이것은 이 중요한 문제에 대한 기독교적 관점을 간단하게 가리고 있다. 구약 성경 전반에 걸쳐 이스라엘 사람들은 농사를 지었고 그들의 많은 축제와 종교 관습은 계절 및 농업 행사와 관련이 있었다. 그러나 비밀 정치 조직(Cryptocracy)은 그들의 발산주의자(Emanationist) 신앙에 더 잘 맞기 때문에 범신론(Pantheism)을 장려하는 것을 좋아한다. 더욱이 기독교는 그들의 위대한 계획을 성취하는 데 걸림돌(Stumbling Blocks) 중 하나이기 때문에 그들이 기독교를 제거해야만 한다.

'그러나 우리는 십자가에 달리신 그리스도를 선포하노라. 이는 유대인에게는 걸림돌이요, 이방인들에게는 어리석음이니라(고전 1:23).'

'그러므로 우리가 서로 판단을 멈추고 오히려 걸림돌이나 장애물들을 너희 형제의 길에 두지 않도록 주의하라(롬 14:13).'

신세계 종교와 크리슬람으로 이슬람을 끌어들이는 방법[498]

변증법의 일환은 또한 이슬람과 기독교를 하나로 모으는 것이다. 여기서의 전략은 공통점을 찾고 교육과 미묘/교묘한 세뇌를 통해 두 종교를 진정시켜 종교 간 모임에 참여하고 비밀 정치 조직에 위협이 되지 않도록 하는 것이다. 이것이 우리가 이슬람이 비폭력적이고 위협적이지 않으므로 서구 사회에 더 적합할 수 있다고 가르치는 이슬람의 주류 버전인 '선한 이슬람(Good Islam)'을 홍보하는 이유이다. 반면에 '나쁜 이슬람(Bad Islam)'은 이미 언급한 바와 같이 '근본주의 이슬람(Fundamental Islam)'의 문제를 강조하고 이를 '모든 종교적 신앙의 근본주의자들과 연결(Link to Any Religious Fundamentalists)'시키는 변증법의 일환이다. 이것은 우리가 근본주의자로 낙인찍힐 수 있기 때문에 어떤 것도 너무 강하게 소중히 여기지 않는 것이 최선이라고 믿게 해줄 수 있다. 그러면 모든 종교에 걸쳐 신자들을 굴복하게 할 수 있다. 결국 이것은 모든 사람을 더 유연하게 만들고 비밀 정치 조직이 촉진하는 심오한 심리적 프로그래밍에 기꺼이 순응하게 만든다. '근본주의'에 대한 논쟁이 일어날 때마다 정통이나 전통적 신앙이 나쁘다는 주장을 얻기 위해 주로 이슬람교가 사용된다. 만일 전통적인 신앙이 나쁘면 신자들을 쉽게 무너뜨리고 비밀 정치 조직의 간계에 더 취약하게 만들어준다.

비밀 정치 조직의 일반적인 경우와 마찬가지로 그들은 목표를 성취하

---

[498] See Chrislam: A Dangerous Ecumenical Expansion (Part 1) | SHARPER IRON. Cf. Chrislam Archives - CultureWatch; CHRISLAM, NEW COMPLOT OF THE VATICAN - ON THE OTHER SIDE OF THE MEDAL, ISLAM IS COMING.

기 위해 여러 가지 의제와 함께 다양한 방법을 사용한다. 정치적인 차원에서 대부분의 중동 지역은 세계 다른 지역과 마찬가지로 UN 생태학적 지속가능한 개발 목표(SDGs)에 서명했다. 이것은 천천히 그들은 자신의 계급에 침투하여 원하는대로 정책을 변경할 수 있다. 좋은/나쁜 이슬람 의제 외에도 '녹색 의제(Green Agenda)'가 또한 그들의 방법이다.

만일 당신이 이슬람이 신세계 질서 종교로 통합될 수 있는지 의심이 든다면 이슬람은 우주론에서 기독교보다 훨씬 더 '친환경적(Greener)'이다. 세상에서 인간의 위치는 기독교보다 훨씬 덜 인간 중심적(Less-Anthropocentric[men-centred])이라는 점을 고려하라. 이슬람에서 인간은 창조의 중심이 아니다. 꾸란 40장 57절은 "하늘과 땅의 창조는 인간의 창조보다 크나 대부분의 사람들은 알지 못하느니라." 그리고 "누구든지 나무를 심고 부지런히 돌보아 그것이 익고 열매를 맺을 때까지 부지런히 돌보는 사람은 상을 받느니라." 또 "만일 무슬림이 나무를 심거나 밭에 씨를 뿌리고 사람과 짐승과 새가 그것을 먹으면, 그것은 모두다 그의 자선이다. 죽은 땅을 살리는 자 곧 황무지를 경작하는 그에게는 거기에 대한 보상이 있다."고 한다.

그들이 세계의 모든 신앙을 통합하기 위해 선택한 종교로 이슬람을 선택한 것은 우연이 아니다. 이슬람은 그들이 굴복하고 그들의 순응을 깨기가 가장 어려운 종교가 될 수 있지만 결국 그들은 성공할 것이다. 지금은 그것을 보기 어려울 수 있지만 비밀 정치 조직은 항상 원하는 것을 얻는다. '대량 학살(Mass Genocide)', '법 제정(Making Laws)' 또는 '사회 순응 프로그램(Social Conformity Program)'을 통해 그들은 수십 년과 몇 세대가 걸리더라도 항상 결국에는 계획을 성공시킨다.

신세계 종교와 지속가능한 발전이 지구촌에 딱 들어맞는다.

인간이 자신의 생명과 모든 음식, 공기 및 물을 지구에 빚지고 있다는 인식은 신세계 종교의 중심이며 의제 21문서에 많이 포함되어 있다. 인간의 모든 필요는 그녀(지구)에게서 나오므로 우리는 지구의 선을 위해 살기 때문에 훌륭한 '행성 시민(Planetary Citizens)'이 되어야만 한다. 이러한 종류의 진언(Mantras/진실된 말)은 우리 삶의 모든 측면을 세세하게 관리하는 구실로 사용될 것이다. 이는 그것을 경제적으로나 환경적으로 실행가능한 신앙으로 만들고 극단적으로 실용적으로 만들 것이다. 신세계 질서에서 당신은 훌륭한 행성 시민이 되어야 한다. 당신이 오염된자라면 당신은 처벌받을 것이다. 성경을 그대로 믿는 '근본주의자(Fundamentalists)'인 사람들도 결국은 법적으로 불법이 될 것이다. 사실, URI는 어떤 유형의 절대적인 신앙을 위한 공간이 없다. 절대적인 신앙은 권장되지 않는다. 성경의 마지막 예언들이 빠르게 성취되는 미래에는 신앙의 확실성에 반대하는 입법이 될 것이다. 그것은 일종의 폭력으로 취급될 것이며 아마도 불법이 될 것이다. 그것은 '사상 범죄(Thought Crime)'와 '의도 범죄(Intent Crime)'에 가까울 것이다. 신세계 종교는 엘리트들이 원하는 지구촌에 딱들어맞는 실용적 도구가 될 것이다.

신세계 종교의 결과(Result of New World Religion)

새로운 종교는 엘리트가 그들의 법을 집행하는 수단이 될 것이다. 이것이 로버트 뮬러가 URI가 UN보다 더 크고 오래 지속될 것이라고 말한 이유이다. 신세계 질서가 결국 그림자에서 나오고 '기술관료적 경제(Technocratic Economy)'가 시행될 때 전체 시스템을 뒷받침할 새로운 글로벌 정신(Ethos)이 신세계 종교가 될 것이다. 당신은 새로운 신조 없이는 새로운 사회를 만들 수 없다. 이것이 오늘날 우리가 보고 있는 일이 일어나고 있는 이유이다. 미묘/교묘한 방식으로 천천히 출시되고 있다. 그것은 통제자들에게 그들이 원하는 통제를 허락할 것이고, 환경은 지구가 보호가 필요하고 인간보다 높다는 것을 인용함으로써 그들이 원하는 것은 무엇이든 할 수 있도록 하는 그들의 '변명(Excuse)'이 될 것이다. 노인들과 병약자들에게 그들은 지구의 신성한 자원을 사용하고 있으며 삶의 질이 현저히 떨어지기 때문에 인류의 선을 위해 약을 먹고 죽어야 한다고 말할 것이다. 헨리 키신저는 '쓸데없이 먹는 자들(Useless Eaters)'에 대해서 논의했다. 그것이 그들이 안락사(Euthanasia)를 합법화하는 방법이다.[499]

원치 않는 임신에 대한 낙태(Abortion)와 출산 후 사망의 합법화가 될 것이다. 그들은 인간이 진화된 세포의 묶음이며 생명은 신성하지 않으며 그들의 법에 따라 종료될 수 있다고 주장할 것이다. 그러나 성경은 하나님의 형상이 사람 안에 있고 (창 1:27f, 9:6b)[500] 영원이 사람의 마음에 있

---

499 See "The elderly are useless eaters(노인들은 쓸모없이 먹는 자들이다)."라는 말은 헨리 키신저(Henry Kissinger)가 'The Final Days'이란 책에서 인용했다. 죽음의 정치(Necropolitics)는 어떤 사회에서든지 시민적 또는 사회적 죽음을 선고받은 사람을 중심으로 전개됩니다.
500 "그래서 하나님께서 사람을 그의 형상으로 창조하시고 하나님의 형상으로 그는 그를 창조하셨고 그는 그들을 남자와 여자로 창조하셨느니라 (창 1:27)." "사람의 피를 흘리게하는 자마다 사람에 의해서 그의 피가 흘리게 될 것이니라. 왜냐하면 하나님의 형상으로 하나님께서 사람을 만드셨기 때문이니라 (창 9:6)."

다고 가르치고(전 3:11)[501] 낙태를 명백히 잘못[502]이라고 가르치지만 이러한 문제는 엘리트에게는 사소한 일이다.

그 후 이것은 그들이 산아 제한이나 조세와 같은 재정적인 방법으로 '부드러운' 방식으로 통제할 수 있는 인구 통제로 이어진다. 대부분의 서구 국가에서는 많은 자녀를 갖는 것이 재정적으로 실행 가능하지 않다. 그들은 '수동(재래: Hard)' 방식의 전쟁, 대량 학살, 독이 든 음식과 물, '생물학적 암생산 인자(Biological Cancer Producing)' 또는 갑자기 사회의 일부를 파괴하는 '인공 바이러스(Man-made Viruses: Covid-19와 가짜 독백신처럼)'를 사용할 수 있다.

신세계 종교는 이 모든 신앙을 뒷받침할 것이다. 미래의 종교는 근본적으로 지구를 숭배하고 지구를 위해 옳은 일을 하는 것이다. 그것은 많은 사람들의 전체주의의 필요가 개인의 자유주의의 필요보다 중요한 일종의 공산주의(Communitarian) 국가가 될 것이다. '나무보다 숲'을 보는 것의 문제는 갑자기 인간이 개인이기를 멈추고 글로벌 엘리트의 힘에 따라 이용되고 남용될 수 있는 상품이 되었다는 점이다. 지구 숭배 개념은 또한 에너지 사용과 좋은 글로벌 시민이 되는 것, 너무 많은 에너지를 사용하지 않는 것, 너무 많은 자녀를 두지 않는 것, 지구가 우리의 어머니라는 신앙과 함께 제공되는 규칙, 법률 및 명령을 따르는 것과 연결될 것이다.

그것은 현대 정신을 위해 재작업된 범신론의 한 형태이다. 또한 이

---

501 "그는 모든 것을 때를 따라 아름답게 만드시고 사람에게 영원을 사모하는 마음을 주셨느니라. 그러나 사람은 하나님이 하신 일을 처음부터 끝까지 이해할 수가 없느니라(전 3:11)."
502 "너의 나라에 낙태(Msicarry)하는 자가 없고 잉태치 못하는 자가 없을 것이라. 내가 너의 날의 수를 채우리라(출 23:26)." 성경은 낙태와 안락사 모두를 반대한다.

시스(Isis)가 있는 이집트, 마리아 예배와 숭모가 있는 로마 가톨릭교와 같은 고대 신비 종교와의 연결 고리이기도 하다. 더욱이 고대 가나안 종교인 아세라(Asherah)와 바알(Baal), 그리고 그리스의 디오니소스(Dionysus)와 아르테미스(Artemis/행 19:27)는 그렇게 새롭지도 않은 새로운 신앙과 관련된 모든 여성의 '다산 종교들(Fecundity[바알을 제외한])'이다. 이것은 모두 요한계시록에 계시된 그 종교이다. 계 17:5절은 "그녀의 이마에는 '위대한 바빌론, 곧 땅[지구]의 창녀들과 가증한 것들의 어머니'라는 비밀의 이름이 쓰여 있었다."고 말씀한다.

당신은 엘리트가 일상적인 재정, 가정 운영 또는 생계를 위해 하는 일과 관련하여 당신을 통제하는 것만으로는 충분하지 않다는 것을 알 수 있다. 그들은 당신이 믿는 것과 당신이 하는 일에 대해 완전하고 철저한 통제권을 갖고 싶어 한다. 미래에는 엘리트가 당신을 위한 이유와 필요가 없다면 당신은 태어나지도 않을 것이다. 이러한 신앙을 통해 그들은 사람들을 통제할 수 있으며, 그 핵심은 그것이 전부이다. 신세계 종교는 신세계 질서의 '다가오는 집단주의적 파시스트 국가(The Coming Collectivist Fascist State)'를 불평없이 양처럼 받아들이도록 대중들을 이끄는 일종의 '통제 메커니즘(Control Mechanism)'으로서 통합된 사회적 '무정형 신조(Amorphous Creed)'가 될 것이다. '끔찍한 크기의 전체주의 독재(A Totalitarian Dictatorship of Terrifying Proportions)'와 지구상의 완전한 지옥에 살게 될 노예와 같은 존재들이 될 것이다. 그들은 어떻게 이 지점에 이를 수 있을까? 이것을 다음 장에서 살펴보겠다.

14장

비밀 정치 조직의
유토피아 사회의
출현

14장
비밀 정치 조직(Cryptocracy)의 유토피아 사회의 출현

글로벌 수렴(Global Convergence)

모두 함께 그리기(Drawing It All Together)

글로벌 공동체(Global Community)는 어떻게 수렴하거나 함께 모일 것인가? 네트워크 내의 많은 회원들은 세계 정부가 신세계 질서로 들어가는 최종 추진에 대해 이야기했다. 우리는 그들의 의제가 무엇인지 알고 있다. 예를 들어, 로즈 스칼라(Rhodes Scholar)와 스트로브 탈봇(Strobe Talbott/Clinton 정부의 국무부 차관)은 1992년 7월 Time지에서 다음과 같이 말했다. "다음 세기에는 우리가 알고 있는 국가가 쓸모없게 될 것이다. 모든 국가들은 하나의 단일한 글로벌 권위를 인정할 것이다. 결국 국가 주권은 그다지 좋은 생각이 아니었다."[503]

이는 사용되는 전기의 양이 모든 사용자에게 [하향평준화로]-균형을 이루고 '단일 세계 정부(One World Government)'가 '전능한 글로벌 감시 경찰 국가(An All-Powerful Global Surveillance Police State)'에서 모든 것을 미세하게 관리하는 새로운 세계 질서의 창출이다. 이 '과학 독재 체제(Scientific Dictatorship)'에서는 모든 것이 감시되고 모든 사람은 자원으로 취급될 것이고 자유는 없을 것이다. 엘리트들에게는 유토피아가 될 것이지만 대중에게는 지구상의 지옥이 될 것이다.

인류의 역사는 강제(무력으)로 유토피아 국가에 도달하려고 시도한 사회들의 예들로 가득 차 있다. '노동자의 낙원(Workers' Paradise)'이 있는 소련(Soviet Union), 제3제국(The Third Reich)의 히틀러(Hitler), 붉은 혁명(Red Revolution)의 마오쩌둥(Mao), 폴 포트(Pol Pot)는 모든 사람들을 공포에 떨게하고 굴복시켜서 '유토피아 사회(Utopian Society)'를 만들려고 노력한 지도자들의 예이다. 그 이전의 역사들도 만찬가지이다. 이것은 그들이 오컬트(Occult/신비한) '뉴에이지 신앙(New Age Beliefs)'을 통해 인류를 새로운 사회 수준으로 끌어올릴 수 있고 더 나은 세계 질서로 안내할 수 있다는 UN과 같은 동일한 신앙이다. 설명된 바와 같이 UN의 영감은 무력(강제력)을 사용하고 사람을 죽이는 것이 허용되는 유토피아 국가의 도래를 정당화하는 뉴에이지와 직접적으로 일치한다. 유엔 지도자들에게 영감을 주는 많은 뉴에이지 문헌에는 '신세계 질서(New World Order)'에서 아무도 뒤쳐지지 않을 것이라는 개념이 있다. 다시

---

503 See https://content.time.com/time/subscriber/article/0,33009,976015,00.html.

말해, 사회의 어떤 부분도 변하지 않을 수 없을 것이다. 대량 살상(Mass Killings)과 혼돈(Chaos)이 있을 것이며, 이로 인해 그들의 글로벌 사회가 생성될 수 있다. H. G. Wells가 1940년에 쓴 그의 책『신세계 질서(The New World Order)』[504]에서 이렇게 말했다.

"가야만 할 것은 '민족주의적 개인주의 체제(Nationalist Individualism)' 이다… 우리는 주권 국가의 종말에 살고 있다… 서구화된 세계 사회 주의를 불러일으키기 위한 현대 정부는 사라질 수도 있다…[이것이 실현되면 셀 수 없이 많은 사람들이… 신세계 질서를 싫어할 것이며 …그것을 반대하다가 죽을 것이다."

어떤 종류의 위기인가? 오늘날의 지도자들은 어떻게 자신들의 주권을 기꺼이 포기할까? 그리고 그들이 유토피아로 보는 신세계 질서가 어떻게 출현할까?

이 혼돈이 어떤 형태를 취할지 정확히 알기는 어렵지만 세계 지도자들과 대중은 국가들을 관리하는 방식에 심각한 변화가 반드시 일어나야만 한다는 것을 확신하기에 충분하다. 또한 '진정한 백성의 풀뿌리 대중의 반란(True People's Grassroots Popular Revolt)'이 나타날 수 있을 만큼 파괴적이지 않아야만 한다. 다시 말해, 새로운 세계 질서에 진입하기 위한 모든 시나리오는 네트워크가 갈망하는 완전한 통제(Complete Control)를 유지 관리하는 시나리오여야만 한다. 그들은 엘리트가 요구하는 모든 것을 포기하도록 세계의 지도자와 대중을 설득하기에 충분

---

504 See H. G. Wells, *New World Order* (London: Secker & Warburg, 1940).

한 혼란을 만들어야 할 것이다. 즉, 올바른 위기가 필요하다. 데이비드 록펠러(David Rockefeller)는 "우리는 '세계적인 변혁의 가장자리(Global Transformation)'에 직면해 있다. 우리에게 필요한 모든 것은 올바른 주요 위기의식이며 국가들은 '신세계 질서(New World Order)'를 받아들여야만 한다는 것이다."[505]라고 말했다.

헨리 키신저(Henry Kissinger)는 우리에게 그가 그것을 어떻게 보는지 엿볼 수 있게 해준다.

"오늘 유엔군이 질서를 회복하기 위해 로스앤젤레스에 진군한다면 미국은 분노할 것이다. 내일 그들은 감사할 것이다. 실제로든 공표로든 간에 우리의 존재 자체를 위협하는 외부로부터의 위협이 왔다라고 들었을 때 특히 그렇다. 그때 세상의 모든 사람들이 이 악에서 그들을 구원해 달라고 간청할 것이다. 모든 사람이 두려워하는 한 가지는 미지(The Unknown)이다. 이 시나리오가 제시되면 개인의 권리는 세계 정부가 그들에게 부여한 복지 보장을 위해 기꺼이 포기하게 될 것이다."[506]

공표는 방송을 의미하므로 그는 실제가 아닐수도 있음에도 방송될 수 있는 '외부 위협(Outside Threat)', 즉 '꾸며낸 위협(Made-up Threat)'을 방송하는 미디어를 언급하고 있다. 이는 다음과 같은 질문을 던진다. 위협이 실제인지, 가짜 깃발 또는 다른 사기인지? 우리는 다시 사기 이야기로

---

505 David Rockefeller가 1994년 9월 14일에 UN Business Meeting에서 언급한 말이다. See https://youtu.be/XjGHo41WqKk?si=lPrP5ygVYNzMvKP7.
506 Henry Kissinger가 1992년 프랑스에서 개최된 Bilderberger Conference에서 언급한 말이다. See https://grahamhancock.com/phorum/read.php?2,372539,372916.

돌아왔다.

어떤 종류의 세계적 재난이 모든 지도자들에게 연합하도록 글로벌 단일 세계 정부, 신세계 질서를 만들어 수십억 명의 주권과 권리를 UN과 같은 중앙 기관으로 통합할 수 있게 충격을 줄 것인가?

신세계 질서로 진입하기 위한 시나리오

전환기(The Period of Transition) - 뉴에이지 작가들의 다양한 이론

뉴에이지 저술가들은 곧 인류 역사의 새로운 시대를 열게 될 '대각성(Big Awakening)'으로 여겨지는 전환기를 언급한다. 그들은 미래에 새로운 시대로의 도덕적 각성이 있을 것이다. 이것은 세속적인 것이 아니라 인간이 지식(Gnosis/영지)을 통해 모든 것을 극복할 수 있고 또 극복할 것이라는 루시퍼리안적 개념과 신앙에 기초할 것이라고 믿는다. 새 시대가 시작될 때 인류 전체가 새 종교 체험 속으로 입문하게 될 것이다. 우리가 '물병자리 시대(The Age of Aquarius)'에 들어서면서 우리를 새로운 시대로 안내할 '대규모 행성 입문(Mass-Planetary Initiation)'을 겪게 되면서 인간은 다음 단계로 끌어올릴 새로운 진화적 변화가 발생할 것이다. 따라서 '변형적 진화(Transformative Evolution)' 또는 '초월적 행성 의식(Planetary Consciousness of Transcendence)'은 인간이 신세계 질서 안으로 들어갈 수 있는 모든 방법이다.

변형적 진화(Transformative Evolution)

'정상적인' 진화는 인간의 의식을 변형시키기에는 너무 느리기 때문에 '변형적 진화(Transformative Evolution)'라는 개념이 발명되었다. 이른바 '빠른 진화(Fast Evolution)'라고 부를 수 있는 것이다. 인간은 더 나은 인간으로 진화할 뿐만 아니라 '신처럼(Like a god/창 3:22)', 심지어 '신'이 되는 능력에서 '비약적인 도약(Quantum Leap)'을 함으로써 그의 의식이 어떻게든 고양된다. 다양한 뉴에이지 저술에서 우리는 이 과정에 대한 모든 종류의 용어를 가지고 있으며 최종 결과는 동일하다. 인간은 새로운 단일 세계 종교와 단일 정부의 후원 아래 일종의 신격에 도달한다. 다음은 다양한 뉴에이지 저술가들의 개념을 추출(증류/Distillation)한 것이다.

저자	개념명	결과
헬레나 페트로브나 블라바츠키	변형(Transformation)	용과 태양에 대한 숭배를 복원한 고대인 종교는 신세계 종교다.
테야르 드 샤르댕	오메가 포인트(끝점)	신은 인간을 진화시켜 자신에게 되돌리고 있음
테야르 드 샤르댕	그리스도화하기 (Christifying)	인간이 그리스도가 되고 있음
테야르 드 샤르댕	종교의 융합 (집합/합류)	단일 세계 종교
바바라 마르크스 허바드	지구의 오순절	신세계 종교의 탄생/ 우리는 하나님이다
바바라 마르크스 허바드	양자 변형(Quantum Transformation)	진화로 신이 되기 (Evolution into godhood)
알리스 안 베일리	의식의 글로벌 이동	우주적/보편적 교회 (Church Universal)
데이비드 스팽글러	루시퍼교의 입문 (Luciferic Initiation)	그리스도가 되기(To become 'Christed')/ 신이 되기 위해(To become God)
베라 알더	대각성 (The Great Awakening)	신세계 종교와 국가로 인도
벤자민 크렘	선언의 날 (Day of Declaration)	그리스도의 재림 (The Christ - 2nd Coming)

이 모든 용어는 인간이 갑자기 현재의 의식 상태에서 어떤 더 큰 통합된 슈퍼 존재로 진화하거나 외부 영향이 새로운 시대를 가져올 것이라는 거의 동일한 신앙을 나타낸다. 이는 인류 전체가 더 위대해지고, 통합되고, 평화롭게 되는 '마음을 바꾸는(Mind Altering)' 영적 순간이 나타날 것이라는 개념이다. 그러므로 본질적으로 우리는 인간이 '그리스도'가 될 때 세상의 문제를 극복할 수 있다는 신앙을 가지고 있다. 이것은 그를 신이 되게 할 것이고 이것은 신에 의해 해결되고 있는 진화 과정을 통해 일어날 것이다.

> "진화는… 신의 로고스의 부름에 대한 응답이다. 그것은 계획 뒤에 있는 목적이다. 그것은 창조물을 자신에게로 되돌리는 하나님의 그림 그리기이다."[507]

분명히 신지학자(Theosophist) 또는 루시퍼리안이 추정하는 '그리스도'는 성경의 동일한 예수 그리스도가 아니므로 결과적으로 나타나는 모든 모양은 거짓된 존재일 것이다. 일단 인류가 '새로운 빛(The New Light)'을 경험하면 그들은 사람이 변할 것이라고 믿는다. 사람을 더 좋게 변화시킬 새로운 세계관과 가치를 나타낼 것이라는 것이다.

루시퍼 입문(Luciferic Initiation)

데이비드 스팽글러(David Spangler)는 자신의 버전에서 다음과 같이

---

507 See Texe Marrs, *Dark Secrets of the New Age: Satan's Plan for a One World Religion* (Spicewood: Rivercrest Publishing, 1999), p. 20.

말했다.

> "루시퍼에게 예배드릴 것을 서약하지 않는 한 누구도 신세계 질서 속으로 들어갈 수 없다. 루시퍼 입문을 하지 않는 한 누구도 뉴에이지에 들어갈 수 없다."[508]

그는 그것을 빛의 경험과 관련이 있기 때문에 "루시퍼 입문(Luciferic Initiation)"이라고 불렀다. 그는 UN에서 일하는 행성 이니셔티브(Planetary Initiative)의 이사이며 스코틀랜드에서 파인드혼 재단(Findhorn Foundation)을 설립하는 데 도움을 준 뉴에이지 작가이다.

루시퍼 입문은 평화와 번영의 시대로 길을 인도할 것이라고 그들이 말하는 빛의 존재와의 일종의 '대면 만남(Face-to-Face Encounter)'이다. 그것은 그들의 '뉴에이지 왕국(New Age Kingdom)'의 도래이지 기독교에서 말하는 심판이나 예수 그리스도의 천년 왕국이 아니다. 그것은 다른 이벤트이다. 이것이 그들 자신의 유토피아에 대한 공모자의 꿈으로 이어지는 인류의 대량 학살이 될 수 있을까? 이것이 UN이 인류를 그들의 의제에 끌어들일 때 암시하는 것 같다.

앞서 설명한 바와 같이 루시퍼리안들은 루시퍼가 이 세상의 진정한 신이라고 믿는 집단이다. 그들은 자신이 나머지 인류보다 더 똑똑하다고 생각하고 어떤 대가를 치르더라도 보통 사람보다 자신을 높일 수 있는 정치적 권력을 추구한다. 그러나 성경적인 최종 분석에서 당신은 빛

---

508 See David Spangler, *Re-imagining the World* (Rochester: Vermont: Bear & Company,1991).

의 왕국 또는 어둠의 왕국 아래에만 있게 된다. 당신은 오직 예수님이나 사탄을 섬길 수 있고, 당신이 하나님께 복종해야만 하나님 아래 있을 수 있다. 중간 지점은 없다. UN의 행성 계획 책임자인 데이비드 스팽글러가 "루시퍼를 숭배하겠다고 서약하지 않는 한 아무도 신세계 질서에 들어갈 수 없다"는 이 논평을 누구에게 제공하고 있다고 생각하는가?

또 다른 뉴에이지 작가인 바바라 막스 허바드(Barbara Marx Hubbard)는 '행성 오순절(Planetary Pentecost)'이 '그리스도의 새 복음(The New Gospel of Christ)'이 될 것이며 '행성의 미소(Planetary Smile)'가 '강제적 힘의 기쁨(Joy of the Force)'이 되어 인류의 한 몸을 통해 파급되는 것처럼 그렇게 온 인류의 얼굴에 '통제할 수 없는 기쁨(Uncontrollable Joy)'으로 번쩍일 것이라고 말했다.[509]

벤자민 크림(Benjamin Crème)은 이 행사를 "모두를 위한 오순절적 경험'이라고 설명한다. 세상은 평화와 웃음으로 끝날 것이다"라고 설명했다.[510] '의식의 진화적 이동/전환(Evolutionary Shifts in Consciousness)'라는 개념의 근원은 사실 힌두 우파니샤드(Hindu Upanishads)에서 유래했으며 나중에 블라바츠키와 칼 융(Carl Jung)을 비롯한 다른 신지학자들(Theosophists)이 설명했다.

인식(Awareness)을 일으키는 의식의 비판(Criticism of Consciousness)은 뉴에이지 '도시 신화(Urban Myth)'

---

509 See Barbara Marx Hubbard, *The Revelation* (Delhi: Natraj Publishing, 1995), p. 243.
510 See Benjamin Crème, *Maitreya's Mission*, Vol 2 (Los Angeles: Share International Foundation, 1993), p. 239.

어떻게든 인간이 더 큰 의식Consciousness[511]으로 진화하거나 지식(Gnosis/영지주의의 지식)이 영적 수련을 통해 신이 될 수 있다는 이 개념은 모두 거짓말이다. 티모시 리어리(Timothy Leary), 조셉 캠벨(Joseph Campbell), 카를로스 카스타네다(Carlos Castaneda)[512]와 같은 작가들이 지지한 "히피 운동에서 독창적으로 1960년대를 돌파한 뉴에이지 운동으로 많은 사람들을 이끈 일종의 '도시 신화(Urban Myth)'이다." 이 중요한 개념(진화적 변화[Evolutionary Shifts])을 알고 이해하면 신시대(New Age)와 관련된 장르의 거의 모든 작가들 사이에서 이것이 자라고 있는 것을 볼 수 있으며 심지어 알 고어(Al Gore)도 포함된다. 물론 완전히 말도 안 되는 소리지만, 이 개념을 이해하면 뉴에이지의 많은 글을 이해할 수 있다. 인간이 갑자기 깨어나 어떤 '진화적 도약(Evolutionary Leap)'이나 '행성적 각성(Planetary Awakening)'으로 별들을 향해서 도달할 것이라는 개념이다. 그것은 또 하나의 속임수이자 심히 오컬트적(신비주의적)이고 사탄적인 신앙일 뿐이다. 거짓말이라는 사실 외에 이 신앙의 가장 큰 문제는 이 도전이 기독교를 무력화하고 무의미하게 만들고 있다는 것이다. 왜냐하면 기독교에는 더 큰 인류로 진화한다는 개념이 없기 때문이다. 그리고 여기에 또 다른 문제가 있다. 전체 진화, 뉴에이지 의식을 강화하는 '형이상학(Metaphysics)'은 거의 마약(약물)에 취한 여행과 거의 비슷하다. 냉혹한 선택을 하는 현대 세계에서 이러한 현실 도피(Escapism)는 기

---

511 See Barry McWaters, *Conscious Evolution: Personal and Planetary Transformation* (West Coast: Evolutionary Press, 1982).

512 See https://medium.com/@peter.bahnsen.x/carlos-castaneda-tales-of-power-and-the-delusions-of-the-new-age-a3e8f02f29e5; https://repository.arizona.edu/bitstream/handle/10150/565555/AZU_TD_BOX34_E9791_1972_138.pdf?sequence=1&isAllowed=y; https://www.enotes.com/topics/joseph-campbell/critical-essays/criticism.

독교의 도덕성보다 더 흥미로워 보인다. 광범위한 규모의 인류를 위한 위대한 진화적 의식에 대한 의미있는 영지(그노시스/Gnosis)는 없다. 어쨌든 반성경적인 '생물학적 진화(Biological Evolution)'의 속도는 너무 느리다. 우리 모두가 더 큰 앎을 갖게 하거나, 우리가 서로 연결되어 있고 모두 동일한 인류라는 것을 깨닫고 깨달을 수 있게 해주는 '대규모 의식 고양 사건(A Mass-Conscious-Raising Event)'이 갑자기 있을 수는 없다.

힌두교와 불교도 다가오는 뉴에이지에 대한 신앙을 가르친다. 기독교에는 유토피아적 미래가 없고 오직 그리스도의 천 년 통치만 있을 뿐이다.[513] 예수님께서는 마 19:28(KJV 및 NKJV 번역: "예수님께서 내가 진실로 너희에게 말하노니 세상이 중생[Regeneration]되어 인자가 자기 영광의 보좌에 앉을 때에 나를 좇는 너희도 열두 보좌에 앉아 이스라엘 열두 지파를 심판하리라.")에서 새 왕국을 '중생/거듭남(The Regeneration)'이라고 부르시며, 이로써 '하나님의 의회(The Parliament of God)'가 이 땅에 존재할 것이며 인류는 그리스도와 그분의 사도들이 심판할 예루살렘에 와서 그를 경배할 것이다. 기독교는 인류가 '외국 국가(Foreign State)'에 있으며 그가 무엇을 하든지 하나님께 미치지 못한다고 가르친다.[514] 뉴에이저(New Agers)

---

513 "또 내가 보매 천사가 무저갱 열쇠와 큰 사슬을 그 손에 가지고 하늘로서 내려와서 용을 잡으니 곧 옛 뱀이요 마귀요 사탄이라. 잡아 천 년 동안 결박하여 무저갱에 던져 잠그고 그 위에 인봉하여 천 년이 차도록 다시는 만국을 미혹하지 못하게 하였다가 그 후에는 반드시 잠간 놓이리라. 또 내가 보좌들을 보니 거기 앉은 자들이 있어 심판하는 권세를 받았더라. 또 내가 보니 예수님의 증거와 하나님의 말씀을 인하여 목 베임을 받은 자의 영혼들과 또 짐승과 그의 우상에게 경배하지도 아니하고 이마와 손에 그의 표를 받지도 아니한 자들이 살아서 그리스도로 더불어 천 년 동안 왕노릇 하니 그 나머지 죽은 자들은 그 천 년이 차기까지 다시 살지 못하더라. 이는 첫째 부활이라. 이 첫째 부활에 참예하는 자들은 복이 있고 거룩하도다. 둘째 사망이 그들을 다스리는 권세가 없고 도리어 그들이 하나님과 그리스도의 제사장이 되어 천 년 동안 그리스도로 더불어 왕노릇 하리라. 천 년이 차매 사탄이 그 옥에서 놓였더라(계 20:1-7)."

514 "모든 사람이 죄를 지었으매 하나님의 영광에 이르지 못하더니(롬 3:23)."

들과 루소(Rousseau) 그리고 헤시오드(Hesiod), 플라톤(Plato) 심지어 성 어거스틴과 같은 고대 작가들이 가르친 황금기는 없다는 것이다. 우리는 로마서 12:1-2에서 말씀하는 것처럼 그리스도를 통해 마음을 새롭게 해야만 한다.

"그러므로 형제들아 내가 하나님의 모든 자비하심으로 너희를 권하노니 너희 몸을 하나님께서 기뻐하시는 거룩한 산 제사로 드리라. 이는 너희의 드릴 영적 예배니라. 너희는 이 세대를 본받지 말고 오직 마음을 새롭게 함으로 변화를 받아 하나님의 선하시고 기뻐하시고 온전하신 뜻이 무엇인지 분별하도록 하라."

그리스도께서 예루살렘에 다시 오셔서 다스리시는 천년 왕국 기간 동안에만 평화가 있을 것이다. 전쟁만 가져오게 될 인간의 천재성이 아니라 하나님의 통치가 평화를 가져올 것이다.

트랜스 휴머니즘(초인간주의/Transhumanism)[515]

그러나 만일 엘리트가 이러한 영적인 방법을 통해 인류를 추악한 '단일 세계 정부(One World Government)'로 변형시킬 수 없다면 그들은 점

---

515 See David Livingstone, *Transhumanism: The History of a Dangerous Idea* (Scotts Valley: CreatSpace Independent Publishing Platform, 2015); https://en.m.wikipedia.org/wiki/Transhumanism.

점 더 실행가능한 옵션이 되고 있는 트랜스휴머니즘(Transhumanism), 인공 지능(Artificial Intelligence: AI) 및 로봇 공학(Robotics)을 통해 시도할 것이다. 비밀 정치 조직(Cryptocracy)의 손에 이 기술은 인류의 노예화로 이어질 가능성이 높으며 플라톤이 엘리트를 '신의 계급(god class)'으로, 경찰 드론을 '집행자 계급(Enforcers)'으로 노동자를 '노예 계급(Slaves)'으로 말한 정확히 계층화된 사회의 출현으로 이어질 가능성이 높다.

트랜스휴머니즘은 인간의 조건을 확장하고 개선하기 위해 정교한 기술을 적용한 것이다. 더 높이 뛰고, 더 빨리, 더 오래 달리는 능력이나 읽기나 정상적인 감각이 아닌 컴퓨터로부터 오는 생각을 통해 정보에 접근하는 능력과 같은 근본적인 인간의 한계를 극복하려는 것이다. 그들은 우리의 의식을 구성하는 뇌의 신경 활동이 중앙 클라우드 컴퓨터에 다운로드되어 로봇 몸 안에서 살 수 있기 때문에 영원히 살 수 있는 능력도 있을 수 있다.

이러한 기술을 사람들이 가능하게 하는 능력으로 수용하는 것은 단지 시간 문제이다. 우리가 이 기술을 받아들이지 않을 것이라는 '러다이트 입장(The Luddite Position)'은 시간을 거듭해서 잘못된 것으로 입증되었다. 기술이 발전할 때마다 '개선(Improvement)'을 사용하는 것에 대한 저항이 너무 강하다. 그러나 이번에는 트랜스휴머니즘을 통해서 그것은 아마도 돌이킬 수 없을 것이다. 그래서 그것은 두 가지 유형의 인류를 생산하게 될 것이다. 성경적 용어로 이것은 트랜스휴머니즘적 능력을 받아들이고 싶지 않은 i)'[하나님에 의해서] 진흙으로 만들어진[창조된]' 사람들과 그들의 능력을 향상시키고자 하는 사람들, 즉 ii)'철로 만들어진' 사람들이 될 것이다.

다니엘 2장 43절은 분명히 마지막 왕국에서 다음과 같이 말씀한다. "그리고 당신(주)께서 철이 구운 진흙과 섞인 것을 보신 것처럼, 철이 진흙과 섞이는 것과 같이 백성도 섞여서 연합되지 못할 것이니라." 아담은 첫 사람이었고 흙이나 점토로 만들어졌다. 창 2:7은 "여호와 하나님께서 이 땅의 흙으로 사람을 지으시고 생기를 그 코에 숨을 불어 넣으셨더라."라고 말씀한다. 인간과 아담을 뜻하는 히브리어는 동일하며, 땅을 뜻하는 히브리어는 ה, h(여성형) 어미인 אֲדָמָה, Adamah가 땅(אֶרֶץ, Eretz)을 제외하고 동일한 삼근(Same Tri-Root)에서 나온다. 말세에 어떤 사람들은 하나님께서 창조하셨던 보통 인간처럼 '진흙'이 될 것이고 어떤 사람은 '철'을 갖게 될 것이라고 해석할 수 있다. 이것은 그들을 유전자 변형(Transgenic)으로 만들 것이다. 따라서 이것은 트랜스휴머니스트의 미래를 설명할 수 있다.

이 성경 구절은 마귀와 짐승과 거짓 선지자가 모두 불못에 던져지는 요한계시록 20장 10절("또 저희를 미혹하는 마귀가 불과 유황 못에 던지우니 거기는 그 짐승과 거짓 선지자도 있어 세세토록 밤낮 괴로움을 받으리라.")에서 더욱 뒷받침된다. 그들은 요한계시록 20장 13절("바다가 그 가운데서 죽은 자들을 내어 주고 또 사망과 지옥도 그 가운데 죽은 자들을 내어 주매 각 사람이 자기의 행위대로 심판을 받았더라.")의 '백보좌 대심판(The Great White Throne Judgement)'에서 심판받지 않는 반면, 성경은 "각 사람이 자기의 행한 대로 심판을 받았다"고 가르친다. 창세 이후 이제까지 태어난 모든 사람은 요한계시록 20장 11절의 백보좌 대심판에서 심판을 받을 것이다. 그러나 짐승과 거짓 선지자가 심판을 받지 않았다면 이것은 그들이 사람이 아니므로 심판을 받았기 때문에 인간이 아니라는 것을 의미한다. 그들은 더 이상 백보좌 대심판(계 20:11-12 "또 내가 크고 흰 보좌와 그 위에 앉으신 자를 보니 땅과 하늘이 그 앞에서 피하여 간데 없더라. 또 내가 보니 죽은 자들이 무론 대소하고 그 보좌 앞에 섰는데 책들이 펴 있고 또 다른 책이 펴졌으니 곧 생명책이라. 죽은 자들이 자기 행위를 따라 책들에 기록된 대로 심판을 받으니.")을 받을 자격이 없을 정도로 철과 인간을 초월하여 혼합되었다. 따라서 트랜스휴머니즘을 받아들이는 것은 인간을 초강화된 존재(Super-Enhanced Being)로 만들어 수천 년, 심지어는 무한정 살게 하는 '짐승의 표(The Mark of the Beast)'가 될 수도 있지만, 창세기에서 말하는 영적 죽음(The Spiritual Death)[516]에 이를 수도 있다. 그들의 구원은 상실되었다.

이 트랜스휴머니스트, AI 마크(666)를 받은 사람들도 육체적으로 죽지 않을 것이다. 요한계시록 9장 6절은 "그 때에 사람들이 죽기를 구하여도 얻지 못하고 죽기를 원하여도 죽음이 그들을 피하리로다."라고 말씀한다. 다시 말해서 그들은 유전적으로 너무 변형되어 스스로를 죽일(자살할) 수 없을 것이다. 이것은 창 3:4-5절에 사탄이 에덴동산에서 하와에게 한 말을 생각나게 한다. "뱀이 여자에게 이르되 너희가 결코 죽지 아니하리라. 너희가 그것을 먹는 날에는 너희 눈이 밝아져 하나님과 같이 되어 선악을 알 줄 하나님이 아심이니라." 에덴동산의 2가지 거짓말은 첫째로 그들이 '결코 죽지 아니하리라' 하였고, 둘째로 그들은 선과 악을 아는 '하나님과 같이' 될 것이라는 것이었다. 그것은 똑같은 주석(註釋)이고, 처음

---

516 "그러나 너희는 선악을 알게 하는 나무 열매는 먹지 말아야 할지니라. 왜냐하면 너희가 그것을 먹을 때는 너희는 반드시 죽을 것이기 때문이니라(창 2:17)." "그리고 주님께서는 '나의 영이 영원히 사람과 싸울 것이니라. 왜냐하면 그는 죽을 숙명이기 때문이니라. 그러므로 그의 날은 120년이 될 것이니라.' 하시니라(창 6:3)."

부터 인류를 사로잡은 사탄의 거짓말이다.

그것은 그들이 '거짓말을 믿도록' 강력하고 힘이 센 망상이 될 것이다. 데살로니가후서 2:9-12에서 말씀한 바와 같이, "불법한 자의 임함은 사탄의 역사를 따라 모든 능력과 표적과 거짓 기사와 멸망하는 자들에게 가하는 모든 불의의 속임(궤휼)을 따랐도다. 왜냐하면 그들을 구원할 진리의 사랑을 거절하였기 때문이니라. 이러므로 하나님이 미혹의 큰 역사를 저희에게 보내사 거짓을 믿게 하사 진리를 믿지 아니하고 불의를 좋아하는 모든 자를 심판하시리라… ."

악명 높은 짐승의 표를 받는 자들은 인간이 되지 않을 것이다. 그들은 트랜스휴머니스트의 인류에 대한 비전(Vision)을 받아들이면서 짐승처럼 될 것이다. 이것은 데이비드 스팽글러(David Spangler)가 언급한 루시퍼의 입문(Luciferic Initiation)일 수 있다.[517] 그러므로 아마도 계 13:18의 짐승의 표 666은 인간을 '신(god)'으로 바꾸고 영원히 살 수 있게 하는 일종의 트랜스휴머니스트 업그레이드 또는 DNA 소스코드(Source Code)가 될 것이다. 이것은 적그리스도의 '형상'이다. 왜냐하면 사람을 지으신 하나님의 형상이 제거될 것이기 때문이다. 짐승의 우상에게 경배하기를 거부하는 자들은 죽임을 당할 것이다.

요한계시록 13장 15절은 "그가 첫 번째 짐승의 형상(Image/우상)에게 생기를 불어넣어 말하게 하고 그 우상에게 경배하지 아니하는 모든 자를 죽이게 하는 권세를 받았으니"라고 말씀한다. 이것은 또한 적그리스도가 자신이 하나님이라고 선언하고 짐승의 표를 받은 모든 사람은 신

517　See https://www.christianforums.com/threads/the-luciferic-initiation.4606029/.

으로 선언되는 순간이 될 수 있다. 이러한 방식으로 그들은 '트랜스휴머니스트 하이브(벌집) 네트워크(Transhumanist Hive Network)'에 연결되어 하나의 언어, 즉 컴퓨터의 언어를 사용하게 된다. 하나님에 의해서 진흙으로 창조된 사람들은 죽임을 당할 것이다. 창세기 11장 바벨탑 사건에서 미스터리(신비) 바벨론 종교는 모든 백성이 같은 언어를 사용하고 있었다. '만약 같은 언어를 사용하는 한 민족이 이것을 하기 시작했다면, 그들이 계획한 것은 창 11:6에서 불가능하지 않을 것이다.' 창 11:6은 "여호와께서 가라사대 같은 언어를 말하는 족속(민족)이 이 일을 시작하면 그 경영하는 것은 못할 일이 없으리라."고 말씀하고 있다. 동일한 언어를 사용한다는 개념은 트랜스휴머니스트가 인간의 미래를 위해 추구하는 '컴퓨터 하이브(벌집) 네트워크 단일 언어(Computer Hive Network One Language)'의 일부이기도 하다. 이는 여러 가지 가능한 시나리오 중 하나일 수 있다. 저자는 정확한 상황은 때가 가까워지면 주님께서 우리가 알 수 있게 할 것이라 믿는다. 그러나 성경은 사람들이 듣지 않을 것이며 비밀 정치 조직(Cryptocracy)이 그들의 이익을 위해 소유하고 운영하는 주류 미디어에서 사람에게 말하는 쓰레기와 거짓말을 계속 믿을 것이라고 말한다.

경제 붕괴(Economic Collapse)

단일 세계 정부로의 전환의 한 가지 유형은 자본주의의 붕괴를 통한 것일 수도 있다. 조지 소로스(George Soros)는 1998년의 그의 저서『글로벌 자본주의의 위기(The Crisis of Global Capitalism)』[518]에서 우리가 이미 세계적 불황과 자본주의 시스템의 붕괴로 이어질 '글로벌 약세 시장(Global Bear Market)'이 죽음의 진통에 처해 있다고 주장했다. 의제 21은 이미 제정(Enact)을 기다리고 있는 '대체 경제(Substitute Economy)'이다. 비밀 정치 조직(Cryptocracy)은 준비되면 그들은 전 세계적 붕괴를 일으킬 수 있다. 이는 우리를 운영하는 보이지 않는 정부 B로 이어지고 정부 A로서 공개적으로 보이는 정부가 될 것이다. 이것이 모든 '정치적 쿠데타(Political Coup)'가 일어나는 방식이다. 자기가 정부 A라고 부르는 합법적인 정부는 쿠데타로 정부 B에 의해 장악되고 결국 합법적인 정부 A가 된다는 것이다. 번영을 되찾고 세계 경제를 예전 상태로 복원하기 위해 모든 국가는 새로운 평화 조약에 서명하고 새로운 단일 세계 시스템에 의해 중앙에서 관리되는 신세계 질서의 형성에 동의해야만 한다. 이 모든 것은 아마도 요한계시록 13장 7절 하반절에서 언급된 단일 세계 메시아의 출현을 동시에 포함할 것이다:

> "그리고 그(적그리스도)는 모든 족속, 백성과 언어와 나라를 다스리는 권세를 받았도다."

그러나 이 새로운 정부는 최근 서구 사회에서 볼 수 있었던 것보다 대중에게 훨씬 더 가혹할 것이다. 세계적인 우생학(Eugenics)과 인구를 5억명까지 낮추고자 하는 이야기가 있다. 의심할 여지 없이 전 세계적으

---

518 George Soros, *The Crisis of Global Capitalism* (New York: Public Affairs, 1998).

로 엄청난 사회적 불안이 있을 것이고 폭동(반란)이 진압될 것이다. 그러나 비밀 정치 조직(Cryptocracy)의 엄청난 힘과 첨단 비밀 무기로 인해 대중 봉기는 곧 진압될 것이다. 그 후, 로봇은 땅(The Land)을 돌보고, 모든 갑작스러운 결정으로 비밀 정치 조직의 가족들에게 봉사하게 될 것이다. 대중들이 '신-봉건 노예(Neo-Feudal Serfdom)' 상태로 사는 동안 그들은 (비밀 정치 조직의 가족들) 이제 우리에게 공상 과학 영화(Science Fiction: 아마도 '로건의 탈출[Logan's Run]'519과 같은)처럼 보이는 진보된 사회(Advanced Society)에 살게 될 것이다.

---

519 1967년에 출간한 윌리엄 놀란(1928-2021)과 조지 존슨(1929-2015)의 디스토피아 소설로서 배경은 2216년의 세계로 모든 의식주가 충족되지만 그 대가로 수명이 21세로 정해진 디스토피아다. 모든 사람이 출생과 동시에 손바닥에 "수명 크리스탈"이 삽입되며 크리스탈은 7년 주기로 색이 바뀐다. 21세가 되는 날 크리스탈이 검은 색으로 변하면 "수면의 집(Sleep Shop)"에 출두해, 엄청난 쾌락을 선사하는 독가스를 마시고 안락사한다. 21세가 되어도 죽기 싫은 사람은 수수께끼의 인물 "발라드(Ballard)"에게 알선해 "성역(Sanctuary)"이라는 곳을 찾아 도망치는데 이들을 "탈주자(Runner)"라 하며 탈주자를 추적해 처형하는 전문 요원을 "수면 요원(Deep Sleep Operative)", 또는 "샌드맨(모래장수/Sandman)"이라 부른다. 샌드맨은 특별한 무술을 훈련받았을 뿐만 아니라 다기능 살상 무기인 "총(Gun)"으로 무장했으며 특히 탈주자를 자동으로 추적하는 무기 "호머(Homer)"는 온 몸이 불타는 것 같은 고통을 줌으로써 도망자를 처형하는 공포스런 무기이다. 주인공 로건 3는 샌드맨으로 탈주자들이 찾아간다는 성역 자체를 파괴하기 위해 탈주자인 척 하라는 명령을 받고 21세가 되는 날 탈출한다. 이 명령은 일급 비밀로 다른 샌드맨들은 로건 3이 진짜 탈주자라 생각하여 로건 3의 절친이었던 동료 샌드맨 프랜시스가 로건을 추격하기 시작한다. 처음에 임무 수행만을 목적으로 하며 속마음을 감추는 로건 3과 그의 탈주를 돕는 여성 제시카 6과의 사이에서 애정이 싹트며 결국 로건 3도 진심으로 성역을 찾아 여행하게 된다. 성역 직전에서 로건과 제시카는 그들을 끈질기게 추적해온 프랜시스에게 붙잡히는데, 프랜시스의 정체는 탈주자들의 지도자 바라드였으며 그의 실재 나이는 42세였다. 프랜시스는 태어날 때 이식받은 수명 크리스탈이 불량이라 색이 빨간색(14-20세)으로 고정되어 버린 것으로 프랜시스/발라드는 이처럼 탈주자를 추적하는 척하며 성역(오래전 화성에 건설된 식민지)으로 대피시키고 있었으며 세력을 모아 지구를 관리하는 컴퓨터 정부를 전복시킬 계획을 세웠던 것이다. 로건과 제시카는 성역으로 향하는 로켓에 탑승해 지구를 떠나며 프랜시스는 또 다른 탈주자를 돕기 위해 도시로 돌아가는 것이 결말이다. 두 편의 속편이 출간됐으며 제목은 1977년작 "로건의 세계(Logan's World)"와 1980년작 "로건의 수색(Logan's Search)"이 있다. See https://en.m.wikipedia.org/wiki/Logan%27s_World; William F. Nolan, Logan's Search (London: Corgi Books, 1981).

외계인 침공(Alien Invasion)

신세계 질서에 진입할 수 있는 또 다른 가능한 시나리오는 '가짜 외계인 침공(Fake Alien Invasion)'이다. 1994년 세르주 모나스트(Serge Monast)는 가짜 외계인 침공이 행성 전역에서 동시에 시행되는 4단계 방법을 공개했다. 그는 이것이 블루빔 프로젝트(Blue Beam Project)라고 불리는 NASA의 비밀 문서를 공개한 출처에서 나온 것이라고 주장했다.[520] 우주의 홀로그램,[521] 첨단 비밀 기술 및 로봇을 사용하여 인류는 외계인이 침략하고 있다고 믿게 될 것이다. 1967년에 작성된 '철산의 보고서(Report from Iron Mountain)'도 전쟁을 대신하여 '우리 세계 밖의 침략 위협의 신뢰성을 테스트하기 위한 실험이 제안되었다.[522] 이것은 또한 수백만 명의 사람들을 실종시켜 FEMA 수용소[523]로 몰아넣어 몰살시키는 '가짜 기독교 휴거(Fake Christian Rapture)'와 관련이 있다. 텔레파시 무기와 같은 비밀 기술을 사용하여 국가는 고급 외계 종족의 공격을 받고 있다고 믿게 만들어 엘리트가 원하는 모든 의제를 나머지 세계에 추진할 수 있게 된다. 그 결론은 '오랫동안 기다려온 통합 신세계 종교(Long Awaited

---

[520] 서지 모나스트(Serge Monast)는 캐나다의 기자로서 프로젝트 블루빔(Project Blue Beam)에 관해서 썼다. 그것은 장소적으로 억지스러워 보이지만 그럴 이유가 없으면 우주 여행 분야에서 왜 그렇게 예측 프로그래밍이 있을까요? 더 자세한 정보를 위해서는 see Serge Monast, *Project Blue Beam* (Leatherhead: Ethos, 2023); http://educate-yourself.org/cn/projectbluebeam25ju105.shtml.

[521] 홀로그램은 레이저 광선으로 생성된 3차원의 사진 이미지입니다. See John Sinclair(Chief Editor), *Collins Cobuild English Dictionary* (UK: HarperCollins Publishers, 1995), p.608.

[522] See Leonard C. Lewin, *The Report from Iron Mountain* (New York: Dial Press, 1967), p.51; 이 책은 PDF로는 무료로 이용가능하다. See http://www.stopthecrime.net/docs/Report_from_Iron_Mountain.pdf.

[523] See https://en.m.wikipedia.org/wiki/FEMA_camps_conspiracy_theory.

Unified New World Religion)'이다.

이 누출에 대한 전반적인 인상은 신세계 질서에 진입하기 위한 매우 과감하고 무리한 버전으로 보인다는 것이다. 그림자 정부(Deep-State)가 사용할 수 있는 정교한 무기와 기술의 수준이 어느 정도인지, 그들의 '마인드 컨트롤 기술(Mind Control Techniques)'이 얼마나 영리하고 교묘(조작적인)한지 모르기 때문에 가능할 수 있다. 아마도 이것은 '외계인(Aliens)', '외계인 침공(Aliens Invasion)' 및 우주 여행에 대한 예측 프로그래밍이 끝없이 쏟아지는 이유가 될 수 있다. 내부자 진 로든베리(Gene Roddenberry)가 쓴 『별 여행(Star Trek)』[524]부터 '화성을 향한 임무(Mission to Mars)'와 '검은색의 사람들(Men in Black)'과 같은 관련 영화에 이르기까지 우주의 생존 가능성과 외계 종족과 진보된 문명의 존재 가능성에 대한 이러한 유형의 신앙이 바로 코앞에 있다. 엄청난 우주 속임수로 이어질 수 있을까? 전체 '우주 프로그램(Space Program)'이 사기일 수 있다는 것이 정말로 드러날 수 있을까?

점진주의(Gradualism)

점진주의[525]는 단일 세계 질서를 만들기 위해 작고 눈에 띄지 않는 단

---

524 See https://www.britannica.com/biography/Gene-Roddenberry.
525 점진주의(Gradualism)는 라틴어 'Gradus/그라두스'로서 Step(단계)에서 유래한 점진주의는 변화 또는 신조이다. 비정보주의, 점진주의, 개량주의는 유사하다. 개념적으로 사회 민주주의의 경우 사회주의는 점진주의를 통해 달성된다. See https://en.m.wikipedia.org/wiki/Gradualism.

계(조치)를 취하는 영국 파비안주의자(British Fabianists)[526]들이 선호하는 방법이다. 이것은 사람들에게 음모를 일깨우기 위해 어떤 조치도 취하지 않고 엘리트가 원하는 곳으로 사회를 가져오기 위해 미세한 조치를 취하는 것이다. 이것은 아마도 가장 안전한 방법이지만 시간이 오래 걸린다. 로봇 공학과 트랜스휴머니즘이 엘리트에게 실행 가능한 옵션이 되면 더 이상 엄청난 수의 인간이 존재할 필요가 없으므로 새로운 시스템의 출현이 빠르게 이루어질 것이다. 이것이 맞다면 우리는 실행 가능한 로봇 공학(Robotics)과 트랜스휴머니즘(Transhumanism)에서 약 20-30년 정도밖에 남지 않았을 것이다. 따라서 약 2050년까지 우리가 신 질서에 들어갈 수 있음을 나타낸다. 확실히 의제 21은 2100년까지 완료되어야 하는 계획을 설명하므로 그들이 설명하는 최종 결과에서 거꾸로 작업하면 '매우 대략적인 일정(A Very Approximate Timeline)'을 얻을 수 있다. 아직도 실행해야 할 계획의 많은 부분이 남아 있다. 예를 들어, 달성하기 어려워 보이는 것 중 하나는 '개인 재산 소유권의 파괴(The Destruction of Personal Property Ownership)'이다. 분명히 사람들은 이것에 맞서 대규모 투쟁을 벌일 것이지만 아마도 '이자율(Interest Rates)', '재산세(Property Taxes)' 및 '세계 생물 다양성 평가(The Global Biodiversity Assessment)'에 언급된 '토지용익권법(The Usufruct Laws)'의 세금의 인상[527]을 통해서 이것은 우리가 상상하는 것보다 더 빨리 달성될 수도 있다.

---

526 See https://en.m.wikipedia.org/wiki/Fabian_Society.
527 See https://news.yahoo.com/carbon-footprint-homegrown-food-five-200247599.html.

제3차 세계 대전(World War III)

세계화 과정은 적대감의 심화와 긴장을 폭발시켜 제3차 세계 대전을 촉발할 수도 있다. 비밀 정치 조직(Cryptocracy)은 아마도 이 대결을 피할 것이다. 왜냐하면 이 방법은 그들에게조차 다소 과감할 것이기 때문이다. 그들이 갈망하는 완전한 통제를 보장할 수 없기 때문이다. 정교한 무기의 발전으로 인해서 국가가 핵 옵션을 사용할 수 있게 되면서 지역적 큰 전란이 발생할 가능성이 훨씬 더 높은 시나리오이다. 가장 분명한 상황 중 하나이자 다니엘서와 요한계시록에 들어맞는 상황은 연합군에 의한 이스라엘의 침공이다. 또 다른 가능한 계획은 '전자기파동(EMP/ Electronic Magnetic Pulse)'으로 대규모 에너지 폭발로 인해 모든 섬세한 전자 회로와 공장 기계가 고장이 나서 시스템이 완전히 중단될 수 있다. EMP 이벤트가 발생하면 모든 컴퓨터와 자동차는 제대로 작동하지 않을 것이다. 식량의 공급과 분배가 심각하게 중단될 것이고 세계 정부만이 함께 힘을 합쳐서 해결할 수 있는 광범위한 공황과 무정부 상태를 초래할 것이다.

후기 자본주의 사회(Post-Capitalism Society)

향후 수십 년 안에 우리는 로봇과 인공 지능(AI)이 모든 작업을 수행하는 자동화된 농장이 서서히 출시되는 것을 보게 될 것이다. 결국 수백만 명의 농부가 일자리를 잃게 될 것이다. 로봇이 수백만 개의 다른 직업을 대신하여 국가가 근로자를 달래기 위해 '보편적 기본 소득(Universal Basic Income)'을 지불하는 사회로 이어질 가능성이 높다. 이것이 후기자본주의 체제의 출현이며, 토마스 모어(Thomas More)[528]가 '유토피아(Utopia)'에서 언급한 '보편적 소득(Universal Income)'이자 사상이다. 핀란드와 일부 다른 국가에서 이미 '보편적 국가 소득(Universal State Income)'의 개념이 시행되고 있는 것을 보고 있다.[529]

하지만 저자의 질문은 '왜 인간이 비밀 정치 조직(Cryptocracy)에게 계속해서 필요할까?'이다. 그들이 그들 사이에서 권력을 유지할 수 있다면 왜 그들의 권력을 뒤집을 수 있는 수십억 명의 사람들이 자신들을 방해하도록 허용하는가? 식품 생산 및 기타 모든 공정을 제어하는 로봇을 제어하는 것이 더 쉽지 않을까? 당연히 그렇다. 그렇다면 그들은 왜 이것을 하지 않을까? 그들은 이미 그들의 책에, 로마 클럽에서, 그리고 그들의 뉴에이지 '신학자'를 통해 장기적인 계획은 지구의 인구를 감소시키는 것이라고 썼다. 이 계획은 그들의 의제에 있는 것같고, 그들의 의제에 있었던 모든 것은 결국 어김없이 법률로 제정되었다. 당신은 그들의 글에서 그들이 무엇을 하고 싶은지, 그리고 그들이 천천히 가지만 결국 항상 성공하는 것을 볼 수 있다.

예를 들어, '자유의 감소(Reduction of the Freedom)', '감시 국가의 출현(Emergence of the Surveillance State)', '부채에 시달리는 서비스 경제의 출현(Emergence of a Debt-Ridden Service Economy)', '도덕적 상대주

---

[528] See Thomas More, *Utopia* (London : Penguin Classics, 2012).
[529] 보편적 소득을 위해서는 다음의 아티클을 보라. http://www.ft.com/content/3b7938e6-c569-11e7-b30e-a7c1c7c13aab.

의(Moral Relativism)'와 '흐려진 인간성(Grayed-out Humanity)' 등을 통해서 - 당신은 신세계 질서의 행진이 항상 이러한 방향으로 향하고 있음을 알 수 있다. 공모자들이 신세계 질서를 위해 노력하고 있다고 단호하게 진술한 글은 말할 것도 없고, 정치적, 경제적 무역 블록의 출현에서도 이를 나타낸다.[530] 이것은 실제적인 위협이며 결국 '인구 감소(Population Decrease)'로 이어질 것이다. 식량 생산의 손실, 수백만 명을 죽이는 바이러스(Covid-19? 등등), 항생제와 백신의 대재앙 또는 과학자들이 개발하여 처분할 수 있는 방대한 양의 알려지지 않은 비밀 요원이 모두 결합되어 '인구 감소 의제(Depopulation Agenda)'를 달성하려고 할 것이다. 무슨 일이 있어도 신세계 종교와 함께하는 신세계 질서의 출시를 그들은 2100년 이전에 일어나게 시도할 것이다. 이것은 의제 21의 종료 날짜이기 때문이다. 그것은 그들이 노력하고 있는 모호한 개념이 아니라 그들이 옛날부터 구상해온 전 세계적인 정부 체제는 종말 시대에만 실현 가능해 질 것이다.

---

[530] See Strobe Talbott, *The Great Experiment: The Story of Ancient Empires, Modern States, and the Quest for a Global Nation* (New York: Simon & Amp Schuster, 2009). 스트로브(Strobe)는 신세계 질서 출시를 정당화하는 외교관계위원회(CFR)의 회원이다. 또는 See Jacques Jose Attali, *A Brief History of the Future* (New York: Arcade Publishing, 2009); Henry Kissinger의 논문인 'The Change for a New World Order' website link: See http://www.nytimes.com/2009/01/12/opinion/12iht-edkissinger.1.19281915.html. 하나의 정부를 위한 '도덕적 명령'에 대해서 CFR 회원들에게 즈비그니에프 브레진스키(Zbigniew Brzeziński)가 언급한 것을 위해서는 다음을 보라. http://www.humansarefree.com/2016/12/brzezinski-decries-global-political.html; http://www.youtube.com/watch?v=rEw3JI35Crg.

15장

비밀 정치 조직이 엉망으로 만들고 있다!

15장
비밀 정치 조직(Cryptocracy)이 엉망으로 만들고(Messing it up) 있다!

우리는 21세기를 위한 전반적인 의제에 맞는 신세계 종교를 창설하려는 포괄적인 움직임이 있다는 좋은 증거들을 알게 되었다. 그 종교는 엘리트가 원하는 것을 정확히 믿고 행하도록 만들 수 있는 '순응적이고 유순한 인구(Compliant, Docile Population)'를 만드는 것이다. 그들은 결국 우리 사회의 악의 창설자들이며, 엄청난 기만과 노골적인 거짓말은 우리가 금세기에 단일 세계 정부와 신 글로벌 경제 및 사회 시스템의 출현으로 강압적으로 나아가면서 더욱 악화될 것이다.

단일 세계 정부(One World Government)

어느 시점에서 신세계 의제는 '공개 영역(Public Domain)'으로 들어가야 할 것이다. 우리는 우리가 생각하는 것보다 더 빨리 이 지점에 접근하고 있을지도 모른다. 우리는 준비하고 대비해야만 한다. 예를 들어, 지난

20년 동안 우리가 보아온 감시 수준을 추정하면 우리 모두가 '완전한 감시 국가(Complete Surveillance State)' 안에서 살고 있는 세상으로 인도될 수 있다. 20년 전에 영국의 누군가에게 주요 도시의 모든 길모퉁이에 '경찰 카메라(Police Camera)'가 있을 것이라고 말했다면 그들은 아마도 당신을 믿지 않았을 것이다. 이제 우리는 개인의 존재에 관한 모든 것이 알려지고 필요할 경우 증거로 사용할 수 있도록 무기한 저장되는 상황에 진입했다.[531]

인구 감축(Depopulation)

궁극적으로 비밀 정치 조직(Cryptocracy)의 계획은 세계 인구의 95%를 지역에서 제거한 후 완전히 통제되는 글로벌 사회를 만드는 것이다. 이 끔찍한 학살은 현재 세계 인구 75억에서 5억 명만 남기고 70억 명을 죽이는 것을 의미한다. 이 계획에 대한 증거는 시스템 상단에 있는 공모자들이 아래에 인용한 많은 글과 말에서 나온다. 또한 뉴에이지와 신지학의 거의 모든 주요 작가들은 '패러다임 전환(Paradigm Shift)'이 발생할 때 인구 감소에 대해 글을 썼다. 에이치 지 웰스 (H. G. Wells)는 "수많은 사람들이 신세계 질서를 싫어하고 항의하다 죽을 것"이라고 썼다.[532] 로

---

531 블루프대일(Bluffdale)과 솔트 레이크 시티(Salt Lake City)의 유타 데이터센터(Utah Data Center)에는 거대한 컴퓨터들이 있는데 사실상 온라인에서 발생하는 모든 이메일, 전화 통화, X.com, [카톡], 페이스북, 매매 등 거의 모든 것들을 저장한다. See http://www.facilitiesmagazine.com/utah/buildings/nsa-utah-data-center; http://www.enwikipedia.org/wiki/Utah_Data_Center.

532 See H. G. Well, *New World Order* (London: Secker & Warburg, 1940), p.10. H. G는 "마하라

마 클럽은 1972년 『성장의 한계(Limits to Growth)』 출판과 이후 『제1차 세계적 혁명(The First Global Revolution)』이라는 저술을 통해 '신맬서스주의 교리(Neo-Malthusian Doctrine)'를 새로운 차원으로 끌어올렸다. 이것은 우연이 아니다. 그들은 다음과 같이 썼다. "우리가 연합할 수 있는 공동의 적을 찾던 중 우리는 공해, 지구 온난화의 위협, 물 부족, 기근 등이 그 법안에 적합할 것이라는 생각을 내놓았다. 전체와 상호 작용에서 이러한 현상은 모든 사람이 함께 직면해야 하는 공동의 위협을 구성한다. 그러나 '이러한 위험을 적으로 지정하는 것(Designating These Dangers as the Enemy)'은 우리가 이미 독자들에게 경고한 함정, 즉 '증상을 원인으로 착각하는(Mistaking Symptoms For Causes)', '함정(Trap)'에 빠지는 것이다. 이러한 모든 위험은 [하나님께서 창조하신]-자연적 과정에 대한 인간의 [인위적]-개입으로 인해 발생하며 이러한 위험을 극복할 수 있는 것은 변화된 태도와 행동을 통해서만 가능하다. 그렇다면 진정한 적은 인류 자체이다."[533]

동일한 로마 클럽의 간행물인 '성장의 한계(Limits to Growth)'에서 우리는 이러한 변화의 일정에 대한 아이디어를 얻는다. 책의 뒷표지에서 우리는 다음과 같은 내용을 볼 수 있다. "우리 모두가 살고 있는 글로벌 자연계인 '지구의 연동 자원(The Earth's Interlocking Resources)'은 아마도 비록 첨단 기술을 사용하거나 그 기간이 길더라도 2100년 이후에는 현

자스(Maharajas)에서 백만장자까지 프카 사힙스(Pukka Sahibs)에서 예쁜 여인들까지 셀 수 없는 사람들이 신세계 질서를 싫어할 것이고 그 출현을 통해서 그들의 열정과 야망의 좌절로 인해 불행이 닥쳐올 것이고 그것을 대항해서 저항하다가 죽을 것이다."라고 인용하며 언급을 했다.

533 See Alexander King and Bertrand Schneider, *The First Global Revolution* (London: Simon & Schuster, 1991).

재의 경제 및 인구 증가율을 지원할 수 없을 것이다. 그리고 이미 앞에서 언급했던 것처럼 그들은 인류가 미래 세대까지 지속하기 위해서 균형을 추구해야 한다"고 언급한다.

> "그(인류)는 완전히 새로운 형태의 인간 사회 즉 여러 세대를 걸쳐서 지속될 사회를 창조하는데 물리적으로 필요한 모든 것을 가지고 있다."

그러나 이 지점에 도달하기 위해서는 막대한 인구 감소가 있어야만 할 것이다. 그리고 그들은 기간과 궁극적으로 누가 살아남게 될 것인지를 결정할 것이다. 또한 성장의 한계는 다음과 같이 말한다. "우리는 성장 단계가 향후 100년 동안 계속될 수 없는 [지구]-행성의 물리적 제약(制約)에 대한 현실적 지식에 기초해 있다고 의심한다. 다시 말하지만, 시스템의 지연 때문에 글로벌 사회가 이러한 제약이 명백해질 때까지 기다리게 되면 너무 오래 기다리게 될 것이다."[534]

어쩌면 이 작가들은 이러한 의견을 과장했을 수도 있지만 이러한 신앙이 비밀 정치 조직 자체 내의 명령 계통에서 더 높은 것을 볼 수도 있다. 즉 인구의 수가 선별될 필요가 있다. 1957년에서 1990년 사이에 세계 인구는 두 배로 증가했다. 아마도 이것이 그들에게 주요 관심사가 되었기 때문에 이것이 인구 감소 의제를 설명하는 데 도움이 될 수 있지만

---

534 See Donella Meadows (lead author), Dennis L. Meadows, Jorgen Randers and William W. Behrens III, *Limits to Growth* (New York: Potomac Associates Universe Books, 1972), p.183; http://www.donellameadows.org/제-content/userfiles/Limits-to-Growth-digital-scan-version.pdf. The Club of Rome 역시 '지구는 암에 걸렸고 사람도 암에 걸렸다(The Earth has a cancer and man is the cancer.)'와 전환점에 있는 인류로부터(Mankind at the Turning Point)'를 썼고 1974년 the Club of Rome에서 2번째로 보고했다.

왜 그들은 여전히 그것에 대해 이야기하고 수십 년이 지난 후에도 여전히 그것에 대해 이야기하고 이 아이디어를 추진하고 있을까? 인구통계학자들은 경제적 요인으로 인해 많은 자녀를 갖는 것이 실행 불가능한 제안이 되기 때문에 숫자가 자연스럽게 감소할 것으로 예상하고 있음을 보여주었다. 이 추세는 거의 전 세계에서 목격되었지만 비밀 정치 조직은 여전히 '인구 감소 의제(Depopulation Agenda)'를 미묘하게 추진하고 있다. 그들은 항상 그렇듯이 결국에는 그들이 원하는 것을 얻을 것이다. 그래서 세상은 그들의 통제하에 있을 수 있고 그들의 통제하에 있지 않은 사람은 아무도 없을 것이다. 국가가 승인(State Authorizes)하는 것 외에는 반대자(Dissenters)나 신자(Believers)가 없다.

'고르바초프 세계 정부 포럼(Gorbachev State of the World Forum)'에서 연사는 다음과 같이 말했다. "우리는 성(Sexuality), 피임(Contraception), 낙태(Abortion) 등 인구를 통제하는 가치에 대해 더 명확하게 말해야만 한다. 왜냐하면 생태학적 위기는 한마디로 인구 위기이기 때문이다. 인구를 90%까지 줄이면 엄청나게 생태를 손상입힐 사람들이 없게 될 것이다.[535] 인구를 90%로 줄이라! 엄청난 생태학적 피해를 입힐 사람들이 사라질 것이다."

'선전 전문가(Propaganda Specialist)'인 버트런드 러셀(Bertrand Russell)은 '과학이 사회에 미치는 영향(The Impact of Science on Society)'에서 다음과 같이 썼다. "현재 세계 인구는 증가하고 있다…. 지금까지 전쟁은

---

535 1996년 샌프란시스코에서 열린 고르바초프의 세계 국가 포럼에서 뉴에이지 작가이자 철학자인 샘 킨(Sam Keen) 박사는 스탠 몬테이스(Stan Monteith)의 말을 인용했다. See www.khouse.org/articles/1997/93/.

이 증가에 큰 영향을 미치지 않았다. 출생을 통제하는 것(피임)이 인구 증가를 막을 수 있는 유일한 길인 것을 나는 과장없이 말한다. 다른 것들도 있다…흑사병이 모든 세대마다 한 번씩 전 세계에 퍼질 수 있다면, 생존자들이 세상을 너무 꽉 채우지 않고 자유롭게 번식할 수 있다…상황이 다소 불쾌할 수 있지만 어떠한가? 정말로 고상한 사람들은 행복에 무관심하며, 특히 다른 사람들의 행복에 무관심하다."[536] 확실히 그는 마음이 낮은 사람들을 의미하지만 그는 우생학자(Eugenicist)이자 음모(공모/Conspirator)자이기 때문에 사탄주의자처럼 모든 것을 반대로 돌리므로 잘못된 것이 옳고 선한 것이 악("악을 선이라 하고 선을 악이라 부르는 자들과 어둠을 빛이라고 하고 빛을 어둠이라 하는 자들과 쓴 것을 달다고 하고 단 것을 쓰다고 하는 자들은 화가 있으리라[사 5:20].")하다고 한다.

성경 계 6:9절에서 다음과 같이 말하는 인구 감소 개념과 더 일치한다.

"그때 내가 보니 청황색 말이 보였더라. 그 탄 자의 이름은 사망이요. 지옥(음부)도 그 뒤를 바짝 따라갔더라. 그들이 전쟁과 기근과 전염병과 땅의 짐승들을 가지고 세상 사람 4분의 1을 죽일 권한을 받았더라."

이때 인구가 90억이면 25%(4분의 1)가 죽고(22억 5천만) 인구는 67억 5천만으로 줄어든다. 요한계시록 9장 18절에 언급된 숙청은 이것만이 아니라 "그들의 입에서 나오는 불과 연기와 유황의 세 가지 재앙을 인하여 사람 삼분의 일이 죽임을 당하였더라"고 기록되어 있다. 이는 여호와의

---

536 See Bertrand Russell, *The Impact of Science on Society* (New York: Columbia University Press, 1951). 특별히 7장을 보라.

날인 여섯째 나팔 때에 네 천사가 풀어 놓은 2억 군대이다. 67억 5천만 명 중에서 또 다른 3분의 1의 사망자(23억 명 사망)가 될 것이며, 성도들의 죽음(계 6:9), 땅이 불태워 굶어 죽는 사람들(계 8:7 "첫째 천사가 나팔을 불매 피 섞인 우박과 불이 나서 땅에 쏟아지매 땅의 3분의 1이 타버리고 나무의 3분의 1도 타버리고 모든 녹색 풀들이 타버렸도다.")이 있을 것이다. 이런 식으로 또 다른 5억 명이 죽으면 이 지역에는 40억 명이 남게 될 것이다.

그리고 이것은 아마도 보수적인 추정일 것이다. 환란 당시 인구가 75억이고 동일한 수학(25% 및 33.3% = 50%?, 기타 사망자의 경우 5억 명 추가하기)을 사용하면 최종 인구 수는 32억 5천만 명으로 전 세계 인구가 엄청나게 감소한 것이다.

미국에 소재했던 조지아 가이드스톤(Georgia Guidestones)[537]은 1980년에 지어진 특이한 기념물로 소위 말하면 '아메리칸 스톤헨지(American Stonehenge)'라고 불린다. 화강 암벽(Granite Monolithic Walls)에는 '일루미나티 십계명(The Illuminati Ten Commandments)'이 새겨져 있다. 제1계명은 '인류를 자연과 영원한 균형을 이루어 500,000,000명 이하로 유지하라'이다. 알 씨 크리스천(R. C. Christian)은 비석 건축 비용을 지불한 사람이었다. 이것은 프리메이슨과 유사한 비밀 결사인 장미십자회(Rosicrucians)를 지칭하는 크리스천 로젠크로이츠(Christian Rosenkreutz)의 코드일 가능성이 높다. 아무도 그들이 왜 이 값비싼 건물을 짓기 위해 애를 썼는지 모른다. 하지만 유죄(Culpability)에 대한 동일한 신앙 때문

---

[537] 참고로 조지아 스톤은 2022년 6월 6일에 누군가에 의해서 폭발로 일부가 파괴됐고 후에 모든 구조물을 제거했다. See https://youtu.be/j4e9TGmcBWw?si=c75xjHacMHFqO3wB; https://edition.cnn.com/interactive/2024/02/us/georgia-guidestones-mystery-cec-cnnphotos/#;~;text=Before%20dawn%20on%20July%206,Mullenix%20took%20personally.

일까? 사람들에게 그들이 무엇을 할 것인지, 그리고 왜 어떤 식으로든 그들이 하기로 계획한 것의 결과로부터 자유로워지는 이유를 허용하는 것 (유죄 교리/Culpability Doctrine)일까?

따라서 크리스찬 로젠크로이즈에 대한 언급은 오늘날 우리 세계의 모든 것을 지휘하는 정부보다 위에 있는 얇고 작은 계층의 사람들인 비밀 정치 조직(Cryptocracy)을 다시 언급할 가능성이 크다. 그들의 첫 번째이자 마지막 계명은 '인구 감축(Depopulation)'에 관한 것이다. 그들의 마지막 계명은 '지구의 암이 되지 말라(Be not a Cancer on the Earth) - 자연을 위한 여지를 남겨라(Leave Room for Nature)'이다. 다시 말하지만, 우리는 인간이 자연, 환경을 위한 여지를 남겨두어야 한다는 이 진술에서 '그들의 종교적 범신론(Their Religious Pantheism)'을 볼 수 있다.

네트워크의 또 다른 고위 회원인 테드 터너(Ted Turner)[538]는 최적의 인구 수는 2억 5천만에서 3억 사이라고 말했다. 빌 게이츠는 5억에 대해 말했고 거기에 도달하기 위한 백신의 사용을 언급했다. 2012년에는 국제 우생학대회(International Eugenics Congress) 100주년을 기념해 런던에서 열린 '런던 가족 계획 컨퍼런스(Family Planning Conference in London)에도 참석했다.[539] 의도적인 연결이 없다면 왜 정확히 이 날짜에 가족 계획에 관한 회의를 열었을까?

UN조차도 지구가 유지할 수 있다고 생각하는 인구 수를 제공했다. 이는 10억에서 30억 사이이다. '유엔 환경 프로그램의 글로벌 평가 보고

538　See https://www.goodreads.com/topic/show/1961414-the-overpopulation-myth-part-1.

539　See https://www.gatesfoundation.org/ideas/speeches/2012/07/david-cameron-london-summit-on-family-planning-transcript-of-remarks.

서(Global Assessment Report of United Nations Environmental Program)'에서 그들은 글을 쓰는 익명의 '전문가'를 인용한다.

> "현재 북미의 물질적 생활 수준에서 산업화된 세계 사회에 대한 합리적인 추산은 10억이 될 것이다. 보다 검소한 유럽 생활 수준에서는 20억에서 30억이 가능할 것이다."[540]

국제자연보전연맹(IUCN)은 '용감한 신세계(Brave New World)'의 작가인 알두스 헉슬리(Aldous Huxley)의 형제인 고위 공모자 줄리안 헉슬리(Julian Huxley)가 원래 설립했다. 이것은 오늘날 우리가 있는 곳에서 보면 여전히 엄청난 인구 감축이다.

5억 또는 10억이라는 숫자가 왜 중요한가? 이 숫자가 뉴에이지에 필요한 서비스, 로봇, 기계를 유지하기에 충분한 사람이 될 수 있을까? 살아있는 모든 사람이 '그들의 체제(Their System)'에 있고 누구도 미래의 독재 정권을 벗어나지 못하도록 하는 것으로 충분할 것이다. 그것은 또한 지구의 자원을 너무 빨리 소비하지 않을 사람들의 수이다. 그들의 관점에서 볼 때 이러한 자원은 그들에게만 속하고 다른 누구에게도 속하지 않기 때문이다.

엘리트와 그들의 가족, 아마도 최대 약 4,000 가구에 불과할 것이다. 그것은 그들이 수세기 동안 말해온 새로운 유토피아가 될 것이지만, 나

---

540 UNEP의 글로벌 평가 보고서, 1단계 초안, 섹션 9. UN에서 옵저버와 영사 지위(Consultative Status)를 가진 국제자연보전연맹(The International Union for Conservation of Nature/IUCN)에서 발췌했다. http://www.iucn.org/theme.

머지 대다수의 사람들에게는 지구상의 지옥이 될 것이다. 그 사람들은 희망도, 표현의 자유도, 직업의 다양성도, 재산 소유권도, 자신과 가족을 개선시킬 수단도 없는 존재들이다. 왜냐하면 돈이 더 이상 존재하지 않고 '에너지 크레딧(Energy Credits)'으로 대체되기 때문이다. 지속가능한 발전에 대해 마지막으로 확실한 것은 글로벌 경제와 사회 전체가 지향하는 방향의 결론이라는 것이다. '후기 지속가능한 개발(Post Sustainable Development)'의 삶이 어떤 모습일지 알려주는 문서는 없다. 따라서 이것이 그들의 궁극적인 경제 모델인 것 같다. 아니면 또 다른 속임수이거나 뒤따를 전 세계적 대량 학살(World-Wide Genocide)로 이어지는 디딤돌(Stepping Stone)이 될 수 있을까?

'세뇌된 주류 언론 사고방식의 옹호자들은(Defenders of the Indoctrinated Mainstream Media Mindset)' 이 모든 글과 논평을 최고 정치인들과 '각종 논평을 많이 하는 싱크 탱크(Think Thanks)들'의 말실수라고 설명할 것이다. 그들은 이러한 논평이 '음모 이론가들'에 의해 문맥에서 벗어났고 균형이 무너졌다고 주장할 것이다. 그러나 만일 이것이 사실이고 엘리트가 더 많은 돈과 권력을 얻는 데에만 관심이 있다면 왜 그들은 뉴에이지(New Age), 동성애자 권리 운동(LGBTQ+ Rights Movements: [반]성경적인 동성애 권리 운동), 여성 해방(Women's Liberation), 생식권(Reproductive Rights), 환경주의(Environmentalism)와 같은 (반)성경적 자유[민주]주의적 대의를 지지하는가? 엘리트들이 이러한 신앙을 밀어 붙이는 것은 무엇보다도 명백한 사실인데, 그 이유는 인류를 소유하고 있다고 생각하고 미래의 '통제 그리드(Control Grid)'로 조작할 수 있다는 그들의 권력 확장의 일부분이기 때문이다.

비밀 정치 조직(Cryptocracy)의 지문(Finger Prints)은 전쟁과 불황과 함께 20세기의 역사 전체에 걸쳐 있다. 이 모든 것은 21세기를 위한 그들의 의제를 뒷받침하기 위해 혼합적인 신세계 종교의 궁극적인 출현(Roll-out of)으로 이어진다. 그들의 종교적 개념은 그들의 장기 계획과 일치하며, 인구 감축은 금세기 후반에 발생할 일의 한 부분에 불과하다. 왜 그들은 가족과 친구들을 위해 이익을 극대화하고 미래 세대에게 좋은 유산을 남기는 데에는 관심이 없을까? 왜 그들은 지구 인구를 줄이고 모든 재산권을 빼앗고 자신들의 의도적인 엄청난 대량 학살 맹공격으로 부터 살아남은 생존자들을 산업화 이전 수준의 소비 수준으로 살게 만들어야 한다고 믿을까? 그 이유는 피라미드의 꼭대기에 있는 사람들은 어떤 것도 공유하는 데 관심이 없고, 어리석을 정도로 탐욕스럽고("돈을 사랑함이 일만 악의 뿌리가 되나니 이것을 사모하는 자들이 미혹을 받아 믿음에서 떠나 많은 근심으로써 자기를 찔렀도다[딤전 6:10])." 모든 것을 자기 것으로 원하기 때문이다.

"그 열 뿔은 이 나라에서 일어날 열 명의 왕들(다른 모든 왕국)이며 그 외에 또 한 왕이 일어날 것이니라. 그는 먼저 있던 왕들과 달리 세명의 왕들을 굴복시킬 것이니라(단 7:24)."

신세계 종교의 출현(Emergence of the New World Religion)

이것의 일부로, 최종 분석에서 신세계 질서는 정치와 경제에 관한 문제라기보다는 '최종 혁명(Final Revolution 또는 탈취[Takeover])'으로서 '종교의 정치화(Religious Politicization)'이며, 그 결론은 '짐승 시스템(The Beast System 666)'의 출현이다. 이전의 '인수(Takeovers)'는 1장에서 언급한 바와 같이 정치 및 경제 권력을 규제하는 기관이 네트워크의 손에 완전히 침투되었다. 대부분의 사람들은 여전히 이것이 실제로 일어났는지 전혀 모른다.

새 시스템에서는 "용(사탄)이 짐승에게 권세를 주었고(계 13:2 "내가 본 짐승은 표범과 비슷하고 그 발은 곰의 발 같고 그 입은 사자의 입 같은데 용이 자기의 능력과 보좌와 큰 권세를 그에게 주었더라")", 그리고 요한계시록 13:8에 "땅의 모든 거민이 짐승에게 경배하리라"고 했다. 이것이 우리가 해명(解明)한 전체 의제의 최종 결론이다. 사탄을 땅으로 끌어내리고 '만물(萬物)을 보는 눈[전시안]의 머릿돌(The Capstone of All-Seeing Eye)'로서 그를 전 세계적으로 숭배하도록 강요하려는 것이다. 1달러 지폐에는 새로운 종교가 13층 피라미드 위로 내려오는 모습이 묘사되어 있다. [성경 계 13:16-17절의 말씀처럼] 그것은 죽을 때까지 시행될 것이며, 그것에 적합하지 않거나 동의하지 않는 사람은 누구든지 죽임을 당하고 생활 필수품 중 어떤 것도 사고 팔 수 없게 될 것이다. 짐승의 표가 없으면 우리의 존재는 불가능해질 것이다. 많은 사람들이 루시퍼가 '결국 그렇게 나쁘지 않다'는 '통합과 기만 정신/영(A Spirit of Unity and Deception)'으로 두 팔을 벌려 '루시퍼 입문(Luciferic Initiation)'을 공개적으로 환영할 것이다. 그것은 살후 2:3의 실제적이고 지구적인 거대한 배교(헬. ἀποστασία, Apostasia Rebellion)가 실현되는 것이다. 이것은 우리가 현재 사회 어디에 있는지를 염두에 두는 것이 매우 이론적이고 심지어 기괴한 것으로 보일 수 있지만 이것이 바로 성경과 [심지어 성경을 악하게 카피한]뉴에이지 작가들이 동시에 말한 것이다. 그리고 그것은 실제로 모든 것을 운영하는 숨겨진 정부의 계획과도 직결된다. 사탄은 비밀 정치 조직(Cryptocracy)의 배후의 원동력(Driving Force)이며 비밀 정치 조직은 악이 가시화되는 곳이다.

결국, 가장 부유하고 가장 강력한 사람들 중 일부가 새로운 종교를 창설하는데 그토록 관심을 갖는 이유는 무엇일까? 전체 시스템을 뒷받침하는 것은 '루시퍼리안 엘리트(The Luciferian Elite)의 영지주의 지구 숭배 종교(The Gnostic Earth-Worship Religion)'가 될 것이다. 그들은 그들의 변덕에 따라 그들의 명령을 수행하도록 그들의 주제를 명령할 것이다. 이것이 금세기 후반 그들이 계획한 '신봉건 국가(Neo-Feudal State)'의 출현이다. 대학살의 맹공격의 생존자들은 '트랜스휴머니스트 하이브(벌집) 신경망(Transhumanist Hive Neural Network)'에 걸려든 노예들(Slaves)로서 과학적이고 기술관료적인 독재 치하에서 살게 될 것이다. 이미 중공에서 이와 비슷한 방향으로 가는 초기 단계의 공산 독재 전체주의 통제 사회가 시행되고 있다. 이런 시기가 도래하면 엘리트는 더 이상 대중의 시야에서 숨을 필요가 없기 때문에 더 이상 비밀 정치 조직으로 살지 않을 것이다. 하지만 그들은 모든 현대적 편의를 갖춘 숭배받는 신으로 살 것이며, 대다수인 5억 또는 10억 명의 사람들만이 그들의 노예가 될 것이다. 이것이 그들의 루시퍼 종교의 결론이다. 이것과 함께 결국에는 적그리스도가 될 그들의 단일 세계 프리메이슨(?) 메시아의 출현(단 9:27 "그가 장차 많은 사람으로 더불어 한 이레 동안의 언약을 굳게 정하겠고 그가 그 이레의 절반에 제사와 예물을 금지할 것이며 또 강포하여 미운 물건이 날개를 의지하여 설 것이며 또 이미 정한 종말까지 진노가 황폐케 하는 자에게 쏟아지리라 하였느니라." 마 24:15 "그러므로 너희가 선지자 다니엘의 말한 바 멸망의 가증한 것이 거룩한 곳에 선 것을 보거든 읽는자는 깨달을진저." 살후 2:3 "저는 대적하는 자라 범사에 일컫는 하나님이나 숭배함을 받는 자 위에 뛰어나 자존하여 하나님의 성전에 앉아 자기를 보여 하나님이라 하느니라.")이 있을 것이며 그들은 모든 사람이 표를(계 13:16 "저가 모든 자 곧 작은 자나 큰 자나 부자나 가난한 자나 자유인이나 노예로 그 오른손이나 이마에 표를 받게 하고.") 받도록 강요할 것이다. 이것이 비밀 정치 조직이, 실수하지 않고 인구 감축을 시킨 후에 신으로 숭배되도록 하기 위한 목표이다. 그것은 또한 그들이 선출된 것(사실은 합법을 빙자한 불법적 조작)으로 추정되는 [각 나라의]-장관들 뒤에서 사건을 통제하면서 숨겨져 있는 이유 중 하나이다. 그들의 의제는 너무 무서워서 감히 알리지 못한다. 그것은 대중의 의심을 불러일으키지 않고 그들이 목적지로 가는 길을 찾으려고 노력하면서 앞에서 언급한 그들의 성명들(Statements)과 일부 출판물(Publications)에서 드러났다. 그것은 또한 신지학자들, 사탄주의자들, 루시퍼리안 주의자들의 글에서 성경과는 반대의 관점[541]에서 쓰여졌다. 이 종교는 그들이 하나님으로 숭배되고 사탄이 인류를 자유롭게 다스리는 종교이다. 이것은 신세계 질서의 절정이며 그들의 힘이 온 세상이 볼 수 있도록 드러나는 지점이다. 그것은 그들이 태고적부터 말하던 '위대한 계획(The Great Plan)'의 성취이다.

---

541 성경의 반대의 관점에서 쓰인 그들의 출판물은 사실상 '선을 가장한 악한 일'을 도모해서 결국은 성경의 종말을 직간접적으로 완성하는 도구가 되기 때문에 사실상 성경적일 수 있는 면이 될 수도 있다.

우리는 무엇을 할 수 있는가? 정치적 개념

우리는 진 샤프(Gene Sharp)와 알버트 아인슈타인 연구소(Albert Einstein Institute)가 설명한 '국가 전복(State Subversion)'에 대한 정치적 과학적 방법을 연구할 수 있다.[542] 진 샤프는 일반적으로 제2 세계 및 제3 세계 국가에서 독재자를 권력에서 제거하기 위해 '시민 불복종(Civil Unrest)'에 대한 정치적 방법을 지지했다. 대중적인 [시민 불복종/Civil Unrest]-비폭력 봉기를 통해 그의 방법은 독재자의 권력이 더 이상 유지될 수 없게 될 정도로 정치 제도의 잠재력을 서서히 파괴하는 데 성공했다. 예를 들어, 간디가 사용한 것과 유사한 '평화로운 비폭력적 방해 및 불복종 수단(Peaceful Non-Violent Means of Interruption and Non-Compliance)'을 통해 이러한 방법은 지난 40년 동안 폭군을 제거하는 데 어느 정도 결과를 가져왔다. 진 샤프의 정치 시스템이 유고슬라비아, 우크라이나 및 기타 지역에서 '색상 혁명(Colour Revolution)'을 진행하기 위해 비밀 정치 조직에 의해 사용되었다는 우려가 있다.

이 방법의 문제는 대중이 누가 적인지, 어떤 정치적 기관들이 문제를 일으키는지 알아야만 한다는 것이다. 그러나 그러한 기관들이 너무 비밀스럽고 모든 사람에게 알려지지 않아 대중에게 숨겨져 있다면 그러한 행동(조치)이 숨겨진 에이전트(요원)에 대항하여 작용할 방법이 없다. 다시 말해, '민중/대중 봉기(Popular Uprising)'는 그 요원이 노출되지 않으면

---

[542] 독재자들에 대한 비폭력 저항의 진 샤프(Gene Sharp)의 개념은 1993년의 'From Dictatorship to Democracy'에서 설명되었다. See Gene Sharp, *From Dictatorship to Democracy: A Guide to Nonviolent Resistance* (London: Serpent's Tail, 2012).

막을 수 없다. 대부분의 사람들은 비밀 정치 조직(Cryptocracy)이 누구인지 이해하기 어렵다는 것이 입증되고 있지만, 독자적으로 그들을 축출하기 위해 의미있는 조치를 취한다. 따라서 이 방법은 더 많은 사람들이 숨겨진 정부가 누구인지, 그리고 그들의 의제가 실제로 무엇인지 알고 이해하지 않는 한 현재로서는 작동하지 않을 것으로 보인다.

외교관계위원회(CFR), 삼극위원회(Trilateral Commission) 및 3장에서 언급한 기타 그룹과 같은 모든 사람이 공모자(음모자)가 누구인지 알고 있다면 기회가 있다. 그래서 우리는 그것들을 가능한 한 많이 노출시켜야 한다. 그러니 누가 정말로 그것들을 지배하는지 배우고 이해할 수 있도록 다른 사람들에게 이 책을 언급하라. 그러나 현재 비밀 정치인들은 우리의 무지 뒤에 숨어 있다. 이것이 그들이 처음부터 숨겨져 있는 이유이다. 그래서 아무도 그들을 강타(함부로 건드릴)할 수 없다. 그들이 축출(Ousted)되더라도 곧 사탄의 지상 권세를 기반으로 한 새로운 국가가 나타날 것이다. 따라서 정치적 기반에서 우리는 성경적으로는 이러한 엘리트 컨트롤러를 제자리에 놓고 더 이상 피해를 입지 않도록 그들의 권한을 제한하기 위한 정치적으로 새로운 통제 방법(A New Method of Control) 또는 새로운 대헌장(A New Magna Carta)이 필요하다.

동유럽의 경우와 같은 많은 지역에서 사람들은 수십 년 동안 그들의 적이 누구이며 무엇이 그들의 적인지 알고 있었지만 이러한 지식은 그들을 도울 수 없었다. 그들은 이미 완전히 점령당했기 때문에 반격하는 것은 쓸모없다. 우리 서방(나머지 한국 포함 자유 국가들도)에서도 곧 비슷한 상황에 처하게 될 것이다. 그러나 우리는 아직 우리의 숨은 적이 누구인지 이해하지 못하고 있다. 안타깝게도 우리는 불타고 있는 방에서 출

입문으로 나가는 길을 촉각을 곤두세우고 있는 눈먼 사람과 같다. 우리는 세상(영혼들과 창조물들)이 거짓 엘리트 세력에 의해서 불타기 전에 깨어나 책임있는 [성경적인]-말과 행동을 해야만 한다.

그것은 엄청난 속임수(Massive Deception: "성령님께서 분명히 말세에 어떤 사람들이 믿음을 버리고 속이는 영들과 귀신들([루시퍼리안 오컬티즘: 문화 공산주의, 세속적 인본주의[다윈이즘/포스트모던이즘], 우주적 인본주의[뉴에이지])에게서 배운 것들을 따르느니라. 그런 가르침은 위선적 거짓말에서 오느니라. 그들의 양심은 화인 맞았느니라[딤전 4:1-2].")이다. 그들은 우리를 잘못된 길로 인도하고 있으며 이미 이 길에서 벗어나기에는 너무 늦었기[?] 때문에 속임수가 깊을수록 돌아갈 길을 찾기가 더 어려워진다. 그 길로 가지도 말라! 어느 정도 우리는 피해자(Victims)이지만, 깨어나야 하고, 빨리 깨어나야 한다(Wake up Quickly). 우리는 어쨌든 우리에게 팔려온 기존의 세뇌된 세계관(포스트모더니즘, [신/문화]-공산주의, 세속적 인본주의(진화론), 우주적 인본주의[뉴에이지] 등)을 완전히 버리고 완전히 새로운 [성경적]-관점으로 진리를 찾는 것을 두려워하지 않아야 한다. 우리는 성경을 통해서 오늘날 세상에서 실제로 일어나고 있는 일을 다시 볼 수 있는 지혜와 인격의 힘을 가질 필요가 있다. 대부분의 프로그래밍과 잘못된 정보가 나오는 곳이기 때문에 우리는 주류 미디어를 듣고 보는 것을 멈출 필요가 있다. 우리는 그들의 프로그래밍을 무시하고 그것들을 무의미하게 만들어야 한다. 당신이 주류 언론을 계속해서 검토한다면 자신을 '보안 장교(Intelligence Officer)'처럼 생각하고 모든 정보를 필터링하고 확인하여 정보가 정확하거나 발생했는지 확인해야만 한다. 현재 인터넷에는 필터링되지 않은 정보를 제공하는 매체가 여전히 몇 개 있지만 언론의 자유가 점점 더 제한됨에 따라 이는 점점 더 위협이 증가하고 있다. 올바른 지식을 통해서 우리는 영향을 미치고 변화에 영향을 미칠 수도 있다.

또한 이 주제가 당신을 잡아먹어서 당신의 기쁨과 웃음을 파괴하게 해서는 안 된다. 왜냐하면 성경은 "항상 기뻐하라. 쉬지 말고 기도하라. 범사에 감사하라. 이는 그리스도 예수님 안에서 너희를 향하신 하나님의 뜻이니라(살전 5:16-18)."라고 말씀하기 때문이다. 결국 이 의제를 이해함으로써 오는 자유와 평안이 있지만, 그러나 실제로는 이 평안은 하나님의 목적(God's Purpose)을 알고 믿음의 삶(The Life of Faith)을 기쁘게, 기도하며 감사함으로 사는 데서 올 것이다. 이 길을 따라가는 사람들을 위해 우리는 오늘날 우리가 누리는 물질적, 정신적 안락함 속에서 사는 마지막 세대가 될 수도 있다는 사실을 인식해야만 한다. 역으로, 우리는 이것이 정말로 우리가 들어가고 있는 미래라고 너무 환상적으로 생각하지 않도록 노력해야 할 것이다.

기독인들의 종말의 대처 방법으로서 웨인 그루뎀(Wayne Grudem)은 올바른 성경적 답변을 시도한다. 가끔 사람들은 다음과 같은 질문을 할 수 있다. "성경은 그리스도의 재림 전에 핍박이 온다고 우리에게 말씀할 때도 왜 우리는 정부를 [정치적으로] 개선하려고 노력해야만 할까? 정부가 더욱더 반기독교가 되는 것을 기대해야만 하는 것을 의미하는 것은 아닌가(마 24:9-12, 21-22; 딤후 3:1-5)?" 그 대답은 "그리스도께서 재림하실 때와 그분이 오시기 전에 일어날 사건들을 우리는 알 수 없다는 것이다(마 24:36; 25:13). 우리가 아는 것은 기회가 주어졌을 동안에 하나님께서는 우리가 포기하지 말고 하나님의 뜻을 계속해서 선포해야만 하고(행

20:27) 선한 일을 계속해야만 하고(엡 2:10) 그리고 이웃을 우리 자신처럼 계속해서 사랑해야만 한다(마 22:39)."고 말씀한다. 그것은 우리가 말씀을 믿고 순종할 수 있는 한 정부들에게 선한 영향력을 지속적으로 시도해야만 하는 것을 의미한다.[543]

마지막 메시지(Final Message)

비밀 정치 조직(Cryptocracy)이 고려하지 않은 한 가지 중요한 문제와 그들이 허용하지 않는 한 가지 주요 권세가 있다. 그것은 바로 세상에서 악의 대량 학살의 맹공격에 맞서 싸울 주 예수 그리스도의 권세이다. 기억하라! 성경의 예언처럼 많은 사람들은 너무나 미혹(迷惑/Deception)되어 사탄이 실제로 이 땅의 통치자라고 믿게 될 것이다. 따라서 우리의 싸움은 영적 영역에 있다. 왜냐하면 비밀 정치 조직을 조종하는 것은 사탄이기 때문이다. 따라서 비밀 정치 조직을 패배시키기 위해서는 하나님의 전신 갑주를 입고("마귀의 궤계를 능히 대적[영적 전쟁]하기 위하여 하나님의 전신 갑주를 입으라[엡 6:10].") 하늘 영역에서 악한 어두운 영적 세력과 싸워야 한다. 우리는 그리스도(성령) 없이는 이 일을 할 수 없다.

"우리의 싸움은 혈과 육과 싸우는 것이 아니요 정사(정치인들)와 권세(권위자들/관료들)와 이 어두움의 세상 주관자들과 하늘에 있는(둘째 하늘) 악의 영들을 상대함이라."고 엡 6:12에서 우리의 전투 대상을 분명히 말

543　Wayne Grudem, *Ibid*, p.51.

쏨한다. 그러므로 우리의 싸움은 어둠의 왕국과 맞서 싸우는 것이다.

그러나 그리스도 예수와 그리스도의 위로자이신 성령님 덕분에 절망적인 상황에도 여전히 희망이 있기 때문에 감사드린다. 예수님께서 '너는 베드로라. 내가 "이 반석(헬. ταύτη, Taute: τῇ πέτρα, Te Petra/예수님)' 위에 이 교회를 세우리니 음부의 권세가 이기지 못하리라(마 16:18)"라고 말씀하심 같이 인류 역사의 이야기가 끝날 때 교회를 통해서 그리스도는 결국 승리하실 것이다. 그는 '거듭남/중생' 가운데 그의 천국을 세우실 것이다. 비밀 정치 조직(Cryptocracy)이 존재하기 전에도 하나님은 이미 만물의 끝을 정하셨다. 결국 비밀 정치 조직(Cryptocracy)과 그들의 계획은 실패할 운명에 처해질 것이다. 우리는 믿음으로, 오직 믿음으로만 그리스도와 함께 걸어야 한다. 따라서 우리는 이 마지막(?) 세기에 그 어느 때보다도 하나님의 능력의 계시를 얻을 때까지 계속해서 믿음으로 그분을 찾아야만 한다. 살아계신 하나님을 참되게 만나면 다른 모든 것은 무의미해질 것이다. 그러므로 우리는 하나님을 찾고, 믿음을 갖고, 우리 국가와 사회와 교회와 우리 자신의 변화를 위해 기도해야만 한다. 이것이 바로 금세기에 그 어느 때보다 하나님이 필요한 이유이다. 당신(무신론자)이 아직 그리스도 예수님께 헌신하지 않았다면 지금이야말로 주 예수님을 따르고 결코 뒤돌아보지 않겠다는 결심을 하기에 가장 좋은 순간이다.

그러므로 우리는 그리스도를 사랑하고 그분을 따라야 한다. 무엇보다 세상 풍조를 따라서 절대 신세계 질서의 종교를 따르거나[544] 짐승 시스템

---

[544] "여러분은 이 세상의 풍조[반성경적]를 더 이상 본받지 말고 마음을 새롭게 하여 변화를 받아 하나님의 선하시고 기뻐하시고 완전하신 뜻이 무엇인지를 알게 될 것이다(롬 12:2)."

666에 절대 절하지 말아야 한다.[545] 짐승 숭배는 의무가 될 것이며 둘째 짐승에 의해 시행하는 세계적인 법률에 의해 시행될 것이다. 이 신상에 절하기를 거부하는 사람들은 죽임을 당할 것이다. 요한계시록 13장 15절에 "그 우상도 말하여 그에게 경배하지 아니하는 자를 죽이리라."[546] 하였으나 "짐승에게 경배하는 것보다 죽는 것이 나으니 이는 누구든지 짐승과 그의 우상에게 경배하고 그의 표를 이마나 손에 받으면 그도 하나님의 진노의 포도주를 마시게 될 것이다(계 14:9-10)." 다시 말해 구원을 포기하는 것보다 죽는 것이 낫다는 것이다. 예수님께서 말씀하신 바와 같이, "몸은 죽여도 영혼을 능히 죽이지 못하는 자들을 두려워하지 말라. 그 대신 지옥에서 영혼과 몸을 능히 멸하실 수 있는 이(하나님)를 두려워하라(마 10:28)"와 같이 해야 할 것이다.

그들은 우리에게 연합을 위해 타협이 필요하며, 우리가 원하지 않는다면 우리를 테러리스트로 낙인찍고 감금하고 심지어 죽일 것이라고 말할 수도 있다. 그러므로 우리는 반성경적으로 세뇌되는 선을 가장한 악의 실체인 좌파, 사회주의적인 '정치적으로 올바른 신념(Politically Correct Beliefs)'보다는 성경적으로 흔들리지 않는 믿음(Unmovable Faith)과 그리스도를 사랑하는 것이 필요하다. 그때에 성령님께서 우리에게

---

545 "그 짐승은 신분이 높건 낮건 부자이건 가난한 사람이건 자유인이건 종이건 모조리 오른손이나 이마에 표를 받게 하고 그 표를 갖지 않은 사람은 아무것도 사거나 팔지 못하게 했는데 이 표는 짐승의 이름 또는 그 이름을 상징하는 숫자이니라. 이런 때일수록 지혜가 필요하니라. 만일 어떤이가 통찰력을 가졌다면 그 짐승의 숫자를 세어 보라. 그 숫자는 사람의 수니 666이니라(계 13:16-18)." See Mary Stewart Relfe, *When Your Money Fails: the 666 System is here* (Montgomery: Ministries Inc, 1981). pp. 62-110.

546 계 12:11-12절은 "그때 내가 두 번째 짐승이 땅에서 나아오는 것을 보았느니라. 그것은 어린양처럼 두 개의 뿔을 가졌고 한 마리의 용처럼 말했느니라. 그는 처음 짐승의 모든 권세를 그를 대신해서 행사했고 땅과 땅의 거민들을 첫 번째 짐승에게 예배하게 만들었도다."라고 말씀한다.

할 말을 알려 주실 것이다.[547]

우리는 자신이 누구인지 알아야 하고, 우리 앞에 놓인 상황에 대해 세속적 분노가 아니라 거룩한 분노[548]와 권위있게 말할(Speak out in Authority) 필요가 있다. 믿음이 약하면(믿음의 방패를 내려놓으면/Contra. 엡 6:16) 맹인과 벙어리가 되거나 영적으로 무지해져서 세상과 타협하고 탐욕이 가득해져서 타락하게 되는 곳이 있을 수 있으니[549] [세속적으로]-두려운 생각을 품지 말고 "너희 안에 계신 이가 세상에 있는 자보다 크시도다(요일 4:4)."라는 것을 생각하라.

두려움을 극복하는 최선의 방법은 당신이 그리스도 안에 있다는 것을 아는 것으로 가능하다. 성령님과 성경의 말씀이 당신에게 통찰력을 가져다주게 하라. 땅 위에 있는 모든 권세는 그리스도께("땅 위에 있는 모든 권세가 그리스도께 주어졌고 그는 그 권세를 믿는 모든 믿는 자들에게 맡기셨으니라[마 28:20].")[550] 주어졌으니 그것을 그는 믿는 자들에게 전달하셨기

---

547 눅 12:11-12은 "너희가 회당과 통치자들과 권세자들 앞에서 데려갈 때 너희 자신들을 방어할 방법과 할 말을 염려하지 말라. 왜냐하면 그때 성령님께서 너희에게 너희가 말할 것이 무엇인지 가르쳐 주실 것이기 때문이니라."고 말씀한다.

548 "예수님께서 보시고 분노(Gk. ἀγανακτέω, Aganakteo/indignant)하시어 말씀하시되 어린아이들이 내게 오는 것을 용납하고 금하지 말라. 하나님의 나라는 이런 자의 것이로다(막 10:14)." "내가 세상에 평화를 주려고 온 줄로 아느냐? 내가 너희에게 말하노니 아니라 오히려 [거룩한]-분리(Gk. διαμερισμός/division)하게 함이로다(눅 12:51)." 그들이 그들의 산당으로 하나님을 분노(Heb. עָבַר, Abar/to be Angry)케 하시며 그들의 우상들로 하나님의 질투를 야기시켰도다. 하나님께서 들으시고 크게 분노(Heb. עָבַר/to be angry)하시어 이스라엘을 완전히 거절하셨도다(시 78:59)." 나라가 망할 때는 교회가 불의와 죄악 앞에서 침묵하고 타협할 때이다. 죄에 대해서 의롭게 분노하는 것이 성경의 가르침이다.

549 "오라, 들판의 모든 짐승들아, 숲의 모든 짐승들아, 다와서 게걸스럽게 삼켜라. 그 파수꾼들은 장님이요. 모두가 무지하며 벙어리 개들이라. 그들은 짖지 못하며 그들은 누워서 꿈꾸고 잠자기를 좋아하는 자들이니라. 이 개들은 탐욕이 가득해서 만족할 줄을 알지 못하느니라. 그들은 명철이 부족한 목자들이라. 그들 모두는 자기의 길로 돌아가고 그들 각자는 그들 자신들의 이익만 추구하느니라. 서로가 이르되 '오라, 포도주를 가져오리라! 우리가 독주를 잔뜩 마시자! 내일도 오늘처럼 또 크게 넘칠 것이니라' 하느니라(사 56:9-12).'

550 마 28:18-20은 "그 뒤 예수님께서 그들에게 왔고 '하늘과 땅 위에 있는 모든 권세들이 내게 주

때문이다. 여기에는 마귀와 그의 모든 계획에 대한 권위가 포함된다. 히브리서 11장 6절의 말씀처럼 "믿음이 없이는 하나님을 기쁘시게 못하나니 하나님께 나아가는 자는 반드시 그가 계신 것과 또한 그가 자기를 찾는 자들에게 상주시는 이심을 믿어야 할지니라." 믿음으로 나아가지 않고는 하나님을 기쁘시게 할 수 없으므로 믿음으로 나아가라. 또한 그들에게 '황소와 같은 붉은 깃발'을 보여주지 말고 오직 성령의 지혜와 사랑이 당신을 인도하고 가르치게 하라. 딤후 1:7은 "그러므로 하나님은 우리에게 두려움의 영을 주시지 않으셨도다. 오히려 능력의 영과 사랑의 영과 훈련의 영을 주셨느니라."고 말씀한다.

성령님의 사람은 두려움이 없는 사람들이다. 어린양의 피와 말씀의 증언과 순교를 기쁘게 감당하는 사람은 세상을 이긴 믿음의 사람이다.

> "또 여러 형제들이 어린 양의 피와 그들의 증언하는 [하나님의] 말씀으로 인해서 사탄을 이겼노라. 그들은 죽기까지 자기의 생명을 아끼지 아니하였도다(계 12:11)."

그러므로 믿음의 사람들은 하나님을 신뢰하고, 사람을 사랑하되 세상 종교(기독교 이외의 모든 세계 종교, 특히 오컬트)를 싫어하고, 그리스도 안에서 당신의 소망의 이유를 묻는 사람들에게 말할 준비를 하고, 왜 사람들이 '거짓말'을 믿지 말아야 하는지 분명히 말하라.

어졌으니라."고 말씀한다. 또 "그러므로 계속 가면서 모든 나라들을 제자들로 계속 삼으면서 아버지와 아들과 성령님의 이름으로 세례를 계속 주면서 내가 너희들에게 명령했던 모든 것들을 그들이 순종하도록 가르치고 있으라. 그러면 분명히 나는 시대의 바로 끝까지 항상 너희와 함께 할 것이니라."고 말씀한다.

"마귀를 대적하라 그러면 그가 너희에게서 도망갈 것이니라(약 4:7)."

예수 그리스도는 인류 역사의 정점(최고점/극점)이시다. 예수님은 사탄과 비밀 정치 조직(Cryptocracy)의 사탄 세력과 그 뒤에 있는 사탄 자체에 대해 승리하실 것이다. 하나님을 신뢰하고 두려워하지 말고 항상 지혜롭게 그리고 담대하게 기쁘게 행동하라. 전신 갑주를 입고 정사(정치인들)와 권세(권력자들)와 어둠의 세상 주관자들과 하늘의 악한 영들을 대적해서 싸우라(엡 6:12). '이 모든 것에 추가해서 믿음의 방패를 취하라. 그 방패로 너희는 악한 자의 불화살을 모두 끌 수 있느니라(엡 6:16).' 사람은 누구나 타락하게 될 수 있으니 하나님과 동료 인간을 사랑하고 믿음의 선한 싸움을 멈추지 말라! "그러므로 하나님의 전신 갑주를 입으라 이는 악한 날에 너희가 능히 [사탄을]-대적하고 모든 일을 행한 후에 서기 위함이니라(엡 6:13)." 할렐루야!

부록(Appendix)

신세계 종교의 역사(New World Religion Chronology)

과거

1893: 제1회 세계종교의회가 시카고에서 개최됨. 이는 현대 역사에서 세계 최초의 광범위한 종교 간 모임이었음.

1908: WCC(세계교회협의회)가 교회 일치 지원 활동으로 세워짐.

1920: 밀너 그룹(Milner Group)이 세운 국가들 연맹. 국가들 연맹과 평행을 이루는 교회들 연맹을 만들려는 시도가 실패함.

1930: 세계종교대회(World Congress of Faiths). 프란시스 영허즈번드(Francis Younghusband)경은 '종교의 기초는 신세계 질서를 위한 본질이다.'라고 씀.

1937: 세계교회협의회(World Council of Churches/WCC)가 형성됐고 공식적으로는 1948년에 발족됨. 이것은 에큐메니칼이 아니라 종교통합(Interfaith)임.

1943: 조지 빌 박사(Dr. George Bell: Bishop of Chichester[치체스터 주교])

의 3가지 종교의 선언이 종교 통합 그룹을 착수함.

1945: 10월 24일 국제연합(United Nations) 결성.

1948: 세계교회협의회(WCC)가 공식화되고 세계 에큐메니칼 운동을 알림. 록펠러 재단에 의해서 세워짐.

1952: 세계종교의회(World Parliament of Religions/WPR)가 전쟁과 전쟁의 원인들을 중지시키려고 UN과 함께 일하려고 설립됨.

1960년대: 세계종교연맹(World Alliance of Religion) 출현.

1965: 바티칸 2차 회의(Second Vatican Council/Vatican II)에서 가톨릭교회 권위(Catholic Church Supremacy)로 타 종교에 대하여 종교 간 대화(Interfaith Dialogue)를 위한 길을 엶.

1970: 세계개혁교회연합(The World Alliance of Reformed Churches/WARC)이 장로교와 다른 개혁 교회들의 에큐메니칼 그룹화함.

1970: 평화를 위한 세계종교컨퍼런스(World Conference of Religion for Peace) 시작 - 상호 종교의 협력(Inter-Religious Cooperation)를 위해서 다 신앙/종교 그룹(Multi-Faith Group) 만남. 국제연합경제사회회의/ECOSOC, 국제연합교육과학문화기구/UNESCO와 국제연합기아대책협의회/UNICEF와 자문 협정 체결.

1970: 4월 22일(Master의 숫자 주의) 지구의 날 제정. 지구를 존경하는 날.

1972: 로마 클럽(Club of Rome)의 성장의 한계(Limits To Growth) 출판물은 모든 국가를 새로운 세계 종교로 모으는 방법으로 지구 온난화(기후 변화/Climate Change)에 대한 새로운 신화를 시작함.

1974: 제2차 평화를 위한 세계종교컨퍼런스(2nd World Conference of

Religions for Peace).

1979: 제3차 평화를 위한 세계종교컨퍼런스(3rd World Conference of Religions for Peace).

1984: 제4차 평화를 위한 세계종교컨퍼런스(4th World Conference of Religions for Peace).

1986: 바티칸이 모든 종교들이 평화를 위해서 기도하기를 요청함.

1986: 세계종교협의회(World Council of Faiths)가 제안됐으나 승인을 실패함.

1989: 제5차 평화를 위한 세계종교컨퍼런스(5th World Conference of Religions for Peace).

1991: 3개의 아브라함 종교들과 함께 연대하기 위해서 설립된 이스라엘의 종교 간 조정 협의회(Interreligious Coordinating Council in Israel).

1992: 국제연합환경개발컨퍼런스(United Nations Conference on Environment and Development/UNCED). 리오데자네이로 지구정상회의(Rio de Janeiro Earth Summit): 후기 자본주의자 비전의 출현(The Emergence of the Post-Capitalist Vision).

1993: 2차 세계종교의회 100주년 기념(2nd World Parliament of Religions/WPR, 100-Year Anniversary) - 그때 가장 큰 종교 지도자들의 모임은 하나의 종교 연합은 그들의 능력 너머에 있는 것이라 결정함.

1993: 세계종교의회(WPR)는 'The Declaration of the Global Ethic/세계윤리선언' 출판, 지구 보전과 신글로벌 질서를 기대하는 선한 종교들의 합병을 촉진하는 종교 간 선언.

1993: 종교연합계획(United Religious Initiative)의 개념은 1995년 스윙(Swing) 주교를 종교 간 예배(Interfaith Service)에 초청한 CFR(외교관계위원회) 회원인 질리언 소렌슨(Gillian Sorensen)이 UN을 통해서 추진됨.

1994: 제6차 평화를 위한 세계종교컨퍼런스(6th World Conference of Religion for Peace) 개최. 윌리엄 프라이 벤들리 박사(Dr. William Fray Vendley /CFR회원)가 WCRP의 사무총장(The Secretary General)이 됨.

1995: 스윙(Swing) 주교가 UN 헌장(Charter)을 노래하는 50주년을 축하하려고 그레이스 대성당(Grace Cathedral)에서 종교 간 예배 개최 - 이것은 기본적으로 종교 연합 계획(URI)의 창립임.

1995: 종교와 보수연맹(Alliance of Religion and Conservation). 영국의 찰스(Charles) 왕세자(지금의 찰스[Charles] III왕)는 종교 연합 신앙에 기초한 UNCP를 위한 지속가능한 개발을 위해 세속 그룹에 기초한 UN을 시작함.

1996: 글로벌종교연합 계획을 위한 센프란시스코 정상회의(The San Francisco Summit Meeting for a Global United Religion Initiative)에서는 모든 생명을 위한 평화의 목표와 2000년 헌장의 목표 날짜를 스스로 설정함.

1997: 캘리포니아의 스탠포드 대학교에서 종교연합착수(URI)가 스윙(Swing) 주교, 디혹(Dee Hock)과 기타 14명과 함께 시작.

1998: 유럽민족종교회의(European Congress of Ethnic Religions/ECER)의 '민족과 이교도(Ethnic and Pagan, Old) 구유럽 종교들'을 장려하기

시작함.

1999: 제7차 평화를 위한 세계종교컨퍼런스(7th World Conference of Religion for Peace).

2000: 종교연합착수(URI) 헌장이 6월 26일 세계 종교들의 수장에 의해서 서명됨. 조지 슐츠(George Shultz)가 URI의 이사(Trustee)임.

2000: 종교와 영적 지도자들에 의한 세계평화정상회의(World Peace Summit of Religious and Spiritual Leaders). 천년세계평화정상회의(The Millennium World Peace Summit)가 UN에서 개최됨. 글로벌 평화와 세계 종교 협회와 종교 간 선언에 대한 약정에 서명함. 기조 연설자들(Keynote Speakers) 중 한 명으로서 테드 터너(Ted Turner)는 '다른 방법으로 다른 사람들에게 그 자신을 나타내는 유일신(One God)이 아마도 존재하고 당신은 진짜로 그 방법이 무엇인지 안다.' 고 메시지를 줌(Ted Turner 역시 300,000명이면 행성을 위한 충분한 사람들이라고 말함).

2000: 국제연합천년정상회의(United Nations Millennium Summit) -세계 지도자들은 마침내 단일 세계 정부(A World Government)가 되기 위해서 UN에게 힘을 실어주는 하부 구조를 세우는 국제 조약인 UN천년선언(UN Millennium Summit)에 서명함.

2000: 지구헌장문서(Earth Charter Document)가 세상에 알려짐 - 이 문서는 미하일 고르바초프(Mikhail Gorbachev)에 의한 산상 수훈(The Sermon on the Mountain)이나 10계명(The Ten Commandments)이나 모리스 스트롱(Maurice Strong)에 의한 행성 지구를 위한 마그나카르타(The Magna Carta for Planet Earth) 등으로 다양하게 불려

짐. 이 문서는 신세계 질서의 헌법의 원형/모범(The Prototype New World Order Constitution)이 되도록 언급됨.

2001: 종교 다양성 보존을 위한 세계회의(World Conference on the Preservation of Religious Diversity).

2001: 신앙 네트워크의 평화 글로벌 여성을 위한 종교들(The Religions For Peace Global Women of Faith Network)이 착수됨. 이는 UNHCR과 연결됨. 평화 글로벌 청년 네트워크를 위한 종교들(The Religions For Peace Global Youth Network) 또한 착수됐고 여기에는 아시아, 아프리카, 유럽, 라틴아메리카와 캐리비안, 중동과 북아메리카에 있는 6개 지역 종교 간 청년 네트워크(Six Regional Inter-Religious Youth Newworks)을 포함함.

2002: 바티칸 평화를 위한 기도와 분쟁을 극복 위한 또 다른 회의 요청.

2002: 세계종교협의회(World Council of Religions)의 첫 모임. 유럽 종교 지도자들의 협의회의 개발(Development of the European Council of Religious Leaders/DECRL) 개최. - 유대교, 기독교, 이슬람, 불교, 힌두교, 시크교와 조로아스터교의 선임 유럽 지도자들 사이의 협력을 위한 종교 간 협의회.

2002: 여성 종교 지도자들과 영적 교사들 모임의 세계협의회(World Council of Women Religious Leaders and Spiritual Teachers Meetings).

2002: 세계 평화를 위한 종교컨퍼런스(World Conference of Religions for Peace)에 의해서 세계 평화 사이트(World Peace Site) 개설.

2002: 리오데자네이로에서 종교 연합 착수 1차 글로벌 총회 개최(United Religious Initiative First Global Assembly).

2003: 제2차 세계평화정상회의(2nd World Peace Summit).

2003: 교황이 마리아에게 세계의 평화 촉진을 위해 기도 드림.

2003: 교황이 세계 종교들의 연합 권면(Pope urges Unity among World Religions.)

2003: 마더 테레사(Mother Teresa)를 대신해서 드려진 종교 간 감사 헌물.

2004: 제3차 세계평화정상회의(3rd World Peace Summit).

2004: 바티칸 종교 간 콘서트 개최함(Vatican holds Interfaith Concerts.).

2004: 교황은 모든 종교는 평화를 위해서 연합해야한다고 함.

2005: 제4차 세계평화정상회의(4rd World Peace Summit).

2005: 세계교회협의회(World Council of Churches/WCC)가 교황에게 교회 일치(Ecumenicalism) 추진하라고 요청.

2005: 글로벌 기도의 날이 다양한 교회(Diverse Churches)들과 연합하고 모든 교회들(All Churches)이 하나로 모이게 하는 에큐메니칼 운동(Ecumenical Drive)의 일환이 됨.

2005: 바티칸은 세계선교컨퍼런스에서 연합 촉구.

2005: 세계문명연맹(Alliance of World Civilizations)은 서구(기독교 문명)와 이슬람을 하나로 모으는 일을 돕기 시작함.

2005: 제1차 평화를 위한 임암(Imams)과 랍비의 세계대회만남 개최(1st Meeting of World Congress for Imams and Rabbis for Peace/WCIRP).

2006: 세계 평화를 위한 종교컨퍼런스(World Conference of Religions for Peace)와 글로벌 종교 간 청년 네트워크 착수(Launch of Global Interfaith Youth Network).

2006: 교황은 더욱더 종교 간 기도 모임 격려.

2006: 제5차 세계평화정상회의(5th World Peace Summit).

2006: 세계 종교들(World Religions)이 글로벌 온난화(Global Warming)에 대처하려고 연합.

2006: 제2차 글로벌 기도의 날(2nd Global Day of Prayer).

2006: 교황과 달라이 라마가 가톨릭, 불교와 힌두교 사이의 평화를 위해서 만남.

2006: 교황이 모스크에서 기도했고 다종교주의(Interfaithism) 촉진.

2006: 제2차 평화를 위한 이맘과 랍비의 세계대회모임(2nd Meeting of World Congress for Imams and Rabbis for Peace/WCIRP).

2007: 제6차 세계평화정상회의(6th World Peace Summit).

2007: 제3차 글로벌 기도의 날(3rd Global Day of Prayer).

2007: 미국 내 교회 그룹들이 모든 길들(All Paths/종교들)은 하나님께로 인도한다고 선언.

2007: 세계교회협의회(World Council of Churches)가 다양성을 통해서 서로 다른 종교들이 연합하도록 격려.

2007: 연합종교착수(URI/United Religions Initiative)는 UN에서 협의 상태(Consultative Status)를 가짐.

2008: 제7차 세계평화정상회의(7th World Peace Summit).

2008: 세계교회협의회(World Council of Church)와 교황이 협력을 강화함.

2008: 교황이 워싱턴에 있는 유대인, 무슬림, 불교인, 자이나교(Jain)와 힌두교 지도자들을 만남.

2008: 제3차 평화를 위한 이맘과 랍비의 세계대회모임(3rd Meeting of World Congress for Imams and Rabbis for peace /WCIRP).

2008: 제4차 글로벌 기도의 날(4th Global Day of Prayer).

2008: 오프라 윈프리(Oprah Winfrey)가 공개적으로, 뉴에이지 사상(New Age Thought) 촉진을 시작했고 단일 세계 종교(One World Religion)가 이상적이며 특별히 '예수님은 하늘로 가는 유일한 길이 아니다'라고 언급함.

2008: 토니 블레어(Tony Blair)는 Tony Blair Faith Foundation(토니블레어 신앙 제단)이 세계 종교들을 연합하고 그의 글로벌 시민권(Global Citizenship)을 통해서 극단주의를 반대하는 것을 돕기로 착수함.

2008: 릭 워렌(Rick Warren/CFR 회원) 목사는 새들백 교회(Saddleback Church)를 통해서 평화 연합, 연립 정부(Acronym: 식물, 준비, 도움, 돌봄과 교육)를 착수함.

2009: 글로벌 평화재단(Global Peace Foundation)이 출범했고 '하나님 아래에 있는 한 가족(One Family Under God)'을 촉진.

2009: 세계종교의회(World Parliament of Religions)가 오스트레일리아의 멜버른(Melbourne)서 개최. 최대 8,000명이 기후 변화(Climate Change)와 빈곤 퇴치(Eradication of Poverty)에 관한 토론에 참여.

2009: 지구헌장착수(The Earth Charter Initiative)는 의제 21의 녹색 측면(Green Aspect), 즉 지구 존중을 추진. 엘리트의 핵심 권력 중 하나임.

2010: 토니 블레어(Tony Blair)는 세계 종교들(World Religions)을 연합하

는 것으로서 릭 워렌(Rick Warren/2005년 이후 CFR 회원) 목사와 동맹 맺기를 시작.

2010: 맨하탄(Manhattan)에서 종교 간 모임(Interfaith Meetings)을 기독교인, 유대인, 무슬렘과 다른 종교 지도자들에 의해서 1달에 2번씩 개최되기 시작. 그것은 하나의 공적 정책 목표로서 종교 간 일을 정당화했던 오바마 행정부에 의해서 지원됨.

2010: G8 세계종교정상회의(The G8 World Religious Summit)가 신성한 불이켜진 곳에서 개최됐고 참가자들은 우리가 그녀에게 귀기울이는 것을 어머니 지구가 듣는 것이 필요하다고 들었고 그들은 그녀에게 감사의 기도를 드림. 다른 예식들은 '오직 한 길뿐만 아니라 많은 길들도 있다.'는 것을 격려하기 위해서 영혼들을 불러일으키기 위해서 거행됨.

2011: 또 다른 종교 간 글로벌 기도의 날 개최(Another Interfaith Global Day of Prayer).

2011: 세계평화정상회의(World Peace Summit).

2012: 릭 워렌(Rick Warren/CFR 회원) 목사는 그의 평화 계획의 전반적인 부분으로 복음주의 기독교인들과 무슬림들을 하나로 모으려는 시도로 'King's Way/왕의 길'을 홍보하기를 시작.

2012: 글로벌양심헌장(The Global Charter of Conscience)이 모든 종교를 대표하는 50명의 국제 학자들과 정치인들과 NGO 지도자들로 구성된 그룹에 의해서 작성됨. 그것은 종교적 차별 없이 평화롭게 함께 사는 세계를 격려하는 것임.

2012: 교황은 종교들이 '근본주의/Fundamentalism'를 뿌리 뽑도록 권면.

2012: 바티칸은 단일 세계 정부와 '인간 가족의 공동선'을 추구하고 그 능력이 영향을 미칠 '하나의 도덕적 힘'이 될 하나의 신세계 질서의 수립을 요청.

2013: 프란시스(Fransis) 교황은 모든 종교들이 함께 연합하도록 요청.

2013: 제9차 세계 평화를 위한 종교총회(9th World Assembly of Religion for Peace in Vienna, Austria). 또 다른 종교 간 침투 훈련인 비엔나 선언문 작성(Creation of the Vienna Declaration Which is yet Another Inter-Faith Infiltration Exercise.).

2014: 9월 4일 시몬 페레스(Shimon Peres)가 세계는 하나의 연합 종교(A United Religion)를 위한 준비가 됐다고 선언.

2014: 평화를 위한 세계종교연맹정상회의(World Alliance of Religions for Peace Summit)가 개최됨. 모든 세계 종교 지도자들이 종교 간 국제법과 '평화 동의(Peace Agreement)'를 가져오는 협정에 서명. 회의의 슬로건은 'We are one/우리는 하나다.'였음.

2014: 11월 29일 교황 프란시스(Francis)가 바티칸에서 중동 지역의 평화를 위해서 벤자민 네타냐후(Benjamin Netanyahu)와 팔레스타인(Palestinian)의 지도자인 마흐무드 압바스(Mahmoud Abbas)와 회담을 개최. 교황 프란시스는 하나님은 크리스천과 무슬림의 통일을 받아들이기를 기도함.

2015: 교황 프란시스는 "근본주의/Fundmentalism은 모든 종교의 질병이다."라고 선언.

2015: 6월 회칙. 교황 프란시스는 미국과 UN을 방문해서 세계 종교의 잠재적인 지도자로 칭송됨. 그는 '환경주의자' 드럼을 침.

2016: 3월 교황은 "모든 종교는 같은 하나님을 향하는 다른 길들이다."라고 말함.

2016: 평화를 위한 세계종교연맹정상회의(World Alliance of Religion for Peace Summit)가 '전쟁종식평화선언(Declaration of Peace Cessation of War)'에 서명했고 법적 구속력이 있는 계약을 체결하려고 시도.

2017: 종교 개혁 500주년 기념. 모든 종교들이 평화를 위한 '종교 일치 연합'에 서명하는 평화를 위한 세계 종교 연맹이 개최됨.

2018: 토론토에서 제7차 세계종교의회회의(7th Parliament of World Religions Meeting in Toronto) 개최 1893년 그들의 첫 회의로부터 125주년 축하. 화해와 변화의 국제적 이해를 추구함.

2018: 세계 평화를 위한 종교 연맹 정상 회의에서 음모자들의 글을 기반으로 아직 실행해야 할 의제 부분과 점진적인 심리 프로그래밍 기술이 이러한 사건을 결실로 가져오는데 걸리는 시간을 추정 및 일부 예측함.

2019: 세계 종교 연맹이 23년 후에 폐쇄되고 '종교 그룹들과 신앙에 기초한 기관투자가들(Religious Groups and Faith Based Institutional Investors)'을 위한 도덕적 투자를 촉진하는 '신앙 투자(Faith Invest)'로 대체됨.[551]

2019: 세계 평화와 더불어 살기 위한 인간 형재애 문서(The Document on Human Fraternity for World Peace and Living Together) 발표. 이 문서는 아부다비 선언 또는 협정(The Abu Dhabi Declaration or

---

551 See https://www.arcworld.org/#:~:text=ARC%20has%20closaed%20after%2030%20exciting%20years%20brokering%20links%20between,we%20set%20out%20to%20do.

Agreement)은 프란시스 교황, 쉐이크 아흐메드 엘-타베브(Sheikh Ahmed El-Taveb), 그랜드 이맘 알-아자르(The Grand Imam Al-Azhar)가 서명한 공동 성명서로 알려짐. 이 문서는 종교 간 공존을 창조적으로 시도하고 하나님은 종교적 다양성의 뜻 안에 활동하시는 것이 포함된다는 점에서 비판됨. 이것은 기독교와 이슬람이 종교를 비교하기 때문에 종교 간 로비에 극단적 양보이고 복음을 선포하기 위해서는 협상이 필요하다고함.

2020: 3월(322[창 3장 22절?]) Covid-19 발발(Debacle).

2020: 8월 유엔 환경프로그램(UN Environmental Program/UNEP).

2020: '국제대화센터(International Dialogue Centre)로 언급되는 종교 간과 문화 간 대화를 위한 압둘라 빈 아브둘라키즈센터(KAICIID)가 G20 정상 회의에 앞서서 종교 간 포럼인 유엔문명연맹(United Nations Alliance of Civilizations/UNAOC)과 공동으로 주최. 대화는 '유엔의 지속가능한 개발 목표(UN Sustainable Development/UN SDGs)'.

2021: Covid-19로 인해 세계종교의회 개최됨.

2022: 기후 변화 모임: COP 27이 샴 엘 쉐이크(Sharm El Sheikh)에서 개최됐고 이 기간 동안에 기후 변화 운동가는 시내산 정상에서 받은 10계명을 내던져서 조작하는 모방적 말을 쏟아냄. 모세의 모방적 재현. 그 돌비는 히브리어로 기후 회개를 위한 10개의 영적 원리들로 기록됨. 그 원리들은 전날에 세계 종교 지도자 엘리야 보드의

종교 간 지도자들에 의해서 만들어짐.[552]

2023: '아브라함 가족의 집(Abrahamic Family House)'으로 알려진 종교 간 연합체가 아랍 에미리트(United Arab Emirates: 순이[Sunni]파) 아부 다비(Abu Dhabi)에서 세워지고 열림. 그것은 성프란시스 교회와 함께하는 종교 합성이지만 십자가는 없음. 왜냐하면 십자가는 이슬람의 모스크와 유대교의 회당에는 불쾌하게 여겨지기 때문. 그것은 세계 평화와 더불어 살기 위한 인간애 문서에 응답임. 그들 자신들을 인간애 최고위원회라고 부르는 한 그룹이 3개 건물을 관리 감독.

2023: 시카고 세계 종교 의회 개최. 1993년 '글로벌 윤리 문서(Towards A Global Ethic Document)' 출범 후 30주년 기념이며 동시에 1893년 시카고 최초 컨퍼런스 이후 130주년 기념 의회였고 대화는 기본적으로 '종교 간 기후 행동(Interfaith Climate Action)'에 관한 것임.

2023: 프란시스 교황이 동성애(LGBTQ+) 결혼 축복 승인함(2023. 12. 18)[553]

2024: 제6차 유엔환경프로그램총회 개최. '지구 약속(A Covenant for the Earth)'으로 불리는 '알 미잔(Al-Mizan)'의 제막식 개최. 기후 변화 오염과 자연 손상과의 전투를 위한 집합적 행동을 권면하는 이슬람 생태 신학 서류 발표함.[554]

---

552 See *The Elijah Board of World Religion Leaders - Elijah Interfaith* (Website: elijah-interfaith.org).

553 See https://www.bbc.co.uk/news/world-europe-67751600.amp; https://www.theguardian.com/world/2023/dec/18/vatican-gives-conditional-approval-to-blessings-for-same-sex-couples; https://apnews.com/article/vatican-Igbtq-pope-bfa5b71fa79055626e362936e739d1d8.

554 See *Sixth Session of the United Nations Environment Assembly/UNEA-6* (Website: unep.org).

2024: 프란시스 교황이 6/13-15일 이탈리아 아풀리아 레지온(Apulia Region)에서 G7 정상 회담에 참석하는 최초 교황(적그리스도의 예표?)이 됐다.[555]

현재

2025: 아마도 권력 가진 자들은 영국을 조작된 에너지 가격으로 높은 인플레이션이 있었던 1970년대로 되돌리기 위해서 본보기로 만들고 싶어할 것이다. 영국은 유럽에서 에너지 가격이 가장 높다.

미래

2027: 외계인 존재의 가능성이 천천히 노출됨.

2020년대: 계속되는 심리적 프로그래밍(Psychological Programming)과 거짓 선동(Deceptions)으로 우리를 더욱더 갈라치기 하고 '프리메이슨(Masonic)이 관리하는 사회' 속으로 우리를 인도하고 있다. 감시 정부가 우리의 모든 것을 포위하고 있다.

2030년대: 30년 전쟁의 끝은 새로운 형태의 신화를 가져올 것이다. 후기-자본주의 사회(Post-Capitalist Society)를 위해서 '녹색 경제(Green Economy)와 심리학적 준비(Psychological Preparation) 속으로 경제의 지속적인 'Decoupling/분리'가 일어날 것이다. 국민 국

---

555 See https://www.americamagazine.org/faith/2024/04/26/pope-francis-g7-italy-meloni-247809#:~:text=FaithVatican%20Dispatch-,Pope%20Francis%20accepts%20invitation%20to%202024%20G7%20summit,first%20pope%20ever%20to%20attend&text=In%20a%20surprise%20announcement%20on,region%2C%20June%2013%20to%2015; https://www.vaticannews.va/ko/pope/news/2024-06/g7-programma-papa-francesco-intelligenza-artificial-incontri.html.

가의 주권이 더욱 축소될 것으로 보인다. 아마도 예루살렘에 세 번째 성전을 재건하는 일이 발생할 것으로 보인다.

2040-50년대: 기독교 교단들의 합병과 새 신조들과 함께 유토피아 정부의 촉진. 후기-자본주의, 현금 없는 사회(CBDC?)와 무역 장벽 출현. 새 정치 연구소들의 인정. 트랜스휴머니즘, AI, 나노테크놀로지(Nanotechnology)와 로봇 공학(Robotics)과 '중앙신경벌집네트워크(Central Neural Hive Network)'의 출현이 될 것으로 보인다.

2060년대: Post-Human(후기 인간)은 더 이상 육체적 몸들을 필요로 하지 않는다.

2090년대: 크리슬람(Chrislam[Christianity + Islam])을 형성하기 위한 계속적인 종교 합병이 추진됨. 루시퍼리안 신세계 종교의 출현(Emergence of the Luciferian New World Religion). 사유 재산 제도의 종결(End of Property Ownership). 이 모든 것이 비밀 정치 조직(Cryptocracy)의 인구 감축 전략(Depopulation Strategy)으로 인도하고 살후 2:4절의 성취로서 적그리스도는 하나님으로 예배드려지고 하나님께서 승리하실 아마겟돈 전투(계 16:16)로 인도되며, 하나님께서는 이 모든 것의 주권자이시다.

2100: 어젠다 21의 종결.

주의: 부록의 2030-2100의 예상 어젠다는 글로벌리스트의 계획이다. 그리스도인은 하나님만 아시(행 1:6, etc.)는 종말의 시간표를 성경 말씀을 통해 믿음으로 써나가야만 할 것이다.

Bibliography

외국 서적

Antelman Marvin., *To Eliminate the Opiate* (Zahavia).

Arrington Lauren., *The Fabian Society: From PART I - PEOPLE AND PLACES* (Cambridge: Cambridge University Press, 2015).

Attard Joseph., *The Knights of Malta* (San Gwann: Book Distributors Ltd, Malta, 2013).

Bains S. K., *The Most Dangerous Book in the World: 9.11 as Mass Ritual* (Trine Day LLC).

Bailey Alice Ann., *The Externalisation of the Hierarchy: The Unfinished Autobiography The Reappearance of the Christ. The New Group of the World Servers. Esoteric Psychology* (London: Lucis Trust, 1972).

......................., *The Unfinished Autobiography of Alice A. Bailey* (New York: Lucis Publishing Companies, 2013).

Barruel Augustin., *Memoirs Illustrating the History of Jacobinism* (USA: Real-View Books, 1995).

Begent Peter J & Chesshyre Hubert., *The Most Noble Order of the Garter 650 Years* (London: Spink & Son Ltd, 1999).

Bernays Edward L., *Propaganda* (Connecticut: Martino Fine Books, 2024).

Blavatsky Petrovna Helena., *The Secret Doctrine, and Isis Unveiled*

(Tarcher Pedigree).

—————————, *Isis Unveiled* (Wheaton: Quest Books, 1997).

—————————, *The Secret Doctrine vol. 2* (London: Penguin Publishing Group, 2020).

Bone Mary., *Chatham House: Its History and Inhabitants* (London: The Royal Institute of International Affairs, 2004).

Brooke Tal., *One World* (Amazon).

Budge E. A. Wallis., *The Book of the Dead* (London: Arcturus, 2021).

Burkert Walter., *Greek Religion: Archaic and Classic* (Oxford: Basil Blackwell, 1985).

Cafferky John P., *Lord Milner's Second War: The Rhodes-Milner Secret Society: The Origin of World War I, and the Start of the New World Order* (Scotts Valley: CreateSpaceIndependent Publishing Platform, 2013).

Carroll Quigley., *Anglo-American Establishment* (San Pedro: GSG & Associates Pub, 1981).

—————————, *Tragedy and Hope: A History of the World in Our Time* (Orlando: Dauphin Publication Inc, 2014).

Carter Dallas, *Mystery Babylon Rising* (CNG Publications).

Carr William., *Pawns in the Games* (Dauphin Publications).

Carrington H. Andrew., *The Synagogue of Satan* (Rivercrest Publishing).

Case Alexander T., *The Annals of the Bohemian Club for the Years 1907-1972*, Vol. 5 (San Francisco: Bohemian Club, 1972).

Chardin Pierre Teilard de., *Christianity and Evolution* (California: HarperOne, 2002).

⋯⋯⋯⋯⋯⋯⋯⋯⋯⋯⋯⋯⋯, *The Phenomenon of Man* (New York: HarperPerennial, 1976).

Chomsky Noam., *Media Control* (New York: Seven Stories Press, 2002).

Coleman John., *The Tavistock Institute of Human Relations: Shaping the Moral, Spiritual, Cultural, Political and Economic Decline of the USA* (USA: Global Review Publications, 2006).

Colvin Ian D., *Cecil John Rhodes 1853-1902* (London: T. C. & E. C. Jack, 1912).

Cooper Milton William., *Behold A Pale Horse* (Flagstaff: Light Technology Publishing, 1991).

Crowley Aleister., *The Aleister Crowley C Collection: 5-Book Paperback Boxed Set* (London: Arcturus, 2023).

⋯⋯⋯⋯⋯⋯⋯⋯⋯⋯⋯, *Book of the Law* (Scotts Valley: CreateSpace Independent Publishing Platform, 2018).

⋯⋯⋯⋯⋯⋯⋯⋯⋯⋯⋯, *The Holy Books of Thelema* (Newburyport: Red Wheel/Weiser, 1983).

Cumbey Constance., *The Hidden Dangers of the Rainbow* (Huntington House, 1983).

Curtis Lionel., Civitas Die, *The Commonwealth of God* (London: MacMillan & Co, 1938).

Davidson Benjamin., *The Analytical Hebrew and Chaldee Lexicon*

(Peabody: Hendrickson Publishers, 2002).

De R. Robin & S. Fritz., *Worldwide Evil and Misery. The Legacy of the 13 Satanic Bloodlines, Worldwide Evil and Misery 2* (Mayra Publications).

Dice Mark., *The Illuminati in the Music Industry: Fact and Fiction* (UK: Manifesto, 2013).

Drucker Peter Ferdinand., *The Practice of Management* (Portsmouth: Heinemann Professional, 1989).

Duncan Malcolm C., *Duncan's Masonic Ritual and Monitor* (London: Book Tree, 2007).

Estulin Daniel., *The True Story of The Bilderberg Group* (Walterville: Trine Day, 2006).

——————, *Tavistock Institute: Social Engineering the Masses* (Waterville: Trine Day, 2015).

Ford Michael W., *Wisdom of Eosphoros: The Philosophy of Luciferianism* (Scotts Valley: CreateSpace Independent Publishing Platform, 2015).

Frazer James George, *The Golden Bough* (Oxford: Oxford University Press, 2009).

——————, *Ibid* (Boston: Digireads.com, 2019).

Furious M. Niel., *The Infernal Path: A Comprehensive Guide for Aspiring Theistic Satanists* (USA: Independently Published. 2023).

Gavrills George., *The Council on Foreign Relations: A Short History*

(New York: Council on Foreign Relations, 2021).

Geering Lloyd., *The World to Come* (Polebridge Press, 1991).

Gehl Robert W. and Lawson Sean T., *Social Engineering: How Crowd-Masters, Hackers, and Trolls Created a New Form of Manipulative Communication* (Cambridge: Cambridge, Massachusetts: MIT Press, 2022).

Gonzalez Servando., *Psychological Warfare and the New World Order: The Secret War Against the American People* (Spooks Books, 2016).

┄┄┄┄┄┄┄┄┄┄┄┄, *I Dare Call It Treason: The Council on Foreign Relations and the Betrayal of America* (Spooks Books, 2016).

Fraser James George., *The Golden Bough* (Boston: Digireads.com, 2019).

Fund John H., *Stealing Elections: How Voter Fraud Threatens Our Democracy* (New York: Encounter Book, 2008).

Furious M. Niel., *The Infernal Path: A Comprehensive Guide for Aspiring Theistic Satanists* (USA: Independently Published. 2023).

Gardner Richard., 'The Hard Road to World Order' *Foreign Affairs*, Vol. 52, No. 3, p. 558.

Goldwater Barry Morris., *With No Apologies* (New York: Morrow, 1979).

Gonzalez Servando., *Psychological Warfare and the New World Order: The Secret War Against the American People* (UK: Spooks Books, 2010).

Gorbachev Mikhail., *On My Country and the World* (New York: Columbia University Press, 2019).

Gore Al., *Earth in the Balance* (Earthscan).

Greer Michael., *The Element Encyclopedia of Secret Societies* (Harper Collins, 2006).

Grudem Wayne., *Politics According to the Bible* (Grand Rapids: Zondervan, 2010).

Guyenot Laurent., *JFK-9/11: 50 Years of the Deep State* (Saint-Denis: Kontre Kulture, 2021).

Hadnagy Christopher., *Social Engineering: The Science of Human Hacking* (New Jersey: Wiley, 2018).

Hall Manly P., *Man: The Grand Symbol of the Mysteries Essays in Occult Anatomy* (Los Angeles: Philosophical Research Society, Incorporated, 1999).

──────────────, *The Lost Keys of Freemasonry* (Connecticut: Martino Fine Books, 2013).

──────────────, *The Secret Teaching of All Ages* (New York: Dover Publications, 2011).

──────────────, *Man: The Grand Symbol of the Mysteries Essays in Occult Anatomy* (Waterstones: Lushena Books, 2022).

Hamer John., *The Falsification of History* (Amazon).

Hanson Mark., *Bohemian Grove: Cult of Conspiracy* (Spicewood: Rivercrest Publishing, 2012).

Hays Michael Thomas., *Rise of the New World Order: The Calling of Man* (Surrey: Samaritan Sentinel, 2013).

Hennerley Richard., *Satan's Children: What If A World Was Ruled by A Wealthy Satanic, Psychotic Elite?* (USA: Independently Published, 2022).

Hieronimus Robert and Cortner Laura., *Founding Fathers, Secret Societies: Freemasons, and the Decodingof the Great Seal* (Rochester: Destiny Books, 2005).

Hoffmann Michael A., *Secret Societies and Psychological Warfare* (London: Independent History & Research, 2001).

Holtzmann Heinrich Julius., *The Synoptic Gospel: Their Origin & Historical Character* (1863).

Huxley Aldous., *Brave New World* (New York: Everyman, 2013).

Javane. Faith, Bunker. Dusty., *Number and The Divine Triangle* (Aberdeen: Whitford Press, 1979).

Lennox John C., *2084: Artificial intelligence & The Future of Humanity* (Grand Raphids: Zondervan Reflective, 2020).

Jasper William F., *Global Tyranny…Step By Step: United Nations and the Emerging New World Order* (Appleton: Western Islands, 1992),

────────────, *The United Nations Exposed: The International Conspiracy to Rule the World* (Grand Chute: John Birch Society, 2001).

Javane Faith and Dusty Bunker,

Kah Gary., *New World Religion* (Hope Int Publishing, 1998).

――――――, *En Route to Global Occupation* (Huntington House Publishers, 1999).

King M.S., *Planet Rothschild*, vol. 1, 2 (Create Space, 2015).

Kissinger Henry., *World Order: Reflections on the Character of Nations and the Course of History* (Penguin).

Klein Eliahu., *Kabbalah Creation: Isaac Luria' Earlier Mysticism - The Mysticism of Issac Luria, Founder of Modern Kabbalah* (Berkeley: North Atlantic Books, 2005).

Kuttner H. G., *Clavis Inferni de Ars Goetia: A Guide for Theistic Satanists Demonolaters, and Luciferian Witches* (USA: Independently Published, 2021).

Lake Michael., *The Shinar Directive, Preparing the Way of for the Son of Perdition* (Amazon).

Lavey Anton Szandor., *The Satanic Rituals* (New York: University Books Inc, 1972).

Lee-Milne James., *The Enigmatic Edwardian: Life of Reginald, 2nd Viscount Esher* (London: Sidgwick & Jackson Ltd, 1988).

Lennox John C., *2084: Artificial intelligence & The Future of Humanity* (Grand Raphids: Zondervan Reflective, 2020).

Leon Moses de., *The Books of Splendor: The Testaments of Moses de Leon and Carlos Castaneda* (California: Albion-Andalus Books, 2019).

Levenda Peter., *Sinister Forces: The Nine, A Grimoire of American*

Political Witchcraft (Independent Publishers Group).

Lewin Leonard., *Report From Iron Mountain* (The Dial Press Inc).

Lewis Nicola Denzey., *Introduction to Gnosticism: Ancient Voices, Christian Worlds* (Oxford: Oxford University Press, 2012).

MacArthur, *Why Government Can't Save You* (Edinburgh: Thomas Nelson, 2000).

Marrs Texe., *Dark Secrets of the New Age* (Crossway Books).

⋯⋯⋯⋯⋯⋯, *Circle of Intrigue* (Rivercrest Publishing).

Marrs Jim., *Rule by Secret: Hidden History That Connects the Trilateral Commission, the Freemasons, and the Great Pyramids* (New York: William Morrow Paperbacks, 2002).

⋯⋯⋯⋯⋯⋯, *The Illuminati: The Secret Society That Hijacked the World* (Michigan: Visible Ink Press, 2017).

Mary Stewart Relfe., *When Your Money Fails: The 666 System is Here* (Montgomery: Ministries Inc, 1981).

McKenzie Steven L., *Oxford Encyclopedia of Biblical Interpretation* (Oxford: Oxford University Press, 2013).

Meadows Donella., *Limits To Growth* (Club of Rome, Potomac Associates).

Melanson Terry., *The Perfectibilists: The 18th Century Bavarian Order of the Illuminati* (Waterville: Trine Day, 2009).

Minnite Lorraine C., *The Myth of Vote Fraud* (New York: Cornell University Press, 2021).

Mishlove Jeffrey., *Thinking Allowed: Conversations on the Leading Edge of Knowledge and Discovery* (Tulsa: Council Oak Books, 1995).

Monast Serge., *Project Blue Beam* (Leatherhead: Ethos, 2023).

Monteith Stan., *Brotherhood of Darkness* (Hearthstone Publishing).

Muller Robert., *New Genesis: Shaping a Global Spirituality* (Image Books, 1984).

Mullins Eustace., *The Curse of Canaan* (Ibad Press).

――――――, *World Order: Our Secret Rulers* (Omnia Veritas Ltd).

Musk Bill A., *The Unseen Face of Islam* (USA: Monarch Books, 2005).

Nolan William F., *Logan's Search* (London Corgi Books, 1981).

Orwell George., *1984* (London: Penguin, 2008).

Ozman Tim., *The Secret Religion of the Elite* (UK: Amazon, 2018).

Page Richard K., *Luciferianism: AlterEgo* (Scotts Valley: CreateSpace Independent Publishing Platform, 2016).

Penn Lee., *False Dawn: The United Religions Initiative, Globalism, and the Quest for a One-World Religion* (New York: Sophia Perennis, 2017).

Persico Joseph E., *Eleventh Month, Eleventh Day, Eleventh Hour: Armistice Day 1918, World War 1 and Its Violent Climax* (New York: Random House, 2004).

Pike Albert., *Morals and Dogma* (Chicago: Independent Publishers, 2017).

Prince Derek., *Blessing or Curse: You Can Choose* (USA: Chosen Books, 2006).

Potash John L., *Drugs as Weapons Against Us: The CIA's Murderous Targeting of SDS, Panthers, Hendrix, Lennon, Cobin, Tupac, and other Leftists* (Waterville: Trine Day, 2014).

Putnam Cris., *Exo-Vaticana: Petrus Romanus, Project L.U.C.I.F.E.R. and the Vatican's Astonishing Plan for the Arrival of An Alien Saviour* (Crane: Defender Publishing, 2013).

Quigley Carroll., *The Anglo-American Establishment* (California: GSG & Associates Publishers, 1981).

Ratiu Ioan., *The Milner-Fabian Conspiracy: How An International Elite is Taking Over and Destroying Europe, America and the World* (London: Free Europe Books, 2012)

Relfe, M. S., *When Your Money Fails: The 666 System is Here* (Montgomery Ministries Inc, 1981).

Reynolds John Lawrence., *Secret Societies: Inside the World's Most Notorious Organization* (New York: Arcade Publishing Book Publisher, 2007).

Robinson John, *Proofs of A Conspiracy* (Scotts Valley: CreateSpace Independent Publishing Platform, 2014).

Rockefeller David., *Memories* (Manhattan: Random House, 2003).

……………………, *Ibid* (Manhattan: Random House, 2011).

Robison John., *Proofs of a Conspiracy to Destroy all Governments and Religions* (Amazon).

Rockefeller David., *David Rockefeller: Memories* (New York: Random House, 2002).

Ruiter Robin de and Springmeier Fritz., *Worldwide Evil and Misery - The Legacy of the 13 Satanic Bloodlines* (California: CreateSpace Independent Publishing Platform, 2015).

Russell Bertrand., *The Impact of Science on Society* (Milton Park: Routledge, 1985).

Rutherford Samuel., *Lex Rex: Or the Law and the Prince* (Paris: Adansonia, 2018).

Schaeffer Francis A., *How Should We Then Live? - The Rise and Decline of Western Thought and Culture* (New Jersey: Fleming H. Revell Company, 1976).

Schimel Annamarie., *The Mystery of Numbers* (Oxford University Press, 1993).

Schnoebelen Bill., *Freemasonry Fatal in the First Degree DVD* (UK: Small World Future, 2012).

Schnoebelen William J., *Masonry: Beyond the Light* (Scotts Valley: CreatSpace Independent Publishing Platform, 1991).

Schwab Klaus, Malleret Thierry., *Covid-19: The Great Reset* (Geneva: Forum Publishing, 2020).

S.D,C, C.MW., *The Truth About Freemason, Illuminati, And New World Order* (Morrisville: Lulu.com, 2012).

Sharp Gene., *From Dictatorship To Democracy: A Guide To Nonviolent Resistance* (London: Serpent's Tail, 2012).

Sinclair John., *Collins Cobuild English Dictionary* (UK: HarperCollins Publishers, 1995).

Singer June., *Androgyny: The Opposites Within* (Newburyport: Nicolas-Hays, Inc, 2000).

SJ, James Martin., *The Jesuit Guide to (Almost) Everything: A Spirituality for Real Life* (London: Bravo Ltd, 2012).

Smith Steve., *Discrete Power of the Illuminati Symbolism: Demystifying the Power of the Invisible Hand in Symbols* (Scotts Valley: CreateSpace Independent Publishing Platform, 2015).

Stavish Mark., *Freemasonry: Rituals, Symbols and History of the Secret Society* (Woodbury: Llewellyn Publications, 2007).

Sutton Anthony C., *America's Secret Establishment: Skull and Bones* (Walterville: Trine Day, 2004).

──────────, *Ibid*, Kindle loc 1675.

──────────, *Western Technology and Soviet Economic Development* (California: Hoover Institution Press, 1971).

Swing William E., *The Coming United Religions* (USA: CoNexus Press, 2003).

Tarpley Webster., *Synthetic Terror 9/11, Made in U.S.A.* (Progressive Press).

Taylor Bron., *Dark Green Religion* (University of California Press, 2010).

Thorn Victor., *Made in Israel, 9/11 and the Jewish Plot against America* (Sisyphus Press).

Thorn Victor., *9/11 On Trial: The World Trade Center Collapse* (Progressive Press).

Tolkien John. Ronald. Reuel., *The Lord of the Rings* (London: Allen & Unwin, 1954).

Quigley Carroll., *The Anglo-American Establishment* (Dauphin Publications).

⸺, *Tragedy and Hope* (Macmillian).

Waldrop M. Michell., 'The Trillion Dollar Vision of Dee Hock', *First Company Magazine* (Oct, 1996).

Washington George., *The Writing of George Washington 1798-1799*, Vol. 14, (New York: G. P. Putnam's Sons, 1893).

Watt Alan., *Cutting Through Vol I, II, III: The Androgynous (Hermaphroditic) Agenda* (USA: Independently Published, 1999).

Wells H. G., *The Shape of Things To Come* (London: Penguin Classics, 2005).

⸺, *A Modern Utopia* (London: Penguin Classics, 2005).

Wood Patrick., *Technocracy Rising: The Trojan Horse of Global Transformation* (London: Coherent Publishing, 2014).

Wood Judy., *Where did the Towers Go?* (Deansgate: Judy Wood, 2010).

Wrench John Evelyn., *Alfred Lord Milner: The Man of No Illusion 1854-1925* (London: Eyre & Spottiswoode, 1958).

Young Zoe., *A New Green Order* (Pluto Press).

Zilinsky Sheila., *Green Gospel: The New World Religion* (Redemption).

국내 서적

김동화, *나에게 있어 영원한 것* (서울: 기독교연합신문사, 1999).

김의선, *고 김치선 목사님의 신학 사상과 한국 교회에 끼친 영향* (Th. M. Thesis., 안양대학교 신학대학원, 1999).

로이킴, *해커의 지문 발견기: 나는 어떻게 follow_the_party를 발견하였나* (서울: 세이지, 2023).

박석순, 데이비드 크레이그, *기후 종말론: 인류사 최대 사기극을 폭로한다* (서울: 어문학사, 2023).

이왕재, '코로나19에 대한 면역 반응/코로나19 감염증과 변이', *건강과 생명* (2022년 4월호).

장영후, 로이킴, 김미영, *해커의 지문 follow_the_party: 4.15부정선거 전말보고서* (서울: 세이지, 2021).

전기엽, *Healing Protocols and Toxicology Tests for SEQUELAE of Covid-19: 코로나 19 후유증의 진단 및 치료* (용인: 킹덤북스, 2024).

허병기, 민경욱, *2020년 4.15선거판을 움직였던 비밀지령 2-∞* (용인: 킹덤북스, 2023).

저자 약력

제임스 머스커(James Musker)

1989	Bradfield College(Boarding School) 졸업
1992	University of North Wales(Bango, B.A) 졸업
1992	아프리카 말리 선교사(World Horizons Niger, Mali, Burkina Faso)
1994	런던국제성경대학(IBIOL/Dip) 수료
1997	독립 재정 상담사, 유닛 트러스트와 연금 상담사
2000	해외 투자 상담사, 대출 업무 책임자 (일본)
2002	LLoyds Bank 투자 상담사
2005	취리히 투자 및 대출 상담사
2008-현재	Intrinsic and Quilter Financial Network 대표 이사 및 담보 대출 전문가
1994-현재	Reformed Charismatic Church, 복음 선포자 및 성경 교사

저자(역자) 약력

김영환

2005	University of Wales, Lampeter (M.Phil) 수학
2009	University of Wales, Lampeter (Ph.D/Distinction) 졸업
2014	Trinity College, Bristol (Post-Doctoral Course) 수료
2013-2014	안양대학교 신학대학원 강의 교수
1995-2002	한국 구조 영어 훈련원 원장
2003	이스라엘 선교사
2004-2018	St. Luke's Church, Newport 개척
2006-현재	Open-Air Preaching 실시중임
2018-현재	Heart Fire Church, Cardiff 담임 목사
2018-현재	Hasidim Bible College 학장
2014-현재	샬롬나비와 기독학술원 협력 파송 영국 선교사
2004-현재	영국 선교사